中文社会科学引文索引(CSSCI)来源集刊
中国社会科学院评价中心AMI核心集刊

边疆考古研究
RESEARCH OF CHINA'S FRONTIER ARCHAEOLOGY

第35辑

教育部人文社会科学重点研究基地
吉林大学边疆考古研究中心

 编

科学出版社
北 京

内 容 简 介

《边疆考古研究》是教育部人文社会科学重点研究基地吉林大学边疆考古研究中心编辑的学术集刊。本辑收录考古调查发掘报告、研究论文等25篇，内容涉及中国边疆及毗邻地区的古代人类、古代文化与环境。

本书可供文物考古研究机构及高校考古、历史专业学生参考阅读。

图书在版编目（CIP）数据

边疆考古研究. 第35辑／教育部人文社会科学重点研究基地吉林大学边疆考古研究中心编. -- 北京：科学出版社，2024.6. -- ISBN 978-7-03-078905-1

Ⅰ. K872-53

中国国家版本馆CIP数据核字第2024X3H049号

责任编辑：赵 越／责任校对：邹慧卿
责任印制：肖 兴／封面设计：陈 敬

科学出版社 出版
北京东黄城根北街 16 号
邮政编码：100717
http://www.sciencep.com
北京中科印刷有限公司印刷
科学出版社发行 各地新华书店经销

*

2024年6月第 一 版　　开本：787×1092　1/16
2024年6月第一次印刷　　印张：29 1/2
字数：690 000

定价：208.00元
（如有印装质量问题，我社负责调换）

《边疆考古研究》编辑委员会

主　　任：赵宾福
副 主 任：王立新　彭善国
委　　员：（以姓名笔画为序）
　　　　　王　巍　王立新　水　涛　朱　泓　乔　梁
　　　　　张全超　赵　辉　赵宾福　段天璟　高　星
　　　　　彭善国　蔡大伟　霍　巍

主　　编：王立新
执行主编：彭善国
责任编辑：王琬瑜

目　　录

考古新发现

山西夏县青龙河流域先秦时期遗址调查简报 ……………………………………………
　　………… 吉林大学考古学院　运城市文物保护中心　山西省考古研究院（1）

吉林乾安春捺钵遗址群后鸣字区遗址2016年发掘简报 …………………………………
　　…………………………… 吉林大学考古学院　吉林省文物考古研究所（36）

吉林省四平市叶赫部城址（东城城址）考古发掘简报 …………………………………
　　………………… 吉林省文物考古研究所　四平市文化遗产保护中心（54）

研究与探索

苏贝希文化彩陶研究 ………………………………………………… 孙少轻（81）
南宝力皋吐遗址D地点文化性质认定 ………………………… 郑钧夫　吉　平（104）
欧亚草原青铜时代晚期至早期铁器时代的突钮形装饰研究 ……………………………
　　……………………………………………………… 包曙光　赵婷婷（115）
中国北方地区杆头饰研究 …………………………………… 吴雅彤　张礼艳（135）
再论寨头河墓地的分期、年代及相关问题 …………………………… 陈　飞（157）
通化市万发拨子遗址的经济形态和资源域研究——兼议浑江中游青铜时代聚落
　形态与社会性质 …………………………………………………… 王　青（181）
再论云贵地区汉代崖墓的分期、演变及相关问题 …………………… 张晓超（203）
唐代粟特式金属带具 ………………………… 买合木提江·卡地尔　张良仁（225）
鞨鞜-渤海牌饰带具、蹀躞带具研究 ………………………… 张欣悦　宋玉彬（243）
黑龙江省海林三道中学渤海墓葬发掘记 ……………………………… 魏存成（261）

科技考古与文物保护

黑曜岩石制品的微痕实验研究——以和龙大洞遗址为例 ·············
··· 陈 虹 宁钰欣 李 尧 徐 廷（272）

磨制石铲的实验考古学研究 ················· 方 启 姚宗禹 崔天兴（293）

内蒙古石人头圪旦墓群出土人骨研究 ····································
··· 阿娜尔 白煜慧 朱 泓 尹春雷（313）

内蒙古准格尔旗福路塔战国秦汉墓地出土人骨的颅面测量性状研究 ·········
············· 胡春佰 赵国兴 王建伟 孙斯琴格日乐 刘丽娜（325）

湖北省博物馆馆藏甲骨的古DNA研究 ····················· 蔡大伟 莫林恒
许道胜 蔡路武 王永迪 郑 颖 罗 恰 赵 丹 杨 燕 李宗华（340）

云南武定新村遗址出土动物遗存研究 ····································
··· 刘海琳 于 昕 何林珊 王春雪（348）

中国绵羊的起源与扩散研究新进展 ················· 宋光捷 蔡大伟（373）

吉林大安东山头遗址G1出土的动物遗存研究 ············· 于 昕 刘海琳
张红玉 陈普瑜 张星瀚 石晓轩 倪春选 王春雪（387）

大连于家砣头墓地先民口腔疾病与饮食结构分析 ····························
··· 张晓雯 张翠敏 赵永生（407）

考古学理论、方法与考古学史

1949年以前中国考古学者对墓葬的发掘、整理与研究 ··········· 钟俊宁（420）

早期墓葬发掘需要关注的几个问题——从磨沟齐家、寺洼文化墓地发掘谈起
··· 毛瑞林 钱耀鹏（434）

佟柱臣区系类型研究思想试析 ··························· 高云逸（452）

考古新发现

山西夏县青龙河流域先秦时期遗址调查简报

吉林大学考古学院
运城市文物保护中心
山西省考古研究院

运城盆地位于南流黄河向东拐弯处的山西西南部，地处陕、晋、豫三省交界，北抵万荣峨眉岭，与临汾盆地相邻，向西为关中平原，南面隔黄河与伊洛地区相望，东部屏王屋山与晋东南地区相邻，是一个相对独立的地理单元。中条山将运城盆地分为南北两部分。运城盆地是华渭文化区和伊洛郑州地区的交会地带，不同谱系的考古学文化在此相互碰撞、渗透，使这一地区成为文化交流的中心。

青龙河发源于中条山西麓、闻喜县境内的裴社铁牛峪，干支流依次流经闻喜、夏县、盐湖区等县、区，在盐湖区陶村附近注入苦池水库，流域范围，东起中条山西麓，西至鸣条岗东侧，北至夏县、闻喜县交界处的裴社岭，南至盐湖北侧。

目前发现的青龙河流域内先秦时期遗址中，以夏县境内数量最多。一般分布于青龙河西侧的鸣条岗丘陵地带、中部的青龙河河岸台地及东部的中条山山麓与山前地带。学界曾于1973～1982年[1]、1981～2003年[2]、2003～2006年[3]在夏县境内开展了多次田野考古调查工作。

2019～2020年，为配合本科生田野考古实习，吉林大学考古学院师生对夏县境内青龙河流域的13处先秦时期遗址（图一）进行了考古调查，其中，新发现一处新石器时代遗址，获得一批新石器时代至东周时期的考古资料。

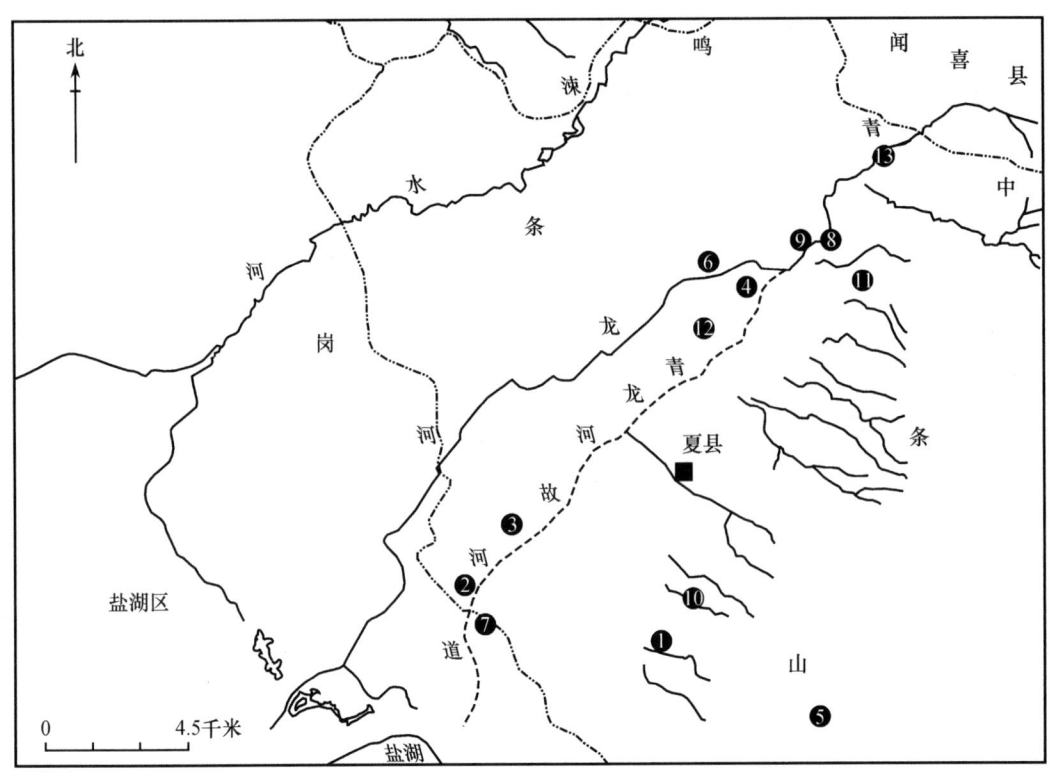

图一　夏县青龙河流域调查遗址位置示意图
1. 史家遗址　2. 辕村遗址　3. 裴介遗址　4. 东阴遗址　5. 窑头遗址　6. 西阴遗址　7. 汤里遗址　8. 圪塔遗址
9. 古垛遗址　10. 上滸底遗址　11. 小王遗址　12. 尉郭遗址　13. 东下冯遗址

一、调查与收获

（一）史家遗址

史家遗址位于中条山西麓，夏县庙前镇史家村南部、东部和北部[4]。此次调查仅在史家村东、东北部有所发现。遗址主体位于史家河北部，其内被沟壑分为南、北两个部分，地势起伏较大。地表可见较多陶片，断崖上可见灰坑、房址等遗迹。此次调查在遗址主体南部断崖上清理了3个灰坑，获得一批西阴文化遗物，同时在地表采集到少量龙山时代遗物。

1. 西阴文化遗物

西阴文化遗物较多，主要是陶质器皿，还有少量陶装饰品、石制品。

陶器以泥质陶为大宗，其内又以红陶为主，还包含少量泥质灰陶、黄陶、褐陶、夹砂红陶、灰陶、褐陶。据灰坑（H1、H2、H3）陶片统计，泥质陶约占73%，其中泥质红陶占约65%，夹砂陶占约27%，夹砂红陶与夹砂褐陶各占约10%。器表多素面，纹饰以绳纹为主，还有少量凹弦纹、附加堆纹和彩陶等。其中素面陶占约60%，绳纹陶占约26%，彩陶5%，凹弦纹5%。

陶器有盆、钵、瓮、罐、缸、小口尖底瓶、碗、器座、杯、灶、盖、环等。

盆　117件，可辨识类型者104件。多为泥质红陶，部分饰彩。根据口部形态的不同，可分为翻沿盆、折沿盆、卷沿盆、窄沿盆四型。

A型　翻沿盆，5件。20采：1，泥质磨光褐陶，部分器表呈黑色，敞口，方唇，素面。口径34.4、残高6.4厘米（图二，1）。H1：4，泥质红陶，敞口，圆唇，斜弧深腹，残上腹横置一按窝泥条。口径40、残高13厘米（图二，2）。

B型　折沿盆，91件。依折沿处有无凸棱，可分为二亚型。

Ba型　75件。折沿处无凸棱。H3：14，泥质红陶，圆唇，弧腹，唇上及沿面中部以上饰黑彩窄带纹（图二，3）。口径约33、残高7.3厘米。H3：12，泥质红陶，圆唇，弧腹，唇上部与沿面饰黑彩窄带纹，腹部饰凹弦纹。口径约39、残高6厘米（图二，4）。H3：13，泥质灰陶，圆唇，腹弧收，素面。口径约35、残高9.1厘米（图二，5）。20采：4，泥质灰陶，圆唇，弧腹，素面。口径34、残高5.8厘米（图二，6）。H1：10，泥质红陶，圆唇，弧腹，素面。口径33.6、残高13厘米（图二，7）。H1：9，泥质红陶，圆唇，沿下内凹似微束颈，弧腹，上腹部饰一周不甚明显的凹弦纹，素面。口径31、残高7厘米（图二，8）。H1：8，泥质红陶，圆唇，沿下内凹似微束颈，弧腹，上腹部饰一周凹弦纹。口径40、残高11厘米（图二，9）。

Bb型　16件。折沿处折棱突出。H3：32，泥质红陶，圆唇，素面。口径37、残高5.1厘米（图二，10）。H1：7，泥质红陶，圆唇，沿下内凹似微束颈，素面。口径约40、残高4厘米（图二，11）。20采：3，泥质红陶，圆唇，沿下内凹似微束颈，斜弧腹，素面。口径34、残高6.8厘米（图二，12）。

C型　卷沿盆，6件。H1：5，微卷沿，泥质红陶，圆唇沿下内凹似微束颈，弧腹，唇部与沿面饰黑彩窄带纹。口径约32、残高10厘米（图二，16）。20采：2，卷沿较甚，泥质灰陶，灰黄色器表，尖唇，弧腹，素面。口径约36、残高7厘米（图二，15）。

D型　窄沿盆，2件。H1：11，泥质红陶，斜直口，圆唇，弧腹，素面。口径26、残高10厘米（图二，14）。

钵　153件。泥质红陶占绝对多数，极少数为泥质灰陶或黄陶。多素面钵，彩陶钵多饰黑彩，少量饰白彩或黑、白彩兼施，纹饰主要为宽带纹，窄带纹，圆点、弧线三角纹，网格纹。据口部形态可分为二型。

A型　敛口钵，121件。依唇部形态可分为三亚型。

Aa型　18件。方唇。H3：9，泥质红陶，素面。残高3.4厘米（图二，17）。H3：16，泥质黄皮红陶，斜弧腹，饰黑彩圆点、弧线三角纹。残高6厘米（图二，25）。

Ab型　101件。圆唇。H3：6，泥质红陶，弧腹，素面。口径40.6、残高5.7厘米（图二，13）。H3：7，泥质红陶，弧腹，素面。残高5.5厘米（图二，18）。

H1：13，泥质红陶，弧腹，饰黑彩圆点、弧线三角纹。口径26、残高5厘米（图二，19）。H3：2，泥质红陶，斜弧腹，上腹横置泥条状錾。口径27、残高9.6厘米（图二，22）。19采：1，泥质红陶，斜弧腹，素面。口径20、残高7.5厘米（图二，21）。H3：15，泥质红陶，斜直腹，器表饰黑彩。口径32、残高5厘米（图二，26）。H3：17，泥质黄陶，饰黑彩网格纹。残高4厘米（图二，24）。

Ac型　2件。尖唇。H3：8，泥质红陶，斜弧腹，素面。口径约29、残高4.2厘米（图二，20）。

B型　敞口钵，32件。按唇部形态不同，分为三亚型。

Ba型　5件。方唇。19采：2，泥质红陶，斜弧腹，素面。口径27、残高7厘米（图二，27）。

Bb型　24件。圆唇。H1：14，泥质红陶，素面。口径27、残高4.3厘米（图二，28）。

Bc型　3件。尖唇。19采：3，泥质红皮灰陶，素面。残高5厘米（图二，23）。

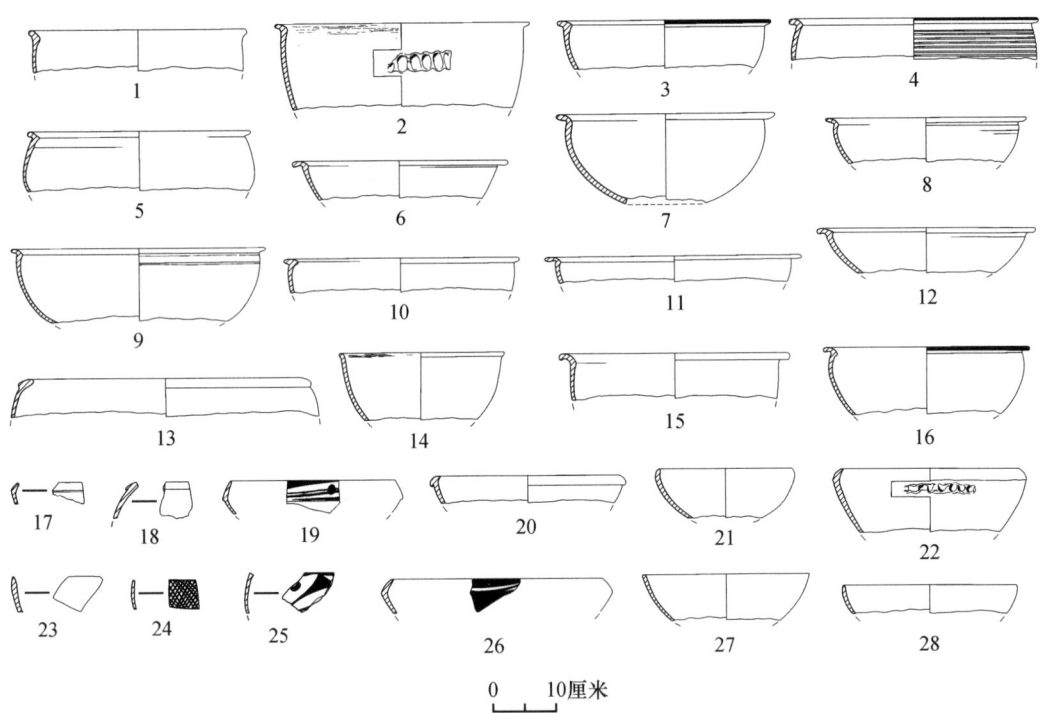

图二　史家遗址采集遗物

1. A型盆（20采：1）　2. A型盆（H1：4）　3. Ba型盆（H3：14）　4. Ba型盆（H3：12）
5. Ba型盆（H3：13）　6. Ba型盆（20采：4）　7. Ba型盆（H1：10）　8. Ba型盆（H1：9）
9. Ba型盆（H1：8）　10. Bb型盆（H3：32）　11. Bb型盆（H1：7）　12. Bb型盆（20采：3）
13. Ab型钵（H3：6）　14. D型盆（H1：11）　15. C型盆（20采：2）　16. C型盆（H1：5）
17. Aa型钵（H3：9）　18. Ab型钵（H3：7）　19. Ab型钵（H1：13）　20. Ac型钵（H3：8）
21. Ab型钵（19采：1）　22. Ab型钵（H3：2）　23. Bc型钵（19采：3）　24. Ab型钵（H3：17）
25. Aa型钵（H3：16）　26. Ab型钵（H3：15）　27. Ba型钵（19采：2）　28. Bb型钵（H1：14）

瓮　5件。数量较少。分夹砂和泥质二类，皆敛口，依口部厚度可分二型。

A型　4件。口部与器身厚度基本一致。H3∶18，泥质磨光灰陶，尖圆唇，斜弧肩，素面。残高2.5厘米（图三，1）。19采∶4，夹砂磨光灰陶，圆唇，肩饰弦纹。口径约37.6、残高4.4厘米（图三，2）。

B型　1件。口部加厚。H1∶18，泥质红陶，尖圆唇，饰交错细绳纹。口径38、残高5.2厘米（图三，3）。

罐　68件。夹砂陶占大宗，多夹砂灰陶、褐陶，少夹砂红陶，多一器两色、多色。仅2件泥质灰陶罐，甚残。纹饰主要为绳纹、弦纹、弦断绳纹，少量为素面。据口部形态可分为直口罐、敞口罐二型。

A型　直口罐，20件。依唇部形态可分二亚型。

Aa型　11件。方唇。H3∶28，夹砂灰褐陶，唇外缘微凸，鼓腹，上腹部饰三道凹弦纹，下腹部饰向右倾斜的细绳纹。口径22、残高18.4厘米（图三，4）。H1∶27，夹砂陶，褐色器表、内壁，灰色胎，唇面有一周浅凹槽，鼓腹，腹上部饰弦断绳纹，腹下部饰向左倾斜的绳纹。口径约33、残高11.5厘米（图三，6）。

Ab型　9件。圆唇。H1∶16，口近直，夹粗砂灰褐陶，唇外缘突出，鼓腹，腹上饰密集凹弦纹。口径约28、残高7厘米（图三，8）。H1∶17，口近直，夹砂灰陶，器表上部抹光，鼓腹，素面。口径约18、腹径26、底径12厘米（图三，5）。H3∶29，夹砂红陶夹灰胎，圆唇，口部内壁凹弧，器表饰绳纹。口径约22、残高4.5厘米（图三，9）。

B型　敞口罐，48件。依唇部不同可分二亚型。

Ba型　24件。方唇。H1∶15，夹砂红陶，翻沿，内沿面凹弧，外沿面微鼓，残腹饰凹弦纹。口径12、残高5.6厘米（图三，7）。H3∶20，夹砂红陶，翻沿，平沿面，唇面上有一周浅凹槽，器表饰向右倾斜的绳纹。残高7厘米（图三，10）。

Bb型　24件。圆唇。H1∶28，夹砂灰陶，沿面凹弧，器表饰密集凹弦纹。口径18、残高6.5厘米（图三，11）。H3∶30，夹砂红陶，翻沿，沿下饰一道凹弦纹，腹上饰绳纹。口径约27、残高5厘米（图三，12）。

缸　2件。皆夹砂陶。H1∶22，夹砂红陶，微敞口，方唇，内壁近口部有一周窄而深的凹槽，口下腹部器表饰凹弦纹，凹弦纹下饰弦断绳纹，绳纹向左倾斜。口径约42、残高9.5厘米（图三，13）。H1∶23，夹砂褐陶夹灰胎，微敞口，方唇，唇部内缘下斜，内壁近口部有一周宽而深的凹槽，口下腹部器表饰凹弦纹，凹弦纹下饰向右倾斜的绳纹。口径约46、残高9厘米（图三，14）。

小口尖底瓶　26件。泥质红陶为大宗，多饰绳纹、交错绳纹，有的腹部竖置桥形耳，皆系泥条盘筑法制成，瓶身与瓶口相接成形。底有尖底和钝尖底两种。依唇部不同，分二型。

A型　重唇，25件。H1∶21，泥质红陶，敛口圆唇，口上部较窄、下部较宽，饰向左倾斜的斜绳纹。口径4、残高11厘米（图三，15）。H3∶31，泥质红陶，敛口圆唇，口上部较宽、下部较窄，饰向右倾斜的绳纹。口径约3.6、残高6厘米（图三，16）。

B型　单唇，1件。20采：6，泥质红陶，微斜的单唇，残器表素面。口径约3.3、残高3.5厘米（图三，17）。

碗　1件。H1：3，泥质红陶，敞口薄圆唇，口下内壁微凹，口下外壁与腹部相接处略凸，斜弧腹，近平底，素面未抹光。口径约12.5、底径约8、高4.8厘米（图三，18）。

器座　1件。H3：1，泥质灰陶，圆敞口不甚规整，圆唇，束腰，上、下口径相近，素面。上口径16.4、下口径17.6、高9厘米（图三，19）。

杯　2件。皆夹砂陶，敞口。H1：2，夹砂红陶，方唇，唇部外缘圆弧，直筒形腹，近底部有一周凹槽，器表粗糙，素面。口径7.6、底径约4.5、高7厘米（图三，20）。H3：21，夹砂红褐陶，尖唇，斜直腹，腹部饰浅绳纹。口径约12、残高7.2厘米（图三，21）。

灶　5件。分夹砂红陶、夹砂灰褐陶两类，纹饰有弦纹、弦断绳纹、附加堆纹、按压泥饼等，足有尖状足、小平底足、扁凿形足。仅复原1件。H1：1，夹砂红陶，敞口鼓，厚圆唇外鼓，沿面斜平，口内侧装有三个凸纽作陶釜支架，残剩一纽，矮斜筒腹，略不规整的斜向方形火门，口沿一侧火门宽度与底一侧火门宽度相近，平底，火门底与灶身圆底接痕明显，其中火门底附二尖状实心足，另一足应附在此二足相对的底部边缘，三足呈等边三角。腹部饰密集凹弦纹，火门底与灶身圆底相接处腹部两侧各贴附一有按痕的圆形泥饼，火门四角各贴附一有按痕的圆形泥饼，火门左、右两侧沿面上首先刻划密集的横向凹槽，而后又于两侧沿面上各刻划一道竖向凹槽。口径29、底径24、通高17、壁厚0.7～1、足高3、火门高约8、宽约17厘米（图三，22）。

盖　27件。绝大多数为夹砂陶，泥质陶甚少。纽部皆不存，依唇部形态不同，可分二型。

A型　圆唇，23件。可分二亚型。

Aa型　1件。唇部不鼓突。H1：24，夹砂红陶灰胎，器表陶色不纯，圆唇，盖面中部内凹，素面。口径7.4、残高2.8厘米（图三，23）。

Ab型　22件。圆唇鼓凸。H1：25，夹砂红陶，陡弧盖壁，圆唇外鼓，素面。口径约22、残高4厘米（图三，24）。

B型　方唇，4件。H2：1，夹砂灰褐陶，器表陶色不纯，方唇，陡弧盖壁，素面。口径约24、残高9.5厘米（图三，25）。

环　11件。细泥制，灰陶为大宗，少量红陶、褐陶。多磨光陶环，部分饰刻划纹。依外缘形态不同，可分二型。

A型　圆形陶环，9件。按陶环剖面形态分四亚型。

Aa型　1件。剖面呈半圆形。H3：22，泥质磨光灰陶，素面。外径6.8、内径5.7厘米（图四，1）。

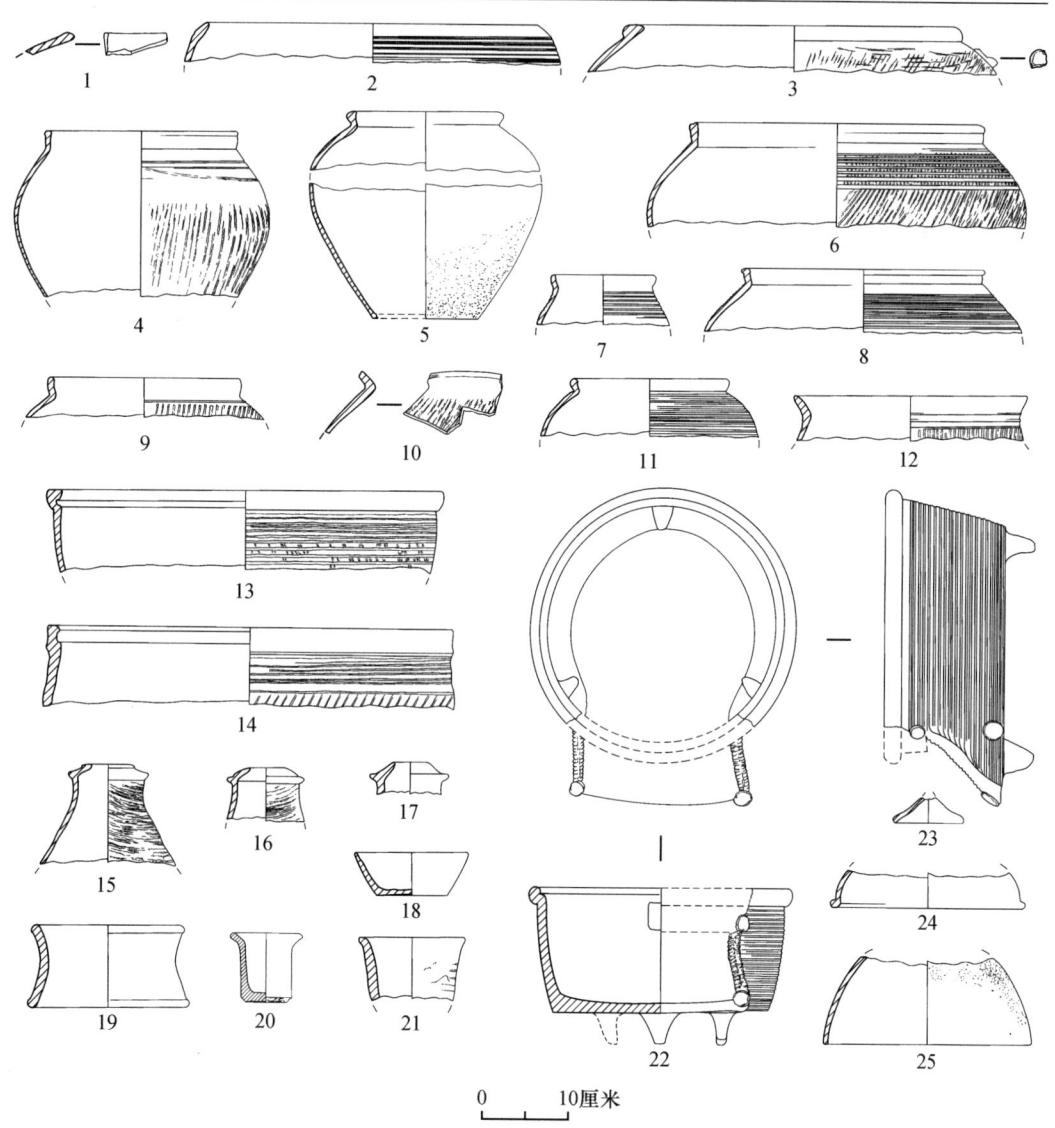

图三 史家遗址采集遗物

1. A型瓮（H3∶18） 2. A型瓮（19采∶4） 3. B型瓮（H1∶18） 4. Aa型罐（H3∶28）
5. Ab型罐（H1∶17） 6. Aa型罐（H1∶27） 7. Ba型罐（H1∶15） 8. Ab型罐（H1∶16）
9. Ab型罐（H3∶29） 10. Ba型罐（H3∶20） 11. Bb型罐（H1∶28） 12. Bb型罐（H3∶30）
13. 缸（H1∶22） 14. 缸（H1∶23） 15. A型小口尖底瓶（H1∶21） 16. A型小口尖底瓶（H3∶31）
17. B型小口尖底瓶（20采∶6） 18. 碗（H1∶3） 19. 器座（H3∶1） 20. 杯（H1∶2） 21. 杯（H3∶21）
22. 灶（H1∶1） 23. Aa型盖（H1∶24） 24. Ab型盖（H1∶25） 25. B型盖（H2∶1）

Ab型　3件。剖面呈椭圆形。H3：23，泥质灰陶，环外缘饰刻划纹。外径5、内径3.9厘米（图四，2）。

Ac型　2件。剖面呈半椭圆形。H3：24，泥质灰陶，环外缘饰刻划纹。外径5.5、内径4.5厘米（图四，3）。

Ad型　3件。剖面呈弧边三角形。H3：25，泥质磨光灰陶，素面。外径7.2、内径6厘米（图四，4）。

B型　多角陶环，2件。H3：26，泥质灰陶，六角残剩二角，角缘尖锐，饰刻划纹。外径约6、内径4.5厘米（图四，5）。

石器共采集6件，多残，可辨识器类者4件。器类有斧、刀。多为磨制，个别穿孔。

斧　2件。H3：27，仅剩顶部，双面残钻孔仅余四分之一（图四，6）。

刀　2件。H1：26，长方形，双面钻孔（图四，7）。长9、宽5、厚0.7厘米。

2. 龙山时代遗物

在地表采集到少量陶片，可辨识出缸、鬲等器类。19采：5，泥质灰陶腹片，饰篮纹，不可辨认器形（图四，8）。20采：7，陶缸，泥质灰陶，微敛口，方唇，直腹，厚胎，外壁饰弦断绳纹。口径约38、残高8.2、胎厚1～2厘米（图四，9）。

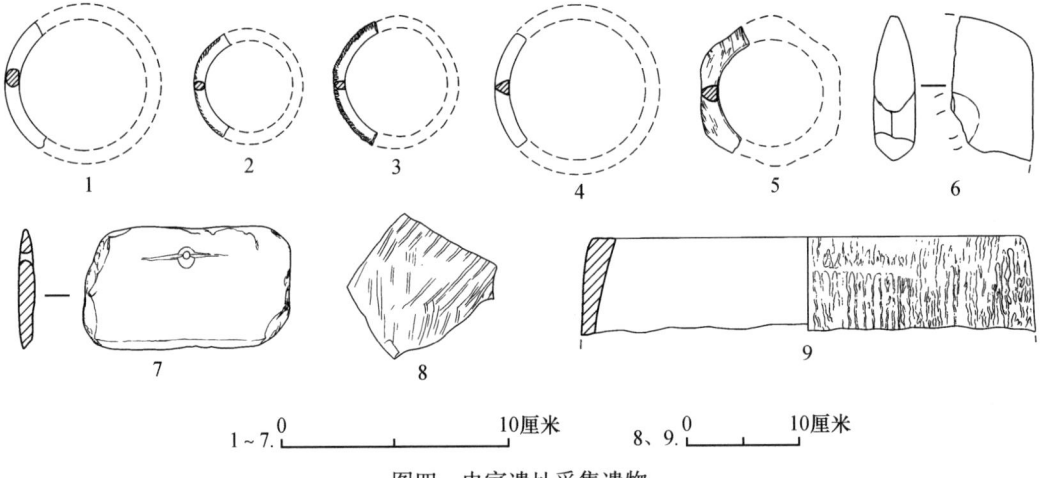

图四　史家遗址采集遗物

1. Aa型环（H3：22）　2. Ab型环（H3：23）　3. Ac型环（H3：24）　4. Ad型环（H3：25）
5. B型环（H3：26）　6. 石斧（H3：27）　7. 石刀（H1：26）　8. 腹片（19采：5）　9. 缸（20采：7）
（1～7.西阴文化遗物；8、9.龙山时代遗物）

（二）辕村遗址

辕村遗址位于夏县裴介镇辕村西、南、东南部，遗址南部即汤里遗址。青龙河故道以东北—西南方向将该遗址分为东西两个区域。此次调查所谓辕村遗址即是2003～2006年调查中所谓辕村Ⅰ号遗址。2006、2018年，中国国家博物馆、山西省文物考古研究所（现山西省考古研究院）等机构相继在该遗址进行发掘。此次调查分散在辕村遗址三个地点，分别是位于辕村东南部的Ⅰ号、南部的Ⅱ号、西部的Ⅲ号地点，调查发现西阴文化、西王村三期文化、夏时期、东周时期遗存。

1. 西阴文化遗物

此次调查所得该遗址材料中可明确为该文化的遗存仅有陶器，皆系Ⅰ、Ⅱ、Ⅲ号地点采集和时代较晚的灰坑发掘所得。

陶器以泥红陶为主，纹饰有绳纹、弦纹、附加堆纹、彩陶，部分器表素面。器类有盆、钵、罐和小口尖底瓶。

盆 6件。Ⅱ采：1，泥质红陶，折沿近平、尖唇，饰黑彩。残高4.5厘米（图五，1）。ⅠH2：6，泥质红陶，斜翻沿，方唇，唇上及沿面中部以上饰黑彩窄带纹。口径约42、残高4厘米（图五，4）。

钵 3件。皆敛口。ⅢH2：1，泥质磨光红陶，圆唇，弧腹，近口处饰一周有按窝的附加堆纹。口径32.4、残高9.8厘米（图五，2）。ⅡTG1①：2，泥质红陶，微敛口，尖圆唇，弧腹，素面。口径16、残高约6厘米（图五，3）。

罐 1件。ⅡTG1②：1，夹砂红陶，微敞口，斜翻沿，尖唇，沿下器表饰一周凹弦纹，腹部饰向右倾斜的绳纹。残高4厘米（图五，5）。

小口尖底瓶 4件。皆仅剩口部，皆系重唇口。ⅢH1①：2，泥质红陶，敛口，圆唇，颈部饰向左倾斜的绳纹。口径约4、残高5厘米（图五，6）。

2. 西王村三期文化遗物

此次调查仅在Ⅲ号地点发现该时期遗迹，分别是ⅢH1、ⅢG1。遗迹中皆混入少量西阴文化遗物。

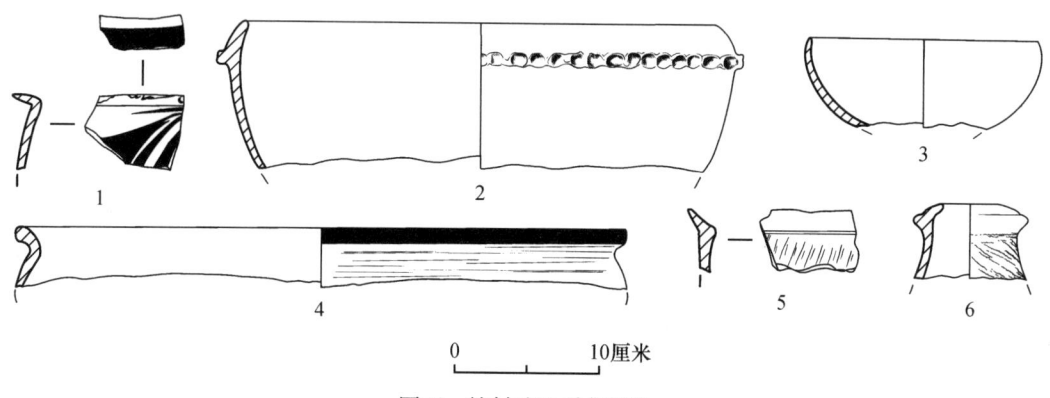

图五 辕村遗址采集遗物

1. 盆（Ⅱ采：1） 2. 钵（ⅢH2：1） 3. 钵（ⅡTG1①：2） 4. 盆（ⅠH2：6） 5. 罐（ⅡTG1②：1）
6. 小口尖底瓶（ⅢH1①：2）

陶器以夹砂灰陶、泥质灰陶为主,还有部分夹砂红褐陶,泥质红陶较少。器表多素面,纹饰主要有篮纹、绳纹、附加堆纹。器类有罐、钵、小口尖底瓶、瓮、器盖等。

瓮　1件。ⅢH1②:1,泥质磨光褐陶夹灰胎,敛口,厚圆唇,器表近口处附三鹰嘴状鋬,素面。口径15.6、残高6.5厘米(图六,1)。

钵　4件。皆系泥质磨光灰陶。ⅢH1①:1,敛口,尖圆唇,斜弧腹,平底,素面。口径约21.5、底径约7.5、高9.6厘米(图六,2)。ⅢH1①:20,敛口,尖圆唇,斜弧腹,素面。口径22、残高7厘米(图六,3)。ⅢH1①:21,敛口,尖圆唇,斜弧腹,素面。口径19.5、残高约6厘米(图六,4)。

罐　37件。多不可复原。分泥质罐和夹砂罐二大类。纹饰有篮纹、绳纹、附加堆纹等。

泥质罐　11件。依口沿、颈部形态可分为三型。

A型　折沿罐,7件。ⅢH1①:10,泥质磨光灰陶,敞口,宽折沿,沿面微凹,圆唇,素面。口径25、残高6.8厘米(图六,5)。ⅢH1①:11,泥质磨光红陶,敞口,宽折沿,沿面微凹,尖圆唇,弧腹,素面。口径约20、残高12.8厘米(图六,6)。ⅢH1②:2,泥质灰陶,敞口,斜折沿,沿面微凸,尖唇,弧腹,最大腹径处附二对称的按窝泥条。口径17.1、残高约16厘米(图六,7)。ⅢH1①:24,泥质磨光灰陶,敞口,宽折沿,平沿面,圆唇,素面。口径约26、残高约8厘米(图六,8)。ⅢH1①:25,泥质磨光红陶夹灰胎,敞口,宽折沿,平沿面,圆唇,素面。口径约28、残高8.2厘米(图六,9)。ⅢH1①:26,泥质磨光红陶夹灰胎,敞口,宽折沿,沿面微凹,圆唇,弧腹,素面。口径21、残高8厘米(图六,10)。

B型　翻沿罐,3件。ⅢH1①:23,泥质灰陶,敞口,窄沿,尖圆唇,残腹饰向左倾斜的篮纹。口径约16、残高8.4厘米(图六,11)。ⅢH1①:12,泥质红陶,敞口,窄沿,平沿面,方唇,弧腹,素面。口径20、残高12厘米(图六,12)。

C型　束颈罐,1件。ⅢH1①:13,泥质灰陶,敞口,圆唇,鼓肩,平底,腹部饰尖凸弦纹。口径约18、肩径约37、高约50厘米(图六,17)。

夹砂罐　26件。按沿面不同,分折沿罐、翻沿罐二型。

A型　折沿罐,24件。ⅢH1①:16,夹砂红陶,沿面微凹,沿面近唇处有一周凸棱,尖圆唇,残腹饰浅篮纹。口径32、残高8厘米(图六,13)。ⅢH1①:15,夹砂灰褐陶,敞口,平沿面,尖圆唇,自颈部饰向右倾斜的绳纹,颈部上又饰一周附加堆纹。口径15、残高6.5厘米(图六,14)。ⅢH1①:14,夹砂灰陶,尖圆唇,弧腹,自颈部饰交错篮纹,颈附一周按窝泥条,残腹附一周压印了篮纹的泥条。口径约16、残高11.5厘米(图六,19)。

B型　翻沿罐,2件。ⅢG1:1,夹砂灰陶,敞口,尖圆唇,颈部饰一周附加堆纹,残腹饰向右倾斜的绳纹。口径约23、残高5.4厘米(图六,15)。ⅢH1②:3,夹砂褐陶,敞口,沿面近折沿处、近唇处各有一周细窄凹槽,自颈部饰向右倾斜的绳纹,残腹

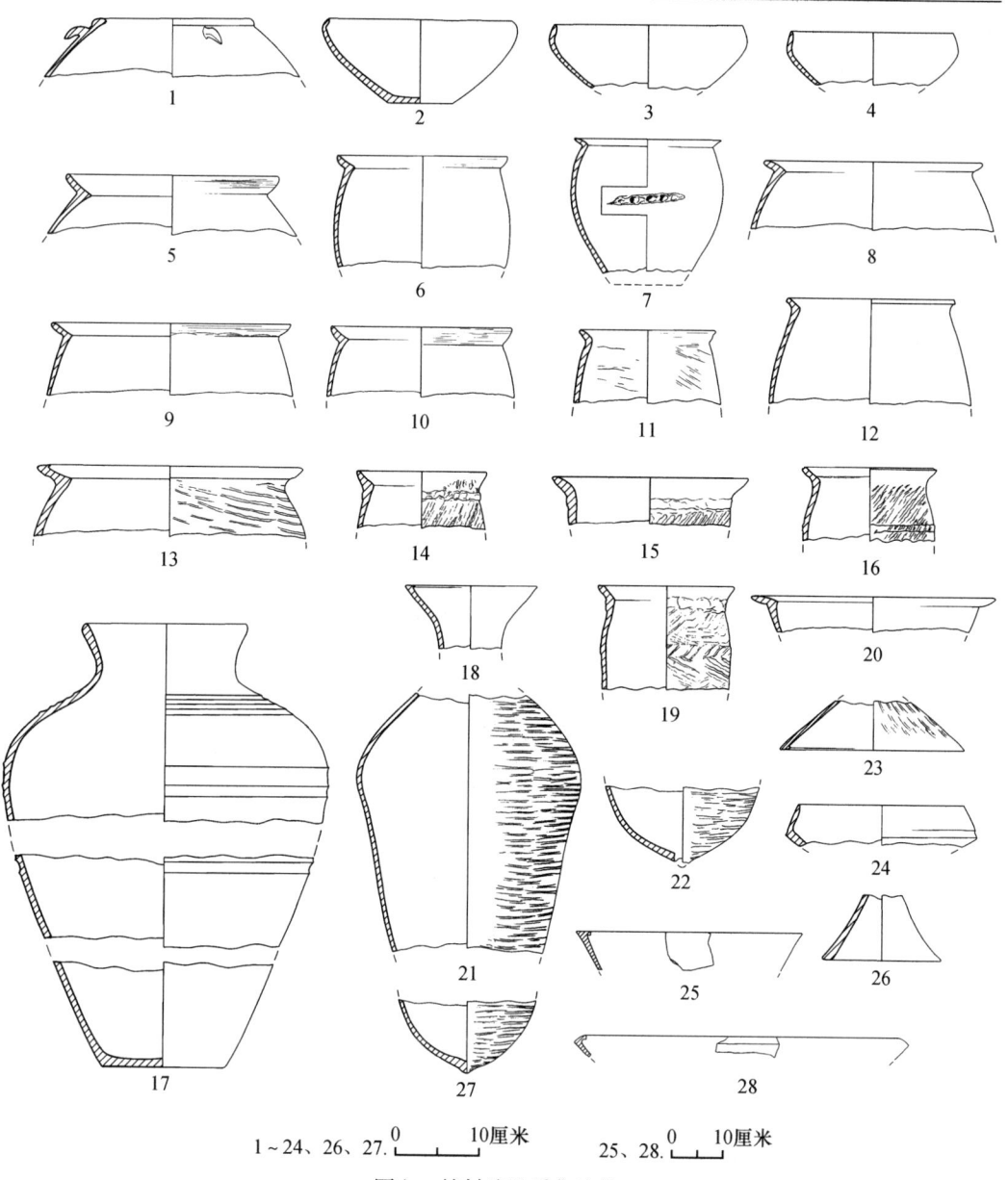

图六 辕村遗址采集遗物

1. 瓮（ⅢH1②:1） 2. 钵（ⅢH1①:1） 3. 钵（ⅢH1①:20） 4. 钵（ⅢH1①:21）
5. A型泥质罐（ⅢH1①:10） 6. A型泥质罐（ⅢH1①:11） 7. A型泥质罐（ⅢH1②:2）
8. A型泥质罐（ⅢH1①:24） 9. A型泥质罐（ⅢH1①:25） 10. A型泥质罐（ⅢH1①:26）
11. B型泥质罐（ⅢH1①:23） 12. B型泥质罐（ⅢH1①:12） 13. A型夹砂罐（ⅢH1①:16）
14. A型夹砂罐（ⅢH1①:15） 15. B型夹砂罐（ⅢG1:1） 16. B型夹砂罐（ⅢH1②:3）
17. C型泥质罐（ⅢH1①:13） 18. 尖底瓶（ⅢH1①:5） 19. A型夹砂罐（ⅢH1①:14）
20. 盆（ⅢH1①:9） 21. 尖底瓶（ⅢH1①:7） 22. 尖底瓶（ⅢH1①:22） 23. 盖（ⅢH1①:8）
24. 豆盘（ⅢH1①:3） 25. 敛口器（ⅢH1①:18） 26. 喇叭口圈足（ⅢH1①:4）
27. 尖底瓶（ⅢH1①:6） 28. 敛口器（ⅢH1①:19）

附一周压印绳纹的泥条。口径约16、残高8.5厘米（图六，16）。

尖底瓶 10件。皆不可复原，多为残口沿、残尖底、残腹，皆为泥质陶。ⅢH1①：5，残剩口、颈部，泥质灰陶，喇叭口，内口缘有一周凸棱，沿面有一周浅凹槽，细颈，素面。口径15.4、残高7.2厘米（图六，18）。ⅢH1①：6，残剩底部，泥质灰陶，乳突状尖底，饰篮纹。残高约8.5厘米（图六，27）。ⅢH1①：7，残剩肩、腹，泥质灰陶，圆肩，饰篮纹。肩径约26.5、残高约29.5厘米（图六，21）。ⅢH1①：22，残底，泥质灰陶，乳突状尖底，饰篮纹。残高约8.5厘米（图六，22）。

盆 1件。ⅢH1①：9，泥质磨光灰陶，敞口，折沿，尖圆唇，素面。口径29、残高4厘米（图六，20）。

盖 2件。皆残。ⅢH1①：8，夹砂灰陶，平盖沿，沿内缘突出成尖棱，盖壁近直，外壁饰旋篮纹。口径约22、残高5.6厘米（图六，23）。

豆 皆残。皆系泥质灰陶。分豆盘与喇叭口圈足。

豆盘 1件。ⅢH1①：3，残剩豆盘。泥质灰陶，敛口，尖圆唇，折腹，素面。口径约20、残高4.5厘米（图六，24）。

喇叭口圈足 3件。ⅢH1①：4，泥质磨光灰陶，素面。圈足直径14.2、残高7.6厘米（图六，26）。

敛口器 4件。ⅢH1①：18，泥质磨光灰陶，内折沿，沿面近唇处有一周窄凹槽，斜直腹，素面。口径约38、残高6厘米（图六，25）。ⅢH1①：19，泥质灰陶，内折沿，方圆唇，斜直腹，素面。口径约60、残高4厘米（图六，28）。

3. 夏时期遗物

此次调查在Ⅱ号地点沿一断崖边开一条1米×2米的东西向探沟，获一批夏时期陶器。陶片以泥质陶占大宗，包含泥质灰陶、褐陶。纹饰有绳纹、弦断绳纹、弦纹和附加堆纹。发现较多该时期罐腹片，器类有尊、罐、簋等，皆残。

尊 1件。ⅡTG1②：2，泥质褐陶，敞口，方唇，颈部饰一周附加堆纹。口径约36、残高4厘米（图七，1）。

罐 8件。ⅡH1：2，泥质磨光灰陶，饰弦纹、圆圈纹、对称线纹（图七，6）。ⅡTG1②：3，泥质灰陶，敞口，折沿近平，尖圆唇，短颈，颈下饰密集凸弦纹，弦纹下接向右倾斜的绳纹。口径约19、残高约5.6厘米（图七，11）。Ⅱ采：2，泥质褐陶，敞口，圆唇，束颈，饰深窄凹弦纹。口径约13、残高7厘米（图七，12）。ⅡH1：1，夹砂褐陶，翻沿，方唇，斜弧腹，饰绳纹。口径40、高约30厘米（图七，16）。

簋 1件。ⅡTG1①：3，泥质灰陶，残剩圈足，圈足饰一周凸弦纹。圈足直径约14、残高6厘米（图七，7）。

4. 东周时期遗物

此次调查在辕村遗址首次发现东周时期遗存。遗物皆系Ⅰ号地点灰坑、灰沟及地表采集所得。所获陶器有豆、鬲、盆、罐等。

豆　10件。皆残。皆系泥质灰陶。按豆盘不同可分为二型。

A型　3件。盘形豆。Ⅰ采∶1，圆唇，折腹，素面，豆盘表面易脱落。口径约19、残高4.2厘米（图七，2）。

B型　7件。折腹钵形豆。ⅠH2∶2，圆唇，弧折腹，腹较深，素面。口径约18、残高4.5厘米（图七，3）。ⅠG1∶1，方唇，腹部折棱较明显，腹较浅，素面。口径约17、残高3.7厘米（图七，4）。

鬲　18件。皆残。皆系夹砂陶。其中残留口沿者16件，依口沿不同，可分折沿与叠沿二型。

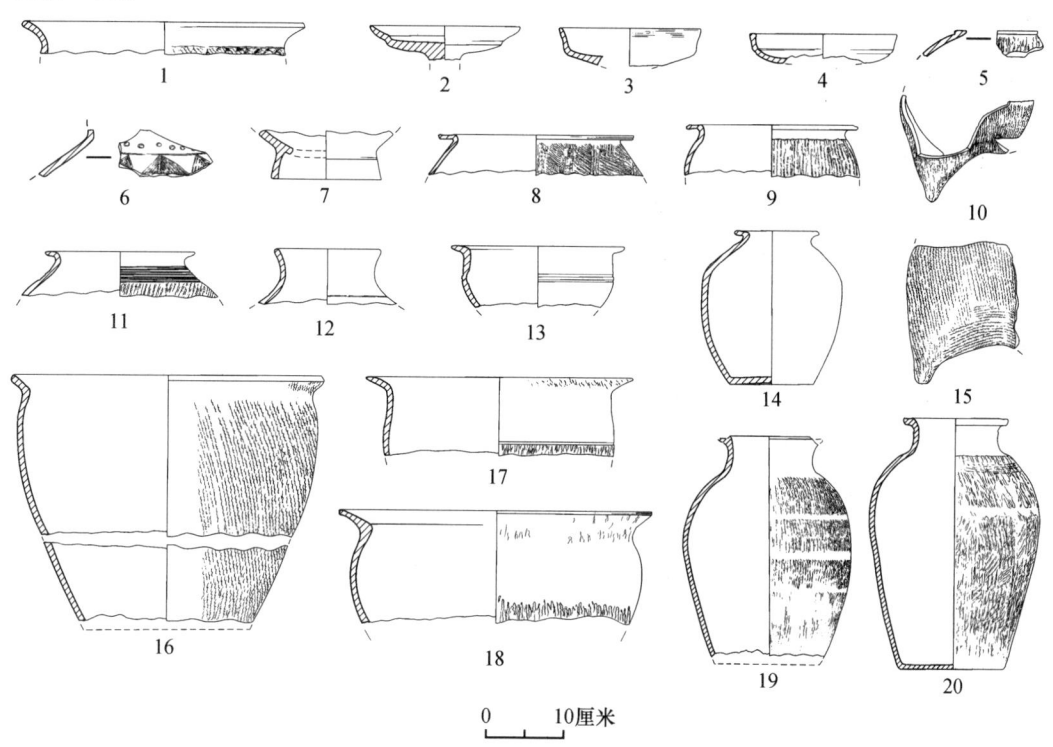

图七　辕村遗址采集遗物

1.尊（ⅡTG1②∶2）　2.A型豆（Ⅰ采∶1）　3.B型豆（ⅠH2∶2）　4.B型豆（ⅠG1∶1）
5.B型鬲（Ⅰ采∶2）　6.罐（ⅡH1∶2）　7.簋（ⅡTG1①∶3）　8.A型鬲（ⅠH3∶1）　9.A型鬲（ⅠH4∶1）
10.鬲（ⅠH1∶1）　11.罐（ⅡTG1②∶3）　12.罐（Ⅱ采∶2）　13.A型盆（ⅠH2∶3）　14.A型罐（ⅠH2∶5）
15.鬲（Ⅰ采∶3）　16.罐（ⅡH1∶1）　17.B型盆（ⅠH2∶4）　18.A型盆（ⅠG1∶2）　19.B型罐（ⅠH2∶7）
20.B型罐（ⅠH2∶1）

（1、6、7、11、12、16.夏时期陶器；2~5、8~10、13~15、17~20.东周时期陶器）

A型　折沿鬲，15件。ⅠH3∶1，夹砂灰陶，折沿近平，唇部上划有一周细凹槽，残腹饰交错细绳纹。口径约21、残高5厘米（图七，8）。ⅠH4∶1，灰皮红胎，夹砂。圆唇，沿面微凹，沿面近唇处有凸棱，短颈，颈部下残腹饰绳纹。口径约18.5、残高6.5厘米（图七，9）。

B型　叠沿鬲，1件。Ⅰ采∶2，夹砂灰陶，敛口圆唇，残腹饰较浅绳纹。残高3.2厘米（图七，5）。

残留腹、足者2件。ⅠH1∶1，夹较少细沙，灰陶，弧腹，弧裆，钝尖锥状足。腹部饰一周抹弦纹，抹弦纹下饰较细绳纹，足根及裆部饰粗绳纹（图七，10）。Ⅰ采∶3，夹砂灰陶，弧裆，钝尖锥状足，饰绳纹，其中足部及裆部绳纹按压较深（图七，15）。

盆　9件。皆不可复原。皆系泥质灰陶。按口沿形态不同可分折沿盆、翻沿盆二型。

A型　折沿盆，5件。ⅠH2∶3，折沿近平，圆唇，斜弧腹，最大腹径处上部饰二周凹弦纹。口径22、残高7.6厘米（图七，13）。ⅠG1∶2，内表易脱落，斜折沿，宽平沿面，唇上划一周细窄凹槽，弧腹，自口沿外壁始先饰较深绳纹，而后将口沿至最大腹径的器表绳纹抹平。口径40、残高14厘米（图七，18）。

B型　翻沿盆，4件。ⅠH2∶4，斜翻沿，尖圆唇，弧腹，最大腹径处饰一周凹弦纹，其下饰绳纹。口径34、残高约9.8厘米（图七，17）。

罐　27件，其中有3件可复原，余皆甚残。依颈部形态可分为二型。

A型　短颈罐，1件。ⅠH2∶5，泥质灰陶，窄折沿，沿面近唇处有一周凹槽，圆唇，圆折肩，弧腹，平底，素面。口径约8.5、肩径约18、底径约11、高约19厘米（图七，14）。

B型　长颈罐，2件。ⅠH2∶7，泥质灰陶，沿部内缘突出，凹沿面，唇部不存，圆肩，弧腹，颈部素面，束颈以下饰绳纹，肩、腹部又饰二周抹弦纹，下腹部分绳纹被抹平。口径10.5、残高约28厘米（图七，19）。ⅠH2∶1，泥质褐陶，窄凹沿面，方唇，圆肩，斜直腹，平底，束颈以下饰绳纹，肩部绳纹上饰一周凹弦纹，近底部绳纹被抹平。口径11.5、底径14.3、高31厘米（图七，20）。

（三）裴介遗址

本次所调查的裴介遗址地点位于裴介镇北部农田之中，即2003～2006年，运城盆地考古调查中的裴介Ⅰ号遗址。此次调查在断崖发现H1，坑内出土遗物有陶、石、骨器，依陶器判断，该灰坑为夏时期东下冯文化遗迹。

陶器有罐、斝和器盖等。夹砂陶略多于泥质陶，其中夹砂灰陶与泥质灰陶约各占陶片数量的四成，还有少量的夹砂红陶、夹砂褐陶、泥质红陶、泥质褐陶。纹饰以绳纹为主，还有少量的弦纹、附加堆纹等，素面陶约占陶片数量的20%。

鬲　1件。H1①：1，夹砂灰陶，外灰内红，敞口，圆唇，口部按捏泥条加厚，斜直高领，残袋形足，自口部始饰绳纹，领部有抹平痕迹。残高19.2厘米（图八，1）。

罐　10件。皆甚残。H1①：2，夹细砂，灰皮褐胎，翻沿，方唇，弧腹，沿下饰竖向绳纹。口径约18、残高12厘米（图八，2）。H1②：1，夹粗砂，灰皮褐胎，敞口，圆唇，残存一角状錾，矮束颈，腹部饰绳纹。残高5厘米（图八，3）。H1①：3，夹细砂，灰皮褐胎，敞口，方唇，束颈，自唇部外缘始饰绳纹，后颈部经抹平。口径约16、残高4.8厘米（图八，4）。H1①：4，泥质灰陶，底微凹，残腹、底饰绳纹。底径约12、残高5.6厘米（图八，5）。

盖　1件。H1①：5，泥质磨光灰陶，尖唇，盖壁内折，饰凹弦纹，二周一组，残剩三组，其中内二组凹弦纹之间饰圆圈纹，残剩二组，一组三个圆圈纹。口径32、残高8.4厘米（图八，8）。

石刀、骨刀各1件，皆残。

石刀　1件。H1①：7，残存二孔，两端残，单面刃，平背。宽3.8、厚0.6厘米（图八，6）。

骨刀　1件。H1①：6，右侧残，刀身略弧。宽4厘米（图八，7）。

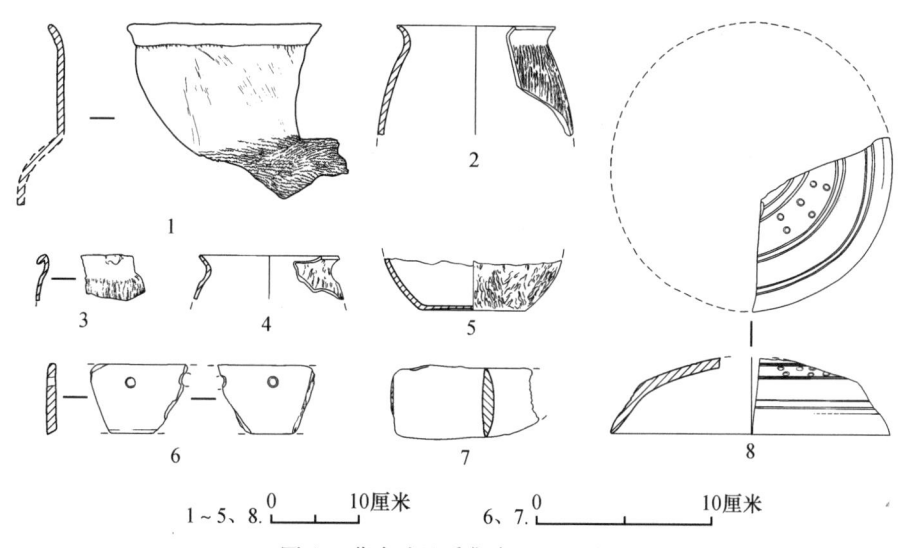

图八　裴介遗址采集陶、石、骨器
1.鬲（H1①：1）　2.罐（H1①：2）　3.罐（H1②：1）　4.罐（H1①：3）　5.罐（H1①：4）
6.石刀（H1①：7）　7.骨刀（H1①：6）　8.盖（H1①：5）

（四）东阴遗址

东阴遗址位于东阴村东、南部，据西阴遗址仅1千米。学界曾于2000年在东阴遗址进行调查与试掘，获得一批"二里冈上层时期"遗存[5]。此次调查亦有相同发现。

可辨识的陶器有鬲、斝、罐、瓮、盆、尊和豆等，皆不可复原。分夹砂陶和泥质陶二类，其中夹砂灰陶约占陶片数量的70%，泥质灰陶约占20%，还有少量的夹砂红陶、夹砂褐陶和泥质红陶。纹饰以绳纹为主，还有部分篮纹、附加堆纹、弦纹等。现将部分陶器介绍如下。

斝　1件。采：6，底、足不存，夹砂灰陶，器表磨光，敞口，平沿，平沿内缘上凸，沿下有一周凹槽，方唇，上腹凹弧，附麻花把，下腹鼓凸，饰三周凹弦纹。口径21、残高约20厘米（图九，1）。

鬲　4件。依唇部不同分为二型。

A型　2件。方唇。采：1，夹细砂灰陶，敞口，折沿，沿面凹弧明显，束颈，腹部饰绳纹。口径18、残高9厘米（图九，2）。采：7，夹砂红陶，残口部分为夹砂灰陶，敞口，口部内壁有一周细窄凹槽，窄平沿，唇面有一周细窄凹槽唇下缘突出成尖棱，束颈，颈、腹相接处饰一周凹弦纹，腹部饰绳纹。口径约20、残高10.4厘米（图九，3）。

B型　2件。圆唇。采：2，夹细砂灰陶，敞口，折沿，折裆，残袋足，饰绳纹。口径约16、残高约14厘米（图九，4）。

另有鬲足3件，皆锥状足尖。采：5，夹粗砂灰陶，折裆，锥状足尖，袋足饰绳纹（图九，7）。采：4，夹细砂灰陶，足尖下部呈浅黄色（图九，8）。

盆　1件。采：10，夹砂灰陶，敞口，尖圆唇，唇内缘突出，上腹竖直，下腹斜收，上腹饰二周凹弦纹，下腹饰绳纹。口径约30、残高10.4厘米（图九，5）。

瓮　1件。采：8，泥质灰陶，敛口，口部内壁加厚，方唇，素面。残高7.2厘米（图九，6）。

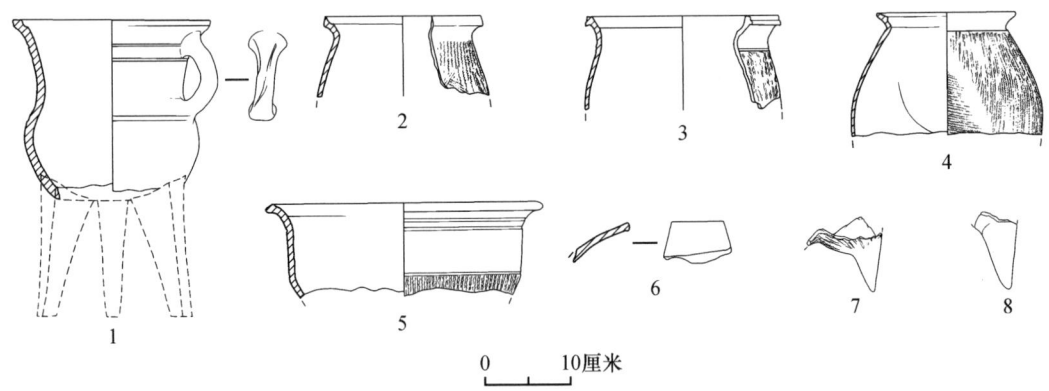

图九　东阴遗址采集陶器

1.斝（采：6）　2.A型鬲（采：1）　3.A型鬲（采：7）　4.B型鬲（采：2）　5.盆（采：10）　6.瓮（采：8）　7.鬲足（采：5）　8.鬲足（采：4）

（五）窑头遗址

此次调查新发现窑头遗址，位于中条山中段西侧一处山脊之上，遗址邻近夏县窑头村，被003乡道穿过。遗址地表及附近皆被改造为农田，地表少见遗物。此次在该遗址靠近003乡道的断崖上发现灰坑，并获得一批龙山时代三里桥文化材料。

陶器有鬲、罐、缸、甗、杯等。有泥质陶和夹砂陶，其中泥质陶略多于夹砂陶，泥质陶中以泥质灰陶为大宗，还有部分泥质褐陶，夹砂陶中多夹砂灰陶，还有部分夹砂褐陶，少量夹砂红陶。纹饰主要为绳纹。

鬲　1件。H1:11，足与腹大部不存，夹砂灰陶，尖唇，束颈，口沿与腹部之间接一桥形鋬，饰绳纹。口径约13、残高13厘米（图一〇，1）。

罐　6件。均残。H1:3，泥质灰陶，尖圆唇，口部外壁加厚，束颈，残腹磨光素面。口径14、残高10厘米（图一〇，2）。H1:2，泥质灰陶，尖圆唇，口部外壁加厚，束颈，颈腹相接处有一周凹弦纹，腹部饰较浅篮纹。口径14.8、残高11厘米（图一〇，3）。

缸　5件。均残。H1:4，泥质灰陶，微敛口，厚方唇，腹壁较厚，素面。口径约30、残高8厘米（图一〇，4）。H1:5，夹砂灰陶，敛口，厚方唇，腹壁较厚，口部外壁饰竖向绳纹，腹部饰向右倾斜的绳纹，唇上亦饰绳纹。残高11.5厘米（图一〇，6）。H1:6，夹砂红陶，敛口，厚方唇，腹壁较薄，唇、器壁皆饰绳纹。残高7厘米（图一〇，7）。H1:7，夹砂灰陶，敛口，厚方唇，腹壁较薄，唇、器壁皆饰绳纹。残高8.4厘米（图一〇，8）。

杯　1件。H1:1，泥质磨光灰陶，敞口，圆唇，折腹，上、下腹部凹弧，小平底，素面。口径10、底径5、高6.8厘米（图一〇，5）。

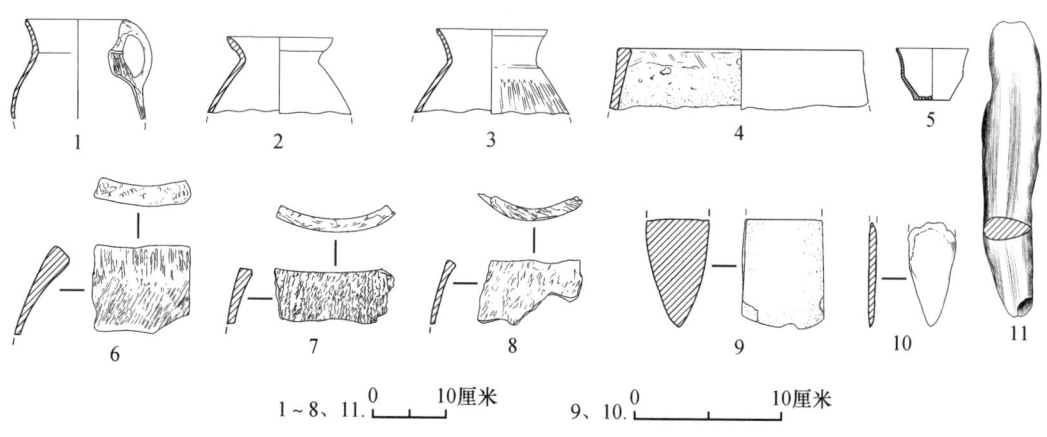

图一〇　窑头遗址采集陶、石器
1.鬲（H1:11）2.罐（H1:3）3.罐（H1:2）4.缸（H1:4）5.杯（H1:1）6.缸（H1:5）7.缸（H1:6）8.缸（H1:7）9.石斧（H1:8）10.石薄尖状器（H1:10）11.石磨棒（H1:9）

石器有3件，分别是斧、磨棒、薄尖状器。

斧　1件。H1：8，顶部残缺，两侧齐平，弧双面刃磨光，体厚且重。宽5.5、残高7.1厘米（图一〇，9）。

磨棒　1件。H1：9，体厚且重，长条形，不甚规整。长约38、宽约8厘米（图一〇，11）。

薄尖状器　1件。H1：10，体薄，右侧开双面刃，右侧及上端残。残长6.8，宽3.4、厚0.5厘米（图一〇，10）。

（六）西阴遗址

西阴遗址位于青龙河北岸。1926年，李济在该遗址开展中国人的首次独立考古[6]。1994年，山西省考古研究所（现山西省考古研究院）在此开展第二次田野发掘[7]。此次调查在断崖上发现1个灰坑，并采集一批西阴文化、荆村文化遗物。

1. 西阴文化遗物

遗物主要是陶器，还有1件不明器形的残石器。陶器包括盆、罐、小口尖底瓶、钵、缸等，皆残。

盆　1件。H1：2，泥质灰陶，敞口，沿面微凸弧，残沿面上饰三道刻划纹，圆唇，斜弧腹，素面。口径约40、残高5厘米（图一一，1）。

罐　1件。采：1，夹砂灰陶，口内缘凸出，圆唇，竖颈，颈部内壁凹弧，饰弦断细绳纹。口径约16、残高4.8厘米（图一一，2）。

小口尖底瓶　2件。H1：4，仅剩口部，泥质红陶，上唇残，下唇尖凸。残高3.2厘米（图一一，3）。H1：5，剩束颈，泥质红陶，饰向左倾斜的绳纹。残高5.4厘米（图一一，6）。

钵　1件。H1：1，泥质红陶夹灰胎，口部加厚，圆唇，弧腹，饰凹弦纹。口径约

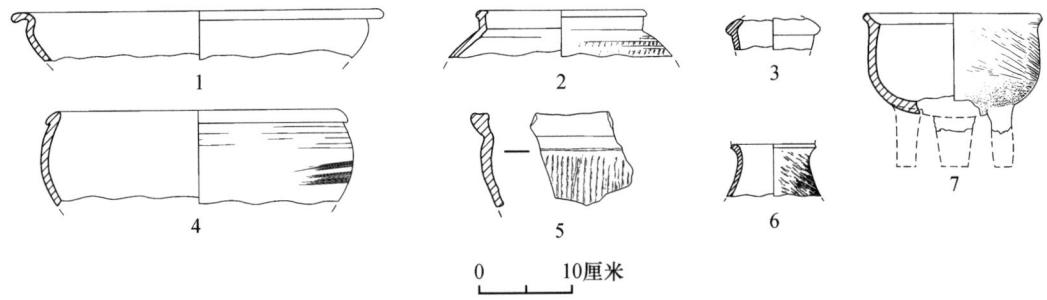

图一一　西阴遗址采集陶器

1.盆（H1：2）　2.罐（采：1）　3.小口尖底瓶（H1：4）　4.钵（H1：1）　5.缸（H1：3）
6.小口尖底瓶（H1：5）　7.鼎（采：2）

（1~6.西阴文化陶器；7.荆村文化陶器）

30、残高10.5厘米（图一一，4）。

缸　1件。H1：3，夹粗砂灰陶，口部内壁内凹，沿面微凹，圆唇，饰弦纹、绳纹。残高9.5厘米（图一一，5）。

2. 荆村文化遗物

仅采集到该时期鼎1件。采：2，足尖残。夹砂灰陶，敞口，折沿，沿面微凹，方唇，上腹器壁竖直，下腹弧收，平装足，鼎腹饰篮纹。口径18.5、残高12厘米（图一一，7）。

（七）汤里遗址

此次调查在汤里村西北、西南、南部设立三个调查点，其中Ⅰ、Ⅲ号地点陶片甚残，不可辨认器形，仅在位于青龙河故道东岸台地的Ⅱ号地点采集到一批仰韶时代、龙山时代、东周时期陶器口沿、腹部残片。

1. 仰韶时代遗物

陶器有钵、盖等。皆为泥质红陶，部分饰细绳纹，部分饰彩。

钵　1件。Ⅱ采：1，泥质红陶，口部加厚，圆唇，弧腹，残器素面。残高4.8厘米（图一二，1）。

盖　1件。Ⅱ采：2，泥质红陶，陶色较浅，圆唇，口缘加厚，残器素面。口径约20、残高2.4厘米（图一二，4）。

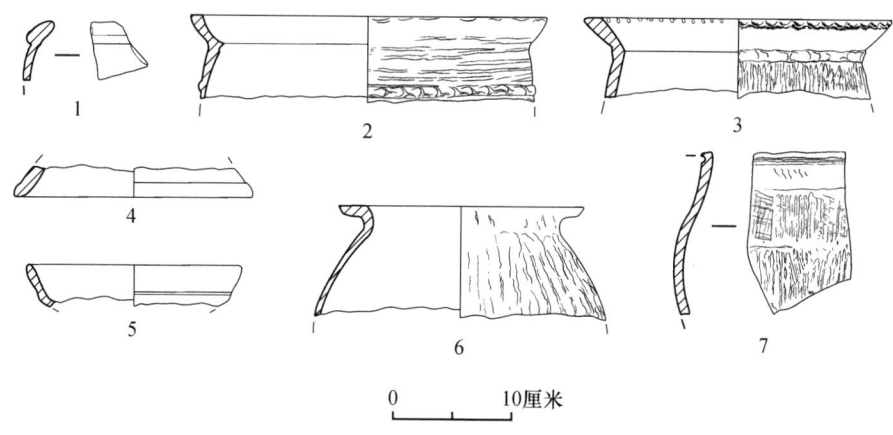

图一二　汤里遗址采集陶器

1. 钵（Ⅱ采：1）　2. 罐（Ⅱ采：3）　3. 罐（Ⅱ采：4）　4. 盖（Ⅱ采：2）　5. 豆（Ⅱ采：7）
6. 鬲（Ⅱ采：5）　7. 鬲（Ⅱ采：6）

（1、4.仰韶时代陶器；2、3龙山时代早期陶器；5~7.东周时期陶器）

2. 龙山时代早期遗物

仅辨识出2件罐。Ⅱ采：3，夹砂灰陶，敞口，折沿，折棱突出，沿面凹弧，唇上按压浅窝花边，腹部饰篮纹，附一周按窝泥条。口径约28、残高6.8厘米（图一二，2）。Ⅱ采：4，夹砂灰陶，敞口，折沿，花边，沿面转折处饰戳印纹，外壁折沿处饰附加堆纹，腹部饰绳纹。口径约23、残高6.4厘米（图一二，3）。

3. 东周时期遗物

可辨识者有豆、鬲。

豆　1件。Ⅱ采：7，残剩豆盘，泥质灰陶，敞口，圆唇。口径约18、残高3.4厘米（图一二，5）。

鬲　2件。Ⅱ采：5，夹砂灰陶，平折沿，尖唇，饰绳纹。口径约20、残高9厘米（图一二，6）。Ⅱ采：6，夹砂灰陶，折沿不存，弧折腹，饰绳纹。残高6.7厘米（图一二，7）。

（八）圪塔遗址

圪塔遗址位于南大里乡圪塔村，遗址分布于村庄四周，邻近青龙河。曾于20世纪晋南考古调查[8]及2003～2006年调查[9]过程中发现仰韶时代、龙山时代、东周时期遗存，此次调查亦有相同发现。

1. 仰韶时代早期遗物

采集材料较少。其中饰细绳纹的腹部残片当属小口尖底瓶。还发现小口窄沿罐。

罐　1件。19采：4，夹砂褐陶，窄沿，圆唇，颈部不明显，颈部饰弦纹，腹部饰细绳纹。口径约10、残高3.8厘米（图一三，1）。

2. 龙山时代遗物

采集所获陶器皆甚残，不可复原，可辨识出杯、罐、缸，另有部分残喇叭口圈足，陶质有泥质灰陶、泥质灰皮褐陶、泥质红陶、夹砂黑皮褐陶、夹砂灰陶等，纹饰有篮纹、绳纹等。

杯　1件。19采：1，泥质灰陶，敞口，圆唇，下腹折收，耳、底不存，素面。口径约10、残高6.4厘米（图一三，2）。

罐　2件。19采：7，泥质灰陶，宽斜折沿，尖唇，沿部上部外壁加厚，下部外壁饰一周等距排列的枣核状戳印纹，残存5个。口径约24、残高约7厘米（图一三，3）。19采：2，泥质黑皮夹褐胎，喇叭形口，器表磨光素面。口径14、残高4.2厘米

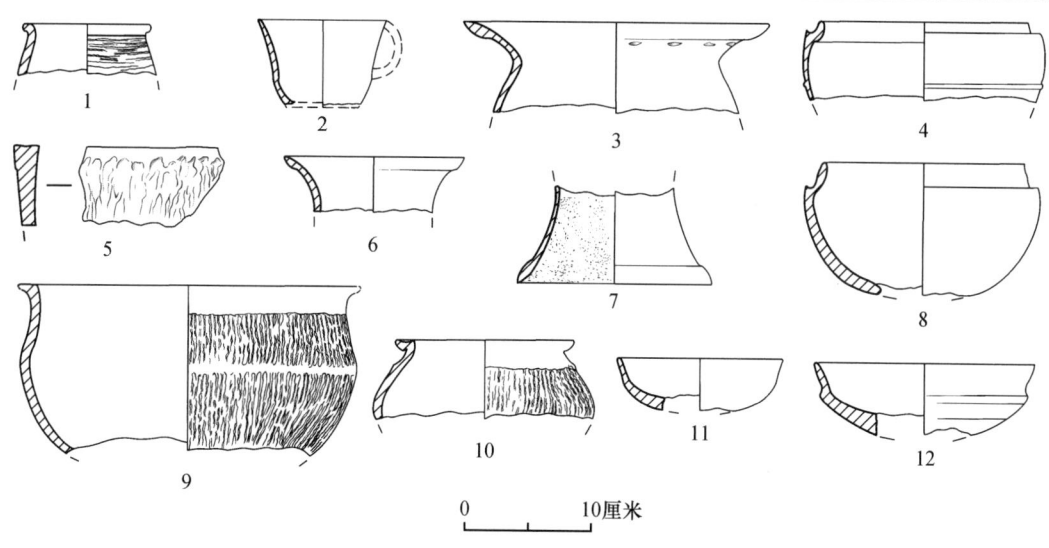

图一三 圪塔遗址采集陶器

1.罐（19采：4） 2.杯（19采：1） 3.罐（19采：7） 4.盖豆（20采：2） 5.缸（20采：3）
6.罐（19采：2） 7.圈足（19采：3） 8.盖豆（20采：1） 9.盆（19采：6） 10.鬲（19采：5）
11.盘形豆（19采：10） 12.盘形豆（19采：9）

（1.仰韶时代陶器；2、3、5～7.龙山时代陶器；4、8～12.东周时期陶器）

（图一三，6）。

缸 1件。20采：3，夹砂灰陶，竖直口，方唇，厚胎，饰粗绳纹。残高6厘米（图一三，5）。

另有圈足，19采：3，泥质红陶，喇叭形。底径15、残高7.4厘米（图一三，7）。

3. 东周时期遗物

皆不可复原，可识别器类有鬲、盆、豆，以泥质灰陶为主，其次是夹砂灰陶。

鬲 1件。19采：5，夹砂红陶，敛口，折沿，沿面微凹，尖圆唇，短斜颈，折肩，饰绳纹。口径约11、残高6厘米（图一三，10）。

盆 1件。19采：6，泥质灰陶，平折沿，唇部残，弧折肩，饰绳纹。口径约25、残高13.2厘米（图一三，9）。

豆 8件。皆仅剩豆盘，分盖豆、盘形豆二类。

盖豆 4件。20采：1，泥质灰陶，微敛口，方圆唇，斜弧腹，素面。口径约15、残高10厘米（图一三，8）。20采：2，泥质灰陶，直口，圆唇，斜弧腹，腹上饰凸弦纹。口径16、残高6厘米（图一三，4）。

盘形豆 4件。19采：10，泥质灰陶，敞口，尖圆唇，弧腹，素面。口径约12、残高4厘米（图一三，11）。19采：9，泥质灰陶，敞口，尖圆唇，口部外壁凹弧，折腹，素面。口径约17、残高5.4厘米（图一三，12）。

(九)古埪遗址

古埪遗址位于南大里乡古埪村北，青龙河西岸台地，圪塔遗址在其东部。2003～2006年调查材料显示此处是一较为单纯的"仰韶早期"遗址[10]。此次调查亦采集到少量该时期陶器。

可辨明的器类有罐、盆、钵等。泥质红陶约占60%，夹砂灰陶约占15%，泥质灰陶、夹砂红陶约各占一成，还有少量夹砂褐陶，多饰以弦纹、绳纹，还有少量戳印点纹。

罐　5件。皆折沿。采：4，夹砂灰褐陶，敞口，圆唇。口径约20、残高4厘米（图一四，1）。采：1，夹砂陶，外褐内黑，敞口，近方唇，弧腹，饰弦纹。残高7.5厘米（图一四，2）。采：2，夹砂灰褐陶，敞口，口上部内壁有一周细窄凹槽，方唇，饰弦纹。残高4.6厘米（图一四，3）。采：3，夹砂红陶，微敞口，沿面有一周细窄凹槽，圆唇，饰弦纹。残高约4.8厘米（图一四，4）。

盆　1件。采：5，泥质红陶，敞口，翻沿，圆唇。残高2.6厘米（图一四，5）。

钵　8件。采：6，泥质红陶，唇部及外壁口部以下约4厘米部分呈红褐色，敞口，口部较厚，圆唇，斜弧薄腹，素面。口径约36、残高7.3厘米（图一四，6）。采：7，泥质灰陶，唇部及外壁口部以下2厘米部分呈褐色，内壁及外壁腹部呈黑灰色，敞口，口部较厚，圆唇，斜弧腹，薄腹，素面。口径约30、残高7.3厘米（图一四，7）。采：8，泥质红陶，厚胎，直口，尖圆唇，斜弧腹，素面。残高8.5厘米（图一四，8）。

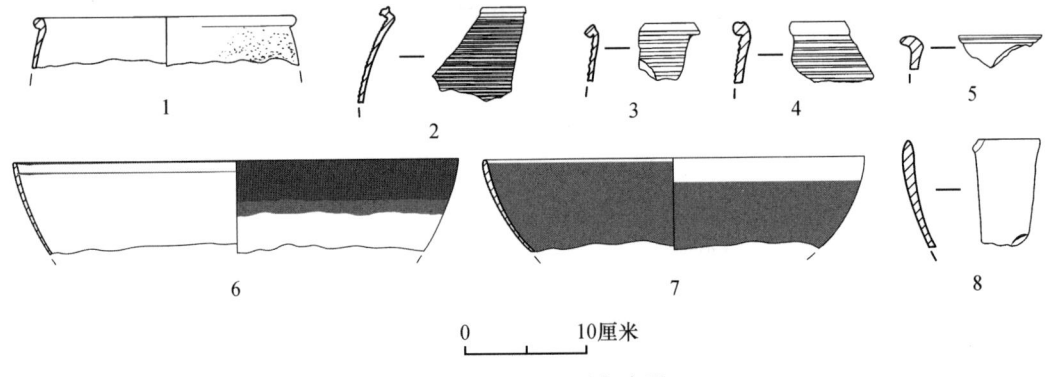

图一四　古埪遗址采集陶器
1.罐（采：4）　2.罐（采：1）　3.罐（采：2）　4.罐（采：3）　5.盆（采：5）　6.钵（采：6）
7.钵（采：7）　8.钵（采：8）

（十）上涫底遗址

上涫底遗址位于庙前乡上涫底村东南方向，中条山西麓山前阶地，遗址内部高差较大，表面破碎，史家遗址在其南部[11]。此次调查在遗址断崖上发现灰坑，通过地表采集获得仰韶时代陶片，新发现东周时期陶片。

1. 仰韶时代遗物

皆甚残，可辨明的器类有钵、盖和小口尖底瓶等，主要是泥质红陶，还有少量泥质灰陶、夹砂灰陶。

钵　2件。采：1，泥质灰陶，敛口，口部加厚，尖唇，素面。残高4.6厘米（图一五，1）。采：2，泥质红陶，直口，尖圆唇，口部外壁饰黑彩宽带纹。残高6厘米（图一五，2）。

盖　1件。采：5，夹砂灰褐陶，厚圆唇，弧壁，素面。口径约23、残高3.5厘米（图一五，5）。

还发现小口尖底瓶腹片2件。采：3，泥质陶，外红内褐，饰绳纹（图一五，3）。采：4，泥质陶，外红内灰，饰绳纹（图一五，4）。

2. 东周时期遗物

仅发现陶鬲。

鬲　1件。采：6，夹砂灰陶，折平沿，圆唇，弧折肩，饰绳纹。口径约19、残高7.2厘米（图一五，6）。

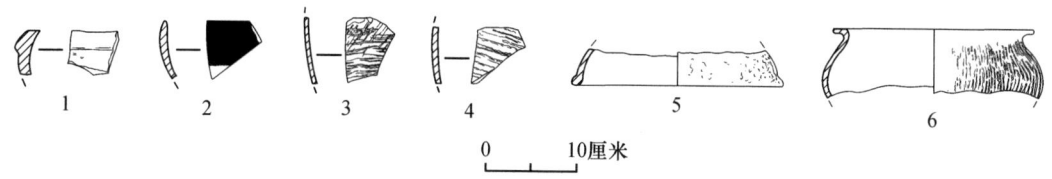

图一五　上涫底遗址采集陶器

1.钵（采：1）　2.钵（采：2）　3.腹片（采：3）　4.腹片（采：4）　5.盖（采：5）　6.鬲（采：6）

（1~5.仰韶时代陶器；6.东周时期陶器）

（十一）小王遗址

小王遗址位于南大里乡小王村，东接中条山西麓，往西5千米即是东阴遗址、西阴遗址，曾采集到"东下冯"遗存[12]，此次调查新发现二里冈文化上层时期遗物。

仅采集到陶器。有鬲、罐、盆、鼎和甗等，其中夹砂灰陶占七成，夹砂褐陶与泥质灰陶占比较小。

鬲　2件。采：1，夹砂灰陶，敞口，折沿上部加厚，方唇，敞口，束颈，弧腹，折裆，袋足，锥状足尖，饰绳纹。口径16.7、高24厘米（图一六，1）。

罐　4件。采：3，夹砂灰陶，敞口，翻沿，圆唇，弧折肩，饰绳纹。口径约25、残高16厘米（图一六，2）。采：4，夹砂灰陶，敞口，翻沿，方圆唇，唇下缘突出，饰按窝纹、绳纹。口径约32、残高11厘米（图一六，3）。采：5，夹砂灰陶，敞口，翻沿，圆唇，饰绳纹。口径约16、残高5.4厘米（图一六，4）。

盆　1件。采：7，泥质灰陶，翻沿，尖圆唇，弧腹，素面。残高约10厘米（图一六，5）。

鼎　1件。采：2，残存腹底与足，泥质灰陶，小平底，侧装三角足，足尖残，饰绳纹。残高约10厘米（图一六，6）。

甗　1件。采：6，夹砂灰陶，敞口，略显翻沿，圆唇，弧腹，饰绳纹。口径约28、残高16厘米（图一六，7）。

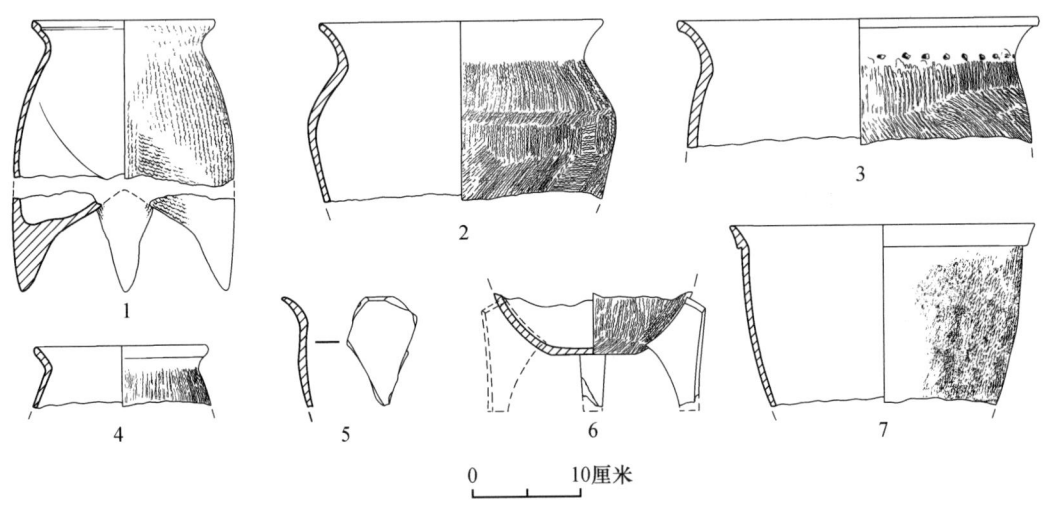

图一六　小王遗址采集陶器
1.鬲（采：1）　2.罐（采：3）　3.罐（采：4）　4.罐（采：5）　5.盆（采：7）　6.鼎（采：2）
7.甗（采：6）

（十二）尉郭遗址

该遗址位于尉郭乡尉郭村西南平地，北望东阴遗址。先前调查在该遗址发现有"龙山时期、二里头时期、二里冈时期"遗存[13]。此次调查仅发现二里冈文化时期遗存。

地表采集到的陶片较少，器类有罐、尊等，多泥质灰陶与夹砂灰陶，少量夹砂褐陶，多饰绳纹，少饰弦纹。

罐　2件。采：1，泥质灰陶，敞口，窄翻沿，圆唇，唇部残留一按窝，饰绳纹。口径14、残高5厘米（图一七，1）。采：2，夹砂灰陶，敞口，方唇，唇面残留三个压印绳纹按窝，唇下饰一周细凹弦纹。口径39、残高3厘米（图一七，2）。

尊　1件。采：3，仅剩沿部，泥质灰陶，敞口，圆唇。口径32、残高5厘米（图一七，3）。

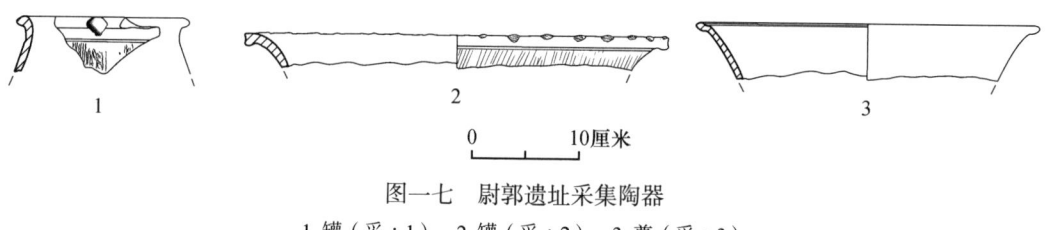

图一七　尉郭遗址采集陶器
1.罐（采：1）　2.罐（采：2）　3.尊（采：3）

（十三）东下冯遗址

东下冯遗址于1959年首次发现，1963、1973年开展两次复查，并于1974～1979年进行了首次发掘[14]，后于21世纪初再次开展调查[15]。此次调查地点位于东下冯村北部、青龙河东南岸台地断崖。断崖剖面分4层，第4层下发现灰坑3个，分别是H2、H3、H4，其中H2打破H3。H3、H4属东下冯文化，H2属二里冈文化下层时期。

1. 东下冯文化遗物

陶器可分为器皿、工具二类。其中器皿有罐、鬲、甗、尊、蛋形瓮等，以夹砂灰陶与泥质灰陶为主，分别占比约55%、30%，褐陶、红陶较少，多饰绳纹，约占80%，弦纹较少，约占10%，还有少量方格纹、附加堆纹等。陶质工具有饼形器、纺轮等。

鼎　2件。H4：3，夹砂灰陶，敞口，圆唇，弧腹，鼎足不存，饰绳纹，颈部绳纹有抹平痕迹。口径约19、残高10.4厘米（图一八，1）。

另有1鼎足，H3②：3，夹砂灰陶，侧装足，侧视成三角形。高12厘米（图一八，25）。

鬲　2件。H4：19，甚残，敞口，高直领，领下接袋足，饰绳纹。残高约13、领高约7、胎厚约1厘米（图一八，2）。

罐　23件。可分为三型。

A型　折肩罐，5件。H4：11，泥质灰陶，敞口，圆唇，束颈，弧肩，颈、肩之间饰凹弦纹，肩饰向右倾斜的绳纹。口径约22、残高8厘米（图一八，3）。H4：12，夹砂陶，灰皮褐胎，厚胎，直口微敞，圆唇，厚沿，束颈，饰较粗的抹断绳纹。口径约28、残高10.5、胎厚约1.3厘米（图一八，4）。

B型　弧腹罐，1件。H4：5，夹砂灰陶，敞口，翻沿，方唇，自唇部始饰绳纹，后将口沿外部器表绳纹抹平。口径30、残高10.7厘米（图一八，5）。

C型　圆腹罐，17件。H4：6，夹砂灰陶，翻沿，圆唇，沿外附贴一周泥条，束颈，自唇部始饰绳纹，后对颈部绳纹作抹平处理。口径16.2、残高6厘米（图一八，6）。H4：7，夹砂灰陶，敞口，方唇，沿上残剩一山字形錾，束颈不明显，饰绳纹，沿部绳纹被抹平。口径约16、残高7.8厘米（图一八，7）。H4：4，夹砂灰陶，敞口，翻沿，尖唇，短颈，沿外附贴一周泥条，残器附一耳，与器耳相对处口部可能附一錾，残器原通饰绳纹，但颈部绳纹后被抹平。口径约14、腹径18.2、残高15厘米（图一八，8）。H3①：2，夹砂灰陶，敞口，尖唇，沿外附贴一周泥条，短斜束颈，附桥形耳，凹底，器表通饰较粗绳纹。口径16.2、腹径17.6、底径7.8、高17厘米（图一八，9）。

簋　1件。H3②：1，残缺圈足，泥质灰陶，敞口，方唇，唇外缘突出，斜弧腹，抹光素面。口径17.2、残高6.5厘米（图一八，10）。

豆　1件。H4：18，残剩豆盘，泥质灰陶，平折窄沿，圆唇，斜弧腹，素面。口径14、残高4.8厘米（图一八，12）。

瓮　9件。其又可分为敛口瓮和蛋形瓮二型。

A型　敛口瓮，2件。H4：9，泥质灰陶，敛口，圆唇，折肩，深腹弧直斜收，折肩以上器表饰二组弦纹，折肩处残剩二泥饼，此处或原有一錾，残腹饰二组弦纹。口径20、肩径36.4、残高21.5厘米（图一八，11）。

B型　蛋形瓮，7件。又可分为二亚型。

Ba型　4件。内折平沿。H4：10，仅剩口部，厚胎，夹砂褐陶，敛口，方唇，沿面外缘尖凸，饰绳纹。口径20.4、残高4.5、胎厚1.2厘米（图一八，13）。

Bb型　3件。无折沿。H4：13，仅剩口部，夹砂灰陶，厚胎，敛口、方唇，唇部及腹皆饰绳纹。口径约30、残高8、胎厚1.3厘米（图一八，20）。

盆　1件。H3②：2，泥质灰陶，器表光滑，敞口，宽沿，方唇，饰弦纹，残肩附贴一有按窝的錾手。口径34、残高11.4厘米（图一八，15）。

甗　10件。H3②：4，夹砂红陶，敞口，沿部附贴一周泥条，斜弧腹，先在器表饰向右倾斜的绳纹，后在口部贴附泥条，再于泥条上饰向左倾斜的绳纹，而后又在泥条上按压出向右倾斜的绳纹。口径34、残高13.6厘米（图一八，16）。H4：22，夹砂灰陶，敞口，折沿，圆唇不甚规整，沿外附贴一周泥条，斜弧腹，饰绳纹。口径约40、残高22.5厘米（图一八，19）。

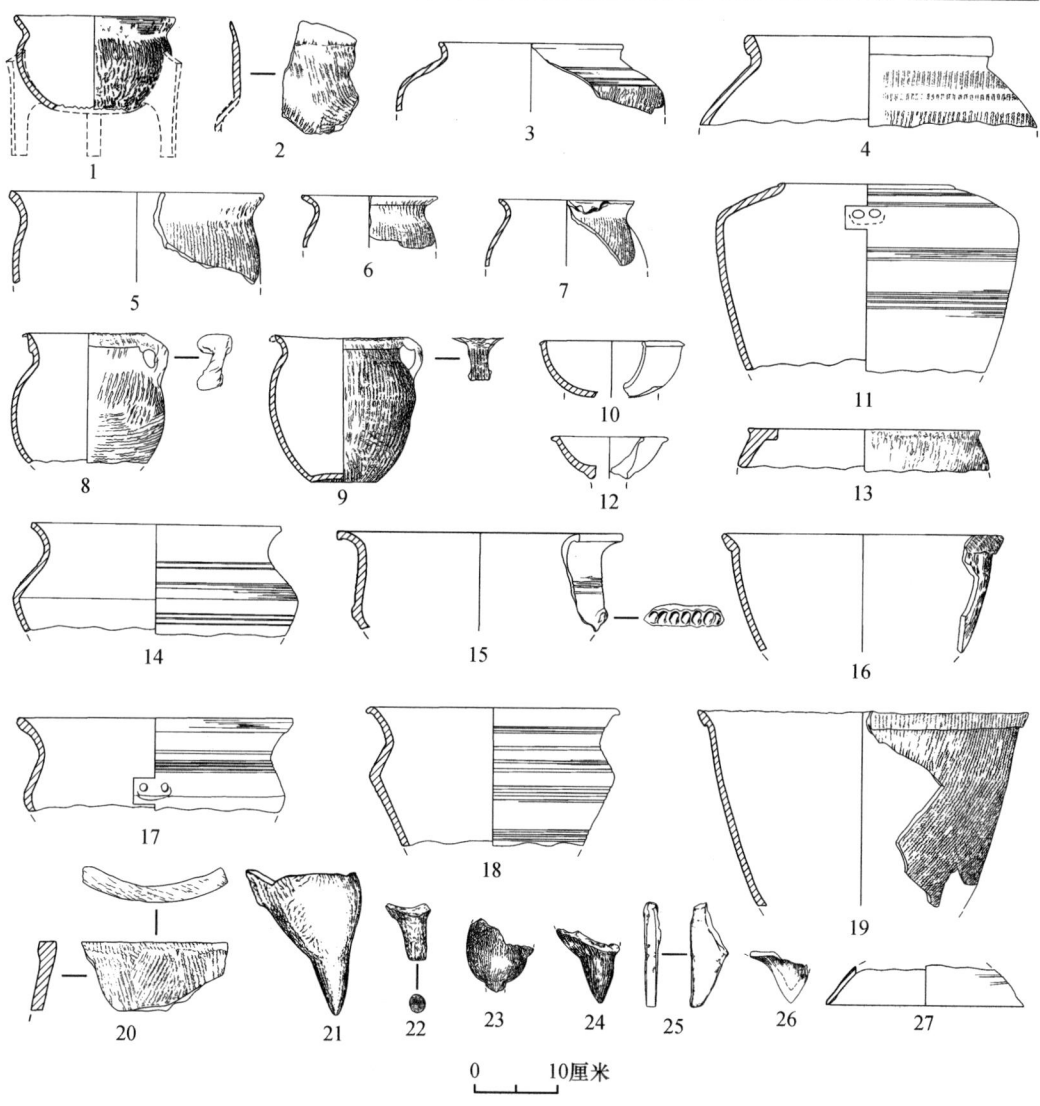

图一八 东下冯遗址采集遗物

1. 鼎（H4：3） 2. 鬲（H4：19） 3. A型罐（H4：11） 4. A型罐（H4：12） 5. B型罐（H4：5）
6. C型罐（H4：6） 7. C型罐（H4：7） 8. C型罐（H4：4） 9. C型罐（H3①：2） 10. 簋（H3②：1）
11. A型瓮（H4：9） 12. 豆（H4：18） 13. Ba型瓮（H4：10） 14. A型尊（H4：21） 15. 盆（H3②：2）
16. 甗（H3②：4） 17. B型尊（H3①：4） 18. B型尊（H3①：1） 19. 甗（H4：22） 20. Bb型瓮（H4：13）
21. 袋足（H3①：5） 22. 袋足（H4：20） 23. 袋足（H3①：3） 24. 袋足（H4：17） 25. 鼎足（H3②：3）
26. 袋足（H4：15） 27. 盖（H3①：9）

尊 3件。依口径、腹径比的不同可分为二型。

A型 1件。口径小于肩径。H4∶21，敞口，宽沿，方唇，折肩，颈部饰二周凹弦纹，肩部上下饰六周凹弦纹。口径约30、肩径约34、残高约13、胎厚约0.7厘米（图一八，14）。

B型 2件。口径大于肩径。H3①∶4，泥质灰陶，器表光滑，敞口，宽沿，圆唇，沿外加厚，束颈，折肩，肩部残剩一附二小泥饼錾，饰弦纹。口径33、肩径约31、残高11、胎厚约0.7厘米（图一八，17）。H3①∶1，泥质灰陶，敞口，宽沿，方唇，唇外缘突出，束颈，折肩，直腹微弧，饰凹弦纹。口径30、肩径29、残高16、胎厚约0.9厘米（图一八，18）。

盖 1件。H3①∶9，盖顶不存，泥质浅黄皮红陶，圆唇，近口部腹壁凹弧。口径约24、残高4.4厘米（图一八，27）。

另有部分袋足。H3①∶5，夹砂褐陶，袋足，角状实心足尖，饰较粗绳纹（图一八，21）。H4∶20，夹砂褐陶，柱状实心足尖，剖面为上宽下窄的梯形，饰绳纹。高6.5厘米（图一八，22）。H3①∶3，夹砂灰陶，残似球形，实心尖足残，饰绳纹（图一八，23）。H4∶17，夹砂褐陶，角状实心尖足，剖面为弧侧边三角形，饰绳纹（图一八，24）。H4∶15，当为蛋形瓮足，泥质灰陶，平裆，锥形袋足，饰绳纹（图一八，26）。

饼形器 2件。H3①∶7，夹细沙褐陶，方边，素面。直径14.8～15、厚0.8～1.2厘米（图一九，1）。H4∶1，夹粗砂灰陶，圆边，素面。直径15.8、厚2.3厘米（图一九，2）。

纺轮 2件。H3①∶12，夹砂褐陶，方边，中间有一穿孔，穿孔外有泥边，素面。直径约6、厚约2.5厘米（图一九，3）。H3①∶13，泥质灰皮褐胎，方边，中间有一穿

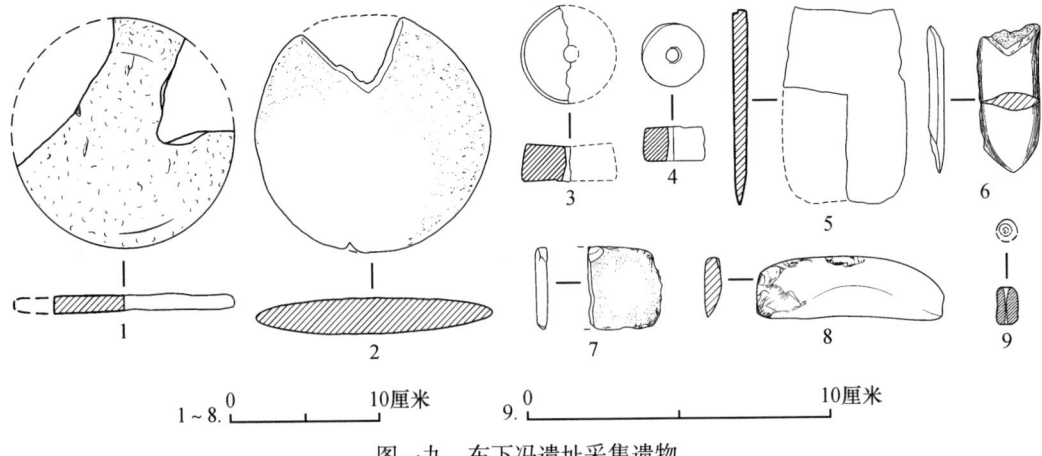

图一九 东下冯遗址采集遗物
1. 饼形器（H3①∶7） 2. 饼形器（H4∶1） 3. 纺轮（H3①∶12） 4. 纺轮（H3①∶13）
5. 石铲（H3①∶14） 6. 骨质圭形器（H3④∶1） 7. 石刀（H3②∶5） 8. 石刀（H3①∶10）
9. 绿松石串珠（H3①∶11）

孔，素面。直径约4.1、厚约2.2厘米（图一九，4）。

还发现石、骨器。其中工具有斧、铲、刀等器类，皆不可复原。装饰品有绿松石串珠。

铲　2件（内1件甚残）。H3①：14，深灰色，顶部残，整体为梯形，器身两侧与刃部为连续的弧形折角，双面刃，整体磨光，体薄，左侧上部有段凹弧，面粗糙，或做捆绑器柄用。残高12.7、宽8.1、厚0.9厘米（图一九，5）。

刀　2件。H3②：5，灰色磨光，平背，单面刃。残长约4.8、高约5.3、厚0.8厘米（图一九，7）。H3①：10，完整器，深灰色磨光，近长条形，两侧较窄，平背，似弯月形单面刃。长12.4、宽3.9、厚1.1厘米（图一九，8）。

绿松石串珠　1件。H3①：11，残剩一半，两头对钻，一头较平，石珠表面磨光。长1.2、直径约0.7厘米（图一九，9）。

骨质圭形器　1件。H3④：1，由大型动物肋骨制成，整体似圭状，尖部有磨制痕迹。长9.5、宽4.1、厚1.1厘米（图一九，6）。

2. 二里冈文化下层时期遗物

出土遗物以陶器为主，还有少量石器。

陶器有鬲、罐、瓮、甗等，陶质以夹砂灰陶为主，约占53%，泥质灰陶约占30%，夹砂褐陶约占17%，纹饰以绳纹为主，约占80%，另有少量弦纹、方格纹、附加堆纹、篮纹。

鬲　2件。H2：7，夹砂灰陶，薄胎，敞口，宽沿，方唇，唇下缘微凸，束颈，实心素面锥形足，余外壁饰细绳纹。口径19.5、高约24厘米，腹径、口径相近，胎厚0.3～0.5厘米（图二〇，1）。H2：14，甚残，夹砂灰陶，薄胎，敞口，宽沿，圆唇，束颈。颈部饰一周弦纹，余外壁饰细绳纹。口径约17、残高11、胎厚约0.3厘米（图二〇，2）。

罐　9件。皆为弧腹罐。H2：6，夹砂灰陶，敞口，圆唇，束颈，弧腹较直，下腹弧收，平底微内凹，整体呈方形，颈部素面，腹、底通饰绳纹。口径14.7、最大腹径18、底径8、高18.1厘米（图二〇，3）。

尊　1件。H2：12，口径小于肩径，泥质灰陶，敞口，宽沿，方唇，束颈，折肩，微内凹斜直腹，残器表饰四组凹弦纹，腹部弦纹下饰压印方格纹。口径约25、肩径约29、残高20、胎厚约1厘米（图二〇，5）。

甗　3件。H2：10，夹砂灰陶，敞口，沿外贴附一周泥条，弧腹。器身于贴附泥条前已通饰绳纹，而泥条亦施绳纹。口径约37、残高8.5厘米（图二〇，6）。

盆　1件。H2：9，泥质灰陶，敞口，宽沿，弧肩，肩部残剩一鋬，饰凹弦纹。口径约37、肩径34.4、残高10厘米（图二〇，7）。

缸　1件。H2：11，夹粗砂浅褐陶，厚胎，直口微敞，方唇凹弧，近口部附一周泥条，泥条上等距压印绳纹，腹上饰绳纹。残高15.6、胎厚0.8~2.2厘米（图二〇，9）。

蛋形瓮　4件。按口部形态可分为二型。

A型　2件。内折平沿。H2∶8，夹砂灰陶，厚胎，方唇凹弧，器表饰绳纹。残高12、胎厚1厘米（图二〇，10）。

B型　2件。无折沿。H2∶16，夹砂灰陶，厚胎，敛口，方唇，唇部及腹皆饰绳纹。口径约25、残高11、胎厚1厘米（图二〇，11）。

纺轮　1件。H2∶5，泥质灰陶，方边，中间有一对穿孔，磨光素面。直径约6、厚1.7~2厘米（图二〇，8）。

石器共出5件，可辨别器类者有斧、刀二类。

斧　1件。H2∶13，灰色砂岩，刃部一端残。圜顶，截面为椭圆形。二面磨光，顶、侧粗糙。残长约11.5、宽约6.5、厚3.2厘米（图二〇，4）。

刀　1件。H2∶1，残剩一侧，灰色磨光，直刃边，单面刃。残长5.5、残宽4.6、厚0.8厘米（图二〇，12）。

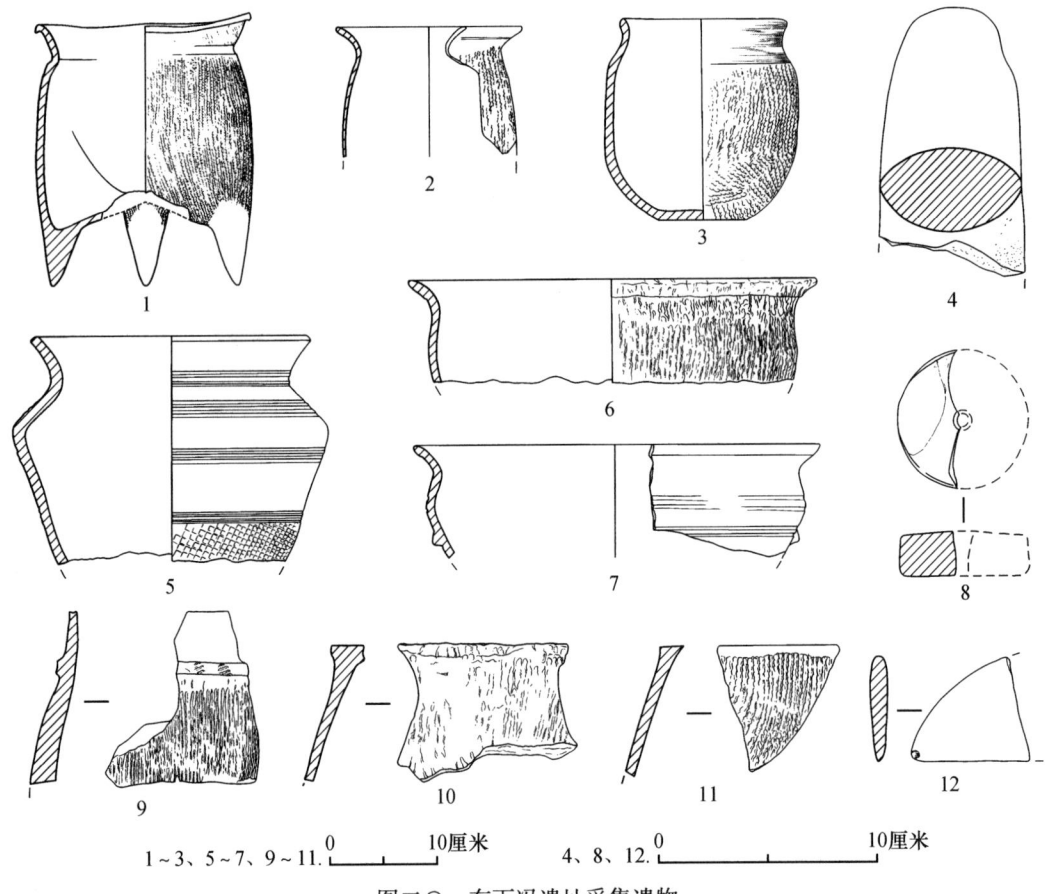

图二〇　东下冯遗址采集遗物

1.鬲（H2∶7）　2.鬲（H2∶14）　3.罐（H2∶6）　4.石斧（H2∶13）　5.尊（H2∶12）　6.瓿（H2∶10）　7.盆（H2∶9）　8.陶纺轮（H2∶5）　9.缸（H2∶11）　10.A型蛋形瓮（H2∶8）　11.B型蛋形瓮（H2∶16）　12.石刀（H2∶1）

二、年代与性质

我们可将此次调查所获材料分为十一段（表一）。

表一　2019~2020年夏县青龙河流域先秦时期遗址调查统计表

期段 遗址	仰韶时代			龙山时代		夏时期			早商		东周
	一段	二段	三段	四段	五段	六段	七段	八段	九段	十段	十一段
史家遗址		√			√						
辕村遗址		√	√				√				○
裴介遗址							√				
东阴遗址										√	
窑头遗址					○						
西阴遗址		√		√							
汤里遗址		√		√							○
圪塔遗址	√				√						√
古垛遗址	√										
上滸底遗址		√									○
小王遗址										○	
尉郭遗址									√		
东下冯遗址						√		√	√		

注：窑头遗址是为此次调查新发现遗址；"○"特指此次调查新发现遗存

第一段：枣园文化到东庄文化时期，包括古垛遗址与圪塔遗址部分采集陶器。

第二段：西阴文化时期，史家遗址、辕村遗址、西阴遗址等包含该时期遗存，其中史家遗址基本包含了西阴文化的主要发展阶段。

第三段：西王村三期文化时期[16]，在辕村遗址发现有该阶段遗存。

第四段：荆村文化时期，此次调查在西阴遗址采集到荆村文化陶鼎1件，汤里遗址亦采集到该时期陶罐。

第五段：三里桥文化时期，窑头遗址发现了这一时期的遗存。

第六段：东下冯文化早期[17]，以东下冯H4为代表。

第七段：东下冯文化中期，以裴介H1为代表。

第八段：东下冯文化晚期，以东下冯H3为代表。

第九段：二里冈文化下层时期，以东下冯H2为代表。

第十段：二里冈文化上层时期，东阴遗址、小王遗址部分采集遗物属该段。

第十一段：东周时期，这一阶段遗存在辕村遗址、汤里遗址、上滸底遗址均有发现。

可将此十一段概括为五个阶段。

仰韶时代，包括第一、二、三段。

龙山时代，包含第四、五段。

夏时期，包括第六、七、八段。

商早期，包括第九、十段。

东周时期，包括第十一段。

三、相关认识

史家遗址发现较丰富的西阴文化遗存。目前，依属西阴文化的华县泉护村一期遗存分期，可将西阴文化分为早、中、晚三个发展阶段，分别以泉护一期Ⅰ、Ⅱ、Ⅲ段为代表[18]。与泉护一期遗存相较，2003~2006年田野调查所得史家XX050322G013-C：1、XX050322Ⅰ017：3尖底瓶瓶口[19]与泉护一期Ⅰ段F201：03[20]相近；史家XX050322C020-H：1、XX050322G021-C：3[21]与此次调查所得H1：21、H3：31尖底瓶（图三，15、16）口部形态同泉护一期Ⅱ段H224：010、H1039：08[22]类似；本次调查所获20采：6尖底瓶（图三，17）瓶口与泉护一期Ⅲ段H1015：06、T104⑥：03[23]相类。可见，史家遗址大致经历了西阴文化的早、中、晚三个发展阶段。

此次调查在辕村遗址ⅢH1中发现西王村三期文化遗物，出土陶器主要为夹砂罐与泥质罐，占可辨别器类陶器数量的60%，另有尖底瓶、敛口钵、折腹豆、敛口瓮等器类。文化面貌与之相近的有东下冯H215、H230[24]，陈郭H4[25]，小赵H2[26]，陶寺H356、H384、H3429[27]，西王村H18[28]等单位。其中东下冯H215、H230所出陶罐不见花边口沿的现象与辕村ⅢH1一致，但辕村ⅢH1与西王村三期文化典型单位西王村H18陶器相较，后者陶器口沿普遍饰花边，所出西王村H18：2：27、H18：1：25、H18：1：21等近直腹陶瓮亦不见于前者。总体来看，辕村ⅢH1、东下冯H215、H230与西王村H18之间所呈现出的文化面貌有所不同，但这种差异是由中条山阻隔而形成的地域性差别还是时间早晚导致的年代差别则有待进一步讨论。

此次发现深入中条山约7千米，位于山脊之上，海拔约930米的窑头遗址是调查工作的重要收获。该遗址的发现为进一步明确运城盆地龙山晚期三里桥文化的聚落分布范围提供了重要材料。

裴介遗址H1的发现，再次证明裴介遗址包含有"二里头时期"[29]的遗存。同时，观察H1①：1鬲（图八，1），其高领、肥袋足的造型特点与东下冯H61：2、H406：6鬲[30]相近，属东下冯文化中期。这一发现使得我们对裴介遗址夏时期遗存有了更精确的年代认识。

通过对东下冯遗址的调查，东下冯文化的材料得到进一步补充。此次调查所得东下冯H4：3鼎（图一八，1）与此前发掘所得东下冯文化早期的东下冯H1：10、H1：11鼎[31]相近，而与东下冯文化中晚期流行的盆形鼎相去甚远。因而，可认为H4应属东下冯文化早期。而H4∶20平底柱状饰绳纹实心足尖、H4∶19高直领鬲（图一八，22、2）则为以往东下冯文化早期遗存所不见，其中后者或为探讨东下冯文化高领鬲发展演变过程中的重要一环。

同时，此次调查在小王遗址新发现二里冈文化上层时期遗物，在辕村遗址、汤里遗址、上淎底遗址新发现了东周时期遗存，进一步丰富了我们对夏县地区先秦时期遗存形成与发展的认识。

附记：本次调查工作的领队为段天璟，吉林大学考古学院研究生陶志远、胡兆辉、孙万亮、步蕃和部分2017级本科生等参加了考古调查和资料整理工作。

执笔：段天璟　陶志远　权乾坤　武　松
　　　方　启　钟龙刚　高云逸　董霄雷

注　释

[1]　中国社会科学院考古研究所山西工作队.晋南考古调查报告[C].考古学集刊（第6辑）.北京：中国社会科学出版社，1989：1-51.

[2]　国家文物局.中国文物地图集·山西分册[M].北京：中国地图出版社，2006：1445.

[3]　中国国家博物馆田野考古研究中心，山西省考古研究所，运城市文物保护研究所.运城盆地东部聚落考古调查与研究[M].北京：文物出版社，2011.

[4]　中国国家博物馆田野考古研究中心，山西省考古研究所，运城市文物保护研究所.运城盆地东部聚落考古调查与研究[M].北京：文物出版社，2011：356.

[5]　山西省考古研究所，夏县博物馆.山西夏县东阴遗址调查试掘报告[J].考古与文物，2001（6）.

[6]　李济.西阴村史前的遗存[M].北京：清华学校研究院.1927.

[7]　山西省考古研究所.西阴村史前遗存第二次发掘[C].三晋考古（第二辑）.太原：山西人民出版社，1996：1-62.

[8]　晋南考古调查报告中称圪垯村遗址.中国社会科学院考古研究所山西工作队.晋南考古调查报告[C].考古学集刊（第6辑）.北京：中国社会科学出版社，1989：42.

[9]　中国国家博物馆田野考古研究中心，山西省考古研究所，运城市文物保护研究所.运城盆地东部聚落考古调查与研究[M].北京：文物出版社，2011：297-300.

[10]　中国国家博物馆田野考古研究中心，山西省考古研究所，运城市文物保护研究所.运城盆地东部聚落考古调查与研究[M].北京：文物出版社，2011：300-302.

[11]　中国国家博物馆田野考古研究中心，山西省考古研究所，运城市文物保护研究所.运城盆地东部聚落考古调查与研究[M].北京：文物出版社，2011：351-356.

[12]　中国社会科学院考古研究所山西工作队.晋南考古调查报告[C].考古学集刊（第6辑）.北

京：中国社会科学出版社，1989：43.
[13] 中国国家博物馆田野考古研究中心，山西省考古研究所，运城市文物保护研究所．运城盆地东部聚落考古调查与研究［M］．北京：文物出版社，2011：320-323.
[14] a. 东下冯考古队．山西夏县东下冯遗址东区、中区发掘简报［J］．考古，1980（2）．
b. 东下冯考古队．山西夏县东下冯龙山文化遗址［J］．考古学报，1983（1）．
c. 中国社会科学院考古研究所，中国历史博物馆，山西省考古研究所．夏县东下冯［M］．北京：文物出版社，1988.
[15] 中国国家博物馆田野考古研究中心，山西省考古研究所，运城市文物保护研究所．运城盆地东部聚落考古调查与研究［M］．北京：文物出版社，2011：279-288.
[16] 张忠培．试论东庄村和西王村遗存的文化性质［J］．考古，1979（1）．
[17] 对于东下冯文化的分期，采用此文意见，下文不再引注。段天璟．二里头文化时期的中国［M］．北京：社会科学文献出版社，2014：176-183.
[18] 北京大学考古学系．华县泉护村［M］．北京：科学出版社，2003：23-27.
[19] 中国国家博物馆田野考古研究中心，山西省考古研究所，运城市文物保护研究所．运城盆地东部聚落考古调查与研究［M］．北京：文物出版社，2011：358.
[20] 北京大学考古学系．华县泉护村［M］．北京：科学出版社，2003：16.
[21] 中国国家博物馆田野考古研究中心，山西省考古研究所，运城市文物保护研究所．运城盆地东部聚落考古调查与研究［M］．北京：文物出版社，2011：358.
[22] 北京大学考古学系．华县泉护村［M］．北京：科学出版社，2003：16，17.
[23] 北京大学考古学系．华县泉护村［M］．北京：科学出版社，2003：17，22.
[24] 东下冯考古队．山西夏县东下冯龙山文化遗址［J］．考古学报，1983（1）．
[25] 山西省考古研究所，襄汾县博物馆．山西襄汾陈郭村新石器时代遗址与墓葬发掘简报［J］．考古，1993（2）．
[26] 中国社会科学院考古研究所山西队．山西垣曲县小赵新石器时代遗址的试掘［J］．考古，1998（4）．
[27] 中国社会科学院考古研究所，山西省临汾市文物局．襄汾陶寺——1978～1985年考古发掘报告［M］．北京：文物出版社，2015：54-90.
[28] 中国科学院考古研究所山西工作队．山西芮城东庄村和西王村遗址的发掘［J］．考古学报，1973（1）．
[29] 中国国家博物馆田野考古研究中心，山西省考古研究所，运城市文物保护研究所．运城盆地东部聚落考古调查与研究［M］．北京：文物出版社，2011：330-335.
[30] 中国社会科学院考古研究所，中国历史博物馆，山西省考古研究所．夏县东下冯［M］．北京：文物出版社，1988：40.
[31] 中国社会科学院考古研究所，中国历史博物馆，山西省考古研究所．夏县东下冯［M］．北京：文物出版社，1988：24.

Report of Survey on Pre-Qin Perood Sites in the Qinglong River Basin, Xiaxian County, Shanxi Province

In order to cooperate with undergraduate field archaeological practice, School of Archaeology of Jilin University conducted archaeological survey on 13 Pre-Qin period sites in the Qinglong River Basin in Xiaxian County from 2019 to 2020. A Neolithic site was newly discovered, and a batch of remains from the Neolithic period to the Eastern Zhou period was obtained. Through this survey, we have further clarified the using age of each site, enriched the number and connotation of sites during relevant periods, and improved our understanding of the formation and development of related sites in the Xiaxian County.

吉林乾安春捺钵遗址群后鸣字区遗址2016年发掘简报

吉林大学考古学院
吉林省文物考古研究所

  春捺钵遗址群位于吉林省西北部的乾安县，于2009年全国第三次文物普查时被发现，遗址群共分为后鸣字区、地字区、藏字区、腾字区四个片区，后鸣字区遗址位于吉林省乾安县赞字乡后鸣字村西，在花敖泡湖水面的东南湿地草原上（图一）。遗址有九百余座土台（图二），密集区呈扇形分布，分布带东西绵延3千米，宽1.6千米。遗址中北部有1座院落址，周长426米。2013年起开始考古勘探发掘[1]。本年度发掘分为四区，实际发掘面积1010平方米（图三）。主要收获是在两个土台（B055-7、B089-3）发现的金代重要遗存（图四），现将这两个土台的发现简报如下。

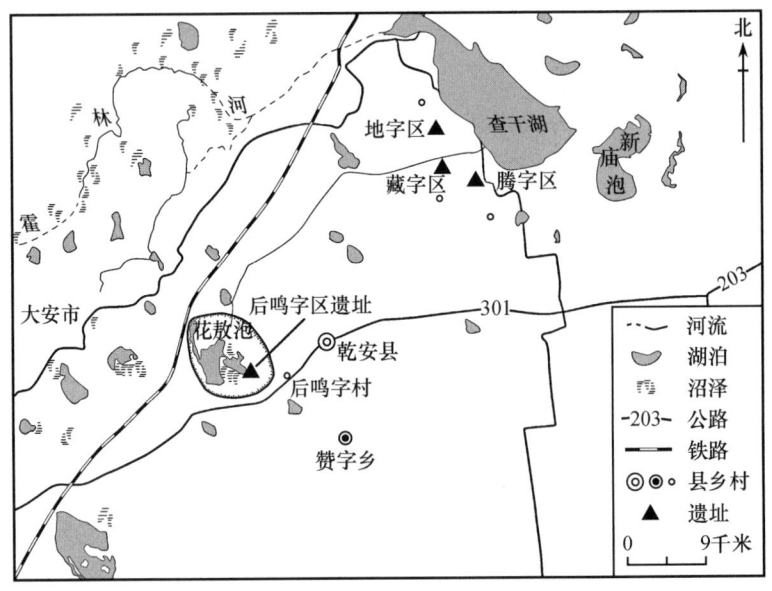

图一　后鸣字区遗址位置示意图

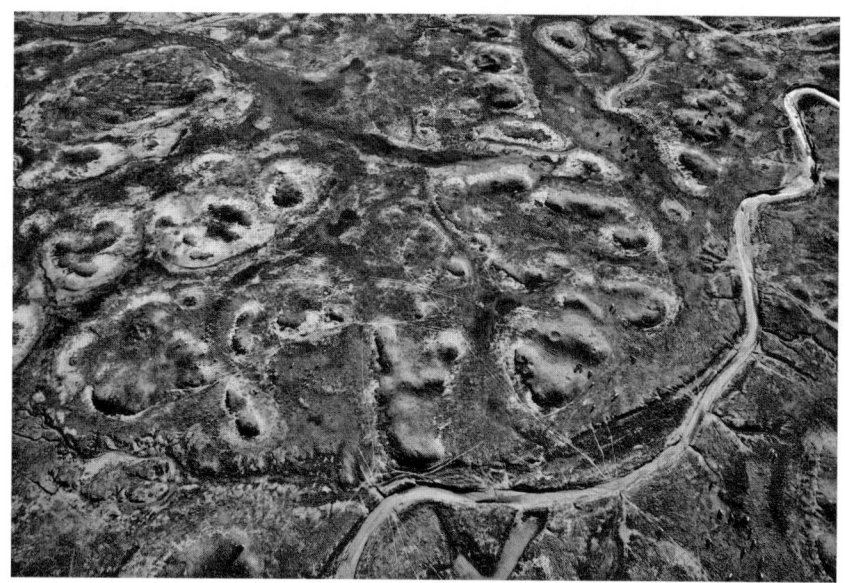

图二　后鸣字区遗址局部

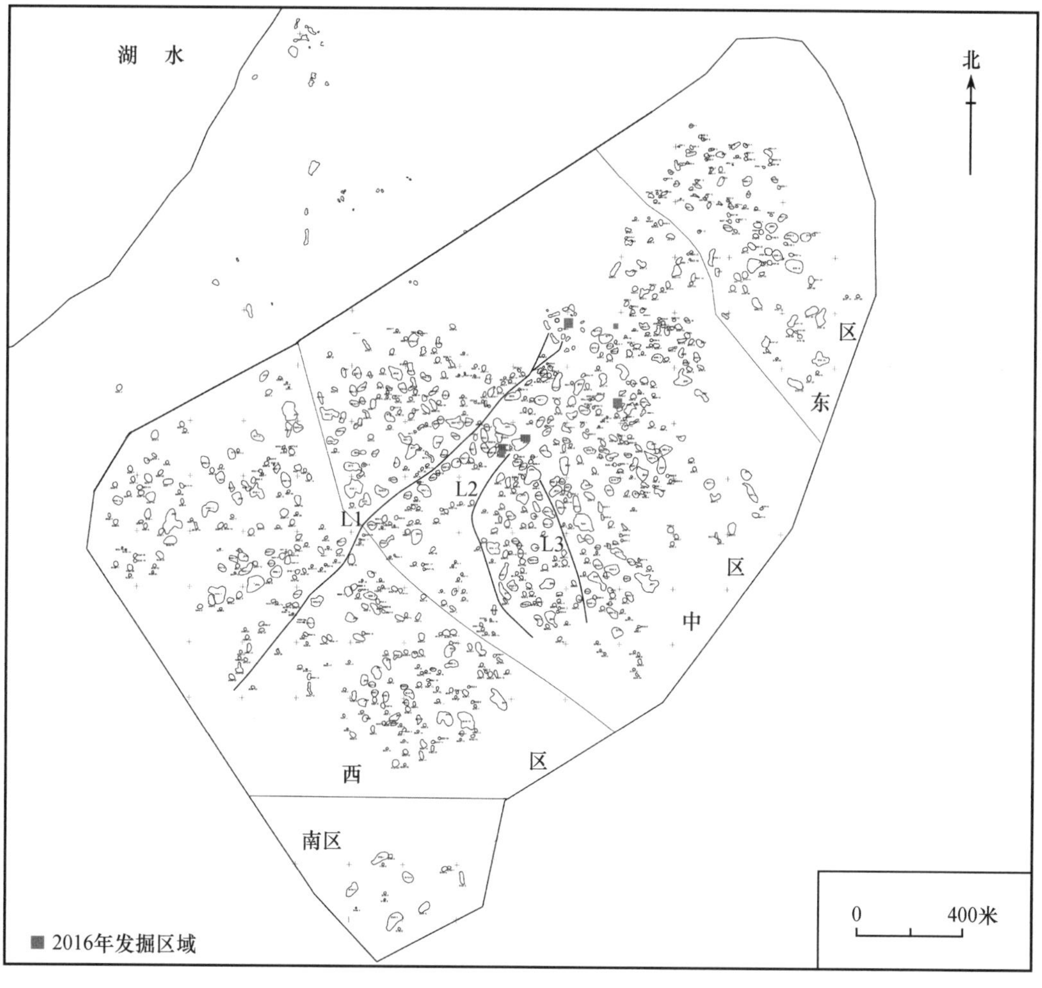

图三　后鸣字区遗址发掘区位置示意图

图四 B055-7发掘区鸟瞰

一、地层堆积

遗址文化层厚95~115厘米，各发掘区、各探方地层堆积有差别。以B055-7土台上的T27南壁的地层及B089-3土台上的T20南壁为例，共分为8层：

B055-7土台上的Ⅳ区T27南壁的地层共分为8层（图五）。

第1层：表土层，灰白色粉砂土，土质疏松，坡状堆积，遍布全方，厚4~8厘米。包含植物根系。

第2层：浅灰褐色砂质黏土，土质疏松，坡状堆积，厚7~15厘米。包含大量陶片、兽骨、砖瓦、瓷片、植物根系、铁、铜片。

第3层：深灰褐色沙质黏土，土质致密，坡状堆积，厚8~23厘米。包含陶片、瓷片、砖瓦、铁。

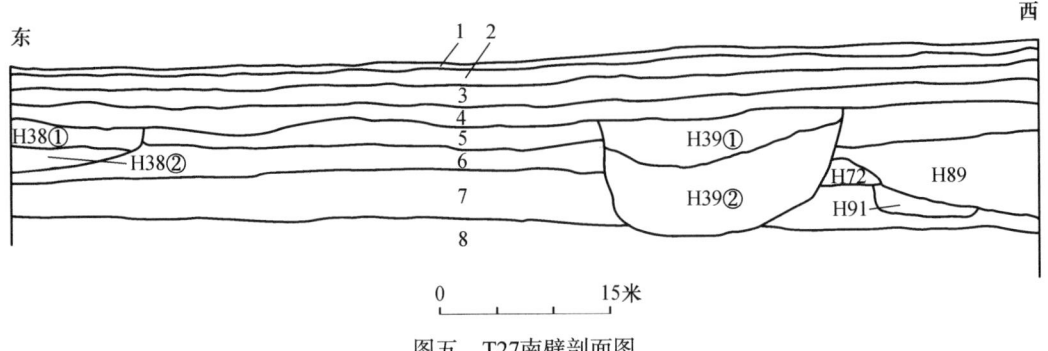

图五 T27南壁剖面图

第4层：灰褐色沙质黏土，土质较致密，坡状堆积，厚12~20厘米。包含陶片、瓷片、砖瓦、铁。该层下开口遗迹有H38、H39。

第5层：深褐色黏土，土质疏松，水平堆积，厚10~30厘米。包含陶片、瓷片、砖瓦、铁、骨头。该层下开口遗迹有H89。

第6层：黄褐色黏土，土质致密，坡状堆积，厚12~25厘米。包含陶片、瓷片、石头、蚌壳、骨头。该层下开口遗迹有H72、H91。

第7层：黑灰色黏土，土质致密，水平堆积，厚30~45厘米。包含陶片、铁、瓦。

第8层为灰白色黏土，未发掘至底，土质致密较纯净，为次生土。

T20由上至下共分为9层，11亚层（图六）。

第1层：表土层，浅黄色沙土，土质疏松，坡状堆积，厚5~15厘米。出土近现代灰陶及少量兽骨和瓦块。

第2层：灰黑色沙质黏土，土质较疏松，坡状堆积，厚5~25厘米。出有少量陶片、瓷片、兽骨、铁渣、瓦块。

第3层：黑褐色沙土层，土质致密，坡状堆积，厚0~35厘米。出有少量陶片、瓷片、兽骨、瓦块。

第4层：黄灰褐色沙质土，土质较致密，坡状堆积，最厚处35厘米。出有较多的陶片和少量兽骨、瓷片、铁渣。

第5层：黄褐色沙质黏土，土质较致密，坡状堆积，只分布在探方局部，最厚处65厘米。出有较多的陶片和少量瓷片、兽骨、铁块。

第6层：灰褐色沙质黏土，土质较疏松，坡状堆积，只分布在探方局部，最厚处60厘米。出有较多的陶片和少量瓷片、兽骨、铁块。

第7层可分为三个亚层，其中7a层只在探方东北部局部分布，南壁上仅见7b层、7c层。

7b层：夹杂有大量红烧土，土质较疏松，水平堆积，整个探方都有分布，厚5~30厘米。

7c层：夹杂有大量红烧土，土质较致密，水平堆积，整个探方都有分布。这一层在探方西北部消失一段之后重新出现，最厚处30厘米。

第8层：灰色土，土质致密且有分层，水平堆积，只在探方南部局部分布，最厚处25厘米。出有较多的陶片、兽骨和少量的砖瓦、铜铁。

第9层：黑灰色沙质黏土，土质较致密，水平堆积，其中包含有红烧土颗粒和炭灰，厚10~35厘米。出有较多陶片、兽骨和少量铁块、瓷片和砖瓦。

第9层下为灰白色沙质黏土，质地细密纯净，无人工遗物、红烧土和遗迹出现，为生土。

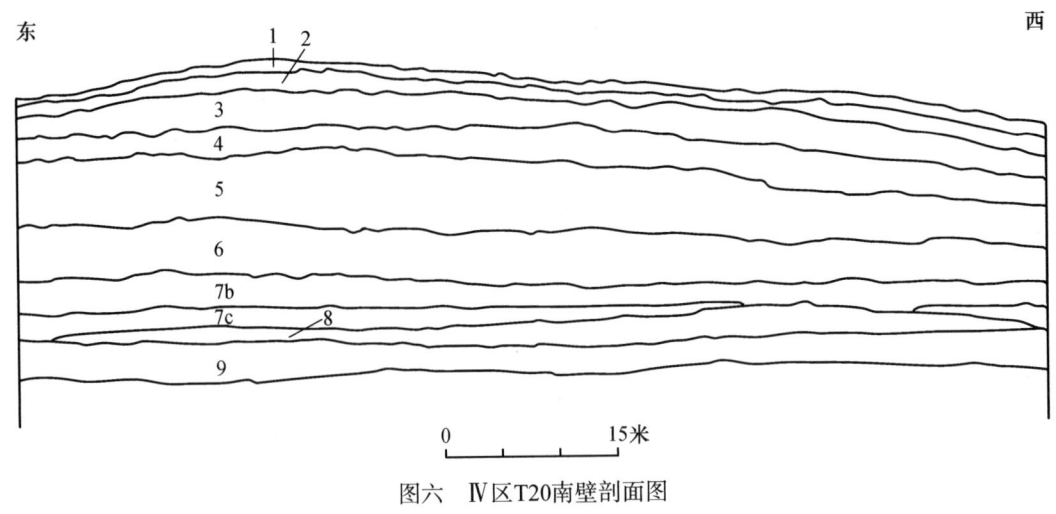

图六　Ⅳ区T20南壁剖面图

二、遗　　迹

2016年发现的遗迹主要为房址、灶及灰坑，主要分布于Ⅳ区。

（一）房　　址

共发现7处，有带有火炕的地面式房址及圆形帐篷址两种。

F2　位于B055-7土台的西部，共跨T21和T28两个探方，是一座具有火炕的地面式房址，开口于第4层下并打破第5层，方向基本为正南北向（图七）。根据室内火炕的分布走向、烟囱基础所处的位置可以推断房址的门址应位于南墙。其西炕西侧、北炕西半部分北侧残留有砖石复合结构墙体。房址室内环绕东墙、北墙、西墙建有火炕，东炕全长约3.4米，西炕全长约5米，两者转角后合成的北炕长约5.8米，东、西炕体南端各连接一个灶址。烟囱位于房址北侧中部偏东。出土遗物有较多陶、瓷、铁、骨器及宋代铜钱数枚，可辨器形有陶盆、陶罐、陶甑、白瓷碗、酱釉瓷罐等。

F3　位于T22中部。残留一圈沟槽。开口于第4层下，打破第5层。平面近似圆形，开口位于北侧（图八）。白色淤沙圈边缘明显，为凹槽。凹槽内壁不规整，底部不平，无明显加工痕迹。内圈直径约为5.9米，外圈直径约为7米。凹槽深5~11厘米，据遗迹现象推测这个沟槽应该是搭帐篷基座或者为帐篷周围排水而挖的。出土遗物有少量陶片及鱼骨，还有一枚开元通宝铜钱，锈蚀严重。

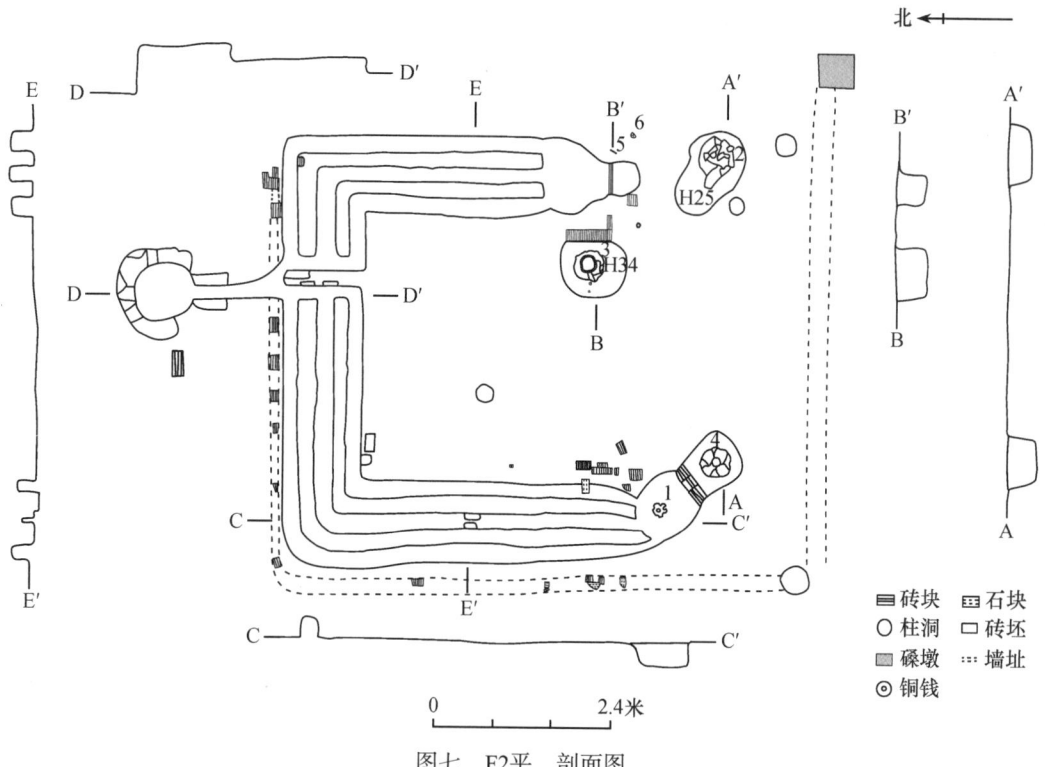

图七　F2平、剖面图

1. 陶甑（2016QHF2Z1∶1）　2. 陶盆　3. 玻璃器　4. 陶盆（2016QHF2Z1∶2）　5. 骨器（16HT21⑤∶1）
6. 白瓷碗（16HT21⑤∶2）

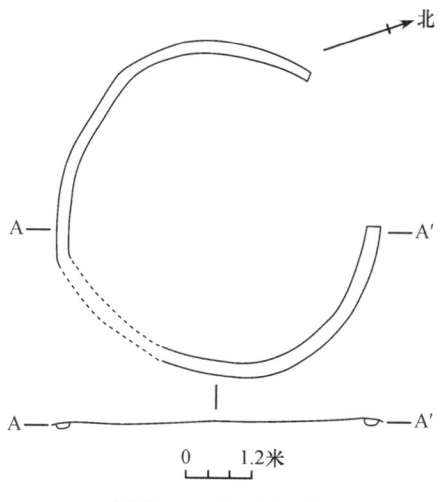

图八　F3平、剖面图

（二）灶

共发现土坑灶13个，灶面2个。灶面是三足或四足锅具立在平地或小洼面上生火炊煮形成的烧面或灰烬面。

Z25　土坑灶，位于T27的中部偏南位置，开口第4层下，打破H52。口径长0.38米，底径长0.3米，深0.26米（图九）。平面形状近圆形，口部、底部明显，斜弧壁。灶内为红褐色黏土，夹杂黑灰和红烧土，土质较为疏松。灶周壁为砖红色的烧土。出土泥质灰陶片3件、铁块1件。

ZM8　灶面，位于T27中北部位置，开口第4层下。大致呈椭圆形洼面，长1.56米，最深处0.14米。洼面内为黑灰色炭灰土，疏松，包含大量红烧土颗粒和灰烬。出土泥质灰陶片9片。

（三）灰　　坑

共发现81处。

H39　位于T27南部偏西。开口第4层下，打破第5层。基本形状为半圆形，南部延伸至南隔梁下，剖面呈锅底状，底部较粗糙（图一〇）。平面长径约2.15米，短径约1.95米，深70～94厘米。堆积分2层，第1层为灰白色淤沙，厚5～40厘米；第2层为黑灰色沙质黏土，厚30～62厘米。出土有陶器、瓷器、铁块、琉璃器等遗物，可辨器形有陶盆、陶扑满、白瓷碗等。

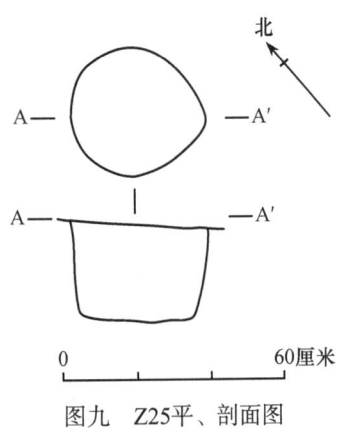

图九　Z25平、剖面图

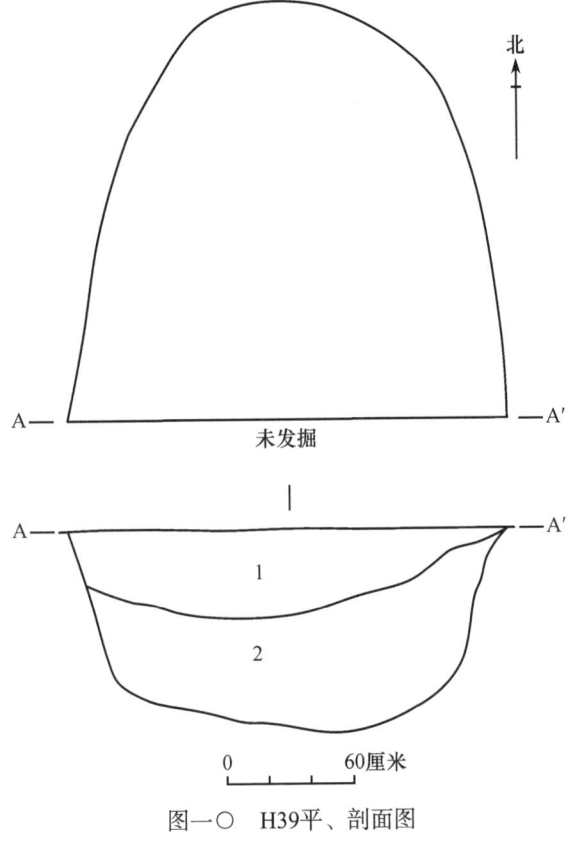

图一〇　H39平、剖面图

三、出 土 遗 物

出土遗物以陶器、瓷器为主，另有少量铜、铁、骨、玉石器及铜钱。

（一）陶　　器

盆　2016QHH39②：5，可复原。敞口，卷沿，弧腹，平底内凹。口径51、底径36、高15.5、壁厚0.4~1厘米（图二七，1）。

罐　2016QHT0303②：3，残。仅余口沿及上腹部，侈口，卷沿，束颈，圆肩，鼓腹，口径11。残高14.5、壁厚0.2~1厘米（图二七，3）。

瓮　2016QHT28⑦：1，可复原。大卷沿，直口，溜肩，鼓腹，平底，素面。口径36、高51、腹部最大径52、底径22厘米（图二七，8）。

壶　2016QHT20⑦：8，残。仅余上腹部以上，侈口，卷沿，长直颈，溜肩，弧腹略鼓。口径14、残高17、壁厚0.5~1.5厘米（图二七，2）。

瓶　2016QHT20⑦：16，可复原。泥质灰陶，蒜头口，圆唇，短颈，溜肩，弧鼓腹，平底，器底有拉坯痕，轮制，质地坚硬，火候较高，素面。口径4.2、最大腹径14.8、底径10、壁厚0.5~1厘米（图一三；图二七，7）。

甑　2016QHF2Z1：1，残。仅存甑箅，残存6孔，中间微突。复原直径29、厚0.5、宽7~23厘米（图二七，4）。

扑满　2016QHH39②：4，较完整。泥质灰陶，素面，平底，整体呈馒头状，顶部有条形开口。圆肩，鼓腹，腹部有3个圆形镂孔。最大腹径12.6、高9.5、底径9.2厘米（图一二；图二七，9）。

砚　2016QHH30①：1，残。外方内圆，束腰，外底心内凹，周身有磨制痕迹，灰胎。长7、残宽3、高1.8、内径6、内底厚0.5厘米（图一一；图二七，5）。

箅点纹陶片　2016QHT23⑤：3，残。仅存部分器底，灰胎，泥质，外侧近底处饰有一周箅点纹。残高1.8、厚0.6厘米（图二七，6）。

图一一　陶砚（2016QHH30①：1）

图一二　陶扑满（2016QHH39②：4）

（二）瓷　　器

多为东北地区窑口化妆土白瓷，有黑釉、酱釉瓷、定窑白瓷及白釉剔花瓷。

白瓷碗　皆为素面，可依内壁有无涩圈及支钉痕分为三种：有涩圈及支钉痕、有涩圈无支钉痕、有支钉痕无涩圈。2016QHT22④：14，可复原。敞口，圆唇，弧腹，矮圈足。灰白胎，胎质粗糙，胎色泛黄。白釉，釉下有化妆土。内壁满釉，内底有涩圈，外底露胎。口径20、高6.8、底径6.6厘米（图二八，1）。2016QHH39②：1，可复原。侈口，圆唇，弧腹，圈足。灰白胎，胎质粗糙。白釉，器外壁施釉不均，内底有涩圈及四个支钉痕迹，外底露胎。口径18.2、高5.9、底径6厘米（图一四；图二八，2）。2016QHT28⑤：1，可复原。侈口，圆唇，弧腹，圈足，内底心有乳突。橙黄胎，胎质粗糙。白釉，釉下施化妆土，内壁施满釉，底部中心有三个支钉痕迹，外壁施半釉，有流釉现象，中下部及圈足露胎。口径18、高6.4、底径6.6厘米（图一五；图二八，3）。

白瓷盏　依器腹形态可分二型。

A型　浅弧腹。2016QHT20⑦：17，较完整，敞口，尖圆唇，圈足外斜削一周。灰白胎，胎质较粗。白釉，施釉至中腹部，有流釉现象，足底露胎。口径10.6、高3.4、底径3.8、壁厚0.3~0.4厘米（图一六；图二八，4）。

B型　深弧腹。2016QHH39②：2，可复原。敞口，尖圆唇，弧腹，外壁中下部有轮制痕迹，矮圈足。灰胎。白釉，足底露胎。素面。口径9.2、高4.1、底径2.8厘米（图二八，5）。

白瓷盘　依器腹形态可分二型。

A型　浅弧腹。2016QHT20⑧：2，可复原。侈口，圆唇，圈足，素面。灰白胎，胎色泛黄，胎质粗糙。白釉，器内壁施满釉，有支钉痕迹。外壁施半釉，有流釉现象，中下部及圈足露胎。口径18.8、高5.3、底径6.2厘米（图一七；图二八，6）。

B型　折腹。2016QHT23③：2，残。敞口，尖圆唇。灰白胎。白釉，内壁满釉，外壁施半釉。口径17、壁厚0.3~0.6厘米（图二八，8）。

黑釉罐　2016QHT21④：15，较完整。敞口，圆唇，短竖颈，圆肩，鼓腹，平底稍内凹。内外壁施满釉，外底露胎。颈部有三系，系上均有两道凹槽。肩部有一竖向的长方形小孔，孔长1.2、款0.2厘米（图一八；图二八，9）。

酱釉罐　2016QHZ24：1，残，仅余下腹部及底。直腹下收，圈足。黄褐色胎，胎质粗糙，酱釉，内壁施满釉，外壁施釉不及底，下腹部及足、底部露胎。腹部有轮制痕迹。残高10.8、足径6.8、壁厚0.4~1厘米（图一九；图二八，10）。

茶叶末釉瓷碗　2016QHT21④：16，可复原。直口，尖圆唇，直腹下收，饼足略内凹，素面。灰胎，胎质较粗糙。茶叶末釉，内壁满釉，外壁施釉不及底，底部及足露胎。口径10、高6、底径5.2厘米（图二〇；图二八，7）。

图一三 陶瓶（2016QHT20⑦：16）

图一四 白瓷碗（2016QHH39②：1）

图一五 白瓷碗（2016QHT28⑤：1）

图一六 白瓷盏（2016QHT20⑦：17）

图一七 白瓷盘（2016QHT20⑧：2）

图一八 黑釉罐（2016QHT21④：15）

图一九 酱釉罐（2016QHZ24：1）

图二〇 茶叶末釉瓷碗（2016QHT21④：16）

定窑白釉器底　2016QHT21①：2，残，仅存器底。矮圈足，内底刻划萱草纹，外底心微突。白胎，胎质较细。满釉。残高1.2、外底径2.2厘米（图二一；图二八，11）。

白釉剔花瓷片　2016QHT0204①：2，残，存腹部。白地剔花，饰缠枝草叶纹。灰白胎，胎质较粗。内外均施透明釉，外侧施化妆土。残长9.5、壁厚1～1.2厘米（图二二）。

（三）铜　　器

鎏金牌饰　2016QHH58①：1，残。呈直角三角形，一面满饰凸起的簇四球纹，另一面凹凸不平。周缘有铜片包边，表面残存鎏金。直角边一边残长4.5、另一边残长5.2、中间厚0.2、周缘厚0.9厘米（图二三；图二九，1）。

带銙　2016QHT20⑦：6，较完整。长方形，上有一个长条形穿孔和两个圆形穿孔。残长2.5、残宽1.8、厚0.1厘米（图二九，3）。

（四）铁　　器

车䡇　2016QHT21④：14，较完整。六齿。外径8、宽2.5、厚0.6～2厘米（图二九，6）。

铠甲　2016QHT28②-1，残。四片铠甲呈鱼鳞状搭接，有5处穿系孔清晰可见，其他穿系孔已锈蚀不见。残长7.8、残宽6、厚0.2～0.3厘米（图二九，5）。

（五）骨　　器

簪　2016QHH29①：1，残。磨制，扁锥形，一端磨制成尖状。表面光滑。截面呈扁平状。残长5.8、最宽处1、厚0.2厘米（图二九，4）。

梳　2016QHT28②：1，残。磨制，月牙形。梳齿排列密集。残长7.3、残宽1.7、厚0.2～1厘米（图二九，7）。

嘎拉哈　2016QHT21⑤：3，较完整。以距骨磨制而成。中有圆柱形穿孔，内有铁质填充物。上宽6.3、下宽6.8、中宽5.4、高4～4.3、厚1.2～1.5厘米（图二九，2）。

图二一　定窑白釉器底（2016QHT21①：2）

图二二　白釉剔花残片（2016QHT0204①：2）

（六）玉石、玻璃器

玉雕鱼　2016QHT20⑦：1，较完整。白色，一面突起，一面平整。可见鱼头、鱼身、鱼鳍、鱼尾等部分。鱼头用一阴线刻划的弧线表示，中部有一圆孔表示鱼眼。鱼头下部有一三角形鱼鳍，中间镂空，下部有数道平行的横向刻划纹。鱼背部靠近鱼尾处亦有一鱼鳍，略呈椭圆形，中间镂空。外侧亦有数道平行的横向刻划纹。在其对应位置下部有一小突起的短鳍，外部数道刻划纹。残长3.2、残宽0.5～1.5、厚0.3～0.6厘米（图二五；图二九，8）。

玻璃兔　2016QHT20③：1，较完整。乳白色，形状不规则，雕饰简朴，残长1.2、最宽处0.8、厚0.6厘米（图二四）。

卷制玻璃珠　2016QHH34①：3，存3个，残。蓝色，多呈螺旋形，中有圆孔，外侧有白色腐蚀层。直径0.3～0.6、孔径0.2厘米（图二六）。

图二三　鎏金铜牌饰（2016QHH58①：1）

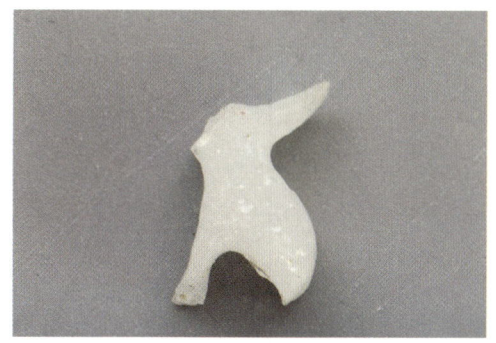

图二四　玻璃兔（2016QHT20③：1）

图二五　玉雕鱼（2016QHT20⑦：1）

图二六　卷制玻璃珠（2016QHH34①：3）

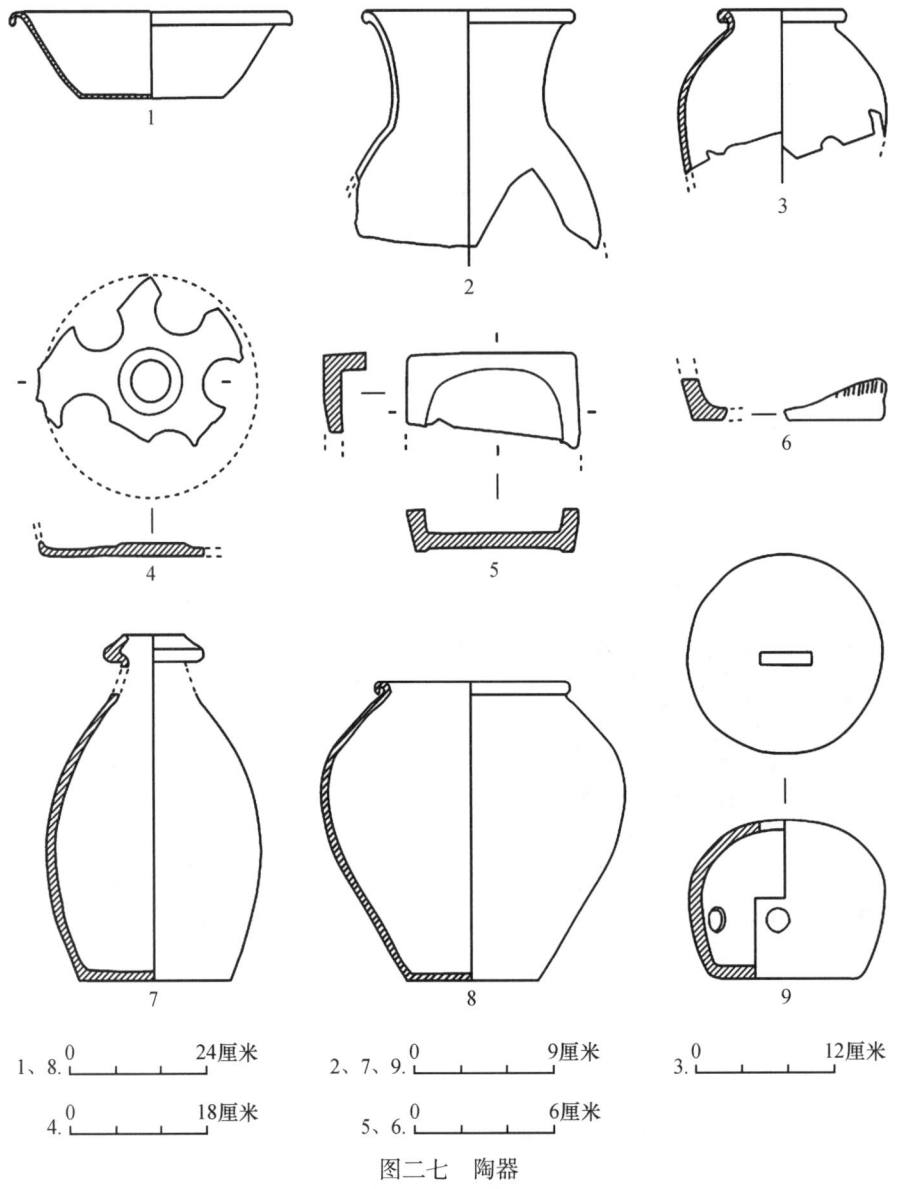

图二七 陶器

1. 盆（2016QHH39②：5） 2. 壶（2016QHT20⑦：8） 3. 罐（2016QHT0303②：3）
4. 甑（2016QHF2Z1：1） 5. 砚（2016QHH30①：1） 6. 篦点纹陶片（2016QHT23⑤：3）
7. 瓶（2016QHT20⑦：16） 8. 瓮（2016QHT28⑦：1） 9. 扑满（2016QHH39②：4）

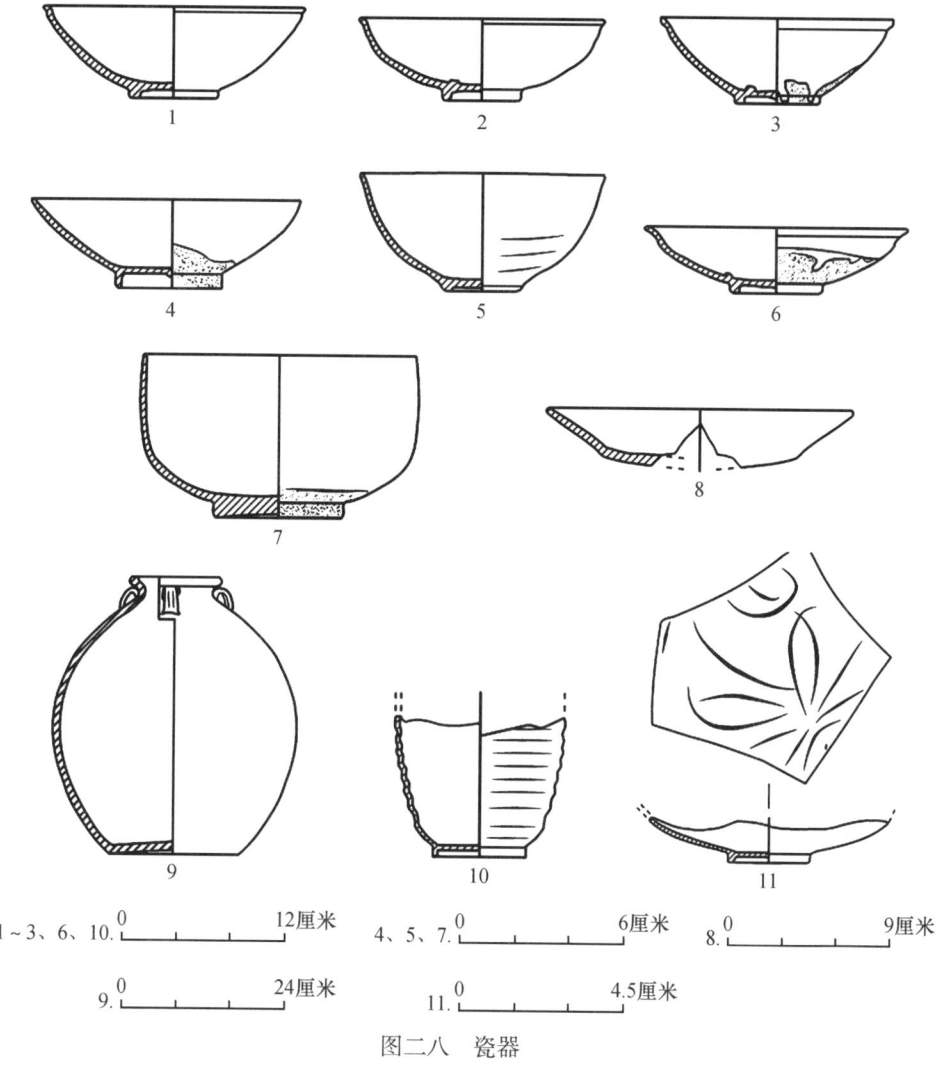

图二八 瓷器

1~3. 瓷碗（2016QHT22④：14、2016QHH39②：1、2016QHT28⑤：1） 4、5. 白瓷盏（2016QHT20⑦：17、2016QHH39②：2） 6、8. 白瓷盘（2016QHT20⑧：2、2016QHT23③：2） 7. 茶叶末釉瓷碗（2016QHT21④：16） 9. 黑釉罐（2016QHT21④：15） 10. 酱釉罐（2016QHZ24：1） 11. 定窑白釉器底（2016QHT21①：2）

（七）钱　币

共76枚，均为铜钱。其中唐代钱币有开元通宝7枚，北宋钱币有宋元通宝1枚，太平通宝1枚，淳化通宝2枚，至道元宝1枚，咸平元宝2枚，祥符通宝2枚，天禧通宝2枚，天圣元宝4枚，皇宋通宝2枚，熙宁元宝5枚，元丰通宝小平6枚、折二1枚，元祐通宝小平2枚、折二1枚，元符通宝1枚，绍圣元宝1枚，圣宋元宝1枚，崇宁通宝当十3枚，崇宁重宝当十1枚，政和通宝小平4枚。金代钱币有大定通宝1枚，出土于T23③。其余钱文漫漶不清，无法识读。

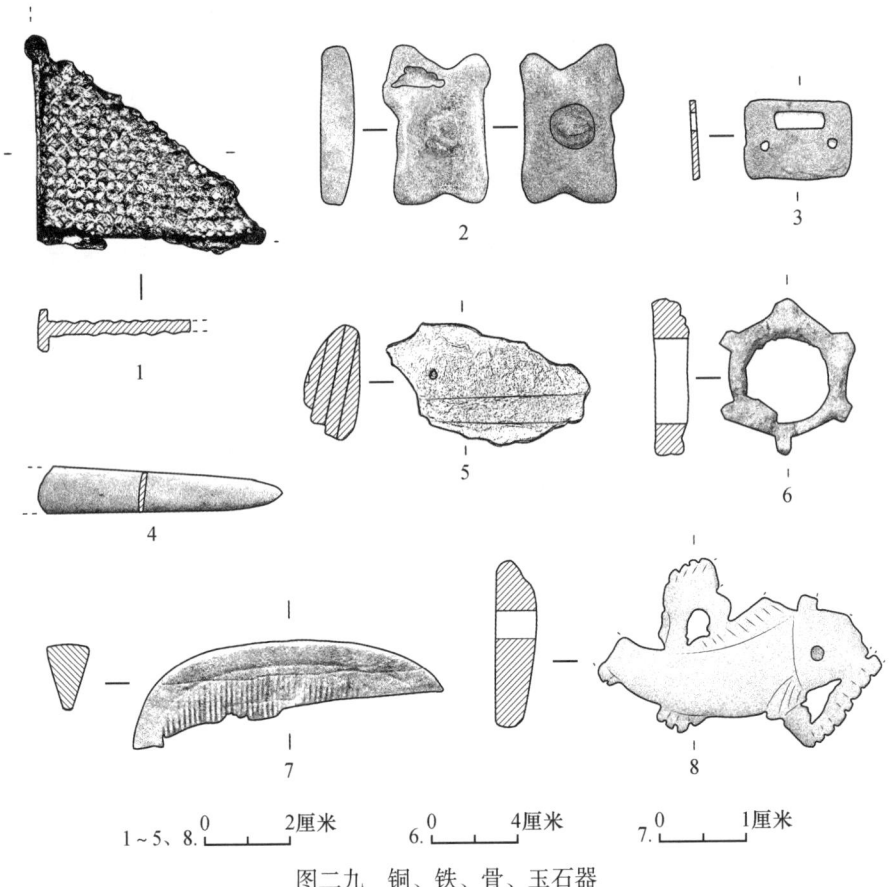

图二九　铜、铁、骨、玉石器

1. 铜鎏金牌饰（2016QHH58①：1）　2. 骨嘎拉哈（2016QHT21⑤：3）　3. 铜带銙（2016QHT20⑦：6）
4. 骨簪（2016QHH29①：1）　5. 铁铠甲（2016QHT28②-1）　6. 铁车舝（2016QHT21④：14）
7. 骨梳（2016QHT28②：1）　8. 玉雕鱼（2016QHT20⑦：1）

四、结　语

本年度发掘的金代遗存中，陶盆、罐、瓮、壶、瓶、扑满，化妆土白瓷碗、盏、盘及定窑白釉萱草纹器底等器物与吉林前郭塔虎城遗址出土的金代同类遗物极为相似[2]，玉鱼与俄罗斯滨海边疆区赛加城址出土者较为接近[3]，白釉剔花瓷片与白城城四家子城址采集者较为接近，为缸瓦窑金代产品[4]。T23第3层有始铸于金世宗大定十八年（1178年）的"大定通宝"，反映该遗址被利用已经延续到金代中晚期。

本次发掘出土的铁甲片的发现表明营地有武装保护装备，这一现象在春捺钵遗址群的地字区遗址也有发现，反映了遗址与普通民间渔猎营地性质不同。卷制玻璃珠在以往国内发掘出土品中极为罕见，而在南海Ⅰ号沉船及我国台湾地区、东南亚12～13世纪的遗址中有大量发现，可能是我国东南沿海地区制造[5]，据考证其或为《诸蕃志》中记载的"五色烧珠"[6]，可能是通过海上贸易流通至金代贵族手上的，对考证我国金代海上贸易及南北文化交流有重要意义。砚台是文房四宝之一，体现了主人是识文断字有文化修养之人，白色玻璃兔是难得的珍品，玉鱼是做工精致的饰件，透露出营地主人具有富贵高雅的身份。

帐篷遗址F3，仅存其外的围沟，但仍可辨认其平面为圆形，其外有位于同一活动面的灶址。绝大多数帐篷是没有围沟的，遗迹难以保存。春捺钵遗址中保留有一些有围沟的帐篷遗迹，在夏季草原中仍隐隐约约可见，以院落址内的圆形围沟遗迹Q1、Q2最明显[7]。帐篷外生火做饭的图景在《胡笳十八拍》等以契丹生活为创作模本的南宋画作中亦时有所见，《胡笳十八拍》图"第五拍"页右下角有一圆形帐篷，帐篷外有髡发男子生火做饭[8]（图三〇）。这一情况与帐篷遗址F3所反映的状况相类，由此可窥见辽金野外渔猎生活驻地场景。

后鸣字区春捺钵遗址是辽朝皇帝春捺钵时建立的营地之一，金朝早期被金朝皇帝春捺钵沿用。这与《大金国志》记载金熙宗"将循契丹故事，四时游猎，春水秋山，冬夏刺钵"[9]记载吻合。宋人马扩于宣和五年（1123年）出使金朝时，在是年三月十一日看到"阿骨打坐所得契丹纳跋行帐，前列契丹旧教坊乐工，作花宴"[10]。金太祖以所获辽天祚帝的捺钵行帐为荣耀，就捺钵帐处理政务，那么利用辽帝春捺钵营地进行春水也是顺理成章之事。

春捺钵遗址是国内唯一的超大型季节性渔猎遗址，是我国东北古代多民族多元文化的重要体现，具有重要价值。2016年度后鸣字区遗址的发掘为对深化春捺钵遗址内涵的认识及为辽金考古的研究提供了新的资料。

图三〇　《胡笳十八拍》图第五拍局部（美国大都会博物馆藏）

附记：本次发掘领队为冯恩学，参加发掘与整理的人员有武松、王中军、郝军军、王春委、赵东海、马晨旭、张梦纳、刘坤、王文丹、孙帅杰、高小东、石玉兵、张红哲、郝志超、孙殿彪、郭泽等，摄影为武松，绘图为武松、王春委。

执笔：冯恩学　罗智文

注　释

[1] a. 吉林大学边疆考古研究中心，乾安县文物管理所. 乾安春捺钵遗址群后鸣字区遗址调查简报［C］. 边疆考古研究（第20辑）. 北京：科学出版社，2016.
b. 吉林大学边疆考古研究中心. 吉林乾安县辽金春捺钵遗址群后鸣字区遗址的调查与发掘［J］. 考古，2017（6）：28-43.

[2] 吉林省文物考古研究所，吉林大学边疆考古研究中心. 前郭塔虎城：2000年考古发掘报告［M］. 北京：科学出版社，2017.

[3] 吉林省文物考古研究所，俄罗斯科学院远东分院远东民族历史·考古·民族研究所. 俄罗斯滨海边疆区女真文物集粹［M］. 北京：文物出版社，2013：251.

[4] 彭善国，高义夫. 所谓辽代白釉划花黑彩瓷器的年代及相关问题［J］. 故宫博物院院刊，2018（5）：80-88.

[5] Chenxin Tian, Yihang Zhou, Kai Wang, Jian Sun, Yong Cui and Dongbo Hu. Characterization of glass beads from Nanhai I shipwreck and new evidence of lead tin yellow type II in China［J］. *Heritage Science*, 2021 (9): 61-72.

[6] （宋）赵汝适著，杨博文校释. 诸蕃志校释［M］. 北京：中华书局，1996：144.

[7] 吉林大学边疆考古研究中心. 吉林乾安县辽金春捺钵遗址群后鸣字区遗址的调查与发掘［J］. 考古，2017（6）：28-43.

[8] 按：《胡笳十八拍》图现存主要有三个版本：台北故宫博物院藏本、美国波士顿美术馆藏本、美国大都会博物馆藏本，现存诸本中以台北故宫博物院藏本最早，但保存最差，美国大都会博物馆藏本虽为明代摹本，但保存了台北故宫博物院藏本原貌，故本文选用美国大都会博物馆藏本为参照，参见彭慧萍. 错综的血亲：对波士顿本《胡笳十八拍图》册作为刘商谱系祖本质疑［J］. 故宫博物院院刊，2004（1）：12-27.

[9] 旧题（宋）宇文懋昭撰，崔文印校证. 大金国志校证［M］. 北京：中华书局，1986：166.
按：《大金国志》一书为元代书贾拼凑而成，其史料来源驳杂，大体为南宋文献。此条亦见于熊克《皇朝中兴记事本末》，系于绍兴五年十一月末，此或为该文献之来源。参见（宋）熊克撰，辛更儒点校. 宋朝中兴记事本末［M］. 南京：凤凰出版社，2022：737-738.

[10] （宋）徐梦莘. 三朝北盟会编［M］. 上海：上海古籍出版社，1987：109.

The Excavation of the Rear Ming Zi Zone Site of the Spring Nabo Site Group at Qian'an of Jilin in 2016

In June 2016, Research Center for Chinese Frontier Archaeology of Jilin University and Jilin Provincial Institute of Cultural Relics and Archaeology conducted excavation to the Rear Ming Zi Zone of the Spring Nabo Site Group in Qian'an County, remains of houses, stoves, ash pits, and others of the Jin Dynasty, including the remains of a tent were unearthed. And a number of typical pottery, porcelain, jade, glassware and other relics of the Jin Dynasty were discovered. The age of these remains extends from the early Jin Dynasty to the middle and late Jin Dynasty. The relics unearthed in this work provide new materials for new understanding of the Spring Nabo Site Group and the study of Liao and Jin archaeology and history.

吉林省四平市叶赫部城址（东城城址）考古发掘简报

吉林省文物考古研究所
四平市文化遗产保护中心

叶赫部为明代海西女真的重要组成部分，该部控制范围大致包括今四平市全境、辽源市及铁岭市北境，形成以东城、西城、商间府城三座王城为中心，乌苏、赫尔苏等城寨环绕的多级防御体系。其中，东城城址作为三座王城之首，规模最大，保存最为完整。2022年4月，为配合省道四杨公路（S513）叶赫至杨木林段改建工程项目，吉林省文物考古研究所在前期调查工作基础上，开展叶赫部城址（东城城址）保护范围和建设控制地带改建工程涉及区域的考古发掘，现将发掘情况与主要收获简述如下。

一、遗址概况

叶赫部城址（东城城址）位于吉林省四平市铁东区叶赫满族镇叶赫村河西屯西南，叶赫河左岸台地上（图一）。城址包括内、外二城，外城三面环水，一面靠山，平面呈圆角方形，周长约2960米；内城建在外城正中一座突起的平顶山丘上，平面呈椭圆形，周长约1040米。内城耕地已被全部征用，外城除四杨公路占用部分外，其余地表现为耕地，全部种植玉米。

20世纪70年代，已开始对叶赫部王城进行考古调查。80年代至21世纪初，为配合地方文物志编写、"二普""三普"及《叶赫部城址文物保护规划（2015~2030）》编制工作，吉林省文物工作队、四平地区文管会、吉林师范大学满族文化研究所、四平市文物管理委员会办公室（今四平市文化遗产保护中心）等对三处城址及周边城寨进行多次调查。2006年，国务院公布叶赫部城址为第六批全国重点文物保护单位。2016年11月，受四平市交通局委托，吉林省文物考古研究所委派工作人员，会同四平市文物管理委员会办公室业务人员对省道四杨公路（S513）叶赫至杨木林段改建工程项目用地进行考古调查。据调查，该改建工程东北—西南向穿叶赫部城址（东城城址）外城而过。

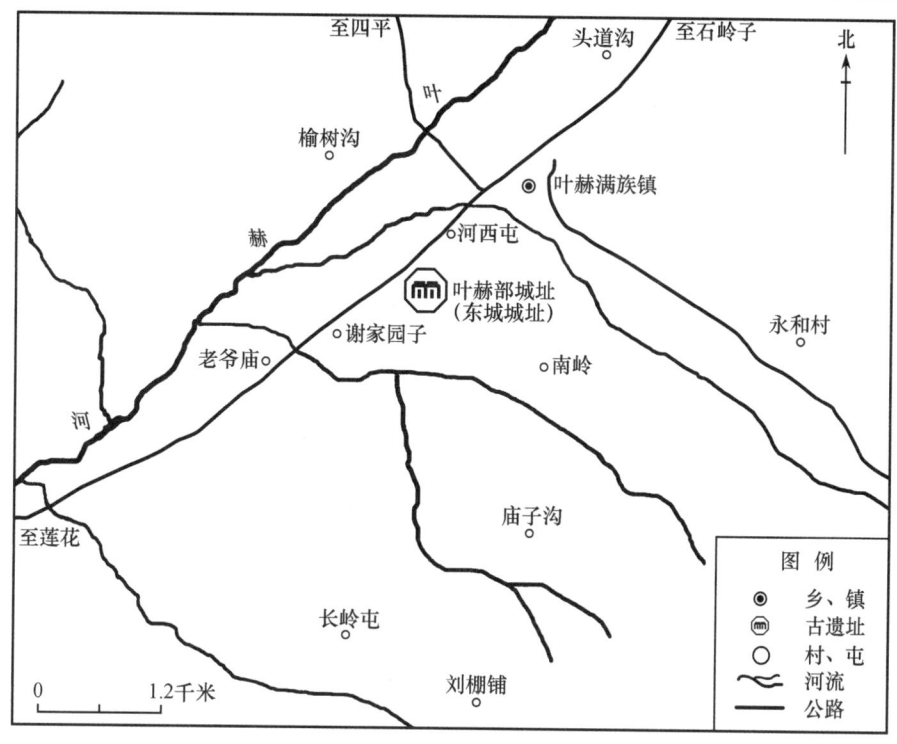

图一 叶赫部城址（东城城址）位置示意图

2022年4月，对改建工程涉及区域进行考古发掘，计划发掘面积200平方米。共布5米×5米探方8个，自西向东编号为22SYDT1～T8（图二）。因发掘需要，将T4～T7北隔梁及东隔梁打掉；将T8北隔梁打掉，保留东隔梁。此外，T5～T8分别向北扩方0.5米，向南扩方1米。实际发掘面积总计230平方米。

二、地层堆积

该遗址地层较为简单，仅有两层，即耕土层和明代文化层，明代文化层下为生土。现以22SYDT1～T8北壁剖面（图三）为例，对地层堆积情况进行简要介绍。

第1层：耕土层，灰褐色，土质疏松。包含植物根系及现代砖块，少量青铜时代夹砂陶片，明代瓷片及部分动物骨骼。该层厚13～26厘米，遍布整个发掘区。

第2层：文化层，黑褐色，土质松软，夹杂少量黄土。包含少量植物根系、大量草木灰、红烧土块、炭块、动物骨骼及小碎石、砾石等，出土明代青花瓷片及各种单色釉瓷片，缸胎釉陶残片，砖、瓦等建筑构件，石杵等。同时，偶见青铜时代夹砂陶片。该层厚23～45厘米，遍布整个发掘区，且各类遗迹基本上均开口于此层。唯M1开口于2层下，打破生土层。

图二　叶赫部城址（东城城址）发掘区位置示意图

第2层下为生土，黄褐色，土质较硬，纯净。

根据层位关系及包含物分析，地层年代及文化性质比较明显，第1层为近现代耕土，第2层为明代文化层。

三、遗　　迹

本次发掘清理遗迹29个，其中房址1座（22SYDF1，以下简称F1）、灰坑19个（22SYDH1~22SYDH19，以下简称H1~H19）、灶6个（22SYDZ1~22SYDZ6，以下简称Z1~Z6）、窑址1个（22SYDY1，以下简称Y1）、墓葬2座（22SYDM1、22SYDM2，以下简称M1、M2）。

1. 房址

F1　房址主体位于T7内，其东墙向T8延伸。开口于第1层下，起建于第2层。平面呈正方形，边长6米。地面式建筑，墙体以黄土夯筑，仅存南墙和北墙，墙残长6、宽0.36、残深0.3米。墙基底部铺设砂砾，其上摆放不规则石块，呈直线分布，间隔1.2~1.5米。北墙东、西角有黄泥坯痕迹，南、北墙拐角处分布不规则石块。东、西墙因后期扰动，无存。火炕位于房址西北侧，呈曲尺形，长3、宽2.7米，保存完好，烟道痕迹明显。火炕东侧为灶址，大致位于房址中央，略偏北。灶门朝南，为南北排列的

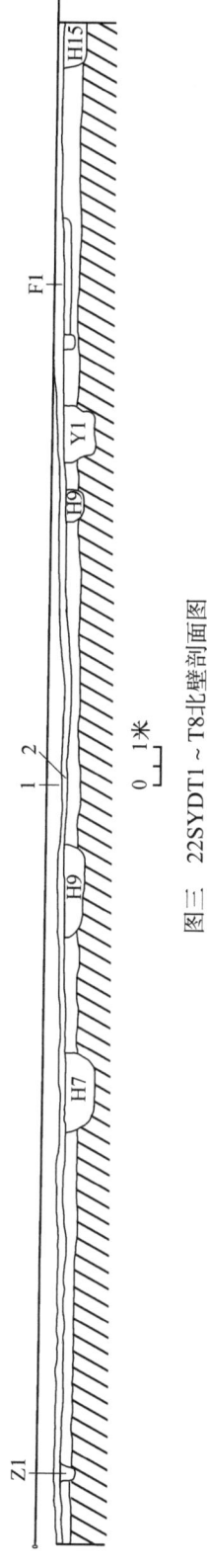

图三 22SYDT1~T8北壁剖面图

连体双灶，向内倒塌。平面近似两个圆形，直径0.5～0.7米，深度不明，灶下灰烬厚约0.15米。屋内居住面经过修整，土色较杂，近南墙处用黑灰土铺垫。未发现门道及柱洞（图四）。房内灶址出土鹿角器1件及瓷器残片若干，皆为明代中晚期典型瓷片。

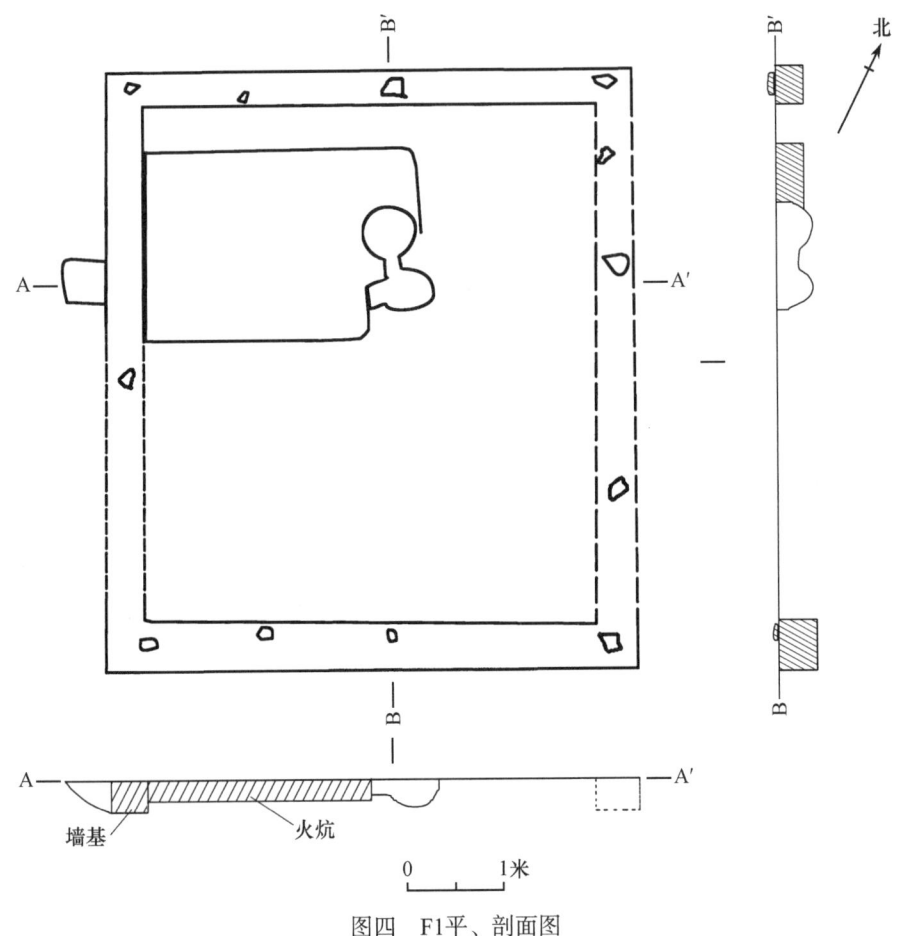

图四　F1平、剖面图

2. 灰坑

共清理灰坑19座。根据坑口形制，大致包括椭圆形坑及不规则形坑两类，以前者为主。

椭圆形坑　H1、H3、H4、H6～H8、H10、H12～H14、H17～19皆为此类型坑。仅以H12为例，略作说明。

H12　横贯T4东部和T5西部，开口于第1层下，打破第2层。坑口呈椭圆形，斜弧壁，圆形底，底部不甚平整。口径1.3～1.75、底径0.3～0.5、深0.75米（图五）。坑内填土不分层，黑褐色，土质疏松。灰坑出土一具完整鸟类骨骼，经形态学初步鉴定为隼形目，推测H12中出土的鸟骨可能为猎隼、矛隼或游隼。其骨骼愈合良好，为成年个

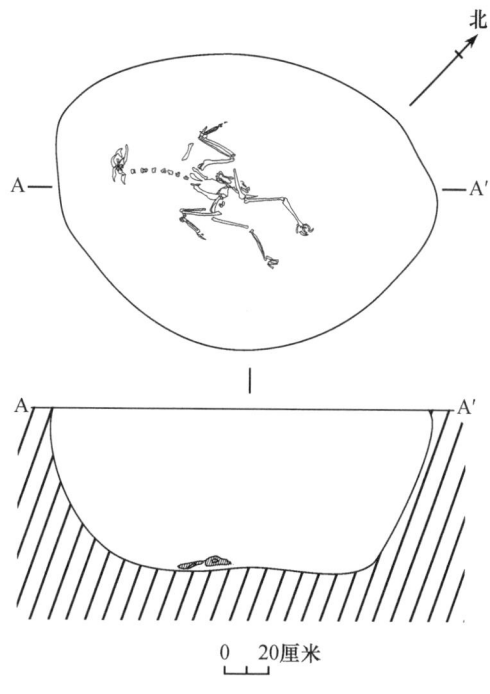

图五　H12平、剖面图

体。此外，尚见少量瓷片。

不规则形坑　H2、H5、H9、H11、H15、H16皆为此类型坑。仅以H5为例，略作说明。

H5　主体位于T2内，开口于第1层下，打破M1及生土层。H5尚有部分向南延伸，未经揭露。已发掘部分平面大体呈不规则长方形，东西向略长，斜弧壁，圆弧形底，底部不甚平整。坑口长径5.05、短径2.3、深0.85米（图六）。坑内堆积不分层，黑褐色，土质疏松，包含大量红烧土块、炭粒和灰烬，底部有序摆放不规则石块。出土遗物包括青铜时代陶片、明代单色釉瓷片、青花瓷片、缸胎釉陶残片等，可辨器形有壶、器盖等，皆为明代中、晚期典型器。另有青砖、砺石、骨器、琉璃珠，以及大量动物骨骼及牙齿。此外，M1人骨亦零星散落坑内。

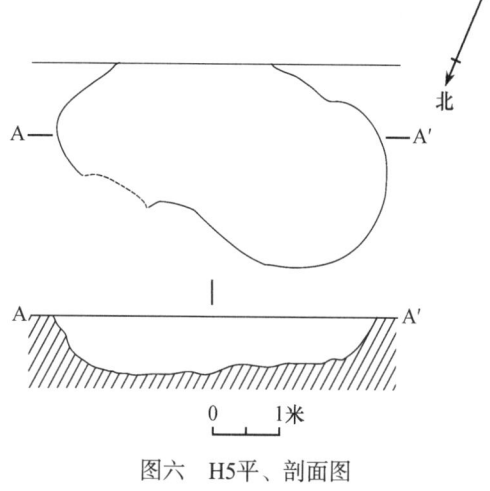

图六　H5平、剖面图

3. 灶址

共清理灶址6个，根据形制差异，大体可分为勺形、椭圆形及不规则形三类。

勺形灶 Z1、Z2均为此类型灶。圆形灶口，长方形烟道，整体呈勺形。仅以Z1为例，略作说明。

Z1 位于T1中部，开口于第1层下，打破第2层。灶口大体呈圆形，斜壁，烟道向北延伸，灶内有序摆放石块。灶口长径1.82、短径1.5、灶深0.6米（图七）。灶内堆积1层，黑褐色，土质疏松，夹杂红烧土、炭粒、灰烬。出土青砖残块、骨器等。

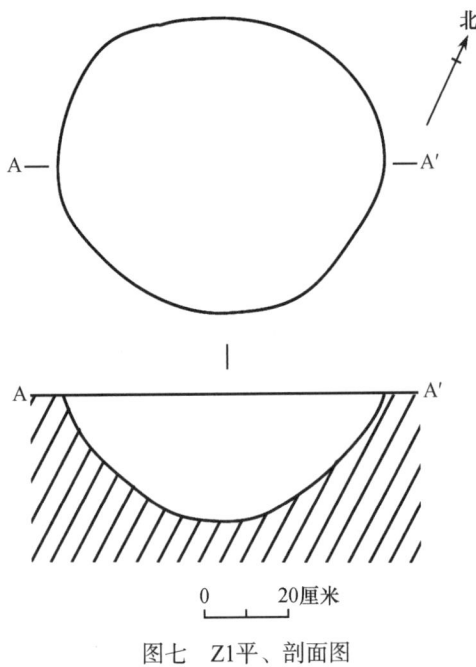

图七 Z1平、剖面图

椭圆形灶 Z4～Z6皆为此类型灶。椭圆形灶口，未见烟道。以Z4为例，略作说明。

Z4 位于T3西南部，开口于第1层下，打破第2层。灶口平面呈椭圆形，斜弧壁，圜底。灶口长径0.8、短径0.7米，灶深0.3米（图八）。灶内填土不分层，灰黑色，土质疏松，包含大量红烧土、草木灰、炭粒、灰烬等。未见遗物。

不规则形灶 Z3为此类型灶。Z3主体位于T6内，向东延伸至T7。开口于第1层下，打破第2层。灶口为不规则形，斜壁。灶口长0.98、宽0.48米，灶深0.3米（图九）。灶内填土不分层，黑褐色，土质疏松，包含红烧土、炭粒、灰烬等。出土遗物有明代布纹瓦、青花瓷片及零星动物骨骼。

4. 窑址

Y1 位于T6东北部，开口于第1层下，打破第2层。由炉膛及烟道组成，向北延伸至发掘区外，未全部揭露。炉膛平面呈椭圆形，北侧为烟道。残长2、宽1.64、深0.63米（图一〇）。窑址内、外皆砌有黄泥坯，分别向内、外倒塌。窑内填土不分层，黑褐色，颗粒较大，土质疏松，底部尚存少量灰烬。出土青铜时代陶纺轮1件、石质垫片3件，另有少量青铜时代夹砂陶片及明代缸胎釉陶残片、青花瓷片等。

吉林省四平市叶赫部城址（东城城址）考古发掘简报

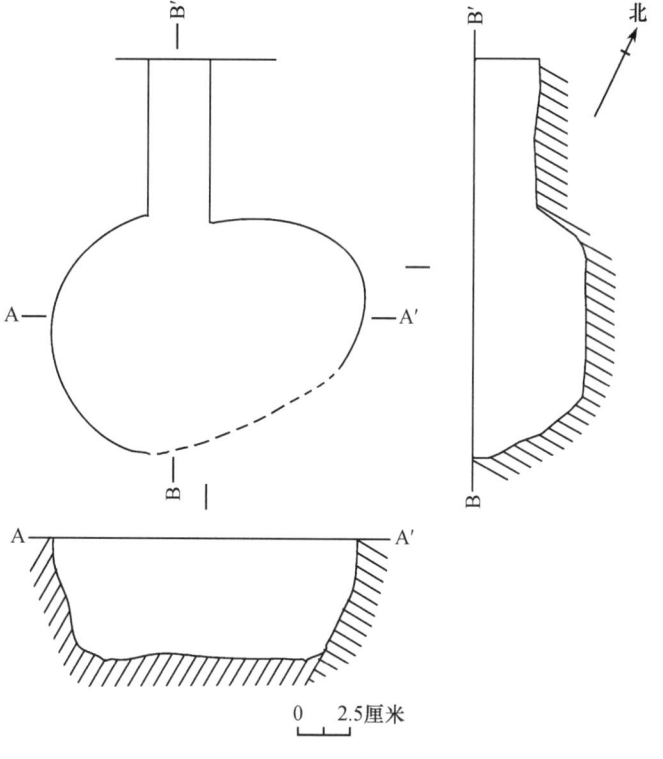

图八　Z4平、剖面图

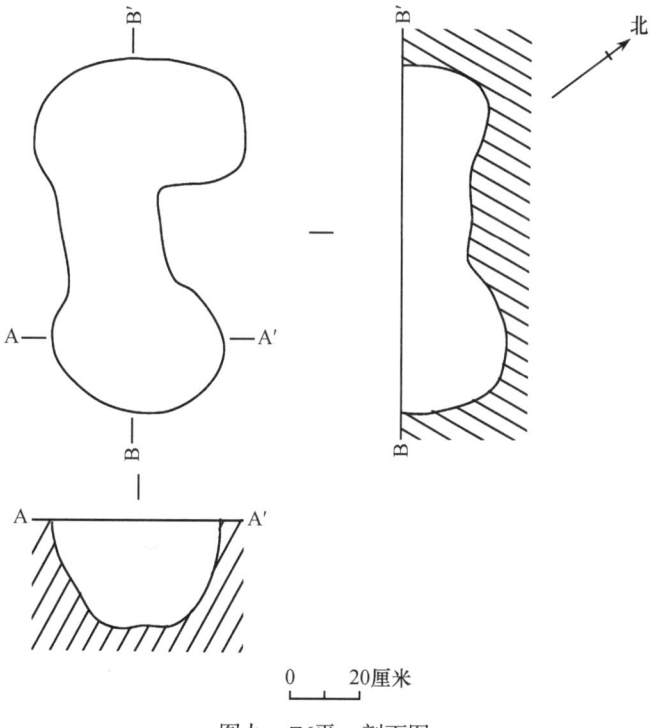

图九　Z6平、剖面图

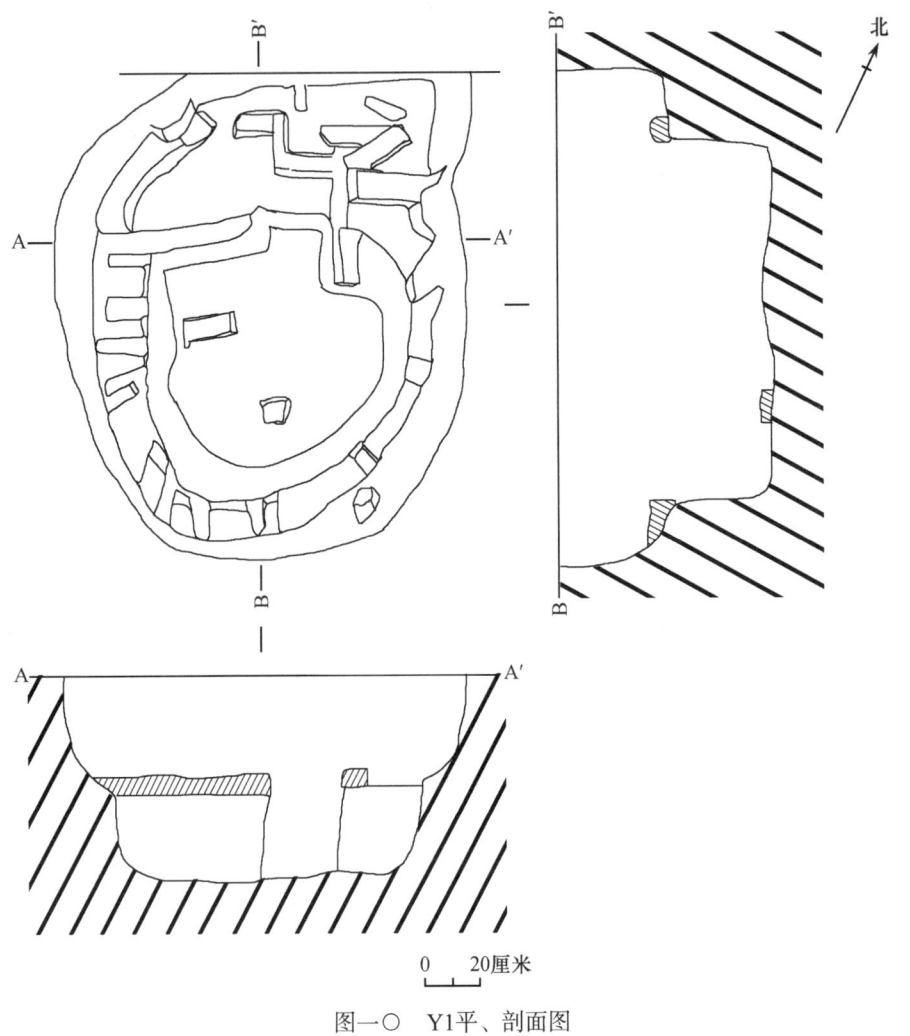

图一〇　Y1平、剖面图

5. 墓葬

M1　长方形土坑竖穴墓，南北向。位于T1东隔梁南部，向东延伸至T2西南角。墓葬开口于第2层下，打破生土层，东北部被H5打破。墓口长1、宽0.4米，墓深0.3米（图一一）。葬式为仰身直肢葬。墓主遗骸除小腿部分被H5扰动外，保存较好。随葬品有青铜耳环1件、琉璃珠2件、小铁刀1件、嘎拉哈5件（为玩具）。据人骨特点和随葬器物推测，墓主可能为儿童，其性别及具体年龄有待鉴定。

M2　位于T2北部，开口于第1层下，打破第2层。墓葬为长方形土坑竖穴，南北向。墓圹长0.9、宽0.5米，墓深0.2米（图一二）。人骨保存较差，仅留上半身。墓主人可能为幼儿，其性别及具体年龄有待鉴定。无随葬品。

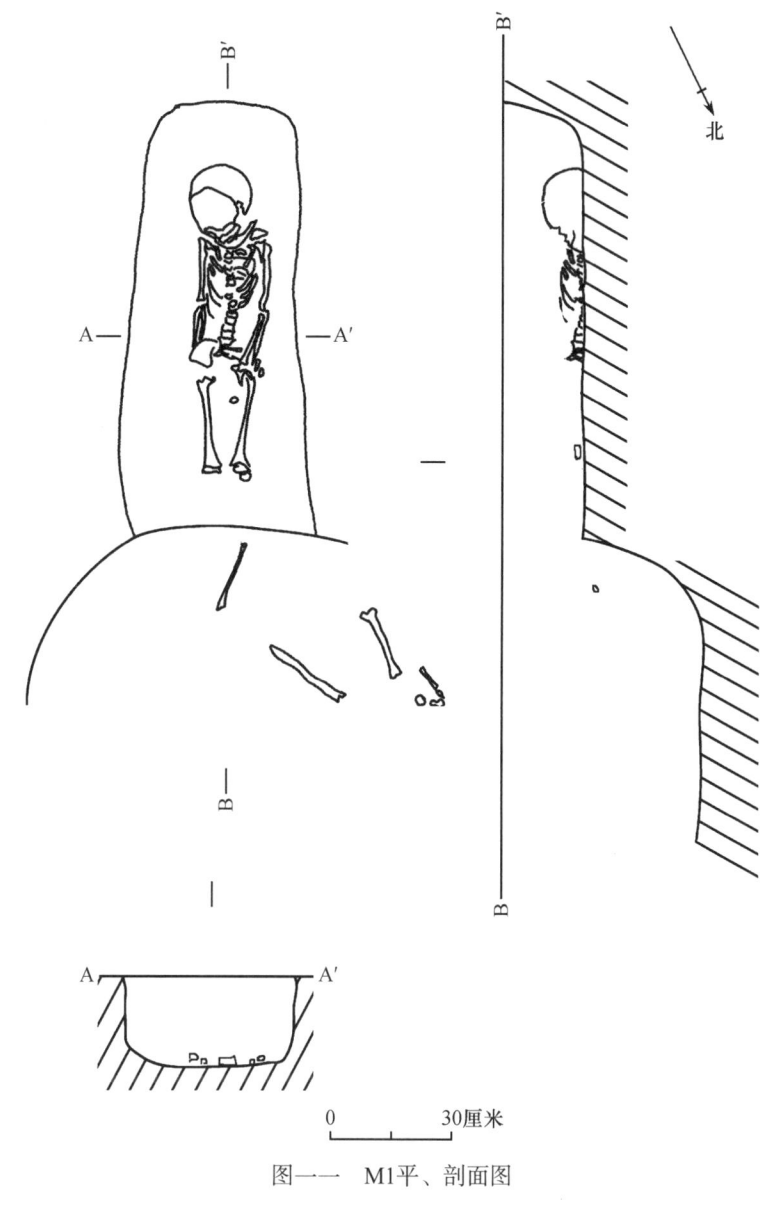

图一一 M1平、剖面图

四、遗　物

该遗址出土遗物较为丰富，大致可分为青铜时代、元代及明代三个时期，以明代遗物为大宗，青铜时代次之，元代遗物仅见少量釉陶器及白釉瓷器。其中，青铜时代及元代遗物基本上均出自灰坑，应为灰坑废弃时，由别处堆积填埋而成，暂不予论述。明代遗物为本节重点讨论对象，若以质地论，可分为石器、陶器、釉陶器、瓷器、铁器、骨器等。瓷器类型尤为丰富，各类兽骨数量庞大。择部分器物介绍如下：

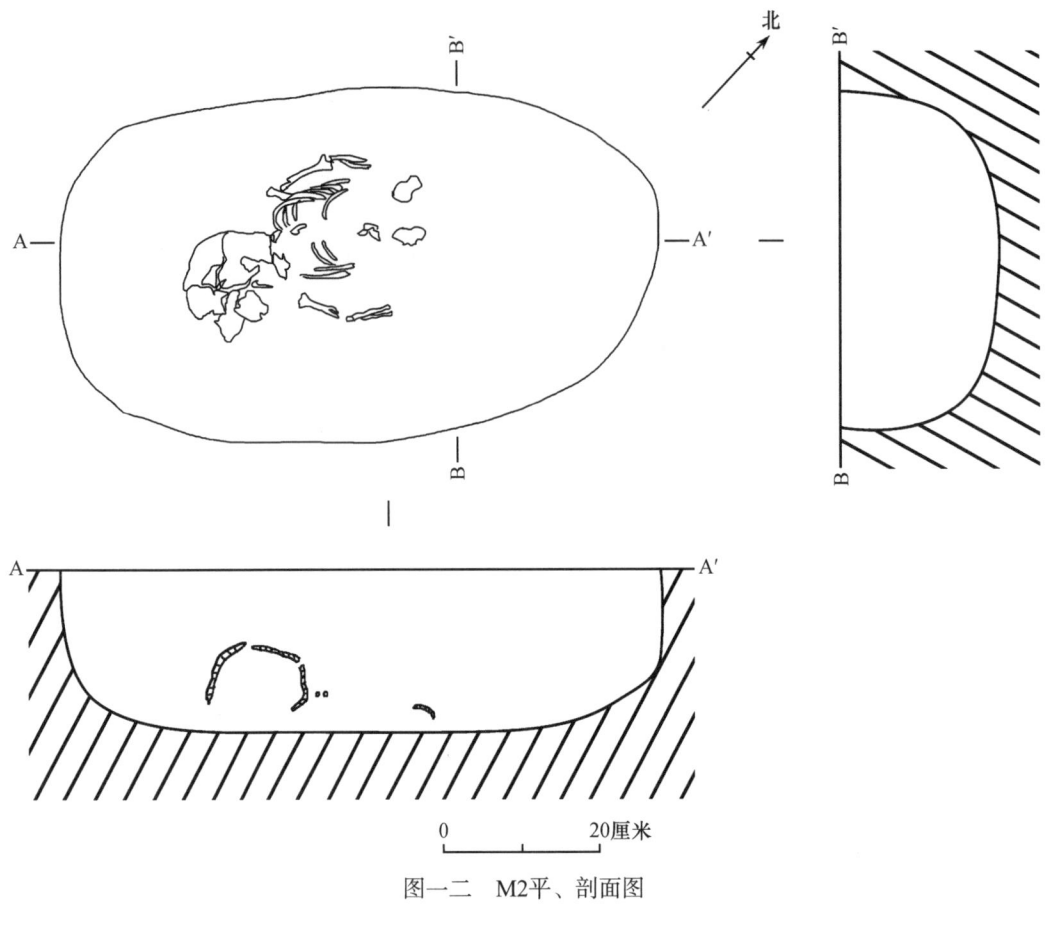

图一二 M2平、剖面图

（一）石　　器

石器皆为磨制，器类有石球、饼状石器、砺石、石垫片、石杵。

石球　1件。T1①：6，砂岩质地，磨制，球状。直径3.2厘米（图一三，2）。

饼状石器　2件。

T1①：5，残。砂岩质地，灰白色，磨制。平面近似圆形，饼状。残长3.8、宽3.1、厚2.2厘米（图一三，3）。

T6②：10，砂岩质地，灰白色，磨制。平面近似圆形，饼状。直径5、厚2.5厘米（图一三，5）。

砺石　3件。H18：2，残。页岩质地，青灰色，磨制。平面呈长方形，周身磨制痕迹明显。残长7.8、宽4、厚1.9厘米（图一三，4）。

石垫片　1件。Y1：3，砂岩质地，灰白色，磨制。平面形制不规整，周身磨制痕迹明显（图一三，1）。

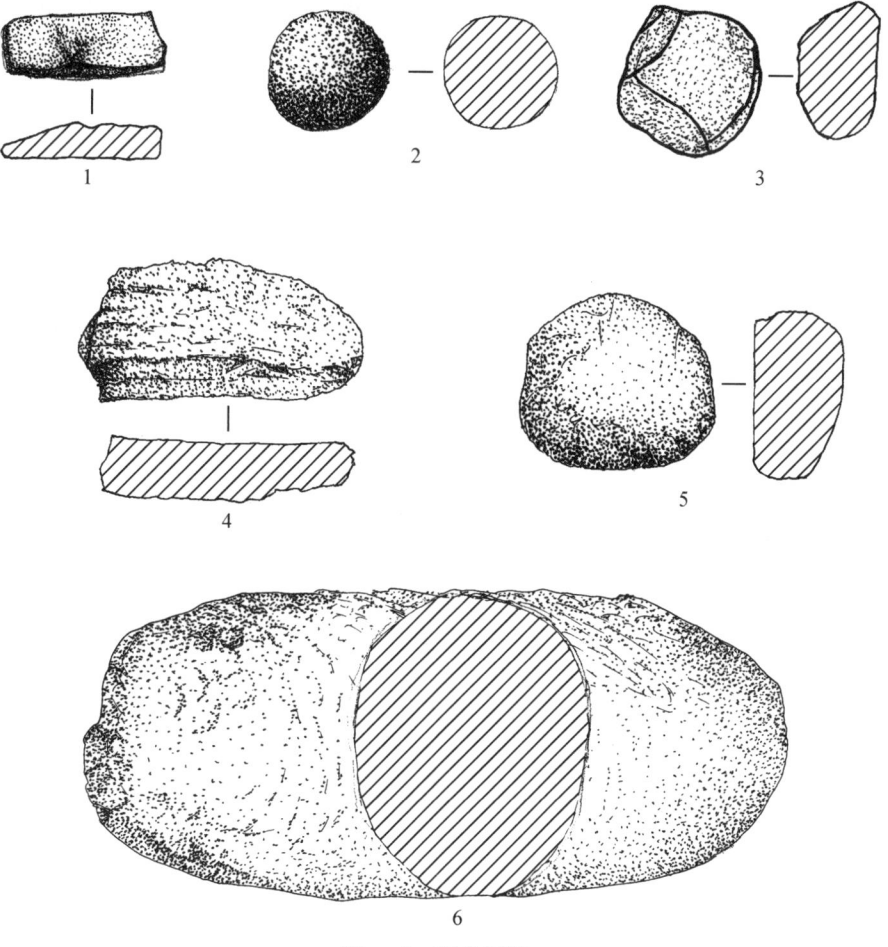

图一三　明代石器
1. 石垫片（Y1：3）　2. 石球（T1①：6）　3、5. 饼状石器（T1①：5、T6②：10）　4. 砺石（H18：2）
6. 石杵（T5②：1）

石杵　3件。

T5②：1，砂岩质地，灰白色，磨制。平面近椭圆形，上粗下细，下端漫圆且较为光滑。长30.2、最宽处15.3厘米（图一三，6）。

（二）陶　　器

以残损陶片为主，无可复原器，另见部分完整器。陶质均为泥质陶，以灰陶为大宗，尚有少量红陶。可辨器物部位以口沿为主，另见腹片、器柄、器底等。可辨器形包括罐、盘等，兼有弹丸、棋子、网坠、臼形器等。均素面。

口沿　8件。根据口部特征差异，可分三型。

A型　5件。卷沿。

H1∶1，残。泥质灰陶，圆唇，卷沿，素面。残长4.4、宽1.6厘米（图一四，1）。

H18∶7，残。泥质灰陶，圆唇，卷沿，素面。残长5.5、宽2厘米（图一四，2）。

B型　2件。折沿。

T4②∶2，残。泥质灰陶，尖唇，折沿，素面。残长4.6、宽1.5厘米（图一四，3）。

T6②∶1，残。泥质灰陶，尖唇，折沿，素面。残长4.8、宽2.2厘米（图一四，4）。

C型　1件。侈口。

T7②∶4，残。泥质灰陶，圆唇，侈口，素面。残长5.6、宽2.7厘米（图一四，5）。

器底　2件。均为平底器。

T5②∶4，残。泥质灰陶，平底，素面。器壁较薄，推测器形较小。底径不详，残高2厘米（图一四，10）。

H1∶2，残。泥质灰陶，平底，素面。器壁较厚，推测器形较大。底径不详，残高2.8厘米（图一四，14）。

器柄　3件。均为泥质陶，形制较为统一。

T5②∶3，残。泥质红陶，柱状，微弧，素面。残长5、直径1.7厘米（图一四，6）。

F1∶2，残。泥质红陶，柱状，剖面有点状芯，素面。残长5.2、直径1.7厘米（图一四，7）。

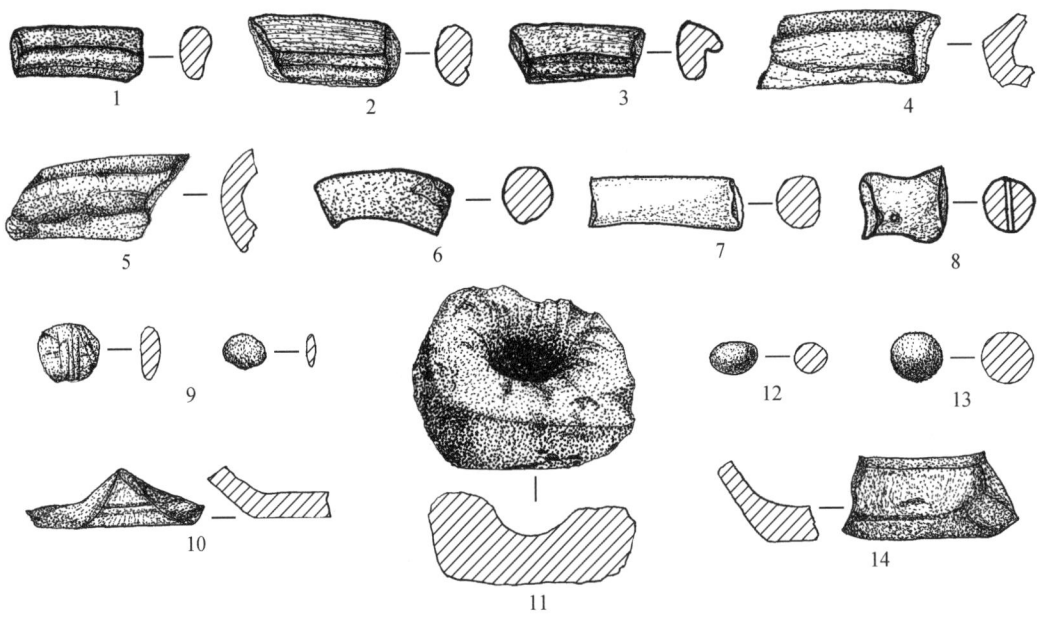

图一四　明代陶器

1~5. 口沿（H1∶1、H18∶7、T4②∶2、T6②∶1、T7②∶4）　6、7. 器柄（T5②∶3、F1∶2）
8. 网坠（H3∶1）　9. 棋子（T4②∶8）　10、14. 器底（T5②∶4、H1∶2）　11. 臼形器（H5∶2）
12、13. 弹丸（H11②∶5、T6②∶9）

弹丸　21件。皆为泥质陶烧制而成，以灰陶为主，另见黄褐陶。形制较为统一，均为球状。

T6②：9，4件。泥质灰陶3件，泥质黄褐陶1件，球状，素面，大小不等。直径1～1.6厘米（图一四，13）。

H11②：5，13件。泥质灰陶为主（10件），另见部分黄褐陶（3件），球状，素面，大小不等。直径0.9～1.5厘米（图一四，12）。

棋子　2件。T4②：8，2件。大、小各一。T4②：8-1，泥质红褐陶，圆饼状，一面有交错弦纹痕迹，直径2、厚0.6厘米。T4②：8-2，泥质灰陶，圆饼状，素面。直径1.4、厚0.3厘米（图一四，9）。

网坠　1件。

H3：1，残。夹砂红褐陶，柱状，亚腰形，底部内凹，器身对钻一圆形孔，孔不贯穿。直径2.4、残高2.8厘米（图一四，8）。

臼形器　1件。H5：2，泥质灰陶，平面呈圆角长方形，形似石臼，中部内凹。用途不明。长6、宽4.2、高3.2厘米（图一四，11）。

建筑构件　包括砖、瓦两种，皆为残件。

砖　7件。包括青砖及纹饰砖两种，青灰色为主，兼有红褐色，部分砖烧造较为粗糙。

青砖　5件。

T6②：14，残半。平面呈长方形，一面有圆形凹窝，推测废弃后再次利用而成。残长17、宽16.5、厚8厘米。凹窝直径7.6、最深处2.2厘米（图一五，7）。

Z1：1，残。平面近似曲尺形，一面有圆形凹窝，推测废弃后，再次利用而成。残长12.8、宽11.6、厚5.6厘米。凹窝直径4.3、最深处1.4厘米（图一五，4）。

H10：4，残。平面近似三角形，烧造较为粗糙。残长15.8、宽13.5、厚8.3厘米（图一五，6）。

纹饰砖　2件。

花卉纹雕砖　1件。T5②：11，残半。青灰色，平面呈长方形，四周有凸起边框，内饰浅浮雕花卉及草叶纹。残长12.2、宽11.8、厚7.6厘米（图一五，5）。

指印纹砖　1件。T5②：12，残。红褐色，平面近似三角形，烧造较为粗糙，一面有并排两处指印纹。残长8.6、宽5.8、厚5.2厘米（图一五，1）。

瓦　22件。均为板瓦，皆残。

Z3：1，残。青灰色，平面近长方形，剖面微弧，一端平齐，凸面饰有三道平行凸弦纹，凹面施布纹。残长7.2、宽8、厚1.5厘米（图一五，2）。

H7②：2，残。青灰色，平面近长方形，剖面微弧，一端平齐，凸面素面，凹面施布纹。残长9.2、宽10.2、厚1.6厘米（图一五，3）。

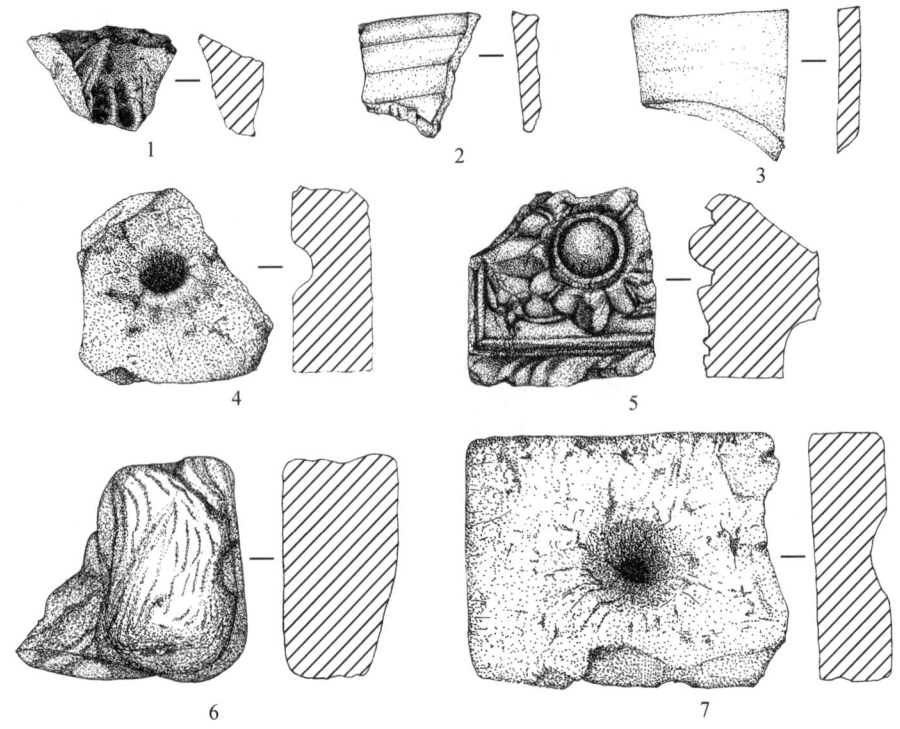

图一五　明代建筑构件

1、5.纹饰砖（T5②：12、T5②：11）　2、3.瓦（Z3：1、H7②：2）　4、6、7.青砖（Z1：1、H10：4、T6②：14）

（三）釉　陶　器

以釉陶片为主，少量可复原。可辨器物部位包括口沿、腹片、器底，其中以腹片为大宗（计104件）。可辨器形有罐、瓮、碗等。

罐　1件。H9：1，残。圆唇，短束颈，广肩，斜弧腹，下腹部以下无存。黄褐色砂胎，内、外壁皆施酱釉。口径19、残高12.1厘米（图一六，1）。

口沿　10件。根据口部特征差异，可分为二型。

A型　侈口，3件。

H2：1，残。圆唇，口微侈，短束颈，颈部以下无存。黄褐色砂胎，内、外壁皆施酱釉。器壁较厚，推测应为瓮或罐。口径24、残高10.2厘米（图一六，5）。

H13：1，残。厚圆唇，口微侈，短束颈，颈部以下无存。黄褐色砂胎，内、外壁皆施酱釉。器壁较厚，推测应为瓮或罐。口径19.8、残高9.8厘米（图一六，2）。

B型　敞口，7件。

T6②：2，残。尖圆唇，敞口，短束颈，颈部以下无存。黄褐色砂胎，内、外壁皆施酱釉，釉面有较多气孔。推测应为罐。口径6.8、残高2.8厘米（图一六，7）。

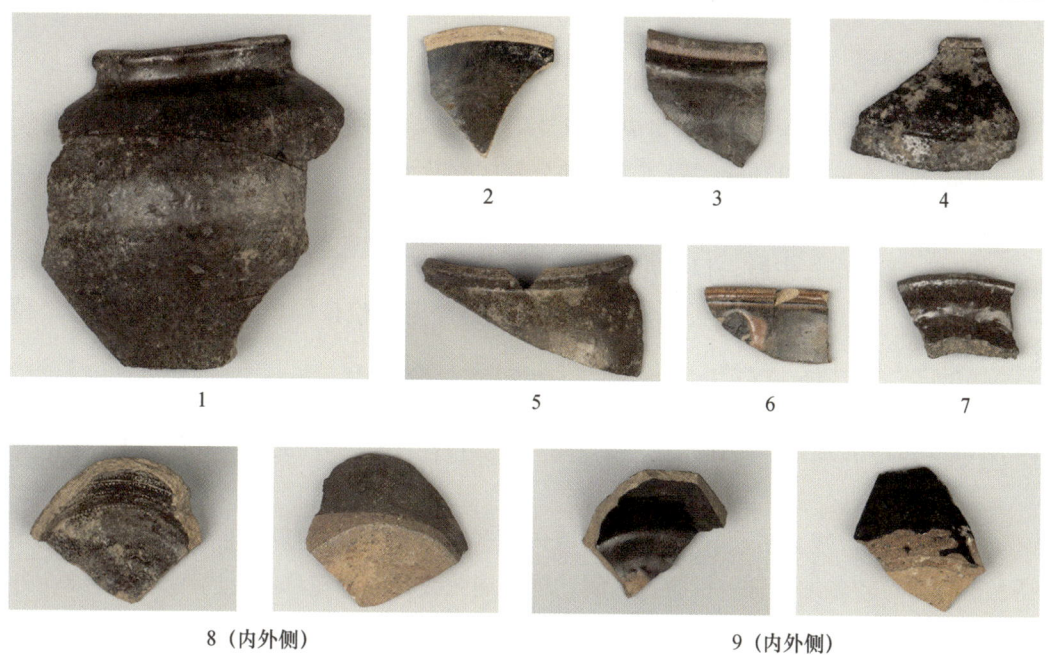

图一六 明代釉陶器

1~7. 口沿（H9∶1、H13∶1、H13∶3、H13∶2、H2∶1、H15∶2、T6②∶2） 8、9. 器底（H5∶8、H7②∶1）

H13∶2，残。圆唇，敞口，短束颈，圆肩，肩部以下无存。黄褐色砂胎，内、外壁皆施酱釉，釉面有较多气孔。推测应为罐。口径不详，残高7.4厘米（图一六，4）。

H13∶3，残。圆唇，口微敞，短束颈，颈部以下无存。黄褐色砂胎，内、外壁皆施酱釉。推测应为罐。口径不详，残高7.2厘米（图一六，3）。

H15∶2，口沿，已残。圆唇，敞口，弧腹。黄褐色胎，胎质细腻，内、外皆施酱色黑釉，釉色光亮。外壁口下施一周黑圈。推测应为碗。口径12.6、残高4.6厘米（图一六，6）。

器底 2件。

H5∶8，残。弧腹，平底，器壁较厚。黄褐色砂胎，釉色酱黑，内壁施满釉，外壁施釉不及底。推测为瓮或罐。底径17、残高8.4厘米（图一六，8）。

H7②∶1，残。弧腹，平底。黄褐色砂胎，黑釉，釉色光亮。内壁施满釉，外壁施釉不及底，有流釉现象。推测应为罐。底径10、残高6.5厘米（图一六，9）。

（四）瓷　　器

瓷器类型丰富，按照釉色划分，包括青花、白釉褐彩、黑釉、酱釉、绿釉、翠蓝釉、珐华彩等。

1. 青花瓷器

130件。以瓷片为大宗，少量完整器及可复原器。可辨部位包括口沿、腹片、器底等。可辨器形有碗、盘、罐、器盖等。部分器底有款识。

口沿　46件。

T5②：8，残。尖唇，口微敞。灰白胎，胎质细腻，釉色光亮。口沿内、外壁均饰两周弦纹，内壁弦纹下饰卷云纹，分布密集。外壁饰松枝纹，青花晕染明显。口径8.4、残4.4厘米（图一七，2）。

Z3：2，残。尖唇，葵口，展沿。灰白胎，胎质细腻，釉色光亮，釉面有些许棕眼。内、外壁均饰三周弦纹，间饰如意云纹及草叶纹。口径11.8、残高3.5厘米（图一七，1）。

器底　35件。

T4②：10，残。折腹，圈足，足墙内直外斜，较薄。白胎，胎质细腻，釉色光亮，器底粘有较多细砂砾。折腹及内底均饰两周弦纹，间饰花草纹，内底饰花卉纹；外壁折腹及近底部各饰两周弦纹，间饰花卉纹。圈足外壁饰一周卷曲草叶纹。推测应为盘。底径6.2、残高3.4厘米（图一七，7）。

T5②：2，残。圈足，足墙较直且薄。白胎，胎质细腻，釉色光亮，釉面有些许棕眼。内底饰两周弦纹，内饰芭蕉叶纹。外壁近底部及圈足饰有三周弦纹，外底双弦纹内书"攸"字，应为"万福攸同"款识。底径5、残高2.2厘米（图一七，8）。

T5②：5，残。圈足，足墙较直，挖足过肩。灰白胎，胎质细腻。釉色光亮，釉面有些许棕眼及杂质。内底双圈，圈内饰芭蕉叶纹。外壁纹饰不可辨，近足部饰两周弦纹。推测应为盘。底径6.4、残高3.5厘米（图一七，4）。

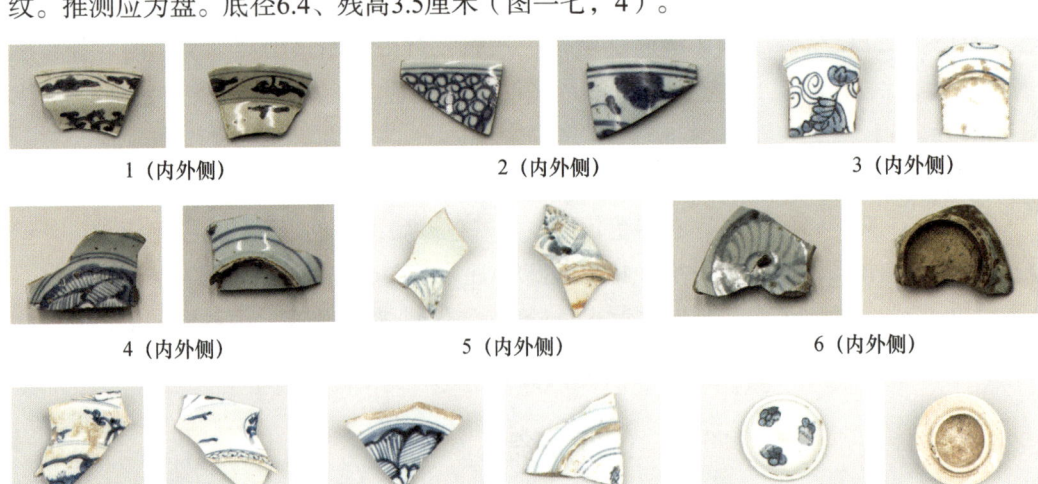

1（内外侧）　　2（内外侧）　　3（内外侧）

4（内外侧）　　5（内外侧）　　6（内外侧）

7（内外侧）　　8（内外侧）　　9（俯仰视）

图一七　明代青花瓷器

1、2.口沿（Z3：2、T5②：8）　3~8.器底（T7②：5、T5②：5、Z3：3、H3：2、T4②：10、T5②：2）
9.器盖（H5：3）

T7②：5，残。圈足，足墙较直，挖足过肩。灰白胎，胎质细腻。釉色光亮，釉面有些许棕眼及杂质。内底双圈，圈内饰云气纹及花叶纹。外壁纹饰不可辨，近足部及圈足各饰弦纹。器壁较厚，推测应为盘。底径5、残高2.3厘米（图一七，3）。

Z3：3，残。圈足，足墙较直。灰白胎，胎质细腻。釉色光亮，釉面有些许棕眼及杂质。内底饰菊纹，外壁饰花卉纹，纹饰略显潦草。推测应为碗。底径4、残高4.6厘米（图一七，5）。

H3：2，残。圈足，足墙较直且厚。灰白胎，胎质细腻。釉色光亮，内底釉面有黏渣。内底饰菊纹，外底不施釉。推测应为碗。底径6、残高1.8厘米（图一七，6）。

器盖　1件。H5：3，圆形器盖，盖顶隆起，居中应有器纽，纽部残缺，子母口。内壁施化妆土，外壁施白釉，等距分布三朵梅花，花朵处青花晕染明显。直径4.8、高2.2厘米（图一七，9）。

2. 白釉褐彩瓷器

9件。皆为残片，不可复原。可辨器物部位包括口沿、腹片、器底。

口沿　3件。

T5②：10，残。尖圆唇，敞口。灰白胎，胎质细腻。内、外壁皆施白釉，饰两周褐色弦纹。器壁较薄，推测应为碗。口径不详，残高2.8厘米（图一八，3）。

H3：5，残。尖圆唇，敞口。白胎泛黄，胎质细腻。内、外壁皆施白釉褐彩。内壁施两组褐色弦纹，间饰一组波浪纹，外壁施两周褐色弦纹。口径不详，残高3厘米（图一八，5）。

H3：6，残。尖圆唇，敞口，弧腹。白胎，胎质细腻。内、外壁皆施白釉，内壁满釉，外壁半釉不及底，通体布满细碎开片。器壁较薄，推测应为碗。口径14.2、残高5.1厘米（图一八，1）。

1　2（内外侧）　3　4（内外侧）　5（内外侧）

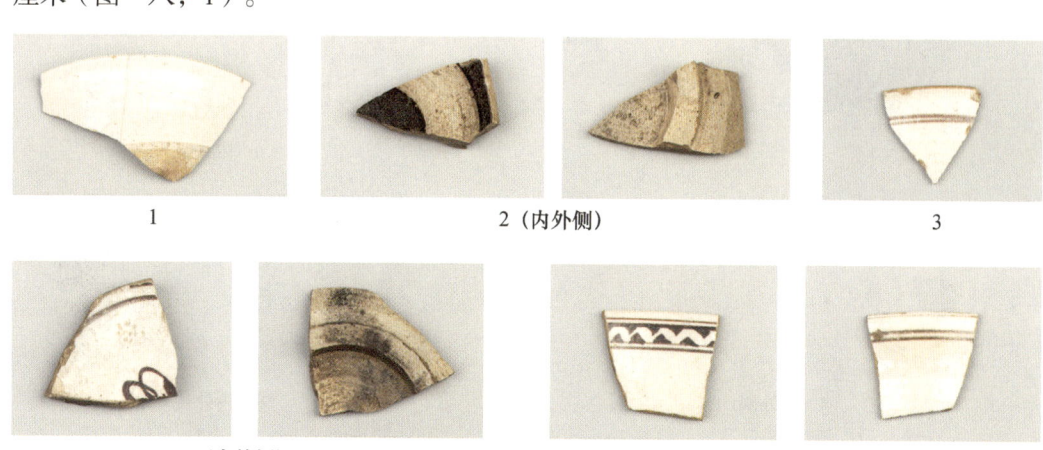

图一八　明代白釉褐彩瓷器

1、3、5. 口沿（H3：6、T5②：10、H3：5）　2、4. 器底（T7②：1、H1：4）

器底　5件。

T7②：1，残。圈足，足墙较短且厚，足端平切。外底不施釉，内底有涩圈，饰褐彩。底径不详，残高1.8厘米（图一八，2）。

H1：4，残。圈足，足墙较短且厚，足端平切。外底不施釉，内底施白釉，饰褐彩，双圈内饰花卉纹。底径5.4、残高1.4厘米（图一八，4）。

3. 黑釉瓷器

7件。皆为残片，可辨器物部位包括口沿、腹片、器底，可辨器形包括罐、碗等。

口沿　3件。

H5：6，残。圆唇，敞口，短直颈，颈部以下无存。米黄色胎，内、外壁均施黑釉，釉色光亮。推测应为罐。口径不详，残高4.2厘米（图一九，4）。

H5：7，残。广肩，肩部以下无存。米黄色胎，内、外壁均施黑釉，釉色光亮。推测应为罐。口径6.4、残高3.5厘米（图一九，3）。

H18②：1，残。圆唇，直口，弧腹。黄褐色胎，口部不施釉，口部以下内、外壁皆施酱色黑釉，釉色光亮。口径不详，残高10.8厘米（图一九，2）。

器底　3件。

T2②：6，残。圈足，足墙较短且厚。土黄色胎，胎质细腻。内、外壁均施黑釉，

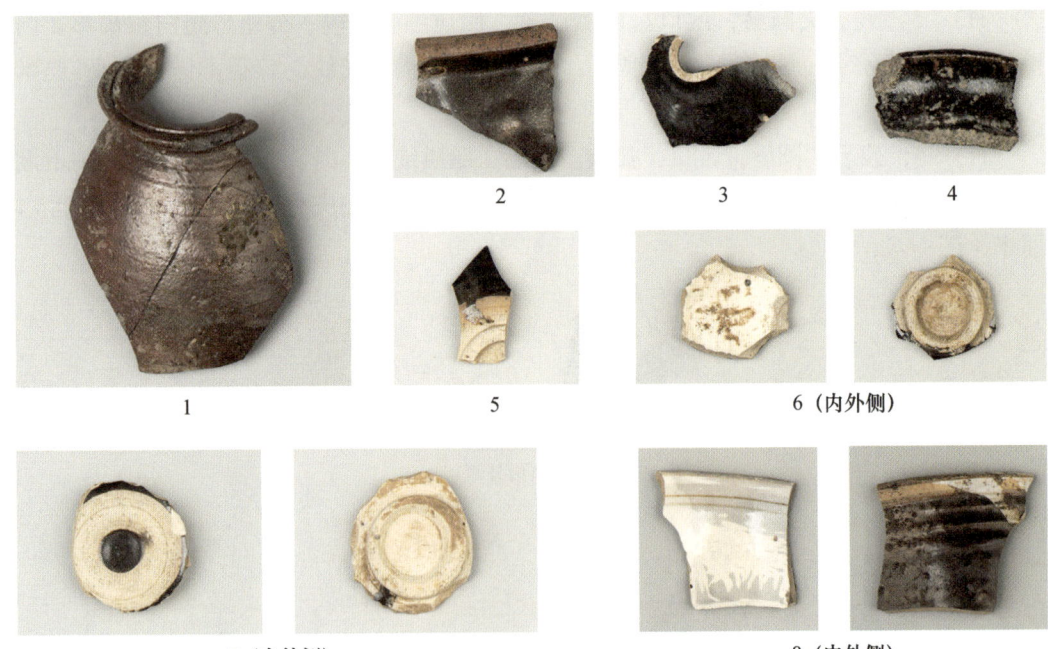

图一九　明代黑釉、酱釉瓷器

1. 壶（T6②：13）　2~4、8. 口沿（H18②：1、H5：7、H5：6、T4②：1）　5~7. 器底（T4②：7、T2②：6、H12：2）

釉色光亮。内底有涩圈，外壁施釉，釉不及底，有垂釉现象，外底有乳突。器形较小，推测应为盏。底径3.4、残高1.4厘米（图一九，6）。

T4②：7，残。圈足，足墙较短且厚。灰白胎，胎质细腻。内、外壁均施黑釉，釉色光亮。内底有涩圈，外壁施釉不及底，有垂釉现象。推测应为碗。底径5、残高2.5厘米（图一九，5）。

H12：2，残。圈足，足墙较短且厚。灰白胎，胎质细腻。内壁施白釉，外壁施黑釉，釉不及底，有垂釉现象。器形较小，推测应为盏。底径3.4、残高1.1厘米（图一九，7）。

4. 酱釉瓷器

2件。

壶　1件。T6②：13，残。尖唇，展沿，口沿内部一周加厚，似重唇。束颈，弧腹。内、外壁均施酱釉。口径6、残高7.8厘米（图一九，1）。

口沿　1件。T4②：1，残。圆唇，口微敞，弧腹。灰白胎，胎体较厚。外壁口沿不施釉，零星沾有白釉，口部以下施酱釉。内壁施白釉，口部饰两周褐彩。釉面存在些许杂质。口径10.4、残高6.8厘米（图一九，8）。

5. 绿釉瓷器

5件。皆为残片，可辨器物部位包括口沿及腹片。

口沿　4件。

T1②：3，残。圆唇，敞口。砖红胎，外壁施绿釉，釉面脱落严重。口径11.6、残高2.6厘米（图二〇，1）。

F1：3，残。方唇，砖红胎，外壁施绿釉。口径不详，残高1.8厘米（图二〇，2）。

H16：1，残。尖圆唇，口微敛，短颈，圆肩。黄褐色胎，内、外壁均施绿釉，泛黄。器壁较薄，器型较小，推测为壶或罐。口径6.5、残高3.5厘米（图二〇，4）。

H17：1，残。口部残损严重，弧腹内收。黄褐色胎，内、外壁均施绿釉，泛黄。推测应为壶。残高5.8厘米（图二〇，3）。

腹片　1件。H2：2，残。砖红色胎，胎质细腻，外壁施绿釉，玻璃质感强。残长5.6、宽3.6厘米（图二〇，5）。

6. 蓝釉瓷器

4件。可辨器物部位包括口沿、腹片及器底。可辨器形有盏、碗。

盏　1件。T2②：9，残。尖唇，敞口，弧腹内收，平底，小圈足，足墙较矮且厚，足端平齐。灰白胎，内、外壁均施蓝釉，外壁釉不及底，内壁满釉。口径11.5、底径3.8、高2.2厘米（图二〇，6）。

图二〇　明代绿釉、蓝釉、珐华彩瓷器

1~5.绿釉瓷器（T1②：3、F1：3、H17：1、H16：1、H2：2）　6~9.蓝釉瓷器（T2②：9、T6②：4、H18：5、F1：4）　10.珐华彩瓷器（T3②：1）

口沿　1件。T6②：4，残。圆唇，敞口，唇下饰一周凹弦纹。黄褐色胎，器壁较薄，内、外壁均施蓝釉。口径不详，残高2.3厘米（图二〇，7）。

腹片　1件。H18：5，残。灰白胎，内壁施白釉，外壁施蓝釉，蓝底黑彩，绘有三周弦纹及花草纹。残长2.6、宽3.1厘米（图二〇，8）。

器底　1件。F1：4，残。圈足，足墙外斜。内、外壁均施蓝釉。底径5.4、残高1.7厘米（图二〇，9）。

7. 珐华彩瓷片

1件。

腹片　1件。T3②：1，残。灰白胎，胎质较厚。内壁不施釉，外壁通体以翠蓝釉为主，辅以浅蓝釉及白釉，釉色光亮。浅浮雕装饰，分别饰有弦纹及草叶纹。残长5.1、宽3厘米（图二〇，10）。

（五）铁　　器

4件。

铁掌　1件。T7①：1，残，锈蚀严重。弧形，器身扁薄，残存等距分布的2个方孔。残长7、宽1.2厘米（图二一，6）。

铁刀　1件。M1：2，残，锈蚀。刀身窄长，弧背，弧刃，长条形柄。残长10.7、最宽处1.3厘米（图二一，7）。

铁器残片　2件。H11：7，残，锈蚀严重。平面近三角形。残长4.5、宽2.9厘米（图二一，5）。

（六）青　铜　器

1件。

耳环　1件。M1：3，铜丝扭成8字形。长1.5、宽0.7厘米（图二一，4）。

（七）琉　璃　珠

4件。

H11：2，白色，球状，居中一圆形孔。器身直径0.9、孔径0.3厘米（图二一，1）。

H5：10，残半。白色，球状，居中一圆形孔。器身直径0.9、孔径0.4厘米（图二一，2）。

M1：1，2件。蓝色，球状，居中一圆形孔。器身直径0.7~0.8、孔径0.3厘米（图二一，3）。

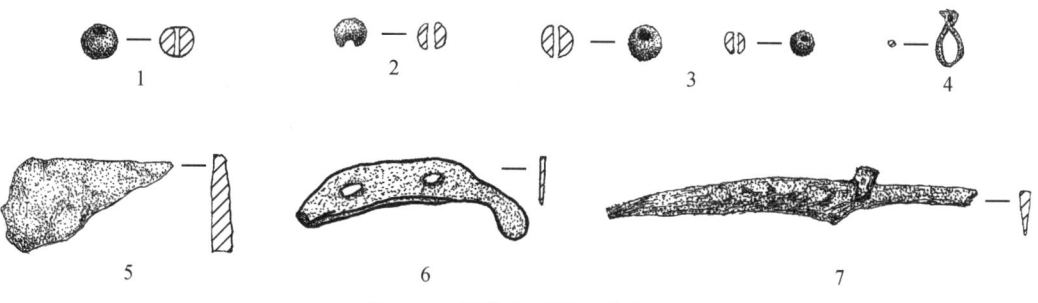

图二一　明代金属器及琉璃器

1、2.白琉璃珠（H11：2、H5：10）　3.蓝琉璃珠（M1：1）　4.铜耳环（M1：3）　5.铁器残件（H11：7）
6.铁掌（T7①：1）　7.铁刀（M1：2）

（八）骨、角器

16件。骨器14件，包括不明骨器、骨锥、骨针及嘎拉哈。角器2件。此外，遗址出土大量兽骨，包括马、牛、羊、猪（家猪及野猪）、鼠、鱼等。具体情况将另撰专文论述。

1. 不明骨器

5件。

H5：1，一端残断。系动物肢骨加工而成。扁平状，一端凸起，器表打磨、刮削痕迹明显。残长8.3、宽1.3厘米（图二二，3）。

H5：4，两端均残。系动物肢骨加工而成。扁平状，器表打磨、刮削痕迹明显。残长10.8、宽1.2厘米（图二二，1）。

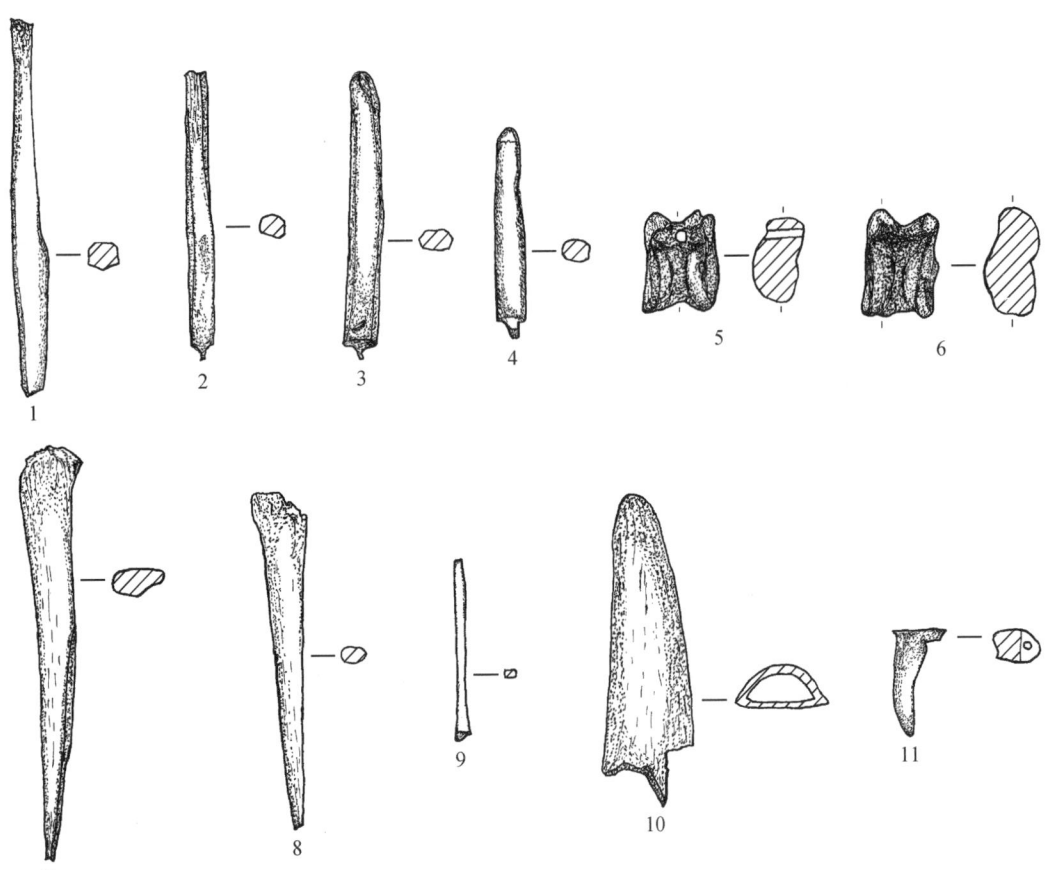

图二二　明代骨、角器
1~4.不明骨器（H5：4、H11②：1、H5：1、H18：3）　5、6.嘎拉哈（T6②：11、M1：4）
7、8.骨锥（H11②：4、H18：4）　9.骨针（T1②：1）　10、11.角器（H11②：3、F1：1）

H11②：1，一端残断。系动物肢骨加工而成。扁平状，一端凸起，器表打磨、刮削痕迹明显。残长8.3、宽1厘米（图二二，2）。

H18：3，一端残断。系动物肢骨加工而成。扁平状，一端凸起，器表打磨、刮削痕迹明显。残长6.1、宽1.2厘米（图二二，4）。

2. 骨锥

2件。

H11②：4，锥尖残断。系牛腓骨磨制而成，平面呈锥形，锥尖两侧磨制锋利。残长12、宽1.5厘米（图二二，7）。

H18：4，锥尖残断。系牛腓骨磨制而成，平面呈锥形，锥尖两侧磨制锋利。残长9.3、宽1厘米（图二二，8）。

3. 骨针

1件。

T1②：1，一端残断。系兽骨磨制而成，器身细长，磨制精细。残长5.3、宽0.2厘米（图二二，9）。

4. 嘎拉哈

6件。

T6②：11，系羊距骨加工而成，上端有一圆形钻孔。长3、宽1.9、孔径0.4厘米（图二二，5）。

M1：4，共5件。系羊距骨加工而成，应为墓主人玩具（图二二，6）。

5. 角器

2件。

H11②：3，一端残断。系羊角磨制而成，器身光滑。残长9.1、宽3厘米（图二二，10）。

F1：1，平面呈锥形，一端平齐，一端锋利，器身光滑。宽端截面有一钻孔。长3、宽1.3厘米（图二二，11）。

五、结　语

从本次发掘情况来看，遗址第1层出土遗物虽较为丰富，包括夹砂陶片、缸胎釉陶片、瓷片、青砖及动物骨骼等，但均为后期耕地活动所致。根据该层出土年代最晚的遗物判断，第1层应为现代耕土层。

第2层为发掘区的主体活动层位，遗迹类型多样，包括房址、灰坑、灶址、墓葬、窑址等；出土遗物丰富，不仅零星可见青铜时代夹砂陶片、元代釉陶器及白釉瓷片，还出土大量明代缸胎釉陶片、青花瓷片，并发现琉璃珠、青铜耳环、小铁刀、弹丸、纺轮等。此外，该层出土大量动物骨骼，包括马、牛、羊、猪（家猪及野猪）、鼠、鱼等。根据出土遗物判断，该层应为明代遗存。出土的各类瓷器与同为海西女真的辉发部[1]尤为相似，扶余明墓[2]亦见大量同类器，均系明代中、晚期典型器物。发掘区的遗迹单位基本上均开口于第1层下，打破第2层，唯M1开口于第2层下，打破生土。根据上述层位关系判定，M1应相对早于本发掘区其他遗迹单位，即明代遗存亦存在早、晚差异。

本次发掘所见诸类遗迹、遗物，还为考察叶赫部的经济类型、居住方式、宗教信仰等，提供重要资料。关于明代女真经济类型，文献史料记载颇丰，如《开原图说》记载，"户知稼穑，不专以射猎为生"[3]，即农耕与渔猎并举。遗址出土的3件石杵为舂米工具表明叶赫部先民业已从事农耕。此外，在以往对叶赫部王城及周边城寨调查过程中，均见有大量石杵、石臼。该部还有专门储蓄粮食用的窖穴，如万历十六年（1588年），李成梁攻打叶赫城时，叶赫酋长卜寨、纳林布禄出城纳降，乞求称，"愿将军烧云梯、勿复击大砲，毋尽发我窖粮"[4]。可知，这一时期叶赫部粮食产量相对较高，农耕所占比重较大。除从事农耕外，游牧业及狩猎采集也是叶赫部重要经济类型，遗址出土的大量动物骨骼即为证明。

发掘区所清理房址，在房址类型、构筑方式及火坑布局等方面，均与辉发城内房址十分接近[5]，既表明该时期海西女真诸部已广泛存在定居形式，亦可知明代女真人的房屋结构较为一致，均受辽东地区汉人居住方式影响。本次发掘，还发现一定数量的建筑构件，尤以布纹瓦居多。部分建筑构件应为房址的附属品，可见房址规模相对较高。个别砖、瓦烧造较为粗糙，并存在烧造变形现象，推测为本地工匠烧造而来。关于叶赫部的烧造业，已有专文论述[6]，不再重复。需要指出的是，虽已出现定居模式，但该部仍"屯居不常"[7]，打围游牧，随季节而不断变更居住地。发掘清理的部分灰坑及灶址，推测即与此种生活方式有关，为叶赫外城百姓的临时居住点。

关于满洲人及女真人宗教信仰的讨论，素来被学界所重。本次出土的马头及完整鸟类骨骼，为追溯明末女真人宗教信仰，提供实物资料。基于万物有灵观念，女真人具有强烈的动物崇拜。其中，以马祭祀及鸟类崇拜由来已久。靺鞨人已有将死者所乘之马，杀之以祭习俗。此后，为金代、明代女真人沿用[8]。进入清代，尚有春秋二季为马祭祀之俗，为萨满祭祀的重要内容。出土马头的H14，紧邻F1，推测为房址居住者祭祀所用。这一现象存在两种可能，一是以马祭祀的女真人已渐习汉风，定居为生；二是以定居为主的汉人，开始接受马祭传统。前者的可能性更大。至于鸟类崇拜，更不遑多论。遗址所见完整鸟类骨骼，足见女真人对鸟的珍视及推崇。

附记：项目领队为吉林省文物考古研究所石晓轩，执行领队为四平市文化遗产保护中心隽成军。参加发掘的人员有四平市文化遗产保护中心李铁晶、崔志，四平市博物馆王彤，吉林师范大学聂卓慧，四平市文化市场综合行政执法支队孔令达，梨树县文物管理所曲清海、倪春选。参加整理的有吉林师范大学聂卓慧，四平市文化遗产保护中心隽成军、崔志，四平市博物馆王彤，梨树县文物管理所曲清海、朱岩、申轩丞。

绘　　　图：曲清海　崔　志　申轩丞
照　　　相：朱　岩　王　彤
动物遗存鉴定：于　丹
执　　　笔：石晓轩　聂卓慧　崔　志

注　释

[1] a.吉林省文物管理委员会.辉发城调查简报[J].北京：文物，1965（7）.
　　b.刘小溪等.吉林省辉南县辉发城址发现的明代遗存[C].边疆考古研究（第17辑）.北京：科学出版社，2015.
　　c.刘晓溪，傅佳欣.明代的辉发城与海西女真——从考古学视角的观察[J].东北师大学报（哲学社会科学版），2014（5）.
　　d.李姗姗.吉林辉南辉发城址出土瓷器初步研究[D].吉林大学硕士学位论文，2020.

[2] 吉林省文物考古研究所.扶余明墓——吉林扶余油田砖厂明代墓地发掘报告[M].北京：文物出版社，2011.

[3] （明）冯瑗.开原图说[M].中国地方志集成·辽宁府县志辑12.南京：凤凰出版社，2006：34.

[4] （明）瞿九思.万历武功录[M].呼和浩特：内蒙古大学出版社，2007：249.

[5] 刘晓溪，傅佳欣.明代的辉发城与海西女真——从考古学视角的观察[J].东北师大学报（哲学社会科学版），2014（5）：29.

[6] 聂卓慧，刘小萌.考古学视角下的明末女真叶赫部[J].黑龙江民族丛刊，2020（5）.

[7] 朝鲜李朝成宗实录[M].二十年六月乙亥条.

[8] 刘小萌，定宜庄.萨满教与东北民族[M].长春：吉林教育出版社，1990：77.

The Report of Excavation of Yehe City Site (The East City Site), Siping City, Jilin Province

In April 2022, in order to cooperate with the reconstruction projec to provincial Siyang Highway (S513) from Yehe to Yangmulin section, the Institute of Cultural Relics and Archaeology of Jilin Province, basing on the previous work, carried out the archaeological excavation of the Yehe City site (The East City site). There were various types of relics to be unearthed, including 1 house site, 19 ash pits, 6 stoves, 1 kiln site and 2 tombs. A large number of relics were harvested, involving Bronze Age, Yuan Dynasty and Ming Dynasty, with Ming Dynasty relics as the majority. It provides import ant data for investigating the economic type, living style and religious belief of the Jurchen Yehe tribe in the late Ming Dynasty.

研究与探索

苏贝希文化彩陶研究

孙少轻

(河北省文物考古研究院，石家庄，050031)

公元前二千纪左右，随着甘青地区彩陶文化西向进入哈密盆地[1]，新疆地区的彩陶文化开始出现。公元前二千纪后半叶，新疆东部的彩陶文化进一步西向扩展，天山南北自东向西形成了焉布拉克文化[2]、南湾文化[3]、四道沟下层文化[4]、新塔拉类遗存[5]、库车哈拉敦早期遗存[6]等彩陶文化。公元前一千纪左右，在原有彩陶文化的基础与相互影响下，吐鲁番盆地、焉耆盆地、伊犁河流域等分别形成了苏贝希文化[7]、察吾呼文化[8]和索墩布拉克文化[9]等彩陶文化。

一般而言，彩陶研究的方法大致可归纳为两种：侧重于艺术的图像学研究和偏于技术的科技分析，前者又可分为类型学分析和图像学阐释两个大的方面。长久以来，学术界对新疆彩陶的研究主要集中在文化内涵、性质、考古学文化的命名、分期年代、文化间相互关系等方面[10]，对于彩陶本身的研究相对缺乏。

20世纪末，随着察吾呼墓地的发掘，周金玲[11]、吕恩国[12]以传统的图像学研究法对察吾呼墓地出土的彩陶，尤其是彩陶纹饰做了较为系统的讨论。此后，学者们除了在相关论述中时常提及彩陶外，关于新疆彩陶的研究零星有见[13]，且往往是宏观层面的梳理与归纳比较，甚至是图录式的描述，对某一墓地或文化的彩陶在分期基础上，以图像学方法做基础性的系统分析仍然阙如，而以科技手段对彩陶的科学分析也尚未展开。

就苏贝希文化的彩陶而言，个别研究者[14]虽然注意到了对彩陶纹饰的分析、彩陶与人们生产生活的关系、彩陶的含义等问题，但总体散乱、不完善，也缺乏详细的分期基础。随着洋海墓地资料的全面发表，苏贝希文化的彩陶愈加充实与丰富。本文拟以洋海墓地的彩陶为核心，结合其他墓地或遗址的彩陶情况，对苏贝希文化彩陶做系统讨论。

一、苏贝希文化彩陶的基本特征

苏贝希文化的彩陶为手制夹砂红陶，属于红衣黑彩系，器物内外壁施红色陶衣，橙黄色陶衣等少见；彩绘绝大部分为黑彩，红彩很少。彩陶大体可归为饮器和盛食器两个大类，炊器罕见，主要有单耳罐、单耳壶、双耳罐、双肩耳壶、双腹耳壶、双耳筒形杯、单耳筒形杯、圈足罐、横耳杯、立耳杯、钵、碗、盆、豆等，以单耳罐、单耳壶为多，以圈足罐、立耳杯、横耳杯等最具特色。施彩部位以器表和口沿内壁为主，耳部也较多，内腹壁和内底少见，外底面稀有。纹饰布局可大致分为三种：通体彩、沿-腹彩、沿-颈-腹彩。纹饰可分为像生纹和几何纹两类，前者尤为罕见，后者以点、直线、曲线类线或块状体和三角为基本的构图元素。多数彩陶器表一侧和底面有烟炱。

内彩 主要见于器物口沿内壁，以细小的锯齿三角纹为主，另有少量的曲波纹。余部内彩主要见于腹内壁和内底，多为点、带、曲波状几何纹，动物纹偶见，纹饰布局有明显的三分或四分现象。器类以钵、碗、盆、豆为主（图一[15]）。

外彩 器身纹饰多样，依构图母题的不同，可分为条带纹系、三角纹系、网格纹系、曲波纹系和其他五个大的系列。

条带纹系 图案由宽窄不一的条带构成，有竖条纹、宽窄不一的横带纹，以三角拉长的竖条纹最为常见，也极具代表性，且存在少量竖条纹底部连接折线纹的组合形式（图二，3），主要饰于单耳罐上，横带纹相对少见。以通体彩为主，沿外彩少见（图二）。

三角纹系 三角纹是苏贝希文化数量最多且最为典型的彩陶纹饰之一，根据构图线条的差异，分为直线三角纹和扭曲三角纹两个大组（图三）。

直线三角纹组，三角纹构图为较规整的几何形状。依构图的总体差异，可分为以下五个小组：

单体三角纹组 由三角纹单排布列而成，往往饰于器物口沿外，通体彩相对少见。根据三角的大小，可分为细密的锯齿三角纹、普通三角纹和长条状三角纹等形式，以前两者为主，个别三角之间以折线相连（图三，1~3）。

组合三角纹组 器身图案以多组实心三角组合排列而成，如正、倒相错的三角纹组合、由小三角构成的镂空大三角、分层的三角纹带与点状三角纹、多渐一式的竖条锯齿三角纹和并列式的竖条锯齿三角纹等（图三，4~13）。其中，竖条锯齿三角纹主要饰于斜腹的单耳罐和细颈单耳壶上，由小三角构成的镂空大三角主要见于立耳杯和无耳的筒形杯，排状分层的三角纹主要见于单耳壶。以通体彩为主。

折线（带）三角纹组 折线（带）纹上顶器物口沿而成，折线纹可分为单折线（图一，3~6；图三，14、15）和复合折线（图一，2；图三，14~18[16]）两种形式，复合折线又以双折线为多。折带纹呈窄带状，带内多填线（图三，19~21[17]）。

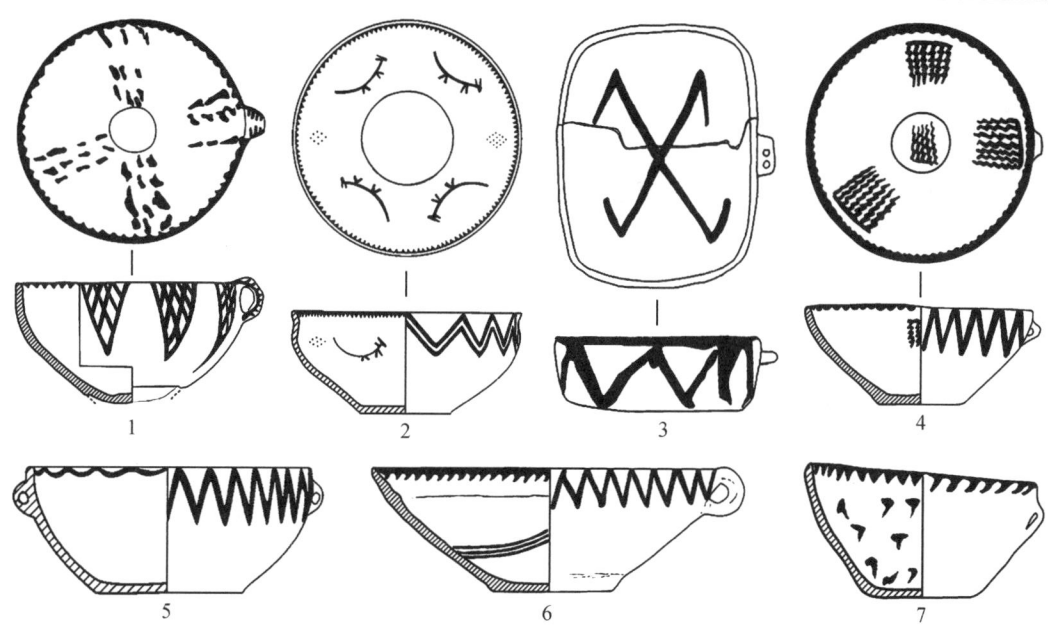

图一 内彩代表性器物

1. ⅠM84∶2　2. Ⅰ92M∶8　3. 加依M76∶12　4. ⅠM133∶3　5. Ⅰ92M∶28　6. ⅠM132∶2　7. ⅠM132∶4

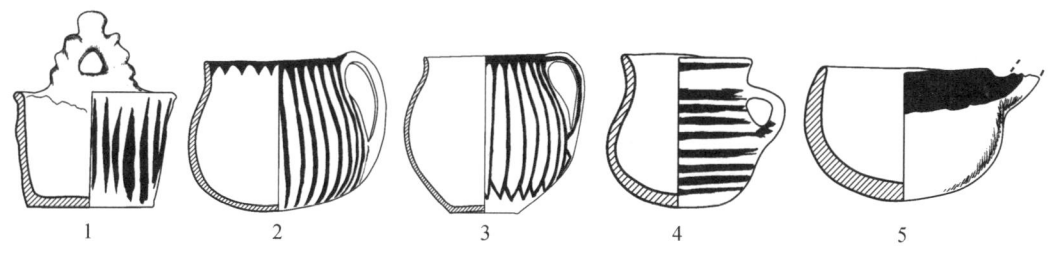

图二 条带纹系代表性彩陶

1. ⅡM52∶4　2. ⅠM96∶1　3. ⅠM16∶1　4. ⅡM83∶1　5. ⅡM90∶2

以折线三角纹为多见，沿外彩构图相对较小，通体彩构图大，较为多见。器类以钵（碗）为主，圈足罐、横耳杯、单耳罐等少见。独立的折线纹往往饰于单耳罐、单耳壶、横耳杯的腹部，相对少见（图三，22、23；图五，8、13[18]）。

填线三角纹组　单体或组合三角内部填充平行横线或斜线（图三，24~29[19]）。见于钵、单耳筒形杯、腹耳壶、豆上。以通体彩为主。

三角网格纹组　单体或组合三角内部填充网格，主要见于豆，沿立耳杯、筒形杯等少有（图一，1；图三，30、31）。

扭曲三角纹组　由内填斜线的单体三角或竖条纹一端缠连扭曲而成。根据涡勾的有无，可分为两个小组：飘带状扭曲三角纹（图三，32~36、38[20]）和涡勾状扭曲三角纹（图三，37、39~42[21]），又都可分为单、双（上下错落）两种形式。多为腹彩，沿外彩和通体彩少见，主要见于单耳罐、单耳壶和豆。

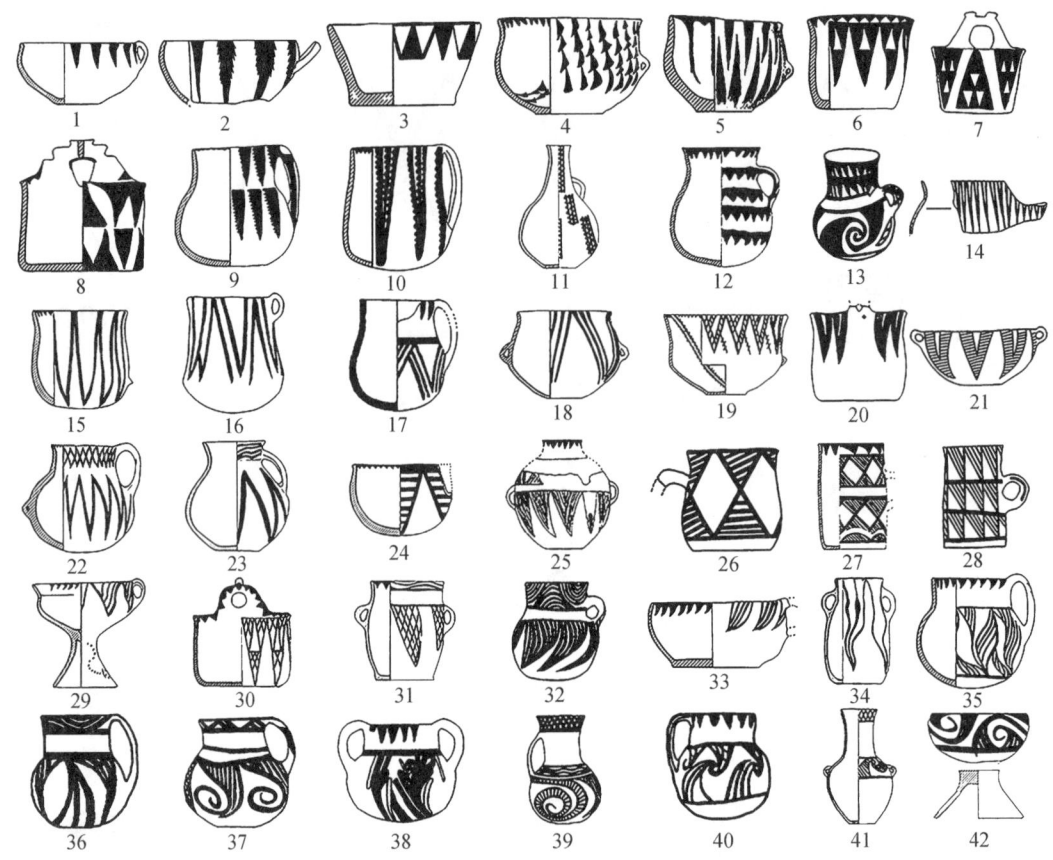

图三 三角纹系代表性彩陶

1~3. 单体三角（ⅠM160：2、ⅠM74：8、ⅠM187：2） 4~13. 组合三角（ⅠM144：3、06ⅠM2：1、ⅡM11：2、加依M47：6、ⅡM84：4、ⅡM32：1、ⅠM1：3、87M：81、87M：40、乌拉泊墓地） 14~21. 折线三角（ⅠM78：8、ⅠM91：1、ⅠM176：1、喀格恰克M3：3、03M：7、87M：160、ⅠM101：4、阿拉沟-鱼儿沟墓地） 22、23. 折线纹（ⅠM61：1、ⅠM38：3） 24~29. 填线三角（ⅠM100：6、柴窝堡林场ⅢM1B：1、阿拉沟-鱼儿沟墓地、87M：131、阿拉沟-鱼儿沟墓地、ⅠM43：3） 30、31. 三角网格（87M：89、ⅡM60：1） 32~36、38. 飘带三角（阜康白杨河M46：1、ⅡM182：1、ⅠM27：1、ⅡM34：1、鄯善三个桥M23：4、阜康北农场基建队93FFGC：015） 37、39~42. 涡勾三角（苏贝希ⅢM15：16、苏贝希ⅢM27：7、阜康白杨河M2：3、ⅡM42：2、鄯善二塘沟M7：9）

网格纹系 图案由斜直线交汇而成。网格分单线、双线（图四，4~6）两种，前者据构图差异，可分为无边框网格纹（图四，1~3）、条带网格纹（图三，39、41；图四，7~9）、开光网格纹（图四，9~12[22]）和三角网格纹（图一，1；图三，30、31）；据网格的疏密状况，又可分为细密和粗疏两种形式。以通体彩和沿外彩的单网格为多见。单网格所饰器类较多，双网格纹主要见于单耳罐；条带网格主要饰于单耳壶，分横、竖两种形式；开光网格见于单耳壶、圈足罐；三角网格主要见于筒形杯、立耳杯和豆上（见图四）。

曲波纹系 以曲线为主要的构图元素，构图与三角纹系的扭曲三角纹区别明显。

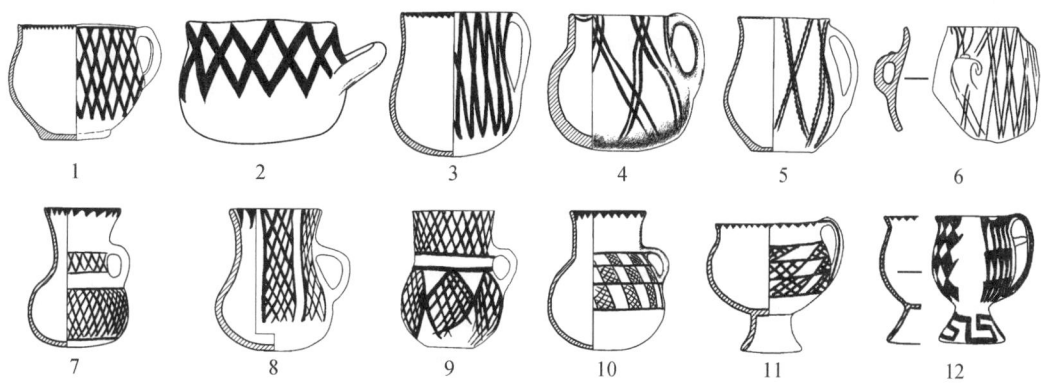

图四 网格纹系代表性彩陶

1～3.无边框网格纹（ⅠM8∶5、ⅠM56∶1、ⅠM132∶1） 4～6.双线网格纹（ⅡM18∶5、ⅠM68∶1、ⅠM12∶4） 7、8.条带网格纹（ⅡM6∶2、02M∶27） 9～12.开光网格纹（柴窝堡林场ⅡM3A∶2、ⅡM176∶2、加依M43∶3、M196∶1）

可分为波线纹、勾连涡纹两大组。

波线纹 呈散乱或规整的曲波状，个别有涡勾，以颈、腹彩为主，沿外彩少见，多见于单耳壶（图一，5；图三，23、31、32、36；图五，1～6）。

勾连涡纹：纹饰呈相互勾连状，又可细分为六个小组。

A组：由"S"形曲线连接中心留有小勾且上下错位的三角而成，勾与勾之间相对独立，大体呈中心对称，留白部分形如波浪。以颈、腹彩为主，主要见于单耳壶（图五，7～10、16、17）。

B组：基本构图元素为"人"字形曲线，无涡勾或不甚明确，整体呈"握手"状，中心对称。可进一步分为单、双层两种形式。以颈、腹彩为主，所饰器类相对丰富，总体以圈足罐和单耳壶为多（图五，11～15）。

C组："S"形勾连纹，分横、竖两种形式，见于横耳杯、单耳罐等（图五，18～20）。

D组：垂涡勾纹，垂弧线分叉卷勾而成，个别构图相对复杂。以腹彩和通体彩为主，较为少见（图五，21～23）。

E组：横向"S"形旋涡纹，涡勾呈旋涡状，尤为罕见（图五，24）。

F组：横向勾连，中心对称，左右部呈斜角状，尤为罕见（图五，25）。

其他 代表性纹饰有树枝纹、开光填平行斜线纹、爪带纹、梯格纹、火焰纹、几字形折线纹、"十"字圆圈纹、"X"纹等，较为罕见。

树枝纹 由左右大体对称的斜线交汇于轴线而成，形如树枝。以通体彩和腹彩为主，主要饰于单耳壶（图六，1）。

棋盘网格纹 由虚（无彩）实（有彩）相间的格子构成（图六，1）。

开光填平行斜线纹 主体图案为呈斜带状的开光长方形，内填平行斜线（图六，2）。

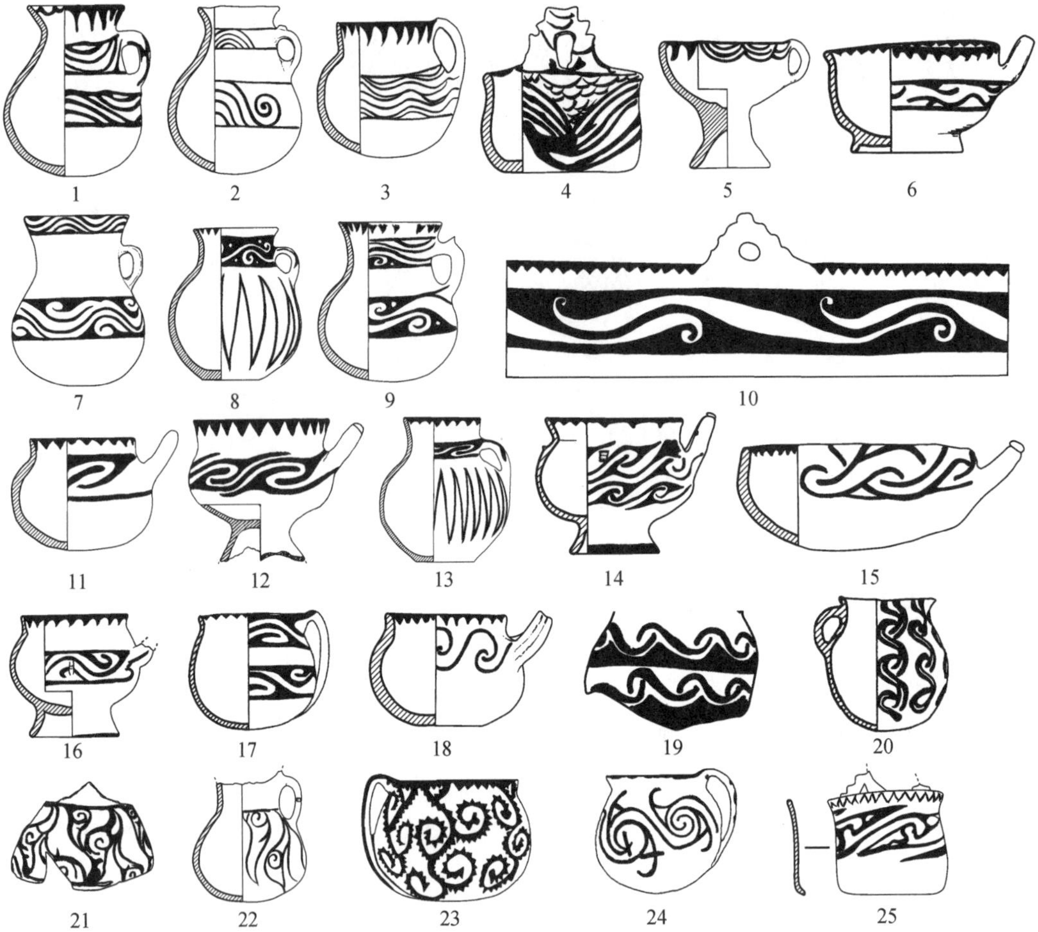

图五　曲波纹系彩陶

1~6. 波线纹（ⅠM98∶1、ⅠM42∶14、ⅠM3∶2、ⅠM204∶3、ⅡM68∶1、ⅠM201∶3）　7~10、16、17. A组（ⅠM59∶1、ⅠM201∶1、ⅠM180∶4、ⅠM164∶6、ⅡM60∶3、加依M47∶2）　11~15. B组（ⅠM104∶1、87M∶73、ⅡM114∶1、ⅡM53∶2、ⅠM106∶5）　18~20. C组（ⅠM186∶5、ⅠM119∶10、加依M211∶5）　21~23. D组（ⅠM202∶2、ⅡM127∶6、98M∶40）　24. E组（87M∶11）　25. F组（ⅠM133∶7）

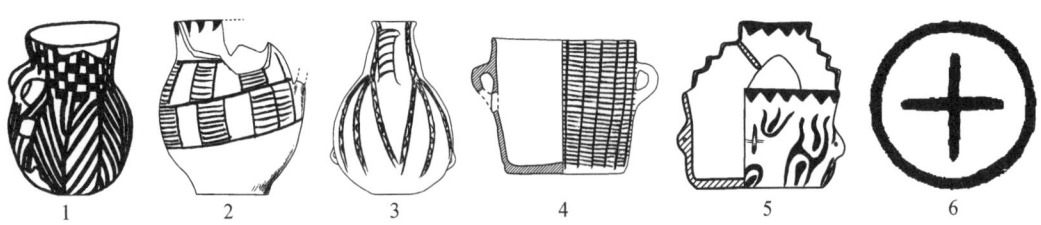

图六　其他代表性纹饰彩陶

1. 阿拉沟墓地　2~5. 洋海墓地（ⅡM31∶3、ⅠM132∶13、ⅠM80∶2、ⅡM12∶2）　6. 喀格恰克83T0HM4∶2

爪带纹　上部条带下端分叉为三股，形如爪状（图六，3）。
梯格纹　与树枝纹布局相似，但轴线两侧为横线，形如梯子（图六，4）。
火焰纹　由粗细不一的曲线构成，形似火焰（图六，5）。
几字形折线纹　折线呈几字状，与雷纹较为近似（图四，12）。
"十"字圆圈纹　外围一环带，中心"十"字形（图六，6），为一单耳罐的底部纹饰。
"X"纹　主体呈"X"形，四端带勾线（图一，3）

二、苏贝希文化彩陶的兴起与发展

苏贝希文化可分为四期六段（图七）[23]，其中彩陶主要流行于前三期。

彩陶出现于苏贝希文化第一期，目前仅见于吐鲁番盆地东部的洋海墓地。洋海墓地一期墓葬中出土陶器少，多数为彩陶。从陶器类别看，主要有圜底罐、单耳罐、横耳杯、平底碗、钵等。施彩部位以器表彩为主，布局为基本不及下腹的通体彩，纹饰以三角纹、单折线纹、双折线纹、网格纹为主，三角填网格纹可能也已出现；内彩仅见于部分器物口沿处，以细小的锯齿三角纹为主。总体上，此时所见的三角纹构图比较简单。

苏贝希文化二期是彩陶的兴盛期。这一时期的彩陶分布范围有显著扩展，吐鲁番盆地西部的加依墓地，吐乌天山通道的柴窝堡墓地[24]，阿拉沟地区的东风机械厂墓地与阿拉沟-鱼儿沟墓地[25]等都出现了彩陶。彩陶器类与纹饰异常丰富，陶器有多种类型的钵、碗、盆、盘、罐和小杯，新出现了单耳壶、立耳杯、双耳壶、双耳筒形杯、豆、圈足罐、带流杯等极具特色的器物。纹饰布局三种都有，以通体彩为主，沿-腹彩次之，沿-颈-腹彩很少见，且主要见于单耳壶。彩陶纹饰中，口沿以外的内彩主要见于二期早段。条带纹系，三角纹系的单体、组合、折线三角纹，网格系中的单、双网格、三角填网格和部分开光网格纹，曲波纹系的勾连纹、部分波线纹和其他代表性纹饰也主要见于这一时期，其中三角填网格纹和折线三角纹主要见于二期早段，竖条锯齿三角纹、斜腹的单耳罐、细长颈的单耳壶则仅见于二期早段的洋海墓地。这一时期的彩陶在吐鲁番盆地和阿拉沟也表现出了一定的差异：极具特色的圈足罐、横耳杯、沿立耳杯等主要见于吐鲁番盆地，口部微斜的单耳壶、树枝纹、少量的橙黄色陶衣和红彩主要见于阿拉沟。

苏贝希文化三期，彩陶再次繁盛的同时开始衰落。其繁盛，一方面表现为分布范围的扩展——北向首次挺进博格达山北麓地区，一方面表现为彩陶纹饰与器形相对性的空前统一。其衰落，一方面表现为彩陶纹饰和器形的相对单一化，一方面表现为数量的减少。从彩陶类别看，单耳罐、单耳壶是主流彩绘器物，余者相对少见，新出现了双耳罐（图三，38）、双耳长颈壶（图三，41）、双腹耳壶（图三，25）和单耳筒形杯（图三，26~28），其中双耳罐主要见于博格达山北麓和吐乌天山通道。纹饰布局以通体彩和沿-腹彩为主，以后者最为突出。三角纹系的填线三角纹组和扭曲三角纹组成为

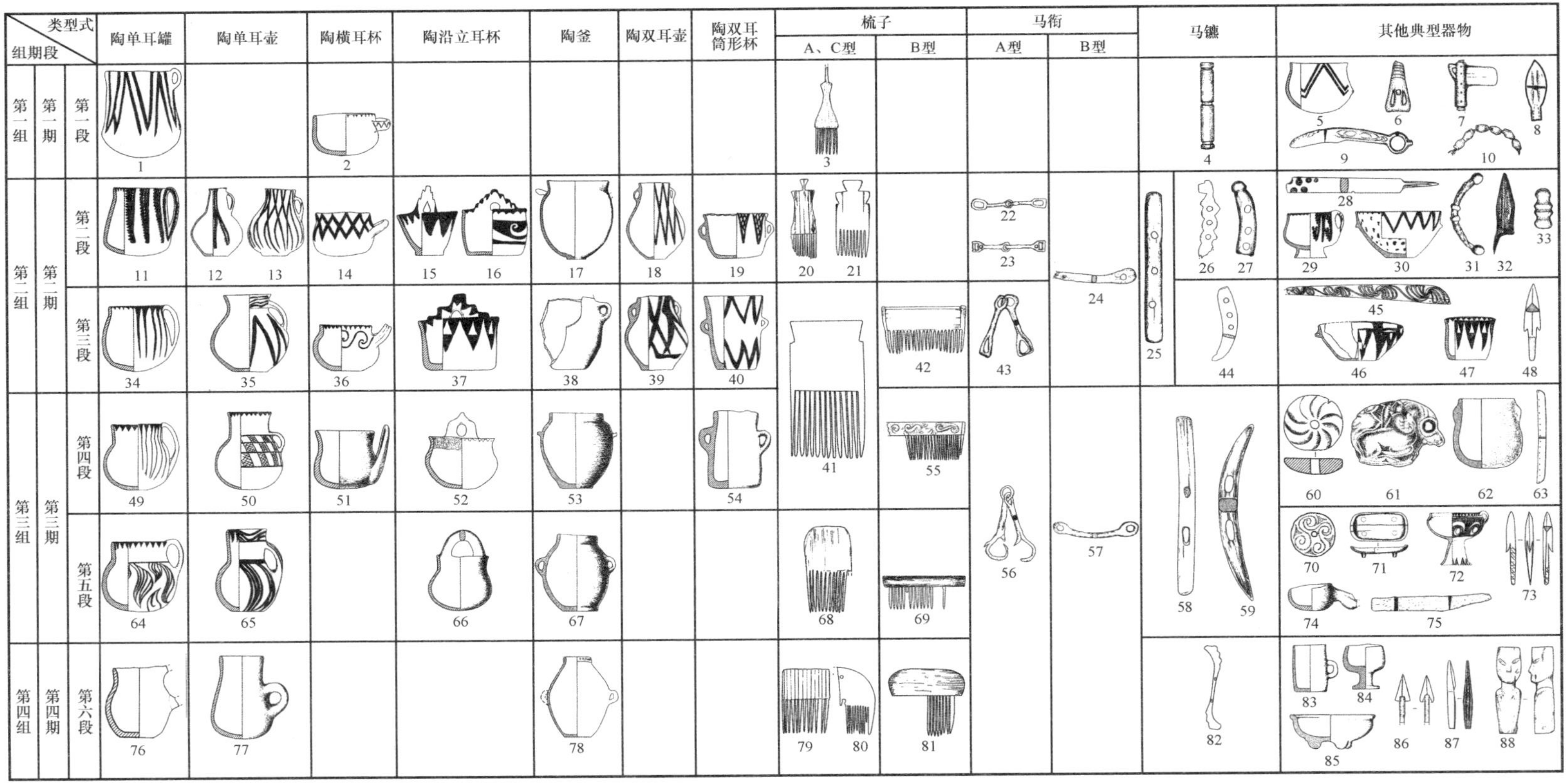

图七　洋海墓地赤贝希文化分期图

1、2、12、15、17~19. Ⅰ式（ⅠM176：1，ⅠM179：1，ⅠM20：5，ⅠM136：4，ⅡM86：3，ⅠM127：3，ⅠM60：1）　3. A型Ⅰ式木梳（ⅠM152：2）　4. A型木马镳（ⅠM208：5）　5. 陶圆底罐（ⅠM21：16）　6. 铜铃（ⅠM215：1）　7. Ⅱ式（ⅠM33：1）　8、32. 铜镞（ⅠM150：5，ⅠM78：3）　9. 弧背环首铜刀（ⅠM78：3）　10. 草籽项链（ⅠM218：3）　11、13、14、16、38~40. Ⅱ式（ⅠM5：10，ⅠM74：1，ⅠM56：1，ⅠM201：1，ⅠM54：2，ⅠM38：2，ⅠM182：2）　20. A型Ⅱ式木梳（ⅡM218：3）　21. A型Ⅲ式木梳（ⅠM133：6）　22. Aa型铜马衔（ⅠM5：7）　23. Ab型铜马衔（ⅠM163：3）　24. B型Ⅰ式角马衔（ⅠM163：12）　25. Ba型木马镳（ⅡM2：4）　26、27. Bb型Ⅰ式木梳（ⅠM5：8，ⅠM29：1）　29. 陶圈足罐（ⅠM137：1）　30、46. 彩陶杯（ⅠM127：1，ⅡM187：5）　31. 铜铁复合带扣（ⅠM5：4）　33. 石箭镞（ⅠM186：3）　34~37、53、54. Ⅲ式（ⅠM161：1，ⅠM38：3，ⅡM186：5，ⅡM128：2，ⅡM199：5，ⅡM122：3）　41. A型Ⅳ式木梳（ⅠM186：3）　42. B型Ⅰ式木梳（ⅡM19：3）　43. Ac型铜马衔（ⅠM189：10）　44. Bb型Ⅱ式木梳（ⅠM91：2）　45、63. 木撑板（ⅠM100：5，ⅡM69：3）　47. 彩陶碗（ⅠM186：3）　48、73. 骨镳（ⅠM11：2，ⅠM25：3）　49~52、67. Ⅳ式（ⅠM158：7，ⅡM54：8）　58. Ca型木马镳（ⅠM176：2，ⅡM178：1，ⅡM159：1，ⅡM205：3，ⅢM9：2）　55. B型Ⅱ式木梳（ⅡM1：1）　56. Ad型铜马衔（ⅢM198：3，ⅡM25：3）　57. B型Ⅱ式木马镳（ⅡM218：3，ⅡM152：7）　58. B型Ⅱ式木马镳（ⅡM199：2）　59. Cb型木马镳（ⅡM212：6）　60、70. 木纺轮（ⅡM200：4）　61. B型Ⅲ式木梳（ⅡM78：3）　62. 陶双系耳罐（ⅡM42：2）　64~66、78. 陶单耳豆（ⅡM192：1，ⅡM203：4、ⅡM110：2、ⅡM45：1）　68. B型Ⅴ式木梳（ⅡM65：7）　69. B型Ⅲ式木梳（ⅡM92：3）　71. C型Ⅳ足木盘（ⅡM199：2）　72. 陶单耳豆（ⅡM154：3）　74. 陶勺（ⅡM211：5）　75. 铁刀（ⅢM39：3）　77. Ⅵ式（ⅡM65：3）　79. A型Ⅵ式木梳（ⅢM9：6）　80. Cc型Ⅰ式木梳（ⅢM36：12）　81. B型Ⅳ式木梳（ⅢM27：5）　82. Cc型铁马镳（ⅡM47：5）　83. 陶单耳筒形杯（ⅢM72：2）　84. 陶豆（M47：5）　85. 铁镞（M21：10）　86. 铁镞（M21：10）　87. 木冠饰（M80：1）　88. 木俑（M74：8）

主流纹饰，竖条纹、单体与组合三角、折线纹、网格纹少见，其中网格纹系中的条带网格纹属于新见。

苏贝希文化四期，彩陶基本不见。

彩陶之外，皮、毛织物、木器上也有丰富的纹饰。如皮制品上的"十"字纹、"S"纹、旋纹、三角纹等，毛织物上的三角纹、阶梯纹、网格纹、折线纹等，木桶上的三角纹、飘带三角纹、羊、鹿、骆驼、狼、神兽等，木旋镖上的旋纹，纺轮上的"S"纹、旋纹，木梳上的三角纹、"S"纹、网格纹等，以及刺猬形、狼形木器等。这些质地器物上的纹饰与彩陶之间存在相互模仿，尤其是彩陶对皮、毛织物的模仿，其中沿立耳杯的立耳特征可能就是模仿自毛织物上的阶梯纹，而爪带纹极像是毛织的网兜，可能是先民生活中以网兜携带陶器的一种表现。纹饰对织物的模仿，也可能赋予了陶器不易破碎的性能[26]，属弗雷泽所谓"交感巫术"中的"顺势巫术"[27]，是先民崇奉萨满教的具体反映。"X"纹与所谓的尖顶冠形符号相似，或是神祇崇拜的表现[28]。至于最为常见的三角纹，一般认为与丰产巫术有关[29]。

总体上看，彩陶由无到有、由多到少的同时，纹饰也经历了少、简→多、繁→较多、略繁→不见的趋势。彩陶发展的阶段性特征明显，部分纹饰之间存在较为明确的演变关系。主流器物中器表烟炱的存在，单耳罐颈部不断增高，单耳壶颈部变粗的同时也在逐渐增高，横耳杯腹部渐深，沿立耳杯口部渐收并小型化，釜耳代替鋬手、口部渐缩等，这些形体特征的变化（图七）总体朝着便携、防止液体外溢等适应野外便利生活的方向发展，与畜牧经济的发展保持了高度的一致性：一期已出现马具，二期马具大量增加；三期马具虽然相对减少，但在晚段开始出现殉马，并在第四期盛行于高等级墓葬中。

从洋海墓地的资料看，苏贝希文化二期彩陶的"爆发"式发展，可能与外来人群的大量涌入和繁衍所造成的人口快速增长，以及人群的外迁有关。而苏贝希文化三期彩陶相对性空前统一的面貌，则可能与博格达山北麓和吐鲁番盆地高等级墓葬的出现所表现出的社会复杂化有关。

三、苏贝希文化彩陶与周邻彩陶文化的关系

彩陶在吐鲁番盆地的兴起，与东部天山地区的焉不拉克文化、南湾文化、四道沟下层文化等彩陶文化的影响关系密切[30]。从器形看，除横耳杯外，其余器类都可在诸文化中找到同类器，但斜腹的单耳罐，圜底近平的罐，系耳的特征等，与上述诸文化所见也有很明显的区别。其中单耳罐斜腹的特征尚无明确来源，可能与横耳一样为新的创造物。圜底罐在公元前二千纪中后叶见于四道沟下层文化、卡拉苏克文化和哈拉墩早期遗存、新塔拉类遗存中（见图八[31]），而新疆地区的圜底罐可能是在切木尔切克文化基础上，受卡拉苏克文化影响产生的[32]。从空间距离和文化关系看，苏贝希文化的圜底罐可能来自于四道沟下层文化，但其矮束颈、浅垂鼓腹、大圜底的特征，反而与卡拉

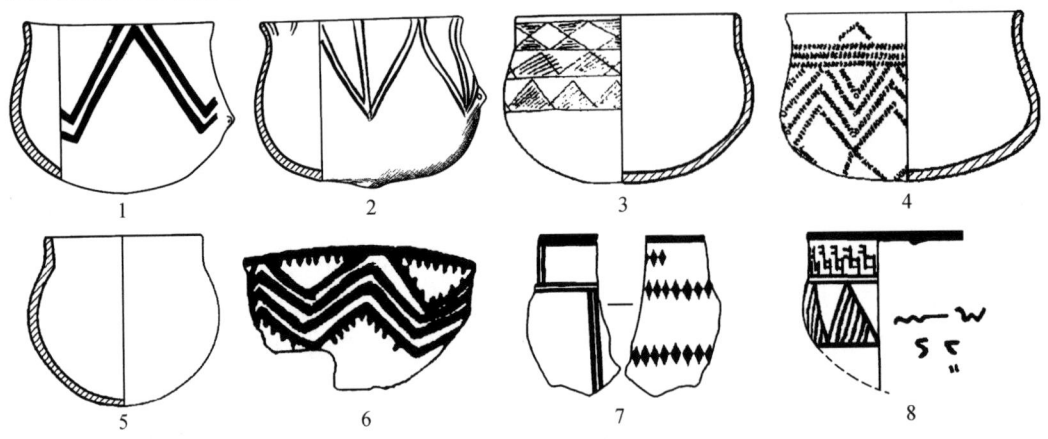

图八　诸文化圜底罐比较图
1、2.洋海Ⅰ号墓地　3、4.卡拉苏克文化　5.四道沟下层文化　6.哈拉墩早期遗存　7、8.新塔拉下层遗存

苏克文化部分同类器更为相似，或许是年代略晚的缘故。

从彩陶纹饰看，三角纹是新疆彩陶文化中最为常见的一种纹饰，由其构成的组合图案比较丰富。这一时期或略早，网格纹主要见于四道沟下层文化，三角填网格纹是南湾文化的典型纹饰，内彩装饰多见于焉不拉克文化；单、双折线纹见于南湾墓地，焉布拉克文化的单折线纹相对细小（图九），类似的纹饰在卡拉苏克文化、哈拉墩早期遗存、新塔拉类遗存和尼雅北类遗存中，也常以彩绘或压印刻划的形式出现（图八）。

苏贝希文化二期的陶器显示出了与环东部天山地区诸文化更为清晰和紧密的联系。尽管斜腹的单耳罐、细颈单耳壶形体特殊，罕见于他处，但平底的单耳罐、单耳壶、豆、单耳钵、双耳筒形杯、双肩耳罐、釜等同类器物，以及竖条纹、"S"纹和内面四分的特征等都可在焉不拉克文化中见到；圈足罐、平底单耳罐、肩耳壶则见于南湾文化；带穗的三角纹主要见于四道沟下层文化，可能是竖条锯齿三角纹的原初形态；波线纹、三角纹等广见于上述文化中，圜底的特征当根植于"萨恩萨伊"圜底器系统[33]（见图九[34]）。苏贝希文化彩陶与东部天山地区诸文化的紧密关系主要维持在二期早段，二期晚段则以承袭发展早段遗存为主，这与诸文化的消亡或影响力的减弱有一定的关系。

苏贝希文化彩陶在内部扩展的同时，也对周邻地区的彩陶文化产生了程度不一的影响。西向，吐乌天山通道地区萨恩萨依墓地[35]第三组遗存中（见图一〇，1~3），以横耳杯、圈足罐、双折线纹、复合网格纹为代表的彩陶显示出与苏贝希文化之间的密切关系；从横耳杯圆鼓深腹和圜底的特征看，可能是对苏贝希文化横耳杯的模仿，而红衣红彩的特征则与察吾呼文化相一致。西南向，尽管察吾呼文化彩陶纹饰中的网格纹、带穗的三角纹等可能来自于四道沟下层文化的影响[36]，但察吾呼文化彩陶兴盛时，四道沟下层文化基本消失，而苏贝希文化中也常见三角纹系和网格纹系的纹饰，且年代略早；洋海墓地毛织物上的图案更是与察吾呼文化部分彩陶纹饰基本一致，和硕红山墓

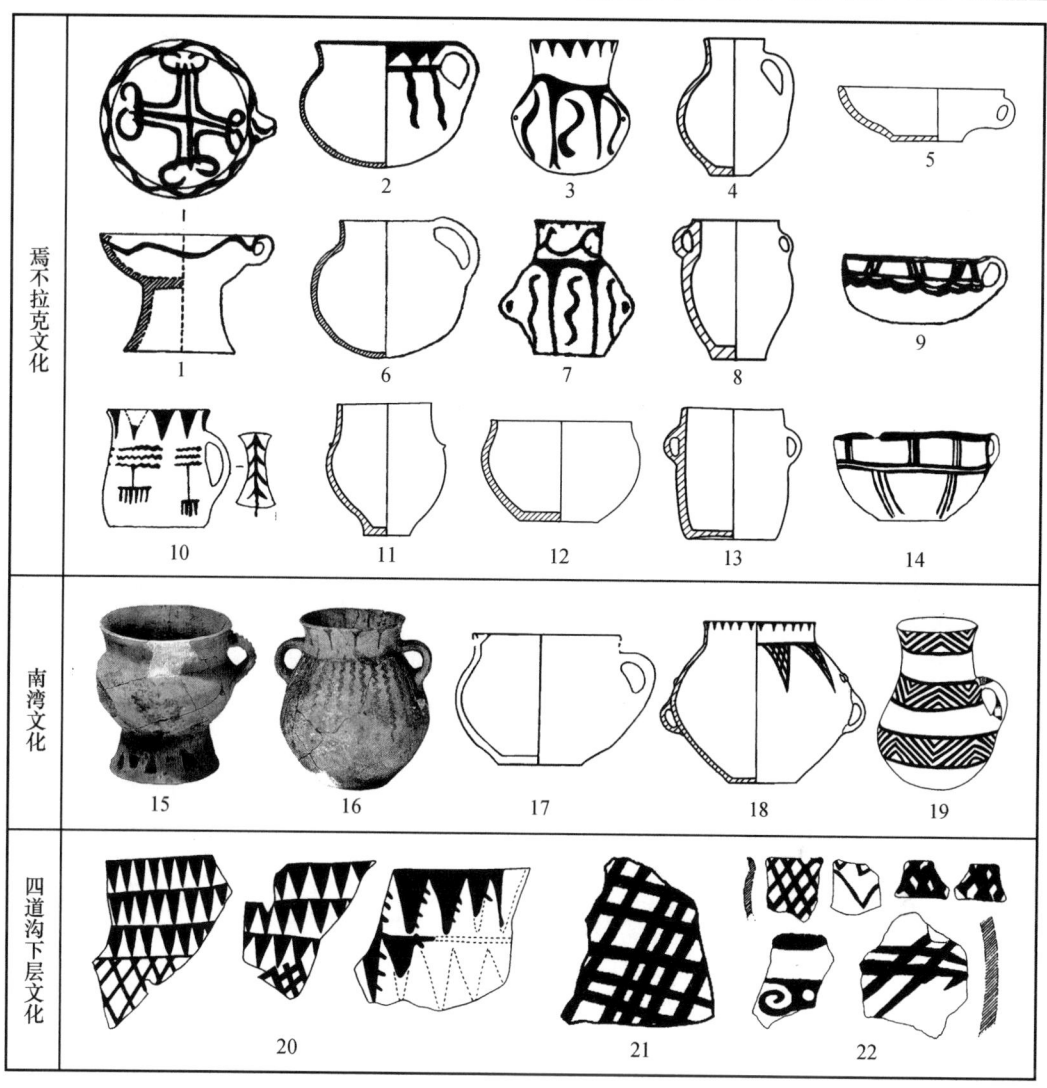

图九　环东部天山地区诸文化代表性陶器
1~13.焉不拉克墓地　14.拉甫乔克墓地　15、16.南湾墓地　17、18.石人子沟（东黑沟）遗址
19~22.巴里坤大河镇、奇台半截沟、吉木萨尔乱杂岗子、木垒四道沟遗址

群[37]所见的圈足罐、豆、勾连涡纹单耳壶、单耳罐等与苏贝希文化所见基本相同，很可能是直接输入的器物。与苏贝希文化彩陶相比，察吾呼文化彩陶的出现略晚一些，其兴起、繁盛与苏贝希文化彩陶的西向影响密切相关，其间可能伴随有人群的直接迁移。与此同时，苏贝希文化彩陶也受到了察吾呼文化的一些影响，如带流器的少量出现、阿拉沟地区少量的橙黄色陶衣与红彩、棋盘网格纹、陶器斜口进而形似流状的特征等，后者在吐乌天山通道的乌拉泊墓地[38]仍可见到。阿拉沟地区通体密布的树枝纹与索墩布拉克文化所见最为相似，或是经察吾呼文化间接影响而成。

苏贝希文化三期，彩陶在吐鲁番盆地、吐乌天山通道、阿拉沟地区进一步发展的同时，北向首次挺进博格达山北麓地区，东向影响到伊吾-巴里坤地区（见图一〇，5[39]），西向继续深刻影响焉耆盆地的察吾呼文化，突出表现为本土彩陶纹饰的少有和苏贝希文化典型的竖条纹、扭曲三角纹、单耳罐、单耳壶的较多出现（图一〇，6~10[40]）。西部天山北麓东段的石河子南山墓地[41]出土的单耳罐（见图一〇，4），伊犁河流域尼勒克奇仁托海墓地[42]所见的竖条纹（图一〇，12），昆仑山北麓东段车尔臣河流域且末古城所见的饰飘带三角纹的双耳壶（图一〇，11[43]）等，也都显示出来自苏贝希文化的影响。

概言之，苏贝希文化彩陶在一期和二期早段吸收了大量东部诸彩陶文化的因素，二、三期则西南向对察吾呼文化彩陶的出现与发展产生了深刻的影响，对其他彩陶文化的彩陶影响则比较小。若从彩系论，苏贝希文化及其以东的彩陶文化大体属于红衣黑彩系，以西的察吾呼文化、索墩布拉克文化等基本属于红衣红彩系，群巴克文化则属于黄衣红彩系，诸文化之间彩系的渗透远小于器物与纹饰的影响。

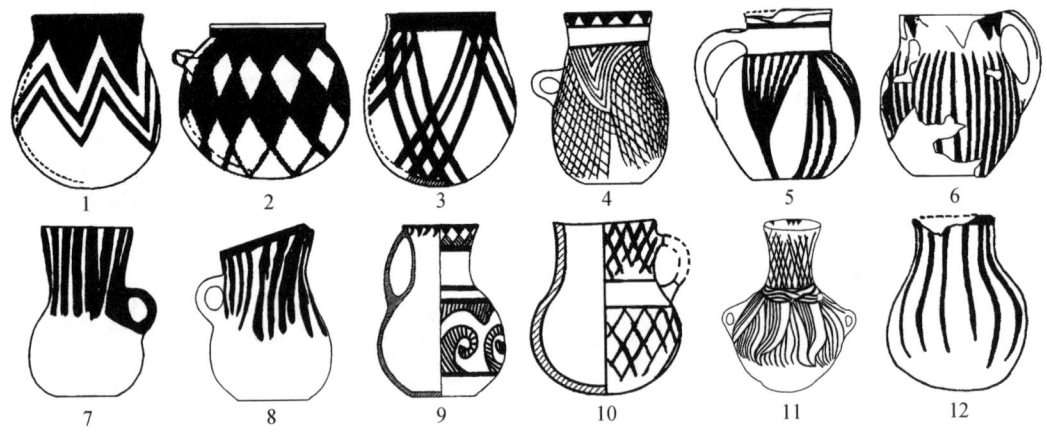

图一〇　苏贝希文化彩陶的对外影响
1~3.萨恩萨依墓地　4.石河子南山墓地　5.黑沟梁墓地　6~8.察吾呼墓地　9.哈布其罕二号墓地　10.红山墓地　11.且末古城　12.奇仁托海墓地

四、涡纹之争

苏贝希文化彩陶纹饰中，所谓涡纹是极具特色的典型纹饰之一，也是彩陶研究中最具争议的焦点，尤其是与甘青地区"唐汪式"彩陶之间的关系，或认为两者无关[44]，或认为前者影响了后者[45]，或认为后者影响了前者[46]，或认为两者虽然相近，但无法排除本地发展的可能性[47]，而这些争论又往往缺乏详细论证。

关于涡纹，没有明确的定义，从字面意思和考古材料看，可分为两种：单体涡纹和勾连涡纹，又都可分为旋涡型和勾涡型。苏贝希文化的涡纹为红衣黑彩，分属于两大系：早期曲波纹系的勾连涡纹和晚期扭曲三角纹系的涡勾纹。早期曲波纹系的勾连涡纹中，A组纹饰明显可见变形的三角纹，阴纹又为波线纹，清晰表现出与三角纹和波线纹之间的密切联系。若结合器形，波线纹总体又略早于A组涡纹。B组纹饰的三角特征和阴纹已不明显，细线条的涡勾纹与波线纹中的乱曲线较为相似。C组的构图相对简单，E组的旋涡纹很像是C组勾连纹进一步涡旋的形态。D、F组构图较为复杂，其中D组的勾状特征总体与A组接近，F组与A组也有一定的相似性，似由前者变形而来。

"唐汪式"彩陶（见图一一[48]）的涡纹属紫红衣黑彩，典型的器物主要有双大耳罐、单耳豆、小口鼓腹罐、小肩耳罐等。按构图元素，可分为"人"字形涡勾和不甚明显的三角涡勾两种形式，总体与苏贝希文化早期勾连涡纹中的B组相似，但涡勾形态仍有差异。虽然也分单、双层，但构图形态相对单一，基本不见简单形态的横向勾连状"S"纹和波浪状纹饰，三角纹同样少见，作为配饰的"勿"字纹（图一一，6）则较多见。

对"唐汪式"遗存的梳理[49]显示，以民和核桃庄小旱墓地M334：1、M352：1（图一一，5；图一三，2）为代表的遗存是其早期形态。与稍晚的东乡崖头同类器（图一一，6）相比，前者"人"字形内部填充有一个明确的折线三角，这与辛店文化多见的重层三角纹或折线三角纹（图一二[50]）是一致的，而颈部横带间的折带纹也与辛店文化所见相近。另外，辛店文化中常见三角纹、"S"纹、横向勾连的"S"纹、垂勾纹、"勿"字纹和两端卷曲的双勾纹（图一二），这些曲勾纹，尤其是横向勾连的"S"纹与"唐汪式"涡纹又有着些许的相似。因此，"唐汪式"涡纹所具有的曲勾纹和三角纹的因素在辛店文化中是可以找到源头的，任瑞波即认为横"S"纹与单勾纹的融合可能形成了"唐汪式"涡纹[51]。

就年代关系论，"唐汪式"遗存出现在辛店文化晚期（张家咀期），绝对年代为距今3100～2800年，该期一般分为三段，"唐汪式"彩陶最早见于第一段[52]；如果按各段平均约100年计，张家咀期第一段的年代大概在距今3100～3000年；至于其年代下限，一般认为在春秋中期甚至更晚[53]。而苏贝希文化早期涡纹的年代在公元前9～前6世纪，明显晚于"唐汪式"遗存，其流行阶段则与后者大致平行。因此，后者来自于前者的认识不能成立。

至于苏贝希文化的早期涡纹是否受到"唐汪式"遗存的影响，需要首先明晰处

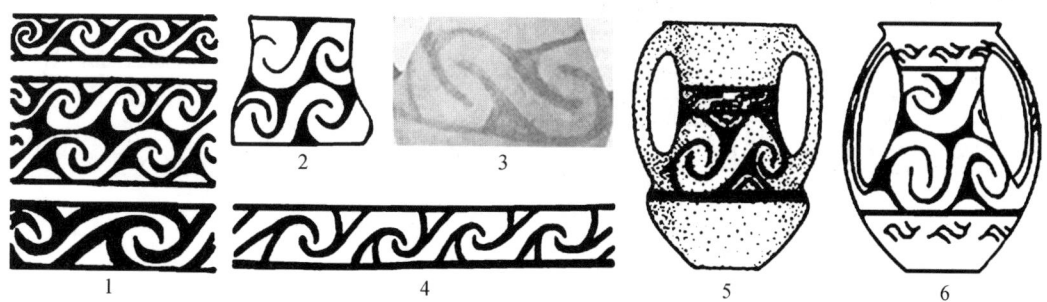

图一一　"唐汪式"彩陶涡纹
1、6. 甘肃东乡崖头　2、4. 永靖张家咀　3. 甘肃东乡唐汪川　5. 民和核桃庄小旱墓地（M334：1）

于中间地带的焉不拉克文化与"唐汪式"遗存之间的关系。焉不拉克文化一般分为三期，其中第一期主体年代在公元前1300～前1000年[54]，上限或可早至公元前1500年左右[55]。焉不拉克文化与"唐汪式"遗存之间的相似，主要表现为单耳豆这一器物，邵会秋认为前者的陶豆来自于后者[56]，但年代关系、器形、纹饰特征和地理空间等表明，陶豆（图九，1）更可能来源于四坝文化[57]，焉不拉克墓地所见的另一类斜腹豆（图一三，3）也与四坝文化所见（图一三，6[58]）基本一致即是佐证。而"唐汪式"遗存的陶豆（图一三，5）与大通县黄家寨遗址[59]所见的陶豆（图一三，1、4）较为相似，与核桃庄小旱墓地所见的敞口、折腹、耳部凸起略尖的单耳杯（图一三，2）也有一定的相似，这两种器物可能是"唐汪式"遗存陶豆的来源。另外，焉不拉克墓地腹耳壶颈上相连的一周"人"字形纹（图九，7）虽与"唐汪式"涡纹有相似性，但前者显得更为原始，尚缺乏涡勾形态，很可能是本地曲线纹的一种表现形式。显然，焉不拉克文化与"唐汪式"遗存无关。

焉不拉克文化与甘青地区同时期其他文化之间的关系也需要加以分析。焉不拉克文化与辛店文化之间陶器的相似，主要表现为腹耳壶、双勾纹、单耳钵和垂带纹。焉不拉克文化早期的腹耳壶（图九，3、7）与辛店文化所见差异较大，与四坝文化所见有一定的相似性。尽管焉不拉克文化的腹耳壶自具特色和原始性，发展序列也较完整，但考虑到南湾文化的腹耳壶源于四坝文化，其是本地起源[60]，还是受四坝文化影响所致[61]，尚难以明晰。双勾纹（图一二，7）是辛店文化的典型纹饰，在焉不拉克文化中主要见于豆盘（图九，1），两者虽然相似，但后者整体的纹饰构图是四坝文化影响的结果，且有丰富的曲线纹，不一定是受前者影响的结果。单耳钵、三个一组的垂带纹（图九，9、14）虽与辛店文化（图一二，2、8）所见相近，但单耳钵似乎由敛口、浅

图一二　辛店文化的曲沟纹与三角纹

1、9. 临夏盐场　2、6～8. 民和核桃庄小旱墓地（M341：3、M259：1、M5：1、M334：3）　3. 永靖姬家川址
4、5. 永靖瓦渣咀与黑咀头

腹向敞口、深腹发展，演变序列较完整；三个一组的垂带纹被认为是受新塔拉类遗存影响所致，其源头可能是辛店文化同类纹饰[62]。焉不拉克文化与卡约文化之间的关系，水涛[63]虽举了一些例子，但诚如张文立所言"就陶器而言，与其说焉不拉克文化与卡约文化关系密切，倒不如说其与'唐汪式'陶器关系密切更为准确"[64]。可见，焉不拉克文化与卡约文化、辛店文化之间的关系仍然是模糊的。

不过，寺洼文化的马鞍口形双耳罐进一步确证了甘青地区与哈密盆地同时期考古学文化之间的联系。洋海墓地曾收缴过一件形体特征已然成熟的马鞍口形双耳罐（图一四，1），李水城认为该器物与临洮寺洼山遗址出土的同类器最为相似，年代在公元前1000年左右[65]。检视寺洼文化遗存后，发现这件器物其实与岷县占旗遗址一期出土的同类器（图一四，2、3）几乎相同，而占旗M25还伴出有平口双耳罐，绝对年代可能在公元前1300年左右[66]。天山北路墓地也出土有马鞍口双耳罐（图一四，4）[67]，马鞍口较浅的特征与临潭磨沟墓地乙类遗存[68]所见一致。如果这件器物出土于洋海墓地，那么洋海墓地最早的一个（ⅠM157）测年数据就是可靠的，即墓地年代上限在公元前13世纪；而在笔者此前所划分的洋海一期遗存中，ⅠM157或可作为早段遗存，但其余的晚段遗存中没有发现寺洼文化的遗存。若不是，其从天山北路墓地转运过来的可能性最大。

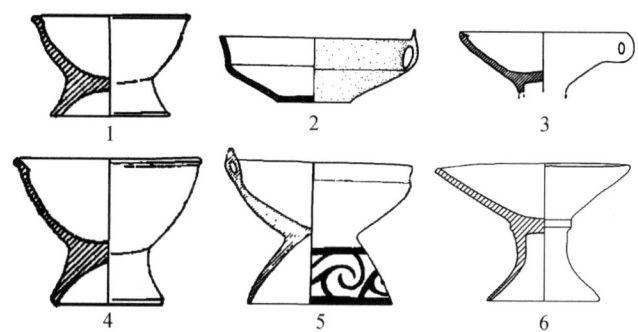

图一三　诸遗存豆、杯

1、3~6.豆（黄家寨M9：1、焉不拉克墓地T2：11、黄家寨M11：1、张家咀H20：3、火烧沟墓地M47：1）
2.单耳杯（小旱墓地M352：1）

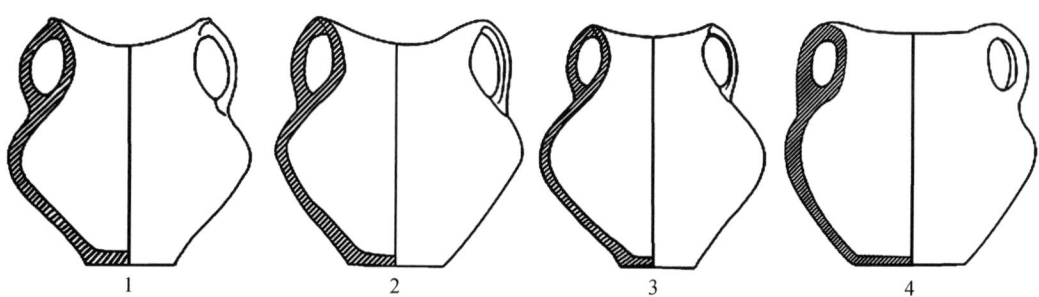

图一四　寺洼文化马鞍口双耳罐

1.洋海（02M：2）　2、3.岷县占旗（M7：9、M25：11）　4.天山北路（M366：2）

总而言之，在公元前1300年左右，吐鲁番盆地或许通过哈密盆地与寺洼文化等存在间接联系，但孤证暗示这种联系很可能是偶然性的，不一定能够延续到公元前900年左右。天山北路文化消亡后的公元前一千纪上半叶，焉不拉克文化在哈密绿洲"一枝独秀"，骟马文化也已进入绿洲以南区域[69]，辛店文化、卡约文化的主体于公元前9世纪左右开始消亡，"唐汪式"遗存也随之衰落。

至于苏贝希文化的銎耳陶釜、腹双耳罐、肩耳罐、单耳筒形杯，与甘青地区辛店文化、卡约文化、诺木洪文化、沙井文化之间可能存在影响关系[70]也是难以成立的。洋海墓地带耳釜（双耳罐）的年代基本在洋海三期；素面单耳筒形杯主要见于洋海四期，可能源于察吾呼文化[71]；銎耳釜、双肩耳罐在形体特征上与甘青地区所见有一定的差异，且同类器也可在环东部天山诸文化中见到；而陶器上的乳凸当是承袭早期的带凸青铜器而来[72]。鱼儿沟墓地出土的一件单耳壶耳部饰有的"勿"字纹[73]很可能是三条曲波纹两端缠连而成的，与辛店文化所见无关。因此，苏贝希文化二期，除了涡纹间的相似性外，见不到明确可与甘青地区诸文化联系的遗存，这种情况一直持续到了苏贝希文化三期。

综合而言，苏贝希文化早期涡纹形式更加丰富，且明确有实心三角、波线纹的影子，这与"唐汪式"遗存原初涡纹含有多重折线三角纹和相对单一的特征有显著区别，而与之相似的曲波纹也略早于涡纹。另外，苏贝希文化一期皮制品见有"S"形纹，木垒四道沟遗址下层遗存中见有三角卷勾的形态（图九，17），焉不拉克墓地见有"人"字形纹，南西伯利亚地区鹿石上的鹿角和躯体腹部的涡勾形态也都具有"人"字形涡纹的特征。与甘青地区诸文化相比，这些文化确切且强烈影响到了苏贝希文化。

因此，尽管无法排除甘青地区先民携带"唐汪式"遗存进入哈密盆地乃至吐鲁番盆地的可能性，但基于对诸文化的地域空间和陶器特征的总体把握，苏贝希文化的早期涡纹可能与"唐汪式"遗存无关，更像是三角纹、波线纹、变形"S"纹和"人"字纹融合而成的产物，或许是本地起源发展的。虽然早期曲波纹系的勾连涡纹与晚期三角纹系涡纹存在发展演变上的断裂，后者应是三角填网格或平行线纹，以及竖条纹在自然发展演变的过程中，扭曲变形的结果，但涡勾形态则对早期涡纹有所承袭。

五、结　语

苏贝希文化的彩陶器类丰富，数量众多，五大纹系交相辉映。彩陶的发展经历了一个由无到有、由多到少、由丰富到简单，再到消失的过程。在其兴起与兴盛阶段，吐鲁番盆地更像是一个文化的"熔炉"，吸收了焉不拉克文化、南湾文化、四道沟下层文化等的因素而繁盛起来，并西向对察吾呼文化的发展产生了持续影响，由此形成了公元前一千纪新疆彩陶文化的"双峰"[74]。可以说，苏贝希文化在新疆彩陶文化的发展史上扮演了极其重要的承袭、创新和助推作用。

苏贝希文化彩陶的衰落与消亡也是新疆诸彩陶文化衰落与消亡的缩影，这不是因为制陶术的改进，而是社会复杂化不断发展的结果，总体与以黄河、长江两大河流域为代表的中国新石器时代彩陶文化的社会发展进程一致。另外，新疆彩陶器表普见的烟炱，表明彩陶的实用价值远大于审美意义，这与以农业为主的彩陶文化中彩陶与炊器的分离判然有别。

颇值得玩味的是，早期曲波纹系的涡纹布局总体呈窄带状，构图往往以中心对称的形式表现，相对拘谨；晚期三角纹系涡纹布局面积较大，构图也相对挥洒自如，形式亦多样化，并不拘泥于中心对称。早、晚期涡纹构图、形态的差异，恰与马具的较多出现、社会复杂化的加剧相一致。可以说，飘动的曲线，生动展现了苏贝希文化以畜牧经济为主的人群的流动性和社会发展进程。

注　释

[1]　以天山北路墓地为代表，见吕恩国，常喜恩，王炳华. 新疆青铜时代考古文化浅论[C]. 苏秉琦与当代中国考古学. 北京：科学出版社，2001：172-193.

[2]　以焉不拉克墓地为代表，见新疆维吾尔自治区文化厅文物处，新疆大学历史系文博干部专修班. 新疆哈密焉不拉克墓地[J]. 考古学报，1989（3）：329-362.

[3]　原称南湾类型，随着东黑沟（石人子沟）等遗址的考古发掘，此类遗存特征愈加清晰，或可更名为南湾文化. 以南湾墓地、东黑沟遗址为代表，资料发表有限.

a. 同[1].

b. 新疆考古研究所. 巴里坤南湾M95号墓试掘简报[J]. 考古与文物，1987（5）：7-9.

c. 新疆维吾尔自治区博物馆. 巴里坤南湾墓地66号墓清理简报[J]. 新疆文物，1985（1）：4，16.

d. 新疆文物考古研究所，西北大学文化遗产与考古学研究中心. 新疆巴里坤县东黑沟遗址2006~2007年发掘简报[J]. 考古，2009（1）：3-27.

[4]　以木垒四道沟遗址和奇台半截沟遗址为代表，见

a. 新疆维吾尔自治区博物馆考古队. 新疆奇台县半截沟新石器时代遗址[J]. 考古，1981（6）：552-553.

b. 新疆维吾尔自治区文管会. 新疆木垒县四道沟遗址[J]. 考古，1982（2）：113-120.

[5]　以和硕新塔拉遗址为代表，见：

a. 自治区博物馆，和硕县文化馆. 和硕县新塔拉、曲慧原始文化遗址调查[J]. 新疆文物，1986（1）：1-13.

b. 新疆考古所. 新疆和硕新塔拉遗址发掘简报[J]. 考古，1988（5）：399-407.

[6]　以库车哈拉墩遗址为代表，见黄文弼. 新疆考古发掘报告（1957~1958）[M]. 北京：文物出版社，1983：93-118.

[7]　以鄯善洋海墓地为代表，见吐鲁番市文物局，新疆文物考古研究所，吐鲁番学研究院，等.

新疆洋海墓地［M］．北京：文物出版社，2019．

［8］ 以察吾呼墓地为代表，见新疆文物考古研究所．新疆察吾呼——大型氏族墓地发掘报告［M］．乌鲁木齐：东方出版社，1999．

［9］ 以索墩布拉克墓地为代表，见：

a. 新疆文物考古研究所．察布查尔县索敦布拉克古墓葬［J］．新疆文物，1988（2）：19-26．

b. 新疆文物考古研究所．察布查尔县索墩布拉克古墓群［J］．新疆文物，1995（2）：1-19．

c. 新疆文物考古研究所．新疆察布查尔县索墩布拉克古墓群［J］．考古，1999（8）：17-28．

［10］ 可以陈戈、韩建业、邵会秋、郭物、任瑞波为代表．见：

a. 陈戈．新疆考古论文集［M］．北京：商务印书馆，2017．

b. 韩建业．新疆青铜时代和早期铁器时代文化［M］．北京：文物出版社，2007．

c. 郭物．新疆史前晚期社会的考古学研究［M］．上海：上海古籍出版社，2012．

d. 邵会秋．新疆史前时期文化格局的演进及其与周邻文化的关系［M］．北京：科学出版社，2018．

e. 任瑞波．西北地区彩陶文化研究［D］．吉林大学博士学位论文，2016．

［11］ 周金玲．初论察吾呼文化彩陶［J］．新疆文物，1994（2）：60-70．

［12］ 同［8］．

［13］ a. 吕明明．吐鲁番史前彩陶研究［D］．新疆师范大学硕士学位论文，2010．

b. 魏久志．新疆彩陶研究［M］．乌鲁木齐：新疆美术摄影出版社，2013．

c. 魏久志．新疆少数民族工艺美术研究：新疆彩陶纹样艺术［M］．乌鲁木齐：新疆电子音像出版社，2015．

d. 王月月．新疆出土彩陶纹饰探析［D］．新疆师范大学硕士学位论文，2016．

e. 林铃梅．新疆与中亚青铜时代晚期至早期铁器时代彩陶类遗存对比研究［J］．考古与文物，2020（3）．

f. 李妮娜．欧亚世界体系下天山史前彩陶圆涡纹样的源流初探析［D］．新疆师范大学硕士学位论文，2021．

g. 王渭真．东天山地区史前彩陶纹饰研究［D］．西北大学硕士学位论文，2020．

［14］ a. 刘学堂．新疆史前宗教研究［M］．北京：民族出版社，2009：315-321．

b. 同［13］a．

c. 同［13］d．

d. 同［13］f．

［15］ 加依墓地，见吐鲁番学研究院，新疆文物考古研究所．吐鲁番加依墓地发掘简报［J］．吐鲁番学研究，2014（1）：1-19．

［16］ 喀格恰克墓地，见吐鲁番地区文物保管所．新疆托克逊县喀格恰克古墓群［J］．考古，1987（7）：597-603．

［17］ 本文所涉及的阿拉沟-鱼儿沟墓地的图片资料，均转引自陈戈．同［10］a：105-139，图七．

[18] 图三：13，同［10］a：245-337，图一七：10.

[19] 图三：25，见新疆文物考古研究所，乌鲁木齐市文物保护管理所.乌鲁木齐市柴窝堡林场Ⅰ、Ⅲ、Ⅳ号点墓葬发掘［J］.新疆文物，2000（1-2）：6-10.

[20] a.新疆文物考古研究所.阜康市白杨河墓地发掘简报［J］.新疆文物，2012（1）：4-24.

b.新疆文物考古研究所，新疆大学历史系，吐鲁番地区博物馆等.新疆鄯善三个桥墓葬发掘简报［J］.文物，2002（6）：46-56.

c.于志勇，阎伦昌.新疆阜康北农场基建队遗存调查［J］.新疆文物，1995（1）：11-18.

[21] a.苏贝希墓地，见新疆文物考古研究所，吐鲁番地区博物馆.新疆鄯善县苏贝希遗址及墓地［J］.考古，2002（6）：42-57.

b.二塘沟墓地，见新疆文物考古研究所.鄯善县二塘沟墓地考古发掘简报［J］.新疆文物，2012（1）：92-99.

[22] 图四：9，见新疆文物考古研究所，乌鲁木齐文物保护管理所.乌鲁木齐市柴窝堡林场Ⅱ号点墓葬的发掘［J］.考古，2003（3）：27-37.

[23] 洋海墓地贯穿苏贝希文化发展的始终，故而洋海墓地的苏贝希文化分期即苏贝希文化的分期.另外，本文所涉及洋海墓地的研究内容，若无特殊说明，均引自此文.见孙少轻.新疆洋海墓地研究［C］.考古学集刊（第25集）.北京：社会科学文献出版社，2021：105-164.

[24] a.新疆文物考古研究所，西北大学文博学院八九级考古班.乌鲁木齐柴窝堡古墓葬发掘报告［J］.新疆文物，1998（1）：11-31.

b.新疆文物考古研究所.1993年乌鲁木齐柴窝堡墓葬发掘报告［J］.新疆文物，1998（3）：19-22.

c.同［19］.

d.同［22］.

[25] 部分资料发表，见：

a.张玉忠.天山阿拉沟考古考察与研究［C］.新疆石器时代与青铜时代.北京：文物出版社，2008：161-173.

b.新疆文物考古研究所.托克逊县鱼儿沟遗址、墓地考古发掘报告［J］.新疆文物，2011（2）：92-120.

[26] 思圆，噶玛，吕恩国.迷失在火焰山下的洋海人［J］.中华遗产，2008（10）：84-99.

[27] 〔英〕弗雷泽著，徐育新等译，汪培基校.金枝：巫术与宗教之研究［M］.北京：大众文艺出版社，1998：19-21.

[28] 韩建业.公元前3至前1千纪中国和中亚地区的尖顶冠形符号［J］.西域研究，2015（4）：142-146.

[29] 同［14］a.

[30] 学者们对此已有论述.见：

a.陈戈.新疆史前时期又一种考古学文化——苏贝希文化试析［C］.苏秉琦与当代中国考古

学.北京：科学出版社，2001：153-171.

b. 陈戈.苏贝希文化的源流及与其它文化的关系［J］.西域研究，2002（2）：11-18.

c. 同［10］b：108-109.

d. 同［10］d：393-395.

e. 同［10］e.

［31］a. 图八：3，4，见韩建业.公元前2千纪中后叶亚洲中部地区的圜底陶罐［J］.考古，2017（9）：82-93.

b. 图八：5，同［4］b.

c. 图八：6，同［10］c：334.

d. 图八：7，8，同［5］b.

［32］a. 同［31］a.

b. 同［10］c：282-284.

［33］同［31］a.

［34］a. 图九：14，见新疆考古研究所东疆队.新疆哈密拉甫乔克发现新石器时代晚期墓葬［J］.考古与文物，1984（4）：105-106.

b. 图九：15、16，见哈密博物馆.哈密文物精粹［M］.北京：科学出版社，2013：71.

c. 图九：19，同［10］a：105-139，图三：6.

d. 图九：21，见中国社会科学院考古研究所新疆队.新疆吉木萨尔乱杂岗子遗址调查简报［C］.边疆考古研究（第13辑）.北京：科学出版社，2013：43-52.

［35］新疆文物考古研究所.新疆萨恩萨依墓地［M］.北京：文物出版社，2013.

［36］同［10］b：112.

［37］侯知军.2015年新疆和硕县红山墓群的考古发现［J］.西域研究，2016（3）：132-135.

［38］王明哲，张玉忠.乌鲁木齐乌拉泊古墓葬发掘研究［J］.新疆社会科学，1986（1）：70-76.

［39］资料未发表，见任萌.从黑沟梁墓地、东黑沟遗址看西汉前期东天山地区匈奴文化［C］.西部考古（第5辑）.西安：三秦出版社，2011：252-290.

［40］a. 同［8］.

b. 中国社会科学院考古所新疆队，新疆巴音郭楞蒙古自治州文管所.新疆和静县察吾乎沟口一号墓地［J］.考古学报，1988（1）：75-99.

c. 新疆文物考古研究所，和静县民族博物馆.和静哈布其罕二号墓地发掘简报［J］.新疆文物，2001（3/4）：16-22.

d. 新疆文物考古研究所.和硕县红山沟遗址考古发掘报告［J］.新疆文物，2016（2）：4-27.

［41］新疆文物考古研究所，石河子市军垦博物馆，新疆大学历史系.新疆石河子南山古墓葬［J］.文物，1999（8）：38-46.

［42］新疆文物考古研究所.伊犁州尼勒克县奇仁托海墓地发掘简报［J］.新疆文物，2004（3）：60-87.

[43] 该双耳彩陶壶由贝格曼购得，据称是出自且末古城. 见:
a.〔瑞典〕贝格曼著，王安洪译. 新疆考古记[M]. 乌鲁木齐：新疆人民出版社，1997：16.
b. 同[10] a：105-139，图六：14.

[44] 同[10] e：408-411.

[45] 同[10] b：109-110.

[46] 同[10] d：394-395.

[47] 同[10] c：314.

[48] a. 甘肃省博物馆文物工作队. 甘肃东乡崖头辛店文化墓葬清理记[J]. 文物，1981（4）：16-20.
b. 中国社会科学院考古研究所甘肃工作队. 甘肃永靖张家咀与姬家川遗址的发掘[J]. 考古学报，1980（2）：187-220.
c. 安志敏. 略论甘肃东乡自治县唐汪川的陶器[J]. 考古学报，1957（2）：23-31.
d. 青海省文物考古研究所，青海省文物管理处，西北大学文博学院. 民和核桃庄[M]. 北京：科学出版社，2004.

[49] 同[10] e：408-411.

[50] a. 甘肃省文物考古研究所，甘肃省博物馆历史部. 甘肃临夏盐场遗址发现的辛店文化陶器[J]. 考古与文物，1994（3）：1-15.
b. 永靖瓦渣咀与黑咀头遗址，见中国社会科学院考古研究所甘肃工作队. 甘肃永靖莲花台辛店文化遗址[J]. 考古，1980（4）：296-310.

[51] 同[10] e：408-411.

[52] a. 张学正，水涛，韩翀飞. 辛店文化研究[C]. 考古学文化论集（三）. 北京：文物出版社，1993：122-144.
b. 水涛. 甘青地区青铜时代的文化结构和经济形态研究[C]. 中国西北地区青铜时代考古论集. 北京：科学出版社，2001：193-327.

[53] a. 张文立. 青海地区青铜时代文化研究[D]. 吉林大学博士学位论文，2003：82.
b. 同[10] e：249.

[54] a. 同[2]
b. 同[10] b：40.
c. 同[10] d：63-64.

[55] 任瑞波. 试论焉不拉克文化的分期、年代和源流[C]. 边疆考古研究（第22辑）. 北京：科学出版社，2017：125-140.

[56] 同[10] d：384-385.

[57] a. 同[55].
b. 新的测年与研究显示，四坝文化的年代为距今3700年~3300年，见陈国科. 齐家文化与四坝文化铜器年代再认识[C]. 2015中国·广河齐家文化与华夏文明国际研讨会论文集. 北

京：文物出版社，2016：148-154.

[58] 甘肃省文物考古研究所，复旦大学文物与博物馆系，中国社会科学院考古研究所，等. 甘肃玉门火烧沟四坝文化墓地发掘简报［J］.考古与文物，2021（5）：3-21.

[59] 青海省文物考古研究所，吉林大学考古学系. 青海大通县黄家寨墓地发掘报告［J］.考古，1994（3）：193-206.

[60] 同［10］d：374-376，385-386.

[61] 同［55］.

[62] 同［10］b：106.

[63] 同［52］b.

[64] 同［53］a：160-161.

[65] 李水城.洋海墓地新近收缴文物引出的问题［J］.吐鲁番学研究，2009（1）：1-4.

[66] a. 甘肃省文物考古研究所.甘肃岷县占旗寺洼文化遗址发掘简报［J］.考古与文物，2012（4）：35-47.

b. 甘肃省文物考古研究所，西北大学丝绸之路文化遗产保护与考古学研究中心.甘肃临潭磨沟墓地寺洼文化墓葬2009年发掘简报［J］.文物，2014（6）：24-38.

c. 杨谊时.岷县占旗寺洼文化墓地研究［D］.西北大学硕士学位论文，2014.

d. 孟琦.寺洼文化分期及有关问题研究［D］.吉林大学硕士学位论文，2016.

[67] 资料尚未发表，见任萌. 公元前一千纪东天山地区考古学文化遗存研究［D］.西北大学博士学位论文，2012：60，图24-6：10.

[68] 甘肃省文物考古研究所，西北大学文化遗产与考古学研究中心.甘肃临潭磨沟齐家文化墓地发掘简报［J］.文物，2009（10）：4-24.

[69] 西北大学文化遗产学院，北京科技大学科技史与文化遗产研究院，新疆文物考古研究所等. 新疆哈密天湖东绿松石采矿遗址调查简报［C］.西部考古（第23辑）.北京：科学出版社，2022：45-55.

[70] a. 同［30］b.

b. 同［10］c：67.

[71] 孙少轻.苏贝希文化洞室墓研究［C］.边疆考古研究（第29辑）.北京：科学出版社，2021：231-253.

[72] 同［10］c：315-318.

[73] 资料未发表，同［13］d：40.

[74] 与同时期的焉不拉克文化、索墩布拉克文化等相比，苏贝希文化、察吾呼文化彩陶的数量、种类和纹饰丰富程度要更多一些.

Study of the Subeixi Culture Painted Pottery

SUN Shao-qing

The Subeixi Culture was one of the prehistoric painted pottery cultures in Xinjiang. The red and black colored decorations can be divided into two forms: internal and external colors. There had a striped pattern, a triangle pattern, a grid pattern, curved ripples and other categories. The development of painted pottery has experienced the process of rise, prosperity, decline but unprecedented unity and disappearance, which is a specific reflection of the process of social complexity. In its early stage, it absorbed a large number of elements from the eastern Tianshan painted pottery culture, while the continued development of painted pottery, it has had varying degrees of influence on the surrounding painted pottery culture. The swirl ornament of Subeixi Culture should be developed from local origin, divided into early stages and late stages, belonging to two series. So, there was no direct relationship between the evolution.

南宝力皋吐遗址D地点文化性质认定*

郑钧夫[1,2] 吉 平[3]

（1.辽宁大学考古文博学院，沈阳，110136；2.辽宁红山文化遗产研究重点实验室，沈阳，110136；3.内蒙古自治区文物保护中心，呼和浩特，010011）

发现于内蒙古通辽扎鲁特旗的南宝力皋吐遗址D地点（下文简称"南宝D地点"），先后经过2008年、2010年和2013年三次考古发掘，前两次的考古工作共清理新石器时代房址11座、灰坑2个，出土陶、石、骨、蚌等各类遗物180余件。从遗址所见遗存的文化面貌来看，它应是一处文化性质单一的史前时期居址[1]。该遗址是近年来科尔沁沙地史前考古的又一重大发现，为学术界所广泛关注。

南宝D地点的发掘初衷是为寻找其附近南宝力皋吐墓地（下文简称"南宝墓地"）的生活居址，丰富墓地遗存的文化内涵。但从两者文化面貌的整体观察，可见它们存在较多的不同。同时，随着科尔沁沙地另一处新石器时代遗址——哈民忙哈遗址[2]（下文简称"哈民遗址"）资料的不断丰富，使我们看到南宝D地点与其有着更多的相似性。因而，我们会提出这样的疑问：南宝D地点的文化性质是什么？它究竟与南宝墓地同属一类遗存，还是与哈民遗址视为同一文化，抑或是一种独立的文化类型？为解决上述问题，本文试图通过对南宝D地点与南宝墓地及哈民遗址已发表资料的比较，辨识其文化性质。

一

南宝墓地是由文化性质相同的A、B、C三个墓区组成，共计发掘墓葬395座。该墓地应是在自身文化特点的基础上，融入小河沿、偏堡子等文化因素形成的一种新的考古学文化类型——"南宝力皋吐类型"[3]。因南宝墓地和D地点的遗址类别不同，只能通过出土遗物的比较，把握两者文化性质的关系。

首先，两者的陶器组合及主要器物形制区别明显。南宝D地点以筒形罐、壶和钵为基本陶器组合，见有少量盂和圈足盘等器类。而南宝墓地随葬陶器仅以筒形罐和壶为

---

* 本文为国家社会科学基金青年项目"中原视野下的东北前沿地带新石器文化变迁研究"（项目编号：19CKG008）系列成果。

主，还见有一定数量的叠唇罐、钵、尊及个别的豆、双口壶、龟形器等器物。同时，南宝D地点的筒形罐基本为敞口、斜腹，腹部多有一对乳钉，绝大多数为素面。墓地出土的筒形罐则多为直口、微弧腹，个别器物设一对小环耳。器身普遍饰有纹饰，主要为绳索状的附加堆纹（口部多横向，腹部多竖向施纹），还见有交错绳纹、席纹和条带形附加堆纹等其他纹饰。南宝D地点的壶造型统一，皆为小口、矮领、广肩、斜腹，腹部有一对竖桥形耳，通体素面磨光。南宝墓地的陶壶则分为异于D地点的两种类型：一种为素面壶，侈口、高领、鼓腹，腹部最大径处饰一对竖桥形耳；另一种为刻划纹壶，直口微敞、高领、球腹，一般在上腹部设一对小环耳，器表有内填短斜线的复线几何纹。南宝D地点常见的浅腹钵，也与墓地随葬的同类器形态有别。D地点与墓地出土陶器的唯一相似之处，是发现2件与后者风格相近的饰条带形附加堆纹的筒形罐（图一）。

其次，南宝D地点和墓地在主要生产工具的种类和造型上存在很大不同。南宝D地点出土的工具以镐、磨盘、斧、锛、凿、饼等大中型磨制石器为主，只见有少量的刮削器、镞等细石器和蚌刀、骨柄石刃刀等骨、蚌器。而墓地随葬的工具以镞、刮削器、石料等细石器为大宗，并有相当数量的骨柄石刃刀、匕、锥等骨器和斧、饼、磨盘、磨棒等大型磨制石器。同时，南宝D地点器形独特的长体石耜在墓地中并未发现（图一，20）。南宝D地点使用形近长方体的石磨盘，而墓地常见扁椭圆形的磨盘（图一，21）。

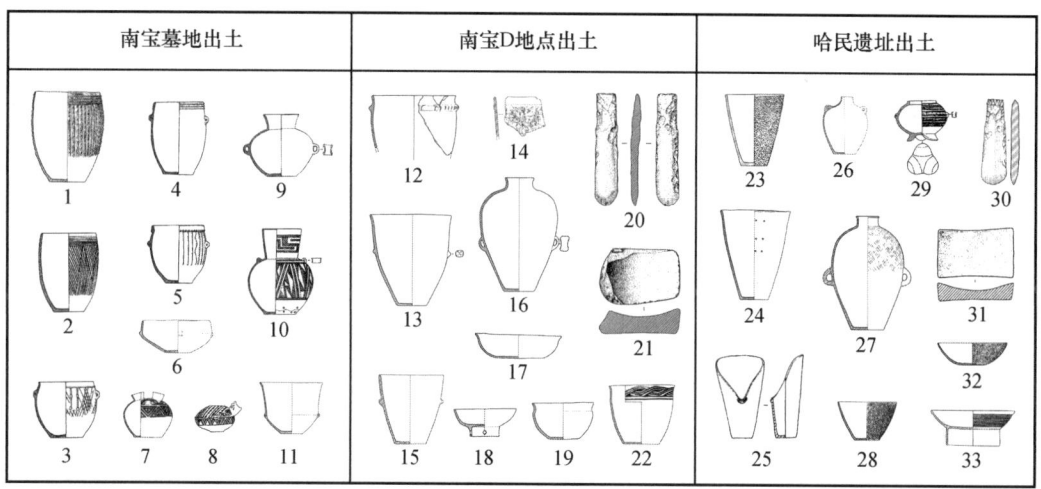

图一　南宝墓地、南宝D地点和哈民遗址出土典型陶器、石器

1~4、12~14、23、24.筒形罐（CM17∶2、AM162∶2、AM177∶2、BM121∶2、F10∶12、F6∶12、F9∶18、F49∶12、F2∶14）　5.叠唇罐（AM133∶4）　6、17、32.钵（CM2∶1、F11∶7、IC∶18）　7.双口壶（AM182∶3）　8.龟形壶（BM57∶2）　9、10、16、26、27.壶（BM121∶1、AM203∶1、F10∶14、F2∶19、F8∶4）　11.尊（CM33∶1）　15.小罐（F5∶25）　18、33.圈足盘（F9∶9、F37∶10）　19.盂（F5∶14）　20、30.石镐（F10∶6、F45∶27）　21、31.石磨盘（F4∶2、F19∶20）　22.彩陶罐（F9∶14）　25.斜口器（F21∶1）　28.盆（F12∶3）　29.三足罐（F37∶10）

再次，南宝墓地出土陶器见有较多其他文化的因素或彼此相关联的共性，而南宝D地点的遗物内涵更为单纯，自身特征明显。南宝墓地除饰绳索状附加堆纹的筒形罐独具特色，素面壶、交错绳纹筒形罐、尊、豆、双口壶等器物与辽西地区小河沿文化的同类器基本一致，叠唇罐和刻划纹壶较多体现出下辽河流域偏堡子文化的特点，饰于筒形罐的席纹及条带形附加堆纹与嫩江流域的昂昂溪文化风格相同（图二）。相比之下，南宝D地点仅壶和圈足盘表现出与辽西红山文化晚期遗存的相似性，连涡纹彩陶反映出内蒙古中南部庙子沟文化对它的影响（图四）。

最后，南宝墓地已有的^{14}C测年数据反映出墓地的年代基本在公元前2500~前2000年[4]，应与小河沿文化和偏堡子文化的晚期相当。墓地随葬品中所见小河沿及偏堡子文化的因素也印证了三者之间有过一段共存时期。南宝D地点虽无^{14}C测年的结果，但其遗存中表现出少量的红山文化晚期和庙子沟文化的因素，而不见小河沿与偏堡子文化对其的影响，推知它的年代应更接近于红山文化晚期。由此说明，南宝D地点的年代要早于南宝墓地，且年代相距较大。

由此可见，南宝D地点与南宝墓地虽同处一地，但它们在陶器和生产工具的典型器物组合、种类及器形特征等方面所反映的文化面貌差异明显，文化因素的分析也说明两者内涵有别，且年代有早晚的不同。因而，南宝D地点与南宝墓地属于不同的文化性质，其不可归入"南宝力皋吐类型"。

二

哈民遗址是一处文化性质单纯的史前聚落址，2010年至2014年间共发掘房址78座、灰坑57个、墓葬14座及环壕2条，出土陶、石、骨、蚌等各类遗物多达千余件[5]。哈民遗址因其麻点纹陶器所表现的独特文化面貌而被命名为一种独立的考古学文化——"哈民忙哈文化"[6]（可简称"哈民文化"）。将南宝D地点与哈民遗址出土资料进行比较，可以发现两者在以下几个方面存在共性。

其一，哈民遗址和南宝D地点的聚落布局及房屋构造相同。两遗址不但皆有东北地区史前聚落房屋成排分布的特点，且普遍居室面积较小（多小于20平方米），门道较长（多长于1.5米），圆形灶坑多位于居室中偏南，正对门道。哈民遗址所见上述房址结构特征一般被认为是其所属哈民文化的自身特点之一，因而南宝D地点的聚落形态同于哈民文化。

其二，哈民遗址的典型陶器组合和器物特征与南宝D地点基本一致。哈民遗址的陶器亦以筒形罐、壶和钵为主要器类，只是见有一定数量的盆、斜口器和少量的圈足盘、三足罐、鼓腹罐等器物，其种类较南宝D地点丰富。哈民遗址的敞口斜腹筒形罐、小口矮领双耳壶、大口浅腹钵等与南宝D地点的同类器造型相近（图一）。

其三，两处遗址表现出相同的制陶工艺。一方面，两者的陶器有相当比例的夹蚌

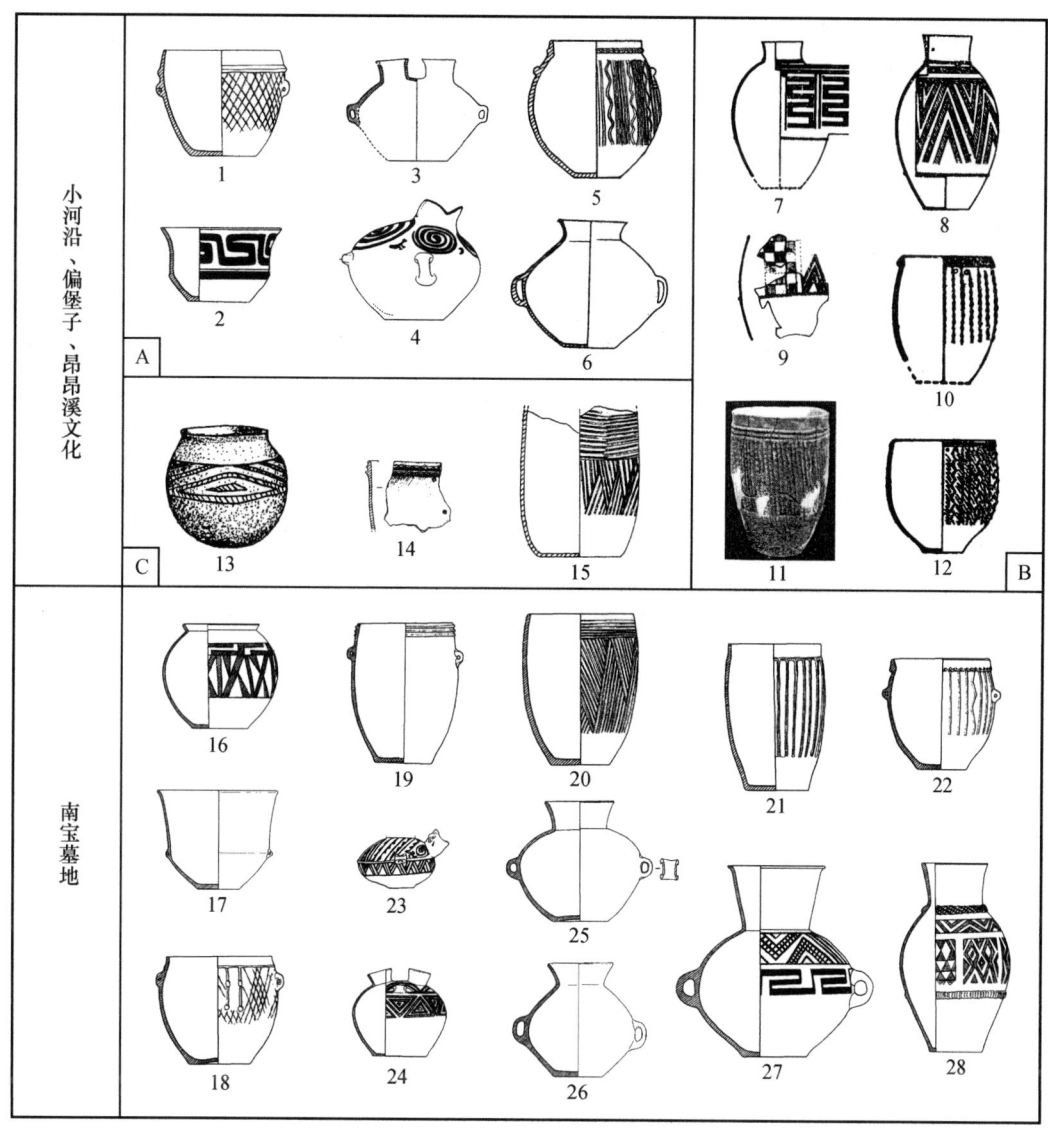

图二　南宝墓地与相关文化的陶器比较

1、18. 交错绳纹筒形罐（哈啦海沟M3∶8、南宝AM177∶2）　2、17. 尊（哈啦海沟M3∶9、南宝CM33∶1）

3、24. 双口壶（石羊石虎山出土、南宝AM182∶3）　4、23. 龟形壶（哈啦海沟M39∶29、南宝BM57∶2）

5、11、14、19、21. 附加堆纹筒形罐（大沁他拉F6∶029、小拉哈G3002∶3、偏堡子出土、南宝BM121∶2、AM216∶3）　6、25、26. 素面壶（上店M1∶1、南宝BM121∶1、CM35∶4）　7~9、28. 刻划纹壶（高台山80T1⑤∶2、80T1⑤∶1、T1⑤∶15、28，南宝AM177∶1）　10、12、22. 叠唇罐（高台山80T1⑤∶20、80T1⑤∶3、南宝AM133∶4）　13、16. 鼓腹罐（昂昂溪第三沙岗墓葬出土、南宝AM125∶1）

15、20. 刻划纹筒形罐（小拉哈T141③∶39、南宝AM162∶2）　27. 彩陶壶（南宝AM168∶1）

（A. 小河沿文化；B. 偏堡子文化；C. 昂昂溪文化）

陶，且都采用泥圈套接法制作。另一方面，它们主要器物的成形方法如出一辙，多是利用几圈形状简单和固定的泥圈组合拼接而成。双耳壶是由口领部、上腹部和下腹及底部三段拼合而成。筒形罐在双耳壶下腹及底部的基础上修整成形。钵则是利用双耳壶的上腹部倒置安底而来。它们各自所见的小罐或盆也是用双耳壶下腹及底部的局部制作成器（图三）。

其四，哈民遗址和南宝D地点所见生产工具的种类和形制十分统一。哈民遗址的生产工具也以镐、磨盘、磨棒、斧、锛、凿、饼等大中型磨制石器为主，见有刀、镞等细石器和锥、骨柄石刃刀、刀等骨、蚌器。哈民遗址出土的长体石镐与南宝D地点的同类器别无二致（图一，20、30）。同时，两处遗址发现的石磨盘形制都近似长方体（图一，21、31），蚌刀为双孔半月形。

其五，哈民遗址也可辨识出红山文化因素。哈民遗址除双耳壶与红山文化晚期遗存造型相似，还见有典型红山文化风格的彩陶圈足盘、之字纹筒形罐、三足罐及双联璧、兽面玉佩等器物，表现出更多的红山文化因素（图四）。

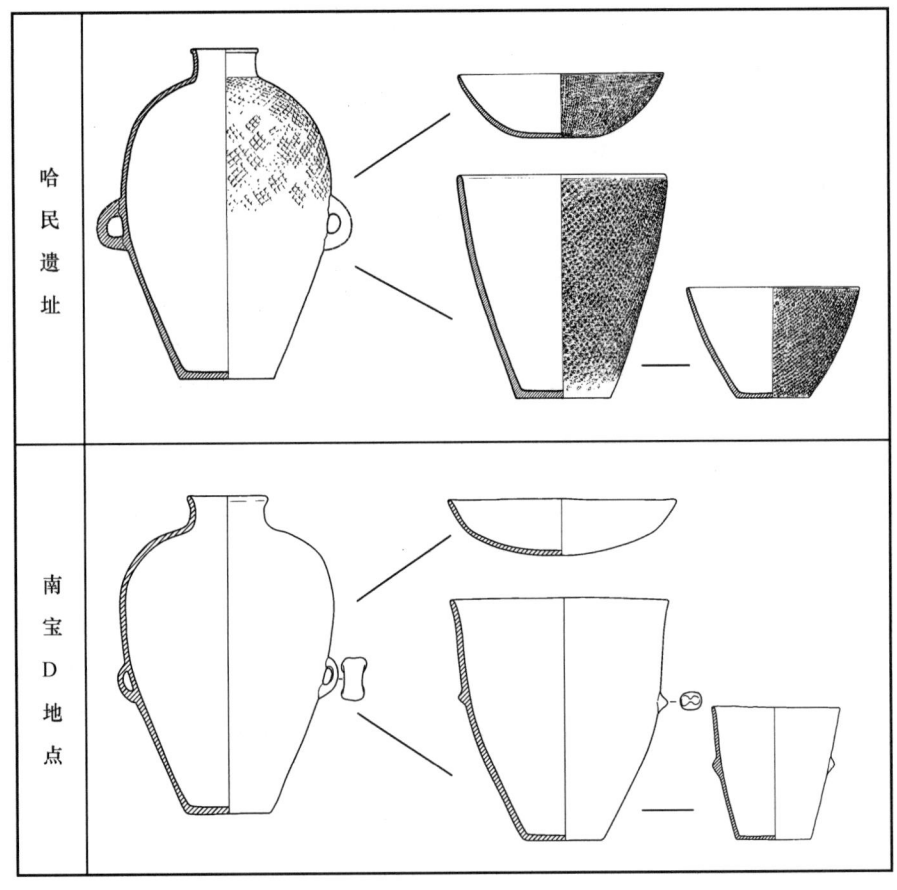

图三　哈民遗址与南宝D地点主要陶器成形示意

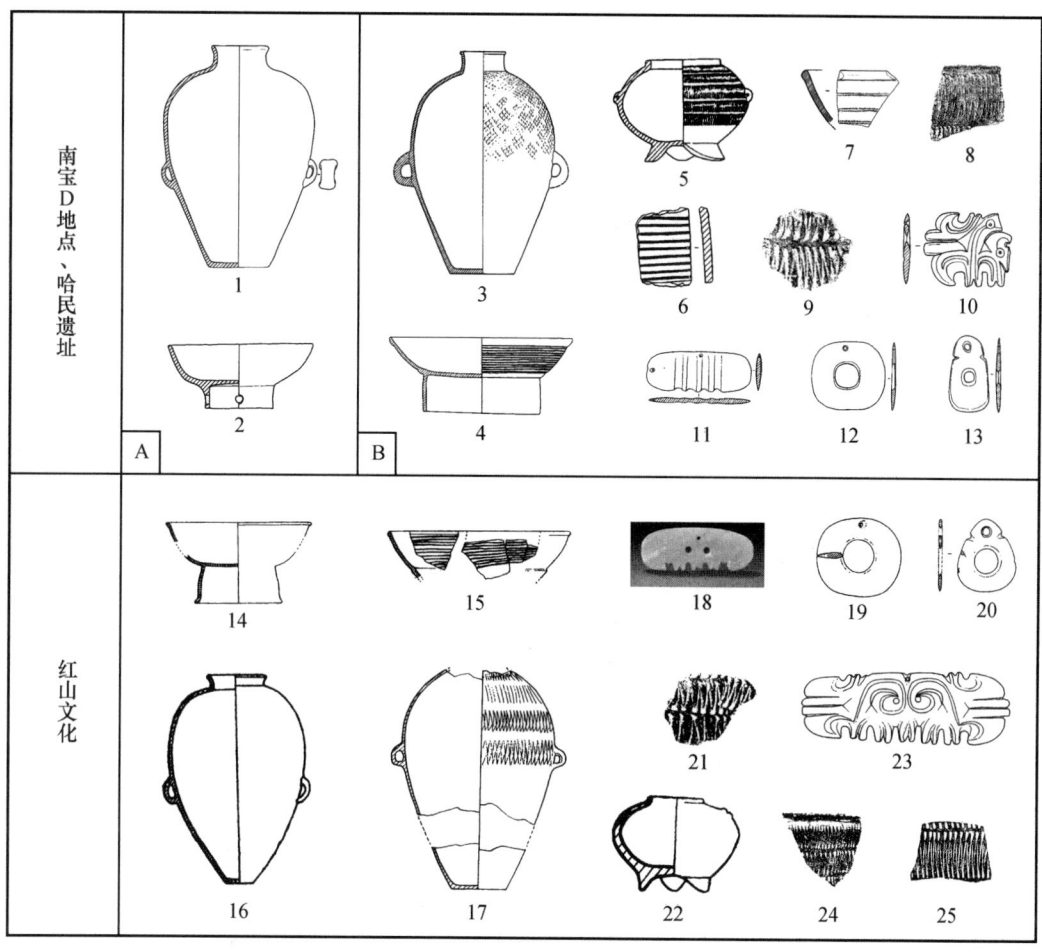

图四 南宝D地点、哈民遗址与红山文化的陶器及玉器比较

1、3、16、17. 壶（南宝F10：14、哈民F8：4、牛河梁H3：1、二道窝铺H5：2） 2、4、14. 圈足盘
（南宝F9：9、哈民F52：14、东山嘴TE7②：3） 5、22. 三足罐（哈民F37：10、白音长汗M15：1）
6. 彩陶片（哈民IT005062②：1） 7~9、21、24、25. 之字纹陶片（哈民H21：5、IT009065②：标本、F2：标本、
牛河梁十六地点T3②：15、T3②：19、T3②：19） 10、23. 兽面玉器（哈民F44：1、牛河梁二地点M22：2）
11、18. 玉饰件（哈民F468：11、牛河梁二地点M9：1） 12、19. 玉璧（哈民F46：7、牛河梁二地点M21：16）
13、20. 双联璧（哈民F46：10、牛河梁二地点M21：6） 15. 彩陶双腹盆（东山嘴TE9②：7）
（A. 南宝D地点；B. 哈民遗址）

综上所述，南宝D地点和哈民遗址在主要遗迹的形制和典型遗物的特征上具有高度的一致性，反映出两者的文化内涵十分接近。哈民遗址是哈民文化目前已知出土遗迹、遗物最为丰富的一处典型遗址，其内涵呈现了哈民文化的基本面貌[7]。因而，南宝D地点应与哈民遗址一样，属于哈民文化。

三

南宝D地点虽属于哈民文化，但与该文化以哈民遗址为代表的文化面貌存在一些区别，这说明哈民文化还有进一步做划分的可能。

一是，南宝D地点的陶器流行素面风格（仅见1件口沿下饰附加堆纹的麻点纹筒形罐），而哈民遗址出土陶器以麻点纹（或方格）为最大特点。二是，两者筒形罐、壶和钵三类主要器物的局部形态存在变化。南宝D地点的筒形罐口部微折，上腹略竖直，器身多有一对乳钉；壶为广肩；钵是浅腹。哈民遗址的筒形罐皆为大敞口，上腹斜直，少见乳钉；壶为溜肩；钵的腹部较南宝D地点深（图五）。

此外，两处遗址虽都见有红山文化的因素，但表现不同。哈民遗址发现的三足罐、彩陶圈足盘，以及大量的玉璧、双联璧、兽面玉佩等器物的造型与红山文化别无二致。出土的之字纹纹样及平行条带纹、双勾连涡纹等彩陶图案均为红山文化的典型特征。因而，哈民遗址中的红山文化因素，可视为红山文化对哈民文化的直接影响[8]。而南宝D地点仅壶和圈足盘体现出与红山文化的相似点，反映出其受后者的影响势弱（图四）。

通过近年在科尔沁沙地地区的系列考古工作可知，具有哈民遗址麻点纹陶风格的同类遗址有较多发现。经过正式发掘的遗址还有吉林白城市洮北区双塔遗址[9]，内蒙

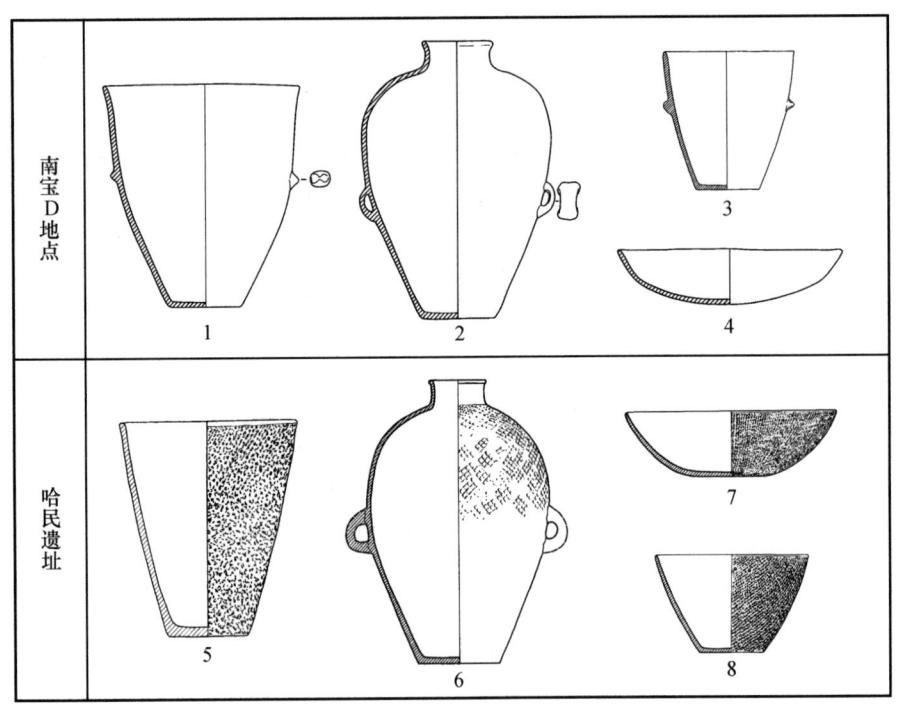

图五　南宝D地点与哈民遗址的典型陶器对比

1、5. 筒形罐（南宝F6∶12、哈民F49∶12）　2、6. 壶（南宝F10∶14、哈民F8∶4）　3. 小罐（南宝F5∶25）
4、7. 钵（南宝F4∶8、哈民IC∶18）　8. 盆（哈民F12∶3）

古兴安盟科右中旗哈尔沁遗址[10]。另外,吉林白城市和内蒙古兴安盟、通辽市等地区已公布的调查采集地点达13处[11]。这些遗址不但陶器的主要纹饰特征与哈民遗址相同,且双塔和哈尔沁两处遗址出土器物的形制也与哈民遗址相类,并有双勾连涡纹、玉璧、双联璧等较多红山文化因素的发现。反映出麻点纹风格的哈民文化遗存年代大体相近,应与红山文化晚期相当,年代在公元前3500～前3000年。

与南宝D地点素面陶风格及遗存特征相同的地点,仅发现于距其不远的内蒙古扎鲁特旗道老杜粮库遗址一处[12]。两处遗址皆位于乌额格其郭勒河畔,说明哈民文化素面陶风格遗存的已知分布地域与麻点纹风格遗存重叠,但范围远小于后者(图六)。另南

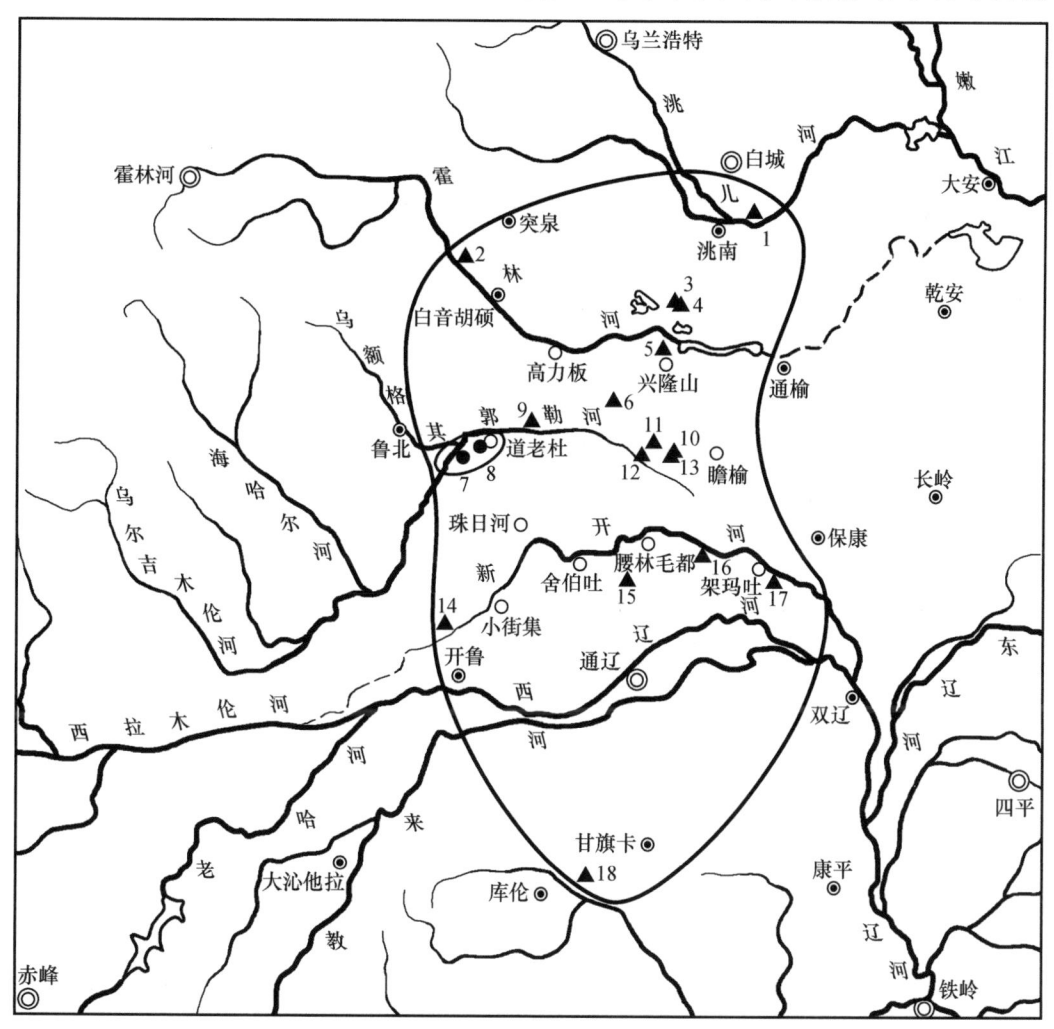

图六 哈民文化遗址分布示意图

1. 双塔遗址 2. 嘎查营子遗址 3. 四海泡子第Ⅲ、Ⅳ地点 4. 四海泡渔场家属区遗址 5. 敖包山Ⅰ号遗址 6. 长坨Ⅱ号遗址 7. 南宝力皋吐遗址D地点 8. 道老杜粮库遗址 9. 哈尔沁遗址 10. 大坝坨子遗址 11. 二龙坨子遗址 12. 查森昭遗址 13. 李永久坨子遗址 14. 小泡子遗址 15. 哈民忙哈遗址 16. 白菜营子遗址 17. 西固仁茫哈遗址 18. 阿仁艾勒遗址

(▲代表麻点纹陶风格遗址;●代表素面陶风格遗址)

宝D地点出土的数件有附加堆纹的筒形罐表现出与南宝力皋吐类型的相近，似反映该遗址的年代可能略晚于哈民遗址。

经上述分析可知，哈民遗址与南宝D地点文化面貌上的差异反映出哈民文化存在麻点纹陶和素面陶两种不同风格的文化类型。由于两种文化类型的遗址分布范围并无明确的地域分界，以及各自文化内涵中器物形态的局部变化和相关文化因素所体现的年代早晚差异，表明它们揭示出哈民文化存在自身发展的阶段性特征，即南宝D地点所代表的哈民文化素面陶风格盛行的年代应略晚于哈民遗址为代表的麻点纹陶风格时期。

四

随着近年科尔沁沙地区系列考古工作的深入进展，区域内史前文化的面貌逐渐清晰，并辨识出哈民文化和南宝力皋吐类型两种新的考古学遗存。南宝D地点的发现，为我们进一步了解哈民文化，以及哈民文化与南宝力皋吐类型的关系提供了重要线索。

一方面，南宝D地点哈民文化性质的确认，及其与哈民遗址文化面貌异同的比较，可知哈民文化有更为广泛的内涵和一定的发展演变，可至少划分出麻点纹陶风格和素面陶风格两个早晚阶段。由于南宝D地点没有像哈民遗址那样有丰富的红山文化晚期因素发现，故而推测哈民文化发展进程中所出现的风格转变，很可能与红山文化的消亡相同步，即随着红山文化的衰弱，哈民文化由麻点纹陶风格阶段进入素面陶风格时期。

同时，南宝D地点出土陶器的手制痕迹明显，与哈民遗址相比较为粗糙。筒形罐和壶等陶器器形多不周正，且多有锯孔，石器改制现象普遍，表现出手工业技术的退化和对资源利用的强化。说明哈民文化进入南宝D地点阶段也出现了衰落的迹象。

另一方面，哈民文化与南宝力皋吐类型虽是文化性质和年代迥异的两种考古学文化，但从南宝D地点出土遗存的观察可以看到两者之间的些许关联性。南宝D地点已发现少量口沿下有一周压印短斜线附加堆纹的筒形罐，其风格与南宝墓地典型的条带形附加堆纹筒形罐较为接近，似反映出两者之间存在一定的文化传承，但这并不意味着南宝力皋吐类型是由哈民文化发展而来。

然而，目前我们对于南宝D地点一类遗存的发现还较少，认识尚不深入。只有通过日后更多的考古发掘资料的积累，才能更加明确其文化内涵，清晰了解哈民文化，认清哈民文化与南宝力皋吐类型的关系，并进一步掌握科尔沁沙地地区史前文化的发展脉络及其在东北地区新石器时代文化格局与互动关系中的作用。

附记：本文在写作过程中得到朱永刚先生的指导，谨此致谢！

注　释

[1] 内蒙古文物考古研究所，扎鲁特旗文物管理所.内蒙古扎鲁特旗南宝力皋吐遗址D地点发掘简报[J].考古，2017（12）.

[2] a. 内蒙古文物考古研究所，科左中旗文物管理所.内蒙古科左中旗哈民忙哈新石器时代遗址2010年发掘简报[J].考古，2012（3）.

b. 内蒙古文物考古研究所，吉林大学边疆考古研究中心.内蒙古科左中旗哈民忙哈新石器时代遗址2011年的发掘[J].考古，2012（7）.

c. 内蒙古文物考古研究所.内蒙古科左中旗哈民忙哈新石器时代遗址2012年的发掘[J].考古，2015（10）.

[3] a. 内蒙古文物考古研究所，科尔沁博物馆，扎鲁特旗文物管理所.内蒙古扎鲁特旗南宝力皋吐新石器时代墓地[J].考古，2008（7）.

b. 内蒙古文物考古研究所，扎鲁特旗文物管理所.内蒙古扎鲁特旗南宝力皋吐新石器时代墓地C地点发掘简报[J].考古，2011（11）.

[4] 朱永刚，吉平.关于南宝力皋吐墓地文化性质的几点思考[J].考古，2011（11）.

[5] 同[2].

[6] 郑钧夫，朱永刚，吉平.试论哈民忙哈文化[C].边疆考古研究（第15辑）.北京：科学出版社，2014.

[7] 同[2]a.

[8] 同[6].

[9] 吉林大学边疆考古研究中心，吉林省文物考古研究所.吉林白城双塔遗址新石器时代遗存[J].考古学报，2013（4）.

[10] 内蒙古自治区文物考古研究所.科右中旗哈尔沁新石器时代遗址[J].草原文物，2011（1）.

[11] 朱永刚，郑钧夫.科尔沁沙地东北部地区新石器时代遗存初探[C].边疆考古研究（第11辑）.北京：科学出版社，2012.

[12] 内蒙古自治区文物考古研究所.通辽市扎鲁特旗道老杜粮库遗址发掘简报[C].内蒙古文物考古文集（第四辑）.北京：科学出版社，2013.

Identification of Cultural Nature of Site D of the Nanbaoligaotu Site

ZHENG Jun-fu JI Ping

Site D of the Nanbaoligaotu Site is another important discovery of prehistoric archaeology in Horqin Sandy Land in recent years, which has attracted extensive attention from the academic community. By comparing the published materials of Site D of Nanbaoligaotu Site with that of Nanbaoligaotu cemetery and Haminmangha Site, the author of this article believes that Site D of the Nanbaoligaotu Site can not be classified as "the Nanbaoligaotu Type", but belongs to "the Haminmangha Culture". The difference in the cultural features between Site D of the Nanbaoligaotu Site and the Haminmangha Site reflects the periodic characteristics of the development of the Haminmangha Culture, that is, the plain pottery style of the Haminmangha Culture represented by Site D of Nanbaoligaotu Site should prevail slightly later than the pockmarked pottery style represented by the Haminmangha Site.

欧亚草原青铜时代晚期至早期铁器时代的突钮形装饰研究[*]

包曙光[1]　赵婷婷[2]

（1.黑龙江大学渤海研究院，哈尔滨，150006；2.西北大学丝绸之路考古合作研究中心，西安，710127）

欧亚草原地带位于欧亚大陆农业文明以北，西起黑海北岸，东到外贝加尔地区，是草原文明的分布地区[1]。突钮形装饰是欧亚草原青铜时代晚期至早期铁器时代广泛流行的一种青铜器上的装饰风格。这种装饰主要见于环首刀、锛、管銎斧和马衔等器物。突钮形装饰目前并没有统一命名，国内外学者一般称之为"突钮""凸钮"，或将其形容为"柱状突起""蘑菇状突起""乳状突起"等。本文认为突钮形装饰是指出现在青铜器首端或耳端等部位，以1~3个突钮为基本排列的装饰风格。现拟对突钮形装饰进行类型学考察，并揭示其分期演变和地域分布等特征，进而探讨青铜时代晚期至早期铁器时代人群的装饰技术和审美心理以及各地区之间的文化交流和互鉴过程。

一、突钮形装饰的类型学分析

根据突钮形装饰的器类将其分为四类，即甲类环首刀、乙类锛、丙类管銎斧、丁类马衔。现对其进行类型学分析。需要说明的是，我们按照突钮形装饰的形状大体将其分为6种，即不规则形突钮、乳状突钮、柱状突钮、倒锥状突钮、蘑菇状突钮及半球状突钮。其中，不规则形突钮指的是难以描述其形状的突钮形装饰；乳状突钮指的是根部大于顶部、顶部较尖的突钮形装饰；柱状突钮为整体呈圆柱、顶部较平的突钮形装饰；倒锥状突钮指顶部大于根部、呈现倒锥状的突钮形装饰；蘑菇状突钮指顶部大于根部、呈蘑菇状的突钮形装饰；半球状突钮为根部大于顶部、形似半球的突钮形装饰。这6种形状也是本文各类器物划分类型的标准。

---

[*] 本文为国家社会科学基金中国历史研究院重大招标项目"生物考古视野下欧亚草原早期东西文化交流研究"（23VLS007）和黑龙江大学杰出青年科学基金项目（JC2021W4）阶段性成果。

甲类：环首刀。

装饰突钮的环首刀数量较多，且该类突钮的形制丰富，可分为五型。

A型　不规则形突钮。根据突纽方向与刀身方向是否一致可分为二式。

Ⅰ式：突钮方向与刀身方向一致，刀身远端呈不规则断面。发现于库兹涅茨克（Кузнецкой）盆地的伊尔门（Иртеhская）文化[2]（图一，1~3）。

Ⅱ式：突钮方向与刀身方向垂直，形状较为平滑。吉林大学收藏1件[3]（图一，4）。

B型　乳状突钮。根据突钮大小及位置可分为三式。

Ⅰ式：突钮较大。新疆南湾墓地[4]和兰州湾子遗址[5]各发现1件（图一，5、6）。

Ⅱ式：突钮较小。新疆焉不拉克墓地[6]出土1件（图一，7）。

Ⅲ式：突钮较小，且位于环首的侧边。河北怀来大古城[7]发现1件（图一，8）。

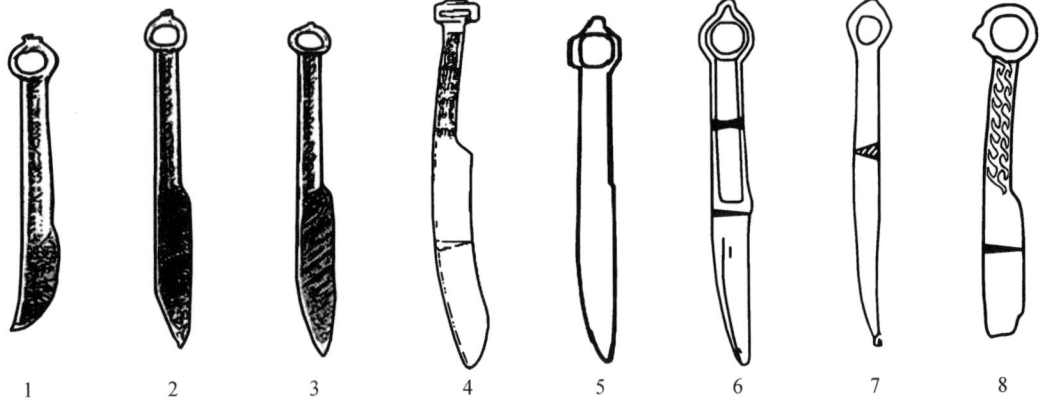

图一　甲类A、B型突钮形装饰的型式划分
1~3.A型Ⅰ式　4.A型Ⅱ式　5、6.B型Ⅰ式　7.B型Ⅱ式　8.B型Ⅲ式
（1~3.伊尔门文化；4.吉林大学收藏；5.新疆南湾墓地；6.新疆兰州湾子石结构建筑遗址；7.新疆焉不拉克墓地；8.河北怀来大古城）

C型　柱状突钮。

根据突钮的数量可分二亚型。

Ca型　单突钮。根据突纽大小可分二式。

Ⅰ式：突钮较大。陕西彬县断泾遗址[8]出土1件（图二，1）。

Ⅱ式：突钮较小。新疆孔雀河中游南部[9]发现1件（图二，2）。

Cb型　三突钮。根据突钮大小和粗细可分三式。

Ⅰ式：突钮较长、较粗。外贝加尔地区的图鲁塔亚河口[10]、乌斯特—图鲁泰村附近[11]以及赤塔地区[12]，山西石楼二郎坡[13]，辽宁绥中东王岗台[14]各发现1件（图二，3~7）。此外，在殷墟遗址[15]也发现过此类型的青铜刀。

Ⅱ式：突钮较短、更粗。西伯利亚鄂嫩河流域[16]、辽宁抚顺望花[17]各发现1件（图二，8、9），辽宁绥中东王岗台[18]发现2件（图二，10、11），索耶（Sawyer）[19]在北京收购3件（图二，12~14）。

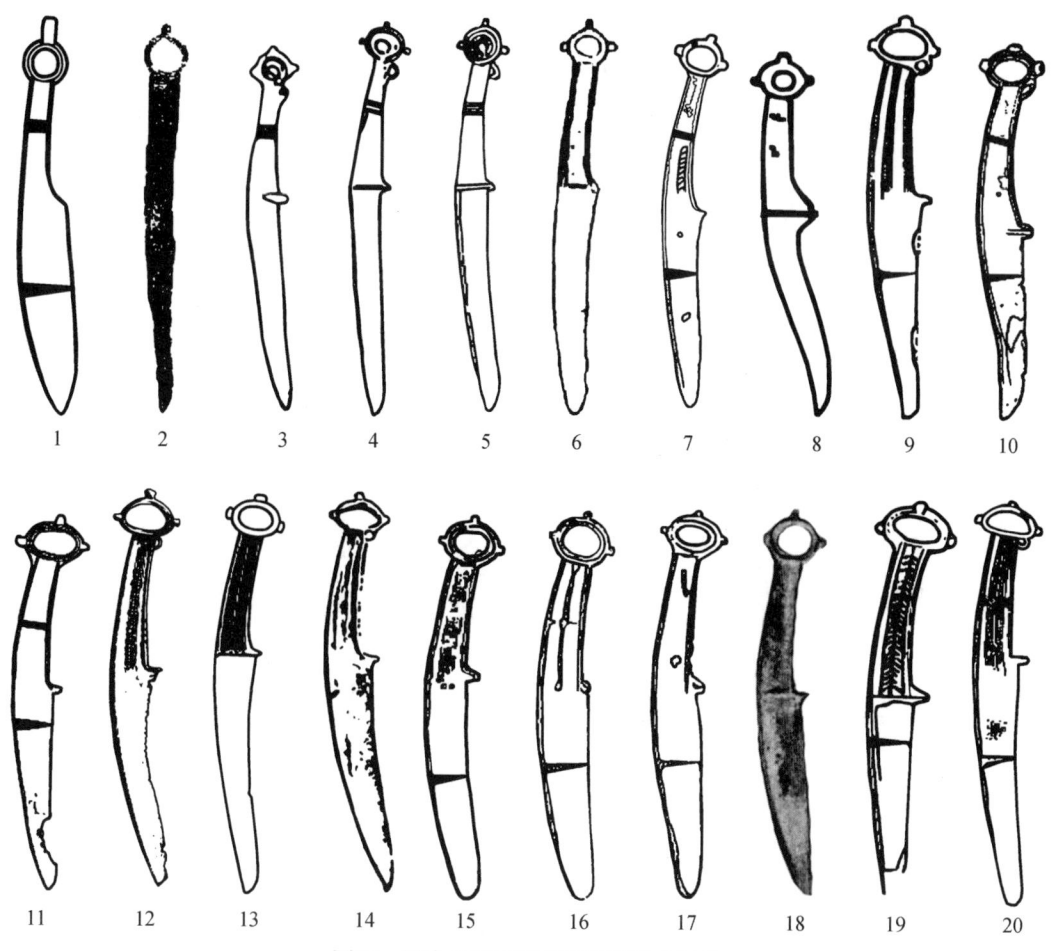

图二 甲类C型突钮形装饰的型式划分

1. Ca型Ⅰ式 2. Ca型Ⅱ式 3~7. Cb型Ⅰ式 8~14. Cb型Ⅱ式 15~20. Cb型Ⅲ式

（1. 陕西彬县断泾遗址；2. 新疆孔雀河中游南部；3. 外贝加尔的图鲁塔亚河口；4. 外贝加尔乌斯特-图鲁泰村附近；5. 贝加尔附近的赤塔；6. 山西石楼二郎坡；7. 辽宁绥中东王岗台；8. 西伯利亚鄂嫩河流域；9. 辽宁抚顺望花；10、11. 辽宁绥中东王岗台；12~14. 索耶收藏；15~17. 辽宁绥中冯家；18. 河北青龙抄道沟；19. 辽宁兴城杨河；20. 吉林大学收藏）

Ⅲ式：突钮更短、较粗。辽宁绥中冯家[20]发现3件（图二，15~17），河北青龙抄道沟[21]、辽宁兴城杨河[22]各发现1件（图二，18、19），吉林大学[23]收藏1件（图二，20）。

D型 蘑菇状突钮。

Ⅰ式：突钮较大。宁夏固原[24]出土1件（图三，1）。

Ⅱ式：突钮较小。新疆鄯善洋海墓地[25]一号墓地M19、M21和M78各出土1件（图三，2~4）。

E型 半球状突钮。

根据突钮的数量分二亚型。

Ea型　单突钮。

此亚型数量较少且形制单一,无法分式。河北军都山M86[26]、滦平梨树沟门[27]各发现1件(图三,5、6)。

Eb型　三突钮。根据突钮大小可分为二式。

Ⅰ式:突钮较大,半球略接近柱状。山西石楼后兰家沟[28]、贝加尔地区的图鲁塔亚河口[29]各发现1件(图三,7、8)。

Ⅱ式:突钮较小。米努辛斯克盆地发现的卡拉苏克式青铜刀[30],带有突钮的基本皆属此类(图三,9~12)。

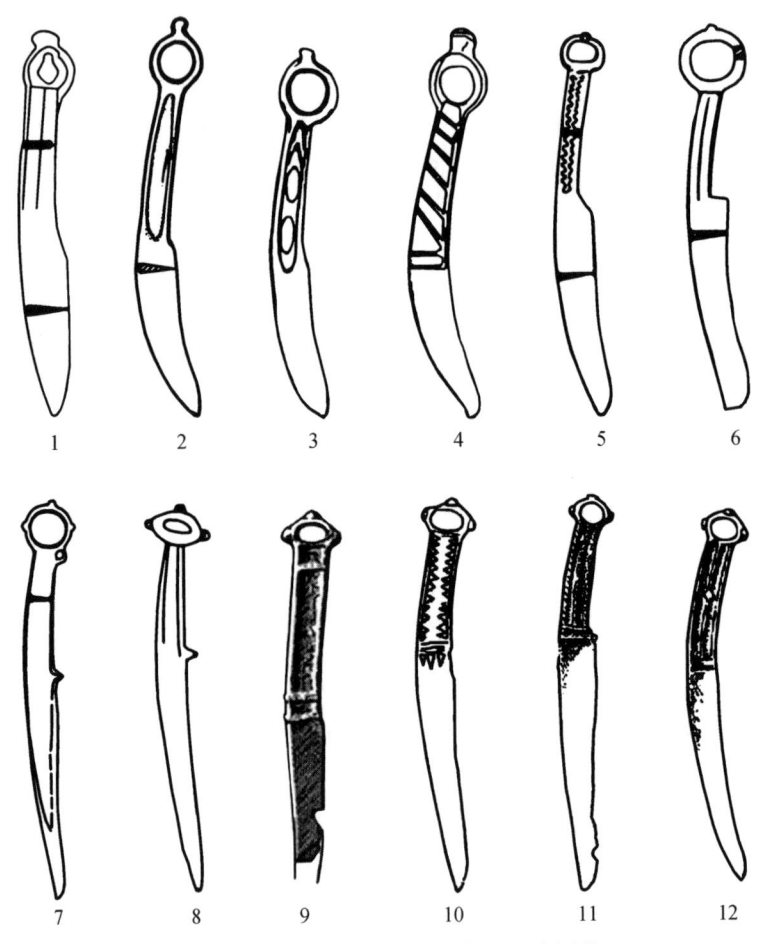

图三　甲类D、E型突钮形装饰的型式划分
1.D型Ⅰ式　2~4.D型Ⅱ式　5、6.Ea型　7、8.Eb型Ⅰ式　9~12.Eb型Ⅱ式
(1.宁夏固原;2.新疆洋海一号墓地M21;3.新疆洋海一号墓地M19;4.新疆洋海一号墓地M78;5.河北军都山;6.河北滦平梨树沟门;7.山西石楼后兰家沟;8.外贝加尔图鲁塔亚河口;9.苏霍伊湖381号冢M2;10~12.米努辛斯克盆地)

此外在蒙古国库苏古尔省[31]发现1件三突钮环首短剑，剑首形制与图鲁塔亚河口的甲类Cb型刀首相似（图四，1）。在蒙古国鹿石上也发现2件类似的短剑形象[32]（图四，2）。

乙类：鍑。

装饰突钮的鍑数量也比较多，且突钮形制丰富，可分为五型。

A型　乳状突钮。根据突纽大小可分为二式。

Ⅰ式：突钮较小。日本收藏[33]1件（图五，1），内蒙古中南部地区[34]、新疆哈巴河铁热克提[35]各发现1件（图五，2、3）。

Ⅱ式：突钮较大。北京延庆西拨子窖藏[36]、陕西榆林地区靖边县麻湾乡小圈村[37]各出土1件（图五，4、5），美国芝加哥费尔德博物馆收藏[38]1件（图五，6）。

B型　柱状突钮。根据突纽大小和粗细可分为三式。

Ⅰ式：突钮较短、较细。陕西岐山王家村窖藏[39]、凤翔东社[40]、山西闻喜上郭村[41]各出土1件（图六，1~3），日本收藏[42]收集1件（图六，4）。

Ⅱ式：突钮较长、较细。鄂尔多斯[43]1件（图六，5），新疆巴里坤兰州湾子[44]、

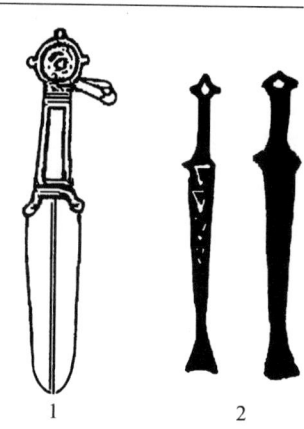

图四　蒙古国境内出土的突钮形装饰短剑

1. 蒙古国库苏古尔省
2. 蒙古国鹿石上的短剑形象

图五　乙类A型突钮形装饰的型式划分

1~3.A型Ⅰ式　4~6.A型Ⅱ式

（1.日本收藏；2.内蒙古中南部地区；3.新疆哈巴河铁热克提；4.北京延庆西拨子窖藏；5.陕西榆林地区靖边县麻湾乡小圈村；6.美国芝加哥费尔德博物馆收藏）

巴里坤南湾[45]各出土1件（图六，6、7），新疆伊犁地区巩留县[46]收集1件（图六，8）。蒙古国家博物馆[47]有若干件收藏（图六，9），东哈萨克斯坦的乌兰（Ulan）[48]也有发现（图六，10）。

Ⅲ式：突钮较短、较粗。山西原平县刘庄塔岗梁[49]发现2件（图六，11），内蒙古鄂尔多斯准格尔旗宝亥社[50]、山西浑源县李峪村[51]各发现1件（图六，12）。陕西绥德县城关镇[52]和西安北郊大白杨库各采集1件[53]（图六，13、14）。

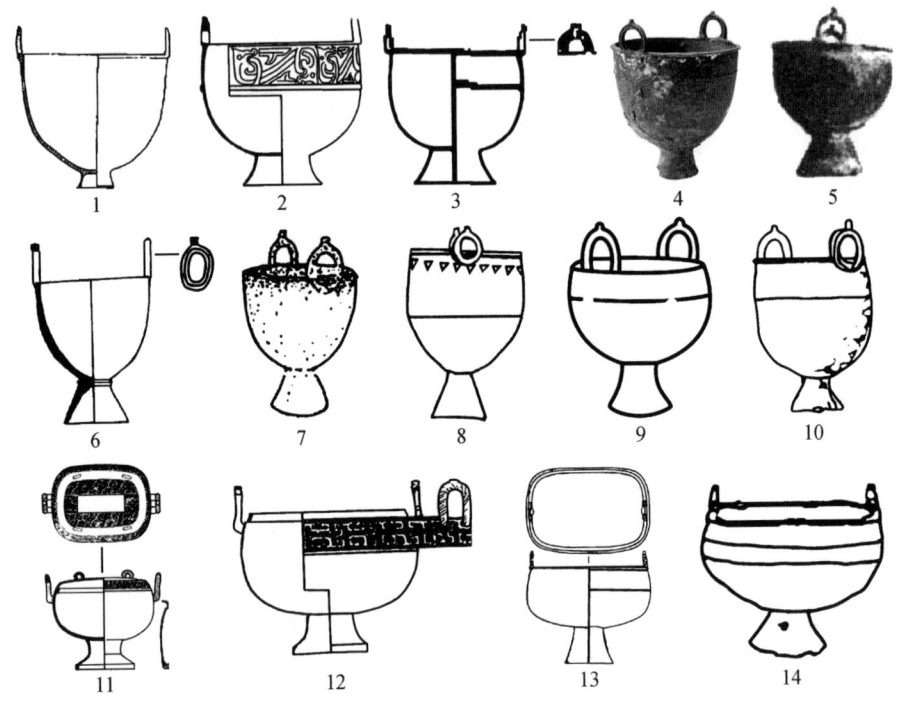

图六　乙类B型突钮形装饰的型式划分
1~4. B型Ⅰ式　5~10. B型Ⅱ式　11~14. B型Ⅲ式

（1.陕西岐山王家村窖藏；2.陕西凤翔东社；3.山西闻喜上郭村；4.京都大学文学部收藏；5.内蒙古鄂尔多斯地区收集；6.新疆巴里坤兰州湾子；7.巴里坤南湾；8.新疆伊犁地区巩留县；9.蒙古国家博物馆；10.东哈萨克斯坦乌兰；11.山西省原平县刘庄塔岗梁；12.内蒙古鄂尔多斯准格尔旗宝亥社；13.陕西绥德县城关镇采集；14.陕西西安北郊大白杨库征集）

C型　倒锥状突钮。

Ca型　单突钮。根据突钮大小可分为三式。

Ⅰ式：突钮较小。陕西宝鸡甘峪[54]、新疆昌吉奇台县坎尔孜[55]各发现1件（图七，1、2）。

Ⅱ式：突钮较大。新疆巴里坤大河乡[56]、阿克苏温宿[57]、乌鲁木齐[58]，陕西志丹县张渠乡[59]各发现1件（图七，3~6）。

Ⅲ式：突钮细长。新疆新源县境巩乃斯河南岸肖尔布拉克[60]、巴里坤红山农场[61]各发现1件（图七，7、8）。

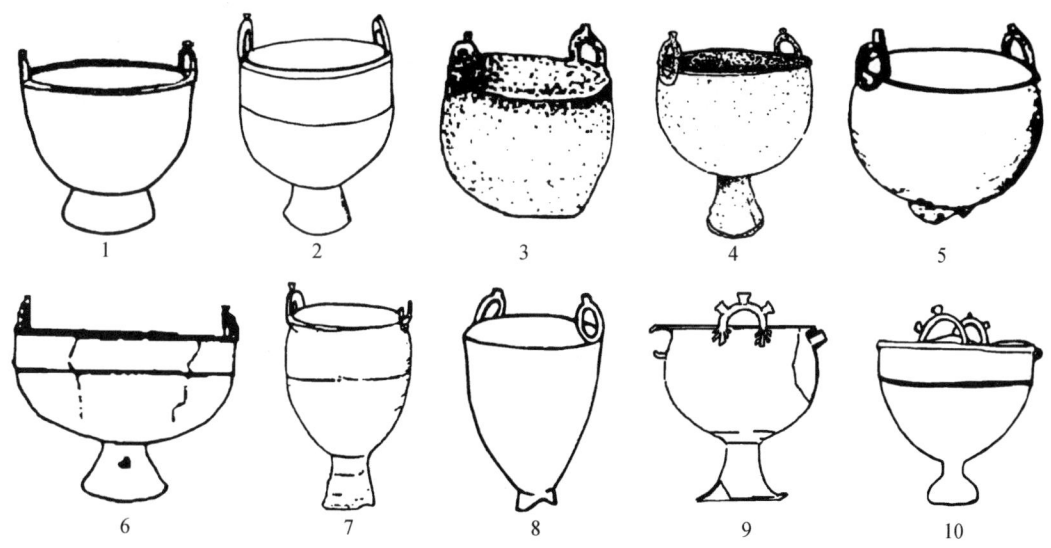

图七 乙类C型突钮形装饰的型式划分

1、2. Ca型Ⅰ式 3~6. Ca型Ⅱ式 7、8. Ca型Ⅲ式 9、10. Cb型

（1.陕西宝鸡甘峪；2.新疆昌吉奇台县坎尔孜；3.新疆巴里坤大河乡；4.新疆阿克苏温宿；5.新疆乌鲁木齐；6.陕西志丹县张渠乡；7.新疆新源县境巩乃斯河南岸肖尔布拉克；8.新疆巴里坤红山农场；9.日本收藏；10.黑海-里海北岸）

Cb型 三突钮。

突钮较大，仅发现2件，不符合进行分式的条件。在日本收藏[62]1件、黑海-里海北岸[63]发现1件（图七，9、10）。

D型 蘑菇状突钮。

Da型 单突钮。根据突纽杆和茹帽的大小可分为三式。

Ⅰ式：杆短小，菇帽较小。蒙古国家博物馆藏[64]1件（图八，1），俄罗斯奥伦堡州布祖鲁克（Buzuluk）[65]、外贝加尔阿钦斯克草原[66]、北高加索别什塔乌（Beshtau）[67]各发现1件（图八，2~4）。

Ⅱ式：杆较短小，菇帽较大。萨夫罗马泰文化中有发现[68]（图八，5、6）。

Ⅲ式：杆较长，菇帽较大。南西伯利亚有较多发现[69]，俄罗斯叶尼塞河上游吐鲁昌斯克（Turuchansk）、沙拉波林（Salabolinsk）、布拉基诺（Braginno）等地均有出土（图八，7~9）。俄罗斯莫斯科历史博物馆（米努辛斯克）[70]收藏1件（图八，10）。

Db型 三突钮。根据突纽杆和茹帽的大小可分为二式。

Ⅰ式：杆较短小，菇帽较大。俄罗斯彼尔姆（Perm）萨德林（Sadrin）地区扎马拉耶夫斯克（Zamaraevskoe）村和塞人遗存都有发现[71]（图八，11、12）。

Ⅱ式：杆较长，菇帽较大。主要发现于南西伯利亚地区[72]，俄罗斯托博尔斯克（Tobolsk）、伊尔库茨克库图拉克（Kutullaki）河岸和丘金岛、克拉斯诺亚尔斯克边疆区沙拉波林、叶尼塞河上游地区均有发现（图八，13~18）。米努辛斯克盆地博物馆收

图八 乙类D型突钮形装饰的型式划分

1~4. Da型Ⅰ式 5、6. Da型Ⅱ式 7~10. Da型Ⅲ式 11、12. Db型Ⅰ式 13~19. Db型Ⅱ式
（1. 蒙古国家博物馆藏；2. 布祖鲁克；3. 外贝加尔阿钦斯克草原；4. 北高加索别什塔乌；5、6. 萨夫罗马泰文化；7. 吐鲁昌斯克；8. 沙拉波林；9. 布拉基诺；10. 俄罗斯莫斯科历史博物馆；11. 扎马拉耶夫斯克村；12. 塞人遗存；13. 俄罗斯托博尔斯克；14. 图拉克河岸；15. 丘金岛；16. 沙拉波林；17. 叶尼塞河上游地区；18. 卡拉尕伊村；19. 米努辛斯克盆地博物馆藏）

藏1件[73]（图八，19）。

E型 半球状突钮。

该类器物发现较少，形制单一，均为三突钮，因此未做型式划分。黑海-里海北岸的库尔-奥巴（Kul-Oba）[74]、尼兹奇[75]、阿佐夫[76]、圣彼得堡[77]等地各发现1件（图九，1~4）。

丙类：管銎斧。

该类突钮形装饰发现比较少，主要出土于晋陕高原和中原地区，均为乳状突钮，

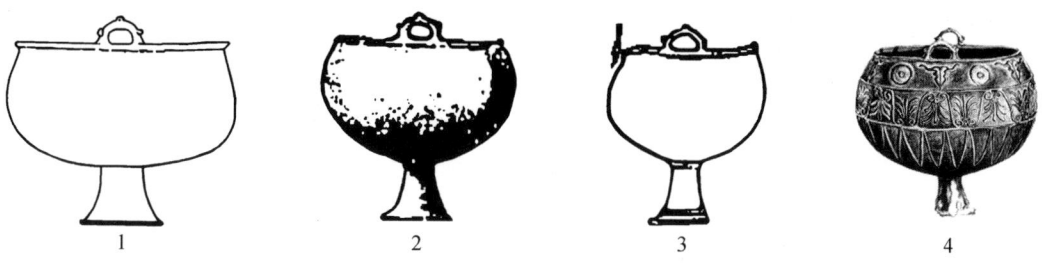

图九 乙类E型突钮形装饰的型式划分
1.库尔-奥巴（Kul-Oba） 2.尼兹奇 3.阿佐夫 4.俄罗斯圣彼得堡

装饰于管銎斧銎后位置。根据突钮的数量可分为二式。

Ⅰ式：突钮为2个，比较大，顶端较尖锐。两个乳状突钮中间夹杂一个类似青铜戈后部内的突起。山西石楼曹家垣[78]、吉县上东村[79]，陕西延川稍道河乡去头村[80]，河南安阳[81]各发现1件（图一〇，1~4）。日本东京国立博物馆[82]、加拿大安大略皇家博物馆[83]各收藏1件（图一〇，5~6）。

Ⅱ式：突钮为3个，比较小，顶端较圆润。陕西岐山王家嘴[84]发现1件（图一〇，7），日本[85]收藏1件（图一〇，8）。

丁类：马衔。

该类突钮形装饰发现较多，大多数分布在黑海-里海北岸的斯基泰文化区，我国新

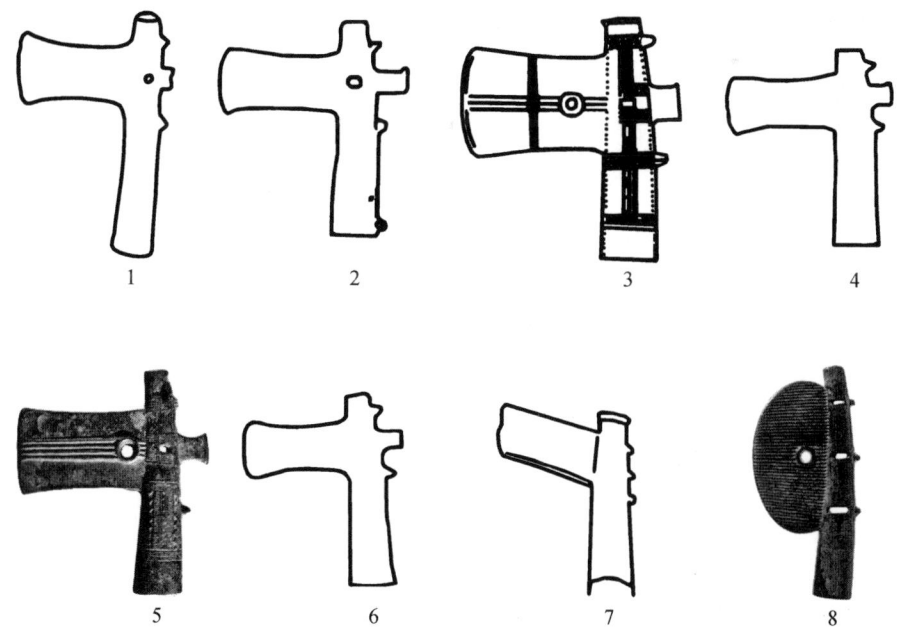

图一〇 丙类突钮形装饰的型式划分
1~6.Ⅰ式 7、8.Ⅱ式

（1.山西石楼曹家垣；2.山西吉县上东村；3.陕西延川稍道河乡去头村；4.河南安阳；5.日本东京国立博物馆；6.加拿大安大略皇家博物馆；7.陕西岐山王家嘴；8.日本收藏）

疆也有发现。根据其形状可分为三型。

A型　不规则形突钮。

马衔上的不规则形突钮均为1个，分布在马衔环首的顶端，其大小与形状无规律可言。黑海-里海北岸的斯基泰文化[86]多有发现此类型马衔（图一一，1）。

B型　乳状突钮。

马衔上的乳状突起也均为1个，分布在马衔环首的顶端，其大小与形状无规律可言。除黑海-里海北岸外（图一一，2、3），在新疆察吾乎沟口一号墓地也有发现[87]（图一一，4）。

C型　半球状突钮。

该类型突钮发现较少，形制较为突出，可根据其数量和位置分为二式。

Ⅰ式：突钮为1个，位于马衔环首的侧端。日本东京博物馆[88]收藏1件（图一一，5）。

Ⅱ式：突钮为3个，较为均匀地分布在马衔环首的顶端和侧端。黑海-里海北岸的马杰科普（Majkop）[89]发现1件（图一一，6）。

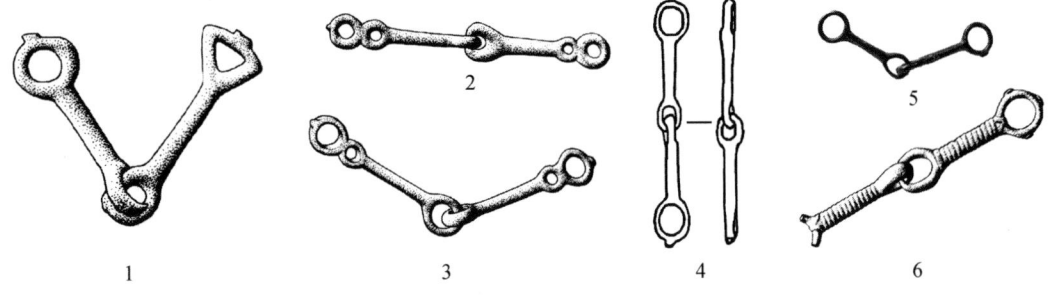

图一一　丁类突钮形装饰的型式划分
1. A型　2～4. B型　5. C型Ⅰ式　6. C型Ⅱ式

[1. 基斯洛沃茨克（Kislovodsk）；2. 卡尼沃-乌兹德（Kanever Uezd）；3. 布拉戈达罗夫卡（Blagodarovka）；4. 新疆察吾乎沟口一号墓地；5. 日本东京博物馆；6. 马杰科普]

二、突钮形装饰的分期与演变

通过上述类型学的分析，并结合相关各考古学文化的背景，我们将突钮形装饰的演变大体划分为四个发展时期（表一）。

第一期为公元前13～前10世纪，约相当于商周之际。这一时期的突钮形装饰主要分布在我国新疆以东、以北的欧亚草原东部区。主要器类包括刀和管銎斧，其中刀广泛分布于整个欧亚草原东部区，甚至在森林草原地带的库兹涅茨克盆地也有分布。有些刀的年代则已进入西周初期。刀的突钮形制有甲A、B、C、D和E型，突钮数量有单个和三个之分。从其分布看，大体以晋陕高原为界，其西主要流行单突钮，其东主要流行三突钮。管銎斧则仅出现在晋陕高原地区，突钮形制为乳状，突钮数量为2～3个。

表一 突钮形装饰的演变与分期

地域 分期	黑海-里海北岸 乙类	黑海-里海北岸 丁类	中亚地区 乙类	新疆地区 甲类	新疆地区 乙类	新疆地区 丁类	库兹涅茨克盆地 甲类	米努辛斯克盆地 甲类	米努辛斯克盆地 乙类	晋陕高原地区 甲类	晋陕高原地区 乙类	晋陕高原地区 丙类	燕山南北地区 甲类	燕山南北地区 乙类	外贝加尔地区 甲类	外贝加尔地区 乙类
公元前13～前10世纪				BⅠ BⅡ						CaⅠ Eb CbⅠ Ⅰ					CbⅠ Eb CbⅡ Ⅰ	
公元前10～前8世纪		A B C Ⅱ	B Ⅱ	Ca BⅡ Ⅱ		B		Eb Ⅱ			BⅠ	A Ⅱ				
公元前8～前5世纪	Da Ⅰ		DaⅠ DaⅡ DbⅠ		A B CaⅠ Ⅰ Ⅱ CaⅡ		A Ⅰ	DaⅠ DbⅠ			A BⅡ CaⅠ Ⅱ BⅢ CaⅡ	Ⅰ Ⅱ	B Ⅲ	Ea		DaⅠ
公元前5～前3世纪	Cb E				CaⅢ			DaⅢ DbⅡ					CbⅡ CbⅢ	A Ⅱ		

注：晋陕高原地区的甲Cb型、甲Eb型，燕山南北地区的甲A型Ⅱ式、乙A型Ⅱ式以及外贝加尔地区的甲Eb型均仅收集到1件。另日本东京博物馆收藏的丁C型Ⅰ式仅此1件且已失去出土信息，因此未在此表中表示

第二期为公元前10～前8世纪，约相当于西周时期。这一时期突钮形装饰开始出现在中亚地区和欧亚草原西部的黑海-里海北岸。主要器类包括镞和马衔，其中镞仅发现于晋陕高原和中亚地区，且均为更加规整美观的乙B型。马衔则仅发现于黑海-里海北岸，形制以丁A型为主，还有少量的丁B和丁C型，突钮数量分单个和三个。值得注意的是，这一时期装饰于刀的单突钮出现在了晋陕高原以东地区，三突钮也出现在晋陕高原以西地区。

　　第三期为公元前8世纪～前5世纪，约相当于春秋时期。这一时期突钮形装饰形制多样、种类丰富。主要器类包括环首刀、镞和马衔，其中环首刀的数量大幅减少，仅在燕山南北地区发现有少量的甲B型。镞在欧亚草原的东西部地区均有较多发现，主要有乙A、B、C和D等型，呈现出突钮形装饰越来越流行的趋势。三突钮形装饰开始大量出现在镞的耳部。马衔在黑海-里海北岸地区有较多的发现，新疆地区新出现了丁B型。从突钮的数量看，大体以新疆地区为界，其以西、以北呈现单突钮和三突钮并存的局面，以东则基本只剩下单突钮。

　　第四期为公元前5～前3世纪，约相当于战国时期。这一时期的突钮形装饰主要分布在黑海-里海北岸地区、新疆地区和米努辛斯克盆地，且仅见于镞耳，主要有乙C、D和E型。新疆地区仅流行单突钮，而另两个区则仍然是单突钮和三突钮并行的局面。

　　事实上，进入秦汉时期的突钮形装饰，特别是三突钮形装饰仍在匈奴和鲜卑文化[90]中广为流行。这应当是由青铜时代晚期至早期铁器时代的突钮形装饰继承发展而来。限于超出本文的时间范围，此不赘言。

三、突钮形装饰的分布与传播

　　根据突钮形装饰的出土地点，我们自西向东大体将其划分为八个区域：黑海-里海北岸地区、中亚地区、新疆地区、库兹涅茨克盆地、米努辛斯克盆地、晋陕高原地区、燕山南北地区、外贝加尔地区。通过上述类型学分析和分期研究，可以发现突钮形装饰最早出现于公元前13世纪左右，大体相当于商代晚期。此时在整个欧亚草原东部的不同地区大体同时在环首刀和管銎斧上出现突钮形装饰。由此可见，突钮形装饰应当是多地区起源，而非单一地区起源，且不同的器物有着不同的发展轨迹。

　　环首刀，最早出现于公元前13～前8世纪的欧亚草原东部。从突钮数量上看，以晋陕高原为界，以东的燕山南北地区和外贝加尔地区主要流行三突钮，以西的新疆地区主要流行单突钮。而晋陕高原的环首刀既有单突钮也有三突钮，说明该地区在文化交流的过程中起到了重要的作用。公元前10～前8世纪，单突钮开始出现在晋陕高原以东地区，而三突钮仅出现在晋陕高原以西地区。这应与这一时期欧亚草原各地区人群之间的频繁互动有一定的联系。公元前8～前5世纪，突钮形装饰在环首刀上逐渐衰落，且出土数量锐减。值得一提的是，这一时期蒙古高原发现的一些三突钮环首剑有可能是受到环首刀的影响。

镞，最早出现于公元前10~前8世纪的晋陕高原地区，并迅速向西影响至新疆地区及中亚地区。公元前8~前3世纪这种装饰风格已经影响到黑海-里海北岸地区，进而此时实现了突钮形装饰镞在整个欧亚草原的繁荣。晋陕高原地区是突钮形装饰镞的起源地，而这一地区在公元前1千纪以前无论在器类上，还是在突钮数量上均属于最为丰富的地区。我们认为晋陕高原的突钮形装饰传统比较浓重，环首刀和管銎斧上的装饰风格影响了镞的装饰。

管銎斧，仅在公元前13~前10世纪的晋陕高原有所发现，在中原的殷墟文化中也有不少出土，此后再无发现。可见管銎斧的突钮形装饰应是晋陕高原独特的风格。

马衔，最早在公元前10~前8世纪的黑海-里海北岸地区有所发现。这一地区位于欧亚草原西部，且突钮形制较为简单，并不像其他器类的装饰规整。故该地区的马衔的突钮形装饰极有可能为独立起源。公元前8~前5世纪马衔上的突钮形装饰逐渐规整、美观，出现了三突钮，并且向东影响到了新疆地区，从而使得新疆地区的突钮形装饰形制和器类更加丰富。

四、突钮形装饰所代表的人群与象征意义

突钮形装饰器类丰富、形制多样、分布广阔，且为多地区独立起源。不同考古学文化所代表的人群在突钮形装饰的使用上既有普遍共性，也存在较大差异。突钮形装饰的传布在一定程度上也反映了欧亚草原在青铜时代晚期至早期铁器时代的社会演进过程中不同人群之间的文化互动和交流互鉴。现简要结合各考古学文化背景，对其人群和象征意义做初步探讨。

公元前13~前10世纪，在燕山南北地区出现的三突钮环首刀属于中国北方文化带东区的土著文化遗存，其与更北的草原地区有着密切联系。单突钮环首刀最初发现于这一时期的新疆地区，根据具有明确出土单位的墓葬判断，其代表性人群为南湾类型、焉不拉克文化（第一期）和苏贝希文化（第一期）人群。晋陕高原发现的突钮形装饰环首刀数量不多，突钮环首刀属于石楼类型所代表的人群，且与殷墟发现的三突钮环首刀十分相似。断泾遗址商代二期遗存中出土有甲类Ca型I式环首刀，简报认为该期遗存有可能是受到戎狄文化影响的先周文化，据此我们认为此件器物也应是受到了戎狄文化的影响。公元前14~前11世纪，米努辛斯克盆地活跃着以卡拉苏克文化为代表的人群，开始广泛使用三突钮环首刀。帕列科夫（Поляков）提出这种突钮环首刀由中国经蒙古传入米努辛斯克盆地[91]。根据我国境内三突钮环首刀的时空分布特点，我们认为卡拉苏克文化人群有可能是与燕山南北地区的人群发生了远程文化交流。进入春秋时期装饰于环首刀的突钮在燕山南北地区逐渐减少，至战国时期该地区的人群基本不再使用突钮形装饰。其他地区的突钮环首刀消失之后，人们又将突钮形装饰运用于其他器类，始终保

持着对突钮形装饰的认可与喜爱。

公元前10~前8世纪，突钮形装饰鍑最早发现于晋陕高原地区，极有可能为李家崖文化人群初创，而后向东、西、北三个方向产生了影响。向东在延庆西拨子发现了1件突钮形装饰鍑。该器物共出的器物被认为属于夏家店上层文化，说明该文化的人群对突钮形装饰仍然较认可。此后燕山南北地区的突钮形装饰基本不见。向西在新疆地区发现了大量单突钮鍑，多为采集品，能确定出土单位的属于南湾类型，可见南湾类型的人群对突钮形装饰具有极大的认同。这一时期中亚地区的人群也开始使用突钮形装饰。公元前8~前5世纪，突钮形装饰鍑最远已传至黑海-里海北岸，斯基泰人也开始使用这类突钮形装饰器物。向北则影响到了塔加尔文化人群，公元前8世纪后米努辛斯克盆地开始广泛使用突钮形装饰的鍑。

管銎斧在晋陕高原属于保德类型的典型器物，因此在该地区最初使用这种器物的人群应为保德类型所代表的人群。保德类型以大量青铜武器和马具为特色，反映了该群人武装性和移动性较强的特点。同时，结合在殷墟出土的部分突钮形装饰的管銎斧，二者极有可能通过战争等方式发生了文化交流。

突钮形装饰马衔最早出现于黑海-里海北岸，年代为公元前10~前5世纪，活跃在这里的人群主要为斯基泰人。公元前8~前5世纪，察吾乎墓地出土几件带有突钮形装饰的马衔，说明察吾乎文化有可能受到了斯基泰文化的深刻影响。

在公元前13~前3世纪这一漫长的历史进程中，由于相似的草原环境，使得整个欧亚草原自东向西相继开始使用突钮形装饰，而各自分别使用了突钮形装饰的人群又进行了广泛而深入的交流互动，从而推动突钮形装饰在整个欧亚草原实现持续的发展和繁荣。

本文搜集的器物有很多是采集品，已经丧失了原始出土位置，还有一些为窖藏出土，而墓葬出土的器物相对比较少，故很难对其所代表的等级意义进行准确判断。考虑到突钮形装饰器物本身就是当时稀有的器物，结合在少数中小型墓葬中与车马器等丰富随葬品共存的情况，我们认为突钮形装饰可能为欧亚草原地区有一定身份地位的贵族所钟爱。新疆洋海一号墓地M21中出土有突钮形装饰的器物，而该墓主被认为是萨满巫师。这也从另一个方面佐证了我们的判断，但是由于突钮形装饰的器物本身有不同的实用功能和文化特性，故我们认为这些突钮形装饰及器物有着不同的起源和功能意义。

从技术角度来看，在青铜器的铸造过程中难免留下浇筑痕迹，因此单突钮形装饰也有可能是由浇筑痕迹修整而来。这种可能性在甲类环首刀A型和丁类马衔上体现得较为明显，但也不排除乙类鍑上的单突钮形装饰最初也是这样形成的。

从审美角度而言，随着技术的进步与审美的变化，最初的浇铸痕迹演变为专门的装饰。自此，突钮的形状、外观和数量均发生了明显的变化，更凸显了其装饰性的风格特点。尤其是蘑菇状突钮，这类突钮形状规整且美观，是在技术与审美比较成熟的情况下产生的。而甲类环首刀上的蘑菇状突钮仍然比较原始，较晚出现于乙类鍑耳上的则已经相当成熟，而且随着时代的发展，这一类突钮发展出了更加繁杂的形制，成为匈奴式鍑的典型特征。

从装饰本身的演变考虑，丙类管銎斧的突钮与其他类型的突钮形装饰有所不同。通过对丙类管銎斧突钮的类型学分析发现，较早的管銎斧大部分都还保留着类似于中原兵器戈后内的部分的突起，而后期这种内则已经消失，因此出现于丙类管銎斧上的突钮形装饰应当是由内逐渐退化而形成的突钮形装饰。

从功能性角度考虑，丙类管銎斧的突钮或许存在实用性功能。管銎斧为战斗武器，在战斗中其前端发挥主要杀伤作用，但装饰丙类管銎斧后端的突钮也可能具有一定的杀伤作用。

根据发现时的状态，我国新疆肖尔布拉克收集的乙类鍑耳单突钮上原有兽形装饰，现已遗失，即乙类Ca型突钮极有可能是其他装饰的残留痕迹。

五、结　　论

欧亚草原青铜时代晚期至早期铁器时代突钮形装饰的青铜器主要为甲类环首刀、乙类鍑、丙类管銎斧和丁类马衔。甲类环首刀，数量较多、形制多样、年代最早，主要分布在欧亚草原东部，是突钮形装饰最早的器形之一。伊尔门文化墓葬中出土甲类环首刀的突钮形装饰有较为明显的浇铸痕迹，据此可以推测突钮形装饰最初有可能是由浇筑痕迹修整而来。随着审美和技术水平的发展，刀首出现的乳状、柱状、蘑菇状和半球状突钮已经是比较成熟的装饰。同时由于各地技术发展的不平衡，在一些地区较晚时候仍然存在有明显浇筑痕迹的突钮形装饰器物。乙类鍑，类型较多、突钮规整、分布范围最广，出现的年代相对较晚。我们认为乙类鍑耳上的突钮形装饰起初具有实用性功能，后来仅作为装饰美观而使用。丙类管銎斧，数量较少、形制简单，仅分布于我国晋陕高原地区。这种管銎斧上的突钮形装饰可能是由中原戈的内逐渐退化而形成的，或存在实用性功能的可能。丁类马衔，发现较少、形制独特、年代较晚，只分布于黑海-里海北岸和新疆地区，而位于两地中间的中亚地区却没有发现，这可能与考古发现的偶然性有关。

综上所述，突钮形装饰应为多地区独立起源。其中，甲类环首刀起源于欧亚草原东部，乙类鍑和丙类管銎斧起源于晋陕高原地区，丁类马衔起源于欧亚草原西部。在突钮形装饰的起源与发展过程中，新疆地区仅流行单突钮，是单突钮环首刀的起源地，又因其在东西部文化交流的重要地位而呈现出形制多样、器类丰富的特点。晋陕高原是突钮形装饰最为丰富的地区，公元前13～前10世纪不仅流行突钮形装饰管銎斧，也是单突钮和三突钮两大体系最初发生碰撞的地区。公元前10～前8世纪又在此诞生了新器类鍑，这一器类最终推动了整个欧亚草原突钮形装饰的大流行。燕山南北地区和外贝加尔地区在公元前1千纪之前仅流行三突钮环首刀，且在公元前8世纪左右对突钮形装饰的认同便开始淡化。青铜时代晚期至早期铁器时代是欧亚草原人群迁徙与文化交流频繁发生的重要时期，突钮形装饰的传播与演变正体现了这一进程。从中可以看出中原殷墟文化与晋陕高原石楼类型、保德类型发生的区域性交流，燕山南北地区与米努辛斯克盆地之间及欧亚草原东西部经新疆地区进行的远程交流。

总之，突钮形装饰在青铜时代晚期至早期铁器时代的欧亚草原十分流行，它的分布从一定程度上反映了草原人群的文化交流，它的演变与发展也体现了这一时期人群的技术工艺的趋同性、审美心理的认同和延续性。正如林沄先生提出的"漩涡理论"[92]，整个欧亚草原把不同起源的突钮形装饰"逐渐融合成一种一致而稳定的综合体，又把这种综合体中的成分，像飞沫一样或先或后地溅湿着四周地区"。正是在这一演进过程中，突钮形装饰不断演变、发展，最终成为广泛流行于欧亚草原地区的装饰风格。同时，由于考古材料本身的局限性，本文的研究还有待于更多考古材料的发表加以完善。

注　释

[1] 杨建华，包曙光.俄罗斯图瓦和阿尔泰地区的早期游牧文化[J].西域研究，2014（2）.

[2] Ковалевский С А. Ирменские бронзовые ножи из погребальных комплексов Кузнецкой котловины [C]. *Грушиии С П. Алтай в системе металлургических провинций бронзового века*. Барнаул: Ижд-во Алт. ун-та, 2006: 54-64.

[3] 王丹.吉林大学藏北方青铜器[J].北方文物，1992（3）.

[4] 转自张闯.新疆天山史前青铜刀的类型学研究[D].新疆师范大学硕士学位论文，2011.

[5] 《哈密文物志》编纂组.哈密文物志[M].乌鲁木齐：新疆人民出版社，1993：358-359，374.

[6] 新疆维吾尔自治区文化厅文物处，新疆大学历史系文博干部专修班.新疆哈密焉不拉克墓地[J].考古学报，1989（3）.

[7] 转自郑绍宗.长城地带发现的北方式青铜刀子及其有关问题[J].文物春秋，1994（4）.

[8] 中国社会科学院考古研究所泾渭工作队.陕西彬县断泾遗址发掘报告[J].考古学报，1999（1）.

[9] 转自郭物.试析铜器耳突起装饰的象征意义[J].考古与文物，2010（2）.

[10] 转自付宁.史前至12世纪中国北方地区的东西文化交流——以考古发现为主进行的探讨[D].内蒙古大学博士学位论文，2007.

[11] 转自乌恩岳斯图.关于早期游牧人文化研究中的几个问题[J].内蒙古文物考古，2003（2）.

[12] 转自李明华.商周时期中国北方与南西伯利亚地区青铜刀的比较[J].赤峰学院学报（汉文哲学社会科学版），2010（5）.

[13] 山西省文物管理委员会保管组.山西石楼县二郎坡出土商周铜器[J].文物参考资料，1958（1）.

[14] 成璟瑭，孙建军，孟玲.辽宁绥中东王岗台发现商周窖藏铜器[J].文物，2016（3）.

[15] 刘一曼.殷墟青铜刀[J].考古，1993（2）.

[16] 转自杨建华.商周时期中国北方冶金区的形成——商周时期北方青铜器的比较研究[C].边疆考古研究（第6辑）.北京：科学出版社，2007：165-197.

[17] 抚顺市博物馆.辽宁抚顺市发现殷代青铜环首刀[J].考古，1981（2）.

[18] 同[14].

[19] Max Loehr. Ordos daggers and knives new material, classification and chronology. Second part: Knives[J]. *Artibus Asiae*, 1951 (14).

[20] 王云刚,王国荣,李飞龙.绥中冯家发现商代窖藏铜器[J].辽海文物学刊,1996（1）.

[21] 郑绍宗.河北青龙县抄道沟发现一批青铜器[J].考古,1962（12）.

[22] 锦州市博物馆.辽宁兴城县杨河发现青铜器[J].考古,1978（6）.

[23] 同[3].

[24] 罗丰,韩孔乐.宁夏固原近年发现的北方系青铜器[J].考古,1990（5）.

[25] 吐鲁番市文物局,新疆文物考古研究所,吐鲁番学研究院,等.新疆洋海墓地[M].北京：文物出版社,2019：37-38,39-43,94-95.

[26] 北京市文物研究所.军都山墓地——玉皇庙[M].北京：文物出版社,2007：1006-1051.

[27] 滦平县博物馆.河北省滦平县梨树沟门山戎墓地清理简报[J].考古与文物,1995（5）.

[28] 郭勇.石楼后兰家沟发现商代青铜器简报[J].文物,1962（Z1）.

[29] 同[10].

[30] 同[12].

[31] 转自杨建华,邵会秋,潘玲.欧亚草原东部的金属之路[M].上海：上海古籍出版社,2016：210.

[32] 转自潘玲.论鹿石的年代及相关问题[J].考古学报,2008（3）.

[33] ［日］梅原末治.古代北方系文物的研究[M].京都：星野书店,1938：74.

[34] ［日］江上波夫,水野清一.内蒙古·长城地带[M].东亚考古学会：东方考古学丛刊（乙种第一册）.东京：新时代社,1935：190.

[35] 转自王博.亚欧草原所见青铜鍑及其研究[J].新疆师范大学学报（哲学社会科学版）,1995（4）.

[36] 齐心.北京市延庆县西拨子村窖藏铜器[J].考古,1979（3）.

[37] 卢桂兰.榆林地区收藏的部分匈奴文物[J].文博,1988（6）.

[38] 转引自郭物.青铜鍑在欧亚大陆的初传[C].欧亚学刊（第一辑）.北京：中华书局,1999：122-150.

[39] 庞文龙,崔玫英.岐山王家村出土青铜器[J].文博,1989（1）.

[40] 陕西省雍城考古队.一九八二年凤翔雍城秦汉遗址调查简报[J].考古与文物,1984（2）.

[41] 山西省文物考古研究所.1976年闻喜上郭村周代墓葬清理记[C].三晋考古（第1辑）.太原：山西人民出版社,1994：123-138,320.

[42] ［日］东京国立博物馆,马的博物馆.大草原的骑马民族：中国北方的青铜器[M].东京：东京国立博物馆,1997：36.

[43] 同[10].

[44] 新疆文物志编纂室.《新疆文物志》条目选登[J].新疆文物,1988（1）.

[45] 王博.新疆近十年发现的一些铜器[J].新疆文物,1987(1).

[46] 张玉忠,赵德荣.伊犁河谷新发现的大型铜器及有关问题[J].新疆文物,1991(2).

[47] Genito B. *The Archaeology of the Steppes, Methods and Strategies* [M]. Istituto Universitario Orientale, 1994.

[48] [日]高滨秀.中国北方地区青铜器中的早期游牧因素[C].边疆考古研究(第1辑).北京:科学出版社,2002:255-262.

[49] a.山西忻州地区文物管理处.原平县刘庄塔岗梁东周墓[J].文物,1986(11).
b.忻州地区文物管理处,原平市博物馆.山西原平刘庄塔岗梁东周墓第二次清理简报[J].文物季刊,1998(1).

[50] 伊克昭盟文物工作站.内蒙古准格尔旗宝亥社发现青铜器[J].文物,1987(12).

[51] 山西省文物考古研究所.山西浑源县李峪村东周墓[J].考古,1983(8).

[52] 同[37].

[53] 王长启.西安市文管会藏鄂尔多斯青铜器及其特征[J].考古与文物.1991(4).

[54] 高次若,王桂枝.宝鸡县甘峪发现一座春秋早期墓葬[J].文博,1988(4).

[55] 同[35].

[56] 同[45].

[57] 转自梅建军,王博,李肖.新疆出土铜鍑的初步科学分析[J].考古,2005(4).

[58] 同[35].

[59] 姬乃军.延安地区文管会收藏的匈奴文物[J].文博,1989(4).

[60] 张玉忠.新疆伊犁地区发现的大型铜器[J].文博,1985(6).

[61] 转自刘国瑞,祁小山.哈密古代文明[M].乌鲁木齐:新疆美术摄影出版社,1997:32.

[62] 同[33].

[63] 同[47].

[64] 同[47].

[65] Sulimirski T. *The Sarmatians* [M]. Southampton: Camelot Press, 1970: 47.

[66] 同[48].

[67] 同[48].

[68] Davis-Kimball J, Bashilov V B and Yablonsky L T. *Nomads of the Eurasian Steppes in the Early Iron Age* [M]. Berkeley: Zinat Press, 1995: 111, 108.

[69] 同[48].

[70] 同[38].

[71] 同[47].

[72] 同[47].

[73] 同[47].

[74] 同[33]:90-91.

[75] 同[38].

[76] 同[38].

[77] Jacobson E. *The Art of the Scythians. The Interpenetration of Cultures at the Edge of the Hellenic World* [M]. New York: E. J. Brill, 1995: 191.

[78] 杨绍舜.山西石楼褚家峪、曹家垣发现商代铜器[J].文物,1981(8).

[79] 阎金铸.山西吉县出土商代青铜器[J].考古,1985(9).

[80] 阎晨飞.陕西延川县文化馆收藏的几件商代青铜器[J].考古与文物,1988(4).

[81] 朱永刚.中国北方的管銎斧[J].中原文物,2003(2).

[82] 同[42].

[83] 同[81].

[84] 陕西省考古研究所.陕西出土商周青铜器[M].北京:文物出版社,1979:29.

[85] 同[42].

[86] Ute Luise Dietz. *Spätbronzeze-und früheisenzeitliche trensen im nordschwarzmeergebiet und im nordkaukasus* [M]. Franz Steiner Verlag Stuttgart, 1998: 214-236.

[87] 中国社会科学院考古所新疆队,新疆巴音郭楞蒙古自治州文管所.新疆和静县察吾乎沟口一号墓地[J].考古学报,1988(1).

[88] 同[42].

[89] 同[86].

[90] 郭物.第二群青铜(铁)鍑研究[J].考古学报,2007(1).

[91] Поляков А В. *Хронология и культурогенез памятников эпохи палеометалла Минусинских котловин* [M]. Санкт-Петербург: ИИМКРАН, 2022: 306-312.

[92] 林沄.商文化青铜器与北方地区青铜器同期关系之再研究[C].林沄学术文集.北京:中国大百科全书出版社,1998:262-288.

Study on Mushroom Decoration in Eurasian Steppe from the Late Bronze Age to the Early Iron Age

BAO Shu-guang ZHAO Ting-ting

The mushroom decorative factor mainly appears on the bronzing object such as knives, cauldrons, shaft-hole axes and horse bits, which was widely prevalent in the Eurasian steppe from the late Bronze Age to the early Iron Age. Through the combing and typological analysis of mushroom decorative, this paper concludes that mushroom decorative is rich in artifacts and diverse in form, and that it originated independently in many regions and spread widely in the Eurasian steppe region with the migration of people. This evolution and development reflects the decorative techniques and aesthetic psychology of the people from the late Bronze Age to the early Iron Age in the Eurasian steppe, as well as the process of cultural exchange and mutual appreciation between the regions.

中国北方地区杆头饰研究*

吴雅彤　张礼艳

（东北师范大学历史文化学院，长春，130024）

我国北方地区常常出土一种上端形态各异，下部带銎或腹中空的铜器，部分銎内残留有木柄痕迹，銎上带对穿的钉孔，应为固定木柄所用。英文文献中将此类青铜器称之为"poletop"或"finial"，国内学者多称这类青铜器为"竿头饰"或"杆头饰"。根据释义，竿一般指竹子的主干，《说文》："竿，竹梃也。"[1]而杆，多指细长的木头或类似的东西，《正字通》："杆，古作干，俗加木。"[2]本文认为"杆头饰"的写法更符合该器物插入木柄的特点，故采用"杆头饰"这一名称。

杆头饰虽在很早之前就受到国内外学者广泛关注，但在研究中对此器物的称谓仍缺乏统一，型式演变和来源等问题鲜有涉及，功能和用途的认识也存有不同意见。近年来，赵德云先生分析了西南夷地区出土竿头饰的类型、年代、起源传播和功能等问题[3]；李水城先生梳理了国内外出土杆头饰的资料，提出杆头饰最早出现在前斯基泰时期（公元前9~前7世纪）黑海北部的东南欧和北高加索一带，出现初已具备象征身份地位的功能，偶尔扮演权杖角色[4]。中国北方地区是欧亚草原南部与中原地区接壤的前沿地带，在欧亚草原文化的影响下，北方地区的杆头饰种类繁多，时代变化明显，地域特征鲜明，功能复杂多样。本文将以历年来中国北方地区发现的先秦时期杆头饰类型学分析结果为基础，总结北方地区杆头饰的类型演变及地域特征，并根据杆头饰的出土位置和共存关系对其功能进行探讨，以期梳理出杆头饰在中国北方地区的发展脉络与功能变迁。本文所涉及的年代范围大致为青铜时代至早期铁器时代，绝对年代在公元前2000~前200年前后。空间范围主要指狭义的中国北方地区，即中国北方长城地带，东起西辽河流域，经燕山、阴山、贺兰山，到达湟水流域和河西走廊，基本包括了现今的宁夏、甘肃、青海东北部、陕西北部、山西北部、内蒙古中南部，以及河北等地[5]。

---

* 本文系2024年度教育部哲学社会科学研究重大专项项目"三代文明的考古学实证"（批准号：2024JZDZ056）的阶段性研究成果。

一、形制与年代

本文收集到的北方地区杆头饰总计173件，其中明确为出土物的有113件。依据杆头饰上端形制差异，可将杆头饰分为六类（图一）。

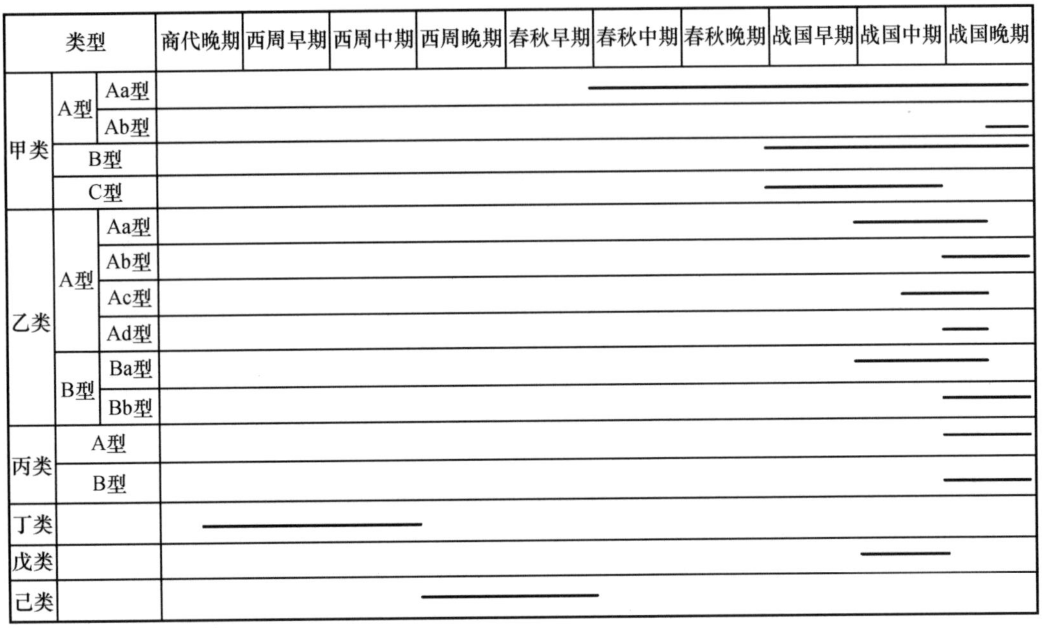

类型			商代晚期	西周早期	西周中期	西周晚期	春秋早期	春秋中期	春秋晚期	战国早期	战国中期	战国晚期
甲类	A型	Aa型							—	—	—	—
		Ab型										—
	B型									—	—	—	—
	C型									—	—	—	
乙类	A型	Aa型									—	—
		Ab型									—	—
		Ac型										—
		Ad型									—	—
	B型	Ba型									—	—
		Bb型									—	—
丙类	A型											—
	B型											—
丁类				—	—	—						
戊类											—	
己类												

图一　中国北方地区各类型杆头饰流行年代示意图

1. 甲类

泡状　上端为圆泡状，銎上多带钉孔，通高1.9~13厘米。根据下端銎口形状，可分三型。

A型　圆銎，37件，銎径范围1.3~3.1厘米。根据銎部有无凸起，可分为二亚型。

Aa型　銎部无凸起，33件。据首、銎部变化，分四式。

Ⅰ式：杆头呈扁球形，銎身短，銎上有钉孔。河北怀来甘子堡M3：31，通高2.7厘米[6]（图二，1）。年代在春秋中期左右。

Ⅱ式：杆头呈扁球形，銎部较长，銎上多带钉孔。宁夏固原于家庄墓地SM5：40，通高3.6、銎径1.3厘米[7]（图二，2）。年代在春秋晚期至战国中期。

Ⅲ式：杆头呈圆球形，銎部较长，銎上钉孔口径大。宁夏彭阳县草庙乡张街村墓葬ZHJ：14，通高6.8、銎径3厘米[8]（图二，3）。年代在战国中期偏晚至晚期偏早。

Ⅳ式：杆头呈圆球形，銎部长。甘肃庆阳宁县平子乡袁家村葬马坑，通高7、銎径2.5厘米[9]（图二，4）。年代在战国晚期至秦。

Ab型　銎部有球形凸起，4件。鄂尔多斯博物馆藏，头端呈规则的圆球形，銎部相对较长[10]（图二，5）。年代在战国晚期偏晚。

B型　方銎，36件，銎径范围0.9×1.1～3×2厘米。据首、銎部变化分三式。

Ⅰ式：杆头略呈扁球形，銎部较短，銎上多带钉孔。宁夏固原彭堡撒门村墓地，通高4.3、銎径2×1.9厘米[11]（图二，6）。年代上限在战国早期左右。

Ⅱ式：杆头呈圆球形，銎部较长，銎上带钉孔。甘肃庆阳正宁县后庄村墓葬，通高6、銎径3×2厘米[12]（图二，7）。年代在战国晚期偏早。

Ⅲ式：杆头呈圆球形，銎部长，銎上钉孔口径大。内蒙古伊金霍洛旗东南补连乡石灰沟墓葬，通高7.5、銎径1.55×2.3厘米[13]（图二，8）。年代在战国晚期至秦。

C型　半圆形銎，6件，銎径范围1.9～2.3厘米。杆头近橄榄形，正面隆起，正中一纵脊，下端为半圆形銎孔。宁夏灵武大泉林场M1∶3，通高11厘米[14]（图二，9）。年代在战国早期至中期。

2. 乙类

兽首状　以兽头作为杆首，通高1.5～7.5厘米。根据銎口形状差异，分二型。

A型　圆銎，21件，通高3.4～7.5、銎径范围1.4～3.6厘米。依兽首种类差异，可分为四亚型。

Aa型　鸟首（包括鹰、鹤、鹦鹉、鸭首），13件。上端为鸟首（包括鹰、鹤、鹦鹉、鸭首），头部浑圆，有钩喙，颈部延伸为銎，銎的两侧有对称的两孔。此类杆头饰鸟首的喙部刻画得尤其清晰，动物特征明显。依鸟首细部变化，分二式。

Ⅰ式：圆睛，尖短嘴，颈部延伸为圆銎。宁夏固原头营王家坪墓地，通高4.1厘米[15]（图二，10）。年代在战国中期偏晚至晚期偏早。

Ⅱ式：圆睛，尖长喙，头顶有一孔，颈部延伸为圆銎。内蒙古准格尔旗速机沟窖穴，喙长14.1、颈长3、銎径2.5厘米[16]（图二，11）。年代在战国晚期偏早。

Ab型　羊首，3件。羊头形，双角向内弯曲，短吻呈圆形，粗圆颈延伸为銎。宁夏固原杨郎乡马庄墓地ⅢM4∶1，通高6.7厘米[17]（图二，12）。年代在战国晚期左右。

Ac型　鹿首，4件。鹿头形，耳部扁宽，吻部较短。宁夏固原杨郎乡马庄墓地ⅢM4∶69，通高3.4厘米[18]（图二，13）。年代在战国中期偏晚至晚期偏早。

Ad型　狼首，1件。狼头形，圆眼，嘴微张，颈部延伸成扁圆形銎。内蒙古准格尔速机沟窖穴，銎长0.9厘米[19]（图二，14）。年代在战国晚期偏早。

B型　方銎，16件。通高2.8～4.5、銎径范围1.2～2.6×2.8厘米。依兽首形制不同，分为两亚型。

Ba型　鸟首，10件。依鸟首细部变化，分二式。

Ⅰ式：鹰头形，圆眼，短勾喙，几乎没有銎部。宁夏中卫狼窝子坑M5∶32，通高3.2厘米[20]（图二，15）。年代下限在战国中期。

Ⅱ式：鹰头形，圆睛，短勾喙，颈部延伸为方銎。宁夏固原于家庄墓地SM4：15，通高3.9厘米[21]（图二，16）。年代在战国中晚期左右。

Bb型　羊首，6件。依羊首细部变化，分二式。

Ⅰ式：羊头形，双角向外盘曲，吻部较尖，銎部短。宁夏中卫狼窝子坑M1：19，通高4.5厘米[22]（图二，17）。年代下限在战国晚期偏早。

Ⅱ式：羊头形，双角向内弯曲，吻部呈圆形，銎部较长。宁夏彭阳古城乡店洼村DW：02，通高3厘米[23]（图二，18）。年代在战国晚期至秦。

3. 丙类

立兽状　兽之全形立于杆柄端，通高6.5～19.5厘米。根据銎口形状差异，分二型。

A型　圆銎，14件，通高9.5～14.2、銎径范围1.8～4厘米。依立兽种类的差异，可分为四亚型。

Aa型　立式羊，6件。上部为立体圆雕羊的形象，神态各异。内蒙古准格尔玉隆太2265：1，通高14.2厘米[24]（图二，19）。年代为战国晚期偏早。

Ab型　立式刺猬，2件。刺猬置扁圆銎上，銎侧有方孔。陕西神木纳林高兔，通高9.5、銎径4厘米[25]（图二，20）。年代在战国晚期偏早。

Ac型　立式鸟，4件。鸟形，长颈，尖喙，椭圆形圆鼓腹，每侧至少有三条镂孔，空腹内有球状物，宽扁尾，足为銎状。青海大通黄家寨墓地M16：5，通高10.8厘米[26]（图二，21）。年代在战国晚期左右。

Ad型　立式驴，2件。上部为站立驴的形象。鄂尔多斯博物馆藏，大耳，垂头，下部为泡状管銎[27]（图二，22）。年代在战国晚期左右。

B型　方銎，26件，通高6.5～19.5、銎径范围1.6×2.9～3.3×2.2厘米。依立兽种类差异，可分为六亚型。

Ba型　立式羊，10件。上部均为立体羚羊，角部突出，部分羊角延伸至羚羊背部，四足伫立于銎顶之上，銎侧带钉孔。内蒙古准格尔玉隆太2245：1，通高17.4、銎内径2.4厘米[28]（图二，23）。年代在战国晚期至秦。

Bb型　立式鹿，6件，依立式鹿细部变化，分二式。

Ⅰ式：鹿尖耳，小圆眼，无角，背略弓。甘肃永登榆树沟墓，通高6.5厘米[29]（图二，24）。年代在战国中期偏晚至晚期偏早。

Ⅱ式：鹿大耳，圆眼，头上环状角与尾相连。内蒙古准格尔西沟畔M2：9，通高7.2厘米[30]（图二，25）。年代在战国晚期。

Bc型　立式马，5件。上部为立体圆雕站立马的形象，马的四足立于銎上，銎侧带钉孔。内蒙古准格尔旗玉隆太墓葬2253，通高6.6厘米[31]（图二，26）。年代在战国晚期偏早。

Bd型　立式驴，2件。上部是圆雕伫立驴，四足立于銎上。鄂尔多斯博物馆藏，

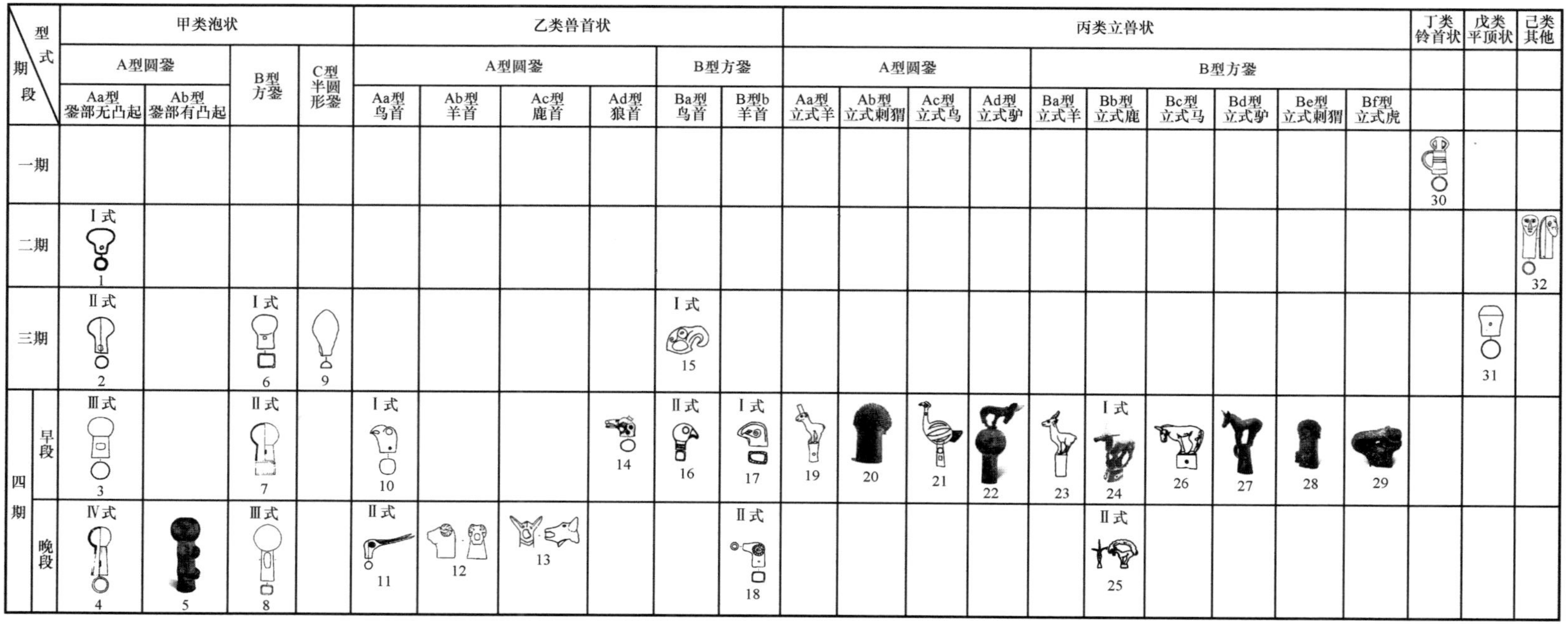

图二 中国北方地区杆头饰分期图

1. 河北怀来甘子堡M3：31 2. 宁夏固原于家庄墓地SM5：40 3. 宁夏彭阳草庙乡张街村ZHJ：14 4. 甘肃庆阳宁县平子乡袁家村 5. 鄂尔多斯博物馆藏 6. 宁夏固原彭堡撒门村 7. 甘肃庆阳正宁县后庄村 8. 内蒙古伊金霍洛旗东南朴连东南朴连洛郎乡林杨场墓M1：3 10. 宁夏古准格尔速机沟窑穴 12. 宁夏固原杨郎乡马庄墓地M4：1 13. 内蒙古伊金霍洛旗东南朴连洛郎乡林杨场墓地ⅢM4：69 14. 宁夏中卫西台乡狼黄子坑穴 15. 宁夏中卫西台乡狼黄子坑M5庄墓地SM4：15 17. 宁夏固原杨郎乡狼窝子坑M1：19 18. 宁夏彭阳古店洼村DW：02 19. 内蒙古准格尔旗玉隆太2265：1 20. 陕西神木纳林高兔 21. 青海大通黄家寨墓地M16：5 22. 鄂尔多斯博物馆藏 23. 内蒙古准格尔旗玉隆玉隆村沟墓 25. 内蒙古准格尔玉隆太2253：1 24. 甘肃永登榆树沟墓 25. 内蒙古准格尔西沟畔M2：9 26. 宁夏彭阳沟口乡白草洼村BCW：06 32. 宁城甸子乡小黑石沟27. 鄂尔多斯博物馆藏 28. 内蒙古伊克昭盟准格尔旗 29. 鄂尔多斯博物馆藏 30. 山西保德林遗岭村 31. 宁夏彭阳沟口乡白草洼村BCW：06 32. 宁城甸子乡小黑石沟M8501：74

立耳，低首，洞眼，嘴微张，背部刻画出鬃毛，銎上部带环耳，銎身有方形钉孔[32]（图二，27）。年代在战国晚期。

Be型　立式刺猬，1件。刺猬立于方銎上。内蒙古准格尔旗发现，銎一侧底部有一矩形出缺，銎上带钉孔[33]（图二，28）。年代在战国晚期。

Bf型　立式虎，2件。上部为虎形，卧于方銎上。鄂尔多斯博物馆藏，銎上带钉孔[34]（图二，29）。年代在战国晚期。

4. 丁类

铃首状，10件。圆銎上接镂空瓣状铃，铃首有单有双，内置弹丸，通高4.5～16.1、銎径范围1.2～3.5厘米。山西保德林遮峪村墓葬，上部有一铜铃，下部为圆管状銎，腰饰三道弦纹，有一长方形孔，附一半环形鼻，通长8、口径3.5厘米[35]（图二，30）。年代在晚商至西周中期晚段。

5. 戊类

平顶状，1件。銎上端呈圆台状，圆銎。宁夏彭阳沟口乡白草洼村BCW∶06，通高4.1、銎径2.3厘米[36]（图二，31）。年代不晚于战国中期。

6. 己类

特殊形制，6件。人首形杆头饰3件，内蒙古宁城小黑石沟M8501∶74，圆銎，上端铸一人头像，短额，突颧骨，高鼻梁，通高5.4、銎径1.7厘米[37]（图二，32）。祖形杆头饰1件，宁城小黑石沟M8501∶73，圆銎，通高6、銎径2.1厘米[38]。鸠首牛犬杆头饰2件，青海湟源大华中庄M87∶1，圆銎，上为鸠首，鸠首上承托一母牛与犬作决斗状，通高12厘米[39]。年代在西周晚期至春秋早期。

二、分期演变与分布态势

1. 分期演变

商代晚期至秦以前，中国北方地区的杆头饰形制不断丰富（图一）。通过考察各类杆头饰的形制演变及时空分布，将杆头饰的发展划分为四期，其中第四期可进一步划分为早晚两段（图二）。

第一期：滥觞期。年代为晚商至西周中期。杆头饰类型仅有丁类，地点有青海大通上孙家寨、山西保德林遮峪、内蒙古敖汉热水汤。这一期杆头饰的种类单一，数量少，在整个北方地区都只是零星发现，昙花一现。其中保德林遮峪是丁类杆头饰中年代最早的一例，此后在敖汉热水汤及青海大通上孙家寨均发现同类杆头饰，但无型式演变规律，推测丁类在三地可能为独立起源。丁类杆头饰在北窑M216、于家湾M115也有发现，其逐渐演变为西周时期中原地区常见的车器銮铃[40]。中原地区的球铃类装饰风格明显是受到北方文化的影响，丁类杆头饰及铃首刀便是最好的例证。

第二期：缓慢发展期。年代为西周晚期至春秋中期。杆头饰类型有甲、己类，丁类杆头饰消失，地点有青海湟源大华中庄、宁城小黑石沟、河北怀来甘子堡。己类杆头饰主要在此期出现，数量少；在此期的偏晚阶段，即春秋中期前后，甲类杆头饰开始出现在河北地区，故河北地区或是甲类杆头饰的起源地。

第三期：快速发展期。年代为春秋晚期至战国中期偏早。杆头饰的类型有甲类、乙类Ba型和戊类，己类杆头饰消失，地点有宁夏固原、中卫、灵武，甘肃漳县、庄浪，分布范围由上一期零星出现在中国北方部分地区发展为集中出现于甘肃、宁夏地区。此期杆头饰的类型和数量开始丰富，主要以甲类为主，乙类Ba型和戊类杆头饰开始出现。

第四期可进一步划分为两个阶段。

早段：繁荣期，年代为战国中期偏晚至晚期偏早。此期除了戊类杆头饰消失外，甲类杆头饰继续发展、乙类形式增多、丙类开始出现且题材丰富、丁类和己类也零星发现，这一阶段基本涵盖了杆头饰的所有类型。地点有宁夏固阳，甘肃庆阳、永登，青海西宁，内蒙古准格尔旗，陕西神木，河北张家口，分布区域由上期集中于甘肃、宁夏地区发展到此期基本涵盖中国北方地区各区域。

晚段：衰落期，年代为战国晚期偏晚至秦以前。杆头饰的类型有甲类、乙类和丙类Bb型，与早段相比，乙类新出现了鹿首形杆头饰，丙类型式减少，仅存立式鹿的形象。地点有宁夏固原，甘肃庆阳、天水，内蒙古伊金霍洛旗、准格尔旗，河北地区在此期未见杆头饰。

2. 分布态势

依杆头饰出土地点的地理特征与文化面貌，可以将中国北方地区杆头饰的分布划分为三大区域，分别是以陇山为中心的甘宁地区、以鄂尔多斯高原为中心的内蒙古地区及晋陕高原地区（以下简称内蒙古中南部地区）和包括燕山山脉山地地区及张北高原的冀北地区（图三）。

甘宁地区是三个区域中出土杆头饰数量最多的地区，以甲类和乙类Aa型、Ba型数量最丰，鸟禽为主题的杆头饰在甘宁地区出现时间最早、数量最多。内蒙古中南部地区发现的鸟首形杆头饰与甘宁地区相同，都是突出表现了鸟禽的眼睛及喙部；冀北地区的立式鸟杆头饰也明显与甘宁地区存在联系，故推测鸟禽主题的杆头饰起源于甘宁地区，是其区域性特点之一。从器型及鸟作为突出标志等特征来看，两汉时期流行的鸠杖可能是借用这种鸟禽主题杆头饰的形式演变而来。到了四期晚段，鹿首和羊首的杆头饰则替代了鸟首形杆头饰，在甘宁地区占据主要地位。

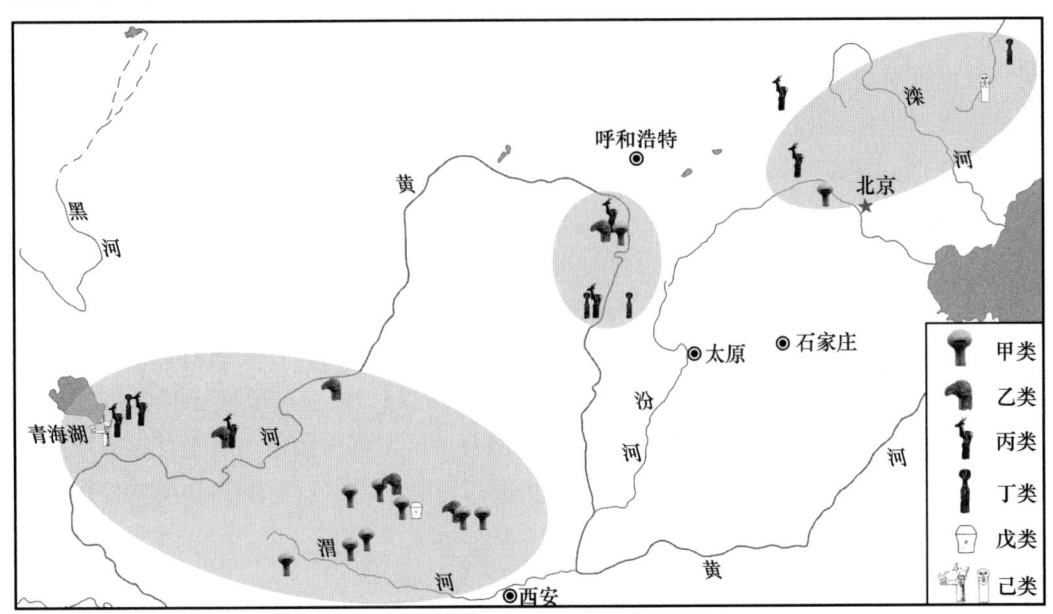

图三 中国北方地区杆头饰分布示意图

内蒙古中南部地区以丙类杆头饰最为瞩目，题材包括羊、鹿、马、驴、虎、狼、刺猬等，这些立体动物造型的出现从侧面反映了当时中国北方地区的生态景观。立兽状杆头饰中除立式鸟题材不见于内蒙古中南部地区、立式羊杆头饰在冀北地区也征集到外，其他题材仅见于内蒙古中南部地区，且造型成熟。米努辛斯克盆地及图瓦地区的立体动物造型杆头饰与内蒙古中南部地区极为相似，且年代早于内蒙古中南部地区，推测丙类杆头饰在内蒙古中南部地区的出现，应是受到了米努辛斯克盆地及图瓦地区的影响。到四期晚段，丙类杆头饰逐渐衰落，仅见立式鹿造型。

冀北地区从一期到四期始终没有一种类型的杆头饰占据主流地位，甲类杆头饰虽最早出现，但在此未形成气候；丙类杆头饰则多表现出与其他两区之间的联系。

纵观各类杆头饰不同期段的发展演变及分布态势，可以看出中国北方地区甲类杆头饰数量最多、贯穿早晚，从二期到四期杆头由扁圆逐渐变得圆鼓，銎部逐渐变长，銎上钉孔口径逐渐增大；乙类杆头饰自第三期开始出现，銎部同样有逐渐变长的趋势，其中乙类Aa型杆头饰鸟首的喙部逐渐加长，注重局部刻画，Bb型四期早段至晚段羊角由逆时针卷曲变为顺时针卷曲；丙类杆头饰集中出现于四期早段，制作工艺成熟，发展至四期晚段数量、型式减少；丁、戊、己类杆头饰均昙花一现，只存在一段时间便消失了。

一期到三期杆头饰集中出现在甘宁地区；到四期早段杆头饰才开始广泛分布于北方长城地带，各地区呈现出文化面貌上的一致性，这种一致性反映了文化之间的联系，这一时期是游牧经济基础上的匈奴联盟的初期[41]，部族之间的商业和贸易促进了文化交流和影响；至四期晚段中国北方地区杆头饰的发展已渐趋衰落，数量较上一阶段减少，冀北地区则不再见杆头饰。北方地区杆头饰衰落后，其中鸟首形杆头饰逐渐演变成两汉时期流行的鸠杖,同时在西南夷地区,战国晚期至东汉早期出现了杆头上端为鸟、鸡、鱼、兔、鹿、牛等立体动物形象的杆头饰[42],应是北方杆头饰中立体动物装饰风格传播的产物。

三、从出土位置看杆头饰的功用

以往讨论杆头饰功用时,存在三种观点:第一种观点认为杆头饰属车器的一种[43],第二种观点认为杆头饰与萨满送葬仪式有关[44],第三种观点认为杆头饰有象征身份地位的功能[45]。上述对杆头饰功能的探讨多是从出土情景并结合图像资料和民族学材料进行分析。本文认为北方地区杆头饰的功用依类型不同存在差异。目前所见北方地区杆头饰多出土于墓葬中,故在类型学分析的结果上,梳理不同阶段、不同类型杆头饰在墓葬中的出土位置,并结合相关共出物,以求全面而深入地认识先秦时期中国北方地区杆头饰的功用。

出土杆头饰的墓葬中有明确出土位置的共18座（见附表）,从一期到四期杆头饰在墓葬中的摆放位置并不固定,甲类杆头饰或放置于填土中,或摆放在墓室西壁,或安装在墓道中的牛角上;乙类杆头饰有的位于墓室内墓主人头部一侧、下肢骨一侧,有的置于墓道中或墓道填土中;丙类杆头饰有的位于墓主人头骨一侧,有的放置于填土中;己类有出土位置的仅在大华中庄M87发现一例,为二次扰乱葬[46],杆头饰压于人骨下。从各类型杆头饰出土位置的多样性推测杆头饰有多种用途,在不同文化区上功用也存在差异。受限于出土材料的完整性,本文将进一步通过墓葬中的共存关系并结合相关研究成果,对其功用加以论述。

首先,作为车器应是中国北方地区杆头饰的功用之一。从共存关系看,甲类Aa型和乙类Ba型杆头饰常与车马器、殉牲共出,置于墓主人身侧。车马器可以分为实用型和装饰型两类,实用型车马器为马车的基本配置,装饰型车马器对车的行走无实质性的作用,只起装饰作用[47]。杆头饰仅在少数墓葬中与马镳、车軎等实用型车马器共出,多数与车辕饰、铜泡、铜铃等装饰型器物共出,一定程度上反映了杆头饰应用在车马器上的装饰作用。且在与车马器共出时,多以2、3个同类型的杆头饰同出于一墓,这种形制相同且非单一的随葬特点满足了配置马车的要求。

此外,杆头饰亦可用作仪式活动中的仪仗用具。丙类Ac型、Bc型[48]将躯体设计成响器,在使用时会发出声响,其中黄家寨M16的丙类Ac型杆头饰与铜铃、犬头一同出于填土中,填土中的器物可能是丧葬仪式活动中使用的器物,推测这类杆头饰是仪式活动中的仪仗用具。此外,准格尔旗玉隆太2265出的丙类Aa型杆头饰,在立式羊顶部铸一圆管,使用时可能是用来插"缨"一类的物品,仪式色彩明显[49]。丙类和己类杆头饰都刻画复杂纹饰,象征意义强烈,故推测杆头饰还用作仪仗器。

最后,在马家塬墓地中,甲类Aa型Ⅳ式主要置于M18-1号和M19-3号车下的牛头骨的牛角上，北方地区出土杆头饰的墓葬中，目前仅在马家塬墓地见到随葬完整车辆，经复原M18-1号和M19-3号车为牛车[50]，应用于牛角上的甲类Aa型Ⅳ式杆头饰与其他杆头饰相比也无钉孔，杆头饰应用在此属于特例，表明除车器和仪仗用具外，北方地区杆头饰依文化区的差异还存在特殊用途。

综上，中国北方地区杆头饰用途多样，甲、乙类主要做车器之用，丙类和己类的礼仪性大于实用性，可能主要作为仪仗用具。最早在商代晚期出现的丁类杆头饰，在中原地区演变为銮铃，在北方地区可能最早就是作为车器使用。在马家塬墓葬中还存在将甲类杆头饰置于牛角上的做法，具有一定特殊性，可见在功用上杆头饰存在"同类多用"的情况，用途复杂，不可单一而论。

四、相关问题探讨

1. 与权杖头的区别

考古发现中有一类称为"权杖头"的器物，因器身有穿孔以安插棍杖，常常与"杆头饰"混淆，但通过对中国北方地区杆头饰形态的细致梳理，不难发现二者之间的区别。

权杖是古代贵族或掌权者用来表示自身权力和地位的一种长型棍杖器物[51]。据研究，此类器物最早出现在西方，将其称为"权杖头"[52]。权杖头材质一般为石质、玉质、铜质，多球形或梨形，有的在表面加铸有乳状瘤突，中间贯通一孔（图四，1、2）。

北方地区杆头饰在形态上与权杖头有显著区别，杆头饰的銎非上下贯通，且銎部多带钉孔。另外，二者在功用上也存在差异，权杖头产生之初是作为一种适宜敲击的工具和武器，其后在新石器时代晚期功能开始出现分化，逐渐成为权力的象征。作为权力、身份象征的权杖传入中国后，多见于随葬品丰富、规格较高的大墓中，发现数量少且位置特殊，如玉门市火烧沟墓地出土一件四羊头权杖首，位于人骨左臂位置[53]。而杆头饰则多成对出现，出土墓葬规格大小不一，出土位置不固定，功能含义上也与象征权力的权杖有异。以此标准可以将权杖头与杆头饰相区分。

2. 与衡末饰的区别

宁城县小黑石沟M8501中出土2件圆柱状体、端头饰以圆雕的蟠螭形、向下弯曲的青铜器（图四，3），报告中称为C型杆头饰[54]，此器物的形制与琉璃河燕国墓地出土的衡末饰相似（图四，4），小黑石沟的这两件青铜器应为衡末饰。立体动物纹装饰中还有一类器物，从兽首的头向与銎的位置来看，使用时应是横向（水平）安装（图四，5），与丙类杆头饰竖向（垂直）安装的方式不同，以往有研究者将这一类器物归为杆头饰，从安装方式来看这类器物更可能属于车衡上的饰件。

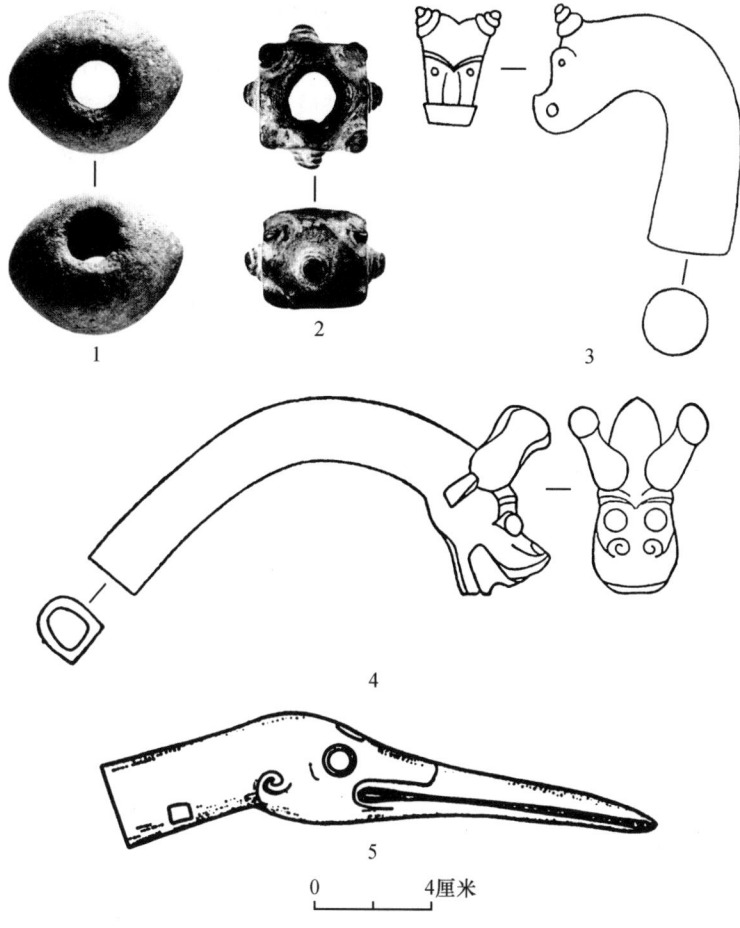

图四 杆头饰相关器物举例
1. 固原杨郎墓地ⅠM10∶2　2. 鄂尔多斯博物馆藏　3. 小黑石沟M8501∶75　4. 琉璃河燕国墓地ⅡM202CH∶11
5. 内蒙古准格尔旗西沟畔M2∶72

五、结　语

通过梳理中国北方地区出土的杆头饰，依据上端形制差异，本文将其分为六类。甲、乙类杆头饰流行于甘宁地区，丙类杆头饰流行于内蒙古中南部地区，而冀北地区始终没有一种杆头饰类型占据主体地位。出土环境和相关共存器物等信息显示出杆头饰从早期到晚期用途多样，其中甲、乙和丁类主要做车器之用，丙类和己类多是仪仗之用。以往常将杆头饰与权杖头、衡末饰等器物混淆，通过梳理北方地区杆头饰能明显看到杆头饰与这些器物存在区别。

杆头饰于晚商时期开始出现，在战国中期偏晚至晚期偏早其发展达到高峰，遍布于整个北方文化带；至战国晚期偏晚，由于冀北地区已纳入中原文化系统之中，杆头饰的分布区域从甘宁、内蒙古和冀北三个文化区变成了甘宁与内蒙古两个区域，以乙、丙类杆头饰为代表的立体动物装饰成为两地的共同标志。可以看出，杆头饰在中国北方地区出现、发展、流行的过程正是中国北方文化带萌芽、融合以及最终形成的缩影之一，随着不同地区的杆头饰在器物种类上展现出的一致性，彰显了中国北方文化带的最终形成。

注　释

[1] （汉）许慎.说文解字[M].天津：天津古籍出版社，1991.

[2] （明）张自烈，（清）廖文英编.正字通[M].北京：中国工人出版社，1996.

[3] 赵德云.西南夷地区出土青铜竿头饰研究[J].考古学报，2018（1）：49-68.赵文中将西南夷地区的同类器物称为"竿头饰"，本文统一称为杆头饰.

[4] 李水城.杆头饰的起源、分布区域及功能[J].草原文物，2020（2）：59-74.

[5] 林沄.中国北方长城地带游牧文化带的形成过程[C].林沄学术文集（二）.北京：中国大百科全书出版社，1998.

[6] 贺勇，刘建中.河北怀来甘子堡发现的青铜墓群[J].文物春秋，1993（2）：23-40，75-99.

[7] a.宁夏文物考古研究所.宁夏彭堡于家庄墓地[J].考古学报，1995（1）：79-107.
　　b.宁夏文物考古研究所.宁夏固原于家庄墓地发掘简报[J].华夏考古，1991（3）：55-63.

[8] 杨宁国，祁悦章.宁夏彭阳县近年出土的北方系青铜器[J].考古，1999（12）：28-37.

[9] 刘得祯，许俊臣.甘肃庆阳春秋战国墓葬的清理[J].考古，1988（5）：413-424.

[10] 鄂尔多斯博物馆.鄂尔多斯青铜器[M].北京：文物出版社，2006.

[11] a.罗丰，延世忠.1988年固原出土的北方系青铜器[J].考古与文物，1993（4）：17-21.
　　b.罗丰，韩孔乐.宁夏固原近年发现的北方系青铜器[J].考古，1990（5）：403-418.

[12] 同[9].

[13] 伊克昭盟文物工作站.伊金霍洛旗石灰沟发现的鄂尔多斯式文物[J].内蒙古文物考古，1992（Z1）：91-96.

[14] 灵武市博物馆，宁夏回族自治区文物考古研究所.灵武博物馆收藏的北方系青铜器[C].西部考古（第19辑）.北京：科学出版社，2020：73-84.

[15] 钟侃，韩孔乐.宁夏南部春秋战国时期的青铜文化[C].中国考古学第四次年会论文集.北京：文物出版社，1985：203-213.

[16] 盖山林.内蒙古自治区准格尔旗速机沟出土一批青铜器[J].文物，1965（2）：44-46.

[17] 宁夏文物考古研究所，固原博物馆.宁夏固原杨郎青铜文化墓地[J].考古学报，1993（1）：13-56.

[18] 同[17].

[19] 同[16].

[20] 周兴华.宁夏中卫县狼窝子坑的青铜短剑墓群[J].考古，1989（11）：971-980.

[21] 同［7］.
[22] 同［20］.
[23] 同［8］.
[24] 内蒙古博物馆, 内蒙古文物工作队.内蒙古准格尔旗玉隆太的匈奴墓［J］.考古, 1977（2）: 111-114, 146-148.
[25] 戴应新, 孙家祥.陕西神木县出土匈奴文物［J］.文物, 1983（12）: 23-30, 100-101.
[26] 青海省文物考古研究所, 吉林大学考古学系.青海大通县黄家寨墓地发掘报告［J］.考古, 1994（3）: 193-206.
[27] 同［10］.
[28] 同［24］.
[29] 甘肃省博物馆文物工作队.甘肃永登榆树沟的沙井墓葬［J］.考古与文物, 1981（4）: 34-36.
[30] 伊克昭盟文物工作站, 内蒙古文物工作队.西沟畔匈奴墓［J］.文物, 1980（7）: 1-10, 98-99.
[31] 同［28］.
[32] 同［10］.
[33] 同［10］.
[34] 同［10］.
[35] 吴振录.保德县新发现的殷代青铜器［J］.文物, 1972（4）: 62-66, 73, 79.
[36] 同［8］.
[37] 内蒙古自治区文物考古研究所, 宁城县辽中京博物馆.小黑石沟: 夏家店上层文化遗址发掘报告［M］.北京: 科学出版社, 2009.
[38] 同［37］.
[39] 青海省湟源县博物馆, 青海省文物考古队, 青海省社会科学院历史研究室.青海湟源县大华中庄卡约文化墓地发掘简报［J］.考古与文物, 1985（5）: 11-34.
[40] 韩金秋.夏商西周中原的北方系青铜器研究［M］.上海: 上海古籍出版社, 2015.
[41] 杨建华.春秋战国时期中国北方文化带的形成［M］.北京: 文物出版社, 2004.
[42] 同［3］.
[43] a. 乌恩岳斯图.北方草原考古文化比较研究——青铜时代至早期匈奴时代［M］.北京: 科学出版社, 2008: 193, 195.
b. 朱凤瀚.鄂尔多斯地区春秋战国时期青铜器综论［C］.鄂尔多斯青铜器国际学术研讨会论文集.北京: 科学出版社, 2009: 89-90.
[44] 同［3］.
[45] 同［4］.
[46] 二次扰乱葬即在埋葬后经过一定时间待肉体腐烂后再有意挖出来将骨骼扰乱, 就原坑再行埋葬的一种葬仪.
[47] 吴晓筠.商周时期车马埋葬研究［M］.北京: 科学出版社, 2009.

［48］马强.南京大学考古与艺术博物馆藏北方系青铜器［J］.文物，2021（10）：63-67.

［49］郭物.蒂拉丘地墓葬的草原文化因素及相关问题［M］.阿富汗——古代文明的十字路口.北京：文化艺术出版社，2018：236-251.

［50］赵吴成.甘肃马家塬战国墓马车的复原（续二）——马车的设计制造技巧及牛车的改装与设计思想［J］.文物，2018（6）：44-57.

［51］杨琳，井中伟.中国古代权杖头渊源与演变研究［J］.考古与文物，2017（3）：65-77.

［52］李水城.耀武扬威：权杖源流考［M］.上海：上海古籍出版社，2021.

［53］甘肃省文物考古研究所，复旦大学文物与博物馆系，中国社会科学院考古研究所.甘肃玉门火烧沟四坝文化墓地发掘简报［J］.考古与文物，2021（5）：3-21，F2.

［54］同［37］.

附表　中国北方地区杆头饰统计表

出土地点与单位	型式与数量	出土位置	共出物	时代	资料来源
宁夏固原杨郎乡马庄墓地ⅢM1	乙类Ba型Ⅱ式	墓室前部，头部一侧	铜泡饰、铜铃形饰	战国晚期	注释[17]
宁夏固原杨郎乡马庄墓地ⅢM4	乙类Ab型3	墓道西壁中部对称放置	泡饰、车辖饰、动物牌饰	战国晚期	注释[17]
宁夏固原杨郎乡马庄墓地ⅢM3	*	下肢骨右侧，靠近殉牲	羊头、马头	战国晚期	注释[17]
宁夏固原于家庄墓地SM4	乙类Ba型Ⅱ式2	下肢骨左侧	三瓣形骨器、铜泡饰、骨马镳、铜斧、骨节约	战国中晚期	注释[7]
宁夏彭阳县张街村墓葬ZHJ	甲类Aa型Ⅲ式2、甲类B型Ⅰ式	墓主人周围	车辖饰、当卢、泡饰、戈、镞等	战国早期—战国晚期偏早	注释[8]
宁夏彭阳县张街村墓地M3	乙类Ba型Ⅱ式	墓道底部有规律地放置殉牲42具		战国中晚期	宁夏回族自治区文物考古研究所、彭阳县文物管理所.宁夏彭阳县张街村春秋战国墓地[J].考古，2002（8）.
宁夏彭阳县王大户墓地PWM1	乙类Ba型Ⅱ式2	洞室第二层对称放置于颅骨南北两侧，其余器物发现于人骨两侧	骨饰件	战国中晚期	宁夏文物考古研究所、北方青铜文化墓地.王大户与九龙山——北方青铜文化墓地[M].北京：文物出版社，2016.
甘肃漳县墩坪墓地M6	甲类Aa型Ⅱ式2	填土中（被盗）	铜兽帽、铜泡、骨辖饰、铜门角饰	春秋晚期—战国中期	甘肃省文物考古研究所.甘肃漳县墩坪墓地2014年发掘简报[J].考古，2017（8）.
甘肃漳县墩坪墓地M1	*	填土中（被盗）	车辖饰、铜门角饰	春秋晚期—战国中期	同上

续表

出土地点与单位	型式与数量	出土位置	共出物	时代	资料来源
甘肃张家川马家塬墓地M14	甲类Aa型Ⅳ式	洞室西壁北端	西壁中部放置大量嵌金铁马衔、马镳、当卢和铜軎饰等车马饰件以及镂空银箔镶装饰的不明条状物	战国晚期	a. 早期秦文化联合考古队、张家川回族自治县博物馆. 张家川马家塬战国墓地2007~2008年发掘简报[J]. 文物, 2009 (10). b. 早期秦文化联合考古队、张家川回族自治县博物馆. 张家川马家塬战国墓地2010~2011年发掘简报[J]. 文物, 2012 (8).
甘肃张家川马家塬墓地M18	甲类Aa型Ⅳ式	牛头犄角上	牛头骨及蹄骨	战国晚期	同上
甘肃张家川马家塬墓地M19	甲类Aa型Ⅳ式3	牛头犄角上	牛头骨及蹄骨	战国晚期	同上
甘肃庆阳袁家村葬马坑	甲类Aa型Ⅳ式、甲类B型Ⅲ式	马骨周围	铜铃、马头饰、车軎、鹿形饰	战国晚期	注释 [9]
青海大通县黄家寨M16	丙类Ac型	填土内	铜铃、犬头	战国晚期	注释 [26]
青海湟源县大华中庄M87	己类2	压在人骨下	靠近铜泡	西周晚期—春秋早期	注释 [39]
内蒙古准格尔旗西沟畔M2	丙类BbⅡ式4、乙类AaⅡ式	墓主头骨左侧	铜镳、银栏杆式、大、小铃、银虎头节约	战国晚期	注释 [30]
山西保德县林遮峪村墓葬	丁类4	凌乱地放在足骨下端	车軎、舆栏杆式、大、小铃、铜泡、铃首剑、有銎矛等	晚商时期	注释 [35]
宁夏固原彭堡撒门村M3	甲类B型Ⅰ式	墓主人脚下	铜戈、剑、矛	春战之际	注释 [11]
河北怀来甘子堡墓地M3	甲类Aa型Ⅰ式	*	马衔、铜镳、铜泡	春秋中期	注释 [6]

续表

出土地点与单位	型式号与数量	出土位置	共出物	时代	资料来源
宁夏固原彭堡乡余家庄村墓葬	甲类Aa型Ⅱ式2、甲类B型Ⅰ式	*	青铜短剑、铜柄铁剑、刀、车轴饰、泡饰等	春战之际—战国早期	延世忠.宁夏固原出土战国青铜器[J].文物,1994（9）.
宁夏固原彭堡撒门村墓地（1985~1987年）	甲类Aa型Ⅱ式2、甲类B型Ⅰ式4	*	铜镞、凿、铃、牌饰	春战之际—战国早期	注释[11]
88宁夏固原彭堡撒门村墓地	甲类Aa型Ⅱ式2、甲类B型Ⅰ式4	*	短剑、凿、锥、牌饰	春战之际—战国早期	注释[11]
宁夏固原彭阳郎马庄古墓地ⅡM14	甲类Aa型Ⅱ式4	*	泡饰、车辕饰、车軎、斧、带扣、节约等	战国早期—战国中期	注释[17]
宁夏固原彭阳郎马庄古墓地ⅠM18	甲类Aa型Ⅱ式5	*	车辕饰、马衔、泡饰、铜矛、铃饰等	战国早期—战国中期	注释[17]
宁夏固原彭干家庄墓地SM5	甲类Aa型Ⅱ式	*	铜剑、矛、马衔、带扣、条形铜器等	战国早期—战国中期	注释[7]
宁夏固原原州区征集	甲类Aa型Ⅱ式	*	*	春秋晚期—战国中期	魏坚.青铜之路—固原北方青铜文化[M].银川：宁夏人民出版社,2016.
甘肃张家川马家塬墓地M1	甲类Aa型Ⅱ式2	*	铜鼎、壶、车轮饰、辖、车舆饰等	战国中期	甘肃省文物考古研究所.西戎遗珍 马家塬战国墓地出土文物[M].北京：文物出版社,2014.
宁夏彭阳县古城乡店洼村征集	甲类Aa型Ⅳ式2、乙类Bb型Ⅱ式2	*	车辕饰、泡饰、马镳饰、镞等	战国晚期—秦	注释[8]
宁夏固原市原州区征集	甲类Aa型Ⅳ式	*	*	战国晚期—秦	魏坚.青铜之路—固原北方青铜文化[M].银川：宁夏人民出版社,2016.
宁夏固原市原州区征集	甲类Ab型	*	*	战国晚期—秦	魏坚.青铜之路—固原北方青铜文化[M].银川：宁夏人民出版社,2016.

续表

出土地点与单位	型式与数量	出土位置	共出物	时代	资料来源
宁夏固原市原州区征集	甲类Ab型	*	*	战国晚期	魏雯.青铜之路——固原北方青铜文化[M].银川:宁夏人民出版社,2016.
鄂尔多斯博物馆征集	甲类Ab型2	*	*	战国晚期	注释[10]
宁夏固原彭阳县交岔乡白杨村墓葬	甲类B型Ⅰ式	*	铜戈、矛、铜柄铁剑、镞、铃、车辖饰、骨镳	战国早期	注释[11]
宁夏固原彭阳县于家庄墓地M1	甲类B型Ⅰ式	*	节约、圆形牌饰、条形铜饰、梯形骨器等	战国早期—战国中期	注释[7]
宁夏固原河川乡出土	甲类B型Ⅰ式2	*	*	战国早期—战国中期	武英,石磊.固原出土春秋战国青铜车马饰件研究[J].文物天地,2018(7).
甘肃庄浪县墓葬3628	甲类B型Ⅰ式	*	镞、铃、节约、牌饰等	战国早期—战国中期	李晓斌.甘肃庄浪县出土北方系青铜器[J].考古,2005(5).
宁夏固原西吉县陈阳川村采集	甲类B型Ⅰ式	*	*	春秋晚期—战国中期	宁夏文物考古研究所、西吉县文管所.西吉县陈阳川墓地发掘简报[C].宁夏考古文集.银川:宁夏人民出版社,1994.
宁夏固原杨郎乡马庄古墓地ⅠM7	甲类B型Ⅱ式9	*	车銮、泡饰、刀、带扣等	战国晚期偏早	注释[17]
宁夏固原杨郎乡马庄古墓地ⅠM14	甲类B型Ⅱ式3	*	当卢、泡饰、节约、三瓣形器等	战国晚期偏早	注释[17]
甘肃庆阳正宁县后庄村墓葬	甲类B型Ⅱ式2	*	铜戈、铜柄铁剑、车銎、当卢、凸管饰等	战国晚期偏早	注释[9]
鄂尔多斯博物馆馆藏	甲类B型Ⅱ式2	*	*	战国晚期	注释[10]

续表

出土地点与单位	型式与数量	出土位置	共出物	时代	资料来源
内蒙古伊金霍洛旗东南朴连乡石灰沟墓葬	甲类B型Ⅲ式2	*	车軎、马衔、车辕饰、牌、扣饰等	战国晚期偏晚	注释[13]
宁夏灵武市大泉林场墓M1	甲类C型6	*	铜刀、马衔、车辕饰、镞、泡饰等	战国早期—战国中期	注释[14]
甘肃永登榆树沟墓	乙类Aa型Ⅰ式4、丙类Bb型Ⅰ式2	*	车軎、涡轮形饰、牌饰等	战国中期偏晚—晚期偏早	注释[29]
宁夏固原头营王家坪征集	乙类Aa型Ⅰ式2	*	*	战国中期偏晚—晚期偏早	注释[15]
甘肃庆阳吴家沟圈收集	乙类Aa型Ⅰ式2	*	*	战国中期偏晚—晚期偏早	注释[9]
鄂尔多斯博物馆馆藏	乙类Aa型Ⅰ式2	*	*	战国中期偏晚—晚期偏早	注释[10]
内蒙古准格尔旗速机沟窖穴	乙类Ad型Ⅱ式2、丙类Bc型2	*	铃、单系圆饰、帽形饰件	战国晚期偏早	注释[16]
宁夏固原杨郎乡马庄古墓地ⅢM4	乙类Ac型2	*	车軎、当卢、泡饰、车辕饰、铃、戈、带扣等	战国晚期	注释[17]
宁夏固原县河川乡吕坪村墓葬	乙类Ac型2	*	铜戈、矛、马面饰、当卢、铃、车轴饰、带扣等	战国中期偏晚—晚期偏早	固原博物馆.宁夏固原吕坪村发现一座东周墓[J].考古, 1992 (5).
宁夏中卫县西台乡狼窝子坑M5	乙类Ba型Ⅰ式	*	*	春战之际—战国中期	注释[20]
宁夏固原头营王家坪墓葬	乙类Ba型Ⅱ式	*	矛、铁锸、铃、鹰头圆牌	战国中晚期	注释[15]

续表

出土地点与单位	型式与数量	出土位置	共出物	时代	资料来源
宁夏固原杨郎乡马庄古墓地ⅡM17	乙类Ba型Ⅱ式	*	刀、锥、牌饰、带扣等	战国中晚期	注释[17]
鄂尔多斯博物馆藏	乙类Ba型Ⅱ式	*	*	战国中晚期	注释[10]
宁夏中卫县西台乡狼窝子坑M1	乙类Bb型Ⅰ式4	*	铜矛、镞、牌饰、马饰具、铃钟等	战国晚期偏早	注释[20]
内蒙古准格尔旗玉隆太墓葬	丙类Aa型2、丙类Ba型2、丙类Bc型2	*	刀、铧、镞、带扣、牌饰、扣饰、马衔、骨镳等	战国晚期偏早	注释[24]
内蒙古明博草原文化博物馆藏	丙类Aa型	*	*	战国晚期偏早	注释[10]
鄂尔多斯博物馆藏	丙类Aa型3	*	*	战国晚期	注释[10]
陕西神木纳林高兔墓葬	丙类Ab型2	*	剑柄、银盘羊扣饰、银虎、银环等	战国晚期	注释[25]
青海湟源县浦海乡巴燕峡征集	丙类Ac型	*	*	战国晚期	[日]三宅俊彦. 卡约文化青铜器初步研究[J]. 考古, 2005 (5).
青海湟源县栏隆乡上寺村征集	丙类Ac型	*	*	战国晚期	同上
河北康保C1832	丙类Ac型	*	*	战国晚期	郑绍宗. 略论中国北部长城地带发现的动物纹青铜饰牌[J]. 文物春秋, 1991 (4).
内蒙古明德草原文化博物馆藏	丙类Ad型2	*	*	战国晚期	注释[10]
河北张家口市C6066	丙类Ba型	*	*	战国晚期	郑绍宗. 略论中国北部长城地带发现的动物纹青铜饰牌[J]. 文物春秋, 1991 (4).

续表

出土地点与单位	型式与数量	出土位置	共出物	时代	资料来源
河北征集	丙类Ba型5	*	*	战国晚期	Bunker E C. Nomadic Art of the Eastern Eurasian Steppes [M]. New Haven and London: The Metropolitan Museum of Art, New York Yale University Press.
鄂尔多斯博物馆藏	丙类Ba型2	*	*	战国晚期	注释 [10]
南京大学考古与艺术博物馆藏（馆藏号71）	丙类Bc型	*	*	战国晚期	注释 [48]
鄂尔多斯博物馆藏	丙类Bd型2	*	*	战国晚期	注释 [10]
鄂尔多斯博物馆藏	丙类Be型	*	*	战国晚期	注释 [10]
鄂尔多斯博物馆藏	丙类B型	*	*	战国晚期	注释 [10]
内蒙古敖汉旗热水汤墓葬	丁类	*	剑、刀、镞、铜泡等	西周中期晚段	邵国田.内蒙古敖汉旗发现的青铜器及有关遗物[J].北方文物,1993（1）.
青海大通上孙家寨DSM801:5	丁类	*	*	西周早中期	刘宝山.青海"史前"的铜铃[J].文物季刊,1995（2）.
鄂尔多斯博物馆藏	丁类3	*	*	战国时期	注释 [10]
陕西神木中沟	丁类	*	车害、铜狗	战国时期	注释 [25]
宁夏彭阳县沟口乡白草洼村出土	戊类2	*	鹤嘴斧、矛、镞、车辕饰、泡饰等	战国中期	注释 [8]
宁城县甸子乡小黑石沟M8501	己类2	*	鼎、簋、壶、豆、联体罐、勺、剑、戈、马镳、马衔、节约等	西周晚期—春秋早期	注释 [37]
鄂尔多斯博物馆藏	己类2	*	*	战国时期	注释 [10]

说明：*表示资料中没有提及，情况不详；数量一栏未注明者均为1件

Research on Bronze Staff Heads in Northern China

WU Ya-tong   ZHANG Li-yan

The bronze staff heads in northern China can be classified six categories according to the difference of upper shape. The bell-shaped staff heads appeared in late Shang Period, and reached its peak from the middle period of the Warring States period to the late period of the Warring States period, the types of staff heads were gradually complete. In terms of geographical distribution, ball-shaped and animal-head-shaped staff heads are popular in Northwest China, while three-dimensional animal styles are popular in Inner Mongolia. After a comprehensive investigation of the typical tombs where the staff heads were excavated in detail, and comparing the relationship with the other artifacts in common tombs, it is speculated from an objective point of view that the staff heads have various uses, including chariot fittings and a ceremonial tool. And there is an obvious difference between staff heads and scepters.

再论寨头河墓地的分期、年代及相关问题

陈 飞

（吉林大学考古学院，长春，130012）

寨头河墓地位于陕西省延安市黄陵县阿党镇寨头河村，地处洛河支流——葫芦河下游北岸的台塬坡地上。2011年，陕西省考古研究院等单位对其进行发掘，共清理墓葬90座、马坑2座、方坑1座[1]。该类遗存为晋陕高原首次发现并得到完整揭露，对于完善陕北地区先秦时期考古学文化的编年与谱系具有重要意义。发掘者对该墓地的布局及墓葬特征、年代、族属等相关问题进行了初步探讨[2]。2018年，墓地材料的全面披露[3]，为深入探讨该墓地的年代、性质等问题提供了充分材料。原报告将墓葬划分为3段，其中第1段为第一期，年代为战国早期或偏晚；第2、3段为第二期，年代为战国中期[4]。通过对墓地材料的细致分析与整体把握，我们认为其中部分墓葬的分期与年代需重新认识，整体分期也需调整，从而为相关问题的深入研究奠定基础。

一、墓葬概况

寨头河墓地地层关系简单，发掘区地层堆积分为2层：第1层为表土层，第2层为耕土层，均遍布于整个发掘区。绝大多数墓葬开口于第2层下，个别墓葬叠压于现代路土下。墓葬间的打破关系仅有3组：M32→M33；M20→M21；M29→M30。这3组打破关系中，M32打破M33的北墓壁，但盗洞直至M32棺室内、又向南折入M33底部，发掘者于M32的盗洞内发现2件陶罐和1件陶鬲，M33内未见遗物，因而这3件陶器的归属并不明确。M20打破M21的西南角，两座墓均保存完好，但在随葬器物上，M20出有铜镯3件和铜带钩1件，M21出有铜镜1件、铜泡8件以及海贝2串，均未见陶器等可资对比与断代的器物。M29打破M30的东北角，M29出有陶罐2件，但M30被严重盗扰，未见随葬品。可以发现，这三组打破关系并不能对本墓地的器物排序起到关键作用，所以仅能依靠类型学方法对随葬品进行分类与排序。

根据墓葬的保存状况及随葬品的有无，可大致将90座墓葬分为以下6种情况：①器物组合完整且有陶器的；②器物组合完整但无陶器的；③无盗扰且无随葬品的；④有盗扰但残存陶器的；⑤有盗扰且无残存陶器的；⑥有盗扰且无残存随葬品的。

其中，属于情况1的墓葬有M7、M10、M11、M17、M19、M22、M23、M24、M25、M26、M27、M28、M29、M38、M44、M48、M49、M51、M54、M55、M57、M58、M60、M61、M68、M70、M71、M74、M76、M77、M78、M80、M81、M82、M83、M86、M89、M90；

属于情况2的墓葬有M20、M21、M46、M52、M56、M73、M79；

属于情况3的墓葬有M50、M63；

属于情况4的墓葬有M1、M2、M3、M4、M5、M8、M9、M13、M14、M15、M18、M31、M32、M36、M37、M41、M42、M47、M59、M62、M67、M69、M72、M75、M87、M88；

属于情况5的墓葬有M12、M16、M35、M39、M45、M53、M64、M65、M84、M85；

属于情况6的墓葬有M6、M30、M33、M34、M40、M43、M66。

在技术路线上，将第1种情况墓葬中的随葬品作为典型器物的主要选取对象，并以第4种情况墓葬中的代表性器物作为补充，试图构建起该墓地器物演变的基本序列；继而，根据第2、第5种情况墓葬中的器物共存关系和具有年代指示性信息的器物，将其整合进该墓地的演变序列中。第3、第6种情况墓葬因无随葬品，不对其做出年代判断。

二、分类与排序

1. 陶器

寨头河墓地所出随葬器物主要为陶器、铜器、铁器、骨器等，并出有大量动物骨骼。其中，陶器中，鬲、罐的出现频率最高，可作为形制分析的主要对象。

鬲　共19件。分为甲、乙两类。

甲类　弧裆鬲。又称"罐式鬲"。以夹砂灰陶为主，另有少量夹砂褐陶；纹饰以绳纹为主，另有少量麻点纹或篮纹。根据肩、腹部特征分为四型。

A型　鼓肩，通体饰斜向绳纹。可分二式。

Ⅰ式：4件。颈微收、裆部残存足腔痕迹。标本M47∶1（图一，1）。

Ⅱ式：2件。颈部收束明显、肩愈鼓、弧裆近平。标本M5∶2（图一，2）。

B型　弧腹微鼓，器身饰篮纹。可分二式。

Ⅰ式：2件。颈微收、柱足、足裆部饰散乱绳纹。标本M74∶1（图一，3）。

Ⅱ式：2件。颈愈收且变长、尖锥足、足裆部饰麻点纹。标本M81∶3（图一，4）。

C型　圆鼓腹。通体饰绳纹。可分二式。

Ⅰ式：1件，M10∶1。短束颈、裆部残存足腔痕迹（图一，5）。

Ⅱ式：2件。颈部加长、器腹愈圆鼓、裆下垂。下腹及足裆部饰麻点纹。标本

M36：2（图一，6）。

D型　2件。深弧腹。不分式。裆部残存足腔痕迹，柱足外撇。器身饰散乱绳纹。标本M57：1（图一，7）。

特殊标本　2件。单耳，球腹，裆下垂，三足与四足者各1件。器身饰散乱绳纹，下腹及足裆部饰麻点纹。标本M51：2（图一，8）。

乙类　袋足鬲。夹砂红褐陶，素面。共计2件，未分型式。

标本M11：1，直口，弧腹，单耳，柱状足。素面（图一，9）。

标本M71：1，微侈口，鼓腹，双耳，锥状柱足。肩部饰一匝细条纹，上饰联珠纹（图一，10）。

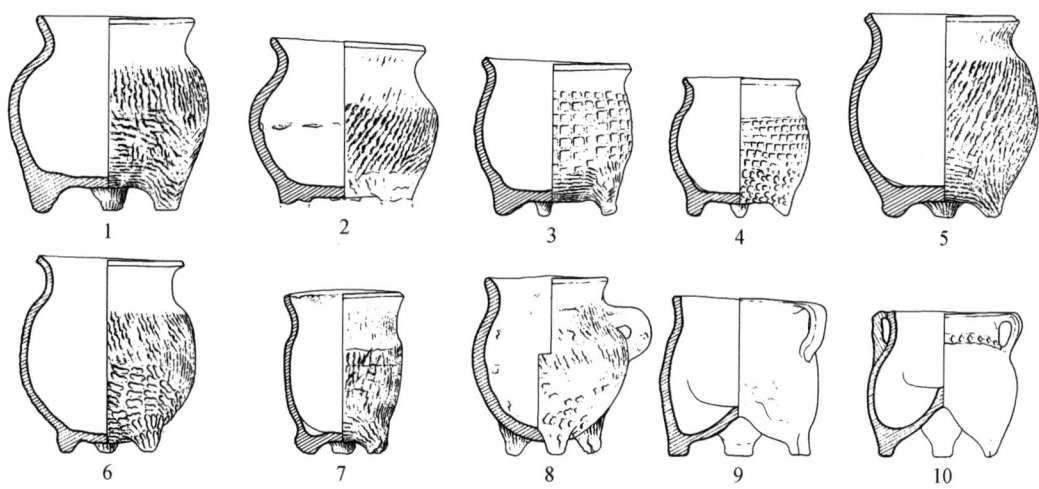

图一　寨头河墓地所出陶鬲
1. 甲A型Ⅰ式（M47：1）　2. 甲A型Ⅱ式（M5：2）　3. 甲B型Ⅰ式（M74：1）　4. 甲B型Ⅱ式（M81：3）
5. 甲C型Ⅰ式（M10：1）　6. 甲C型Ⅱ式（M36：2）　7. 甲D型（M57：1）　8. 特殊标本（M51：2）
9. 单耳袋足鬲（M11：1）　10. 双耳袋足鬲（M71：1）

罐　形态多样，种类丰富。根据陶质分为夹砂罐、泥质罐两大类。

夹砂罐　共30件。均高领，可称为"夹砂高领罐"。陶色基本为红褐色，部分斑驳不均。通体素面、多数仅在口沿外或肩部饰一匝戳印列点纹。根据器耳的状况分为三型。

A型　无耳高领罐，16件。根据器腹及附件等特征，可为三亚型。

Aa型　鼓肩，有錾。可分二式。

Ⅰ式：1件，M25：2。短颈，素面。口沿外侧及肩部各饰有一匝附加条纹，其上饰斜向戳印列点纹（图二，1）。

Ⅱ式：1件，M61：2。颈部变长，器身愈鼓。肩部饰一匝斜向戳印列点纹（图二，2）。

Ab型　弧腹，有錾，肩部饰一匝戳印纹。可分三式。

Ⅰ式：1件，M31：1。颈部不明显，腹微鼓（图二，3）。

Ⅱ式：5件。颈部收束明显，腹变鼓。标本M82：3（图二，4）。

Ⅲ式：1件，M55：2。颈部明显且伸长，腹部愈圆鼓（图二，5）。

Ac型　鼓腹，无鋬，肩部饰一匝戳印纹。可分二式。

Ⅰ式：4件。颈部微收。标本M80：2、M82：2（图二，6、7）。

Ⅱ式：2件。颈部收束愈明显，腹部愈圆鼓。标本M55：1（图二，8）。

特殊标本　1件，M67：1。颈微收，深鼓腹，无鋬。颈部饰一匝附加堆纹，其上饰戳印列点纹（图二，9）。

B型　单耳高领罐，12件。根据器腹特征，可将其分为三亚型。

Ba型　鼓肩，颈部饰一匝戳印列点纹。可分二式。

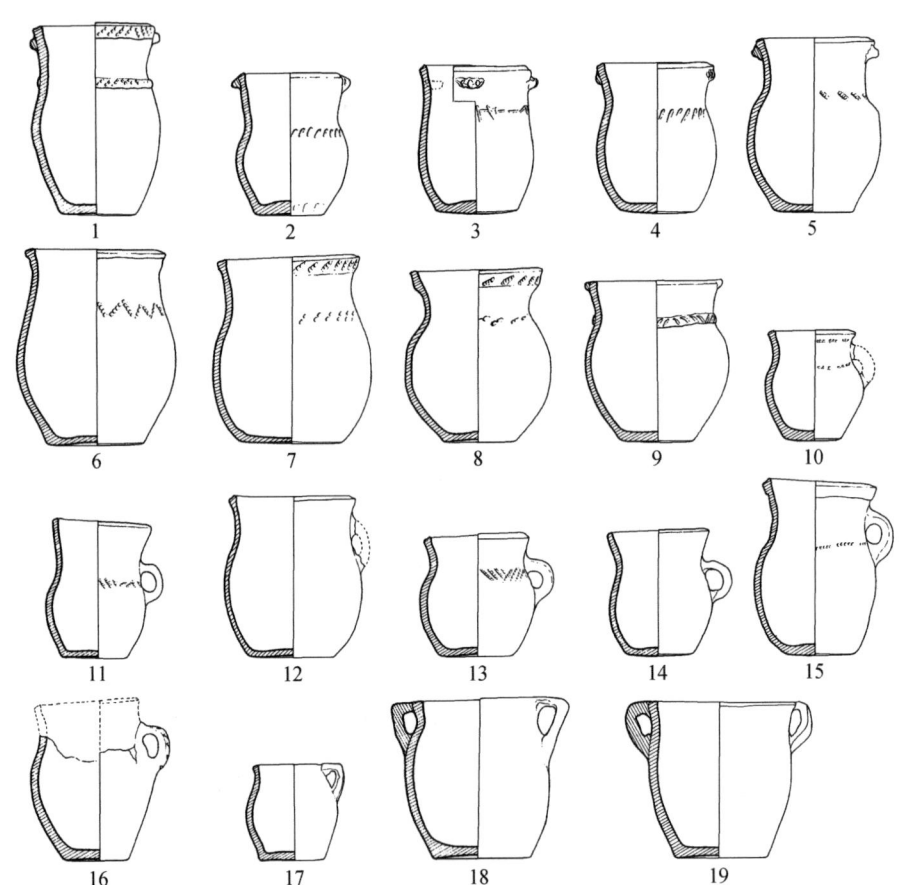

图二　寨头河墓地所出夹砂高领罐

1. Aa型Ⅰ式（M25：2）　2. Aa型Ⅱ式（M61：2）　3. Ab型Ⅰ式（M31：1）　4. Ab型Ⅱ式（M82：3）
5. Ab型Ⅲ式（M55：2）　6. Ac型Ⅰ式（M80：2）　7. Ac型Ⅰ式（M82：2）　8. Ac型Ⅱ式（M55：1）
9. 特殊标本（M67：1）　10. Ba型Ⅰ式（M81：2）　11. Ba型（M44：1）　12. Bb型Ⅰ式（M86：2）
13. Bb型Ⅱ式（M38：2）　14. Bb型Ⅲ式（M44：3）　15. Bc型Ⅰ式（M49：3）　16. Bc型Ⅱ式（M44：2）
17. 特殊标本（M11：2）　18. C型（M59：3）　19. C型（M87：3）

Ⅰ式：2件。口微侈，短颈。标本M81：2（图二，10）。
Ⅱ式：1件，M44：1。口部愈外侈，颈部伸长（图二，11）。
Bb型　鼓腹。可分三式。
Ⅰ式：1件。口微侈，颈微收，素面。标本M86：2（图二，12）。
Ⅱ式：4件。口愈侈，颈愈收束，颈部饰一匝戳印列点纹。标本M38：2（图二，13）。
Ⅲ式：1件，M44：3。口愈外侈，颈愈收且伸长，素面（图二，14）。
Bc型　深弧腹。可分二式。
Ⅰ式：1件，M49：3。颈微收，颈部饰一匝戳印列点纹（图二，15）。
Ⅱ式：1件，M44：2。颈部伸长，素面（图二，16）。
特殊标本　1件，M11：2。鼓腹，单耳平接于口沿，并下折接于肩部。素面（图二，17）。
C型　双耳罐，2件。均为素面，两耳平接于口沿，并下折接于肩部。未分型式。标本M59：3，侈口，鼓腹（图二，18）。标本M87：3，敞口，弧腹（图二，19）。

泥质罐　共53件。均为泥质陶，陶色基本为灰色，个别陶器为褐色。纹饰以绳纹为主，素面次之。根据耳的有无分为两小类。
甲类　无耳罐，49件。根据肩腹形态可分为深腹圆鼓肩、深腹溜肩、深鼓腹、深弧腹、浅腹鼓肩、浅腹折肩、浅折腹、球腹、垂腹、扁腹等十型。
A型　深腹圆鼓肩，4件。可分二式。
Ⅰ式：1件，M49：1。通体饰竖向绳纹，间之数道弦纹（图三，1）。
Ⅱ式：3件。颈部愈长，肩愈鼓。标本M23：1（图三，2）。
B型　深腹溜肩，3件。可分二式。
Ⅰ式：2件。最大径在器身上部、通体饰竖向绳纹。标本M89：1（图三，3）。
Ⅱ式：1件，M26：2。颈部愈收，绳纹消失（图三，4）。
C型　深鼓腹，3件。可分二式。
Ⅰ式：2件。通体饰竖向绳纹，间之数道弦纹。标本M32：1（图三，5）。
Ⅱ式：1件，M81：1。颈部愈明显，器腹愈发圆鼓（图三，6）。
D型　深弧腹，2件。最大径在器身中部。可分二式。
Ⅰ式：1件，M32：3。短束颈（图三，7）。
Ⅱ式：1件，M81：4。颈部愈长，腹愈发圆鼓（图三，8）。
E型　浅腹鼓肩罐，11件。短颈、鼓肩、平底。根据口部的不同分为三亚型。
Ea型　侈口，卷沿。可为二式。
Ⅰ式：2件。通体饰竖向绳纹，间之数道弦纹。标本M74：2（图四，1）。
Ⅱ式：3件。颈部愈长，绳纹愈散乱。标本M58：3（图四，2）。
Eb型　直口。不分式。2件。器身通体饰竖向绳纹，间之两道弦纹，颈部及腹下部有大片抹平痕迹。标本M19：4（图四，3）。

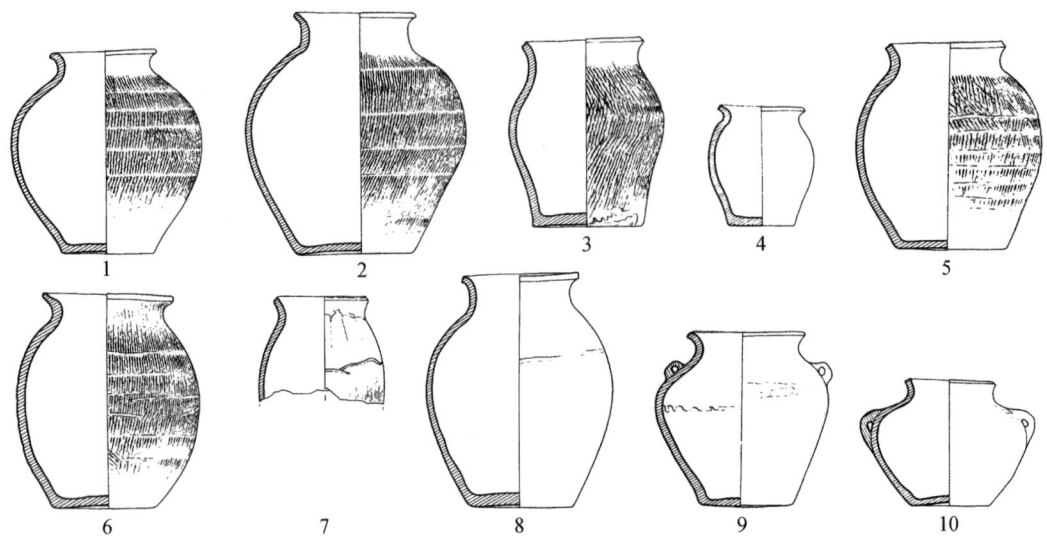

图三　寨头河墓地所出泥质罐（一）
1. 甲A型Ⅰ式（M49：1）　2. 甲A型Ⅱ式（M23：1）　3. 甲B型Ⅰ式（M89：1）　4. 甲B型Ⅱ式（M26：2）
5. 甲C型Ⅰ式（M32：1）　6. 甲C型Ⅱ式（M81：1）　7. 甲D型Ⅰ式（M32：3）　8. 甲D型Ⅱ式（M81：4）
9. 乙A型（M49：2）　10. 乙B型（M27：3）

　　Ec型　平折沿。可分二式。
　　Ⅰ式：2件。短束颈，器身饰绳纹。标本M60：5（图四，4）。
　　Ⅱ式：2件。颈部拉长，素面。标本M15：5（图四，5）。
　　F型　浅腹折肩罐，17件。根据口及颈部的不同可分为四亚型。
　　Fa型　5件。侈口，卷沿，束颈。不分式。通体饰散乱绳纹，颈部及腹下部有大片抹平痕迹。标本M13：2（图四，6）。
　　Fb型　直口，平折沿，长颈，折肩且鼓。可分二式。
　　Ⅰ式：3件。素面。标本M89：3（图四，7）。
　　Ⅱ式：2件。颈部愈收且伸长。标本M72：1（图四，8）。
　　Fc型　大口，短颈。可分二式。
　　Ⅰ式：2件。短束颈。饰绳纹。标本M60：2（图四，9）。
　　Ⅱ式：1件，M15：3。颈部拉长且明显。素面（图四，10）。
　　Fd型　4件。侈口，束颈，折肩且鼓，不分式。素面。标本M19：3（图四，11）。
　　G型　浅折腹罐，3件。侈口、束颈、折腹，平底。可分二式。
　　Ⅰ式：2件。器腹有刮抹痕迹。标本M2：1（图四，12）。
　　Ⅱ式：1件，M17：2。颈部愈收，器身收紧且鼓（图四，13）。
　　H型　球腹罐，2件。不分型式。侈口，束颈，圆鼓腹，平底。标本M87：1，褐色陶（图四，14）。
　　I型　垂腹罐，2件。侈口，束颈，溜肩，垂腹，平底。器身饰绳纹。可分二式。

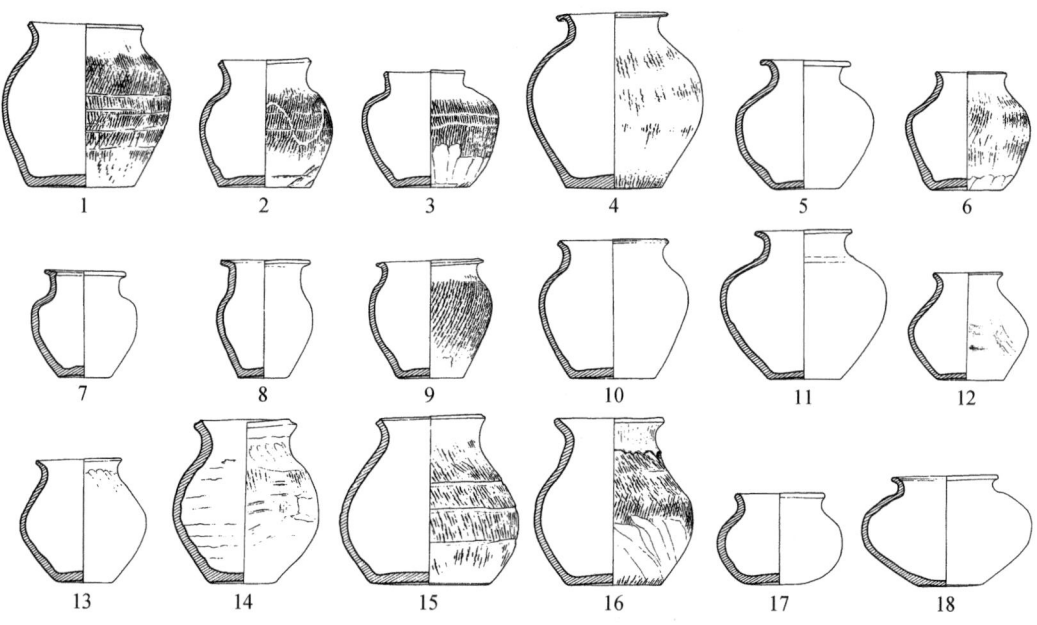

图四 寨头河墓地所出泥质罐（二）
1. 甲Ea型Ⅰ式（M74∶2） 2. 甲Ea型Ⅱ式（M58∶3） 3. 甲Eb型（M19∶4） 4. 甲Ec型Ⅰ式（M60∶5）
5. 甲Ec型Ⅱ式（M15∶5） 6. 甲Fa型（M13∶2） 7. 甲Fb型Ⅰ式（M89∶3） 8. 甲Fb型Ⅱ式（M72∶1）
9. 甲Fc型Ⅰ式（M60∶2） 10. 甲Fc型Ⅱ式（M15∶3） 11. 甲Fd型（M19∶3） 12. 甲G型Ⅰ式（M2∶1）
13. 甲G型Ⅱ式（M17∶2） 14. 甲H型（M87∶1） 15. 甲I型Ⅰ式（M36∶1） 16. 甲I型Ⅱ式（M5∶3）
17. 甲J型Ⅰ式（M78∶1） 18. 甲J型Ⅱ式（M82∶1）

Ⅰ式：1件，M36∶1。口微侈，颈部微收（图四，15）。

Ⅱ式：1件，M5∶3。口愈外侈，颈部收束且变长（图四，16）。

J型 扁腹罐，2件。侈口、束颈、扁鼓腹，平底。可分二式。

Ⅰ式：1件，M78∶1。颈部微收。泥皮黑陶（图四，17）。

Ⅱ式：1件，M82∶1。颈部收束明显，器腹愈扁（图四，18）。

乙类罐 双耳罐，4件。鼓肩，下腹内收，平底。分为二型。

A型 1件，M49∶2。器身瘦高（图三，9）。

B型 3件。器身矮胖。标本M27∶3（图三，10）。

杯 23件。均为泥质陶，陶色基本为灰色，偶见红褐色。根据肩、腹部的不同分为五型。

A型 6件。鼓腹。根据口部的不同分为三亚型。

Aa型 侈口。可分二式。

Ⅰ式：2件。器身上饰数道绳纹。标本M10∶3（图五，1）。

Ⅱ式：1件，M8∶7。颈部愈长。器腹饰有竖向绳纹（图五，2）。

Ab型 直口。不分式。2件。圆鼓腹，素面。标本M37∶2（图五，3）。

Ac型 敛口。1件，M24∶2。弧腹微鼓，素面（图五，4）。

B型　6件。垂腹。根据口部的不同分为二亚型。
Ba型　侈口。可分二式。
Ⅰ式：3件。器身上饰数道绳纹。标本M10：2（图五，5）。
Ⅱ式：1件，M8：8。颈愈长。器腹饰竖向绳纹（图五，6）。
Bb型　2件。直口、垂腹、平底。不分式。红陶，素面。标本M77：1（图五，7）。
C型　6件。鼓肩。根据口部的不同分为三亚型。
Ca型。直口。可分二式。
Ⅰ式：2件。口微侈，素面。标本M37：1（图五，8）。
Ⅱ式：1件，M75：1。直口、下腹部斜收愈明显。红陶（图五，9）。
Cb型　2件。敛口、平底。斜腹内收，素面。标本M28：2（图五，10）。
Cc型　1件，M72：2。直口、素面（图五，11）。

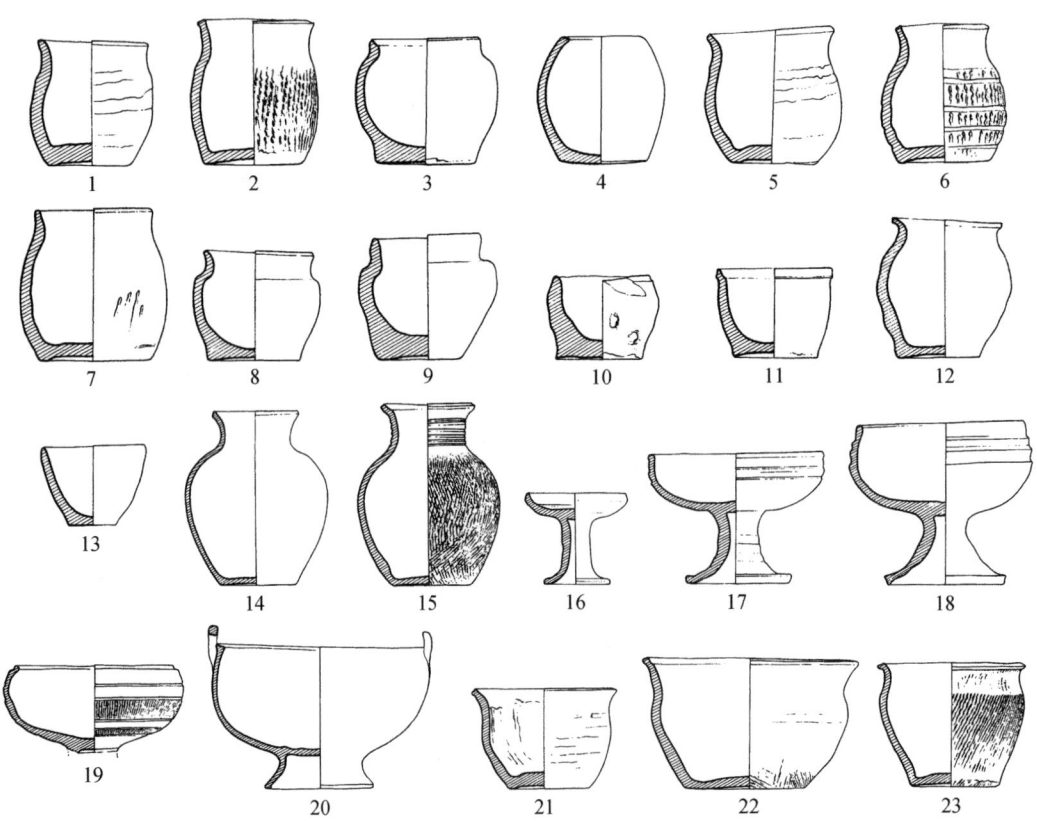

图五　寨头河墓地所出陶器
1. Aa型Ⅰ式杯（M10：3）　2. Aa型Ⅱ式杯（M8：7）　3. Ab型杯（M37：2）　4. Ac型杯（M24：2）
5. Ba型Ⅰ式杯（M10：2）　6. Ba型Ⅱ式杯（M8：8）　7. Bb型杯（M77：1）　8. Ca型Ⅰ式杯（M37：1）
9. Ca型Ⅱ式杯（M75：1）　10. Cb型杯（M28：2）　11. Cc型杯（M72：2）　12. D型杯（M59：1）
13. E型杯（M70：2）　14. Ⅰ式壶（M31：2）　15. Ⅱ式壶（M15：4）　16. A型豆（M48：4）
17. B型豆（M48：1）　18. C型豆（M76：1）　19. D型豆（M15：2）　20. 鍑（M48：6）
21. A型Ⅰ式盆（M10：4）　22. A型Ⅱ式盆（M8：1）　23. B型盆（M60：1）

D型　3件。侈口，卷沿，短束颈，弧鼓腹，平底。不分式。素面。标本M59：1（图五，12）。

E型　2件。敞口、斜腹内收，平底，素面。不分式。标本M70：2（图五，13）。

壶　2件。泥质灰陶。侈口，束颈，鼓肩，弧腹，平底。可分为二式。

Ⅰ式：1件，M31：2。颈部稍短（图五，14）。

Ⅱ式：1件，M15：4。颈部收束且变长（图五，15）。

豆　7件。泥质灰陶。根据器身形态的不同分为四型。

A型　4件。直口微敛，浅盘，弧腹平底，素面。标本M48：4（图五，16）。

B型　1件，M48：1。直口，中腹盘，底近平，口沿下饰三道凸棱纹（图五，17）。

C型　1件，M76：1。直口微敛，深腹，弧腹圜底，口沿下饰三道凸棱纹（图五，18）。

D型　1件，M15：2。敛口，中腹盘，鼓腹圜底，器腹饰两条竖向绳纹带，间以阴文弦纹（图五，19）。

椭方形鍑　1件，M48：6。泥质褐陶。直口微敛，口沿两侧各饰一桥形耳，深弧腹，圜底，圈足，素面（图五，20）。

盆　4件。泥质灰陶。根据口腹部的不同分为二型。

A型　3件。敞口，折沿，斜腹下收。可分二式。

Ⅰ式：1件，M10：4。深腹（图五，21）。

Ⅱ式：2件。腹变浅。标本M8：1（图五，22）。

B型　1件，M60：1。直口，深鼓腹，颈下满饰绳纹（图五，23）。

2. 铜器

铜器主要分为兵器、服饰品、车马器和容器四大类。将可供型式分析或具有年代判断意义的铜器介绍如下。

（1）兵器

戈　共9件，根据援、胡的差异分为二型。

A型　5件。宽短援并上扬，宽胡，长方内。标本M10：17（图六，1）。

B型　4件。长条援上扬，中胡，长方内。可分二式。

Ⅰ式：2件。弧线形尖峰，无折角。标本M81：10（图六，2）。

Ⅱ式：2件。援身变狭窄。标本M7：11（图六，3）。

镞　根据铤、銎的有无可分为两类。

甲类　有铤镞。根据镞身、铤的不同分为四型。

A型　宽翼。镞身较长，三翼内敛，弧刃，有倒刺，后锋在关上，铤截面为圆形。标本M42：2（图六，4）。

B型　窄翼。可分二式。

Ⅰ式：短翼，短镞身。标本M84：1（图六，5）。

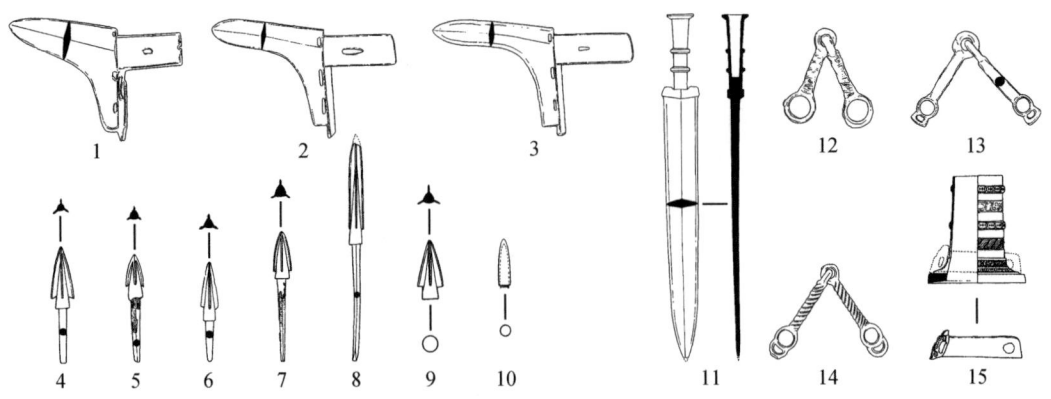

图六 寨头河墓地所出铜器（一）

1. A型戈（M10：17） 2. B型Ⅰ式戈（M81：10） 3. B型Ⅱ式戈（M7：11） 4. 甲A型镞（M42：2）
5. 甲B型Ⅰ式镞（M84：1） 6. 甲B型Ⅱ式镞（M42：4） 7. 甲C型镞（M81：8） 8. 甲D型镞（M68：4）
9. 乙A型镞（M28：4） 10. 乙B型镞（M88：2） 11. 剑（M68：5） 12. A型马衔（M7：15）
13. Ba型马衔（M59：13） 14. Bb型马衔（M10：15） 15. 车軎（M55：33）、车辖（M55：36）

Ⅱ式：翼增长，镞身较瘦长。标本M42：4（图六，6）。

C型 细长型镞，短身长铤。后锋略有小倒刺。标本M81：8（图六，7）。

D型 细长型镞，长身长铤，后锋有小倒刺。标本M68：4（图六，8）。

乙类 有銎镞。根据翼身的有无可分为二型。

A型 4件。三翼短銎。标本M28：4（图六，9）。

B型 1件，M88：2。子弹头形，无棱翼（图六，10）。

剑 2件。圆首，长圆颈，其上有两匝凸箍，凹字形剑格，剑身截面为菱形，剑身近前锋处有收束。标本M68：5（图六，11）。

（2）车马器

马衔 共8件。根据两端环首的不同分为二型。

A型 4件。两端为单环。标本M7：15（图六，12）。

B型 4件。连环形马衔。根据外侧环的不同可分为二亚型。

Ba型 2件。外侧环为梯形。标本M59：13（图六，13）。

Bb型 2件。外侧环为半环形。标本M10：15（图六，14）。

车軎（辖） 各2件。车軎，M55：33，喇叭状口、軎身呈圆柱状，端口至尾部均匀分布有六匝纹饰带。下端有一方形辖孔（图六，15）。车辖，M55：36，兽头、体呈条形，首、尾端各有一穿（图六，15）。

（3）服饰品

带钩 根据钩体造型差异，分为四型。

A型 琵琶形 根据钩体特征的差异可以分为四亚型。

Aa型 6件。钩体较宽，钩钮靠近钩尾处。标本M20：4（图七，1）。

Ab型　2件。钩尾扁宽，钩钮距钩尾较近。标本M62：3（图七，2）。
Ac型　2件。钩体细长，钩面多凸棱。标本M48：10（图七，3）。
Ad型　9件。钩体较窄，根据钩钮的位置可分为二式。
Ⅰ式：5件。钩钮靠近钩尾。标本M23：5（图七，4）。
Ⅱ式：4件。钩钮上移，一般在钩体的四分之一或三分之一处。标本M56：1（图七，5）。
B型　曲棍形　5件。钩体呈均匀的棒形，多弓形弯曲。标本M52：1（图七，6）。
C型　长牌形　4件。钩体长方或圆角方形，形体较大。标本M10：14（图七，7）。
D型　水禽形　1件。鸭嘴形钩首，钩体腹部似有向两侧展开的双翼。标本M45：2（图七，8）。
带扣　1件，M78：4。梯形扣钮、三角形钮孔，扣环整体呈圆环状、环孔呈圆角方形，扣舌垂直于环面并略外伸。环面上饰弧状云纹（图七，9）。

（4）容器

鼎　1件，M7：12。子母口，弧腹，平底，蹄足，口沿下饰一匝绦索纹、其上对称分布一对铺首衔环耳，器腹中部饰一匝连珠贝纹（图七，10）。
单耳罐　1件，M68：6。侈口，束颈，鼓腹，平底，肩部上饰一半环耳，素面（图七，11）。
杯　1件，M55：32。制作粗糙。敞口、斜腹、平底，素面（图七，12）。
卮　1件，M55：37。直腹，筒腹，平底，下接三蹄足，器身有一半环耳（图七，13）。

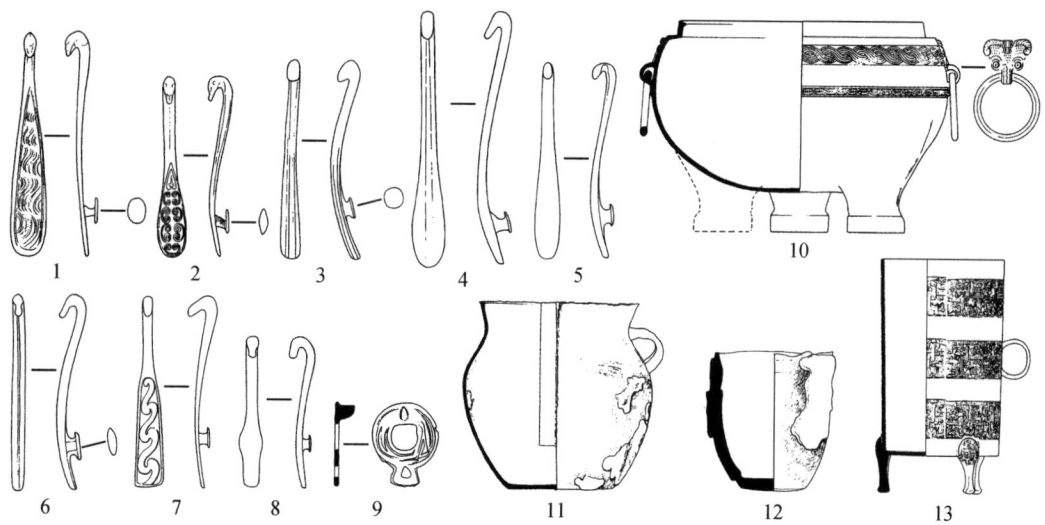

图七　寨头河墓地所出铜器（二）

1. Aa型带钩（M20：4）　2. Ab型带钩（M62：3）　3. Ac型带钩（M48：10）　4. Ad型Ⅰ式带钩（M23：5）
5. Ad型Ⅱ式带钩（M56：1）　6. B型带钩（M52：1）　7. C型带钩（M10：14）　8. D型带钩（M45：2）
9. 带扣（M78：4）　10. 鼎（M7：12）　11. 单耳罐（M68：6）　12. 杯（M55：32）
13. 卮（M55：37）

三、分期与年代

1. 分期

根据典型陶器的形制变化与组合关系（详见附表一），大体将该墓地含典型陶器的墓葬划分为三个不同的发展阶段，并成为其他墓葬的分期依据。

第1段，以M10、M49、M60、M90等为代表。本段的典型陶器有甲A型Ⅰ式、甲B型Ⅰ式、甲C型Ⅰ式鬲，Ab型Ⅰ式、Bb型Ⅰ式、Bc型Ⅰ式夹砂高领罐，甲A型Ⅰ式、甲B型Ⅰ式、甲C型Ⅰ式、甲D型Ⅰ式、甲Ea型Ⅰ式、甲Ec型Ⅰ式、甲Fb型Ⅰ式、甲Fc型Ⅰ式、甲G型Ⅰ式、甲I型Ⅰ式、甲J型Ⅰ式泥质罐，乙A型泥质罐，Aa型Ⅰ式、Ba型Ⅰ式杯，Ⅰ式壶，A型Ⅰ式盆；伴出有B型盆等。本段陶器纹饰整体以绳纹居多，素面陶器多饰有弦纹或附加堆纹；主要陶器组合为甲类鬲+夹砂高领罐+泥质罐、甲类鬲+泥质罐、夹砂高领罐+泥质罐、夹砂高领罐、泥质罐等。本段代表性铜器有A型戈、带钩、Bb型马衔等。

第2段，以M23、M28、M51、M68、M70、M77、M78、M81、M82等为代表。本段的典型陶器有甲A型Ⅱ式、甲B型Ⅱ式、甲C型Ⅱ式鬲，Aa型Ⅰ式、Ab型Ⅱ式、Ac型Ⅰ式、Ba型Ⅰ式、Bb型Ⅱ式夹砂高领罐，甲A型Ⅱ式、甲B型Ⅱ式、甲C型Ⅱ式、甲D型Ⅱ式、甲Ea型Ⅱ式、甲Ec型Ⅱ式、甲Fb型Ⅱ式、甲I型Ⅱ式、甲J型Ⅱ式泥质罐罐，乙B型泥质罐，Aa型Ⅱ式、Ba型Ⅱ式、Ca型Ⅰ式杯，A型Ⅱ式盆；伴出有甲D型鬲，甲Eb型、甲Fa型、甲Fd型、甲H型泥质罐，Ab型、Ac型、Bb型、Cb型、Cc型、D型、E型杯等。本段陶器纹饰中，绳纹仍占有一定比重，素面占比提高；主要陶器组合为甲类鬲+夹砂高领罐+泥质罐、甲类鬲+泥质罐，夹砂高领罐+泥质罐、夹砂高领罐、泥质罐；夹砂高领罐+杯、泥质罐+杯等。本段代表性铜器有剑、B型Ⅰ式戈、Ba型马衔等。

第1、2段在典型性陶器种类与纹饰特征、主要陶器组合等方面共性较大，故可合并为一期，即第一期。

第3段，以M7、M44、M48、M55、M61、M76为代表。本段的典型陶器有Aa型Ⅱ式、Ab型Ⅲ式、Ac型Ⅱ式、Ba型Ⅱ式、Bb型Ⅲ式、Bc型Ⅱ式夹砂高领罐，甲Fc型Ⅱ式、甲G型Ⅱ式泥质罐，Ca型Ⅱ式杯；同时伴出有乙类鬲，C型夹砂高领罐，Ⅱ式壶，A型、B型、C型、D型豆，鍑等。本段陶器纹饰整体以素面为主，绳纹基本消失不见；主要陶器组合为夹砂高领罐+泥质罐、夹砂高领罐、泥质罐；夹砂高领罐+豆、泥质罐+豆等。本段代表性铜器有鼎M7：12，剑M55：39，B型Ⅱ式戈、Ad型Ⅱ式带钩、C型带钩等。

本段中，陶鬲基本消失不见、出现陶豆等中原式陶礼器；绝大部为素面，绳纹基本消失。第3段与第1、2段存在明显差异，可单独归为一期，即第二期。

2. 年代

第1段，甲A型Ⅰ式鬲（M47∶1）与土城子ⅡM715∶4[5]形制基本一致，后者年代在春秋时期；甲B型Ⅰ式鬲（M74∶1）与牛村古城南60H4M25∶6[6]形制近似，后者年代在春秋晚期晚段；甲C型Ⅰ式鬲（M10∶1）与下平望墓地92HXM1012∶1[7]形制近似，但裆部不及后者下垂明显，后者年代在战国早期；B型盆（M60∶1）与古交屯村T2②∶1[8]形制近似，但腹较浅且卷沿愈明显等特征显示其年代稍晚，发掘者将后者定在春秋中期；Bc型Ⅰ式夹砂高领罐（M49∶3）与土城子M885∶2[9]形制近似，后者年代被定在春秋时期；Bb型Ⅰ式夹砂高领罐（M86∶2）与桃红巴拉M1∶1[10]形制近似，但较后者腹部变鼓，后者年代在春秋晚期。故本段陶器年代基本集中在春秋晚期前后。

第2段，甲B型Ⅱ式泥质罐（M26∶2）与李家崖83草M18∶6[11]形制近似，后者年代在战国早期；铜单耳罐M68∶6与Bb型Ⅱ式夹砂高领罐形制基本一致；铜带扣M78∶4与桃红巴拉M2∶6[12]、忻州窑子M28∶2[13]形制近似，杨建华先生将桃红巴拉M2归入内蒙古地区中期的偏早阶段[14]，绝对年代在春秋晚期至战国早期，忻州窑子墓地的年代应在春秋末至战国早期[15]；B型Ⅰ式戈与井中伟先生所分的东周乙Ba型Ⅲ式戈形制基本一致，后者年代在春秋晚期至战国早期[16]；铜马衔M59∶13与玉皇庙M151∶15-1[17]形制基本一致，后者年代在春秋晚期后段，此外，该型马衔亦见于倪丁村M2[18]、狼窝子坑M2与M3[19]，表明该型马衔的流行年代在春秋晚期至战国早期；铜剑M68∶5与中州路M2728∶40[20]形制基本一致，后者年代在战国早期。

综上所述，第一期年代应为春秋晚期至战国早期，其中第1段为春秋晚期、第2段为战国早期。

第3段，陶鬲M71∶1与建河M36∶3[21]形制近似，但较后者颈部较短、足腔深鼓、足跟较高，显示其年代较早，报告将后者年代定在战国晚期晚段，亦有人将其定在战国晚期早段[22]，故前者年代可早至战国中期；双耳罐M59∶3与毛庆沟M64∶1、Y1∶3[23]形制近似，报告认为后者所属墓葬大体相当于战国晚期，陈畅认为其属战国中期[24]；双耳罐M87∶3与建河M44∶1[25]形制近似，但较后者更为修长的特点显示出其年代稍早，报告将后者年代定在战国中期晚段，滕铭予先生认为后者年代大体在战国晚期到秦代[26]，故而前者年代应在战国中期前后；陶豆的年代清晰，原报告意见[27]基本可从，均在战国中期。铜鼎M55∶39亦如原报告所言，为战国中期的典型器物[28]。B型Ⅱ式戈与井中伟先生所分的东周乙Ba型Ⅳ式戈形制基本一致，后者年代在战国中晚期[29]。车䡇M55∶33与分水岭M26∶21[30]形制纹饰基本一致，后者年代在战国早期；此外M55∶33与杨郎马庄ⅠM11∶3[31]形制纹饰基本一致，而马庄ⅠM11年代约在战国早中期前后[32]，故前者年代或已进入战国中期。综上，本段年代应为战国中期，部分墓葬年代或可晚至战国晚期。

此外，该墓地出土的魏国桥形布币"阴晋半釿"（M51：6）与"□半釿"（M22：5）也为检验我们对该墓地绝对年代的认识提供了重要佐证。"阴晋"在今陕西华阴市东。《史记·魏世家》载：（魏文侯）三十六年（公元前389年），秦侵我阴晋。可知此时阴晋属于魏国无误。同时，此类桥形布的铸造地主要集中在以安邑、大梁为中心的两个地区，桥形布铸造上限大概不会超过魏武侯二年（公元前395年）城安邑的时间[33]。《史记·秦本纪》载：（惠文君）六年（公元前332年），魏纳阴晋，阴晋更名宁秦。故而公元前332年应为"阴晋"布的铸行下限，以公元前389～前332年大致为"阴晋半釿"的铸行年代。从出土背景来看，M22和M51的墓主为平民女性，随葬品仅有陶器、铜带钩、骨笄等寻常器；两枚布币均出自棺内，并被摆放在墓主右臂旁边，显示出墓主对其价值的珍视。而正当货币具有流通属性时，方才具有经济价值，从这一层面上来说，这两座墓的年代当在或稍晚于这两枚布币的铸行年代。这一认识和我们在前文中对墓葬绝对年代的判断相合。

四、相关问题探讨

寨头河墓地文化因素复杂，发掘者大致将其划分为三群：以铲足鬲和各种形式罐为代表的A类，属西戎文化因素；以鬲、豆、盆为代表的B类，属三晋文化因素；以陶鍑、青铜牌饰和带扣等为代表的C群，属北方系青铜文化因素[34]。我们基本同意这一认识。但基于对出土器物进行的细致分析，我们对相关认识做了进一步细化和修正。

首先，我们认为A类西戎文化因素，应称作寺洼文化遗留因素，包括夹砂高领罐、乙类袋足鬲等器物，这类器物以夹砂红褐陶为主且陶色多斑驳不均，纹饰以素面为主、部分器物口沿或肩部饰一匝戳刺列点纹。需要注意的是，在数量占比上，夹砂高领罐在寨头河墓地中具有数量多、形制多样、延续时间长的特点，在该墓地的器物组合中居于主体地位；袋足鬲仅出有2件，属伴生器物。在器物形制上，夹砂高领罐以无耳的A型高领罐和器耳接于颈部的B型单耳高领罐为主，器耳平接于口沿的单耳高领罐仅1件和C型双耳高领罐仅有3件，亦属伴生器物。这些特征有别于周边同时期的相关遗存，显示出寨头河墓地的自身特点。正如发掘者所言，该类陶器与寺洼文化在器形、陶质、陶色、纹饰等方面的趋同性令人无法忽视[35]，张天恩先生亦认为这一部分因素应溯源于寺洼文化[36]。我们赞同这一观点，但如何弥补两者之间的时间缺环和演变脉络，还需要今后相关材料的不断丰富。铜器方面，以仿陶单耳罐、杯等器物为代表。B类三晋文化因素应包括甲类弧裆鬲、泥质罐、杯和壶、豆、盆等器物，并且这里所说的三晋文化是一个广义上的概念。其中，甲类弧裆鬲又可称作"罐式鬲"，此型鬲应是本地陶鬲发展过程中的地方特色，其垂裆、实足跟等特点则是吸收了河东晋文化陶鬲的因素[37]；泥质罐中甲A～F六型器物、陶杯中的Ab型、Ac型、C型等器物均可在李家崖遗址同时期墓葬中找到相似器物；壶、豆和盆则是河东三晋文化因素。铜器方面，以子母口鼎、戈、剑、车軎和带钩等为代表，符合河东三晋地区同时期同类器物的形制、风格和技术特征[38]。这些分析表明：B类器物群应属于三晋文化系统，其下又分为居于主体的本地土著文化因素和居于次位的河东三晋文化因素。C类器物群中，陶鍪口部呈椭方形，椭方形鍪目前仅发现于陕北地区[39]；铜器方面，连环形马衔、乙类有銎镞、青铜牌饰、带扣等北方系青铜器则广泛地分布于东周时期的长城文化地带上，寨头河墓地所出的相关遗物即是受其波及的结果。故而我们认为，寨头河墓地至少包括寺洼文化遗留因素、本地土著文化因素、河东三晋文化因素和北方系青铜器等四种文化因素。

其次，从保存完整的墓葬器物组合（参见附表二）来看，该墓地陶器组合主要为甲类鬲+泥质罐+夹砂高领罐、甲类鬲+泥质罐、泥质罐+杯、泥质罐，夹砂高领罐+泥质罐、夹砂高领罐+杯、夹砂高领罐等，另有个别墓葬存在着甲类鬲+杯+盆、乙类鬲+夹砂高领罐、夹砂高领罐+豆、陶鍪+泥质罐+豆等组合。可以看出，夹砂高领罐、甲类鬲与泥质罐/杯在该墓地中居于主体地位，并形成了以甲类鬲和夹砂高领罐为核心的两大基本陶器组合，或暗含了该墓地人群的两大基本来源；但几类器物之间相互共存且在陶质、陶色等整体面貌上的相似性，显示出该墓地人群的高度融合。

再次，在墓葬形制上，寨头河墓地墓葬形制均为土坑竖穴，口底同大71座、口小底大16座、口大底小2座；东西向76座、南北向7座；壁龛墓12座。在葬俗上，在可判定葬具情况的47座墓葬中，一棺一椁14座、单棺26座、无葬具7座；在可判定葬式的48座墓葬中，仰身直肢37座、屈肢葬6座、二次葬5座。殉牲墓41座，殉牲中最多的是牛和羊，其次是马，猪和狗最少，显示出牛与羊在当时生产生活中的重要地位；值得注意的是，其中有头蹄殉牲墓10座，其摆放位置和方式主要是将动物头骨放置于墓主头侧上部，动物头向与墓主头向一致，指节骨置于殉牲头骨两侧，当同时有几种殉牲时，大型动物头骨居中央，中小型动物分置两侧，这种摆放方式，与崞县窑子墓地[40]、忻州窑子墓地[41]、毛庆沟墓地[42]、饮牛沟墓地[43]等相关墓地的情况相似，但后几处墓地中的牲头多倒置或侧置；寨头河墓地则多面部朝上，显示出自身特点。

总的来看，我们认为寨头河墓地是一处文化面貌高度复杂，并形成了一定自身特色的春秋晚期至战国中期墓地，属于一支新的考古学文化遗存。该墓地至少有寺洼文化遗留因素、本地土著文化因素、河东三晋文化因素和北方系青铜器等四种文化因素，并形成了以甲类鬲和夹砂高领罐为核心的两大基本陶器组合，陶器整体面貌与墓葬形制等方面的较强趋同性，反映出该墓地人群的高度融合。而对墓葬殉牲和人骨综合研究，显示该墓地人群的经济形态应是农牧兼营，但农业水平并不发达[44]。

最后，关于寨头河墓地的族属。发掘者认为寨头河墓地A类陶器与毛家坪B组遗存无明显区别，并结合其他证据，推测寨头河墓地应属一处戎人墓地；并认为其族属系春秋初年因被秦人驱赶而内迁的瓜州戎人后裔之一部，"三家分晋"之后，继续为魏国所管辖[45]。张寅将寨头河墓地划归为东周西戎考古学文化寨头河类型，并认为寨头河类型和毛家坪B组类型属于同一文化系统，这一文化系统源自寺洼文化；他赞同发掘者对墓地族属的判断，并进一步指出其族源应是西周时期生活在"瓜州"的戎人，而"瓜州"应在陇山东西两侧的甘肃东部地区[46]。张天恩则认为寨头河A甲类遗存，应溯源于寺洼文化，该墓地应是东徙的部分寺洼人的后裔，并可能在春秋时期就融入中原晋系文化中，在战国早期为魏国戍守子午岭以东的河西地区[47]。以上结论的得出，皆是在于寨头河墓地中寺洼文化遗留因素的突出，对于这一文化因素的来源和其背后可能代表的人群，我们基本认可学者们的判断。但不容忽视的是，学者们在强调寺洼文化因素的同时，却忽视了墓地自身因素的存在。通过本文的分析，寨头河墓地形成的以弧裆鬲和夹砂高领罐为核心的两大基本陶器组合，体现出本地土著文化因素和寺洼文化遗留因素主导下的两大传统，或反映出其背后存在着本地土著后裔和东迁寺洼人后裔的两支人群，而文化面貌整体上的趋同性又体现出两大人群的深度融合。在两大基本陶器组合之外，个别墓葬存在的特殊组合，显示出在两大人群不断融合的同时，也不断有新的文化因素乃至人群的加入。

注　释

［1］ 陕西省考古研究院，延安市文物研究所，黄陵县旅游文化局.陕西黄陵寨头河战国戎人墓地发掘简报［J］.考古与文物，2012（6）：3-10.

［2］ 孙周勇，孙战伟，邵晶.黄陵寨头河战国墓地相关问题探讨［J］.考古与文物，2012（6）：79-86.

［3］ 陕西省考古研究院，延安市文物研究所，黄陵县旅游文化局.寨头河：陕西黄陵战国戎人墓地考古发掘报告［M］.上海：上海古籍出版社，2018.

［4］ 同［3］：397.

［5］ 内蒙古自治区文物考古研究院，内蒙古师范大学，内蒙古博物院，等.盛乐遗珍：内蒙古和林格尔土城子古城遗址出土文物精品［M］.北京：文物出版社，2021：29.

［6］ 山西省考古研究所侯马工作站.侯马牛村古城南墓葬发掘报告［C］.晋都新田.太原：山西人民出版社，1996：205.

［7］ 山西省考古研究所侯马工作站，侯马市博物馆.侯马下平望墓地南区调查简报［C］.三晋考古（第一辑）.太原：山西人民出版社，1994：214.

［8］ 山西省考古研究所.古交屯村东周遗址发掘简报［C］.三晋考古（第一辑）.太原：山西人民出版社，1994：257.

［9］ 同［5］：25.

［10］ 内蒙古自治区文物工作队.鄂尔多斯式青铜器［M］.北京：文物出版社，1986：216.

［11］ 陕西省考古研究院.李家崖［M］.北京：文物出版社，2013：218.

［12］ 同［10］：211.

［13］ 内蒙古自治区文物考古研究所，内蒙古自治区文物保护中心.岱海地区东周墓群发掘报告［M］.北京：科学出版社，2016：45.

- [14] 杨建华.春秋战国时期中国北方文化带的形成[M].北京：文物出版社，2004：85.
- [15] 潘玲，谭文妤.内蒙古中南部东区新发现东周时期遗存年代的探讨[J].北方文物，2018（1）：32-42.
- [16] 井中伟.早期中国青铜戈·戟研究[M].北京：科学出版社，2011：118.
- [17] 北京市文物考古研究所.军都山墓地：玉皇庙[M].北京：文物出版社，2007：1142.
- [18] 宁夏回族自治区博物馆考古队.宁夏中宁县青铜短剑墓清理简报[J].考古，1987（9）：773-777.
- [19] 周兴华.宁夏中卫县狼窝子坑的青铜短剑墓群[J].考古，1989（11）：971-980.
- [20] 中国科学院考古研究所.洛阳中州路（西工段）[M].北京：科学出版社，1959：99.
- [21] 陕西省考古研究院.宝鸡建河墓地[M].西安：陕西科学技术出版社，2006：88.
- [22] 马亮.宝鸡建河墓地秦墓分期再研究[C].珞珈史苑（2019年卷）.武汉：武汉大学出版社，2020.
- [23] 同［10］：256，292.
- [24] 陈畅.毛庆沟墓地年代学研究[J].考古与文物，2010（1）：69-73.
- [25] 同［21］：73.
- [26] 滕铭予.宝鸡建河墓地的年代及相关问题[C].边疆考古研究（第8辑）.北京：科学出版社，2009：129-138.
- [27] 同［3］：396.
- [28] 同［3］：396.
- [29] 同［16］：122.
- [30] 山西省考古研究所，山西博物院，长治市博物馆.长治分水岭东周墓地[M].北京：文物出版社，2010：278.
- [31] 宁夏文物考古研究所，宁夏固原博物馆.宁夏固原杨郎青铜文化墓地[J].考古学报，1993（1）：13-56.
- [32] 周琪.宁夏东周北方文化青铜器研究[D].吉林大学硕士学位论文，2017：12.
- [33] 吴良宝.中国东周时期金属货币研究[M].北京：社会科学文献出版社，2005：156.
- [34] 同［3］：397.
- [35] 同［2］.
- [36] 张天恩.新见寺洼类文化遗存的初步认识[C].早期丝绸之路暨早期秦文化国际学术研讨会论文集.北京：文物出版社，2014：34-42.
- [37] 同［11］：332.
- [38] 同［3］：337-363.
- [39] 滕铭予.中国北方地区两周时期铜鍑的再探讨[C].边疆考古研究（第1辑）.北京：科学出版社，2002：34-54.
- [40] 内蒙古文物考古研究所.凉城崞县窑子墓地[J].考古学报，1989（1）：57-81.

[41] 同[3]：14-167.

[42] 内蒙古文物工作队. 毛庆沟墓地[M]. 鄂尔多斯式青铜器. 北京：文物出版社，1986：227-315.

[43] 内蒙古自治区文物工作队. 凉城饮牛沟墓葬清理简报[J]. 内蒙古文物考古（第3期），1984：25-31.

[44] 同[3]：265.

[45] 同[2].

[46] 张寅. 东周西戎考古学文化的初步研究[C]. 秦始皇帝陵博物院2013总叁辑. 西安：三秦出版社，2013：265-282.

[47] 同[36].

再论寨头河墓地的分期、年代及相关问题

附表一　寨头河墓地出土陶器分期表

期	段	鬲 甲类 A型	B型	C型	D型	乙类	夹砂高领罐 Aa型	Ab型	Ac型	Ba型	Bb型	Bc型	C型	泥质罐 甲类 A型	B型	C型	D型	Ea型	Eb型	Ec型	Fa型	Fb型	Fc型	Fd型
一	1	Ⅰ	Ⅰ	Ⅰ			Ⅰ	Ⅰ	Ⅰ	Ⅰ	Ⅰ	Ⅰ		Ⅰ	Ⅰ	Ⅰ	Ⅰ	Ⅰ	Ⅰ	Ⅰ	Ⅰ	Ⅰ	Ⅰ	
	2	Ⅱ	Ⅱ	Ⅱ	✓		Ⅱ	Ⅱ	Ⅱ	Ⅱ	Ⅱ	Ⅱ		Ⅱ	Ⅱ	Ⅱ	Ⅱ	Ⅱ	✓	Ⅱ	✓	Ⅱ	Ⅱ	
二	3					✓		Ⅲ			Ⅲ		✓											✓

期	段	泥质罐 甲类 G型	H型	I型	J型	乙类 A	B	杯 Aa型	Ab型	Ac型	Ba型	Bb型	Ca型	Cb型	Cc型	D型	E型	壶	豆 A型	B型	C型	D型	盆 A型	B型	镞
一	1	Ⅰ	Ⅰ	Ⅰ	Ⅰ			Ⅰ	✓		Ⅰ					✓	✓	Ⅰ					Ⅰ	✓	
	2		✓	Ⅱ	Ⅱ	✓		Ⅱ			Ⅱ	Ⅰ	Ⅰ	✓	✓	✓	✓		✓	✓	✓	✓	Ⅱ		
二	3	Ⅱ										Ⅱ	Ⅱ					Ⅱ							✓

附表二　寨头河墓地主要墓葬分组统计表

期	段	墓号	甲类瓮 A	甲类瓮 B	甲类瓮 C	甲类瓮 D	夹砂高领罐 A型 a	A型 b	A型 c	B型 a	B型 b	B型 c	泥质罐甲类 A	B	C	D	E	F	G	H	I	J	乙类	杯 A型	B型	C型	豆	其他
1	1	M10			I																			aI				A型I式盆、A型戈、马衔等
		M74		I																								铜带钩1
		M90	I														aI											B型铜带钩1、骨笄1
		M2		I				I										bI	I									
		M32		I							I																	
		M47	I																									
	1	M31						I							I	I												
		M49												I	I								A					I式壶
		M88					I								I													
		M89													II		cI	bI										乙B型铜镞1
		M60															cI											骨笄1
		M4																		√				aI				B型盆、Aa型带钩、铜镯等
		M18																				I			aI			罐
2	2	M78	I			√							I															铜带扣1、铜镯2、石杖头2
		M54		II				II						II														骨笄1
		M81					I			I					II													B型I式戈、甲C型镞、骨笄3
		M51				√												d										铜布币1、Ab型带钩、骨笄1
		M57				√															I							A型铜戈、B型带钩、骨镞1
		M36			II							II																
		M14		II													aI											

续表

期	段	墓号	夹砂高领罐 甲类南 A	夹砂高领罐 甲类南 B	夹砂高领罐 甲类南 C	夹砂高领罐 甲类南 D	夹砂高领罐 A型 a	夹砂高领罐 A型 b	夹砂高领罐 A型 c	夹砂高领罐 B型 a	夹砂高领罐 B型 b	夹砂高领罐 B型 c	泥质罐 甲类 A	泥质罐 甲类 B	泥质罐 甲类 C	泥质罐 甲类 D	泥质罐 甲类 E	泥质罐 甲类 F	泥质罐 甲类 G	泥质罐 甲类 H	泥质罐 甲类 I	泥质罐 甲类 J	乙类	杯 A型	杯 B型	豆 C型	其他
1	2	M5	II																								
		M62	II																								Ab型带钩
		M38						II			II						bI										Ac型铜带钩
		M19				I											d					B				A型戈、铁带钩1等
		M27				I		I									b					B				铁带钩1等
		M82					II	II			II										II					罐1、Ad型I式铜带钩、铜环1、骨笄2等
		M68							I		II															铜剑1、甲B型II式镞、甲C/D型璧、长方体石器1
		M29						I	I										V				aI		aI	
		M1							I														b			夹砂高领罐1、A型戈1
		M67					I	II			II												b			铁带钩1、铜环1等
		M69							I																	铁带钩1、铜环2等
		M25								II		II						a								铁带钩1、甲B型II式镞、Ac型铜带钩
		M80								II												B				Ad型I式铜带钩、乙A型铜镞4、Ac型铜带钩
		M28															II						c		b	陶罐1、骨笄1、蜻蜓眼1
		M23								II													aII			甲A型铜镞6
		M24																								
		M58																a								A型II式盆、骨笄1、铜管2、串珠等
		M8																								
		M13																								罐

续表

期	段	墓号	甲类高领罐 A	甲类高领罐 B	甲类高领罐 C	甲类高领罐 D	夹砂高领罐 A型 a	夹砂高领罐 A型 b	夹砂高领罐 A型 c	夹砂高领罐 B型 a	夹砂高领罐 B型 b	夹砂高领罐 B型 c	泥质罐 甲类 A	B	C	D	E	F	G	H	I	J	乙类	杯 A型	B型	C型	豆	其他
一	2	M37																					b		aⅠ		D型杯、陶网残片
		M41																					b				甲B型Ⅱ式镞3
		M42																					aⅠ				B型铜带钩、骨笄1
		M77																						c			E型杯2、A型Ⅱ式盆
		M70																							c		铜牌饰1
		M72							Ⅱ																		罐
		M3											Ⅱ														B型铜带钩、铜环1等
		M26						Ⅲ			Ⅱ						cⅡ										铜鼎1、B型Ⅱ式铜戈1、镞、A型马衔2、骨器等
二		M7								Ⅱ	Ⅱ							bⅡ										铜柜1、A型铜戈1、铜剑1、A型马衔1、铜镞等
		M55																bⅡ										乙Fa型罐、C型铜带钩、铜布1、骨笄2等
		M22									Ⅲ																B型铜带钩
		M44			Ⅱ					Ⅱ																	C型铜带钩、铜环2、骨笄1等
	3	M61			Ⅱ		Ⅰ											bⅡ								A/C	Ad型Ⅱ式铜带钩、B型铜带钩、铜铃4、铜环2、骨笄1等
		M76																	Ⅱ								B型Ⅱ式戈、铁带钩1
		M17																									甲C型罐、D型杯2、Ba型马衔2、石杖头1、骨器等
		M59																									

续表

期	段	墓号	夹砂高领罐 A型 a	A型 b	A型 c	B型 a	B型 b	B型 c	泥质罐 甲类 A	B	C	D	E	F	G	H	I	J	乙类	杯 A型	B型	C型	豆	其他
Ⅱ	3	M87														∨								甲C型罐
		M9																					A	罐
		M15											cⅡ			∨							D	Ⅱ式壶
		M75												cⅡ								bⅡ		壶式罐1
		M11																						乙类甬、夹砂单耳罐、铁带钩
		M71				∨																		乙类甬、C型铜带钩、铜马面饰1、铜环2等
		M48																					A/B	陶鍑、Ac型带钩、Ad型Ⅱ式带钩、骨镞4等

On the Periodization, Chronology and Related Issues of the Zhaitouhe Cemetery

CHEN Fei

Through careful analysis of the materials of the Zhaitouhe cemetery, this paper classifies the Zhaitouhe cemetery into the early and late phases, ranging from the late Spring and Autumn period to the middle Warring States period. As a new archaeological remains, the Zhaitouhe cemetery at least included Siwa Culture factors, the native culture factors, Jin cultural factors and the northern culture factors, at the same time, *Li* with arc crotch and the pots with high necked and tempered coarse as the pottery assembly have been formed. According to the similarity of the pottery appearance and tomb conformation, it reflected a high degree of population integration in the Zhaitouhe cemetery.

通化市万发拨子遗址的经济形态和资源域研究

——兼议浑江中游青铜时代聚落形态与社会性质

王　青

（山东大学考古系，济南，250000）

万发拨子遗址位于吉林省通化市南郊，地处浑江东岸，因遗址所在的小山丘像一只前伸的乌龟，当地俗称"王八脖子"。该遗址自20世纪50年代以来经多次调查和复查[1]，包括1995年吉林省考古所与通化市文管办等单位联合对该遗址及其周围进行的详细调查，并选择部分地点做了试掘。笔者当时在吉林省考古研究所工作，受所里委派主持了这次调查和试掘，并执笔发表了考古简报[2]。1997～1999年，吉林省考古研究所等单位对该遗址开展了大规模发掘，出土大批实物遗存，取得重要收获[3]。随后又对发掘出土的动物遗存和石料等做了鉴定分析，并对当时的自然环境和生态系统做了推测复原[4]。现在看来，1995年的田野工作实为笔者从事遗址资源域分析的最早尝试，后来的大规模发掘与深入研究则为进一步做这种分析提供了丰富素材。本文结合这些资料对万发拨子遗址的经济形态和资源域进行初步研究，并以此为基础，对该遗址所在的浑江中游青铜时代的聚落形态与社会性质做初步探索。

一、万发拨子遗址的经济形态分析

万发拨子遗址在通化市金厂镇跃进村王八脖子屯西侧，南侧有金厂河流过，遗址正处于金厂河注入浑江的河口地带，西邻平坦的浑江冲积平原，东连坡度较大的山地丘陵，江集路（原通集公路）从"脖子"部位穿过。遗址范围比较明确，基本分布在前伸的小山丘和后侧相连的部分山岭上（图一）。"二普"调查时记录遗址范围东西约100、南北约120米，面积超过1万平米，应主要指前伸小山丘上的遗存分布范围，历年在这里采集到不少陶器和石器标本，年代多属青铜时代[5]。1997～1999年的发掘面积为6000余平方米，最终证实居住址应在小山丘上，墓葬均分布在后侧相连的蜿蜒山岭上，形成东西长750、南北宽约200米的遗存分布区，遗址总面积达15万平米。

这次发掘共清理了20座房址、53座墓葬和137个灰坑等大批遗迹，出土各类遗物近7000件。发掘者和整理者将出土遗存整体划分为六期，跨越了新石器时代、青铜时代和

图一　万发拨子遗址位置示意图

铁器时代，其中第一期年代为新石器时代中晚期，第二期年代在晚商时期到西周之初，第三期在春秋和战国时期，第四期在西汉时期至两汉之交，第五期在魏晋时期，第六期在明代晚期。其中第三、四、五期的遗存最为丰富，其他时段遗存较少，尤以第三期堆积最厚，出土遗存最多，这三期是遗址的主要内涵，属于高句丽建国之前到中期的文化遗存[6]。这批遗存以确凿的实物资料证明，高句丽是我国东北地区汉魏时期存在的一个地方政权，为研究高句丽及边疆民族史提供了重要考古资料。

纵观前五期文化遗存，整体上表现出比较鲜明的狩猎和采捞经济特点。据统计，发掘共出土了4万余件骨骼标本，在可鉴定的6088件标本中，共鉴定出27种脊椎动物，分属哺乳类、鸟类、爬行类、硬骨鱼类，另有淡水软体动物。其中大多数脊椎动物为野生哺乳动物，主要有野猪、马鹿、狍子、狗獾、黄鼬，及老虎、熊科等。家养动物有猪、狗、鸡、马、牛等5种，但数量和比例只占少数。其余大多数不能鉴定种属的碎骨也都属于野生动物[7]。这些野生动物显然应是狩猎和采捞而来。另外，还出土了不少鱼骨、鳖甲和螺壳、蚌壳等水生动物遗骸，以及大批陶、石网坠（详后），说明当时的水中采捞行为也很频繁。

该遗址还发掘出土了大批石器和骨角牙器等生产工具，出土数量比生活用具陶器明显多。狩猎工具主要有石镞和铜镞、铁镞，采捞工具主要有陶网坠、石网坠和骨鱼枪、牙刀等，其中石镞和陶、石网坠的数量最多，分别为1000、796、556件。而且这些狩猎和采捞工具的形态前后演进也比较明显，如石镞一期还是简单的无铤形式，二期有铤镞出现，三期以后铤及镞身逐渐变长，并出现了铜镞和铁镞；网坠中，打制的石网坠形制变化不大，但陶网坠变化很明显，一、二期还是用陶片简单打磨而成，三期以后则普遍用陶土烧制而成。另外，第四、五期还出现了平头铁镞，应是狩猎毛皮动物的专用箭镞。这都表明，采捞和狩猎经济一直占有主要地位，狩猎和采捞技术也在不断进步（图二）。当然，《三国志·魏书·乌丸鲜卑东夷传》记载高句丽人"其人性凶急，喜寇抄"，可知各种箭镞也应是重要的作战武器。

当然，万发拨子遗址还有一定比例的农业经济。从该遗址发掘的多座成形房址和墓葬及厚达两三米的文化堆积可知，当时应是一直定居在小山丘上的，墓地则固定在后侧山岭上，陶器等定居生活所需要的日常用具也出土较多，表明定居社会已经比较成型。该遗址还出土了一定数量的石制农具，主要有石锄、石斧和石刀、石镰等（图二），数量经笔者统计分别为66、139、332、13件，总计550件，其中第三期最多，四、五期次之，一、二期最少（表一）。这几类石器数量虽然没有狩猎采捞工具多，但经过学界长期研究，其功用多认为与农耕活动有关，应属于农具范畴[8]。另据学者对该遗址出土家猪和野猪骨骼的碳氮同位素检测分析显示，家猪的$δ^{15}N$值普遍高于野猪，说明家猪的部分食物依赖于人类的供给，故食物中含有更多的蛋白质[9]。这一研究也支持该遗址先民是定居社会。另从表一的统计可以看出，从第二期尤其第三期以来，石制农具的数量有显著增加，并且石锄的形态前后演进比较明显，说明农耕技术在逐步提高，农业经济的地位应有所上升。第五期还出现了铁牛掌，说明先进的牛耕技术很可能已经出现。

以上分析表明，前五期遗存反映狩猎和采捞经济一直比较发达，占有主要地位，农业只占小部分比例。甚至晚到第六期明代晚期的墓葬中，也是随葬了大量铁镞等狩猎工具，这与文献记载的明代长白山区建州女真"皆善驰猎"是相符的，充分说明了东北地区古代狩猎和采捞经济的延续性和继承性。显然，这与东北腹地处于高纬度地带、多高山林地和饶野生动物的自然环境是相符合的。《三国志·魏书·乌丸鲜卑东夷传》对此也有真切记载，高句丽"多大山深谷，无原泽，随山谷以为居，食涧水。无良田，虽力佃作，不足以实口腹"。但需要强调的是，东北地区古代长期存在的狩猎和采捞经济并不意味着没有定居社会，对此张忠培等先生曾有深入论述，认为东北地区从新石器时代以来就是依赖渔猎经济支撑的定居社会，后来部分区域甚至能基于渔猎经济进入国家形态，并形成独具特色的渔猎文明[10]。

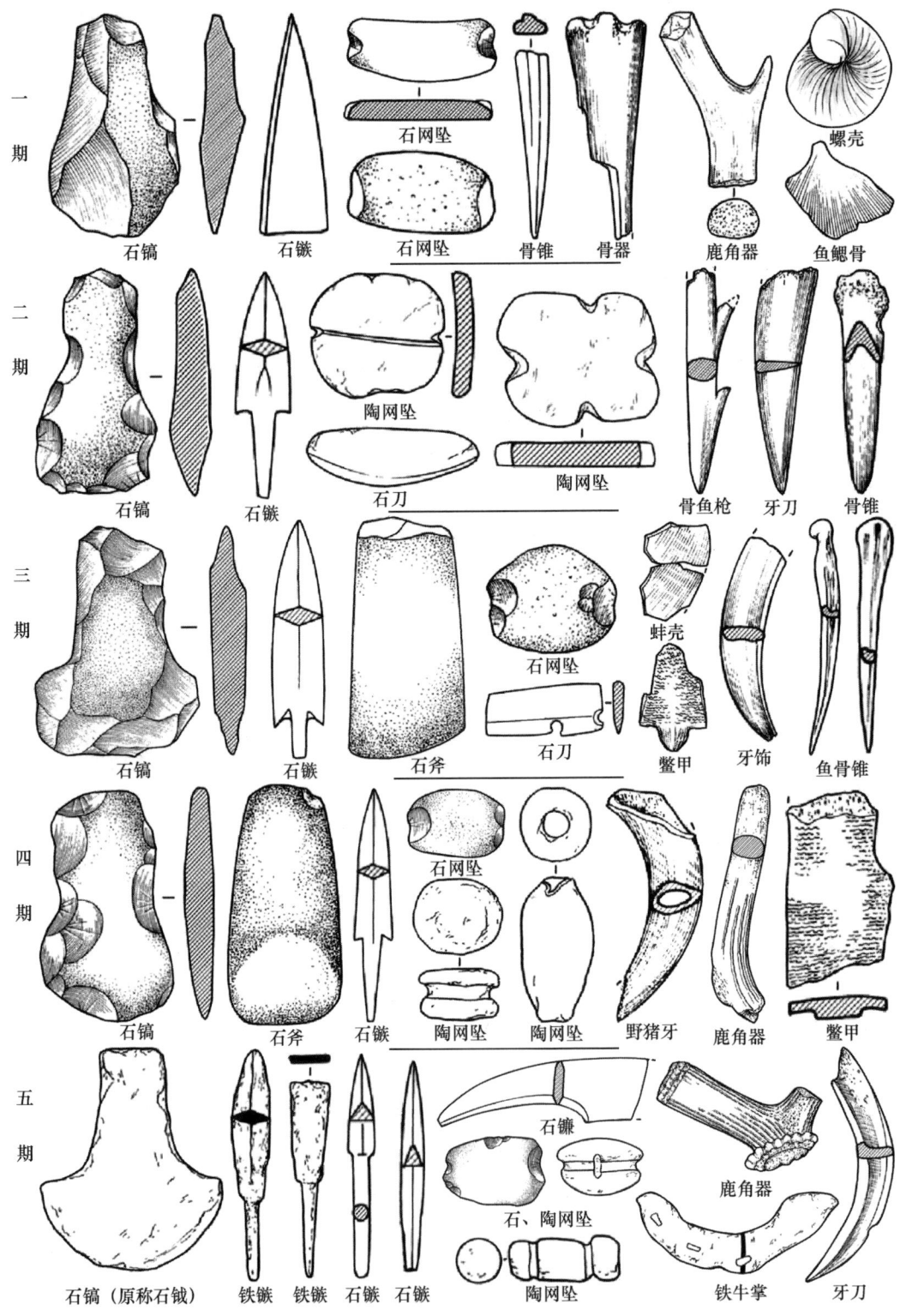

图二 万发拨子遗址发掘出土的生产工具举例

表一　万发拨子遗址发掘出土石制农具统计表

	一期	二期	三期	四期	五期	总计
石镐	1	8	45	4	8	66
石斧	1	3	66	33	36	139
石刀	3	8	196	76	49	332
石镰	2	1	5	3	2	13
总计	7	20	312	116	95	550

二、万发拨子遗址的资源域分析

以上对经济形态和定居社会的分析，为探讨万发拨子遗址的资源域提供了必要基础。1995年10月，笔者主持对该遗址周围金厂河两岸的公路施工动土范围进行了考古调查，共发现5处地点有陶片和石器分布，并选择2处地点做了试掘。结果表明，这些地点堆积很薄，出土遗存也很少，显然不是严格意义的居住地，应属于古人短暂活动形成的遗物散布点。因此笔者在简报最后提出："从王八脖子遗址所在金厂小盆地的地理位置看，这五处遗物散布点应是居住于王八脖子遗址的古代居民在此从事耕作或其他经济活动所形成的。五处地点之间相距不足1千米，与王八脖子遗址距离也只有1～3千米，这可能正反映出该遗址居民日常生产活动的地域范围。"[11] 现在又有了大规模发掘的丰富出土资料及相关研究成果，可以对该遗址的资源域做更仔细的分析。

该遗址所在的小山丘山顶海拔403米，相对高度约15米，周围三面都有比较开阔的冲积平原，瞭望视野和守卫形势较好，并可免受洪涝灾害，用水也方便，而且全年向阳，是金厂河小盆地中最适合定居之处，对此1997～1999年的发掘已经证实。根据"二普"调查结果，距离该遗址最近的主要有两个青铜时代遗址。九仙峰遗址，位于市区江东新站街第三针织厂后山上，曾发现半月形石刀和部分夹砂褐陶片；西山南坡墓群，位于市区西南郊环通乡政府后山上，曾发现3具人骨，附近出有石器多件，及陶罐、纺轮等[12]。从万发拨子的情况看，该墓地的所属遗址很可能在附近。这两处遗址与万发拨子相距在4千米以内，相互之间的领地分界可先用泰森多边形原理画出等分直线作为假定分界线[13]，再根据已有研究案例（详后），初步将万发拨子遗址的资源域范围设定为半径约2.5千米。在这一范围内，我们可进一步将该遗址的资源域划分为耕作区、采捞区和狩猎区三个区域（图三）。

1. 耕作区

根据现场调查的结果，首先可以排除遗址所在金厂河北侧山岭作为耕作区的可能性。这些山岭普遍坡度较大，多在15°～25°以上，海拔从400米左右快速升到五六百米以上，且多是小砾石堆积，不利于水分的保持，不适合农业生产。另外，该遗址所在冲

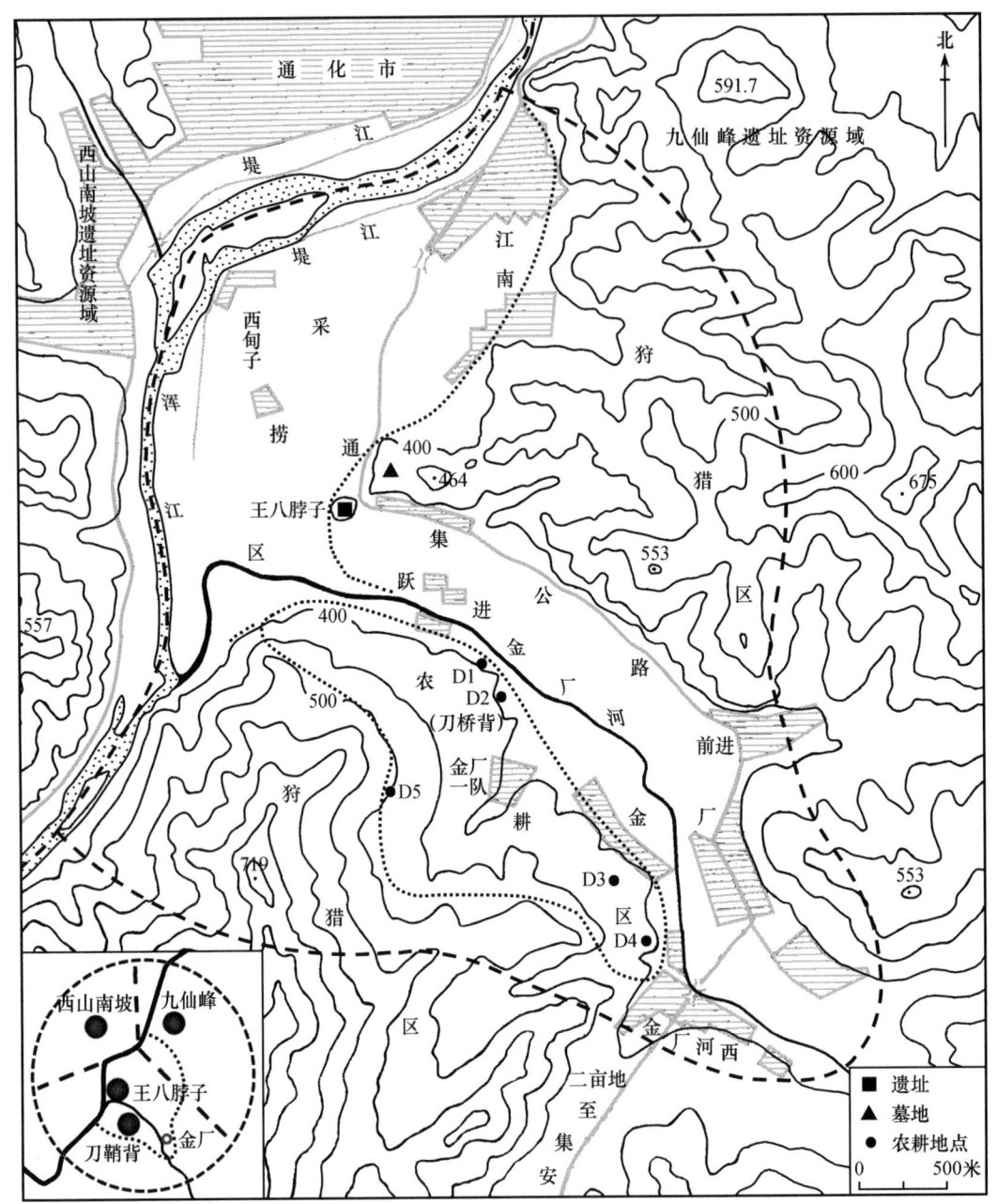

图三　万发拨子（王八脖子）遗址资源域构成分布图
（左下小图的虚直线为依据泰森多边形原理标示的假定分界线）

积平原是浑江及金厂河泛滥冲积而成，也不适合农耕生产（详后）。1995年在万发拨子遗址周围发现的5处文物点（编号D1至D5）均在金厂河南岸，均在地表采集有数量不等的陶片和石器，试掘的2处地点（D2和D4）出土遗存略多。对此简报已做了报道，这里兹做概要介绍。D1位于跃进村东南0.5千米，采集有零星陶片和石镐、斧、凿等。D2在D1西北100余米，位于金厂一队北0.5千米。这两处地点早年曾发现过陶器和石器，文物档案登记为"刀桥背遗址"。D2经过试掘出土了少量陶片和石镐、斧、矛、砺石、磨棒和网坠等多件石器。D3位于金厂村后100余米的山坡上，采集到黑曜石尖状器和零星陶片。D4西北距D3不足0.5千米，经过试掘出土了少量陶片和石刮削器、尖状器等（图四）。D5下距D1和D2地点500余米，早年村民在这里曾挖出一些石器，根据描述推测有石斧和石刀等。

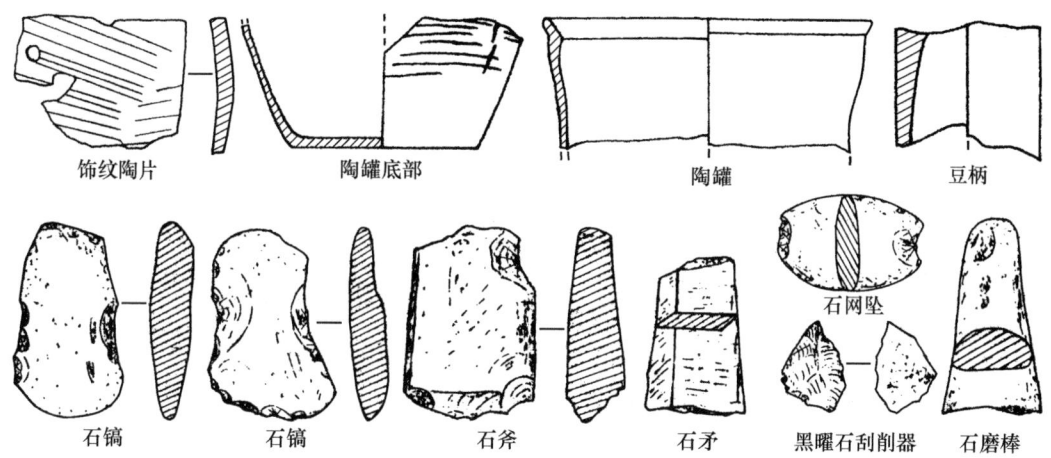

图四 1995年试掘地点出土陶石器举例

这5处地点处于金厂河南岸的近岸地带，而且坡度较缓，海拔400～500米，宽度有近1000米，与河北岸的陡斜山势形成明显差异。据研究，该遗址周围阶地和台地上的土壤主要是白浆土，母质与玄武岩和黄土状土有关，尽管肥力较差且容易发生水土流失，但也利于农林牧经济活动[14]。根据笔者保存的当时工作日记可知，在试掘的两处地点还发现了几个断续的拐尺形石砌遗迹，但未见用火痕迹或者灶址存在，推测很可能是拦水或拢土设施，以防水土流失。整体来看，这块在万发拨子南面1～2.5千米的大片坡地表现为较缓的漫岗，山腰以下土层较厚，小砾石也较少，且有金厂河在坡下流过，取水便利，但处在山坡背阴面，不适合居住，而且文化堆积较薄，尤其不见居住遗迹，因此从出土的石镐和石斧等农具可推断，这里应是适合农耕生产之地。当然，这里也出土了石矛、刮削器及网坠等用于狩猎和采捞的工具，表明当时在周围也兼作其他生产活动。

2. 采捞区

万发拨子遗址发掘出土了不少水獭、鱼、鳖和螺、蚌等水生动物遗骸，以及用厚大蚌壳制作的蚌环装饰品，鉴定者推测周围应有丰富淡水资源[15]。同时还出土了大批石制和陶制网坠，总数达1300多件，另有骨鱼枪等，石镞也可用于射鱼，表明当时的捕捞和采集水生动物活动是很频繁的。该遗址西邻的浑江无疑是重要的采捞区域，另据当地文史资料，浑江在近代以前并无河堤，经常泛滥成灾，如江南至西甸子两村一带就是成片的涝洼甸子，适合种菜，不适合种植作物。直到1958年修筑江堤，才结束了浑江经常泛滥的历史，东岸村屯才有了较为稳定的生产和生活环境[16]。

由此可知，整个遗址面向西面的开阔冲积平原应是采捞区，其西界应以浑江为限（再西应为西山南坡遗址的资源域范围），北起遗址后侧的山前平原，南至金厂河河口一带，面积较大，海拔普遍在380~400米。结合水生动物的习性还可进一步推测，喜栖于"活水"之中的水獭很可能是从浑江捕捞而来，喜栖于"静水"和浅水之中的河螺及河蚌等应是从泛滥地带的岸边采集而来，食性较为广泛的鱼鳖之类则应来自采捞区的各处适宜之地，包括金厂河的中下游地段。这些水生动物应是冬春"青黄不接"时段的必需生存资源，其他季节也是先民对蛋白质需求的重要补充渠道。

3. 狩猎区

在万发拨子遗址的大规模发掘中，出土了大批野生哺乳动物遗骸，主要包括野猪、马鹿、狍子、狗獾、黄鼬以及老虎、熊科等，共计近20种，其中包括不少皮毛动物种类，鉴定者推断周围应有高山和茂密森林，并且先民已掌握了对皮毛动物的揉皮加工技术[17]。同时还出土了大批石制和骨角牙制狩猎工具，另有少量铜镞和铁镞，表明当时的狩猎活动是非常重要的生产内容，以满足对肉食脂肪和动物毛皮的需求。1995年调查的D5地点出有石制农具，但没有发现灰层和陶片等，这里海拔500米左右，处在林地之中，应已是古代农耕区的边缘，再往上应是狩猎区。换言之，遗址周围海拔500米以上的高山地带应是狩猎区域。

该遗址地处长白山区的腹地，南有老岭山脉，北有龙岗山脉，海拔普遍在500~1000米之间，不少山峰在1000~1500米。现在山区的森林仍很茂盛，植被类型有针叶林、针阔叶混交林和阔叶杂木林等（遗址地处针阔叶混交林区）。据统计，长白山区现有兽类共计6目18科42属59种[18]，该遗址出土的野生哺乳动物几乎都在其中，只有麂子和獐子除外。通化东邻的延边州1973年收购东北虎皮48、豹皮40、水獭皮91、紫貂皮753张，1978~1981年收购獾皮5720、狐皮和貉皮3659张[19]。可见长白山区野生动物的丰富程度，在古代应该更加丰富，这应是该遗址先民从事狩猎活动的重要环境背景。

以上我们对万发拨子遗址的资源域范围作了初步划分，可知耕作区、采捞区和狩猎区三个区域基本处在金厂河小盆地及其附近地带，形成一个半径2.5千米、以金厂河为中轴的半开放式扇形区域，面积约有22平方千米。其中耕作区应在遗址以南、金厂河对面的大片漫岗坡地上，海拔400～500米；采捞区在遗址向西的大片开阔冲积平原上，海拔普遍在400米以下，属于金厂河流入浑江的河口地带，向东沿金厂河的中下游也是采捞鱼鳖之地；狩猎区基本在海拔500米以上的高山丘陵地带，这里是野生哺乳动物的主要分布之地。该遗址的先民应该主要在这一资源域范围开发和利用自然资源，满足日常生存资源的基本需求。该遗址基本处于此区域的中央位置，便于获取周围的各种生存资源，这可能正是先民在此选址长期居住的重要原因。

根据发掘报告，该遗址还出土了不少明显来自域外的器物，器形和材质都比较珍贵，部分应属于奢侈品（图五，上）。其中铜斧、铜镜和铜短剑很可能来自该遗址以西30千米的通化县小都岭冶铸遗址，根据调查简报，该遗址1983年出土了10件滑石范，包括斧范、镜范和矛范（图五，下），出土时注口朝上置于黑泥之中，有的还用铜丝捆

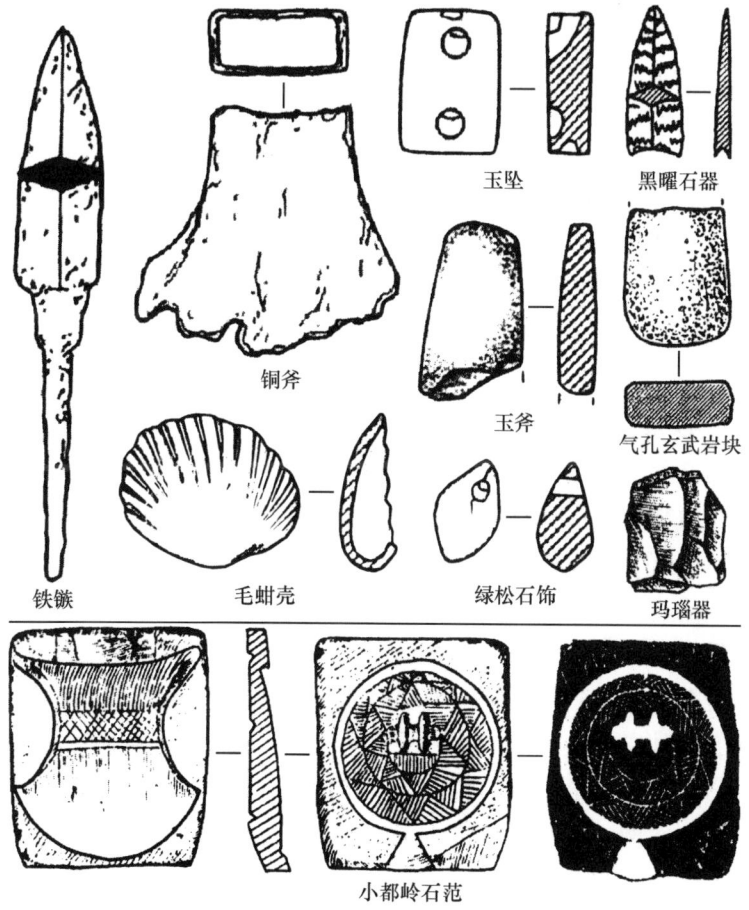

图五　万发拨子遗址出土的域外器物（上）及小都岭石范举例

绑，年代应在东周时期[20]。万发拨子遗址第三期发现的铜斧与小都岭石范所见斧形相似，可推断应来自小都岭冶铸作坊。黑曜石器、玛瑙器和气孔玄武岩块的石料应产自长白山火山喷发地带，西距该遗址约有150千米，具体应是从浑江上游得来的。毛蚶应是通过鸭绿江来自辽东半岛沿海，距离遗址约有300千米，绿松石等玉料很可能也是如此。青瓷器出自该遗址第五期，应是中原产品，很可能来自南面70千米的高句丽都城（今集安市区一带），铁器可能也是如此。

需要说明的是，鉴于笔者1995年在该遗址周围5个地点获取的主要是新石器时代和青铜时代的遗存，因此以上对该遗址资源域范围的推断应主要适用于这两个时代，也就是相当于发掘报告划分的第一至四期遗存，尤以第二至四期青铜时代为主，也即高句丽兴起之前和之初的阶段。第五期（及第四期部分遗存）汉魏时期由于高句丽国家形成和铁器已经出现，先民的开发自然能力理应会大幅提高，资源域的范围也会扩大，但鉴于整个浑江中游的聚落形态并无根本改变（详后），估计资源域范围也不会有太大变化。

为了验证和校正这一认识，还需要结合国内外已有的研究案例做进一步分析与完善（图六）。在地中海东岸进行的遗址资源域调查中，面向海岸的遗址步行1小时的资源域范围均为扇形，与定居聚落半径5千米的理论圆圈差异明显[21]。这种扇形范围与万发拨子遗址的资源域范围相似，并可知该遗址西面的浑江应是资源域的西界，再向西应是西山南坡遗址的资源域范围。墨西哥瓦哈卡河谷玛雅文化遗址的研究案例中，该河谷5个遗址的间隔距离都在6千米以内，故将每个遗址的资源域设定为半径2.5千米，如果半径超过2.5千米，则这些遗址的资源域圆圈会有较大重叠和冲突[22]。万发拨子遗址与相邻两个遗址的距离在4千米以内，与瓦哈卡案例相似，故可参照将资源域范围的半径设为2.5千米，三者之间很可能是以浑江和山岭为界，分别占有一个面向浑江的扇形区域（图七）。

笔者2007年以来曾在山东和河南主持了两次遗址资源域调查与分析（图八）。青岛丁字湾大汶口文化早期遗址案例中，北阡遗址的步行1小时区域是一个面向古海湾的扇形区域，面积约23平方千米，半径在3~4千米。该遗址位于山地丘陵地带，经济形态从出土遗存判断应属于狩猎采捞型，农业仅占很小比重。另外，该遗址北侧的泉水头遗址不适于定居生活，应是附属于该遗址的季节性捕鱼驻地[23]。这些特点都与万发拨子遗址的资源域很相似，尤其附属型聚落的存在，表明刀桥背遗址应是万发拨子的季节性耕作地的判断是合理的。豫西北博爱西金城遗址是龙山文化城址，笔者主持的大规模勘探与发掘表明，城外以南存在两个从事季节性耕作和采捞生产的临时驻地，实地步行1小时调查表明，该遗址的资源域为半径约4千米的椭圆形区域，其中东南方向还有3处小遗址，参考瓦哈卡案例，推测这3处遗址应是西金城的农耕轮作地和住地，是该城址的附属小聚落[24]。这也表明，刀桥背遗址应为万发拨子的季节性耕作地。

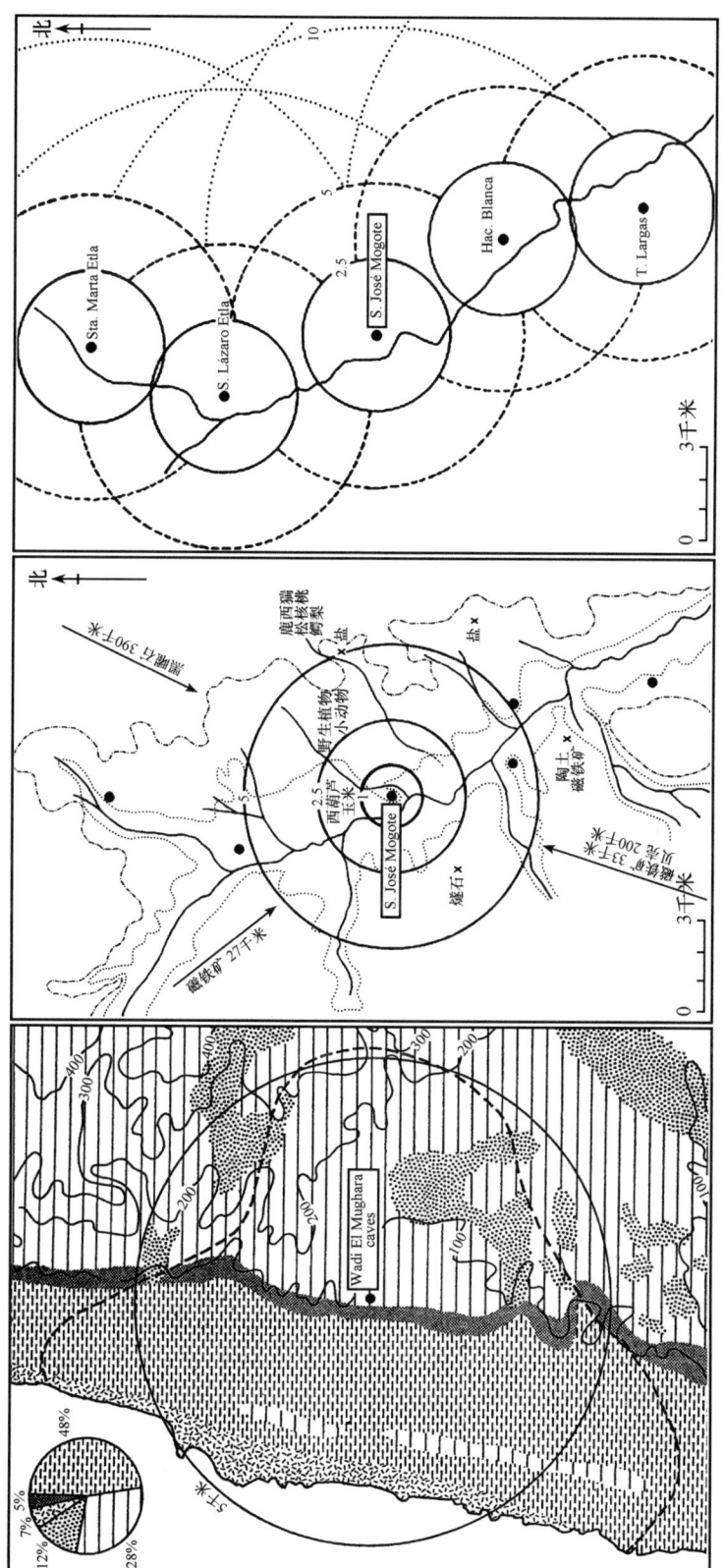

图六 地中海东岸（左）及墨西哥瓦哈卡河谷（中、右）遗址资源域分析图示

· 192 ·　　　　　　　　　　边疆考古研究（第35辑）

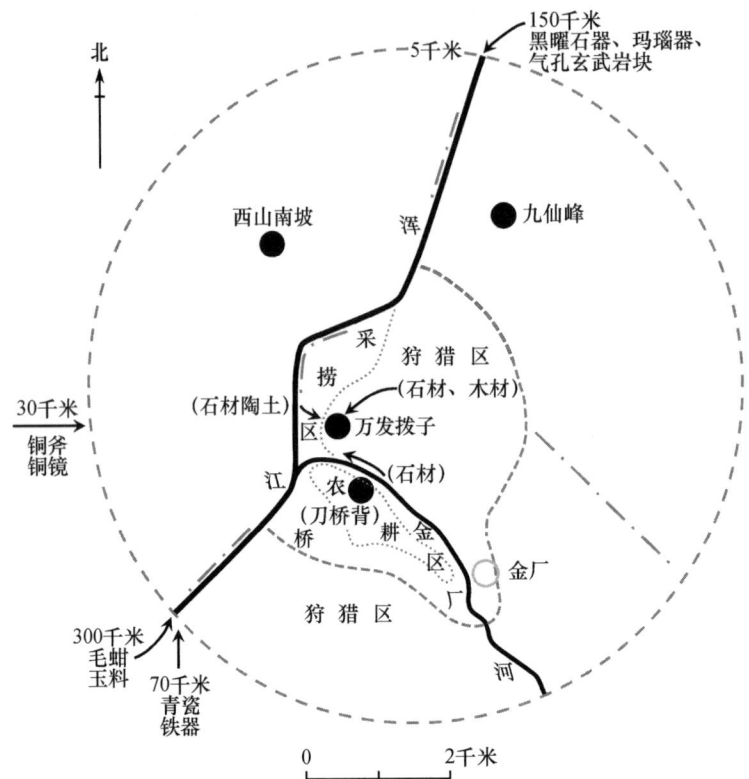

图七　万发拨子聚落的资源域模式图示

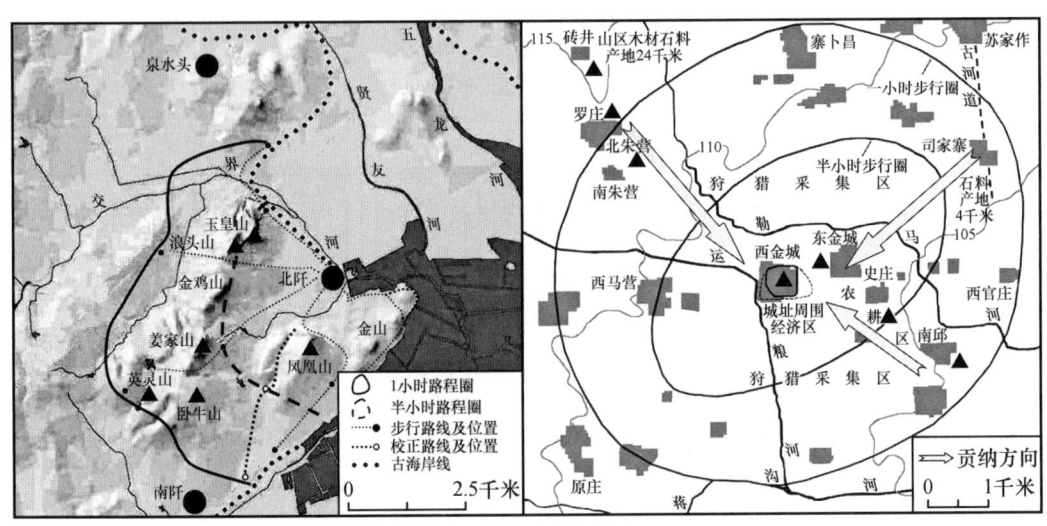

图八　青岛北阡（左）及博爱西金城遗址资源域分析图示

三、浑江中游青铜时代聚落形态与社会性质分析

万发拨子遗址地处浑江中游，浑江中下游是高句丽的起源地。浑江是鸭绿江北岸最大的支流，干流全长445千米，流域面积1.5万平方千米，包括吉林省东南部和辽宁省东北部。根据历年考古工作成果，浑江流域是青铜文化的重要分布区，遗址数量较多，达到50余处，大致可分为两大遗址群落，下游可以辽宁桓仁县狍圈沟、五女山城等遗址为中心[25]，中游可以万发拨子和通化县下龙头等遗址为中心（图九）[26]。2005年，通化市文物管理办公室对浑江中游展开了详细调查，共发现遗址及祭祀址31处（包括万发拨子和刀桥背），墓群或墓葬16处，尤以土珠子和下龙头一带浑江两岸分布最密集，年代集中在青铜时代晚期至高句丽早期，形成了祭祀址、居址、墓葬三位一体、同时共存的大型遗址群落（图一〇，右下小图）[27]。这里对主要遗址、墓群和祭祀址做一简要介绍。

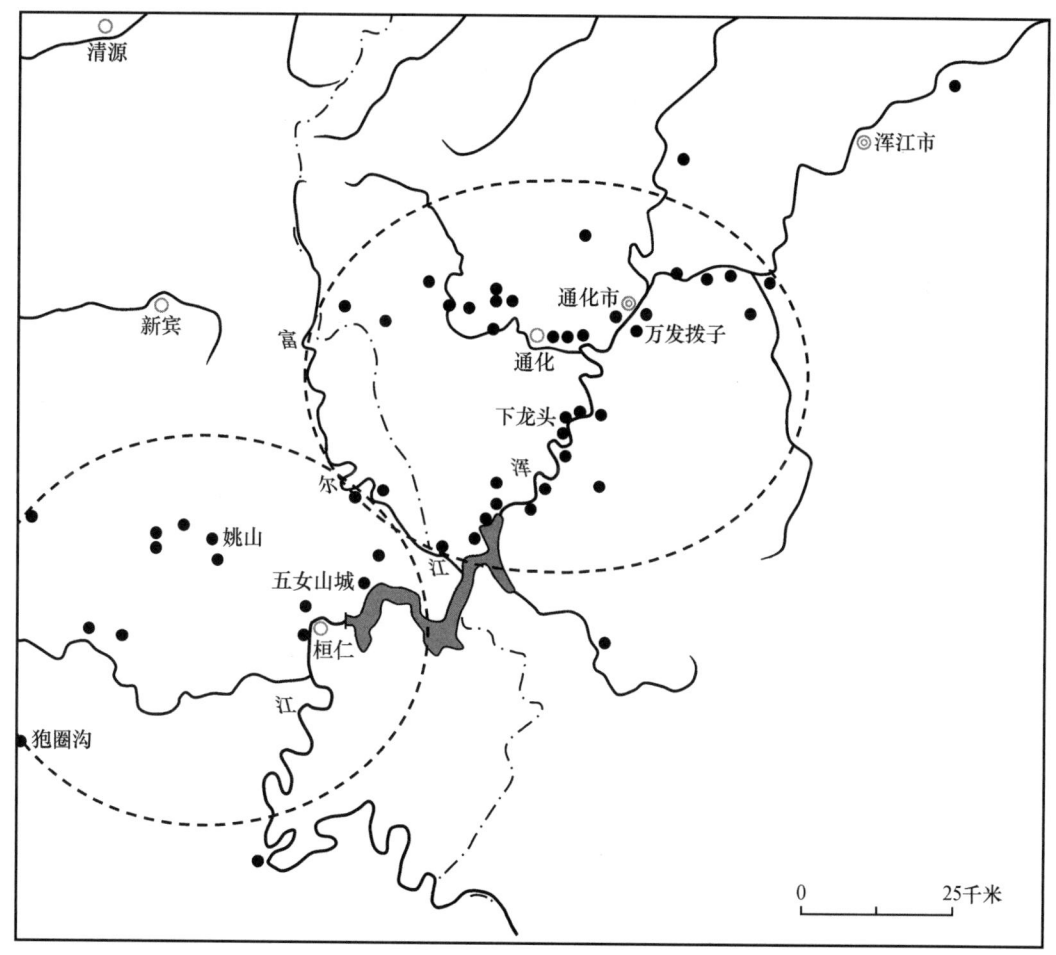

图九　浑江流域青铜时代遗址分布示意图

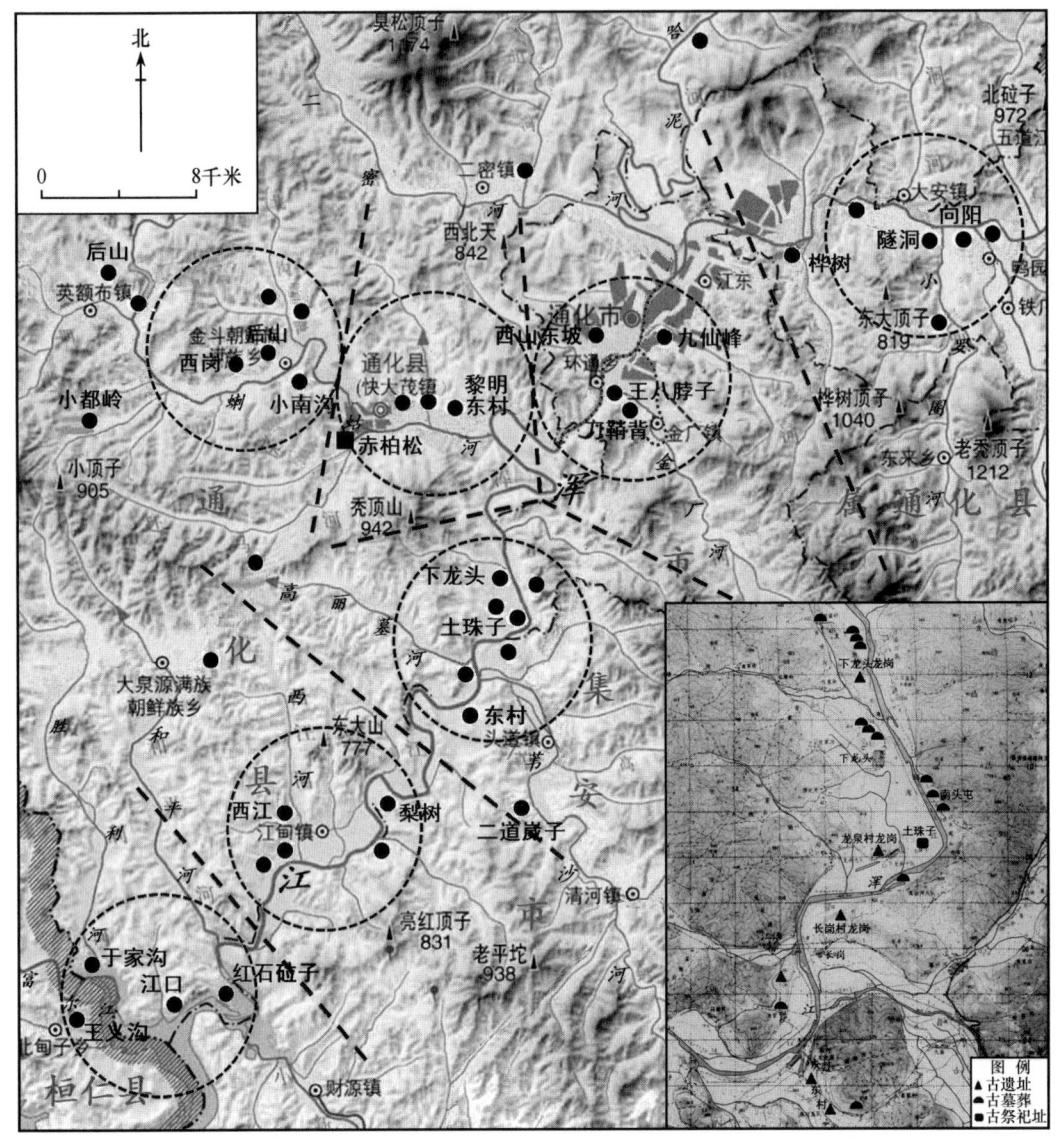

图一〇　浑江中游青铜时代聚落群分布图

下龙头村龙岗遗址，位于通化县大都岭乡下龙头村北浑江西岸，岗身南北长约1000米，东西宽约350米，东临浑江，南对土珠子，遗址内涵丰富，采集有大量石器。土珠子祭祀址，位于下龙头村南浑江西岸，西邻龙泉村龙岗遗址，所处位置视野开阔，为一处平地而起的椭圆形高台，高约10米，底部最大径28米，顶部直径不足8米，不适合做居住址，很可能是祭祀址。曾出土有精致的石短剑和石镞，顶部采集到夹砂陶片。龙泉村龙岗遗址，岗身东西长900米，南北宽350米，东临土珠子，采集有较多石镞和石斧等，并发现成片的河卵石，应是暴露的居住房址。南头屯墓群，位于通化市金厂镇江沿村6队，在浑江东岸，对岸为下龙头墓群和土珠子祭祀址，现存墓葬50余座，形制有方坛阶梯石室墓、方坛阶梯圹室墓和积石串墓等，可能存在贵族墓和平民墓之分。

另据有关资料报道[28]，浑江中游还有通化县大泉源乡江口、大川乡于家沟、江甸子乡西江、英额布乡后山、金斗乡后山、金斗乡西岗、快大茂镇黎明东村，通化市鸭园镇西热、鸭园隧洞、通化市区九仙峰等遗址，也采集并发表了较多遗存。这些遗址历年采集的石器和陶器主要有石短剑和石镐、石网坠、石斧、石刀、黑曜石刮削器、石镞，及夹砂陶豆和泥质灰陶罐等（图一一），另有小都岭遗址出土的滑石范等。对照万发拨子遗址的发掘报告可知，这些遗存的形制特征与万发拨子的出土遗存大致相同，文化面貌比较一致，基本能涵盖该遗址第二至五期，主要遗存应在青铜时代（第二至四期），泥质灰陶（及方坛墓）可能在高句丽前期，并且可推知，多数遗址应与万发拨子一样，是定居社会，经济形态应以狩猎采捞为主，农业为辅。

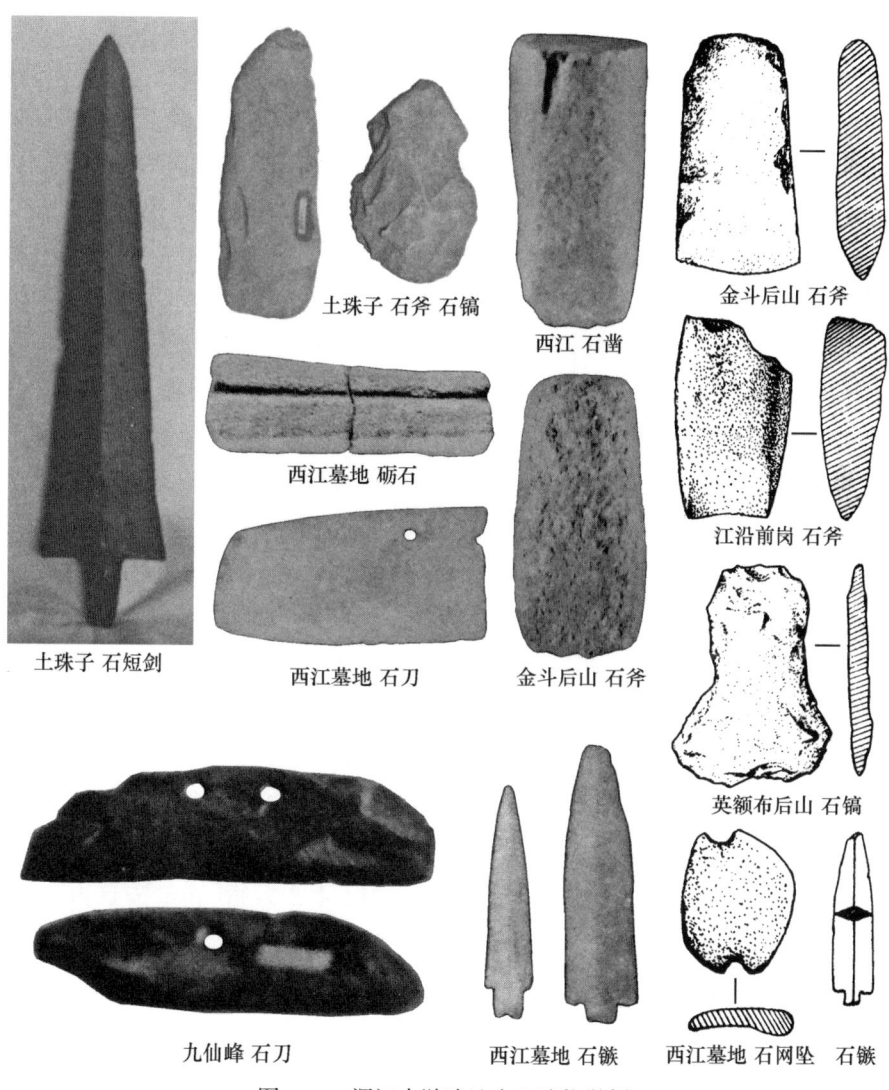

图一一 浑江中游遗址出土遗物举例

笔者根据各种资料的比较核实[29]，以二普调查成果为基础，将上述遗址中约40处较为明确的遗址（含墓群/墓地、祭祀址）标于地形图上（图一〇），可以发现，这些遗址基本集中分布在浑江中游及其一级支流哈泥河、金厂河、蝲蛄河、苇沙河等大小河流沿岸。这里海拔较低，与周边的高山地带差异明显，沿河两岸窄狭冲积平原较多，外围则是海拔略高的山地丘陵，可供选择居住、埋葬和从事生产活动的地块也较多，就如上文分析的万发拨子遗址所见。整体生存环境可总结为"两山夹一川"，大小聚落基本就分布在沿河山谷之中，与高句丽"多大山深谷，无原泽，随山谷以为居，食涧水"的记载相符。这可视为浑江中游青铜时代聚落形态的宏观分布规律之一。

从宏观角度对浑江中游的青铜时代聚落形态再做考察，还可划分出几个具体的聚落群。在万发拨子遗址周邻，有2个主要内涵为青铜时代的遗址（西山南坡、九仙峰），根据出土物基本可推断为独立的定居聚落。这3处聚落分布在浑江两岸并以浑江为资源域的分界线，基本能构成一个半径5千米的圆形区域，它们各自占有一片面向浑江的扇形区域，并拥有自己的耕作区、采捞区和狩猎区，来获取维持生存的基本自然资源，就如万发拨子遗址所见。又鉴于万发拨子遗址面积最大，文化内涵最丰富，故这3处聚落（及刀桥背附属性聚落）应能组成一个以万发拨子为中心的聚落群，该聚落群的圆形区域可视为重点控制和守卫的领地范围（见图七）。

为了验证这一判断，我们以万发拨子聚落群的半径5千米为参照，尝试对浑江中游的其他遗址进行划分，结果得出6个半径5千米的圆形区域，每个圆形区域涵盖3~7个遗址，并有集中分布组成一个聚落群的趋势，加上万发拨子聚落群的圆形区域，共有7个圆形区域，各自的相互距离在6千米以内，或相互紧邻，或相隔一段距离，总之各圆形区域相互之间并不重叠，并且相互之间再不能容纳另外的圆形区域（图一〇）。这证明，半径5千米很可能是一个合适的划分尺度，所圈定的7个圆形区域应能构成7个聚落群，每个圆形区域的面积近80平方千米。

进一步分析那些相隔一段距离的聚落群，其相互之间的领地界线可用泰森多边形方法画出等分直线作为大致分界线，结果显示这些分界线多在各聚落群之间的山岭地带。据《三国志·魏书·乌丸鲜卑东夷传》记载，高句丽南面的濊人"其俗重山川，山川各有部分，不得妄相涉入"。这种情况也应适于"随山谷以为居"的高句丽。另外，20世纪初生活在孟加拉湾中的安达曼岛人每个群体都有明确的领地范围，"要是没有得到另一个群体的成员的许可，他就不能到人家的领土上去狩猎。"[30]这再次证明，以半径5千米所划分的7个聚落群很可能是合理的，面积近80平方千米的圆形区域应是各聚落群重点控制和守卫的领地范围，区外则是先民长途跨出领地从事狩猎和交换等活动的外围领地。各聚落群相互交往的干道应是浑江及其一级支流（见图一〇）。

不仅如此，鉴于这7个聚落群出土内涵的不同，可能存在更高级的中心聚落群。目前来看，土珠子祭祀址周围的七八个遗址组成的聚落群可能是比较重要的，它们集中分布于一个半径5千米的圆形区域内，并处于7个聚落群的中央位置（见图一〇）。这些遗址都分布在浑江干流两岸，因浑江在这里的急剧转弯和冲刷切割，形成了多个面积三四十万平米的长大岗身，守卫和取水都比较有利，遗址就坐落在这些岗身之上。尽管尚未发掘，无法确定具体的中心聚落，但整个聚落群的规格很可能是最高的，第七批全国重点文保单位公布的名称为"龙岗遗址群"。与之相比，万发拨子及其他5个相关聚落群应属于较低的聚落群。进言之，龙岗聚落群很可能是整个浑江中游7个聚落群的中心聚落群。这说明，当时的聚落形态已经出现了分化，亦即社会组织结构也发生分化，应进入复杂社会。

从中观角度考察，可以参照上述万发拨子聚落群的情况，对各聚落群的内部形态结构做出推断。这7个聚落群各自拥有数量不等的聚落，各聚落面对的生存环境和生态系统应与万发拨子基本相同，其资源域很可能也是以浑江及其一级支流为界的扇形区域，并共同组合成一个聚落群的圆形领地范围作为重点开发区，还有较大面积的外围领地。每个聚落群应存在一个居于中心地位的定居聚落，该中心聚落从域外得来的奢侈品很可能再分配给其他小聚落，借以控制其他小聚落。有的小聚落还可能是其他聚落的附属季节性地段，以从事农耕等生产活动。在这7个聚落群之外，还有些聚落散布在高山之中，如小都岭冶铸遗址，这种聚落很可能与开发山区特定资源有关，开发的资源和产品应首先供应中心聚落，再顺序向下分配。至于微观角度的考察，上文已对万发拨子聚落做了详细分析，可知各定居聚落应拥有自己的耕作区、采捞区和狩猎区，不再赘述。

在可资对比的研究案例中，博爱西金城龙山文化城址的聚落群形态值得关注。该城址位于中原腹地，又处在夏王朝建立的前夜，笔者主持的调查和研究表明，该城址统领着周围3~4个聚落群，这些聚落群向西金城贡纳粮食、肉类、山区珍贵石材和木材等自然资源产品，以及人力资源，以西金城为中心构成一个较完整的经济和政治控制网络，应处于酋邦或原始国家的发展阶段[31]。浑江中游青铜时代聚落群的分化程度与西金城案例相似，也有一个中心聚落群即龙岗聚落群，统领着沿江南北的其他6个聚落群，这些聚落群应向龙岗贡纳相关自然资源产品及人力资源，龙岗则向它们分配奢侈品等权力象征物，从而构成一个较完整的经济和政治控制网络，应是一个相对独立的社会实体（相对浑江下游而言）。这一社会实体的聚落及社会控制网络可归纳为：定居聚落可分为三级，中心聚落拥有专门的墓地和祭祀址等特殊聚落，还有冶铸和供应铜器等产品的特殊聚落群，另有季节性小聚落附属于定居聚落（图一二）。由此可知，这个已经较为分化的社会实体应处于国家出现的前夜。

总的看，浑江中游青铜时代聚落以龙岗聚落群为中心，聚落规模较大，文化内涵较丰富。有研究认为展现出一个相对独立而完整统一的社会体系和古代国家雏形[32]，这与本文的研究较为一致。对此还需要结合相关文献记载及研究成果，来进一步分析其社会性质。据《史记·朝鲜列传》记载，汉武帝元封二年（公元前109）伐灭卫氏朝鲜设立了玄菟、乐浪等四郡，开始了汉王朝对东北南部和朝鲜半岛北部的统治，极大促进了当地社会的演进与发展。另据记载，公元2年玄菟郡三县共有45006户、221845人[33]，

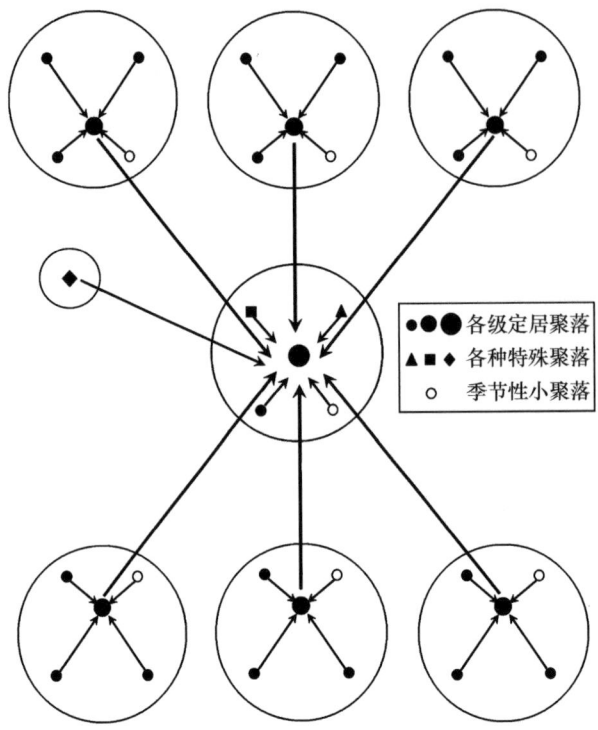

图一二　浑江中游聚落群落控制网络模式图示

平均每县约有7万多人。据研究，当时玄菟郡管辖的地域范围应包括浑江流域[34]。由此上推到青铜时代，浑江中游的人口规模显然应远低于7万人，这对推断其社会性质应是重要参照。考虑到学界一般把酋邦的人口界定在0.5万~2万人，并有祭祀礼仪中心、手工业专业化生产和奢侈品再分配等项特征[35]，这些与浑江中游青铜时代的复杂社会较为相似，因此可能是酋邦社会。

据《三国史记》记载，西汉建昭二年（公元前37年）夫余国贵族朱蒙南下"卒本川"，征服当地土著建立了高句丽国。研究认为，卒本川即今浑江中下游，高句丽建国时处于西汉玄菟郡境内[36]。据《三国志·魏书·乌丸鲜卑东夷传》记载，高句丽原有涓奴部、桂娄部等五族，"本涓奴部为王，稍微弱，今桂娄部代之。"这种对权位的争夺和取代应是高句丽先世的延续，符合酋邦所具有的交替取代和兴衰轮回的周期性特征[37]，高句丽王权的确立应是从公元3年第二代国王琉璃明王迁都国内城（在今集安市区）开始的。

另据《三国志》本传记载，高句丽"无牢狱，有罪，诸加评议便杀之，没人妻子为奴婢。""诸加"即五部（五族）之长，可见，高句丽还是比较原始的国家形态，与汉帝国的封建集权制国家形态不可比拟。由此推知，高句丽族在建国之前应是更原始的社会形态，对此《三国志》本传对周围其他族群的记载可以参考，如分布于今朝鲜东北部的东沃沮人"无大君王，世世邑落，各有长帅"；朝鲜半岛南部的韩人"各有长帅……散在山海间，无城郭"；同在朝鲜半岛南部的弁辰"国邑虽有主帅，邑落杂居，不能善相制御"。总体而言，这些族群应处在前国家阶段的酋邦甚至部落社会是可以肯定的。这与上文对浑江中游青铜时代聚落形态和社会性质的分析判断是基本相符的，因此很可能是兴衰循环的酋邦社会，直到高句丽王权的正式确立才结束了这种局面，进入国家社会。

四、结　　论

综合本文的研究，主要得出四点结论：①根据调查和发掘出土遗存分析，万发拨子遗址的主体年代为青铜时代，应是依赖狩猎和采捞经济支撑的定居社会，农业只占小部分比例；②其资源域范围位于遗址所在金厂河小盆地及其附近地带，具体是由耕作区、采捞区和狩猎区组成一个半径2.5千米的半开放式扇形区域，来获取维持生存的基本自然资源；③浑江中游约40处遗址分布在"两山夹一川"的地理大背景中，可划分为7个聚落群，每个聚落群以一个定居聚落为中心，每个定居聚落的资源域构成与万发拨子基本相同，组成一个半径5千米、面积近80平方千米的圆形领地，还有较大面积的外围领地；④这7个聚落群应以龙岗聚落群为中心形成一个相对独立的聚落及社会控制网络，聚落形态及社会组织结构已出现分化，应处于国家出现前夜，很可能是酋邦社会。这一研究为深入考察高句丽的兴起过程以及东北腹地山区古代聚落形态和社会结构提供了新的角度与案例。

注　　释

[1] a. 康家兴. 浑江中游的考古调查［J］. 考古通讯，1956（6）.

b. 吴华，志新. 通化王八脖子遗址复查报告［J］. 博物馆研究，1988（3）.

[2] 吉林省文物考古研究所，通化市文物管理办公室. 通化市王八脖子遗址及附近几处地点的调查与发掘［J］. 博物馆研究，1997（2）.

[3] 吉林省文物考古研究所，通化市文物管理办公室. 通化万发拨子遗址考古发掘报告［M］. 北京：科学出版社，2019.

[4] a. 汤卓炜，金旭东，杨立新. 吉林通化万发拨子遗址地学环境考古研究［C］. 边疆考古研究（第2辑）. 北京：科学出版社，2004.

b. 汤卓炜，苏拉提萨，金旭东，等. 通化万发拨子聚落遗址动物遗存初步分析——新石器时代晚期至魏晋时期［M］. 通化万发拨子遗址考古发掘报告（附录四），北京：科学出版社，2019.

[5] a. 吉林省文物志编委会. 通化市文物志［M］. 内部资料，1986.

b. 吉林省文物志编委会. 通化县文物志［M］. 通化：通化市印刷厂，1987.

c. 国家文物局. 中国文物地图集·吉林分册［M］. 北京：中国地图出版社，1993.

[6] 同[3].

[7] 同[4]b.

[8] a. 陈国庆, 徐光辉. 中国东北地区石锄初论[J]. 农业考古, 1989（2）.
b. 徐紫瑾. 喀左土城子遗址农业生产工具研究[J]. 北方文物, 2020（3）.

[9] 管理, 胡耀武, 汤卓炜, 等. 通化万发拨子遗址猪骨的C, N稳定同位素分析[J]. 科学通报, 2007（14）.

[10] a. 张忠培. 黑龙江考古学的几个问题的讨论——1996年8月24日在"渤海文化研讨会"上的发言[J]. 北方文物, 1997（1）.
b. 许永杰. 从昂昂溪骨制渔猎工具说起——嫩江流域史前先民的生计模式[J]. 大众考古, 2017（1）.

[11] 同[2]a.

[12] 同[5].

[13] 王青. 遗址资源域分析及其在西金城的初步尝试[C]. 新果集：庆祝林沄先生七十华诞论文集. 北京：科学出版社, 2008. 泰森多边形分析的原理是假定两个相邻遗址对中间地带开发利用的机会是均等的, 就可以在这两遗址的连线中间点画一条垂直的直线, 作为领地分界线。这种方法也是遗址资源域分析的常用方法。

[14] 同[4]a.

[15] 同[4]b.

[16] 柳安生. 通化老地名故事·江南[N]. 通化日报, 2022-5-6（A4）.

[17] 同[4]b.

[18] 杨伯然. 长白山区的兽类资源[J]. 延边农学院学报, 1990（4）.

[19] 邱宝鸿, 杨兴家, 崔光吾. 延边珍稀经济兽类资源及种群变动趋势的探讨[J]. 吉林林业科技, 1995（1）.

[20] 满承志. 通化县小都岭出土大批石范[J]. 博物馆研究, 1987（3）.

[21] Vita-Finzi C, Higgs E S, Sturdy D, et al. Prehistoric economy in the Mount Carmel Area of Palestine: site catchment analysis[J]. *Proceedings of the Prehistoric Society*, 1970, 36: 1-37.

[22] a. Flannery K V. *The Early Mesoamerican Village*[M]. New York, San Francisco, London: Academic Press, 1976.
b. Kent V Flannery, 付永敢. 瓦哈卡及特华坎谷地的遗址资源域分析[C]. 东方考古（第8集）. 北京：科学出版社, 2011.

[23] 丁字湾沿岸史前早期遗址资源域研究课题组. 北阡所在青岛丁字湾沿岸史前早期遗址的资源域调查与分析[C]. 东方考古（第10集）. 北京：科学出版社, 2013.

[24] 同[13].

[25] a. 齐俊. 辽宁桓仁浑江流域新石器及青铜时期的遗迹和遗物[J]. 北方文物, 1992（1）.
b. 王绵厚. 关于通化万发拨子遗址的考古与民族学考察[J]. 北方文物, 2001（3）.

    c. 王绵厚. 高句丽古城研究［M］. 北京：文物出版社，2002.

    d. 王天姿，王禹浪，王俊铮. 浑江流域的古代历史与文化［J］. 哈尔滨学院学报，2015（12）.

［26］ a. 同［5］c.

    b. 国家文物局. 中国文物地图集·辽宁分册［M］. 西安：西安地图出版社，2009.

    图九依据全面反映"二普"调查成果的吉林、辽宁两省的文物地图集的有关图幅绘制，一般认为，浑江上游指通化市区以上（以东）河段，从此图可见，浑江上游的浑江市（现白山市）一带极少发现青铜时代遗址，只有上游靠下的通化市东郊鸭园镇发现了几处遗址，与中游有关遗址相邻，所以本文将这几处遗址纳入中游进行讨论。

［27］ 通化市文管会办公室. 通化江沿遗迹群调查［J］. 东北史地，2006（6）.

［28］ 同［5］c.

［29］ 同［5］c.

［30］ 〔英〕拉德克里夫·布朗著，梁粤译. 安达曼岛人［M］. 桂林：广西师范大学出版社，2005.

［31］ a. 同［13］.

    b. 王青. 豫西北地区龙山文化聚落的控制网络与模式［J］. 考古，2011（1）.

［32］ 同［27］.

［33］ （南朝宋）范晔. 后汉书［M］. 北京：中华书局，2005.《后汉书·郡国志五》载玄菟郡"户一千五百九十四，口四万三千一百六十三"。张森楷校勘记认为此数字有误，怀疑"一千"应为"一万"。东汉时期玄菟郡已大为缩小，浑江流域已被高句丽据有。

［34］ a. 周振鹤. 汉武帝朝鲜四郡考［J］. 历史地理，1986（1）.

    b. 谭其骧. 中国历史地图集（第二册）［M］. 北京：中国地图出版社，1982. 玄菟郡的地域范围可参见此图。

［35］ a.〔澳〕刘莉著，星灿译. 龙山文化的酋邦与聚落形态［J］. 华夏考古，1998（1）.

    b. 栾丰实，方辉，靳桂云. 考古学理论·方法·技术［M］. 北京：文物出版社，2002.

    c. 陈星灿，刘莉，李润权，等. 中国文明腹地的社会复杂化进程——伊洛河地区的聚落形态研究［J］. 考古学报，2003（2）.

    d. 陈淳. 酋邦与中国早期国家探源［J］. 中国学术，2003（2）.

    e. 陈淳. 考古学理论［M］. 上海：复旦大学出版社，2004.

［36］ 魏存成. 高句丽的兴起及其与玄菟郡的关系［J］. 东北史地，2009（6）.

［37］ 同［35］.

A Study on the Economic System and Site Catchment Analysis of the Wanfabozi Site in Tonghua City: A Discussion on the Settlement Patterns and Social Complexity of the Bronze Age in the Middle Reaches of the Hun River

WANG Qing

The middle and lower reaches of the Hun River is believed to be the origin of Goguryeo, and the Wanfabozi (Wangbabozi) site is an important site from the Bronze Age in the middle reaches of the river. This site represents a settled society supported by hunting and gathering economy, with a resource domain consisting of cultivation areas, gathering areas, and hunting areas within a radius of 2.5 kilometers. The primary aim of establishing these settlements was to acquire essential resources for survival. There are approximately 40 Bronze Age sites in the middle reaches of the Hun River, which can be categorized into seven settlement clusters. Each cluster comprises a central settlement surrounded by a circular territory with a radius of 5 kilometers. These seven settlements, centered on Longgang settlement Group, formed a relatively independent settlement and social control network, and the settlement form and social structure have been differentiated, which is probably chiefdom society.

再论云贵地区汉代崖墓的分期、演变及相关问题[*]

张晓超

（吉林大学考古学院，长春，130012）

根据现有考古材料，云贵地区的汉代墓葬可分为土坑墓、砖室墓、石室墓、砖石墓、崖墓五大类，其中砖室墓、石室墓与崖墓数量较多，而以崖墓最为特别。崖墓是一种在陡峭的山崖岩体上横向开凿墓穴的墓葬形式[1]，俗称"蛮洞"或"蛮子洞"，在四川、重庆、云南、贵州、湖南、陕西等地皆有发现，分布十分广泛，极富研究旨趣，是探究云贵地区汉代丧葬制度、文化变迁的重要材料之一。

20世纪60年代以来，随着考古工作的开展，云贵地区的汉代崖墓陆续被发现，数量逐渐增加，分布区域也不断扩大。就目前而言，崖墓在赤水河、横江、芙蓉江、普渡河流域（图一）均有发现，见诸报道的遗址点总计有30多处，总数达400余座（表一）。其中赤水河流域主要有播州鲁班山[2]、习水范家嘴村、袁家坳、儒维[3]、群星村[4]、黄金湾[5]、建筑村[6]、红旗村[7]、赵村[8]、桂圆村[9]、红湾、飞龙山[10]、河沙嘴[11]、赤水马鞍山[12]、万友号村[13]、官渡镇[14]等分布点；横江流域主要分布在昭阳火甘梁[15]、赵家岩[16]、象鼻岭[17]、余家坡[18]、大关岔河镇[19]、孙家沙坝[20]、安乐村[21]、鱼堡[22]、水富县黄砂坡、乌龟石湾[23]、小河村[24]、高滩村[25]、盐津漆树湾[26]、燕儿湾[27]、干溪沟[28]、柿子乡[29]、墨石沟[30]、绥江县金银山[31]、燕子岩[32]、彝良县甘家坝[33]等地；芙蓉江、普渡河流域发现崖墓较少，仅见道真青球岩[34]、呈贡营盘山[35]两处。

在考古资料逐步积累的同时，20世纪80年代起，汪宁生[36]、张定福[37]、罗二虎[38]、熊水富[39]、罗开玉[40]、丁长芬[41]相继就云贵地区汉代崖墓的类型、年代、族属等问题进行了探讨。进入21世纪，张合荣[42]、严奇岩[43]、吴小平[44]、孙俊[45]、叶成勇[46]等运用考古学、地理学、历史学等多学科方法进一步将云贵地区汉代崖墓的研究推向深入。整体来看，尽管目前已取得较大成果，但仍有一些不足：对于汉代崖墓的考

---

[*] 基金项目：国家社会科学基金一般项目"秦汉时期云贵高原融入中华文明多元一体格局的考古学研究"（23BKG015）。

察往往夹杂于汉文化墓葬或其他民族墓葬的总括式研究当中，未能整体阐释其在云贵地区的兴起与演变；对崖墓的使用人群定位不清，与周边地域崖墓的关系仍不明朗。值得欣喜的是，近年来，又有不少崖墓新材料被陆续刊布，为继续深入研究提供了便利条件。因此，本文将在梳理崖墓材料的基础上，并借鉴四川等地崖墓研究成果对云贵地区汉代崖墓的分期、演变、兴起原因及使用人群等问题进行讨论，以求教于各位方家。

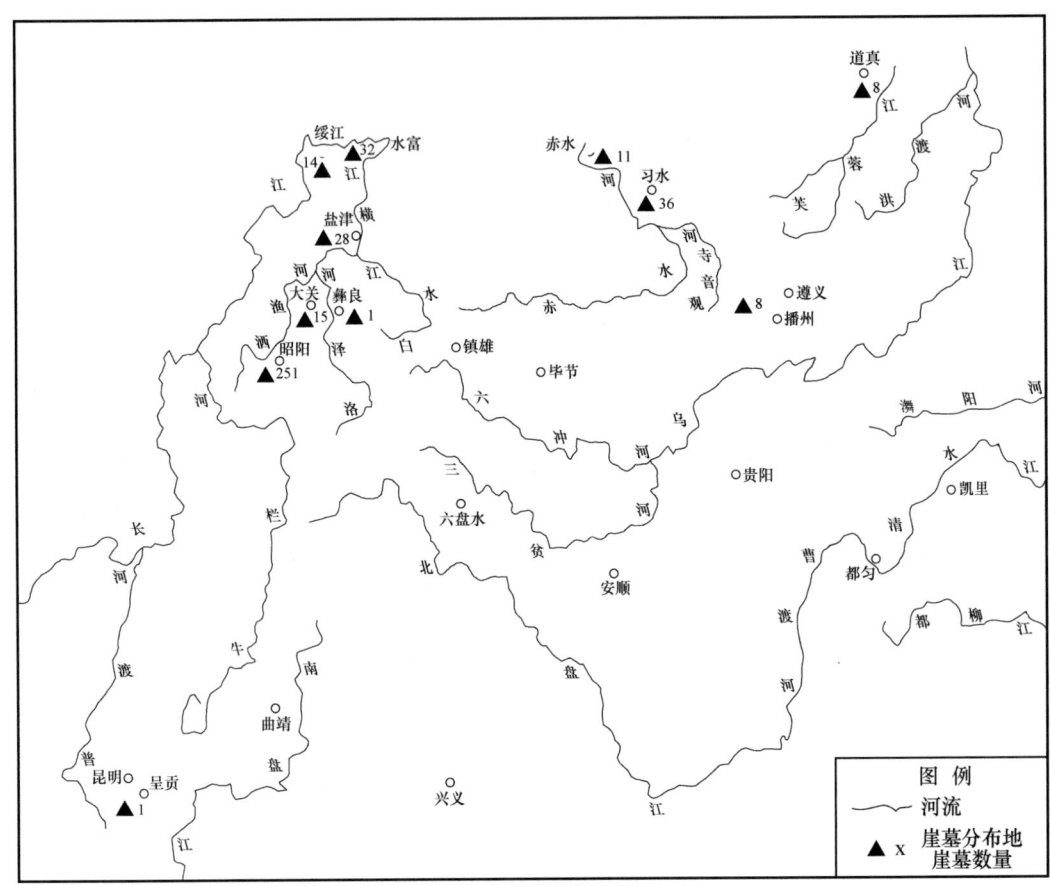

图一　云贵地区汉代崖墓分布示意图

表一　云贵地区汉代崖墓地域分布及不完全统计表*

省份	地区		数量（座）
云南省	昭通市	昭阳区	251
		大关县	15
		水富县	32
		盐津县	28
		绥江县	14
		彝良县	1
	昆明市	呈贡县	1
贵州省	遵义市	播州区	8
		习水县	36
		赤水市	11
		道真县	8
合计			405

* A. 1964年5月于昭通市昭阳区小湾子村火甘梁发现崖墓60余座，清理4座，后1986年7月至8月又在小湾子村赵家岩清理崖墓21座，故小湾子村至少有81座崖墓，本表计81座。详见a. 云南省文物工作队. 云南大关、昭通东汉崖墓清理报告［J］. 考古，1965（3）：119-123；b. 云南省文物考古研究所，昭通市博物馆，昭通地区文管所. 昭通小湾子崖墓发掘简报［J］. 云南文物，1992（33）：5-17.

B. 昭阳区象鼻岭崖墓群经调查共有168座，1974年春清理3座。详见a. 丁长芬. 试论昭通崖墓［J］. 云南文物，1998（46）：30-32；b. 云南省博物馆文物工作队. 云南昭通象鼻岭崖墓发掘简报［J］. 考古，1981（3）：219-232.

C. 昭通市大关县岔河镇崖墓发现9座，已清理3座，故数量应为9座。详见a. 云南省文物工作队. 云南大关、昭通东汉崖墓清理报告［J］. 考古，1965（3）：119-123；b. 国家文物局，云南省文化厅. 中国文物地图集·云南分册［M］. 昆明：云南科技出版社，1999：65.

D. 遵义市道真县青球岩崖墓数量应为8座，张定福认为其数量为7座，疑误；青球岩崖墓的年代张定福定为明代，张合荣认为其年代不详，本文姑且存之，俟材料充分后再行判定。详见a. 张定福. 黔北岩墓初探［C］. 贵州省民族研究学会第三届年会会刊. 1986：121-126；b. 席克定. 黔北岩葬调查记要［C］. 贵州民族调查（之四）. 1986：338-340；c. 张合荣. 夜郎文明的考古学观察：滇东黔西先秦至两汉时期遗存研究［M］. 北京：科学出版社，2014：275.

一、墓葬的分期、编年及其演变

（一）墓葬形制分析

云贵地区汉代崖墓一般都具备墓道、墓门和墓室，有的墓葬还设置耳室与壁龛、石台、棺台、灶台、排水沟等附属设施。本文按墓室（位于墓葬中轴线上的墓室）数量将其分为单室墓、双室墓、多室墓三型，再按照细部形态的变化区分早晚关系。

A型 单室墓，即只有一个正室，平面形状呈长方形或者方形，按照有无耳室及其他附属设施可分为两亚型。

Aa型 只有一个墓室，无耳室及其他附属设施，墓室弧形顶，如赵家岩M13（图二，1）、燕儿湾M1（图二，2）。

Ab型 只有一个墓室，有耳室及其他附属设施。按照墓内构造的变化可分为四式。

Ⅰ式：墓室弧形顶，墓室内中出现壁龛或者石台，墓道高度低于墓室，便于排水，如黄砂坡HSPM2（图二，3）。

Ⅱ式：墓室弧形顶，墓室空间的拓展，出现了耳室，也有的墓内开始出现排水沟等设施，如赵家岩M21（图二，4）。

Ⅲ式：墓内耳室、壁龛或排水沟的出现成为常态，墓门或墓室内出现雕刻图案，墓室顶部依然为弧形拱顶，如燕儿湾M4（图二，5）、马鞍山M3（图二，7）。

Ⅳ式：墓室"人"字形顶出现并逐渐流行。如小河村M2（图二，6）、岔河镇M2（图二，8）。

B型 双室墓，有两个墓室，一般为前室、后室。按照墓室顶部形状的差异可分为二亚型。

Ba型 墓室弧形顶，按照墓内构造的变化可分二式。

Ⅰ式：前、后室相互贯通，暂无耳室和其他附属设施，如赵家岩M14（图二，9）。

Ⅱ式：前、后室明显区分，以甬道相连接两墓室或以墓底高低区分两墓室，出现耳室和壁龛、排水沟等附属设施，如乌龟石湾WGSM5（图二，10）。

Bb型 墓室"人"字形顶，按照墓内构造的变化可分二式。

Ⅰ式：前室底部较后室为低，墓内无耳室及其他附属设施，如干溪沟M2、M4（图二，11、13）。

Ⅱ式：前室底部较后室为低，墓内出现耳室、排水沟、棺台等附属设施，如乌龟石湾WGSM2（图二，12）、黄砂坡HSPM4（图二，14）。

C型 多室墓，有两个以上墓室，一般为前室、中室、后室，一般墓室一侧开有耳室，墓道中有排水沟，目前仅发现小湾子赵家岩M1一例（图二，15）。

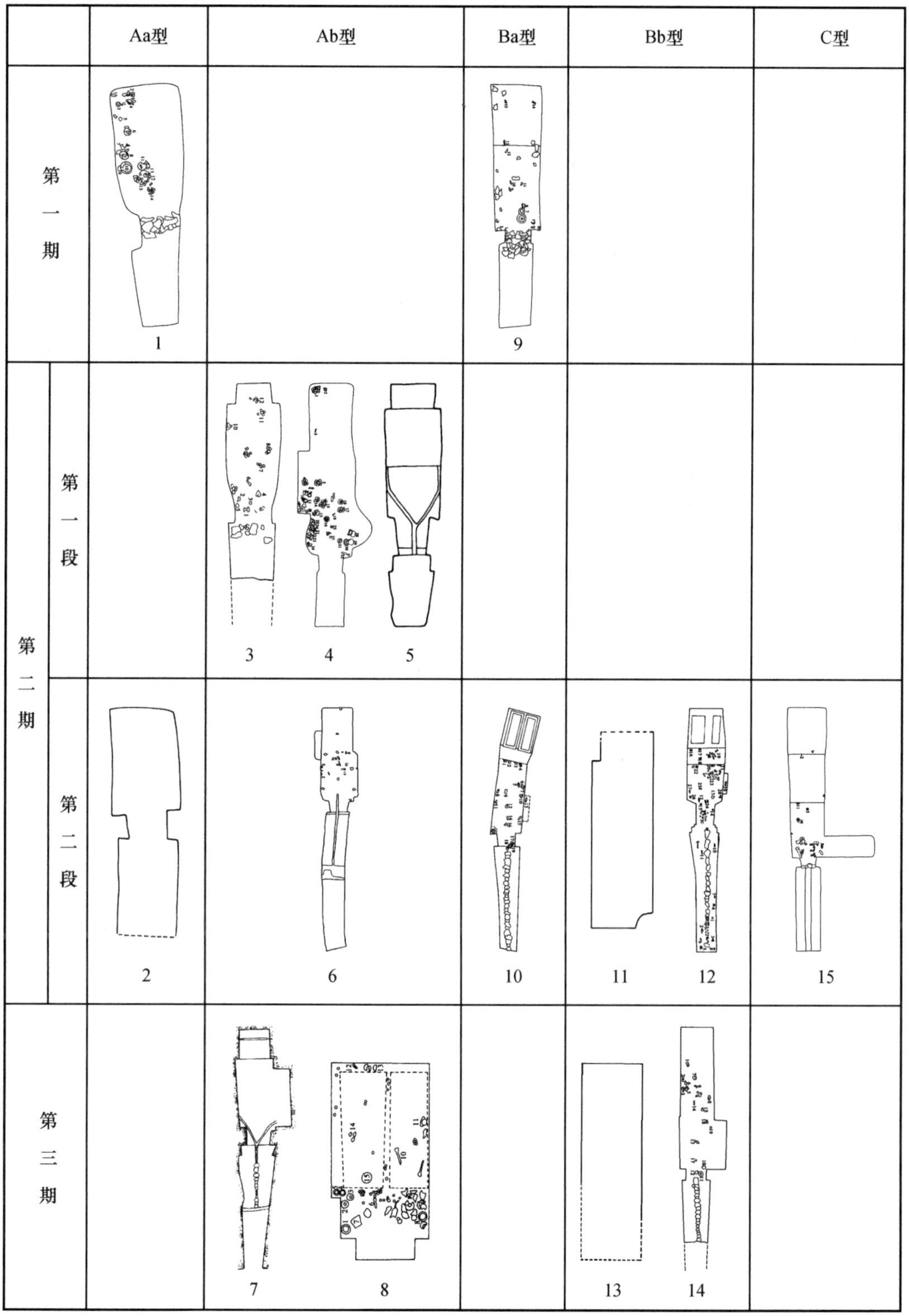

图二　云贵地区汉代崖墓形制演变

1. Aa型（赵家岩M13）　2. Aa型（燕儿湾M1）　3. Ab型Ⅰ式（HSPM2）　4. Ab型Ⅱ式（赵家岩M21）
5. Ab型Ⅲ式（燕儿湾M4）　6. Ab型Ⅳ式（小河村M2）　7. Ab型Ⅲ式（马鞍山M3）　8. Ab型Ⅳ式（岔河镇M2）
9. Ba型Ⅰ式（赵家岩M14）　10. Ba型Ⅱ式（WGSM5）　11. Bb型Ⅰ式（干溪沟M2）
12. Bb型Ⅱ式（WGSM2）　13. Bb型Ⅰ式（干溪沟M4）　14. Bb型Ⅱ式（HSPM4）　15. C型（赵家岩M1）

综合上述分析，可以观察到崖墓的总体演变规律：墓室空间均呈现不断拓展的趋势，耳室、排水沟、壁龛、棺台等墓内设施从出现到渐次流行，墓葬内的装饰图案从无到有，墓室顶部形状则经历了从弧形顶为主流到人字形顶与弧形顶逐步并行的演进脉络，墓葬总数也在逐渐增多。

（二）随葬品分析

云贵地区崖墓出土随葬器物按照质地可分为陶、铜、铁、漆、金、银、玉、石、贝、琉璃等类型。

陶器随葬数量最多，按照用途可分为仿铜陶礼器、生活用器和模型明器三大类，陶礼器主要有簋、壶、豆等；生活用器主要为罐、甑、盆、灯、杯、碗、钵、釜、盖、盂、案、耳杯、熏炉等；模型明器主要有仓、井、房屋、各种人物俑与动物俑。陶器主要为夹砂陶，部分为泥质陶，釉陶占有一定比例，另有个别墓葬中出土少量的原始瓷器，夹砂陶陶色比较丰富，主要有灰陶、灰褐陶、黄褐陶、红褐陶等，泥质陶陶色以泥质灰陶为主，部分器表施以黑色陶衣。从制法上来看，陶器以泥条盘筑轮制为主，器身有明显的轮制痕迹，不适合轮制的器物如房屋、各种动物俑与人物俑等模型明器多为合范模制，也有部分如熏炉、碗等器物为手制。从纹饰上来看，陶器以素面为主，纹饰常见有弦纹、栉纹、水波纹、斜方格纹，部分陶壶腹部贴附对称铺首，少数器物上有刻划符号。

铜器随葬数量次之，其按照用途可以分为礼器、生活用器、武器、钱币、模型明器等，种类包括鼎、壶（部分有提梁）、釜、洗、盆、碗、钗、镜、釜甑、耳杯、鐎斗、鸟负罐、带钩、印章、顶针、指圈、铜扣、铜饰件、泡钉、铺首、弩机、箭镞、铜钱、俑、摇钱树、车马器残件等。铜扣、铜饰件、泡钉与铺首可能为漆器或其他器物朽坏后所残留，部分表面鎏金；铜钱有大泉五十、货泉、五铢钱等；车马器残件出土有衔镳、当卢、軎、盖弓帽、车軎等，器表大部鎏金，常散见于墓中；部分铜器上有铭文，器上常见纹饰有弦纹、动物形纹等，镜、耳杯等纹饰较为多样，摇钱树多仅存残件。

铁器按照用途可分为生活用器、武器两类，生活用器有釜、灯、斧、锸、钉等，武器有刀、剑、削、镞等。漆器因保存条件较差，出土少，部分墓葬仅留有漆痕，根据残件和痰迹可辨识出来的漆器主要有奁、盒、耳杯等。

金、银、玉、石、贝、琉璃等器出土数量极少，主要器物有银碗、银箸、银镯、银指环、玉蝉、石片、砺石、蚌壳、琉璃镇、琉璃饰品等，其中蚌壳、琉璃器多发现于人骨旁边，应为装饰物，还有部分墓葬中出土动物牙齿或牙饰品，多为动物门牙或獠牙制成。

因陶器、铜器数量较多，且保存相对较好，以下将选取这两种随葬品中的典型器物来进行类型学分析。

1. 陶壶

皆扁鼓腹，圈足，部分器身饰以弦纹，根据口、颈部变化可分三式。

Ⅰ式：侈口，短粗颈，如象鼻岭M2∶5（图三，1）。

Ⅱ式：口部略作盘状，盘口浅，颈变长，如赵家岩M3∶22（图三，2）。

Ⅲ式：深盘口，细长颈，如水富乌龟石湾WGSM2∶30（图三，3）

2. 陶罐

皆无耳、平底，按照陶罐口沿与底部的形制差异可分为二型。

A型　大口罐，口大底小，依据口、肩、腹部形态的变化可分四式。

Ⅰ式：敛口，折肩，弧腹，如赵家岩M14∶1（图三，4）。

Ⅱ式：直口，溜肩，斜弧腹，最大径仍在上腹部，如水富乌龟石湾WGSM14∶16（图三，5）。

Ⅲ式：侈口，溜肩，最大径下移，扁圆腹，如墨石沟M1∶21（图三，6）。

Ⅳ式：侈口，折肩，鼓腹变深，器身加高，如岔河镇M3∶12（图三，7）。

B型　大底罐，底大口小，依据口、颈部形态的变化可分三式。

Ⅰ式：敛口，颈不明显，如赵家岩M13∶1（图三，8）。

Ⅱ式：颈明显变长，束颈，卷沿居多，如岔河镇M1∶5（图三，9）。

Ⅲ式：器身较高，束颈，口微敞，如水富黄砂坡HSPM9∶11（图三，10）。

3. 陶盆

皆敞口，平底，依据口沿、腹部的变化可分为二式。

Ⅰ式：折沿，束颈，腹部圆鼓，如余家坡M1∶25（图三，11）

Ⅱ式：平沿，腹部近斜直，如燕儿湾YYM4∶6（图三，12）

4. 陶碗

皆敞口，腹较浅，部分器身有刻划图案，根据唇部、器壁、底部变化可分四式。

Ⅰ式：厚唇，器壁厚，平底，如余家坡M1∶19-5（图三，13）。

Ⅱ式：器壁较Ⅰ式薄，平底内凹，如水富乌龟石湾WGSM6∶19（图三，14）。

Ⅲ式：圆唇较薄，壁薄，假圈足，如墨石沟M1∶14（图三，15）。

Ⅳ式：尖圆唇，器壁薄，假圈足，如小河村M2∶1（图三，16）。

5. 陶甑

皆平底有圆形穿孔，数量不一，器壁薄，有明显的轮制痕迹，根据口、腹部变化可分三式。

Ⅰ式：敞口，斜折沿，深腹，如象鼻岭M2∶8（图三，17）。
Ⅱ式：敞口，沿略下斜，如赵家岩M6∶3（图三，18）。
Ⅲ式：敛口，腹部弯曲，浅腹，如马鞍山M1∶2（图三，19）。

6. 铜壶

皆直口，束颈，腹两侧有对称铺首衔环，部分有提梁，根据口、腹及足部变化可分二式。

Ⅰ式：盘口较浅，腹略扁，喇叭口圈足，如赵家岩M21∶31（图三，20）。
Ⅱ式：深盘口，扁鼓腹，高圈足，分级明显，如岔河镇M3∶5（图三，21）。

7. 铜釜

器身皆有两环状立耳，根据耳的位置可分为二型。

A型　平底，两耳位于口沿两侧，根据口、颈部和双耳的变化可分二式。
Ⅰ式：侈口，束颈，耳上饰以装饰，如墨石沟M1∶12（图三，22）。
Ⅱ式：直口，直颈，耳部无纹饰，如岔河镇M3∶25（图三，23）。

B型　束颈，两耳位于肩或腹部，根据腹、底部的变化可分三式。
Ⅰ式：平底，扁鼓腹，最大径靠下腹部，如余家坡M2∶2（图三，24）。
Ⅱ式：圜底，扁圆腹，最大径上移至肩、腹部之间，如墨石沟M1∶20（图三，25）。
Ⅲ式：圜底，扁圆腹，最大径在肩、腹部之间，如岔河镇M3∶14（图三，26）。

8. 铜洗

皆侈口，尖唇，无肩，部分器壁有对称铺首衔环，根据腹、底部的变化可分二式。

Ⅰ式：平底，斜弧腹，如墨石沟M1∶5（图三，27）。
Ⅱ式：平底，深直弧腹，如岔河镇M3∶11（图三，28）。

（三）分期与编年

目前云贵地区汉代崖墓纪年材料出土较少，仅见大关孙家沙坝崖墓出土的"永元四年堂狼造"青铜洗[47]与习水建筑村崖墓墓门所刻"熹平五年……"[48]两处确切的纪年材料，因此本文对于崖墓的分期断代，主要依靠前文的类型学分析与具有断代意义的器物来综合完成。根据墓葬形制及其随葬品的发展演进，可将云贵地区汉代崖墓分为三期。

第一期崖墓首先出现于横江流域，但数量较少，墓葬规模小，均为形制简单的Aa型和BaⅠ式墓。墓室整体呈长方形，墓道开凿方式有竖井式墓道与明槽式墓道两种，墓内无耳室及附属设施，弧形墓顶，墓门多用石块封堵，葬具及人骨保存不佳。本期随

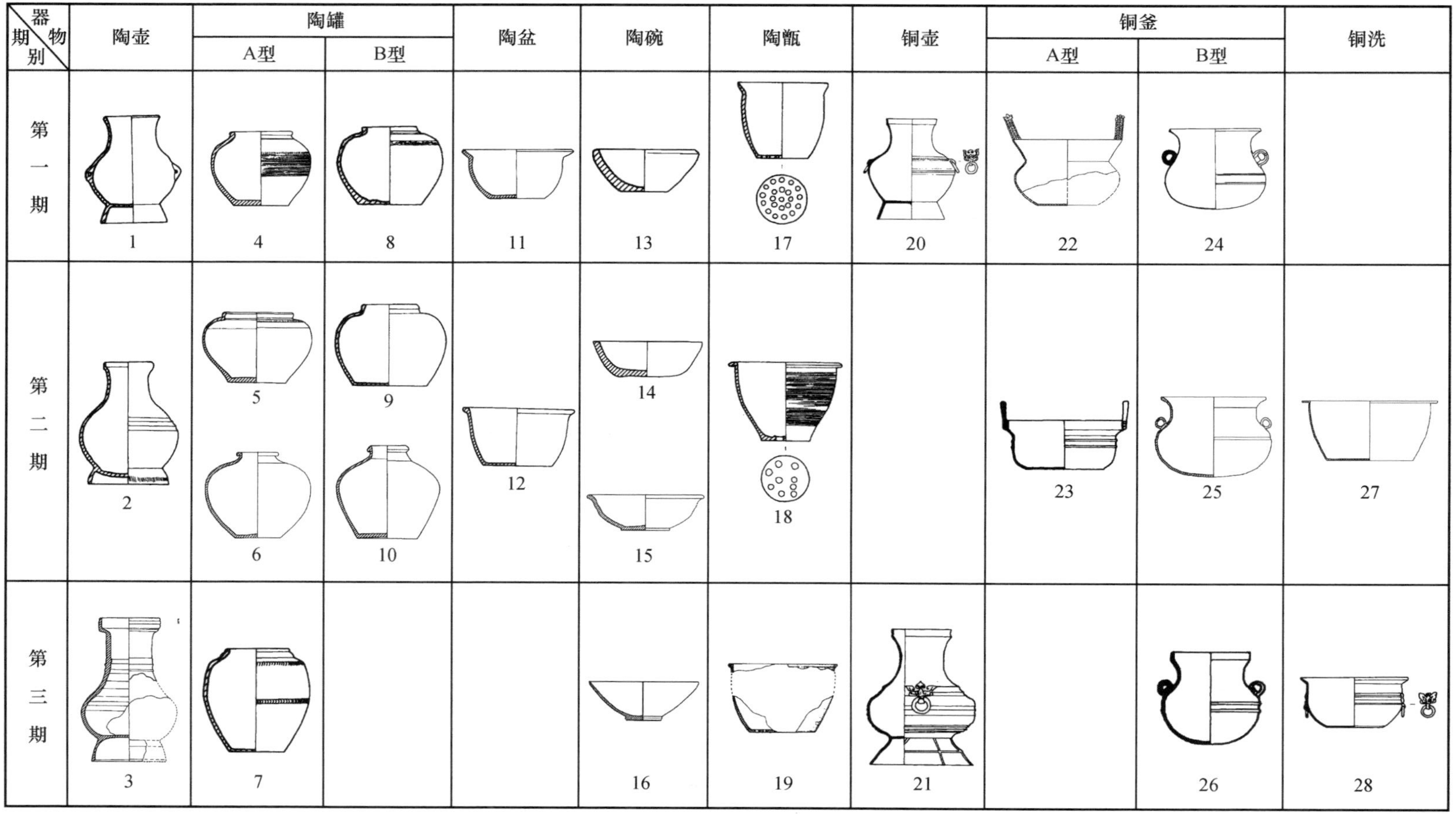

图三 典型器物形制演变

1. Ⅰ式陶壶（象鼻岭M2∶5） 2. Ⅱ式陶壶（赵家岩M3∶2） 3. Ⅲ式陶壶（赵家岩M3∶22） 4. A型Ⅰ式陶罐（赵家岩M14∶1） 5. A型Ⅱ式陶罐（WGSM14∶16） 6. A型Ⅲ式陶罐（墨石沟M1∶21） 7. A型Ⅳ式陶罐（岔河镇M3∶12） 8. B型Ⅰ式陶罐（赵家岩M3∶1） 9. B型Ⅱ式陶罐（岔河镇M1∶5） 10. B型Ⅲ式陶罐（HSPM9∶11） 11. Ⅰ式陶盆（余家坡M1∶25） 12. Ⅱ式陶盆（燕儿湾YYM4∶6） 13. Ⅰ式陶碗（WGSM1∶19-5） 14. Ⅱ式陶碗（WGSM6∶19） 15. Ⅲ式陶碗（HSPM1∶14） 16. Ⅳ式陶碗（象鼻岭M2∶8） 17. Ⅰ式陶瓶（小河村M2∶1） 18. Ⅱ式陶瓶（赵家岩M6∶3） 19. Ⅲ式陶瓶（马鞍山M1∶2） 20. Ⅰ式铜壶（余家坡M21∶31） 21. Ⅱ式铜壶（墨石沟M3∶5） 22. A型Ⅰ式铜釜（岔河镇M3∶14） 23. A型Ⅱ式铜釜（墨石沟M1∶12） 24. B型Ⅰ式铜釜（赵家岩M3∶25） 25. B型Ⅱ式铜釜（墨石沟M1∶20） 26. B型Ⅲ式铜釜（岔河镇M3∶22） 27. Ⅰ式铜洗（墨石沟M1∶5） 28. Ⅱ式铜洗（岔河镇M3∶11）

葬品相对较少，多集中摆放于墓室中，陶器为主，以罐、盆、碗、甑为基本组合，A型Ⅰ式、B型Ⅰ式罐、Ⅰ式盆、Ⅰ式碗、Ⅰ式甑出现并流行，部分墓葬也出Ⅰ式壶，但数量较少，模型明器中开始出现形制较为简单，明显具有的东汉早期风格的陶井与陶仓，陶屋、水田、人物俑、动物俑暂未出现，铜器中Ⅰ式壶、A型Ⅰ式、B型Ⅰ式釜出现并流行，A型Ⅰ式铜釜与平坝天龙M66：8[49]形制接近，据学者研究，这种釜主要流行于西汉晚期至东汉早期[50]，B型Ⅰ式铜釜与交乐M15出土铜釜形制相似，交乐M15的年代上限为东汉早期[51]，本期中还出土了西汉中期到东汉早期流行的日光连弧纹镜[52]，铜钱中大泉五十、货泉、货布等新莽钱与东汉早期五铢钱同出，另外随葬品中还有少量铁器、银器等，综合来看，本期年代应为东汉早期。

第二期崖墓广泛分布于横江与赤水河流域，数量增多，形制逐渐繁杂，单室墓、双室墓与多室墓皆在云贵地区使用开来，新出现Ab型Ⅰ式、Ab型Ⅱ式、Ab型Ⅲ式、Ab型Ⅳ式、Ba型Ⅱ式、Bb型Ⅰ式、Bb型Ⅱ式墓、C型墓，可细分为前后两段，前段中Ab型Ⅰ式、Ab型Ⅱ式、Ab型Ⅲ式墓出现，墓道以明槽式为主，墓内空间增大，耳室和壁龛、排水管等附属设施开始出现，出现专门放置葬具的棺台或棺床，弧形顶依然流行，墓中出现石刻仿木结构建筑装饰，后段中有Ab型Ⅳ式、Ba型Ⅱ式、Bb型Ⅰ式、Bb型Ⅱ式墓、C型墓，墓室格局进一步规整，排水沟、耳室等设施基本成为定制，在各式墓中普遍使用，墓顶中人字形顶出现并逐渐与弧形顶共同流行起来，数量明显增多，集中放置于墓室前端或前室，祭祀前堂与后棺室布局的"前堂后室"墓得以确立，两段中随葬品差异较小，皆以陶器为主，以罐、碗、甑、壶、盆为基本组合，罐数量较多，新出现Ⅱ式壶、A型Ⅱ式、A型Ⅲ式、B型Ⅱ式、B型Ⅲ式罐、Ⅱ式盆、Ⅲ式碗、Ⅱ式甑，其中Ⅱ式陶甑与大展屯M2[53]出土陶甑形制相同，随葬模型明器中出现了数量较多的陶仓、陶屋、人物俑、动物俑，陶井依然流行，铜器中新出现A型Ⅱ式、B型Ⅱ式釜与Ⅰ式洗，A型Ⅱ式铜釜与安龙出土"延光元年朱提作（公元122年）"铜釜08AX：1[54]形制相同，证明其为东汉中期器，孙家沙坝崖墓中出土一件"永元四年堂狼造"（公元92年）纪年铜洗，其形制属于Ⅰ式铜洗，说明该墓年代在东汉中期左右，本期还有部分墓葬中出现了摇钱树，铜钱中"大泉五十""货泉"等新莽钱与五铢钱常见，五铢钱文普遍与烧沟汉墓Ⅲ型五铢相近，应属于东汉中期五铢钱[55]，还有少量的剪轮五铢出土，此外，随葬品中还发现铁器、玉器等，据上述分析可以推知，本期年代大致应为东汉中期。

第三期崖墓继续在横江与赤水河流域使用，但已现衰落迹象，墓葬形制较第二期明显减少，主要见Ab型Ⅲ式、Ab型Ⅳ式、Bb型Ⅰ式、Bb型Ⅱ式墓（C型墓发现较少，情况未知），墓道基本皆为明槽式，弧形与人字形墓顶继续流行，墓室后部多开凿有后龛或石台，墓葬装饰更加丰富，石刻与仿木建筑装饰流行，部分墓门阴刻几何形图案，墓室内壁龛凿有雀替。该期发现一座纪年崖墓，建筑村崖墓墓门附近刻"熹平五年……"即公元176年,表明该墓开凿于东汉灵帝时期。本期随葬品仍以陶器为主,釉陶器开始出现,新出现Ⅲ式壶、A型Ⅳ式罐、Ⅳ式碗、Ⅲ式甑,其中Ⅲ式壶与重庆地区云阳马岭M7：2[56]、万州安全M1：30[57]形制相同,年代应大体接近,属东汉晚期,陶房屋建筑、水田模型等模型明器常见,人物俑与动物俑造型低矮,与云贵东汉晚期汉墓出土的俑相类,铜器中新出现Ⅱ式壶、B型Ⅲ式釜、Ⅲ式洗等器,铜钱以东汉五铢为主,剪轮五铢数量增多,环首铁刀、铁剑多见,此外部分墓葬还有漆器、蚌器、琉璃器等,因此,可知该期年代为东汉晚期。

东汉时期云贵地区的崖墓大致表现出分布区域不断扩大,墓室空间不断拓展,墓内配置不断增多,随葬品的数量与种类不断增多的演变趋势。从这一趋势可以看出,至东汉晚期,崖墓在云贵地区事实上仍然处于不断发展的道路上,这让我们对其在东汉以后的演变充满憧憬。目前蜀汉至南北朝时期崖墓发现于赤水河流域,横江流域暂未发现,近年来三岔河[58]、黄金湾[59]、泥坝[60]、马鞍山[61]等一批崖墓材料分别见诸报告、报道,为我们进一步探索汉代以后崖墓的演变提供了便利。下面选取材料较为丰富的三岔河与马鞍山崖墓作一简要论述。

三岔河5座单室崖墓集中开凿于崖壁上,M1未凿成,其余墓葬形制大致接近,由墓门、甬道、墓室构成,M4虽无甬道但开凿有弧形排水沟,M5墓门一侧镌刻双阙、捕鱼等图案,应属Ab型Ⅲ式墓,M2、M3墓室人字形顶,仿木结构建筑凿有正脊和两个坡面,也应属Ab型Ⅳ式墓,M2墓门题刻"章武三年七月十日……"纪年铭文表明这批墓葬大致开凿于蜀汉年间。马鞍山崖墓皆为单室墓,报告中墓葬举例M5、M13由墓道、甬道、墓室、壁龛等构成,弧形墓顶,随葬陶器为主,应为Ab型Ⅲ式墓,M9、M11由墓道、甬道、墓室及后龛等其他附属设施构成,人字形顶,随葬陶器为主,属Ab型Ⅳ式墓,M16、M20等墓由墓道、甬道、墓室及排水沟等构成,弧形顶,当属Ab型Ⅲ式墓,其随葬中新出现了青瓷器,原报告将M5到M15定为蜀汉至魏晋时期,M16到M21定为南北朝时期。据上述可以看出,蜀汉至魏晋时期Ab型Ⅲ式、Ab型Ⅳ式崖墓依然盛行,而B型墓已不见,魏晋以后南北朝时期则只有Ab型Ⅲ式墓流行。

纵观云贵地区崖墓从东汉至南北朝的发展脉络,可得出以下认识：分布区域上,东汉早期崖墓率先出现于横江流域,中、晚期逐渐散布于横江、赤水河等流域,东汉之后崖墓在横江流域消亡,在赤水河流域则一直沿用至南北朝时期；墓葬形制上,云贵地区汉代崖墓整体呈现空间不断拓展,形制不断繁杂的演进过程,单室、双室、多室崖墓皆有使用,至蜀汉到魏晋期间主要流行两式别的单室墓,再到南北朝时期则仅见一式别的单室墓；随葬器物上,汉代崖墓中随葬品数量与种类繁多,蜀汉至魏晋时期变化较小,到南北朝时期则逐渐流行青瓷器。总体来看,从东汉到南北朝时期,云贵地区崖墓呈现了分布区域逐渐萎缩,形制由繁杂归于单一的演变过程。

二、云贵地区汉代崖墓的兴起与族属刍议

云贵地区汉代崖墓的族属一直是学界关注的焦点问题，目前大致形成了以下五种观点：①崖墓为当地"苗族"[62]"僚人"[63]"僰人"[64]"百越"[65]等土著民族使用的墓葬；②崖墓可能是土著民族汉化后使用的墓葬[66]；③崖墓是当地多民族交融的产物，其中汉文化占据着显著优势[67]；④崖墓的族属因时代、地域、文化内涵的差异而不同，对于崖墓的族属尚难判断[68]；⑤云贵地区崖墓完全是当地汉人所使用的一种墓葬形制[69]，且与巴蜀地区汉代崖墓关系密切[70]。探讨崖墓使用人群问题，我们需了解崖墓的兴起缘由，因而，下文将从分布区域、墓葬本体、随葬品三个方面对云贵地区汉代崖墓的兴起与族属问题进行分析。

分布区域上，云贵地区汉代崖墓集中分布于云贵高原到四川盆地过渡段的赤水河与横江流域，相当于今天的贵州遵义、云南昭通地区，即所谓的"巴蜀西南外蛮夷"[71]地区。中原王朝对"西南夷"地区的经略始于秦代，至西汉武帝年间"西南夷"各地已逐步纳入中央王朝的直接管辖之下。作为从巴蜀进入"西南夷"腹地的必经之路，秦汉王朝先后在遵义、昭通等地设置犍为郡或犍为属国等行政区划，开辟多条道路。据考证，秦代所修筑五尺道[72]自四川宜宾南行，经庆符、筠连，入云南之盐津、大关、昭通，以至曲靖[73]，汉代所修筑南夷道[74]也是始自宜宾，经高县、珙县、昭通威信、镇雄，而至毕节[75]。此外，学者还发现一条从巴郡，经合江、赤水、习水，进而入贵州安顺、兴义的重要通道[76]。武帝时期"发巴蜀治南夷道"[77]"发巴蜀兵平西南夷未服者"[78]"募豪民田南夷"[79]这些官方行动又伴随着大量的人口流动，因而，大批汉移民得以进入遵义、昭通地区。行政区划的设置、道路的畅达与人口的迁徙极大增强了云贵地区与周边区域的联系，汉文化的进入开始加速，对土著文化的挤压日渐加剧；具体而言，遵义、昭通两地要较云贵其他区域更易接收外来丧葬文化的影响。遵义习水崖墓墓门题刻"熹平五年二月三日作，广汉新都李元伯镂，□□直钱五千又十……"[80]表明它是广汉郡新都的李姓匠人在熹平五年间来遵义开凿的，云贵与巴蜀地区的互动由此可见一斑。四川地区崖壁开凿技术发达，崖墓约于西汉末至新莽时期在四川盆地率先兴起[81]，至东汉时期已与砖室墓、石室墓成为了四川地区最主要的墓葬类型[82]，具有延续时间长，营造规模宏大两大特点，目前现存总数至少在30000座以上[83]。另一方面，在汉代与遵义、昭通同属犍为郡或犍为属国的宜宾、泸州等地也发现了大量崖墓。因此，我们认为，崖墓这种墓葬形式应是云贵地区接受四川地区的输入而逐步兴起的，而非本地起源，即云贵地区汉代崖墓是四川汉代崖墓发展的外延。

墓葬选址上，云贵地区汉代崖墓选址一般位于河流两岸不远处，依山面水，距水面或地面高程1~20米，多成群分布，一处崖墓群中有几座到几十座不等的墓葬呈"一"字或上下排列，每座崖墓与崖墓间距大致相近，显示出当时人在营墓择址时已考

虑到了地形开阔、交通便利等文化上的因素[84]。崖墓是在崖壁上横向开凿墓穴，而非利用自然洞穴，营建成本上应较同等规模的土坑墓、砖室墓为高。有发掘者在报告中直接指出"在岩石上开凿墓葬，十分艰难，工程较大"[85]，前述熹平五年开凿的单室崖墓便耗费"钱五千又十……"，又如蜀汉章武三年开凿的一座崖墓花费了七十万[86]，购置营建费用得以一窥。形制上，云贵地区汉代崖墓可分为单室墓、双室墓、多室墓，尤以前二型墓盛行，在逐渐的发展过程中，崖墓墓室在构造和机能方面与其他地域的汉墓并不存在什么差异[87]，且墓葬形制愈繁，装饰渐多，理应用度越靡。观之崖墓所需上述条件，皆非往常蛮胞所惯习与能力所能及[88]。

前文已提及，云贵地汉代崖墓中的随葬品往往集中放置于墓室前部或前室之中，到东汉中期基本形成了"前堂后室"的格局。以陶器为主，铜器次之，其他器物再次之的随葬比例与云贵汉代砖室墓等汉式墓并无二样[89]，墓葬中仿铜陶礼器、生活实用器及模型明器的发现反映出汉代中原崇侈厚葬之风对其的深刻影响。现在看来，以往学者认为云南汉代崖墓不出陶家畜模型及杯案的认识不能成立[90]，不出的应仅是个例，而非全部，下面以水富乌龟石湾崖墓为例做进一步阐析。原报告主要凭依墓葬中出土陶"椎髻俑""平掌都印"铜印认定所发掘崖墓为僰人墓葬，两件陶俑M8∶8（图四，1）、M9∶7（图四，2）头发皆束于头顶一侧盘结似椎头，参考相关学者的研究[91]，报告对其定名"椎髻俑"应当是正确的，《史记·西南夷列传》载夜郎、滇、邛"此皆魋结，耕田，有邑聚"[92]，《汉书》《后汉书》等史书皆从此说，"椎髻"遂逐渐成为代表西南夷地区的文化标志性词汇。那么，是否可以仅凭出土两件"椎髻俑"来推定墓葬族属呢？笔者以为，"椎髻俑"应属于土著文化的孑遗，而对于墓葬族属的判定应从墓葬形制、随葬品等因素来通盘考量。据现有资料，河北燕下都遗址

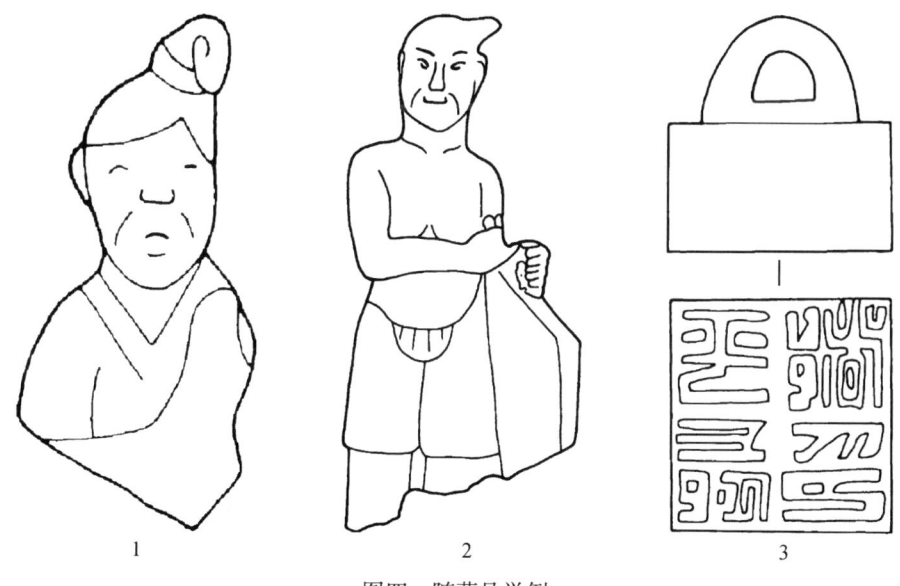

图四 随葬品举例
1. 椎髻俑（WGSM8∶8） 2. 椎髻俑（WGSM9∶7） 3. 铜印（WGSM12∶1）

D6T31②M8、T46②M14[93]、河南禹州新峰M127[94]等汉墓中也曾出土椎髻俑或刻画有椎髻形象，由此可看出，椎髻俑或椎髻形象并非云贵地区所独有，因而不能成为判断墓葬使用人群的主要衡量标准；M12中出土方形桥纽铜印一枚（图四，3），近来已有学者辨证其应释读为"平都长印"，而非原报告所隶定"平掌都印"[95]，这一结论无疑是可取的。考之史籍，《后汉书志·郡国》刘昭注"巴郡平都"条引《巴记》曰"和帝分枳置"[96]。《太平寰宇记》继之云，"永元二年分枳县地置平都县"[97]，可知平都乃汉代巴郡辖地，东汉和帝永元二年（公元90年）便已置县，因此，这枚铜印应是平都置县后某一任长官的官印，其性质应与贵州兴仁交乐东汉墓M14出土"巴郡守丞"铜印[98]相同，为汉代云贵高原仕人出任巴蜀地区郡县官职，死后归葬故里的体现[99]，而非僰人贵族的随葬品。

综上所述，通过对崖墓的分布地域、墓葬本体、随葬品的梳理，笔者认为，云贵地区东汉早期兴起的崖墓，并非该区域自身丧葬文化演进的结果，而是从四川地区传入，昭通、遵义地区作为巴蜀联系云贵的咽喉要道，故而崖墓在赤水河、横河流域勃兴；崖墓往往人工开凿于依山面水的崖壁之上，在逐渐的发展过程中，所需要求已远非汉时云贵地区土著民族所能承受；云贵地区汉代崖墓与同时期其他区域汉墓在形制机能上并无太大差异，在随葬品上也与云贵地区汉墓无明显区别，虽有少量土著文化遗物出土，而这应是汉文化推进大潮之下地域文化在汉墓中的表征。要之，我们认为云贵地区汉代崖墓是从四川地区传入的以中原汉文化为主，夹杂部分地域文化的特殊墓葬形式，其主体使用人群应为汉人。

三、共性与特点——与四川汉代崖墓的比较

为把握云贵地区汉代崖墓与周邻地区崖墓的共性及其自身特点，本文选取了出土崖墓数量较多的四川地区来进行下一步的分析。

崖墓在四川地区有着广泛的分布，其现存总数可达数万座以上，据迄今所知材料，墓葬在长江、大渡河、青衣江、岷江、沱江、涪江、嘉陵江、渠江、两河、小江、大宁河、龙河、乌江、綦江、永宁河、长宁河、南广河等江流均有发现，其分布中心区域，是以岷江、沱江、涪江、嘉陵江中下游和长江沿岸等地区为中心，尤其以岷江中下游的乐山、眉山、彭山，以及涪江流域的三台等地区数量为多、分布密集而且开凿规模较大[100]。四川崖墓于19世纪初发现并被准确认知后，即在学术界引起高度重视，多年来屡有学人进行综合论述，对其研究不断深入，研究成果层出不穷，不胜枚举，本文仅列举代表性观点，商承祚将其分为"单纯式""复形式""变体式"三类[101]；刘志远提出"单翼式""双翼式"分类法[102]；罗二虎将其划分为六型，各型中又分若干式，共计六型二十四式[103]；辜其一划分为"单室墓类""重室墓类""前堂后穴墓类"三大类，以下在细分型[104]；唐长寿则将其划分为"单室制墓""双室制墓""三室制

墓"三类[105];上述区分标准不一,内容驳杂,足以显示出四川地区崖墓形制之繁复、数量之庞大,虽然对于崖墓形制划分的分歧较大,但在四川崖墓的兴起原因与使用年代上学者们大体形成一致的意见,认为四川崖墓的兴起是受到中原丧葬文化的影响,而非源于西方,其使用的年代上限可达西汉晚期到新莽时期,并在东汉盛极一时,下限则延伸至两晋南北朝时期。

以往认为四川早期崖墓主要分布于川西平原,少见于其他地区,根据近年公布的资料,有学者对四川地区早期崖墓进行了重新辨析,提出西汉居摄元年至东汉建武十五年(公元6~39年)间崖墓便已流布于四川盆地大部,而非局限于川西平原[106],文章中还将云贵地区崖墓与宜宾、泸州等地划定为川南区,前文也已提及,汉代宜宾、泸州、遵义、昭通同属犍为郡或犍为属国,且为加强对西南夷地区的控制,秦汉政府还自巴蜀之地修筑多条道路沟通云贵,故而下文着重对宜宾、泸州两地汉代崖墓进行介绍。

宜宾汉代崖墓目前已知裸露可见有2000余座,集中分布于宜宾下辖10县、市境内沿岷江、金沙江、长宁河等的江河两岸,多呈长方形墓穴,均为露天明槽式墓道,墓内多凿壁龛、石灶、石台、石棺、石函,规模可分为大、中、小型,出土有陶、铜、铁器及各种模型,有仓、楼房、水田、武士俑、乐舞俑、家禽、说书俑、抚琴俑、西王母俑等,墓内装饰十分丰富,以黄伞乡[107]、长宁七个洞[108]为代表,刻画形象有门阙、仿木建筑的斗拱、檐椽、人物与动物形象等,墓葬规模上尤以黄伞乡多室墓M1为宏大,此外还有横江镇[109]、缪家林[110]、猫猫沱[111]等地崖墓的清理,其中缪家林M5中发现了2具画像石棺。年代上,宜宾地区崖墓主要集中于东汉时期,使用人群为汉人[112]。

泸州的汉代崖墓考古工作始于20世纪80年代,先后对河口头[113]、顺江村[114]、牛石函[115]等地崖墓进行了清理,已探明泸州市现有崖墓群66处,共计844座,主要分布在泸州北部地区的河谷山崖之间,墓道均为露天明槽式,单墓室,一般由墓道、甬道、墓门、墓室、左右侧龛、后龛等组成,随葬品以陶器为主,也有铜器、铁器、石雕器物、钱币、摇钱树等的出土,墓内葬具有独木棺、石棺、崖棺、砖石棺、陶棺,尤以画像石棺最具特色,目前已发现41具,画像内容涉及祥瑞辟邪、现实生活、房屋建筑、历史故事、升天成仙、装饰图样等六类,从随葬品、画像题材来看,属于汉文化系统,泸州崖墓在年代上主要集中于东汉时期,不见西汉和新莽时期崖墓[116]。

云贵地区与宜宾、泸州地区的汉代崖墓相较,共性与特点并存,试分述如下:选址上,云贵地区与川渝湘三省市的崖墓并无太大区别,一般分布于靠山临水,视野开阔之处,尤其是在河流交汇处最为密集;开凿方式上也应较为一致,据考证崖墓开凿有"单臂举锤敲打法""冲击式顿钻法"两种主要方式[117],采用哪一种方式开凿应视具体情况而定,一般来讲较小规模采用前一方式,而较大和大型墓葬则适用后者;结构与形制上,同一墓地中的墓向皆因受岩石朝向的限制而显得不固定,多因地制宜,墓葬中一般都有墓道、墓门与墓室,发展演进上都呈单室向双室、多室的变化格局;随葬器物整体比例上大体一致，均以陶器为主，也有铜、铁等其他器物；云贵地区与宜宾、泸州在崖墓使用年代上也大体接近，即主要流行于东汉时期。

不同之处在于，崖墓数量上云贵地区要低于宜宾、泸州，更远远低于整个四川地区；形制上，宜宾地区单室、双室、多室墓皆备，形制规模明显较云贵地区为宏大复杂，但云贵地区较之泸州地区崖墓却又显繁杂；宜宾、泸州崖墓皆为露天明槽式墓道，而云贵地区存在一部分竖井式墓道崖墓；云贵地区崖墓葬具多为木棺，而宜宾、泸州崖墓葬具有独木棺、石棺、崖棺、砖石棺、陶棺等多种形式，在宜宾、泸州流行的画像石棺在云贵地区崖墓中目前还暂未发现；宜宾、泸州地区崖墓墓内装饰多样，涉猎内容极广，题材众多，其繁复程度、出现比例远远高于云贵崖墓；随葬品上也有些许差异，如四川地区崖墓所出土西王母俑并不见于云贵地区崖墓之中，而摇钱树则在云贵崖墓中有出土，汉代巴蜀地区的西王母崇拜是当时全国范围内西王母崇拜的一个重要支系，在长期的发展过程中具有了明显的巴蜀地域文化特征[118]，出现了诸如西王母画像砖、西王母俑、三段式神仙镜等具有西王母形象的器物[119]，同样，摇钱树的出现与发展也极具巴蜀区域文化特征，因此，这两种器物在崖墓中的出土差异可能反映了当时云贵地区与巴蜀地区民众在宗教信仰上的某些差异；在崖墓使用年代上，云贵地区崖墓虽与周邻宜宾、泸州地区崖墓使用年代大体一致，但却较四川三台郪江柏林坡M4、紫荆湾M12[120]等新莽左右时期崖墓要晚，显然，这与云贵崖墓是从四川地区所传入的原因密切相关。

统观前文，云贵地区汉代崖墓虽是四川地区汉代崖墓的传布外延，但其自身在吸收周边地区影响的长时段演进中逐渐形成了明显区别于其他地区的地域特点，这些特点是可区分且可被精确认知的，这些地域性特点的出现可能与汉文化传入前各地不同的文化传统有关，也可能与汉文化与土著文化碰撞妥协有关，同样亦可能是汉文化吸收土著文化、周边地域文化在此生根发芽的最终结果。

四、结　　语

本文基于考古材料的梳理，对云贵地区汉代崖墓的分布、形制、随葬品、分期、编年与演变、使用人群、与周边地区崖墓的共性及自身特点进行了探讨。"川、滇、粤、桂之开辟，战国时启其端，秦始皇继其后，汉武帝成其功"[121]，秦汉王朝经略云贵之前，云贵高原各地区处于相对独立的状态，各自有独具特色的文化系统。在周边部族、王国，特别是中原王朝的扩张过程中，郡县制度的推行和移民的涌入带来了先进的文化与技术，打破了云贵高原以往相对封闭的状况。一方面，中原地区与云贵高原的联系与交流得到了加强，极大地扩展了中原王朝的统治及文化影响范围；另一方面，中原王朝统治的加强使云贵各地区的土著文化与周围外来的文化产生了碰撞，加速了土著文化的发展进程，极大地改变了以往云贵高原独立发展的面貌[122]。从考古材料上看，云南、贵州地区自汉武帝"通西南夷"后，中原汉文化风格随葬品开始大量出现，丧葬制度为之一变，至东汉年间，崖墓已与砖室墓、石室墓共同成为云贵地区主要的墓葬形式，因此，加强崖墓的研究，对于进一步廓清汉代云贵地区文化格局的变迁具有重要意义。需要指出的是，本文得出的也仅仅是阶段性认识，随着考古工作的推进，我们期待云贵地区汉代崖墓研究的进一步深入。

注　释

[1] 中国社会科学院考古研究所.中国考古学·秦汉卷[M].北京：中国社会科学出版社，2010：499.

[2] 杨龙先.遵义乐山镇金竹鲁班山的汉代崖墓群[N].贵州政协报，2017-11-10（A3）.

[3] 贵州省文物考古研究所.贵州习水县东汉崖墓[J].考古，2002（7）：93-96.

[4] 转引自严奇岩.喀斯特环境与贵州民族墓葬文化[M].北京：科学出版社，2017：112.

[5] 张改课，李飞，陈聪.贵州习水黄金湾墓葬考古汉晋时期赤水河流域先民生活风貌[J].大众考古，2016（3）：23-33.

[6] 李飞.风格：石匠与赞助人[J].当代贵州，2018（52）：80.

[7] 席克定.黔北岩葬调查记要[C].贵州民族调查（之四）.1986：338.

[8] 同[7].

[9] 同[4]：111.

[10] 李飞.崖上阴宅：习水崖墓调查记[C].贵博论丛·第一辑.桂林：广西师范大学出版社，2020（1）：72-95.

[11] 黄黔华.穿越千年访汉代崖墓[N].贵阳晚报，2018-9-14（A08）.

[12] 贵州省文物考古研究所，赤水市文物管理所.贵州赤水市复兴马鞍山崖墓[J].考古，2005（9）：20-33.

[13] 贵州省文物考古研究所，赤水市文体广电旅游局.赤水市万友号崖墓清理[C].贵州田野考古报告集：1993-2003.北京：科学出版社，2014：272-274.

[14] 同[7].

[15] 云南省文物工作队.云南大关、昭通东汉崖墓清理报告[J].考古，1965（3）：119-123.

[16] 云南省文物考古研究所，昭通市博物馆，昭通地区文管所.昭通小湾子崖墓发掘简报[J].云南文物，1992（33）：5-17.

[17] 云南省博物馆文物工作队.云南昭通象鼻岭崖墓发掘简报[J].考古，1981（3）：219-232.

[18] 昭通市文物管理所.昭通田野考古（之一）[M].昆明：云南人民出版社，2012：166-181.

[19] 同[15].

[20] 同[18]：200-202.

[21] 同[18]：200.

[22] 国家文物局，云南省文化厅.中国文物地图集·云南分册[M].昆明：云南科技出版社，1999：65.

[23] 云南省文物考古研究所,昭通市文物管理所,水富县文化馆.昭通水富县楼坝崖墓发掘报告[C].云南考古报告集(之二).昆明:云南科技出版社,2006:106-133.

[24] 云南省文物考古研究所,昭通市文物管理所,曲靖市麒麟区文物管理所,等.云南省水富县小河崖墓发掘报告[J].四川文物,2011(3):23-32.

[25] 杨帆,万扬,胡长城.云南考古:1979~2009[M].昆明:云南人民出版社,2009:439.

[26] 同[25].

[27] 云南省考古研究所,昭通地区文管所,盐津县文化馆.盐津燕儿湾墓地发掘简报[J].云南文物,1999(48):4-6.

[28] 昭通市文物管理所,盐津县文化馆.盐津干溪沟崖墓清理简报[J].云南文物,2011(73):13-16.

[29] 云南考古.盐津柿子崖墓[OL].http://www.ynkgs.cn/view/ynkgPC/1/172/view/1387.html,2014.05.28.

[30] 昭通市文物管理所,盐津县文化馆.云南盐津县墨石沟东汉崖墓清理简报[J].四川文物,2015(3):18-22.

[31] 同[25].

[32] 中国考古学会.中国考古学年鉴·1992[M].北京:文物出版社,1994:297.

[33] 同[25]:441.

[34] 同[7]:339-340.

[35] 同[25]:426.

[36] 汪宁生.云南考古[M].昆明:云南人民出版社,1980:97-98.

[37] 张定福.黔北岩墓初探[C].贵州省民族研究学会第三届年会会刊.1986:121-126.

[38] 罗二虎.四川崖墓的初步研究[J].考古学报,1988(2):133-167.

[39] 熊水富.贵州境内的岩洞葬与岩墓[J].贵州省博物馆馆刊,1988(5):45-48.

[40] 罗开玉.古代西南民族崖葬研究[J].考古,1991(5):448-458.

[41] 丁长芬.试论昭通崖墓[J].云南文物,1998(46):30-32.

[42] 张合荣.夜郎文明的考古学观察:滇东黔西先秦至两汉时期遗存研究[M].北京:科学出版社,2014:275-278.

[43] 严奇岩.喀斯特环境与贵州民族墓葬文化[M].北京:科学出版社,2017:106-120.

[44] 吴小平.两汉时期云贵地区汉文化的考古学探索[M].杭州:浙江大学出版社,2018.

[45] 孙俊,武友德.秦汉西南"汉夷"格局——以《华阳国志》豪族士女记载和考古室崖墓分布为中心[J].中国边疆史地研究,2018(2):21-34.

[46] 叶成勇.战国秦汉时期南夷社会考古学研究[M].北京:文物出版社,2019:153-156,168-171.

[47] 同[18]:201.

[48] 同[6].

［49］ 贵州省博物馆考古组.贵州平坝天龙汉墓［C］.文物资料丛刊（4）.北京：文物出版社，1981：129-131.

［50］ 吴小平.战国秦汉时期云贵地区青铜炊具的考古学研究［J］.考古，2015（3）：99-114.

［51］ 贵州省文物考古研究所.贵州兴仁交乐汉墓发掘报告［C］.贵州田野考古四十年.贵阳：贵州民族出版社，1993：236-264.

［52］ 宋治民.战国秦汉考古［M］.成都：四川大学出版社，1993：96.

［53］ 大理州文物管理所.云南大理大展屯二号汉墓［J］.考古，1988（5）：449-456.

［54］ 李飞.贵州安龙新出铜器——兼论贵州西南地区的青铜文化［J］.四川文物，2009（3）：62-69.

［55］ 洛阳区考古发掘队.洛阳烧沟汉墓［M］.北京：科学出版社，1959：224.

［56］ 重庆市文物局、云阳县文物保护管理所.云阳马岭墓地发掘报告［C］.重庆库区考古报告集·2001卷.北京：科学出版社，2007：608-625.

［57］ 陕西省考古研究所，万州区文物管理所.万州安全墓地发掘报告［C］.重庆库区考古报告集：1997卷.北京：科学出版社，2001：501-545.

［58］ 黄泗亭.贵州习水县发现的蜀汉岩墓和摩崖题记及岩画［J］.四川文物，1986（1）：67-69.

［59］ 同［5］.

［60］ 贵州都市报.习水发现崖墓群——图刻精美［N］.贵州都市报，2016.06.29（A16）.

［61］ 同［12］.

［62］ 同［37］.

［63］ 同［58］.

［64］ 同［23］.

［65］ 李胜军.中国古代葬俗中的吉祥寓意［C］.洛阳博物馆建馆50周年论文集.郑州：大象出版社，2008：74.

［66］ 汪宁生.汪宁生论著萃编·下［M］.昆明：云南民族出版社，2001：1136.

［67］ 同［41］.

［68］ 席克定.灵魂安息的地方——贵州民族墓葬文化［M］.贵阳：贵州人民出版社，1991：273.

［69］ 同［38］.

［70］ 范小平.四川崖墓艺术［M］.成都：巴蜀书社，2006：77-78.

［71］ （汉）司马迁.史记·西南夷列传［M］.北京：中华书局，1959：2991.

［72］ 同［71］：2993.

［73］ （唐）樊绰撰，向达校注.蛮书校注［M］.北京：中华书局，1962：27.

［74］ （晋）常璩撰，任乃强校注.华阳国志校补图注［M］.上海：上海古籍出版社，1987：172.

［75］ 方国瑜.中国西南历史地理考释［M］.北京：中华书局，1987：117.

［76］ 张合荣.从考古资料论贵州汉代的交通与文化［J］.贵州民族研究，1996（1）：145-154.

［77］ （汉）班固.汉书·武帝纪［M］.北京：中华书局，1962：164.

［78］ 同［77］：194.

[79] （汉）司马迁.史记·平准书［M］.北京：中华书局，1959：1421.

[80] 同［6］.

[81] 关于四川崖墓的兴起原因，商承祚先生认为是受到河南南阳墓制的影响；罗二虎先生认为是受中原地区流行的横穴墓影响（其中也包括中原地区早期崖墓的影响）；唐长寿先生认为是在最盛行的横穴式砖室墓或土洞墓的直接影响下结合四川地理地貌而产生的。详见

a. 商承祚.四川新津等地汉崖墓砖墓考略［J］.金陵学报，1940（1-2）：1-18.

b. 同［38］.

c. 唐长寿.乐山崖墓和彭山崖墓［M］.成都：电子科技大学出版社，1994：124-126.

[82] 郭的非.四川崖墓的渊源［J］.成都大学学报（社会科学版），2019（1）：69-73.

[83] 同［1］.

[84] 常任侠.重庆附近之汉代三种墓葬［J］.说文月刊，1941（4）：77-81.

[85] 同［27］.

[86] 同［58］.

[87] 原文为"可以认为四川崖墓在整个玄室的构造和机能方面与其他地域的汉墓并不存在什么差异"以四川崖墓代指川渝云贵四地崖墓。参见黄晓芬.汉墓的考古学研究［M］.长沙：岳麓书社，2003：147.

[88] 刘铭恕.崖墓稽古录［J］.中国文化研究汇刊，1946（6）：31-42.

[89] a. 张勇.云贵高原汉墓研究［D］.中山大学博士学位论文，2014.

b. 张晓超，夏保国.贵州汉代砖室墓的初步研究［J］.文博学刊，2019（3）：20-33.

[90] a. 同［15］.

b. 李如森.汉代丧葬礼俗［M］.沈阳：沈阳出版社，2003：295.

[91] 夏保国，王兴成.汉"椎髻"考［J］.北方文物，2020（2）：85-95.

[92] 同［71］.

[93] 河北省文物研究所.燕下都遗址内的两汉墓葬［C］.河北省考古文集.北京：北京燕山出版社，2001：67-140.

[94] 河南省文物考古研究所，许昌市文物工作队.河南禹州新峰墓地东汉画像石墓发掘简报［J］.华夏考古，2013（3）：10-22.

[95] 同［46］：247.

[96] （晋）司马彪.后汉书志·郡国五［M］.北京：中华书局，1965：3508.

[97] （宋）乐史.太平寰宇记·山南东道八［M］.北京：中华书局，2007：2890.

[98] 同［51］.

[99] 杨勇.云贵高原出土汉代印章述论［J］.考古，2016（10）：92-103.

[100] 霍巍，黄伟.四川丧葬文化［M］.成都：四川人民出版社，1992：125-126.

[101] 同［81］a.

[102] 刘志远.成都天迴山崖墓清理记［J］.考古学报，1958（1）：87-103.

[103] 同［38］.

[104] 辜其一. 乐山、彭山和内江东汉崖墓建筑初探［C］. 中华古建筑. 北京：中国科学技术出版社，1990：165-192.

[105] 同［81］c：30.

[106] 马晓亮. 四川早期崖墓及相关问题探讨［J］. 考古，2012（1）：82-90.

[107] 四川大学历史系七八级考古实习队，宜宾县文化馆. 四川宜宾县黄伞崖墓群调查及清理简报［J］. 考古与文物，1984（6）：12-22.

[108] 四川大学考古专业七八级实习队，长宁县文化馆. 四川长宁"七个洞"东汉纪年画像崖墓［J］. 考古与文物，1985（5）：43-55.

[109] 四川省文物考古研究所. 四川宜宾横江镇东汉崖墓清理简报［J］. 华夏考古，2003（1）：3-17.

[110] 四川省文物考古研究院，宜宾市博物院，长宁县文物保护管理所. 四川长宁县缪家林东汉崖墓群M5发掘简报［J］. 四川文物，2015（5）：15-39.

[111] 四川省文物考古研究院，宜宾市文化广电新闻出版局，宜宾县文物管理所. 四川宜宾县猫猫沱汉代崖墓群M10、M11发掘简报［J］. 四川文物，2017（3）：18-27.

[112] 丁天锡. 川南东汉崖墓初探［J］. 宜宾学院学报，1993（3）：79-82.

[113] 四川省文物考古研究院，泸州市博物馆. 四川泸州河口头汉代崖墓清理简报［J］. 四川文物，2006（5）：25-30.

[114] 邹西丹. 泸州市石洞镇发现东汉"延熹八年"纪年画像石棺［J］. 四川文物，2007（6）：92-93.

[115] 泸州市博物馆，成都文物考古研究所. 四川泸县牛石函崖墓清理简报［C］. 成都考古发现·2009. 北京：科学出版社，2011：296-301.

[116] 晏满玲. 泸州地区崖墓刍议［J］. 四川文物，2009（4）：87-96.

[117] 罗二虎. 四川崖墓开凿技术探索［J］. 四川文物，1987（2）：35-38.

[118] 苏奎. 四川汉代西王母图像的地域特征［C］. 理论、方法与实践：美术考古与大足学研究. 重庆：重庆大学出版社，2014：179-196.

[119] 同［1］：903.

[120] 四川省文物考古研究院，绵阳市博物馆，三台县文物管理所. 三台郪江崖墓［M］. 北京：文物出版社，2007：129-237.

[121] 吕思勉. 秦汉史［M］. 上海：上海古籍出版社，2005：109.

[122] 余淼. 云贵高原战国秦汉时期的兵器研究［D］. 贵州大学硕士学位论文，2011：5.

Further Discussion on the Staging, Evolution, and Related Issues of Han Dynasty Cliff Tombs in the Yungui Region

ZHANG Xiao-chao

This article uses archaeological materials to explore the distribution, shape, burial objects, stages, chronology and evolution, user groups, commonalities with surrounding cliff tombs, and their own characteristics of the Han Dynasty cliff tombs in the Yunnan-Guizhou region. It is believed that cliff tombs in the Yunnan-Guizhou region were introduced from the Sichuan region in the early Eastern Han Dynasty, and their main user groups were Han people. During the development process of the early Eastern Han, middle Eastern Han, and late Eastern Han periods, they formed more obvious characteristics of their own. The investigation of Han Dynasty cliff tombs in the Yunnan-Guizhou region will provide certain assistance for further understanding the cultural changes in the Yunnan-Guizhou region during the Han Dynasty.

唐代粟特式金属带具

买合木提江·卡地尔[1]　张良仁[2]

（1.新疆社会科学院，乌鲁木齐，830000；2.南京大学历史学院，南京，210000）

一、问题的缘起

金属带具是指固定在腰带皮质带鞓上的各种形制的构件。据唐陵蕃酋像的腰带和出土的带具实物，唐代的金属带具由带扣、长方形銙、半圆形銙和铊尾组成（图一）。若干垂带从带銙"古眼"[1]中穿过，垂带有时悬挂"蹀躞七事"[2]。

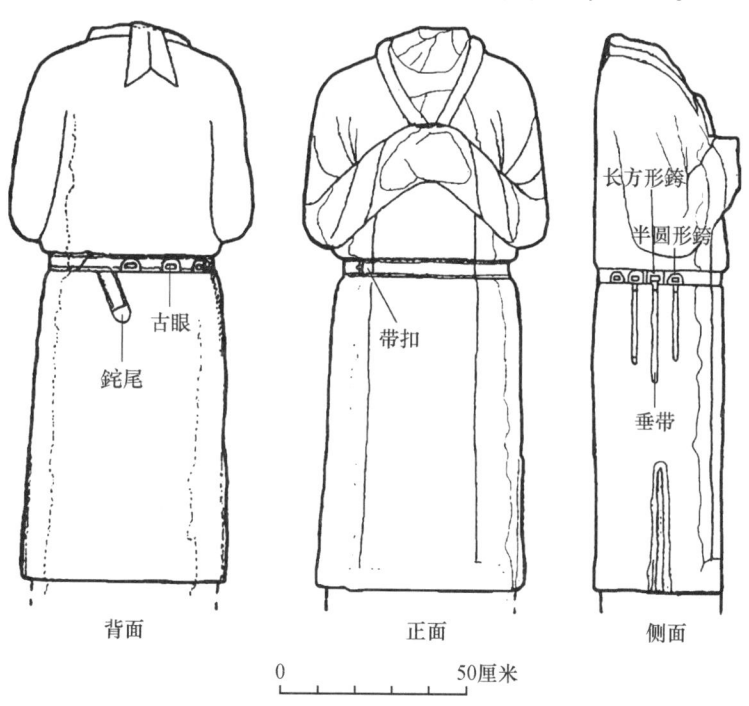

图一　桥陵出土蕃酋像[3]（带具构件名称系作者标出）

在我国，先秦时期的革带上开始出现玉佩和带钩[4]。两汉时期，玉佩和玉带钩继续流行，但西汉中期至东汉晚期，受匈奴等欧亚草原游牧民族的影响，逐渐形成了具有欧亚草原风格的"北方系统腰带具"，其牌饰带扣由矩形演变为椭方形，带扣带孔外侧固定不动的凸纽变为带扣内侧的活动扣舌；横长方形带板和横椭圆形带环相连，形成了带板带环一体式（附环）带銙；纹饰由镂空动物纹变为浮雕动物纹，再变为镂空抽象纹饰[5]。东晋时期，出现了椭圆形带环变为圆形带环的案例[6]。北周至隋，附环带銙的带板由横长方形变为方形，带环由椭圆形变为圆形，同时增添了柿蒂纹带饰，以及可能来源于中亚的圆形扣眼[7]，纹饰逐渐由镂空变为素面[8]。与此同时，出现了少量由带扣、带古眼的长方形銙、半圆形（尖拱形）銙和圆形扣眼组成的带具[9]。这类带具可视为唐代唐式带具的来源。

唐贞观年间（627～649年），圆形扣眼消失，出现了由带扣、长方形銙、半圆形銙和铊尾组成的金属带具[10]。至显庆元年（656年），唐朝的舆服制度规定官吏按其品级佩戴不同材质和数量的带銙[11]。而据考古发现，这类金属带具成为显庆以后整个唐代带具的主要类型（图一）。它们主要发现于陕西、山西、河南、河北、宁夏、辽宁和吉林等地，也少量发现于中国新疆、俄罗斯阿尔泰共和国和哈萨克斯坦等边疆地区。其材质主要为铜质[12]，还有少量玉质[13]、金质[14]、鎏金铜质[15]和铁质[16]，与文献记载相呼应。

与此同时，发现于我国新疆、宁夏和俄罗斯阿尔泰共和国等地区的一些带具，在唐式金属带具的基础上增添了弯月形銙，形成了由带扣、长方形銙、半圆形銙、弯月形銙和铊尾组成的成套金属带具（图二）[17]。另外，俄罗斯阿尔泰共和国和内蒙古等地还出现了由饰植物纹的带扣、花瓣边尖拱形銙和铊尾组成的成套金属带具（图二）[18]。

迄今为止，关于这两类带具的研究很少，仅限于简单的分类和分期。阿米比洛兹（А. К. Амброз）将南西伯利亚和中亚发现的6～10世纪带具分为两个类型，即库迪尔格类型（徽章形带具）和出现于7世纪末至8世纪的卡坦达类型（有边框的带具）[19]。后来，莫吉列尼科夫（В. А. Могильников）[20]、萨维诺夫（Д. Г. Савинов）[21]、多布然斯基（В. Н. Добжанский）[22]等学者接受了这一分类和分期，并进一步将锯齿边銙（花瓣边尖拱形銙）和弯月形銙的出现时间断定在7世纪末至8世纪。

笔者认为，上述的卡坦达类型带具就是唐式带具，而7世纪末至8世纪我国边疆和欧亚草原地区出现的，在唐式带具基础上增添弯月形銙的金属带具，以及饰有植物纹的、由带扣、花瓣边尖拱形銙和铊尾组成的金属带具，为粟特式金属带具（详见后）。这类金属带具是如何形成的？目前学术界还缺乏研究；同时，这类金属带具在边疆地区的流传过程中发生了什么样的功能变化？学术界也少有关注。笔者在梳理粟特式带具分布地域的基础上，将着重探讨这两个问题。

二、粟特式金属带具的分布地域

粟特式金属带具是通过与粟特金银器比较（详见第三节）辨认出来的。相比于由带扣、长方形銙、半圆形銙和铊尾组成的唐式金属带具，粟特式金属带具呈现出以下三个特征：①在唐式金属带具的基础上添加弯月形銙，或弯月形銙尾部相连而形成的心形銙；②半圆形銙演变为花瓣边尖拱形銙；③带有花瓣边尖拱形銙的金属带具上常常装饰植物纹、动物纹等装饰图案。下面简要介绍粟特式金属带具的分布地域。

首先，弯月形銙、花瓣边尖拱形銙和饰植物纹的铊尾等金属带具构件出现于中亚粟特故地的乌兹别克斯坦和塔吉克斯坦[23]。乌兹别克斯坦的阿弗拉西阿勃粟特城址出土有弯月形銙（图二，1）。塔吉克斯坦的片治肯特粟特城址出土有花瓣边尖拱形銙（图二，2）。片治肯特粟特城址和阿弗拉西阿勃粟特城址还出土了装饰植物纹的半圆形銙（图二，3）和铊尾（图二，4）。上述粟特城址废弃于阿拉伯占领之时，年代应该在720年之前。

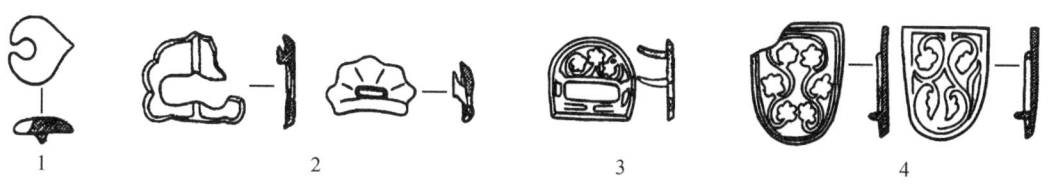

图二　粟特地处出土带具构件
1、4.阿弗拉西阿勃粟特城址　2、3.片治肯特粟特城址

在国内，宁夏吴忠市北郊明珠花园乙区M59、丙区M123[24]，新疆乌鲁木齐萨恩萨伊墓地M124[25]，木垒县干沟墓地M43[26]，阜康市西沟墓地M16[27]等墓葬出土了带有弯月形銙的成套粟特式金属带具（图三，1）[28]。内蒙古敖汉旗李家营子墓地M2出土了装饰植物纹的花瓣边尖拱形銙和铊尾，而带扣无植物纹（图三，2）[29]；吉林永吉县杨屯大海猛遗址M37出土饰植物纹的花瓣边尖拱形銙（图三，3）[30]；吉林永吉县查理巴村墓地M19出土了装饰植物纹的花瓣边尖拱形銙和铊尾（图三，4）[31]。另外，阜康市西沟墓地M2、M10和M16出土了饰植物纹的铊尾（图三，5），其中M10出土的一件圆角长方形牌饰装饰双卧鹿纹（图三，6）[32]。

新疆昌吉州出土此类金属带具的木垒县干沟墓地M43为竖穴土坑二层台墓，阜康市西沟墓地M2、M10和M16为竖穴偏室墓，墓内殉都葬一匹马；埋葬方式与之相同的白杨河墓地M25的^{14}C测年结果为距今1395年±30年，树轮校正年代为640~720年[33]，发掘者推测其年代为7~8世纪[34]。而俄罗斯阿尔泰出土此类带具的葬马墓年代为7~9世纪[35]，并出土了相似的马笼头带饰、马镫、弓弭、箭镞、陶器、耳环、桃形带饰、直角曲线銙、竖琴状垂饰等，可作为昌吉州这批墓葬年代的佐证。吉县杨屯大海猛遗址M37和永吉县查理巴村墓地M19等墓葬为渤海时期（698~926年）的墓葬，下限不早于8世纪；内蒙古敖汉旗李家营子墓地的年代下限不晚于安史之乱[36]。除此之外，唐德宗（742~805年）崇陵南门G1第22石人腰带上饰有半圆花边形銙[37]，说明弯月形銙和饰植物纹的花瓣边銙在边疆地区于8世纪开始流传开来。

在俄罗斯，阿尔泰共和国东南部尤斯特二十四号墓地M13（图四，1）、巴尔布尔加济二号墓地M9（图四，2）、阿克科比墓地（图四，3）和巴雷克索科一号墓地M11

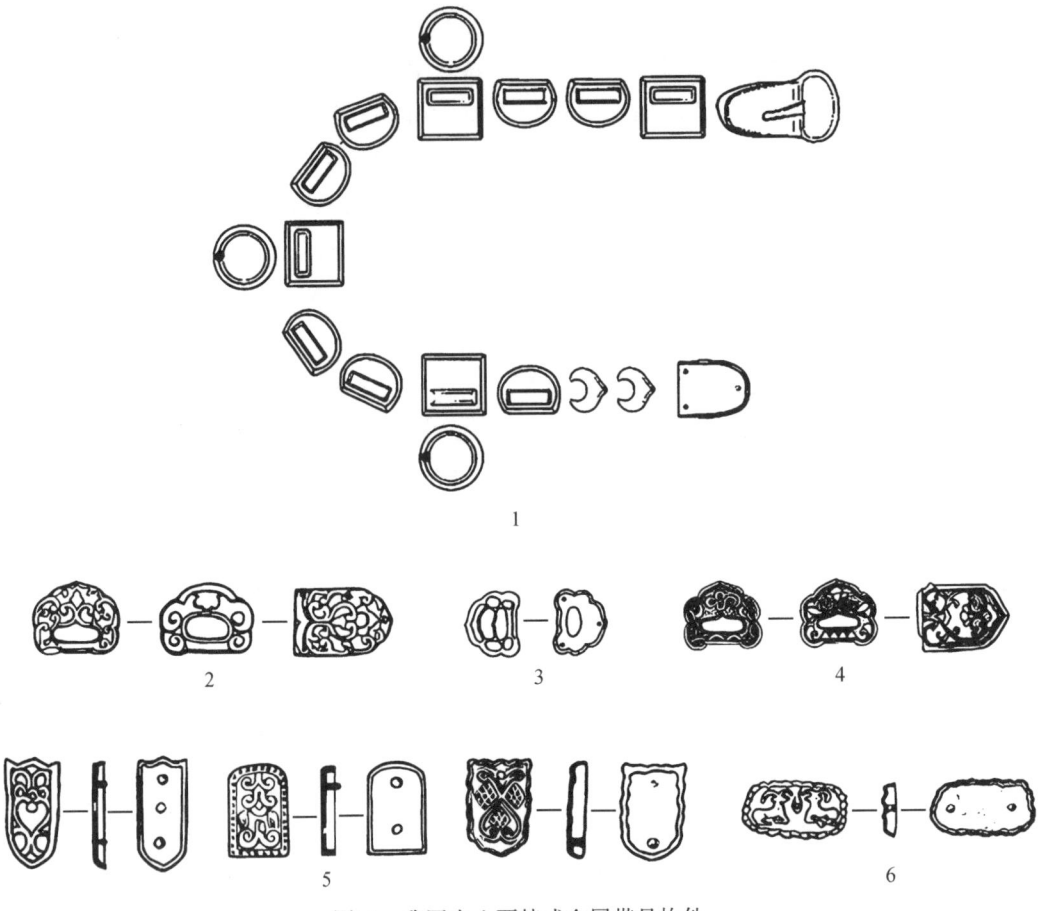

图三　我国出土粟特式金属带具构件
1. 木垒县干沟M43　2. 李家营子墓地M2　3. 大海猛遗址M37　4. 查理巴村墓地M19　5. 西沟墓地M2、M10、M16
6. 西沟墓地M10

（图四，4）等墓葬出土了带有弯月形銙的成套带具[38]。由装饰植物纹的带扣、花瓣边尖拱形銙和鉈尾组成的成套金属带具在国外发现较少。俄罗斯阿尔共和国泰尤斯特一号墓地的M8（图四，5）[39]和乌尊塔尔墓地的M2（图四，6）[40]出土了此类成套金属带具。此外，哈卡斯共和国阿巴坎市北巴坚村（с. Батени）墓地的M15出土了花瓣边尖拱形銙（图四，7），有些欧亚草原石人带上也饰有弯月形銙（图四，8）[41]。

结合^{14}C测年数据，库巴列夫（Г. В. Кубарев）断定出土弯月形銙的巴雷克索科一号墓地M11、阿克科比墓地、巴尔布尔加济二号墓地M9、尤斯特二十四号墓地M13、巴尔布尔加济三号墓地M7等墓葬年代为7~8世纪，而出土由植物纹带扣、花瓣边尖拱形銙和鉈尾构成的带具的墓葬年代稍晚，为8~9世纪[42]。多布然斯基指出，带有弯月形銙和花瓣边銙的带具年代为7世纪末~8世纪，并在与粟特银器上的纹饰比较的基础上，认为锯齿（花瓣）边銙在700~775年间盛行[43]。另外，图瓦发现的37号石人腰带上饰

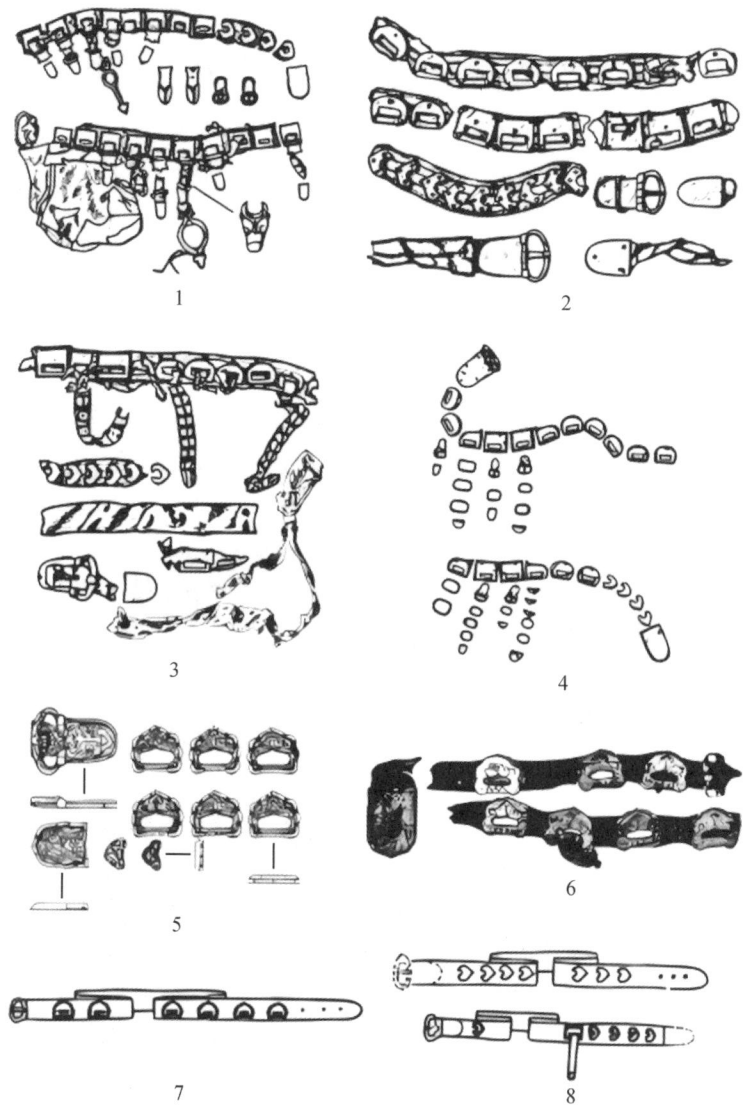

图四 俄罗斯阿尔泰发现粟特式金属带具

1. 尤斯特二十四号墓地M13 2. 巴尔布尔加济二号墓地M9 3. 阿克科比墓地 4. 巴雷克索科一号墓地M11
5. 尤斯特一号墓地M8 6. 乌尊塔尔墓地M2 7. 北巴坚村墓地M15 8. 俄罗斯戈尔诺阿尔泰发现的石人腰带

有大量弯月形銙的，而与之造型几乎一样的36号石人腰带上挂有竖琴状垂饰[44]，此类石人年代为8~9世纪的回鹘时代[45]，因此我们认为弯月形銙传播至西伯利亚的时间很可能是8世纪中叶以后。

三、粟特式金属带具构件的来源

1. 弯月形带銙

从现有的考古资料来看，弯月是一种普遍出现在中亚和中国出土的萨珊波斯钱币、银器、壁画和石刻上面的题材，与祆教信仰存在密切的联系。

从耶兹格德一世（Yazdgard Ⅰ，399~420年）到耶兹格德三世（Yazdgard Ⅲ，632~651年）时期的萨珊波斯钱币中，弯月出现在钱币正面的国王头顶（有时额前方）和四周，以及钱币背面圣火坛旁的两个祭司头顶和钱币背面圆圈外围（图五，1）[46]。大英博物馆藏一件658年的花剌子模银器上的娜娜女神头戴弯月形王冠，手里捧着弯月（图五，2）[47]。塔吉克斯坦片治肯特年代为740年的25号房12号壁画上骑狮祆教神祇

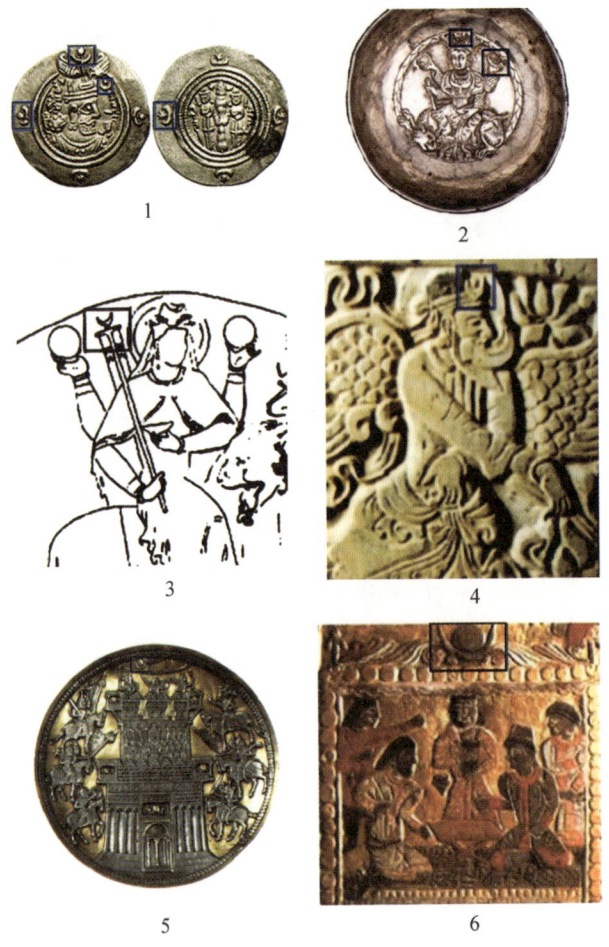

图五　祆教弯月形象（弯月形象用方框标出）
1. 库思老二世钱币　2. 大英博物馆藏粟特银器　3. 片治肯特粟特城址25号房12号壁画　4. 史君墓石堂南壁刻画
5. 俄罗斯东宫中亚粟特银器　6. 西安北周安伽墓正面石屏风第四幅画

手里拿着弯月形权杖头（图五，3）[48]。西安北周史君墓石堂南壁东侧刻画的祆教祭司冠帽前方也有一个弯月（图五，4）[49]。在建筑图像中，弯月不仅出现在城堡（可能为祆教寺庙）上空（图五，5）[50]，而且出现在屋顶上（图五，6）[51]。

上述的钱币、银器、壁画和石刻上的弯月形象出现在国王、祆教神祇和祭司的头顶和周围，或出现在其祭祀场景上空、城堡（或寺庙）上空及房屋的屋顶。祆教（琐罗亚斯德教）是萨珊波斯王朝的国教，也是粟特人的宗教信仰，而在祆教信仰中，弯月有着重要的象征意义。根据陈凌先生的看法，弯月在祆教信仰里象征神祇"赫瓦兰若（hvareno）"，代表的是"王权之光"[52]。象征神权和王权的弯月，还出现在粟特贵族的冠帽上（图六，1）[53]。笔者认为，作为"王权之光"的弯月形象转移到了标志官品和社会地位的金属带具上，从而出现了弯月形銙（图六，2）[54]。

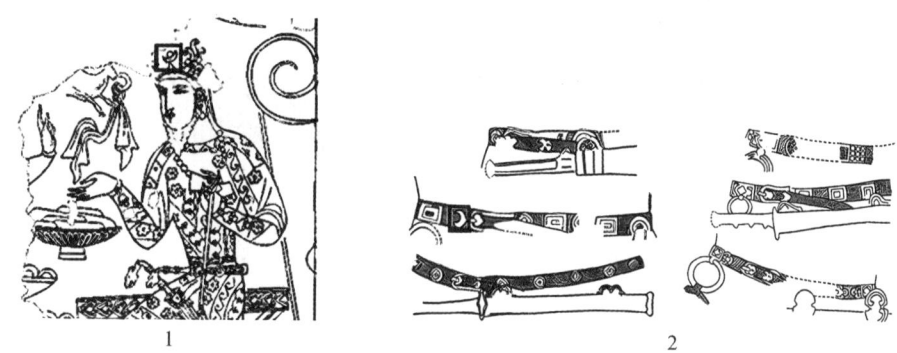

图六　片治肯特壁画（弯月王冠与弯月形銙用方框标出）
1. 片治肯特粟特城址1号房西墙6号壁画　2. 片治肯特粟特城址10号房址14号壁画

除此之外，出土弯月形銙的木垒县西沟墓地M16（图七，1）[55]和俄罗斯阿尔泰尤斯特（Юстыт）二十四号墓地M13（图七，2）[56]中有竖琴状垂饰伴出。发现于俄罗斯图瓦舍米河（Шеми р.）沿岸的回鹘时期石人腰带上也挂有竖琴状垂饰（图七，3）[57]。乌兹别克斯坦撒马尔罕附近卡菲尔-卡拉（Kafir-Kala）粟特城址出土了一件木雕，上面雕刻了祆教祭祀仪式图像，其中第三排从左数第三、第五个人手持竖琴（图七，4）[58]。据研究，在祆教祭祀仪式上，祭司们背诵、吟唱、歌唱琐罗亚斯德教各类经典，在此过程中可能存在仪式性音乐传统[59]。另外，日本美秀美术馆藏北周粟特石棺床上表现的乐舞场景（图七，5）[60]中，中间左侧妇女手里的竖琴，末尾大致呈椭圆形，中部圆角菱形，与腰带竖琴状垂饰相似。这说明，粟特祆教祭祀活动中弹奏的竖琴成了带具的垂饰，更加证实了弯月形銙的出现是粟特祆教信仰影响的结果。

图七　竖琴状垂饰及竖琴（竖琴状垂饰及竖琴用方框标出）
1. 木垒县西沟墓地M16　2. 尤斯特二十四号墓地M13　3. 俄罗斯图瓦舍米河流入克姆奇克河处发现石人
4. 乌兹别克斯坦粟特城址出土木雕　5. 日本美秀美术馆藏北周粟特石棺床

2. 花瓣边尖拱形銙和花瓣边铊尾

装饰植物纹的花瓣边尖拱形銙和花瓣边铊尾与粟特银器的花瓣边指垫接近。迄今发现的粟特银杯一般带有指垫[61]，而有些指垫的形状与花瓣边尖拱形銙颇为相似。粟特银杯把手指垫的形制有三瓣花形（图八，1）、五瓣花瓣边形（图八，2）、五瓣花尖拱形（图八，3）、六瓣花尖拱形（图八，4）和尖拱形（图八，5）等[62]。一件8世纪的粟特银杯把手指垫呈多瓣边，表面有十一条花瓣（图八，6）[63]，其形制与撒马尔罕出土的一件花瓣边銙（图二，2）[64]很相似。由此我们认为，花瓣边尖拱形銙和花瓣边铊尾的形制来源于粟特银杯把手指垫的制作工艺。

3. 植物纹（缠枝纹）

上述粟特式金属带具上出现了粟特银器及仿粟特金银器上常见的植物纹（缠枝纹）。经仔细对比发现，这些带具上的植物纹与粟特银碗（或仿粟特银碗）的对称缠枝纹与齐东方所称的"云勾瓣宝相花纹"[65]相似（图九，1、2）[66]。由此我们认为，带扣、花瓣边尖拱形銙和花瓣边铊尾的植物纹来自于粟特银器。另外，俄罗斯阿尔泰共和国乌尊塔尔墓地M2出土的带具（图四，5）的铊尾中心装饰花角鹿纹，周围装饰缠枝纹（图九，3）[67]。花角鹿纹常见于粟特器物上[68]，如马尔夏克《粟特银器》的

图八　粟特银器和带具

1. MS54号银杯　2. OS112号银杯　3. OS291号银灯　4. OS113号银杯　5. OS116号银杯　6. OS117号银杯

图九　粟特银器纹样

1. 纽约大都会艺术博物馆藏银碗　2. 华盛顿弗利尔美术馆藏银碗　3. 乌尊塔尔墓地M2出土铊尾
4、5. 艾尔米塔什博物馆藏7世纪鹿纹粟特银碗

OS136号银碗（图九，4），以及在另一件银碗上，花角卧鹿周围还装饰了缠枝纹（图九，5）[69]，与上述铊尾相似。这些器物进一步证实，带具上所饰植物纹来源于粟特银器的装饰纹样。

综上所述，8世纪上半叶开始在唐朝的边疆地区出现的弯月形銙，是祆教象征神权和王权的弯月形象转移到标志官品和社会地位的带具上的结果；花瓣边尖拱形銙和花瓣边铊尾的形制，主要来源于粟特银杯指垫的制作工艺；花瓣边尖拱形銙、花瓣边铊尾以及与之配套的带扣上的植物纹，则来源于粟特银器的装饰艺术。这样一来，粟特式金属带具最初可能是在中亚粟特故地形成，随后传播至其他地区。

四、粟特式金属带具的形成

在欧亚草原地区，青铜时代晚期"鹿石"上的几何图案可能为腰带装饰[70]。早期铁器时代，欧亚草原地区斯基泰风格的兽纹带銙广为流行[71]。公元1千纪上半叶前期仍流行兽纹带銙，后来几何形带銙居多，并突厥时代成为欧亚草原带具的主流[72]。6～7世纪，欧亚草原流行纹章形带銙，如南乌拉尔山一带6～8世纪的卡拉雅库波夫斯基文化和萨彦-阿尔泰地区的突厥早期文化[73]。而到了7世纪末，中亚和欧亚草原带具发生了新的变化。7世纪末～9世纪最为流行的中亚游牧民的金属带具构件是长方形銙和半圆形銙，并且配置心形銙、锯齿边銙和半月形銙，多布然斯基认为与第二突厥汗国的建立有关而出现于8世纪的竖琴状垂饰，可能与中亚和南西伯利亚的回鹘汗国有关[74]。

由此来看，长方形銙、半圆形銙、弯月形銙和花瓣边尖拱形銙等带具构件在8世纪之前很少见于中亚和欧亚草原。我们认为，长方形銙和半圆形銙是随着唐朝疆域的扩张而传播至中亚和欧亚草原地区。之后，在传播至中亚的唐式带具基础上，增添弯月形銙，半圆形銙变为饰植物纹的花瓣边尖拱形銙，形成了粟特式带具。

贞观年间（627～649年），唐朝境内开始出现由带扣、长方形銙、半圆形銙和铊尾组成的金属带具[75]。唐高宗（649～683年在位）时期，明确规定各级官吏佩戴的带銙材质和数量，三品官佩戴金玉銙十三（或十二），四品官佩戴金銙十一，五品官佩戴金銙十，六七品官佩戴银銙九，八九品官佩戴鍮石銙八，流外官佩戴铜铁銙七（或六）[76]。与此相应，龙朔二年（662年）的河南陕县姚懿墓、仪凤三年（678年）的宁夏固原史道德墓、680～685年间的河南巩义储备局四三一处国库唐墓M3等墓葬出土了由带扣、长方形銙、半圆形銙和铊尾组成的玉、金、铜带具[77]。

唐朝于贞观十四年（640年）在西州设立安西都护府，于贞观二十年（646年）在漠北设立安北大都护府，于长安二年（702年）改庭州为北庭大都护府，至此，唐朝的疆域扩张至中亚和欧亚草原地区。随着唐朝在中亚和欧亚草原建立军政体系，作为官品标志的唐式带具也传播到了这些地区。唐式带具不仅出土于新疆、俄罗斯阿尔泰共和国和哈萨克斯坦等地区7～8世纪的城址和墓葬中[78]，还见于乾陵归附唐朝的六十一蕃酋长像中的一蕃酋像腰带上[79]。

从片治肯特城址壁画来看,一号房6号壁画1号人物的粟特王子佩戴由长方形銙和三角形銙组成的带具[80]。一号房6号壁画1号人物佩戴由带扣、长方形銙、附环銙和似弯月形銙组成的带具(图六,2),十号房16号壁画人物佩戴由带扣、长方形銙、半圆形銙和弯月形銙组成的带具和只由带扣和圆形扣眼组成的带具(图六,2)[81]。粟特壁画上的这些带具带有附环銙和圆形扣眼,是公元1千纪中叶流行于我国和欧亚草原地区带具的延续,而弯月形銙是在中亚粟特故地新出现的带具构件类型。

综上所述,由带扣、长方形銙、半圆形銙和铊尾组成的唐式金属带具早在唐代初期便已形成。随着唐朝疆域的向西扩展,唐式金属带具开始出现在边疆地区。而西传至中亚地区的唐式金属带具增添了粟特故地出现的弯月形銙,形成了由带扣、长方形銙、半圆形銙和弯月形銙组成的粟特式金属带具;唐式带具的半圆形銙制作成花瓣边尖拱形銙,并在带具构件上装饰植物纹(或动物纹),形成了由装饰植物纹的带扣、花瓣边尖拱形銙和铊尾组成的另类粟特式金属带具。我们推测,粟特式金属带具首先在中亚粟特故地形成后,随着粟特商贸活动传播至我国境内的粟特聚落区,以及一向具有佩戴金属带饰喜好的南西伯利亚游牧民当中,并影响到回鹘等游牧民的金属带具。

五、粟特式金属带具的传播

弯月形銙以及装饰植物纹的带扣、花瓣边尖拱形銙和花瓣边铊尾发现于乌兹别克斯坦撒马尔罕、俄罗斯阿尔泰,以及中国新疆乌鲁木齐和昌吉、宁夏吴忠、内蒙古敖汉、辽宁朝阳、吉林永吉等地。撒马尔罕周围是粟特昭武九姓的发源地,也是粟特人聚居的区域。碎叶城以西的楚河流域、恒罗斯河流域分布着一连串的粟特人城镇[82]。新疆乌鲁木齐和昌吉在唐代属于庭州。庭州是唐代丝绸之路的重要枢纽,这里聚居的粟特人占据了庭州人口最多的金满县人口的三分之一[83]。北朝、隋唐时期,由于商业的推动和粟特城邦被大食入侵,大量粟特人进入宁夏,形成了大规模的粟特人聚落[84]。现在的辽宁朝阳在唐代是营州治所,内蒙古敖汉属于松漠都督府,吉林永吉属于渤海都督府,这三地相距不远。8世纪中期,营州及其周围聚居着包括安禄山在内的大量的胡人(粟特人),同时是波斯、粟特人重要的商品集散地[85]。如前所述,粟特式金属带具在西伯利亚流行的时间可能在8世纪中叶以后。据研究,8世纪中叶建立的回鹘汗国境内有大量的胡部——粟特人活动[86]。很显然,粟特人越过萨彦岭或阿尔泰山西部到达了西伯利亚。俄罗斯阿尔泰卓林(茹林)一号墓地9号墓出土的一把剑上刻有一行粟特文[87],说明粟特人与居住在阿尔泰山北部的游牧部落之间存在一定的往来。

总之,粟特式金属带具在边疆地区的传播可能跟粟特人的定居、贸易活动有关。粟特人用来贸易的粟特商品有金、银、黄铜和香料等[88]。8世纪末,在于阗经商的波斯-犹太人的商品当中出现了皮带[89]。上文所述俄罗斯境内出土的粟特式带具都为银质（图五）。另外，内蒙古敖汉旗李家营子墓不仅出土了银壶、银盘、银杯、银勺等银器，而且出土了多达90多件装饰植物纹的带扣、花瓣边尖拱形铐和花瓣边铊尾等带具构件[90]。这么多带具构件为一人佩戴的可能性很小，我们推测粟特式金属带具可能作为商品而传播。

唐朝文官武将，按其官品的不同，佩戴不同材质和数量的带具。据唐朝的舆服制度，在唐高祖时期，一二品官佩戴金铐，六品以上佩戴犀角铐，九品以上佩戴银铐，庶人佩戴铁铐。显庆元年（656年）以后，三品官佩戴金玉铐十三，四品官佩戴金铐十一，五品官佩戴金铐十，六七品官佩戴银铐九，八九品官佩戴鍮石铐八，流外官佩戴铜铁铐七[91]。此后，据《旧唐书》[92]和《唐会要》[93]的记载，上元元年（674年）、景云二年（711年）的记载，显庆二年的规定基本保持不变。

据史料记载，唐朝曾赐予功臣和朝贡使臣金属带具[94]。这一时期，中原地区流行以带扣、长方形铐、半圆形铐和铊尾为组合的蹀躞带带具，而欧亚草原出现的唐式带具可能跟唐朝羁縻政策下在这些地区设立的官僚体系有关。中晚唐时期（766~906年），由于东北发生的"安史之乱"、吐蕃占领河西地区、回鹘在漠北的崛起等，唐朝在周边地区的势力开始衰弱，周边地区的"带具体系"开始瓦解，致使带具在功能上出现了一些变化。

整个唐代，中原地区和边疆地区出土的由带扣、长方形铐、半圆形铐和铊尾组成的唐式带具，其带铐数都没有超过13件，跟史料记载的唐朝舆服制度基本符合。而在唐代中晚期，在边疆地区出现了不少粟特式金属带具的带铐数量超过13件的情况。例如，乌鲁木齐市萨恩萨伊墓地M124出土了1件带扣、5件长方形铐、10件半圆形铐和12件弯月形铐[95]；昌吉州木垒县西沟墓地M16出土了1件铜带扣、15件长方形铐、7件弯月形铐和1件铊尾等[96]；俄罗斯阿尔泰共和国尤斯特二十四号墓地M13出土1件银带扣、18件长方形银铐和其他构件；俄罗斯阿尔泰共和国巴尔布尔加济（Барбургазы）二号墓地M9出土了2件银带扣、6件长方形银铐、10件半圆形银铐和9件弯月形银铐[97]。南西伯利亚发现的部分8~9世纪草原石人腰带上的带具构件数量也超过了13件。这说明，在唐代中晚期，随着唐朝势力的衰弱，唐朝在边疆地区建立起来的"带具体系"逐渐瓦解。与此同时，粟特式金属带具在边疆地区扮演的可能成为财富的象征。装饰有弯月形铐的腰带上出现大量垂带，垂带上饰有大量带饰，并且少有武器悬挂；此外，还出现了装饰植物纹的带扣、花瓣边尖拱形铐和花瓣边铊尾。这说明唐式带具向粟特式带具的转变过程中，其实用功能减弱，装饰功能得到了加强。

综上所述，在唐代中晚期，随着粟特人的贸易活动，粟特式金属带具在边疆地区传播开来。在其传播过程中，社会功能由拥有者官品高低的标志逐渐变为拥有者财富的象征。

六、结　语

　　纵观整个唐代，由带扣、长方形銙、半圆形銙和铊尾组成的唐式金属带具是唐朝带具的主要类型。到了盛唐，配有弯月形銙、花瓣边尖拱形銙等构件的粟特式金属带具开始零星出现。而从中唐开始，粟特式金属带具增添了装饰植物纹的带扣、花瓣边尖拱形銙、花瓣边铊尾等构件，并在边疆地区盛行。弯月形銙的出现可能是粟特祆教中象征神权和王权的弯月形象转移到标志官品的金属带具上的结果；花瓣边尖拱形銙和花瓣边铊尾为粟特银杯把手指垫的制作工艺影响的结果；带扣、花瓣边尖拱形銙和花瓣边铊尾上的植物纹，来自于粟特银器的宝相花纹样的影响。补充粟特式金属带具的形成过程。粟特式金属带具在边疆地区随着粟特人的贸易活动而传播。在其传播过程中，社会功能由拥有者官品高低的标志逐渐变为拥有者财富的象征。最后，带具的实用功能逐渐减弱，装饰功能得到了加强。

　　致谢：本文在构思和写作过程中，得到了南京大学历史学院张良仁教授的细心指导，得到了南京大学历史学院张学锋教授的宝贵意见，得到了南京大学博士生李泽群和张杰等同仁的帮助，在此一并表示感谢！

注　释

［1］（宋）王得臣. 麈史［M］. 北京：中华书局，1985：7.

［2］（宋）欧阳修. 新唐书［M］. 北京：中华书局，1975：529.

［3］张建林，张博. 唐代帝陵蕃酋像的发现与研究［C］. 丝绸之路考古（第4辑）. 北京：科学出版社，2020：119，图三.

［4］孙机. 中国古舆服论丛［M］. 北京：文物出版社，2001：253-254.

［5］潘玲. 两汉时期北方系统腰带具的演变［J］. 西域研究，2018（2）.

［6］黎瑶渤. 辽宁北票县西官营子北燕冯素弗墓［J］. 文物，1973（3）.

［7］圆形带饰在中亚较常见，如一件被认为是7世纪萨珊波斯银盘上的武士、塔吉克斯坦片治肯特壁画粟特形象和出土器物以及片治肯特壁画突厥人物形象的腰带上饰有成列圆形扣眼，参见：

　　a. Смирнов Я И. *Восточное серебро*［M］. Спб, 1909: 309.

　　b. Распопова В И. Поясной набор Согда VII-VIII вв［J］. *СА*, 1965 (4): 85-86.

　　c. Плетнева С А. *Степи Евразии в эпоху средневековья*［M］. Археология СССР, 1981: 127.

［8］a. 杨岐黄，刘思哲，张伟，耿庆刚. 玲珑剔透：陕西古代玉器［M］. 西安：陕西人民出版社，2016：214.

　　b. 张占民，倪润安，张蕴. 西安洪庆北朝、隋家族迁葬墓地［J］. 文物，2005（10）.

  c. 刘思哲.隋炀帝墓发现的十三环蹀躞金玉带及相关问题研究［J］.考古与文物，2015（5）.

［9］ a. 陕西省考古研究所.西安北周安伽墓［M］.北京：文物出版社，2003：63.

  b. 罗丰，郑克祥，耿志强.宁夏固原隋史射勿墓发掘简报［J］.文物，1992（10）.

  c. 中国社会科学院考古研究所.师赵村与西山坪［M］.北京：中国大百科全书出版社，1999：218-219. 此类带具组合还配置于少量欧亚草原石人腰带上，参见：

  d. Евтюхова Л А. Каменные изваяния Южной Сибири и Монголии［M］//Материалы и исследования по археологии Сибири. 1952, c82-83, рис18, рис19.

  然而，我国和欧亚草原此类带具组合出现的时间顺序尚不清晰。

［10］此类带具出土于唐贞观至永辉年间的吐鲁番哈拉和卓M39和唐贞观十七年（643年）的工程机械厂蔡须达墓，参见：

  a. 新疆文物考古研究所.吐鲁番阿斯塔那—哈拉和卓墓地（哈拉和卓卷）［M］.北京：文物出版社，2018：54-56.

  b. 辽宁省文物考古研究所，朝阳市博物馆.辽宁朝阳北朝及唐代墓葬［J］.文物，1998（3）.

［11］同［3］：529.

［12］a. 郑州市文物考古研究院，巩义市文物保护管理所.河南省储备局四三一处国库唐墓发掘简报［J］.中原文物，2008（3）.

  b. 郑州市文物考古研究院.郑州市区西北部两座唐墓发掘简报［J］中原文物，2011（4）.

  c. 蔚县博物馆.河北蔚县榆涧唐墓［J］.考古，1987（9）.

  d. 山西省考古研究所，临汾市文物考古工作站.山西临汾市西赵村唐墓发掘简报［J］.考古，2015（6）.

  e. 宁夏文物考古研究所.吴忠北郊北魏唐墓［M］.北京：文物出版社，2009：11，41，43.

  f. 见［10］b.

  g. 延边博物馆，和龙县文物管理所.吉林省和龙县北大渤海墓葬［J］.文物，1994（1）.

  h. 新疆维吾尔自治区文物普查办公室阿克苏地区文物普查队.阿克苏地区文物普查报告［J］.新疆文物，1995（4）.

  i. Кирюшин К Ю, Матренин С С. Бирюзовая Катунь-3-новое погребение тюркской культуры на левобережье нижней Катуни［C］. *Полевые исследования в Верхнем Приобье и на Алтае. 2007 г.: Археология, этнография, устная история*, 2009: 43.

  j. Алтынбеков К, Бородовский А П, Быков Н И. *Алтай вкругу евразийских древностей*［M］. Новосибирск Издательство ИАЭТ СО РАН, 2016: 398.

［13］a. 陕西省博物馆革委会写作小组.西安南郊何家村发现唐代窖藏文物［J］.文物，1972（1）.

  b. 河南省文物研究所.陕县唐代姚懿墓发掘报告［J］.华夏考古，1987（1）.

  c. 吉林省文物考古研究所，延边朝鲜族自治州文物管理委员会办公室.吉林和龙市龙海渤海王室墓葬发掘简报［J］.考古，2009（6）.

［14］陶正刚.山西平鲁出土一批唐代金铤［J］.文物，1981（4）.

[15] a. 李振奇，史云征，李兰珂.河北临城七座唐墓[J].文物，1990（5）.

b. 张汉文.漆沮遗珍：铜川市考古研究所藏文物精品[M].西安：三秦出版社，2015：185.

[16] a. 河北省文物管理委员会.唐山市陡河水库汉、唐、金、元、明墓发掘简报[J].考古通讯，1958（3）.

b. 张家口地区文管所，阳原县文管所.河北阳原金家庄唐墓[J].考古，1992（8）.

[17] a. 新疆文物考古研究所.新疆萨恩萨伊墓地[M].北京：文物出版社，2013：118-119.

b. 新疆文物考古研究所.新疆木垒干沟遗址发掘简报[J].文物，2013（12）.

c. 同[12]e：87，249.

d. Кубарев Г В. *Культура древних тюрок Алтая (по материалам погребальных памятников)* [M]. Новосибирск, 2005: 232-311.

[18] a. Савинов Д Г. Древнетюркские курганы Узунтала [C]. *Археология Северной Азии*. Новосибирск, 1982: 109.

b. 敖汉旗文化馆.敖汉旗李家营子出土的金银器[J].考古，1978（2）.

[19] Амброз А К. Проблемы раннесредневековой хронологии Восточной Европы [J]. Ч. I. СА, 1971 (3): 126.

[20] 同[7]c：128-129, рис. 23.

[21] Савинов Д Г. *Народы Южной Сибири в древнетюркскую эпоху* [M]. Л., 1984: 120-121.

[22] Добжанский В Н. *Наборные пояса кочевников Азии* [M]. Новосибирск: НГУ, 1990: 38-39.

[23] 同[7]b：79-80.

[24] 同[17]c.

[25] 同[17]a.

[26] 同[17]b.

[27] 新疆维吾尔自治区文物考古研究所.新疆昌吉州阜康市西沟墓地、遗址发掘简报[J].考古与文物，2016（5）.

[28] 同[17]b.

[29] 同[18]b.

[30] 吉林市博物馆.吉林永吉杨屯大海猛遗址[M].考古学集刊（第5集）.北京：中国社会科学出版社，1987：145.

[31] 吉林省文物考古所.吉林永吉查里巴靺鞨墓地[J].文物，1995（9）.

[32] 同[27].

[33] 新疆文物考古研究所.阜康市白杨河墓地考古发掘简报[J].新疆文物，2012（1）.

[34] 同[27].

[35] 同[17]d：140.

[36] 张松柏.敖汉旗李家营子金银器与唐代营州西域移民[J].北方文物，1993（1）.

[37] 胡春勃，何伟.唐代帝陵石刻番酋像带饰样式浅析[J].西安文理学院学报（社会科学版），

2015（3）．

[38] 同[17]d：232，264，273，311．

[39] 同[17]d：200．

[40] 同[18]a．

[41] 同[22]：153，141．

[42] 同[17]d：140．

[43] 同[22]：38．

[44] 同[9]d：83-84．

[45] Грач А Д. *Древнетюркскиеизваяния Тувы (поматериаламисследований 1953-1960гг.)*［M］． Изд-во восточной литературы, 1961: 67-68.

[46] http: //www. beastcoins. com/Sasanian/Sasanian. htm

[47] https://www. britishmuseum. org/collection/object/W_1877-0820-1

[48] Marsak B, Raspopova I. Cultes communautaires et cultes privés en Sogdiane［J］. Histoire et cultes de l'Asie centrale préislamique: sources écrites et documents archéologiques/éd. P. Bernard et F. Grenet. Paris: CNRS, 1991: fig 3.

[49] 杨军凯．北周史君墓［M］．北京：文物出版社，2014：341，图版一九．

[50] https: //www. hermitagemuseum. org/wps/portal/hermitage/digital-collection/08. +applied+arts/ 97259

[51] 同[9]a：图版五六．

[52] 陈凌．突厥王冠考——兼论突厥祆教崇拜的有关问题［C］．欧亚学刊，2006（8）：147．

[53] Якубовский А, Дьяконов М. *Живопись Древнего Пянджикента*［M］. 1954: Таблица XXXVI.

[54] 同[7]b：84-85．

[55] 同[27]：21．

[56] 同[17]d：232．

[57] 同[9]d：84．

[58] 吴洁．新出粟特音乐考古材料探析［J］．音乐研究，2019（6）：56．

[59] Mirza R. *The House of Song: Musical Structures in Zoroastrian Prayer Performance*［D］. SOAS University of London, 2004: 35.

[60] https: //www. miho. jp/booth/html/artcon/00006454. htm

[61] 齐东方，张静．唐代金银器皿与西方文化的关系［J］，考古学报，1994（2）．

[62] ［俄］鲍里斯·艾里克·马尔沙克著，李梅田，付承章，吴优，译．粟特银器［M］．上海：上海古籍出版社，2019：97，105，103．

[63] 同[62]：104．

[64] 同[7]b：79-80．

[65] 齐东方．唐代金银器研究［M］．中国社会科学出版社，1999：142．

[66] a. https://www.metmuseum.org/art/collection/search/49562

b. https://asia.si.edu/object/F1931.8/

[67] 同［18］a.

[68] 同［61］.

[69] 同［62］：95.

[70] 同［22］：17.

[71] a. 林沄. 欧亚草原有角神兽牌饰研究［J］. 西域研究，2009（3）.

b. 邵会秋. 欧亚草原中部区早期游牧文化动物纹装饰研究［C］. 边疆考古研究（第19辑）. 北京：科学出版社，2016：229-256.

[72] 同［22］：25.

[73] 同［7］c：118.рис15, c123.рис19.

[74] 同［22］：37-38.

[75] 同［10］a, b.

[76] a. 同［2］：529.

b.（宋）王溥. 唐会要［M］. 北京：中华书局，1955：569-570.

[77] a. 河南省文物研究所. 陕县唐代姚懿墓发掘报告［J］. 华夏考古，1987（1）.

b. 宁夏固原博物馆. 宁夏固原唐史道德墓清理简报［J］. 文物，1985（11）.

c. 见［12］a.

[78] a. 自治区博物馆文物队，轮台县文教局. 轮台县文物调查［J］. 新疆文物，1991（2）.

b. 同［27］.

c. Мамадаков Ю Т, Горбунов В В. Древнетюркские курганы могильника Катанда-3［J］. *Древности Алтая*, 1997 (2).

d. 同［12］j.

[79] Stark S. *Die Alttürkenzeit in Mittel- und Zentralasien: Archäologische und Historische Studien*［M］. Wiesbaden: Dr. Ludwig Reichert Verlag, 2008: 553.

[80] 同［53］：Таблица X X X IX.

[81] 同［7］b：рис6.

[82] 张广达. 唐代六胡州等地的昭武九姓［J］. 北京大学学报（哲学社会科学版），1986（2）.

[83] 荣新江. 中古中国与外来文明［M］. 北京：生活·读书·新知三联书店，2014：47.

[84] 冯敏. 北朝隋唐时期宁夏的粟特人聚落［J］. 宁夏师范学院学报，2019（6）.

[85] 同［36］.

[86] 彭建英. 漠北回鹘汗国境内的粟特人——以粟特人与回鹘互动关系为中心［J］. 中国边疆史地研究，2016（4）.

[87] 同［17］d：245, Табл63-1.

[88] Étienne de la Vaissière. *Sogdian Traders: A History*［M］. Brill Academic Pub, 2005: 174.

[89] Zhang Zhan. Two Judaeo-Persian letters from eighth-century khotan [C]. *Bulletin of the Asia Institute*. 2022-2023, 31: 112.

[90] 同[18]b.

[91] 同[2]: 529.

[92] (后晋)刘昫. 旧唐书[M]. 北京: 中华书局, 1975: 1953.

[93] 同[76]b.

[94] a. 同[2]: 4121.

c. (宋)王钦若. 册府元龟[M]. 南京: 凤凰出版社, 2006: 11284.

[95] 同[17]a.

[96] 同[27].

[97] 同[17]d: 232, 264.

Sogdian Style Metal Belt Plaques of Tang Dynasty

Maihemutijiang Kadier   ZHANG Liang-ren

In the Tang Dynasty, as a part of clothing, belt plaques symbolized the identity and social status of the owner. According to archaeological findings, Tang style metal Belt plaques mainly composed of a buckle, rectangular plaques, half-circular plaques and a tail plaque, and with plain surface in general. At the same time, some of the belt plaques appeared at frontier area appended crescent plaques, and belts trimmed with a buckle, pointed arch plaques and a tail plaque, which are decorated with plant motifs, they are called as Sogdian style metal belt plaques in this article. At present, there is a lack of study on the reasons for the emergence of Sogdian style metal belt plaques. In this paper, we combed the distribution area, formation mechanism and function evolution of Sogdian style metal belt plaques, and found that the Sogdian style metal belt plaques emerged due to the influence of Sogdian religious belief, producing techniques and decorative styles in the Middle Ages, instead, it has changed functionally in the spread process.

靺鞨-渤海牌饰带具、鞢䩞带具研究

张欣悦[1]　宋玉彬[2]

（1.吉林大学考古学院，长春，130012；2.黑龙江大学渤海研究院，哈尔滨，150080）

以往学界关于渤海带具的研究主要是对带具的部件，如牌饰[1]、腰铃[2]、鸟形饰[3]、带銙进行类型分析[4]，探讨其分布地域、形制演变及使用者身份。或从渤海服饰[5]、金银器[6]等角度切入，将带具作为专题研究中的一个重要组成部分。而关于带具系统的划分，有学者依据带具主体部件的形制特征，将其分为牌饰系统和銙式系统两类[7]。也有学者依据带具的文化因素，将其分为靺鞨系带具、源于唐的悬环带具以及渊源于突厥的鞢䩞带具三类[8]。前人的研究推动了学界对带具的认知，但由于一些研究发表时间是在20世纪末，缺少对其后所发表考古新材料的补充，且研究视角较为宏观，忽略了对一些细节问题的关注。基于此，本文通过对西流松花江、牡丹江、图们江、绥芬河四处流域内靺鞨及渤海墓葬中出土带具的梳理，结合历史文献，拟对带具的出土情况、器物形制、组合形式、器物来源及功能等问题进行梳理和探究。不当之处，敬请指正。

一、带具部件的出土情况

通过对靺鞨及渤海墓葬中出土带具的梳理，发现墓葬中完整的带具数量较少，带具的部件较多。带具的部件包括有带扣、牌饰、带銙、铊尾、扣眼及带饰。由这些部件所构成的带具主要为两类，一为牌饰带具，另一为鞢䩞带具。

1. 牌饰带具部件的出土情况

表面布有镂孔和几何图案的牌饰曾引起中俄两国学者的关注，自20世纪80年代起，便有关于其形制、分布以及起源等问题的研究。牌饰带具的使用时间一直延续至女真时期，因此中国学者称这种独具特色的牌饰为靺鞨-女真系带饰，是靺鞨-女真文化的标志性器物之一[9]，出土情况如下（表一）。

表一 牌饰带具部件出土情况表

流域	出土单位	发掘墓葬总数	墓葬中随葬牌饰带具的比例	出土牌饰带具的数量	材质	共出器物	备注
西流松花江流域	查里巴85M1[10]			方形25	铜	铜带钩1、鎏金铜扣饰4、铜饰件1、铜陶6、铜戒指1、铜护腕1、玉璧6、玛瑙珠10、陶器	男女合葬，牌饰见于男性尸骨旁
	查里巴87M18[11]	47	8.5%	方形1	铜	铜带钩2、铜鸟形饰1、铜环5、玛瑙珠10、陶器	单人葬，墓主性别不明
	查里巴87M21			方形1	铜	铜扣12、铜鸟形饰1、铜环4、铁刀1、马衔1、玛瑙珠、石管	单人葬，性别不明
	查里巴87M31			盔形1 方形16	铜	铜带钩1、铜鸟形饰1、铜环23、铜鸟形饰2、玉璧1、玛瑙珠、陶器	单人葬，墓主为成年女性
	杨屯大海猛79上M11[12]			牌饰5	铜	陶器	单人葬，墓主为男性
	杨屯大海猛79上M23	70	8.5%	盔形1	铜	铁扣1、铁镞16、铁甲片、圆泡饰2、饰、陶器4	多人合葬墓，性别不明
	杨屯大海猛79上M33			盔形3	铜	铁镞4、衔镳1、甲片269、盔形饰3、铁链1、石管、陶器	单人葬，墓主为男性
	杨屯大海猛79上M37			圆形14方形4	铜	带钩6、带扣1、铜钯尾1、铜环7、铁镞、陶纺轮	虽鉴定出一名男性骨骼，但总体人数不明。带钩和带扣3件，另3伴带钩和带扣的材质不明
	杨屯大海猛79上M39			圆形1	铜	铜钯尾1、玉璧1、玛瑙珠、玛瑙管、陶器	男女合葬
	杨屯大海猛79上M43			方形10	铜	铜带钩3、铁环16、鸟形饰1、玛瑙珠、陶器、陶纺轮	男女合葬
	安图东清M2[13]	13	7.6%	方形2	铜	铜带钩2、铁带扣1、琥珀珠1	人数和性别不明

续表

流域	出土单位	发掘墓葬总数	墓葬中随葬牌饰带具的比例	出土牌饰带具的数量	材质	共出器物	备注
牡丹江流域	六顶山ⅠM5[14]	58	6.8%	方形1	铜	铜铊尾1、铜带饰1、金环1、鎏金铜带饰3、鎏金铜带扣1、铁环1、铁钉4、陶器、瓦当、筒瓦、板瓦、兽面砖残块	墓葬扰动严重，带具均见于墓外
	六顶山ⅠM17			方形1	铜	铜耳环1、铜饰件2、铁钉29、漆器	墓主为成年女性
	六顶山ⅠM19			方形1	铁	不明	出于墓上南部，该墓未发掘
	六顶山ⅡM126			方形3	铜	铜带銙3、铜铊尾1、银耳环1、棺钉1、陶片	墓葬扰动严重，随葬器物多已不在原位，随葬人数和性别不明
	虹鳟鱼场M2184[15]	323	1.5%	盔形1 带扣1	铜	铜环2、铜鸟头饰1、陶器	墓主可能为成年女性
	虹鳟鱼场M2194			方形1	铜	陶器	人数和性别不明
	虹鳟鱼场M2205			方形3	铜	铜带銙9、铜铊尾1、铜耳环8、铜螺旋器2、铁镞4、铁矛1、铁螺旋器1、铁钉11、陶器12；石环1	女性2、儿童2
	虹鳟鱼场M2228填土			方形1	铁	铜耳环1、玛瑙珠1、陶器口沿	男性2、女性2
	虹鳟鱼场M2254			方形1	铜	耳环1、陶片	人数和性别不明
	桦林石场沟M10[16]	18	5.6%	方形2	铜	铁镞2	人数和性别不明
图们江流域	惠章墓地[17]	1	100%	方形1 带扣1	铜	铁镞、铁刀、铁斧、玛瑙珠、玉环、陶器	
绥芬河流域	契尔良基诺5号05M72[18]	188	2.1%	方形1	铜	铜耳环1、铁钉10、玛瑙珠、银镯1、铁环2、陶器	人数和性别不明
	契尔良基诺5号05M101			方形1	铜	铁带扣1、铁耳环1、玻璃珠、陶器	人数和性别不明
	契尔良基诺5号05M105			方形1	铜	铁刀碎片、陶器	人数和性别不明
	契尔良基诺5号08M176[19]			方形1	铜	铁带扣1、铁刀碎片、陶器	人数和性别不明

目前在西流松花江、牡丹江、图们江、绥芬河流域内靺鞨及渤海时期的墓葬中，仅有26座墓葬出土牌饰，为铜、铁两种材质，其中铜带具的保存状况较好。除随葬人数和性别不明的墓葬外，牌饰见于男性单人葬、女性单人葬、男女合葬墓、成年女性与儿童的多人合葬墓及成年男女的多人合葬墓中，其使用者多为成年男性或女性。整体而言，出土牌饰的墓葬数量占所发掘墓葬总数的比例较低，可见牌饰带具的使用并不广泛。少部分墓葬的等级和规格较高，如六顶山ⅠM5出土有建筑构件、金饰件等体现墓主身份地位的器物。大部分出土牌饰的墓葬中随葬品种类并不是十分丰富，其中金属随葬品多为铁质的武器、工具或铜、铁质的装饰品。而墓葬中能够随葬牌饰带具的原因除与墓主的身份地位有关外，可能与族群的文化认同或信仰相关。

2. 蹀躞带具部件的出土情况

蹀躞是带鞓上垂下来的系物之带，垂蹀躞的革带则称为蹀躞带。蹀躞带具通常由带扣、带銙、铊尾构成。在靺鞨及渤海时期的墓葬中出土了一些保存较为完整的带具和数量较多的带具部件。通过统计，除带扣、带銙、铊尾等主体部位外，还有扣眼、心形或月形饰件等（表二）。

表二 蹀躞带具部件出土情况表

流域	出土地点	墓葬发掘数量	出土带具部件的墓葬数量	带扣	带銙	铊尾	扣眼	饰件	材质	备注
西流松花江流域	查里巴墓地	47	23	√	√	√		√	铜、铁	饰件为铜质
	杨屯大海猛墓葬	70	17	√	√	√		√	铜、铁	饰件为铜质
	榆树老河深墓葬[20]	37	3	√				√	铜	
	抚松前甸子墓葬[21]	3	1	√	√	√			铜、鎏金铜	带扣、铊尾为鎏金铜质
	安图东清墓葬	13	3	√	√	√			铜、铁	带扣、铊尾为铁质
	香水河墓地[22]	48	1	√					铁	
牡丹江流域	六顶山墓葬	58	17	√	√	√		√	铜、铁、鎏金铜	带扣为铜、鎏金铜质
	虹鳟鱼场墓葬	323	49	√	√	√	√	√	铜、鎏金铜、铁、银	铊尾为银质
	海林山咀子墓葬[23]	29	3		√				铜、铁	
	海林羊草沟墓地[24]	26	8	√	√				铜、铁	带扣为铁质
图们江流域	北大墓葬[25]	11	2	√	√	√			铜、鎏金铜	
	图们凉水果园墓葬[26]	13	4	√	√	√	√		铜	
	安图仲坪墓葬[27]	11	1		√				铁	
绥芬河流域	马蹄山墓地[28]	1	1	√					铁	
	契尔基诺5号墓地	188	22	√	√				铜、铁	

蹀躞带具的部件有铜质、鎏金铜质、铁质、银质，以铜、铁质部件的数量最多，银质带具目前仅见于虹鳟鱼场墓葬。带扣、带銙、铊尾作为带具的主体部件，广泛见于各地区所发掘的墓葬内，部分墓葬之中出土有铜扣眼、铜质或鎏金铜饰件。

从现有材料看，各流域内出土蹀躞带具的墓葬较出土牌饰带具墓葬在数量上有所增多，且出土的带具部件的数量也远多于牌饰。但出土带具的墓葬数目占发掘墓葬总数的比例并不高，仅查里巴墓葬的比例为49%，接近所发掘墓葬数目的一半，可见靺鞨及渤海社会中带具的使用率并不高。从靺鞨时期至渤海国建立后的时间内，能够在社会中使用带具者应具备一定的财力或地位，且身份地位越高，所使用的带具材质越珍贵，保存越完整。

二、带具部件的形制及部件组合形式

1. 牌饰带具部件的形制

根据对墓葬中出土带具的梳理，牌饰带具的部件主要有带扣和牌饰。惠章墓地中出土的铜带扣上端呈鸟形，与一些牌饰中所包含的鸟形元素相似，该件带扣可能与出土的牌饰为同一件带具上的部件（图一，1）。牌饰作为牌饰带具的主体，材质有铜、铁两种，以铜质居多。按平面形状可分为圆形和方形两大类。

根据方形牌饰的纹饰，大致可分为三型，A型为上下边缘为联珠纹，牌身上有三个长方形镂孔，面饰同心圆、直线纹且带有三角形镂孔（图一，2~5）。B型为上端为鸟形，下端为联珠，中间有长方形镂孔，牌面饰线纹、圆圈纹、圆点纹、三角纹等纹饰（图一，9~11）。C型为上端平直，下端为三个或四个圆形相连形成的联珠，联珠上有同心圆，联珠间各有一组对称的椭圆形镂空纹饰，牌饰正面有长方形镂孔以及直线纹（图一，13、14）。

圆形牌饰根据平面形状又可分为A型盔形和B型圆形。A型盔形，上半部分为圆形，下部出台（图一，6~8）。牌面铸有弧形镂孔，以中间凸起为中心，整体呈左右对称，部分盔形牌饰的上半部分或牌饰中心有抽象的鸟形。B型圆形，围绕中间凸起有一圈不规则形状的小镂孔，且同样有弧形镂孔（图一，12）。

A型方形牌饰见于六顶山墓地、虹鳟鱼场墓葬、桦林石场沟墓地、东清墓葬及契尔良基诺5号墓葬。B型方形牌饰主要见于查里巴墓地和杨屯大海猛墓葬所采集的牌饰中。C型方形牌饰则见于杨屯大海猛墓葬、六顶山墓葬和惠章墓地。A型盔形牌饰发现于虹鳟鱼场墓葬、查里巴墓地、杨屯大海猛墓葬中。虹鳟鱼场M2184和查里巴87M31出土的铜牌饰形制相似，牌面铸以弧形镂空，其间饰以圆形和椭圆形凸点纹，中间有对称的两组抽象的鸟形图案（图一，6、7）。杨屯大海猛79M37出土的盔形牌饰的上端还饰有三个花瓣形凸起（图一，8）。B型圆形牌饰则见于杨屯大海猛墓葬采集的铜牌饰中，中间凸鼓并镂弧形孔（图一，12）。

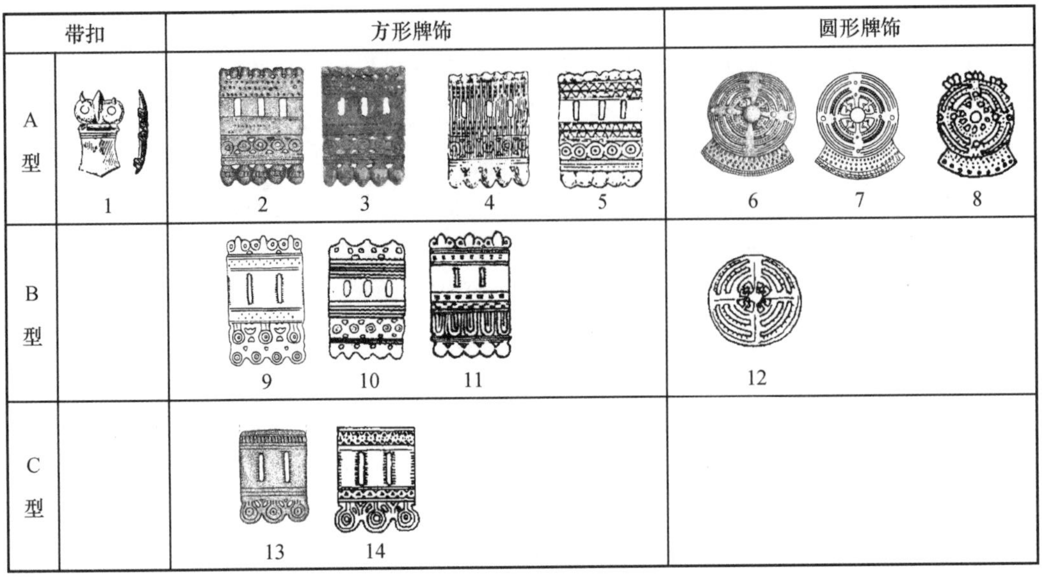

	带扣	方形牌饰				圆形牌饰		
A型	1	2	3	4	5	6	7	8
B型		9	10	11		12		
C型		13	14					

图一　牌饰带具部件的形制

1. 惠章墓地出土带扣　2、6. 虹鳟鱼场M2184　3. 契尔良基诺5号墓地[29]　4. 桦林石场沟M10　5. 安图东清M2　7. 查里巴87M31　8. 杨屯大海猛M37　9. 查里巴87M31　10、12. 杨屯大海猛墓葬采集　11. 查里巴85M1　13. 六顶山ⅠM17　14. 杨屯大海猛M11

2. 牌饰带具的组合形式

较为完整的牌饰带具见于靺鞨时期的查理巴墓地及杨屯大海猛墓葬之中。查理巴85M1出土的25件B型方形牌饰见于男性肢骨旁，查理巴87M31的成年女性墓主腰际出土一套牌饰，共17件，较为有序的排列于成年女性墓主的腰部，以A型盔形牌饰居于中间，B型方形牌饰分于两侧。杨屯大海猛79M37中出土4件方形牌饰和14件A型盔形牌饰，是迄今为止出土圆形牌饰数量最多的墓葬。其余墓葬中出土的牌饰，多则10件，少则1件。而目前在渤海时期的墓葬中，尚未发现有整套牌饰带具出土。

在与牌饰共出的器物中，还有带扣、带銙、銙尾等器物形制与上文所述形制有别的带具部件，因此探讨牌饰带具部件是否存在与带扣、带銙、銙尾同属于一件带具的情况便很有必要。通过表一的统计可知，与牌饰共出有带銙、带扣、銙尾等带具部件的墓葬有14座，为查里巴85M1、查里巴87M18、查里巴87M21、查里巴87M31、杨屯大海猛79上M23、杨屯大海猛79上M37、杨屯大海猛79上M39、杨屯大海猛79上M43、安图东清M2、六顶山ⅠM5、六顶山ⅡM126、虹鳟鱼场M2205、契尔良基诺5号06M101、契尔良基诺5号08M176。而埋葬人数、性别较为明确的墓葬有5座，其中查里巴85M1、杨屯大海猛79上M39、杨屯大海猛79上M43为男女合葬墓，查里巴87M31为成年女性单人葬，虹鳟鱼场M2205为成年女性和儿童的多人合葬墓。

根据出土信息，查里巴85M1中出土的1件铜带銙和25件铜牌饰均随葬于男性尸骨旁，带铐为云头形铐，长2.4~3厘米。牌饰为B型方形铜牌饰，长6.2、宽4厘米。杨屯大海猛79上M43人骨的肢骨较为散乱，随葬有10件铜牌饰和3件铜带铐。牌饰长6.3、宽4.5厘米；铜带铐长3、宽2.5厘米。虹鳟鱼场M2205的二次葬人骨混乱，随葬品无规律的散落在墓室之中，其中半圆形铜带铐1件，长3、宽2.1厘米。云纹形铜铊尾1件，长3.6、宽2.8厘米。A型铜牌饰3件，长6.3~6.6、宽4.6~4.8厘米。

上述墓葬中出土牌饰的长6.2~6.6、宽4~4.8厘米。带铐的长2.4~3厘米，牌饰与带铐的器物形制、规格之间存在较大的差别。因此，部分与牌饰共出的带铐可能并非与牌饰带具所组合使用的带具部件。而杨屯大海猛79上M39出土的舌状铜铊尾，长3.3、宽2.6厘米。A型圆形牌饰，长4、宽3厘米，圆形牌饰与铊尾长度、宽度相仿，铊尾作为带具收尾部件，在牌饰带具中也可能存被使用的情况。而牌饰排列方式除以圆形牌饰居中、方形牌饰对称分布于两侧外，可能还存在以圆形牌饰为主，方形为辅以及仅由方形牌饰组成等形式。

3. 蹀躞带具部件的形制

墓葬中出土的蹀躞带具均为单带扣单铊尾，主要由带扣、带铐、铊尾组合而成，部分带具还带有扣眼或带饰。蹀躞带具材质以铜、铁质为主。此外还有铜、铁复合加工的带铐，部分带铐还使用鎏金、涂漆等工艺进行加工。带铐和铊尾多由两铜片复合而成，中间空心，用以穿夹皮带。带扣、带铐、铊尾多为素面无纹饰。多数墓葬中的带具并不完整，仅剩部件。

带扣由扣针和扣舌构成，材质有铜、鎏金铜、铁质。根据扣环形状可分为舌形、亚腰形、U字形、椭圆形、圆环形（图二，1~5）。

带铐的铐面上带有"古眼"，材质有铜、鎏金铜、铁质。形制为半圆形、方形、圆形、心形、圭形、云头形，以铜、铁质的素面方形、半圆形及圭形铐的数量最多（图二，6~12）。

铊尾为带具中收尾的部件，材质有铜、铁、银质。形状有舌形、方形、圭形、云纹形（图二，13~20）。以铜、铁质的素面舌形、圭形铊尾的数量最多。

扣眼作为带具上用于穿扣针的孔眼，多为铜质，形制有虹鳟鱼场M2308出土的圆片形状的扣眼，虹鳟鱼场M2127中出土有花瓣形扣眼，杨屯大海猛墓葬M37出土尖桃形状的扣眼（图二，22~23）。

饰件的形制不一，较为常见的饰件有鎏金桃形饰件，见于虹鳟鱼场M2002；半月形饰件，见于虹鳟鱼场M2091（图二，24~26）。

4. 蹀躞带具的组合形式

简单的带具用带扣连接革带，革带上直接穿孔，革带末端用铊尾收尾。较为复杂的带具会使用带铐作为装饰，等级越高，带具的材质越珍贵。根据墓葬中保存较好的带

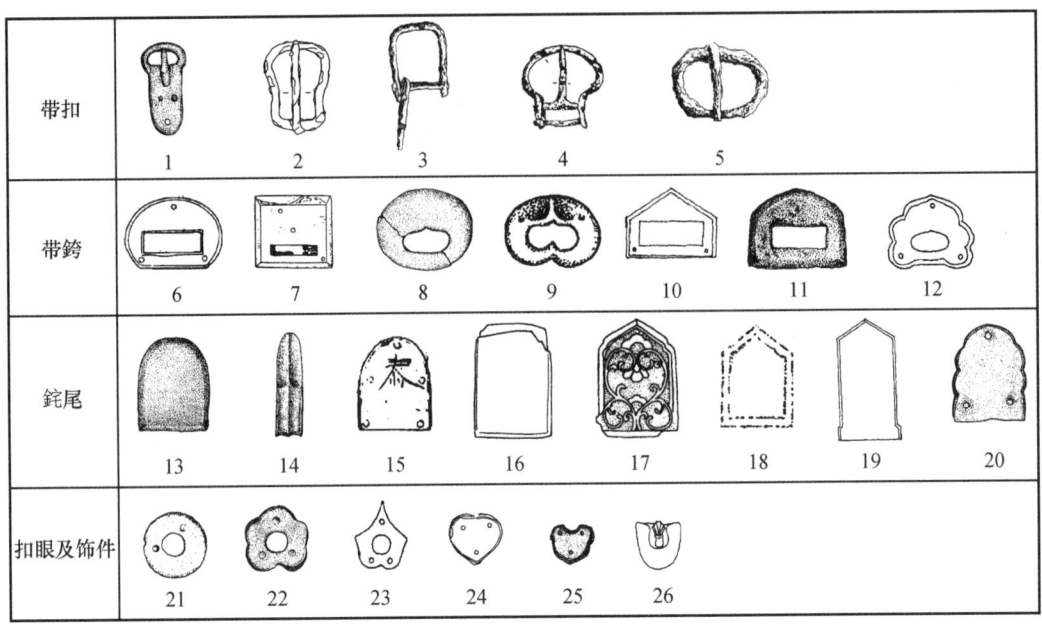

图二　蹀躞带具的部件

1~5.带扣　6~12.带銙　13~20.铊尾　21~23.扣眼　24~26.饰件

1.虹鳟鱼场M2053　2.契尔良基诺5号M55　3.榆树老河深上M33　4.安图东清M2　5.榆树老河深上M9
6.羊草沟M118　7.羊草沟M118　8.虹鳟鱼场M2148　9.六顶山ⅡM48　10.查里巴M5　11.虹鳟鱼场M2258
12.杨屯大海猛M37　13.虹鳟鱼场M2309　14.虹鳟鱼场M2053　15.北大墓葬　16.虹鳟鱼场M2055
17.查里巴M19　18.图们凉水果园墓葬　19.查里巴M17　20.虹鳟鱼场M2205　21.虹鳟鱼场M2308
22.虹鳟鱼场M2127　23.杨屯大海猛M37　24.虹鳟鱼场M2002　25.虹鳟鱼场M2091　26.查里巴M20

具的出土情况，参照高句丽、隋唐时期的墓葬中出土的带具形式，发现靺鞨-渤海的带具组合形式，有以下几种：

A型　由带扣、方形与半圆形銙组合或仅方銙、铊尾构成，带銙的排列存在一定的顺序。

此类组合形式的带具见于山咀子墓地和北大墓地之中。山咀子M16中一次葬中年女性墓主小腹处出土一组10件铜带銙，由方形和半圆形组合而成，未发现铊尾和带扣。

此外，北大73M28出土带扣1、半圆形銙1、方形銙2、半圆形銙6、方形銙2、半圆形銙1、铊尾1，共14件。北大88M2出土带具由3件方形和6件半圆形銙组成，缺少带扣和铊尾。出土顺序为方形銙1、半圆形銙5、方形銙2、半圆形銙1（图三，1）。88M9出土的铜带具的顺序为带扣1、方形銙4、半圆形銙7，缺铊尾。带扣为鎏金铜质，带銙正面为鎏金铜质，背面为铁质（图三，2）。虹鳟鱼场墓葬M2095出土带銙，有3件带銙之间的皮革尚存；M2171出土铜带銙11件，半圆形銙7件，方銙4件[30]，这两座墓葬中出土带具的排列顺序应与北大墓葬88M9中出土带銙的排列顺序相类似（图三，3）。此外，北大墓葬M51记载，出土带銙均为方形銙。

B型　由带扣、带纹饰或素面的云形銙、铊尾组成。

此类组合形式带具的特点是以云形銙为主，如查里巴墓地M19出土带具中的云形带銙、云纹形铊尾均饰有卷草纹饰（图四，5、6、8），卷草纹饰在突厥器物中是一种常见的装饰纹饰，在乌尊塔尔2号墓、图埃克塔3号等突厥墓葬中出土的云纹带具（图四，1~4）与查里巴M10、杨屯大海猛M37中出土的素面云形带銙有着相似的形制（图四，7）[31]。不同的是，乌尊塔尔墓葬出土的铊尾上还饰有草原文化中的常见元素——鹿纹，乌尊塔尔墓地的发掘者认为能够佩戴这种云形卷草纹带具，其墓主在当地的社会地位要更高一些。查里巴M10中出土的卷草纹带銙，器物风格与乌尊塔尔2号墓、图埃克塔3号墓等突厥墓葬中出土带具风格相似，应为同一种类型的带具。

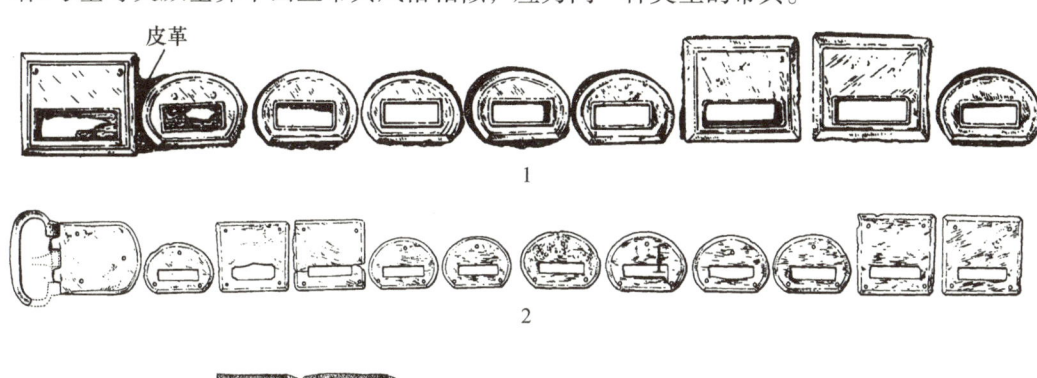

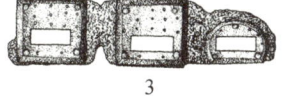

图三　A型蹀躞带具组合形式图
1. 北大墓葬88M2　2. 北大墓葬88M9　3. 虹鳟鱼场墓葬M2095

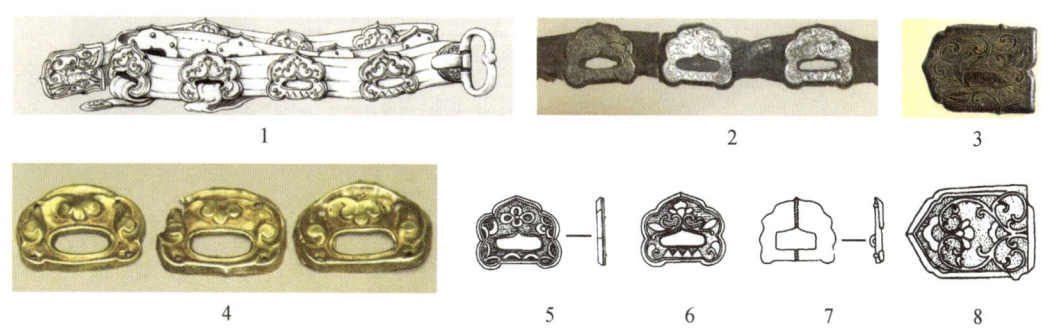

图四　B型蹀躞带组合图
1. 乌尊塔尔2号墓出土腰带　2. 乌尊塔尔2号墓出土的云纹带銙　3. 乌尊塔尔2号墓出土腰带中的铊尾
4. 图埃克塔3号墓出土云纹金銙[32]　5. 查里巴M19　6、7. 查里巴M19　8. 查里巴M10

C型　由带扣、带銙、月形饰件、铊尾组成。

虹鳟鱼场M2001中出土了一种由三个心形环构成的复合带扣与月形饰件相组合形成的带具部件（图五，1~3），其中这种月形饰件在查里巴墓地M20中也有所发现。月形饰件在阿尔泰地区、新西伯利亚、图瓦、哈萨克斯坦以及中国新疆等地区所发掘的突厥墓葬中有较多的发现，如哈萨克斯坦七河地区石雕像腰带上的月形饰件、波利亚纳15号墓出土带具上的月形饰件与查里巴墓地、虹鳟鱼场墓葬等出土的月形饰件形制相似（图五，4、5）[33]。这种以月形饰件为装饰的突厥风格腰带见于靺鞨及渤海时期的墓葬之中，应是双方文化交流的结果。

D型　带扣、带銙、扣眼或铜环、铊尾组成。

虹鳟鱼场M2308填土中出土扣眼与固原隋史射勿墓中出土的扣眼制相似（图六，1）。史射勿墓出土的金带具是由带扣1、方形銙3、半圆形銙2、圆片扣眼组成（图六，2）[34]。在墓葬中所出土的带扣眼的带具数量并不多，主要见于虹鳟鱼场墓葬，此类带具组合并不常见。

从虹鳟鱼场M2053出土的铜带扣，通长2.8、顶端宽1.4厘米，铜铊尾长3、宽0.8厘米；M2001出土的2件小铊尾，长1.1、宽1厘米。从尺寸上看，这些应为垂于带銙的蹀躞小带上的部件。隋与初唐时，革带上所系的蹀躞较多，盛唐后汉族地区开始减少，中

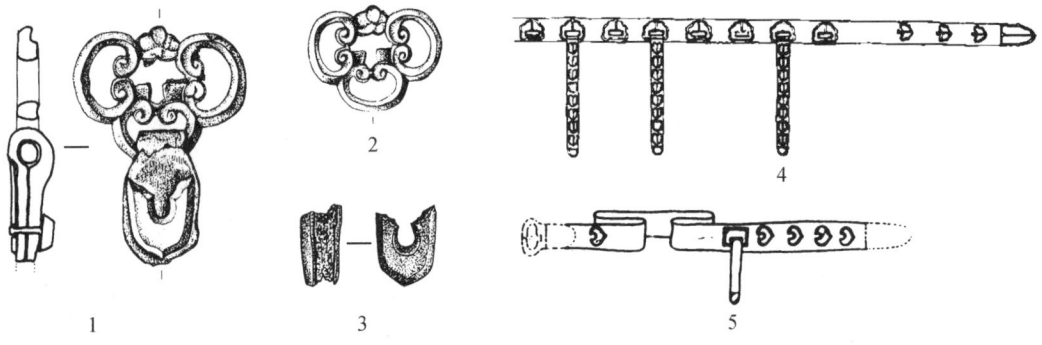

图五　C型蹀躞带组合形式图

1~3.虹鳟鱼场M2001　4.波利亚纳15号墓　5.哈萨克斯坦七河地区石雕像上的突厥腰带

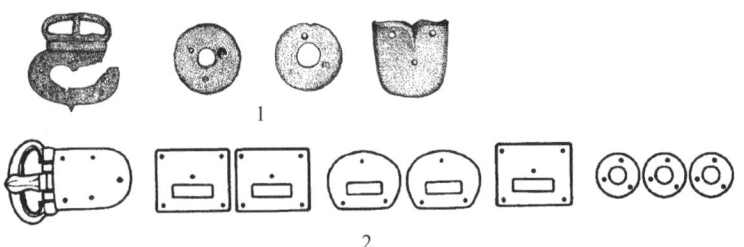

图六　D型蹀躞带组合形式图

1.虹鳟鱼场墓葬M2308填土　2.宁夏固原隋史射勿墓[35]

晚唐时，许多革带上已经不系蹀躞，只剩下带銙了[36]。而在渤海地区的人们仍保留有垂蹀躞作装饰的情况。

根据上述可知，蹀躞带具存在带扣、方銙、半圆形銙、铊尾，仅为方銙，以及增加了扣眼或各种类型的饰件等组合形式。这些部件在对突厥、唐、高句丽等风格带具部件进行模仿、改进之后，在社会中使用传播使用，逐渐成为本土化的器物，成为服饰制度中不可缺少的部分。

三、带具的功能、使用者及器物来源探究

1. 带具的功能探究

牌饰带具和蹀躞带具是渤海社会中所常见的两类带具系统，两者所包含的文化因素却并不相同。牌饰带具的组成源自靺鞨本族群的文化因素，由对称的几何图案组成的牌饰以及带扣和牌饰中反复出现的鸟形元素，均体现出靺鞨族群的文化特征。从牌饰的形制上看，牌饰带具不具备悬挂工具等实用性作用，更多是一种装饰性带具。相反，在蹀躞带具中的带扣上带古眼，古眼下可以悬挂工具，体现出蹀躞带具的实用性功能。两类带具存在功能上的差异，很可能是与带具使用者所从事的职业或生业方式相关。

除带具主体部分外，一些牌饰带具还缀有带饰，如黑龙江中游的女真时期墓葬科尔萨科沃墓地中出土的牌饰下悬挂有心形饰件和铃铛。而在靺鞨及渤海时期的墓葬中，常出土一种鸟形饰件。鸟形元素的纹饰在牌饰、带扣中均有发现。有学者推测鸟形饰为一种带饰，可以悬挂于带銙的"古眼"，与牌饰、铃、环等构成带饰的组合[37]。但目前在墓葬中，还未出土有与牌饰直接相连接的鸟形饰件，因此关于鸟形饰的用途，还存在可以探讨的空间。

在查里巴87M31中，牌饰见于女性墓主的腰部，而鸟形饰和25件小铜环则见于木椁墓下部的边箱中；87M13头骨的上方置有鸟形饰、15件铜环、铜铃。杨屯大海猛79M43为男女合葬墓，其内发现牌饰10件、鸟形饰1件、铜环16件。虹鳟鱼场M2288中发现了成年男性的肢骨，墓内随葬有鸟形饰1件、铜环12件、方形带銙3件、长方形铊尾1件。鸟形饰不仅与牌饰共出的墓葬数目较多，而且与铜环共出的墓葬数量也非常多。查里巴墓地简报称铜环多见于尸骨头部与上身附近，说明鸟形饰与铜环可能是一种用于头部或衣物上的装饰品。

随葬鸟形饰的墓葬既有成年男性和女性，又有儿童，且随葬鸟形饰墓主的年龄存在一定的跨度，墓内随葬品的种类和数量也存在着差距（表三）。结合出土鸟形饰的墓葬中，墓主性别、年龄和出土位置等信息，鸟形饰除用于带饰外，还存在着其他功用。鸟形饰可能仅是一种护身符或是与铜环组合使用的一种装饰品，体现出墓主人对"鸟"形文化因素的信仰和崇拜。

表三　鸟形饰件出土情况

序号	出土地点	质地	数量	共存遗物	随葬人数	葬法
1	榆树老河深上层M25	铜	2	铜带扣1	不明	二次葬
2	杨屯大海猛墓79M43	铜	1	铜带銙3；铜环16；铜牌饰10	2	男性仰身直肢、女性侧身屈肢
3	杨屯大海猛遗址采集	铜	1	—	—	—
4	查里巴87M13	铜	1	铜环16[38]；铜铃1	1	火葬
5	查里巴87M14	铜	2	铜环16；铁带扣	1	不明
6	查里巴97M20	铜	2	铜带扣3；铜环27；银铃1	1	火葬
7	查里巴97M21	铜	1	铜牌饰；铜带扣2；铜环4	1	火葬
8	查里巴97M31	铜	2	铜带扣；铜环23；铜牌饰17	1	仰身直肢葬
9	六顶山ⅡM126	铜	1	铜带銙3；铜牌饰3；铜鉈尾1；铜环1	不明	火葬
10	虹鳟鱼场M2001	银	2	铜、铁、鎏金铜带扣；铁带銙；铜、银鉈尾	6	多人二次葬
11	虹鳟鱼场M2184	铜	1	铜牌饰3；铜环2	不明	成年女性，葬式不明
12	虹鳟鱼场M2284	铜	1	铜环2	1	儿童，一次葬
13	虹鳟鱼场M2288	铜	1	铜带銙3、铜环12、铜鉈尾1	不明	成年男性，葬式不明
14	虹鳟鱼场M2292	铜	1	—	不明	儿童，葬式不明

除鸟形饰外，铃铛也是与牌饰带具相关的带饰。铃铛可以直接悬于牌饰下端凹槽中。在女真时期的墓葬，如科尔萨科沃墓地和绥滨三号墓地出土的铃铛便是与牌饰直接相连。其中绥滨三号墓地M3中的带具以兽皮为底，上面缀有19件铜牌饰，7枚铜铃仍系在牌饰上[39]。此外，铃铛在使用中也存在用丝线与无凹槽的牌饰相连接的形式[40]。但目前在靺鞨及渤海时期的墓葬中，出土牌饰的底端不见凹槽，铃铛也不与牌饰所共出，出土铃铛的数量也非常少，形制仅为钟形和圆形（图七）。因此推测牌饰下端悬铃的形制出现时间较晚，可能出现于女真时期。而靺鞨和渤海时期出土的铃铛是否是通过丝线与牌饰相连接，则有待于更多的实物材料的发现。

2. 使用者身份探究

以往研究认为，牌饰带具为靺鞨族群所特有，能够使用该类带具者的身份应是萨满，体现出使用者的身份和职业的专一性。但通过上文论述，此类带具系统使用者的身份是否为萨满，有待于商榷。俄罗斯学者瓦西里耶夫曾撰文探讨巴克洛夫斯卡娅文化中的萨满文化，他对麦德维杰夫所认定墓主人身份为萨满的排他性的理由，以及一些墓葬中出土有此类型带具，却没有被认定为萨满的结论提出了质疑。瓦西里耶夫将其原因归

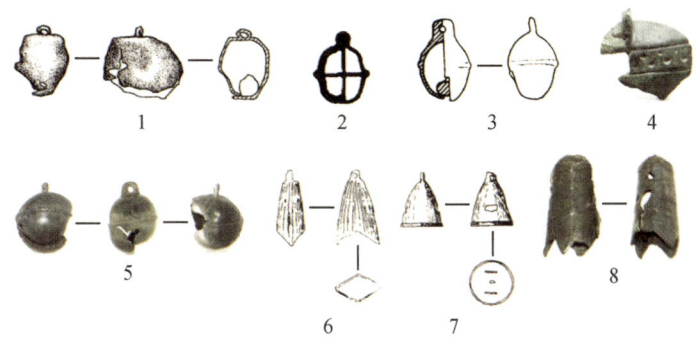

图七 墓葬中出土铃铛
1.六顶山ⅡM76填土 2.查里巴87M13 3.六顶山M206 4、5、8.契尔良基诺5号墓地[41] 6.桦林石场沟M4
7.桦林石场沟M5

结于人口大规模的"萨满化"[42]。但与其认为是人口的"萨满化",此类系统带具在靺鞨及渤海时期墓葬的发现,反映的则是萨满信仰的普及化。没有缀挂铜铃不能发声的牌饰,失去宗教意义,因此不是萨满佩戴之物[43]。出土有牌饰、鸟形饰、铃铛的墓主身份,可能并不是萨满,也许仅是坚持萨满信仰的人。

与牌饰带具不同的是,蹀躞带具并不具备宗教的象征意义,靺鞨时期蹀躞带流行的原因,可能与其简洁的形制和较强的实用性有关。作为实用性带具的蹀躞带,此时并未与制度相连接,其使用者很可能是具备一定地位的首领或财力雄厚的富民阶层。而渤海时期蹀躞带具的流行则可能是与唐朝对蹀躞带具的推崇有关,渤海基于奉行的"宪象中原"的政治措施,对唐制的模仿。渤海政权建立后对中原制度的借鉴,可以说是全方位的。从都城形制、章服制度、墓葬形制、政治体制等方面均效仿唐朝制度,用以维系自己与周边各国实力交往中的政治地位,通过规范等级制度用以稳固自身统治。渤海曾借鉴了唐代中后期服色制度,实行三等服色制度,将官僚体系划分为高级官员、中级官员、低级官员三个层次[44]。虽然在文献中还未发现有关渤海带具使用情况的相关记载,但基于渤海章对唐代章服制服的借鉴和模仿,在渤海社会中也可能存在以带具的材质、銙数区分身份等级的制度,且蹀躞带具逐渐成为渤海社会中最重要的一类带具系统。

3. 关于渤海墓葬中出土的附环带与起梁带

除上述带具外,在龙海M14出土的一副金托玉带具[45],由6件方形銙、11件半圆形銙及1件铊尾组成。其中,4件方形銙的金片下部连接金环用以系挂蹀躞。方形銙正面用玉片,背面以金片为托。铊尾为舌状,正、背面均以玉片制成,玉片上浮雕五叶花草纹(图八,1)。有学者曾对"钴鞢带"与"环带"进行考辨,认为所谓用来系蹀躞的銙下附环,不堪负重,完全是一种装饰之物,北朝末到隋唐初时,人们已明确称此型腰带为"十三环带""九环带",故"环带"这一腰带名称本身应该被尊重与沿用[46]。因此,龙海M14出土的金玉带具应为附环带。

此外河南屯M2出土的金质带具[47]，由带扣1、带銙15、铊尾1，共计17件组成，带具部件上镶嵌有水晶和绿松石，大部分已经脱落（图八，2）。在M2中还出土有9件金吊环，金吊环并没有直接与带銙相接，这些吊环的使用方式可能为直接悬挂在革带之上。《新唐书·车服志》载："起梁带之制：三品以上，玉梁宝钿，五品以上，金梁宝钿。"[48]而河南屯M2中出土的金带具可能为起梁带制中附环的金梁宝钿带。不能用作悬物的附环带与起梁带，主要是用于标明使用者的身份地位，两者有别于其他靺鞨及渤海墓葬中出土的具备悬挂功能的蹀躞带具。

附环带具在北魏时期就已有发现，如北周若干云墓出土带具是考古发现具有明确纪年的实例。起梁带的使用应该早于唐代，其源于中亚粟特人或其入华的后裔[49]。唐代时期，有中亚、西亚等国向唐进献玉带具，大食、波斯进献宝钿带具的记载[50]。这些带具受到统治者的喜爱，逐渐被纳入到中原带具系统当中，成为中原王朝服饰制度的一部分。渤海墓葬中出土的附环带和起梁带应是源自唐王朝的赏赐。附环带和起梁带作为反映使用者身份地位的象征之物，仅出现于高等级的墓葬之中，并不是社会中所常见的带具。在靺鞨及渤海政权建立后的社会中，人们使用最多的带具类型为牌饰带具和蹀躞带具，且从考古发现上看，蹀躞带具在社会中的传播和使用要更加广泛。

图八　附环带与起梁带
1. 龙海墓葬M14附环带　2. 河南屯2号古墓金梁宝钿带[51]

4. 器物来源

据《新唐书·渤海传》记载，渤海"俗所贵者"之中便有位城之铁[52]。《册府元龟·互市》又记："文宗开成元年六月（公元836年），淄青节度使奏，'新罗、渤海将到熟铜，请不禁断'。"[53]渤海境内丰富的金属矿产资源既能够满足渤海自身的需求，又能够用以维系与唐朝之间的贸易往来。鎏金、涂漆等器物的发现也显示出渤海具备了一定的金属装饰技术。渤海的本土工匠已掌握的技术和矿产资源足够支撑起渤海生产出日常生活中所需要的各类器物。因此，在墓葬中出土的靺鞨系牌饰带具及蹀躞带具系统中形制简单的带扣、带銙和铊尾可能为当地工匠制作。

突厥汗国建立于公元6~8世纪，其对包括现在蒙古国在内的中央亚洲长达四百年的统治[54]。突厥在靺鞨时期及渤海建国后一直与其保持交往，通过出土带具的形制，可以看出靺鞨人与突厥人在牡丹江中下游和西流松花江地区，曾有过较为频繁的文化交流。此外，在墓葬中发现了一些不同于靺鞨本族群文化特征的外来器物，纹饰精美且数量并不多，可能是从突厥而来的外来品或本土工匠仿制的突厥风格带具。附环带和起梁带源自唐朝的赏赐,也并非渤海自主制作。综上所述,带具的来源主要有由其工匠自主制作、源自与突厥间的贸易交流以及唐王朝的赏赐等三种来源。

四、结　语

通过对墓葬中出土带具的梳理,可以发现在靺鞨及渤海时期的社会中常使用两类带具,一为牌饰带具,另一为䤩鞢带具。两类带具代表着不同的文化系统,带具存在功能上的差别,牌饰带具体现的是带具的装饰性功能,而䤩鞢带具则突出其实用性功能。

首先,牌饰带具的使用与靺鞨族群的萨满信仰相关,以往研究认为牌饰带具使用者的身份多为萨满,但本文认为其使用者也许仅为有着萨满信仰的靺鞨人群。靺鞨时期的牌饰带具可能并不直接在牌饰下端悬挂铜铃或鸟形带饰,悬挂带饰的牌饰带具可能流行于女真时期。

其次,䤩鞢带具在靺鞨时期的墓葬中就有较多的发现,因较强的实用性在靺鞨时期就已经被人们所使用。牌饰带具在渤海墓葬中牌饰带具的使用存在着逐渐减少的现象,这种现象也许就与唐朝对䤩鞢带具的推崇有关。随着渤海政权的建立,各项制度的完善,渤海高等阶层人们对中原文化的追随以及当时人们信仰的转变,进一步推动了䤩鞢带具在渤海社会中的使用,甚至成为与渤海服饰制度相关的一部分。

最后,不同类型的带具有不同的来源,其中具备靺鞨因素的牌饰带具无疑是由本地工匠自主制作而成。而䤩鞢带具的来源,则可能存在本地工匠制作和贸易交流两种形式,但对其具体来源的探究,还需要更多的考古发现来证明。

注　释

[1]　a. 谭英杰,赵虹光. 靺鞨——女真带饰研究[C]. 中国考古学会第八次年会论文集. 北京:文物出版社,1991:184-186.

b. 王培新. 靺鞨——女真系铜带饰及相关问题[J]. 北方文物,1997(1):19-29.

c. Евменьев А А. Амурские чжурчжэни. Золотая империя. Кровавая роса [M]. Новосибирск, 2014.

d. Медведев В Е. Культура амурских чжурчжэней, конец X-XI век (по материалам грунтовых могильников) [M]. Очень хорошее, 1977.

[2]　冯恩学. 考古所见萨满之腰铃与饰牌[J]. 北方文物,1998(2):29-37.

[3]　彭善国. 靺鞨——渤海的鸟头形饰[J]. 东北史地,2013(4):44-45+4.

[4]　易诗雯. 渤海遗迹出土带銙的初步研究[C]. 东北亚古代社会与文化国际学术研讨会资料册. 长春(内部资料),2015:297-319.

[5]　a. 崔鲜花. 渤海服饰的考古学探索[D]. 吉林大学硕士学位论文,2007.

b. 彭善国. 唐代渤海国的服饰——以考古资料为中心[C]. 边疆考古研究(第22辑). 北京:

科学出版社，2017.

[6] 彭善国. 渤海国金银器述论［J］. 北方文物，2021（4）：58-63.

[7] 同［5］b.

[8] 武松. 渤海文化来源研究——以考古资料为中心［D］. 吉林大学博士学位论文，2019.

[9] 同［1］a，［1］b.

[10] 尹郁山. 吉林永吉县查里巴村发现二座渤海墓［J］. 考古，1990（6）：574-576.

[11] 吉林省文物考古研究所. 吉林永吉查理巴靺鞨墓地［J］. 文物，1995（9）：29-47.

[12] a. 吉林市博物馆，永吉县图书馆. 吉林永吉杨屯大海猛遗址［C］. 考古学集刊（5）. 北京：中国社会科学出版社，1987：120-151.

b. 吉林省文物工作队，吉林省博物馆，永吉县文化局. 吉林永吉杨屯遗址第三次发掘［C］. 考古学集刊（7）. 北京：中国社会科学出版社，1991：23-50.

[13] 延边博物馆. 东清渤海墓葬发掘报告［J］. 渤海墓葬研究，2000（11）：251-288.

[14] a. 中国社会科学院考古研究所. 六顶山与渤海镇——唐代渤海国的贵族墓地与都城遗址［M］. 北京：中国大百科全书出版社，1997年.

b. 吉林省文物考古研究所，敦化市文物管理所. 六顶山渤海墓葬——2004~2009年清理发掘报告［M］. 北京：文物出版社，2012.

[15] 黑龙江省文物考古研究所. 宁安虹鳟鱼场：1992—1995年度渤海墓地考古发掘报告［M］. 北京：文物出版社，2009.

[16] 赵虹光. 黑龙江省牡丹江桦林石场沟墓地［J］. 北方文物，1991（4）：57-66.

[17] 吉林省文物志编委会. 和龙县文物志［M］. 内部资料，1984（11）：43.

[18] Никитин Ю Г, Чжун Сук-Бэ Я Е. *Пискарева. Археологические исследования на могильнике Чернятино 5 в Приморье в 2005 году*［M］. Корейский государственный университет культурного наследия, Дальневосточный государственный технический университет, 2006: 374.

[19] Никитин Ю Г, Чжун Сук-Бэ Я Е. *Пискарева. Археологические исследования на могильнике Чернятино 5 в Приморье в 2008 году*［M］. Корейский государственный университет культурного наследия, Дальневосточный государственный технический университет, 2009: 165.

[20] 吉林省文物考古研究所. 榆树老河深［M］. 北京：文物出版社，1987.

[21] 庞志国，柳岚. 抚松县前甸子渤海古墓清理简报［J］. 博物馆研究，1983（3）：523-525.

[22] 魏明江. 黑龙江五常市香水河墓地发掘简报［J］. 考古，2016（4）：45-62+2.

[23] 孙秀仁，金太顺. 黑龙江省海林市山咀子渤海墓葬［J］. 北方文物，2012（1）：11-26+2+113-117.

[24] 黑龙江省文物考古研究所. 黑龙江省海林市羊草沟墓地的发掘［J］. 北方文物，1998（3）：28-40.

[25] 延边朝鲜族自治州博物馆，和龙县文化馆. 和龙北大渤海墓葬清理简报［J］. 东北考古与历史，1982（06）：200-208.

[26] 延边州文管会.吉林省图们市凉水果园渤海墓葬清理简报[J].博物馆研究，1995（3）：74-85.
[27] 吉林省文物考古研究所，安图县文管所.吉林安图县仲坪遗址发掘[J].北方文物，2007（4）：13-23+115-117.
[28] 魏存成.渤海考古[M].北京：文物出版社，2008.
[29] 吉林省文物考古研究所，俄罗斯科学院远东分院远东民族历史・考古・民族研究所.俄罗斯滨海边疆区渤海文物集萃[M].北京：文物出版社，2013.
[30] 据虹鳟鱼场墓葬发掘报告记载M2171：9中有大小相同的两件带銙连在一起，M2171实际出土的方銙数目为4件。
[31] a. Савинов Д Г. Древнетюркские курганы Узунтала (к вопросу о выделении курайской культуры) [C]. *Археология Северной Азии*. Новосибирск, 1982: 102-122.

b. Серегин Н Н, Матренин С С. *Археологические комплексы Алтая II в. до н. э. -XI в. н. э.: история иссле-дований и основные аспекты интерпретации:монография* [M]. Барнаул: Азбука, 2014.

c. Добжанский В Н. *Наборные пояса кочевников Азии* [M]. Новосибирск: НГУ. 1990: 164. могильник Над Поляной, курган 15 (по А. А. Гавриловой).
[32] 图片源自阿尔泰国立大学博物馆。
[33] a. Добжанский В Н. Наборные пояса кочевников Азии [C]. *ТНовосибирск XXXIV*. Новосибирск: НГУ, 1990: 108-153.

b. Добжанский В Н. Наборные пояса кочевников Азии [C]. *Таблица XXX*. Новосибирск: НГУ, 1990: 164. по А. А. Гавриловой.
[34] 宁夏文物考古研究所，宁夏固原博物馆.宁夏固原隋史射勿墓发掘简报[J].文物，1992（10）：15-22+101-102.
[35] 图片转引自綦高华.隋唐时期带具的考古学研究[D].西北大学硕士学位论文，2016.
[36] 孙机.我国古代的革带[C].文物与考古论集.北京：文物出版社，1986.
[37] 同[3].
[38] 关于查里巴墓地M13出土铜环的数量，正文中记载为16件，而附表统计为15件，前后说法不一致，本文认为正文的描述更为可信，应为16件。
[39] 孙秀仁，干志耿.论辽代五国部及其物质文化特征[M].东北考古与历史（第一辑）.北京：文物出版社，1982：756.
[40] 梁娜.女真墓葬中的萨满文化因素考察[D].吉林大学硕士学位论文，2012
[41] 同[29].
[42] Юрий Михайлович Васильев. Шаманские погребения в покровской культуре [J]. *Россия и ATP*, 2004 (2): 56-70.
[43] 同[40].
[44] 辛时代，郭威.渤海国章服制度研究[J].北方文物，2022（2）：95-101.

[45] 吉林省文物考古研究所, 延边朝鲜族自治州文物委员会办公室. 吉林和龙市龙海渤海王室墓葬发掘简报 [J]. 考古, 2009（6）: 23-39+106-109+113.

[46] 马冬. "䩞鞢带"综论 [C]. 藏学学刊（第5辑）. 成都: 四川大学出版社, 2010.

[47] 郭文魁. 和龙渤海古墓出土的几件金饰 [J]. 文物, 1973（8）: 41-47.

[48] （宋）欧阳修，（宋）宋祁. 新唐书 [M]. 北京: 中华书局, 1975.

[49] 陆建芳, 左骏, 王志高. 中国玉器通史 [M]. 深圳: 海天出版社, 2014.

[50] 学界关于玉带具及宝钿带具的讨论甚多，认为其形制源自中亚、西亚、北亚等草原部族，传入中原地区后，逐渐成为统治阶层所常用的一类带具。邓淑苹. 玉带——中国北方与欧亚草原的文化结晶 [C]. 北方民族考古（第5辑）. 北京: 科学出版社, 2018.

[51] 图片转引自彭善国. 渤海国金银器述论 [J]. 北方文物, 2021（4）: 60.

[52] 同 [48].

[53] （宋）王钦若. 册府元龟 [M]. 北京: 中华书局, 1960.

[54] 〔蒙〕D. 策温道尔吉, 等著, 〔蒙〕D. 莫洛尔俄译, 潘玲, 何雨濛, 萨仁毕力格译, 杨建华校. 蒙古考古 [M]. 上海: 上海古籍出版社, 2019.

Study on Plaque Belt and *Diexie* Belt that Found in Mohe-Bohai

ZHANG Xin-yue   SONG Yu-bin

By combing the shape of the belt parts unearthed in Mohe and Bohai tombs, there are two main types of belts commonly used in Mohe-Bohai society, namely plaque belt and *diexie* belt. With the establishment of the state, the use of plaque belt is gradually decreasing. Through the exploration of the combination form of two kinds of belts, to understand the use of the two types of strap, that the difference between the two types of belt is mainly reflected in the difference between the function and user identity, and the source and the function of the two types of strap parts are explored.

黑龙江省海林三道中学渤海墓葬发掘记

魏存成

(吉林大学考古学院，长春，130012)

退休后将从学校研究室运回家的常用书刊上架，在替换下来的书刊中无意发现了三道中学渤海墓葬发掘的一包资料，其中有学生的实习作业和部分记录，还有我本人的工作日记和发掘后由我负责撰写的遗迹文稿。逐项翻阅，一幕幕30年前的实习场景浮现眼前，颇有感慨。墓葬的形制结构较有特色，而且所在地点也很重要，于是便重新整理了一下。插图也没有请人重绘，只是自己动手将原图稍微加工和编排了一下，并增加了一幅该墓葬所在牡丹江下游地区的渤海遗迹分布示意图。如今，此沿江一带早已变成水库淹没区，再也无法去发掘和考察，就以此稿作为大家对当地遗迹和当年工作的回顾吧。

一、工作经过和墓葬所在

20世纪90年代，因牡丹江下游要修建莲花水库，黑龙江省文物考古研究所和吉林大学考古学系联合，在此地区连续几年进行了多项发掘。其中1993年8～10月就同时进行了三道中学墓葬和渡口遗址（该遗址初名"河口遗址"，1994年在该遗址北侧不远处发掘另一遗址，取名"河口遗址"，于是把该遗址改为"渡口遗址"）、东兴遗址三个地点的发掘。吉林大学参加人员有90级考古和博物馆的学生20多人，带队教师是陈国庆和吕军。黑龙江省文物考古研究所的指导教师是张泰湘、赵虹光和赵永军。发掘期间，黑龙江省文物管理委员会杨志军主任和黑龙江省文物考古研究所殷德明、朱国忱所长等同志先后到工地视察、指导。我是代表考古学系和师生一起进入工地的，中间曾有事回校一小段时间。工地期间，其他两个点我都反复去过，而比较多的时间是在三道中学渤海墓葬发掘点。

海林市所在的牡丹江下游地区，有四条发源于张广才岭的河流自西向东注入牡丹江，由南到北分别取名为头道河、二道河、三道河和四道河。三道河子乡即位于三道河口右岸，是一个比较大的村镇。自牡丹江市之北柴河镇始发到此，沿江有《林海雪原》电影中所见的森林小火车往返通过。当时大家饶有兴趣地坐着小火车，望着急缓有序的江水和两岸连绵的青山，穿过一片片森林、农田和一个个繁杂热闹的车站小镇。小火车之简陋，拿张泰湘老师的话说，一脚就可以踢翻。实习前打前站的同志回来说车上没有厕所，所以头一天晚上就告诉学生少喝水。上车之后又问列车员，还好，一列十多个车厢有两个急用厕所。带学生实习就是这样，什么事情都要预先想到。

三道中学位于三道河子村村后，此处地势与敦化六顶山墓群二区、牡丹江市石场沟墓群所在相似，背后山峰突兀直上，犹如一堵高墙挡住北来的寒风，两侧又各向前伸出一道小的山梁，中间则半围成一个宽阔的山坳坡地。由对面远处望来，好像一个天然的大簸箕，当地老乡称其为大沙发。三道中学建于山坳的下方，据说过去修建校舍时，就曾发现过古代墓葬。这次发掘的墓葬就在中学的后边（图一）。

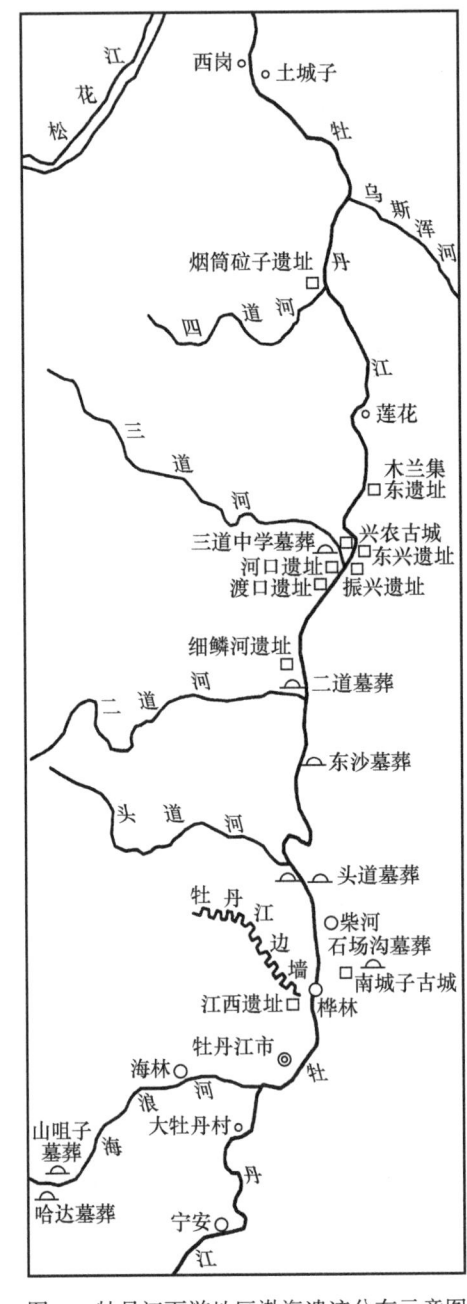

图一　牡丹江下游地区渤海遗迹分布示意图

该墓群发掘从1992年开始，由黑龙江省文物考古研究所和牡丹江市文物管理站合作进行，发掘了两座墓葬。1993年共发掘了7座，并对1992年发掘的M2进行了解剖，时间从9月初到10月中旬，主要发掘人员是孟繁涛（现沈阳故宫博物院院长）和娄新利（现东莞市博物馆馆长）两位学生，其间黑龙江大学历史系的几名学生参加了部分工作，指导教师是张泰湘老师和我。10月中旬其他发掘点的师生先撤点去参观考察，我和两位学生又留下进行了墓葬解剖、绘图等收尾工作。

二、发掘收获

该墓群所在山坳北高南低，由于多年水土流失和农田开垦，所余墓葬都已暴露于地表。从旁看去，凡是长满树丛的石堆多是残破的墓葬，只有个别的是老乡种地时捡出的石块堆成的。本文所附墓葬分布示意图中，墓葬编号达11座，其中缺M3、M8两座，是何原因，现有记录中没有说明，可能是开始认为是墓葬，后经清理不是墓葬而销号。现把重新解剖的M2和新发掘的墓葬介绍如下（图二）。

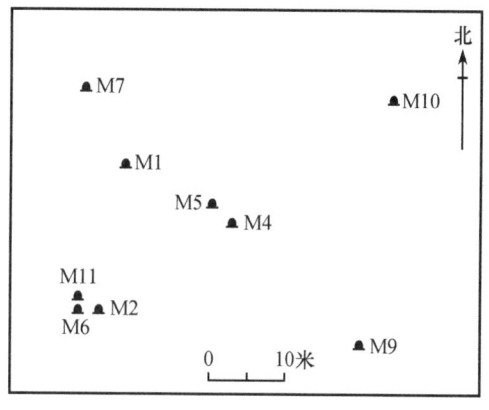

图二　三道中学渤海墓葬1993年发掘墓葬分布示意图

M1是1992年发掘的，没有看到发掘材料，具体情况不清。

M2　该墓位于发掘区的西南角，残留下部，四壁用小型石块逐层垒砌，残高0.1～0.5米不等，宽约1.5米，内外两侧面都比较整齐。长方形墓室，西壁3米，北壁2.5米，东壁南端缩进0.25米，为2.75米，因而使南壁呈曲折状，通宽直线距离同北壁。墓门开于南壁中部，形成与南壁宽度等长的墓道。墓道内填塞小石块。渤海中小型石室墓多是这种做法，不像规模大的墓葬那样向外再接墓道，有的还安上正式的石墓门。以往论著将这两种形式一般都称为墓道。该墓在墓道两壁和墓室内壁及局部外壁，涂有白灰或用白灰勾缝。墓室底部遍铺一层红砖，由于烧制火候较低，且经时长久，多已粉碎。人骨也粉碎严重，个体与葬式不清。没有看到1992年的发掘资料，这只是1993年的观察结果。

因为此墓下部保存较好，为了弄清墓葬开始筑造的过程，1993年我们沿西壁外侧和墓葬中部向下做了解剖。发现墓葬北部的下边是黄褐色粗砂生土，2米或2.5米处之南，此生土层逐渐向下，而在其上出现了一层0.15～0.2米厚的黑灰色黏土。在黑灰色黏土的上边，处于墓葬南壁的部位，大概是为了防止墓基下沉，垫起一层石块，然后再遍铺一层黄褐色粗砂土，与墓葬北部基础取平，最后在上面砌筑墓葬石壁。由此可见，墓葬所在地势，原来是有明显坡度的，黑灰色黏土层是原来的地表。墓葬南部黑灰色黏土层上的黄褐色粗砂土正是从北部高处的生土中切下来的（图三）。

M4　该墓位于墓葬区的中部，西南距M2约20米，发掘前已有大石块露出地表，保留状况不好。墓壁用石块垒砌，内侧较平整，外侧则参差不齐，宽度不等，最宽处也不足1米。现存北壁长2.5米，西壁残长1.5米，东壁残长2米，残高0.4米。墓葬南部已被破坏，南壁无存，墓门应在南壁。墓室底为生土，有一层较平整的硬结面。在墓室的西北角出土一个头骨，旁置1件深腹筒形罐，还有2件铁镞和1件骨镞（图四）。筒形罐灰褐色，外表留有灰烬，泥质夹细沙，手制，口沿部有轮制痕迹，双唇，上唇尖圆，口径10.5厘米，高19.2厘米，腹径11.5厘米（图八，1）。

M5　该墓位于M4西北约3米处，仅保留东壁的一段，残高0.3米，由三层石块垒砌而成。墓中发现破碎的下颌骨，出土1件铁镞和少许陶片。

M6　该墓位于发掘区的西南角，东距M2约1.8米，而且形制结构和M2相似，但保留状况不好，大量石块散落在墓葬四周。两墓中间的石块尤其多，未清之前曾怀疑这又是一座墓葬，是并用中间两个石壁的三座墓，但是已有渤海墓葬无此先例，结果把乱石清掉后还是左右两座墓。M6现存东、北两壁宽1.5米，残高0.3～0.4米，由3～4层石块垒砌，内、外两侧都比较整齐。西壁中部尚留几块石块。南壁只留东南角几块石块，西边大段无存。墓室东西宽约3.5米，南北长约3.6米，墓门应开于南壁。在室内东部出土肢骨多件，可辨出至少是3个个体，属多人合葬。在室内西南部出土2件深腹筒形罐、1件大口罐，还有铁镞、铁钉、铜带銙等遗物（图五）。筒形罐1件，黑灰色，泥质夹

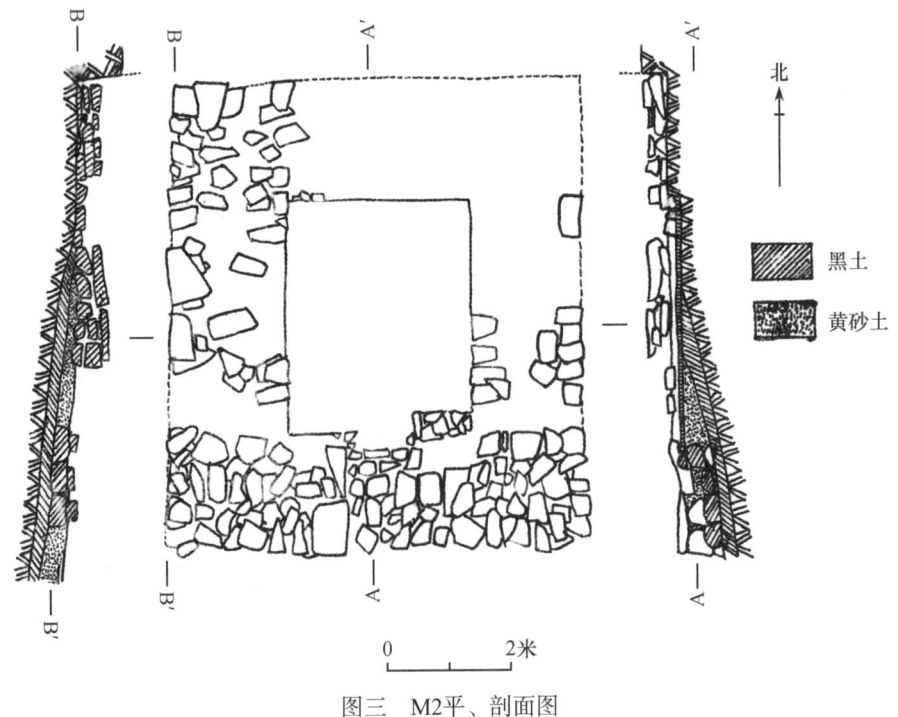

图三　M2平、剖面图

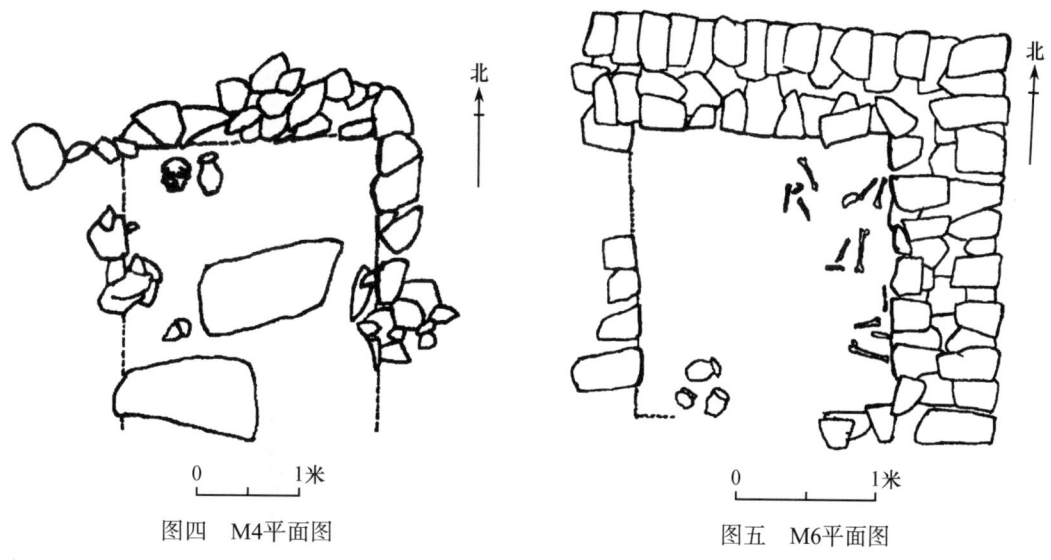

图四　M4平面图　　　　　图五　M6平面图

细砂，手制，有轮制加工痕迹，双唇，唇下部饰三角锯齿纹，肩部有一道凸棱，口径9厘米，高15厘米，腹径9.5厘米。筒形罐2件，灰色，外表有灰烬，泥质夹少许细砂，手制，有轮制加工痕迹，方唇，口径10厘米，高18.5厘米，腹径10.5厘米。大口罐，灰褐色，夹砂，手制，较粗糙，双唇，口径8.5厘米，高8.8厘米，腹径9厘米（图八，5、3、6）。带銙略呈半圆形（拱形），最宽处2.7厘米，正面铜质，背面铁质，原由三颗铆钉固定（图九）。

M7　该墓位于发掘区的西北角，是这次发掘中最大的一座。发掘前暴露出的大石块长约2米，宽约1米，可能是原盖顶石。西壁、北壁和南壁保留较多，用5～6层大石块垒砌而成，内侧平整，残高0.9米左右。北壁外侧是现存2米多高的粗砂生土断崖，上半部黄褐色，下半部红褐色。东、西两壁外侧也是此种生土断崖，只是自北到南逐渐变低。可见该墓是依此处陡坡先挖凿出生土圹后，再筑石壁的。墓室东西宽3.6米，南北长3.75米。墓门开于南壁中间，宽1.2米。墓道长2米，从图上可看出从南壁向外又接了一小段。墓道两侧竖立1米高的大石条，南端正中放置一个大石块，可能是原封门石。墓室底部遍铺一层长方砖，多是41厘米×26厘米×5厘米，少量大的是48厘米×27厘米×5.7厘米，颜色大多为青灰色，个别为红褐色（图六）。室内西部散乱堆放人骨，多为头骨和下肢骨，能辨出六七个个体，可见是多人二次葬。出土遗物有鼓腹罐、残深腹筒形罐、铁甲片、铁镞、铁钉、铜带銙、残鎏金铜铃、耳环（银？）等。鼓腹罐，灰色，泥质夹细砂，手制，似经轮制加工，方唇，口径10厘米，颈径7.5厘米，腹径30厘米，高34厘米。残深腹筒形罐，灰色，部分褐色，外表有灰烬，口径9.6厘米，双唇，上唇较尖，下唇呈凸棱状，肩部有一周不规则的波浪纹（图八，4、2）。

M9　该墓位于发掘区的东南角，学生作业中介绍不见墓圹、墓壁，只发现1件残的铜带扣和1件残的铜手镯。

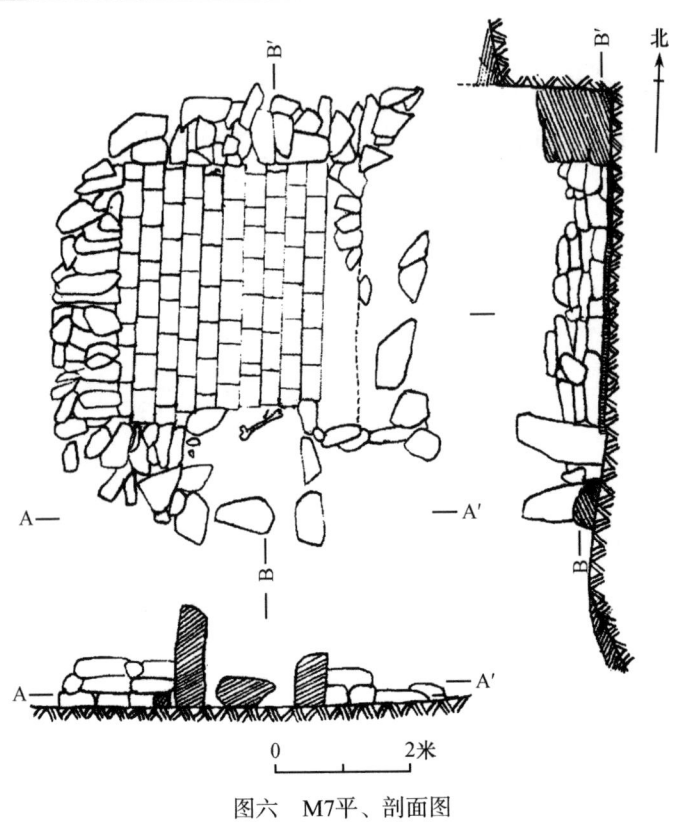

图六　M7平、剖面图

M10　该墓位于发掘区的东北角，平面呈刀形，方向南偏西35°。墓室东壁由两块高大的石板竖立而成，北壁和西壁用石块垒砌，内侧平整，宽约1米，高处达1米。墓道位于墓室南壁东部，宽0.75米，长约1米。南壁紧靠墓道处竖立一根一米多高的石柱。墓室东西宽约1.5米，南北长约2.4米（图七）。室内生土为底，出土遗物有铁甲片、少许陶片和1枚残破的钱币。该墓发掘时，去掉表土，在墓室、墓道四周发现一个4.8米×3.3米的长方框。长方框外是黄褐色粗砂生土，长方框内也是粗砂土，颜色是黄褐色之中伴有黑灰色。可见此长方框是修墓前先挖的生土穴，方框内的土是砌筑完墓壁后的回填土。

M11　位于M6北侧，破坏严重，未见墓圹和较大的石块，出土方形和半圆形（拱形）铜带銙、铁镞、铁钉等遗物。其中有1件残的铜带銙，左右最宽处3.2厘米，正面饰以流畅的卷云纹，与吉林永吉查里巴渤海墓葬出土的非常接近（图九；此卷云纹带銙图乃本人在工地照实物描绘，未对花纹做精确测量）。上述M6也出土半圆形铜带銙，而且两墓相邻很近，学生作业推测该墓有可能不存在，出土遗物是由M6散落在墓外的，是有道理的。

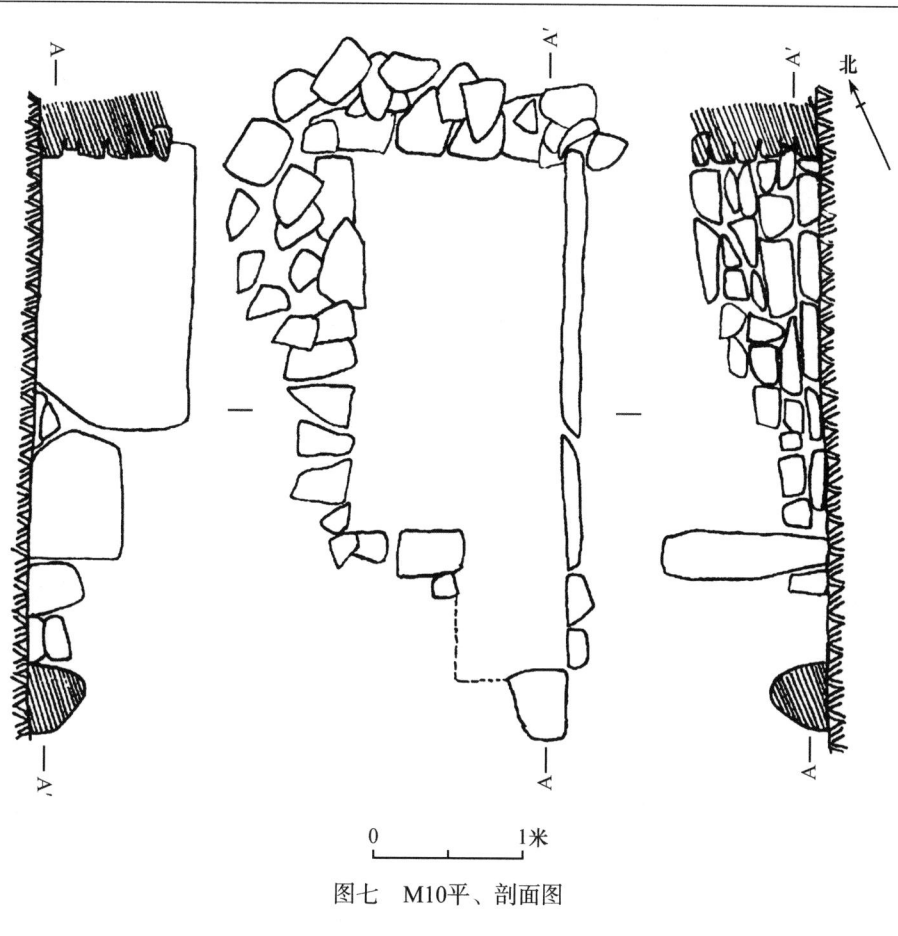

图七 M10平、剖面图

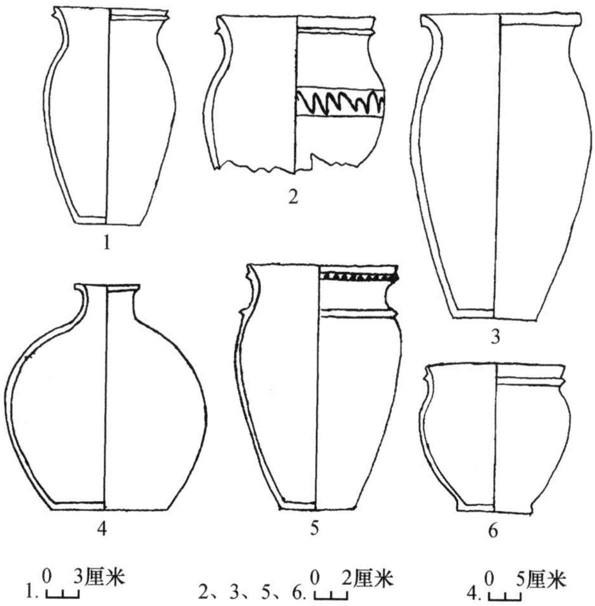

图八 出土陶器
1. M4出土 2、4. M7出土 3、5、6. M6出土

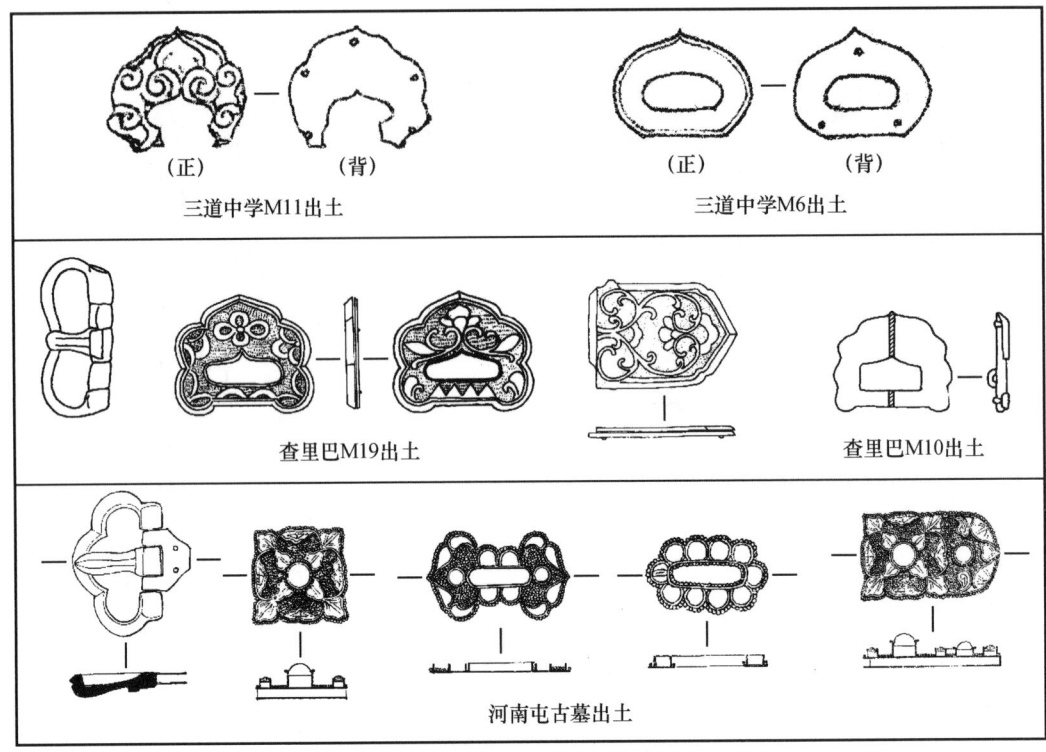

图九　带銙举例

三、几点认识

1. 墓葬的结构、形制、筑造过程和葬俗

该处墓葬属于石结构，多用大小不等的石块垒砌，也有的用大石板竖立为壁。墓室四壁保留较好的墓葬，可看出墓门开于南壁；室顶多已无存，个别的还保留着可能是原盖顶石的大石块；因多年水土流失，残存石结构皆暴露地表，估计原来应是有封土的。所以该处墓葬的类型属于封土石室墓，平面呈铲形或刀形，一般铲形的大于刀形的。关于墓葬的修筑过程，从以上发掘和个别墓葬的解剖可以看出，因墓葬所在地势不同而有所区别。地势平整之处则是先挖土穴再垒砌石壁；地势不平之处，坡度稍缓则是先取高垫低，平整好基础，然后再垒砌石壁，坡度陡峭则是直接将陡坡切下，石壁依切下的断崖后壁而筑造。以往讨论渤海墓葬是筑于地下还是地上，其实不是绝对的，要看具体地势和墓葬，这当中既有文化传承之因素，也有实际工程之需要。墓葬的葬俗，存在多人葬和二次葬，多墓铁钉的发现说明使用了木棺葬具。

2. 墓葬的年代

与其他渤海墓葬一样，该处墓葬常见的陶器是深腹筒形罐。该器物高度一般不超过20厘米，外表常见灰烬，它既可以加热，又可以直接作为餐具，适用于本地冬日较长的气候。筒形罐的变化主要在口沿部位，先后表现为饰附加堆纹、双唇和方唇。这三种做法在此处墓葬出土的几件筒形罐中都有表现，其中在M6中出土的2件，一件饰附加堆纹，一件方唇，说明器物的变化是渐变交叉的过程，同时也表明该墓的年代不会很早。再需注意的是本处墓葬出土的带銙，这种外形呈半圆形（拱形）的带銙，是中原地区隋唐时期流行的样式。其中M11出土的一件饰有流畅的花纹，与吉林永吉查里巴M19、M10和延边和龙河南屯古墓出土的很接近，都有可能是从中原输入的[1]。河南屯古墓是渤海墓葬，年代在渤海政权于唐天宝年间（742～756年）以中京为都之后。从器物对比来看，查里巴M19和M10的年代与此相当。查里巴M10的^{14}C年测定年代距今1545年±95年，树轮校正为1480年±105年（公元470年），看来是偏早了[2]。三道中学墓葬的年代不能早于查里巴墓葬，再综合以下所谈三道中学墓葬与附近其他渤海遗存的关系，其年代应在渤海迁都上京之后。

3. 墓葬的分布排列、等级和墓主人身份

该处墓地保存情况不好，发掘区也没有包括山坳间整个墓地，即使如此，对于墓葬的分布排列、等级和墓主人身份，仍能看出一些线索。比如M7，该墓位于发掘区的最高处，记得此处也是山坳的最高处，后边就是突出的山峰了。墓葬规模和所用石材最大，砌筑也很考究，出土随葬品比较丰富，而且有铜器和鎏金器，说明该墓的等级是本墓区中最高的了。再如M2和M6，两墓东西并列，相距不足2米，墓室长宽达3米左右，砌筑也比较考究，M6还出土了比较丰富的随葬品，其中有一般平民不具备的铜带具，说明这两座墓的等级也比较高，而且关系相当近。两墓向北之中轴线北端则是M7，如果同属一个家族的话，M7就应是该家族的首领，M2、M6两墓墓主人则是M7墓主人的下属或后代，如果同属官吏阶层，则又表示地位的高低。此三墓之外，其余墓葬的等级可看出是低了一些。另要注意的是，该处墓葬中普遍出土铁镞，规模最大的M7和另一座墓葬M10还出土了铁甲片，则说明墓主人不只平时从事较多的狩猎活动，同时还有一定的军事背景。

4. 与附近渤海遗存的关系

三道中学墓葬所在三道河口附近有渡口、河口、振兴、东兴四处遗址和兴农古城，发掘后普遍发现了汉代，或者是汉代及汉代之后的遗存，其中渡口、河口、振兴三处遗址还发现了比较明确的靺鞨、渤海的遗存，而兴农古城则是一座渤海古城[3]。综

合分析这几处遗存及周边相关遗存得知，牡丹江下游地区进入铁器时代后，同时受到了东南方以绥芬河流域为中心的团结文化和东北方双鸭山滚兔岭文化的影响，其代表特征是陶器上的柱状纽和上翘单把手，时代大致在汉魏时期。之后是乳钉纽陶器流行的时期，可能是来自牡丹江中游东康类型的影响。再后流行的是口沿下饰附加堆纹的深腹筒形罐，其时代下限可到唐代前期或进入渤海政权建立之初，少量的还可以再往后延续一段时间；但是该地区的深腹筒形罐好像开始不是来自南边渤海的影响，而是来自北方松花江下游绥滨、萝北一带从汉代开始一直延续下来的文化的影响；当深腹筒形罐口沿下出现双唇（重唇）、方唇或圆唇时，则是受南边渤海的影响了，这种口沿的深腹筒形罐流行于渤海的整个中后期。三道河口附近分布着几处靺鞨、渤海遗址和城址，墓葬区不会是一处。三道中学墓葬，从其所在地势和墓葬情况来看，应是其中等级高的一处，年代在渤海迁都上京之后，是与兴农古城相对应的墓地。自三道河口向北到牡丹江口，虽然在海林市木兰集、林口县四道河口北侧的烟筒砬子、依兰县土城子乡西岗子和太平乡勃利河三道桥等处还有一些渤海遗存的发现，渤海强盛之时，其疆域向北也还有延伸[4]，但是这都不影响三道河口作为这一地区的中心之一而存在，其突出代表就是兴农古城。该古城同时担负着渤海北部疆域和渤海通往黑水靺鞨之交通道路的守护作用，所以三道中学墓葬中普遍随葬铁镞，有的还随葬铁甲片，就不难理解了。

附记：向当时参加发掘的所有人员、向组织发掘的黑龙江省文物考古研究所和吉林大学考古学系表示感谢。

注　释

[1]　a. 吉林省文物考古研究所. 吉林永吉查里巴靺鞨墓地[J]. 文物，1995（9）.
　　　b. 郭文魁. 和龙渤海古墓出土的几件金饰[J]. 文物，1973（8）.

[2]　我编写《渤海考古》时，参考测试年代，在"图一四〇查里巴墓葬出土陶器"中把M10出土的鼓腹罐（肩部带弦纹）排到了本陶器表的早期。另，查里巴墓葬发掘报告"图一八陶鼓腹罐、壶"把其中"7、8"两个序号标反了。该报告"图一八　陶鼓腹罐、壶"中的"7、10. Ⅱ型鼓腹罐（M3∶15，M10∶2）　8. Ⅳ型鼓腹罐（M19∶1）"，经查第33页正文介绍的Ⅱ型鼓腹罐"M3∶15"的特征为"腹部饰多道弦纹"，与图中的第7号器物对不上，倒是和图中的第8号器物对得上。第33页正文介绍的Ⅳ型鼓腹罐，以图一六的M40∶1鼓腹罐照片为例，其特征是"素面"；图一八中第8号器物"M19∶1"鼓腹罐，在第31、32页之M19随葬品介绍中，只说有陶鼓腹罐1件，没有说明型式，在第33页之"Ⅱ型""Ⅳ型"鼓腹罐所举典型器物中，也没有提到M19所出鼓腹罐，但是在第46页墓葬统计表中登记的M19出土的鼓腹罐为Ⅳ型，应与同型的M40∶1鼓腹罐的特征相同，报告中图一八的7鼓腹罐正是此型。所以，报告图一八之中的序号"7"和"8"，应该调换过来。对此，我当时没有校出，而在上述"图一四〇"中，把本是M3出土的鼓腹罐（M3∶15，肩部带弦纹）当成M19出土的

（M19∶1），也排在了早期，同时把原M19∶1（肩部不带弦纹）当作M3∶15、同M3出土的其他几件器物一起排在了晚期。对于发掘报告之序号误标，后来刘晓东在撰写博士论文时发现并予以纠正，所以《渤海考古》图一四〇也需要调整，故借此加以说明，请大家参看《渤海考古》时予以注意。

[3] a. 黑龙江省文物考古研究所，吉林大学考古学系. 黑龙江海林市渡口遗址的发掘 [J]. 考古, 1997（7）.

b. 黑龙江省文物考古研究所，吉林大学考古学系. 河口与振兴——牡丹江莲花水库发掘报告（一）[M]. 北京：科学出版社，2001.

c. 黑龙江省文物考古研究所，吉林大学考古学系. 黑龙江海林县振兴遗址发掘简报 [J]. 北方文物，1997（3）.

d. 黑龙江省文物考古研究所，吉林大学考古学系. 黑龙江海林市兴农渤海时期城址的发掘 [J]. 考古，2005（3）.

[4] a. 黑龙江省文物考古研究所. 黑龙江省海林木兰集东遗址 [J]. 北方文物，1996（2）.

b. 刘滨祥. 浅谈烟筒砬子渤海建筑址出土物的性质与年代 [J]. 北方文物，1994（3）.

c. 孙秀仁，朱国忱. 渤海国上京京畿南北交通道与德理镇 [J]. 黑龙江民族丛刊，1994（3）.

The Excavation Record on Bohai State Tombs in Sandao Middle School, Hailin, Heilongjiang Province

WEI Cun-cheng

The Bohai State Tombs of Sandao Middle School is located in the Sandaohe river mouth of Mudan River. Some excavations and dissects were carried out in 1993, and some noteworthy signs were obtained in the shape, structure and construction process of the tombs. The ancient city of Bohai State in Xingnong and several other sites containing Bohai State remains are distributed near Sandaohe river mouth, which is one of the important points on the northern territory of Bohai State and the communication road of Bohai State to Heishui Mohe. Sandao Middle School tombs should be the graveyard corresponding to ancient city of Bohai State in Xingnong.

科技考古与文物保护

黑曜岩石制品的微痕实验研究*

——以和龙大洞遗址为例

陈 虹[1] 宁钰欣[1] 李 尧[1] 徐 廷[2]

（1.浙江大学考古与文博系，杭州，310028；2.浙江大学城市学院考古学系，杭州，310015）

一、引 言

在旧石器考古学诞生伊始，判断石器使用方式和辨识其可能使用过程就成为考古学者的目标和义务。为回应这些问题，学者们逐渐摸索出民族学观察与石器形制对比的方法来推断石器功能，该方法在一定程度上具备有效性。随着新材料不断涌现与研究不断深入，越来越多的石器缺乏可参照的形态模板。解读石制品的功能信息亟待新方法的引入。

微痕分析作为一种探索石制品功能的方法，在学界使用高倍与低倍法观察的探索中逐渐建立了一套特定的观察与操作流程，有效性逐渐得到认可，具备巨大的解释潜力。考古学者利用这一方法已经可以鉴定出石器使用与否、加工对象硬度等诸多信息，并由此拓展向补充验证石制品加工技术、回应人类生业方式等问题上。

就黑曜岩石制品而言，这类石料极易剥制和修型，是史前人类打制石器过程中最优质的原料之一，因而观察这类原料的微痕特征对探讨相关遗址史前人类生业方式问题有重要意义。赫科姆（Hurcombe）[1]、御堂岛正[2]等学者对这类原料进行了详尽的

---

* 本项研究得到考古中国—吉林东部长白山地区古人类遗址调查与研究项目、浙江省哲学社会科学领军人才培育专项课题（青年英才培育）24QNYC04ZD、中央高校基本业务费支持。

实验研究和微痕观察，公布了一批黑曜岩实验材料观察的基础性数据。但这些微痕数据多以光泽等磨损观察为主，缺乏对片疤等低倍特征的解读。而在国内，黑曜岩微痕特征的观察则以低倍法为主[3~5]，光泽等高倍观察存在空白。

因此，本文结合已有的实验数据，对黑曜岩石制品的使用痕迹特征进行再次归纳，补充已有的黑曜岩微痕数据；并对和龙大洞遗址少量黑曜岩石制品进行简要解读，验证实验数据的有效性。

二、材料与方法

1. 材料

和龙大洞遗址位于中国东北地区长白山系南岗山脉南端，临近红旗河汇入图们江河口地带[6]（图一）。该遗址年代为距今2.6万年[7]，处于末次冰盛期，工业类型为东北地区典型的石叶-细石叶遗存。该遗址绝大多数石制品以黑曜岩为原料，是国内少

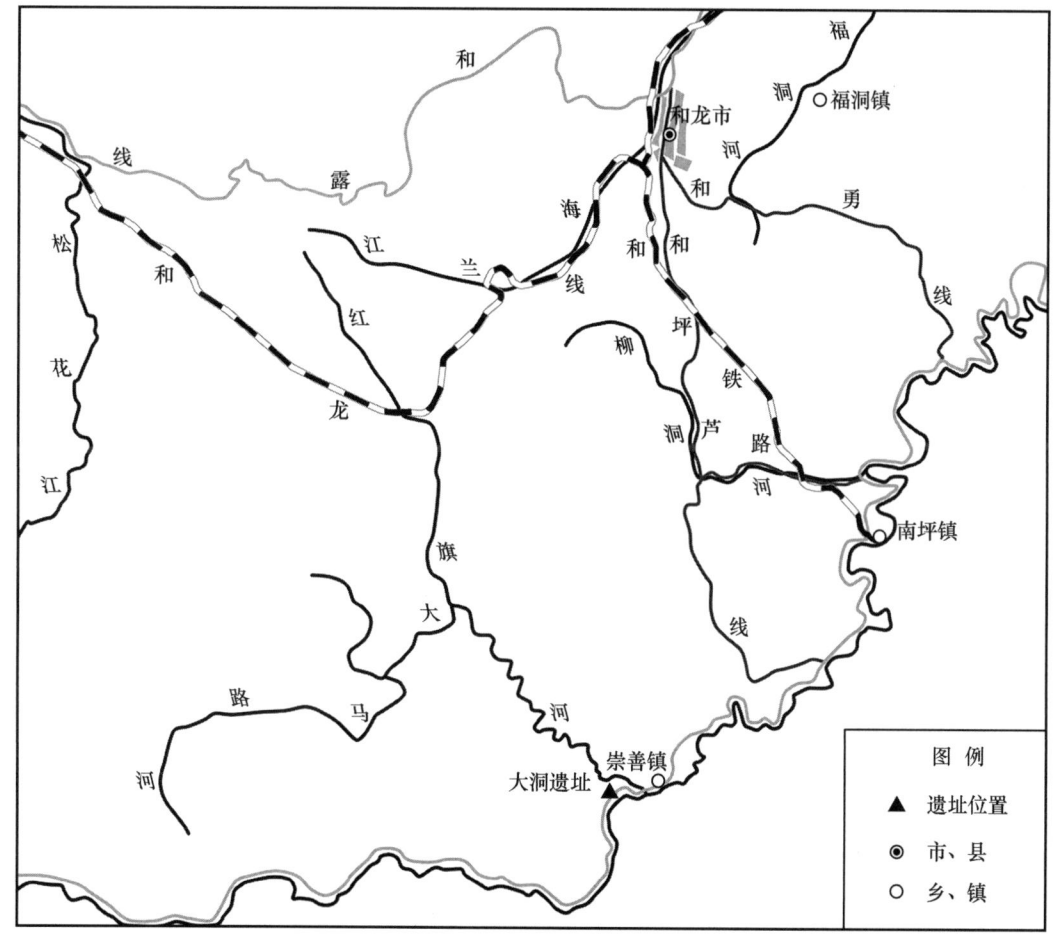

图一　和龙大洞遗址地理位置图[7]

有的旧石器时代黑曜岩石器遗存，对于微痕研究有重要有意义。为验证实验数据的有效性，本文选取该遗址2010年发掘的7件典型标本进行对比观察，包括2件雕刻器、1件琢背小刀、3件石叶、1件石片。

实验的标本绝大多数以产自长白山地区的黑曜岩原料制成，与大洞遗址原料基本同源。实验标本共计20件，并参考大洞遗址的石制品组合，制作出石片（11件）、端刮器（2件）、雕刻器（6件）和凹刃刮削器（1件）器物类型。实验标本均为硬锤剥坯，雕刻器、端刮器等修理产品还经过二次修理。

2. 方法

微痕实验研究流程可大体分为实验积累、考古分析与功能推测三部分[8]。微痕分析研究中，研究者往往先需要进行控制变量的模拟实验，获取不同加工对象使用痕迹特征的数据，并在进一步的分析中将实验表本与考古材料对比，判断两者是否一致，获得关于实际使用状况的认识（图二）。

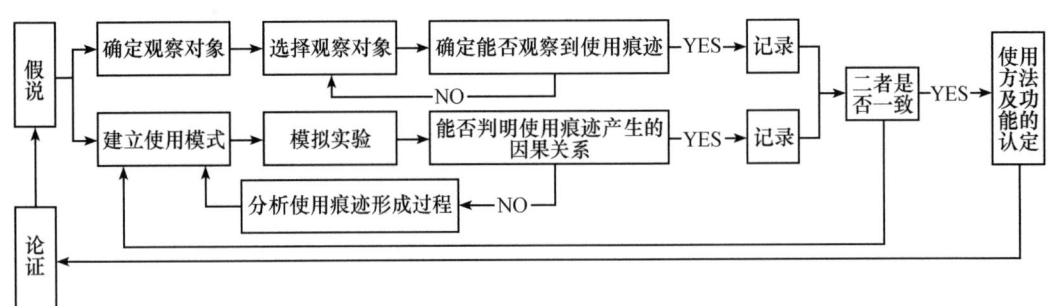

图二　石器微痕研究的模式与流程示意图[12]（依王小庆，2008）

在微痕模拟实验的积累阶段，确定变量和观测项目尤为重要，这是后续实验进行的前提。本次实验具体分析的变量包括加工物硬度、动作、时长三项。在不同的标本中，这三项变量得到不同程度的控制。研究者通过比对标本间使用痕迹的差异，归纳三项变量对石制品微痕特征的影响，并以此为基础，对考古标本进行解读。考虑到观测数据的可对比性，本文参考已有研究，确定了五项微痕特性，并对各类观测项目的描述方案进行统一，具体如下：

（1）片疤（Scar）

依据已有的实验数据，本研究将片疤的分布状态定为连续、间隔、分散、层叠或丛簇状五种（图三）；并根据片疤终端宽幅，将片疤尺寸划分为极小型（≤0.5mm）、小型（0.5~1mm）、中型（1~2mm）、大型（2~4mm）和极大型（≥4mm）。片疤的形态包括终端形态和平面形态两方面。本研究将片疤终端形态划分为羽翼状、阶梯状、卷边状、折断状（图四）；平面形态则是对片疤外观进行直观描述，常见类型有贝壳形、倒锥形、葫芦形、不规则形等。

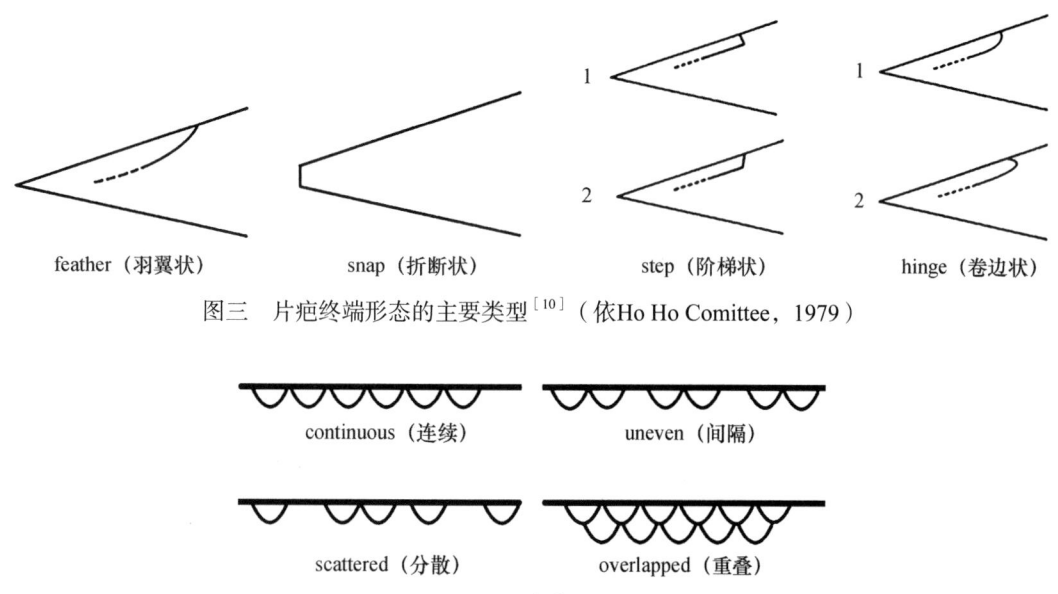

图三　片疤终端形态的主要类型[10]（依Ho Ho Comittee，1979）

图四　片疤分布状态的主要类型[10]（依Ho Ho Comittee，1979）

（2）光泽（Polish）

石器划过其他材料时工具表面产生表面纹理变化，在显微镜下由于光的反射率不同，呈现出的特定形态即为光泽[8,9]。本研究着重观察光泽的分布位置、亮度和形态特征。具体的形态类型包括融化状、圆顶状和油脂状等。

（3）线状痕（Striation）

线状痕是石制品在运动摩擦中形成的直线形条纹[13,14]，是判断运动方向的重要依据[8]。线状痕的主要观察内容包括方向（平行、垂直和斜交）、数量（密集、稀疏）、形态（间断状形、蕨叶形、连续新月状[1]、点坑状）。

（4）侵入型磨损（Attrition）

侵入式磨损由赫科姆提出，指黑曜岩石制品表面接触材料后，原有的光滑表面遭到破坏，形成连续的粗糙表面[1]。这类痕迹的往往由刃脊出发并逐渐向背腹两面延伸。

（5）磨圆（Rounding）

主要表现为经机械摩擦后石制品表面由锋利变为平滑圆钝[11,14]，主要按程度分为无、轻度、中度和严重磨圆[8]。

五类项目以高低倍相结合的方法进行观测，其中线状痕、光泽和侵入式磨损仅在同轴落射光源下可见。具体观察设备包括尼康SMZ800体式显微镜（10-63×），基恩士VHX-5000三维超景深显微镜（20-200×，250-2500×）和基恩士VHX-7000三维超景深显微镜（20-200×，100-1000×）。

三、实 验 过 程

东北长白山地区在旧石器时代晚期的人类可利用的动植物遗存较为丰富，已发现的动物化石涵盖野牛、羚羊、斑鹿、猛犸象、披毛犀等[15]；植物则多见松、桦、杉类[16]。考虑到史前动植物利用和现实状况和标本的获取难度，本研究选取的加工对象包括动物性物质（干鹿角、鲜羊腿、鲜羊骨、鲜猪骨、冻猪肉、鲜鲫鱼、鲜羊皮和鲜羊肉），以及植物性物质（鲜、干树枝和树叶）两大类。

对各类材料的加工仅涉及刮、切锯和刻划三项运动方式。各类运动方式的具体界定标准如下：①刮：刃缘与运动方向垂直，由外向里朝向操作者运动，工具与加工对象之间呈70°~90°角；②切锯：刃缘长轴与运动方向一致，与加工对象基本保持垂直，进行往复运动；③刻划：力量集中于刃口，对加工对象进行纵向内压和刻槽运动。

在实验前，实验者对标本基础数据进行测量并拍照；确定标本使用部位并在标本照上进行标注，以便实验后拍摄观察。操作过程中，实验者保证施力方式的稳定和动作长度一致，并记录起始时间与操作次数，过程中关注实验标本的变化和个人操作感受；部分实验采用分阶段的方式，以此观测加工时长对黑曜岩石制品微痕特征的影响[17]（表一）。每阶段实验结束后，实验者用流动清水冲洗标本，并用无纺布拭干；之后使用体式显微镜和三维超景深显微镜进行观察和拍摄，确认使用部位是否产生了明确的使用微痕，分析并归纳总结微痕特征。

表一　微痕分析实验记录

标本编号	操作对象	标本类型	操作方式	操作次数/时长	图号
SY-01	干鹿角	雕刻器	刻划	8分钟	3.1：a, b
SY-02	干鹿角	雕刻器	刮	629次	3.1：c
SY-03	鲜羊骨	雕刻器	刻划	100次	3.1：d
SY-04	干鹿角	雕刻器	切锯	100次	3.2：a
SY-05	干鹿角	雕刻器	刮	100次	3.2：b
SY-06	鲜羊骨	石片	刮	100次	3.2：c, d
*SY-07	冷冻肉	石片	切锯	546，437，521次分三阶段	3.3：a-f
*SY-08	鱼鳞	石片	刮	1000，2000，3000次分三阶段	3.4：a-f
SY-09	鲜羊腿	石片	肢解	20分钟	3.5：a-d
SY-10	鲜羊皮	石片	切	1000次	3.6：a, b, c
SY-11	鲜羊肉	石片	切	1000次	3.6：d
SY-12	鲜羊皮（加砂）	端刮器	刮	200次	3.5：e, f
SY-13	干木	雕刻器	刻划	200次	3.5：a, b
SY-14	干木	凹刃刮削器	刮	1000次	3.6：c

续表

标本编号	操作对象	标本类型	操作方式	操作次数/时长	图号
SY-15	鲜叶	石片	刮	140分钟	3.7：d
SY-16	鲜木	石片	切	100次	3.8：a
SY-17	干木	石片	切	100次	3.8：b
SY-18	鲜木	石片	刮	200次	3.8：c
SY-19	干木	石片	刮	100次	3.8：d
*SY-20	干木	端刮器	刮	400，1200，1600，2000次分四阶段	3.9：a-d

注：表格中带*标记的标本为分阶段实验标本

四、痕迹描述

本次实验共设计20件标本观测，其中3件标本进行了分阶段实验。实验结果表明：黑曜岩石制品的片疤特征与燧石、白云岩和石英岩基本一致[8, 18]。加工木材形成的翻越状片疤，加工骨骼形成的连续层叠的、矩形片疤均可见。现对一些典型标本的微痕特征简要描述：

1. 加工硬性动物性物质的微痕

SY-01，雕刻刃刻划干鹿角8分钟。雕刻刃台面侧有与刃缘斜交的线状痕，方向杂乱，分布较为密集，部分区域可见侵入型磨损；同时，近刃缘处有部分终端折断状、平面半月形的片疤（图五，a）。刃脊和尖部有明显磨圆，凸起处有光泽分布且具有方向性，与运动方向一致（图五，b）。

SY-02，雕刻器背棱刃刮干鹿角629次。接触面刃缘可见严重磨圆，接触面近刃缘处分布有与刃缘斜交的线状痕，彼此交叉；刃脊光泽呈带状分布（图五，c）。

SY-03，雕刻刃往复刻划鲜羊骨约100次。背面出现了密集层叠和丛簇状分布的片疤，终端以阶梯状为主，越趋近于刃缘片疤尺寸越小且密集（图五，d）。

SY-04，雕刻器腹棱刃切锯干鹿角100次。腹棱刃两面均连续分布极小、小和中型片疤，终端以羽翼状、阶梯状为主，片疤侵入距离较深，平面形态主要为兜形、葫芦形，具有明显的方向性（图六，a）。

SY-05，雕刻器雕刻刃单向刮鹿角100次。雕刻刃小面侧为非接触面，连续且层叠分布着大、中、小型片疤，终端主要为阶梯状，平面主要为贝壳形、兜状，部分呈葫芦形；近刃缘处存在片疤层叠现象（图六，b）。

SY-06，石片刮鲜羊骨100次。近背面刃缘有大量连续且层叠分布的大、中、小型片疤，终端多呈羽翼状与阶梯状，平面形态主要为贝壳形和四边形。片疤越接近刃缘越呈细小层叠状，越远则呈宽平状（图六，c、d）。

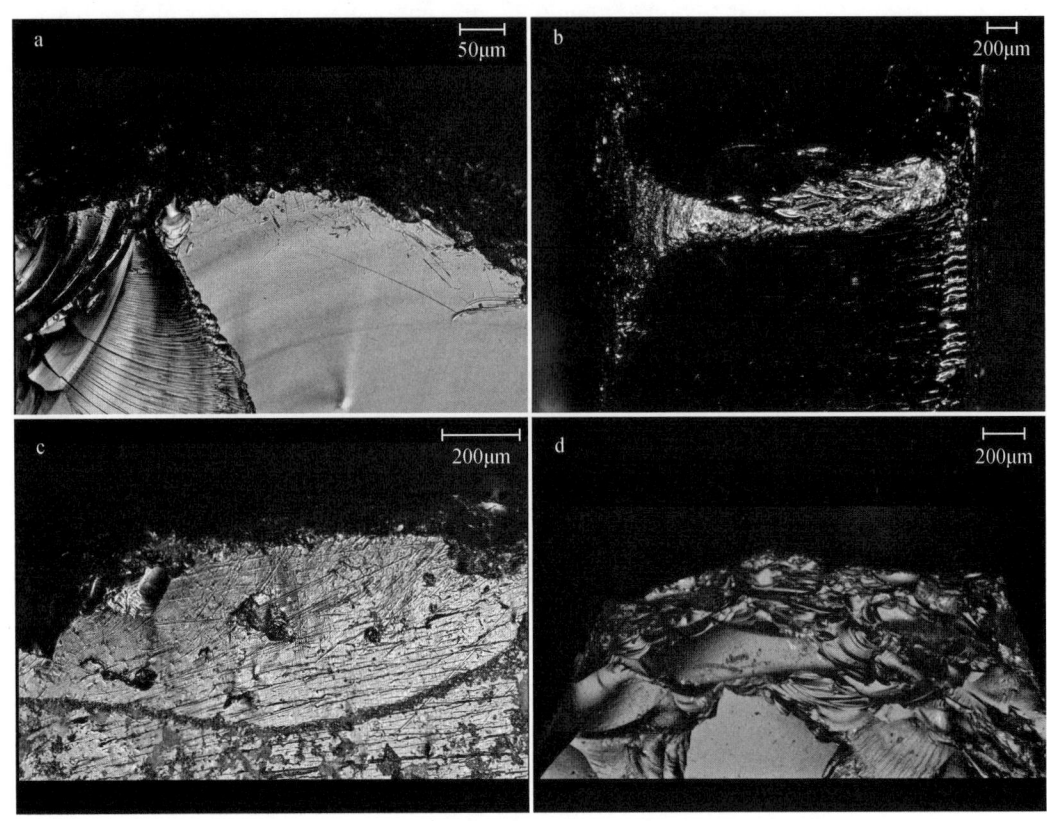

图五　雕刻器刻划硬性动物性物质的微痕图像

a. 雕刻刃刻划干鹿角，台面，线状痕，500×　b. 雕刻刃刻划干鹿角，刃背，100×　c. 雕刻器背棱刃单向刮干鹿角，腹面，线状痕和光泽，500×　d. 雕刻器往复刮鲜羊骨，刃脊，片疤，300×

2. 加工中性动物性物质的微痕

SY-07，石片切锯冻肉。中国东北地区在末次盛冰期期间气候较寒冷，在自然条件下可能存在加工处理冷冻肉类的情况。将鲜猪后腿肉在冰箱冷冻环境中贮存24小时后取出后进行切锯操作。实验过程中单次动作长度控制为5～7厘米，操作力度基本保持一致。实验共分三个阶段。

第一阶段连续切锯1000次后，腹面刃缘出现间隔分布的极小片疤，终端为羽翼状，平面呈贝壳形；具有明显的方向性。背面片疤分布与腹面相近，片疤尺寸相对较小，同样有明显的方向性。第二阶段继续操作2000次（累计3000次），与第一阶段微痕特征基本保持一致（图七，a、b）。第三阶段切锯3000次（累计6000次）后，腹面增添一个浅平的贝壳形中型片疤，终端为羽翼状，侵入距离较深；近刃缘处极小型片疤发生进一步折断崩损，背面较前一阶段无明显变化（图七，c、d）。部分区域在第一和第二阶段的实验中并未出现明显痕迹，而第三阶段在腹面可见较连续的极小型、小型片疤，终端多为羽翼状，偶见阶梯状，平面形态大多不规则且较为浅平，侵入距离较远；背面也出现了连续分布极小型羽翼状片疤，近刃缘处可见层叠分布的阶梯状片疤，分布状态

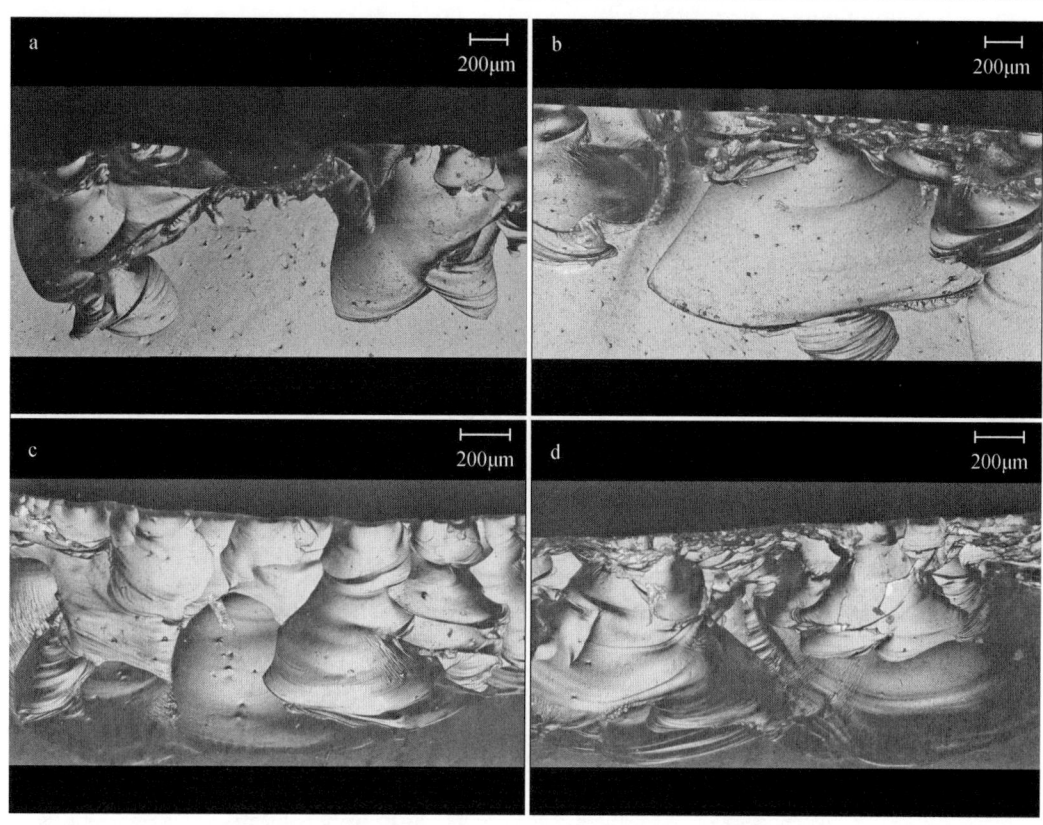

图六 雕刻器和石片切锯、刮硬性动物性物质的微痕图像
a.雕刻器腹棱刃切锯干鹿角，腹面，片疤，300× b.雕刻器雕刻刃单向刮鹿角100次，小面，300×
c.石片刮鲜羊骨，背面左侧，片疤，400× d.同上，背面右侧，片疤，400×

均匀；带有明显的方向性，平面形态为兜状、卵形和贝壳形（图七，e、f）。

SY-08，石片分阶段刮鱼鳞。第一阶段：刮鲜鱼鳞546次。背面有连续分布的极小型和小型羽翼状片疤；近刃缘有较密集层叠分布的极小型片疤（图八，a）。腹面刃缘有分散分布的极小型羽翼状片疤，平面贝壳形，形态浅平（图八，b）。第二阶段：刮鱼鳞437次（累计983次）。腹面出现了新的中型片疤，小型和极小型片疤数量略有增加（图八，c）；腹面刃缘破损程度加深，极小型片疤数量增加，形态基本保持不变（图八，d）。第三阶段：刮鱼鳞521次（累计1504次），相比前一阶段，片疤的分布、形态和数量变化不显著，可能有更新现象（图八，e、f）。

SY-09，石片肢解羊腿约20分钟。工具使用时模拟屠宰动作，先划开表皮层后切割肉、筋腱，辅助刮剔动作最终实现骨肉分离，同时在骨关节处进行切锯，使关节断开。该过程中并不对具体操作动作各自进行严格规定，一切以完成屠宰肢解为任务目标。刃缘两面连续分布极小型、小型片疤，终端羽翼状，侵入深度较深，具有明显的方向性；平面以贝壳形为主，部分呈倒锥形、葫芦形与不规则形，侵入距离较深（图九，a、b）；相较于背面，腹面片疤更浅平（图九，c、d）。

· 280 ·　　　　　　　　　　　边疆考古研究（第35辑）

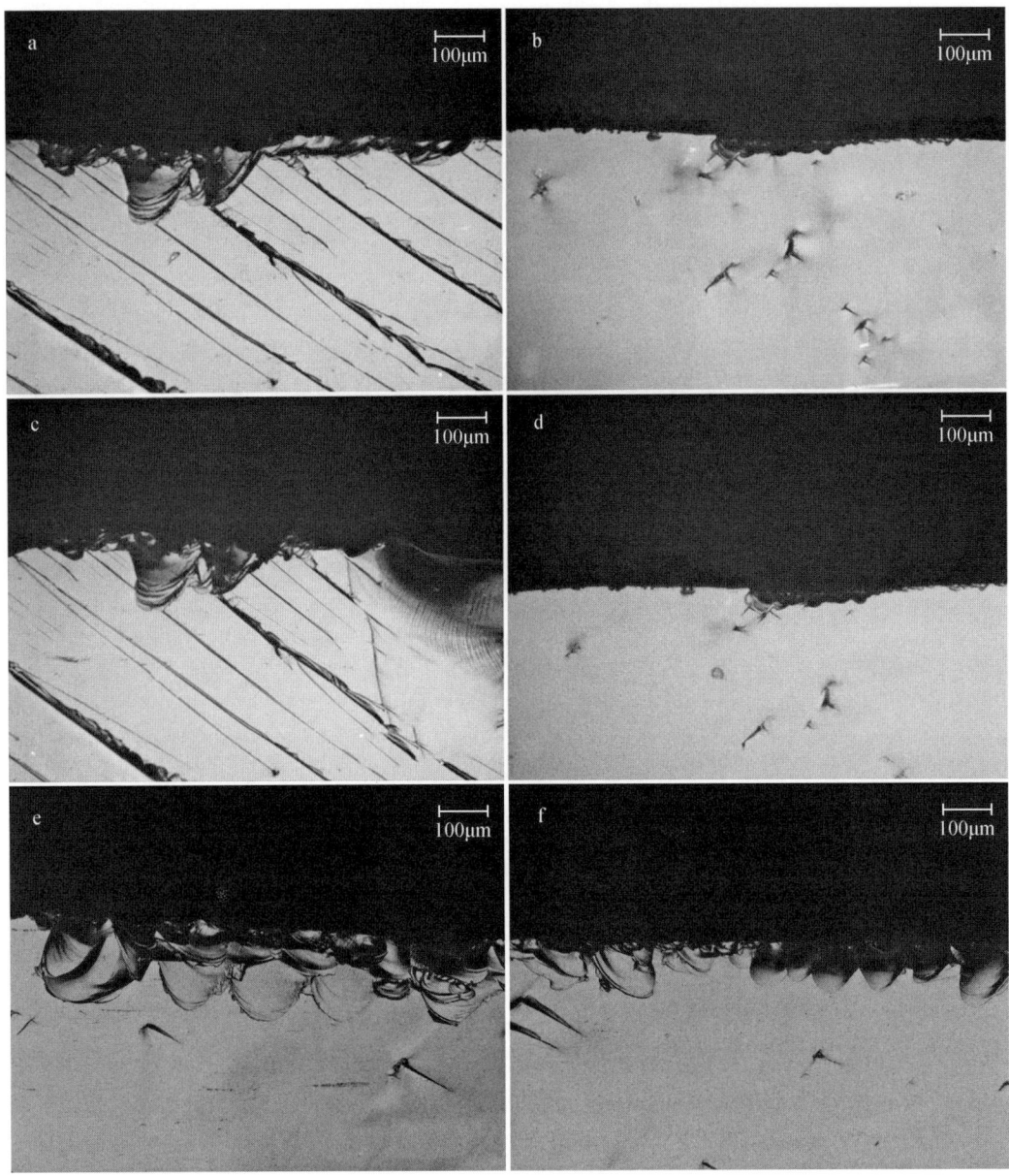

图七　石片分阶段切冻肉形成片疤的微痕图像
a. 第二阶段，腹面，300×　b. 第二阶段，背面，300×　c. 第三阶段，腹面，300×　d. 第三阶段，背面，300×
e. 第三阶段后，背面左，300×　f. 同上，背面右，300×

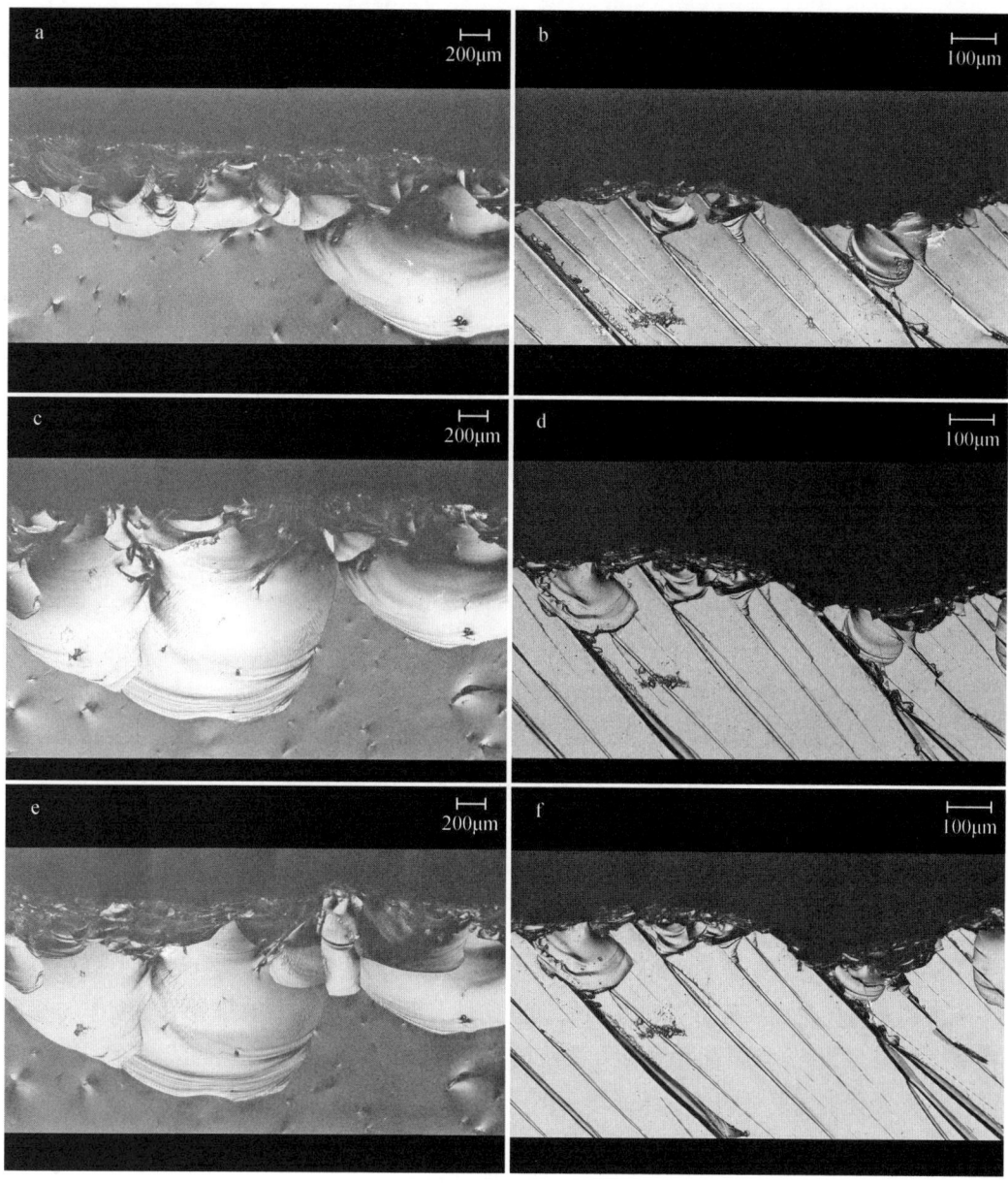

图八 石片分阶段刮鱼鳞形成片疤的微痕图像

a.阶段一，背面，片疤，300× b.同上，腹面，100× c.阶段二，背面，片疤，300× d.同上，腹面，100×
e.阶段三，背面，300× f.同上，腹面，100×

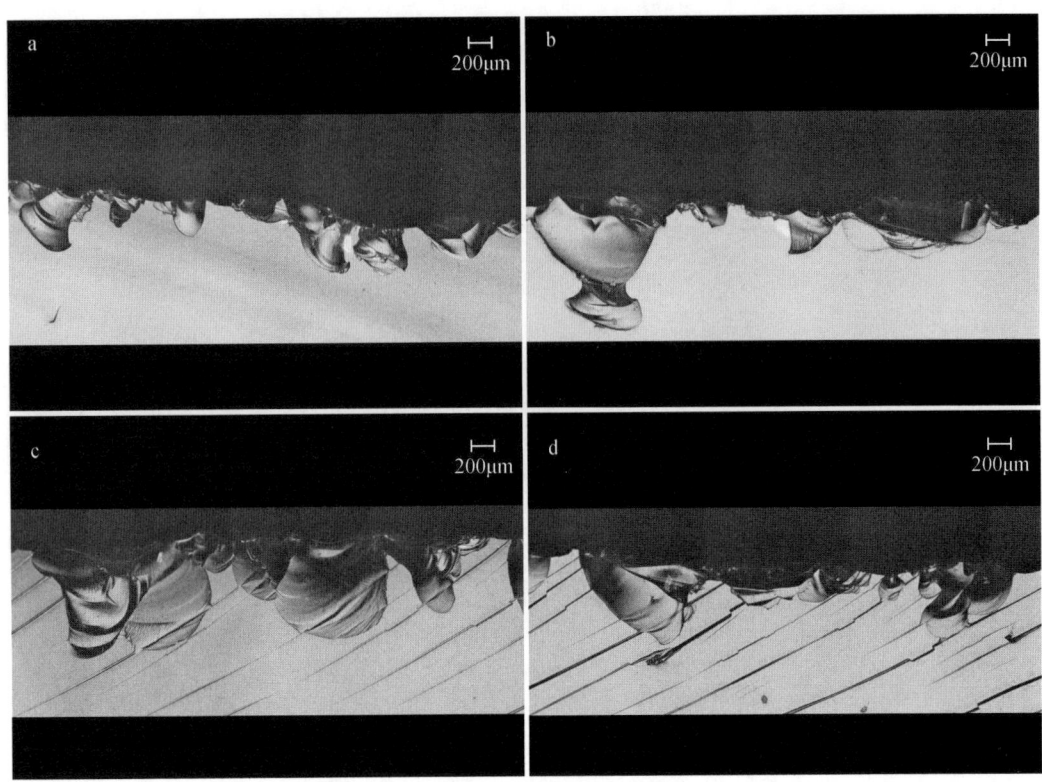

图九　石片肢解羊腿形成片疤的微痕图像
a.背面左，70× 　b.背面右，70× 　c.腹面左，70× 　d.腹面右，70×

3. 加工软性动物性物质的微痕

SY-10，石片切鲜羊皮1000次。腹背两面均有部分刃缘出现连续分布的小型片疤，终端为羽翼状，平面贝壳形，具有明显的方向性，两面的片疤方向符合单向操作的基本特征（图一○，a）。腹背两侧近刃缘处均有密集分布且平行于刃缘的线状痕，形态较细；刃脊处有略微发育的条带状光泽（图一○，b、c）。

SY-11，石片切鲜羊肉1000次。相较于使用前的新鲜刃缘，执行切鲜肉操作后近刃缘出现了连续分布的极小型、小型片疤，初始点状、平面贝壳形、终端羽翼状；片疤呈现出鲜明的单一方向性，指示动作为单向进行（图九，d）。

SY-12，端刮器端刃加砂单向刮鲜羊皮200次。鲜羊皮内部真皮层具有韧性较强的筋膜层，这使其与肉更易分离但不易刮削去除，实验表明用石片直接刮羊皮效率很低，而在皮上撒细砂再单向刮后效率明显提高。刃脊严重磨圆并产生明亮光泽，形态为融化状，表面部分凸起处接近光滑的圆顶状；形态有方向性（图九，e）。近刃缘出现严重的侵入型磨损，兼有方向杂乱的线状痕（图一○，f）。

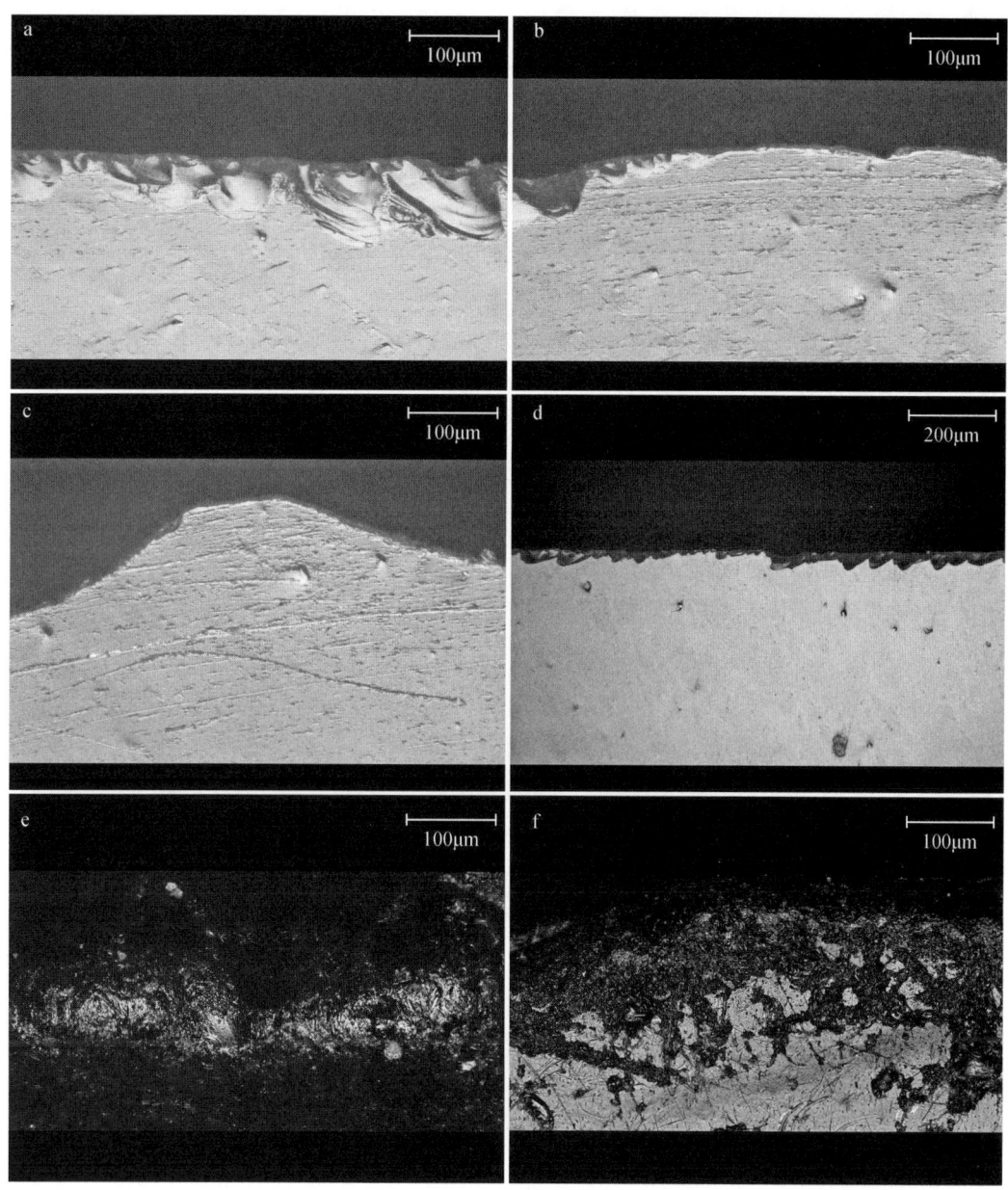

图一〇 石片切软性动物性物质的微痕图像
a. 石片切鲜羊皮，背面部位1，片疤，500× b. 石片切鲜羊皮，背面部位2，线状痕，500×
c. 石片切鲜羊皮，线状痕，500× d. 石片切鲜羊肉，腹面，片疤，300× e. 石片刮鲜羊皮加砂，光泽，500×
f. 石片刮鲜羊皮加砂，侵入式磨损，500×

4. 加工植物性物质的微痕

SY-13，雕刻器刻划干木200次。刃脊严重磨圆，出现与刃缘斜交、相互平行或交叉的线状痕，分布密集；兼具间断状、点坑状的侵入型磨损（图一一，a）；刃脊有明亮的融化状光泽（图一一，b）。

SY-14，凹刃刮削器刮干木1000次。刃缘有严重的侵入型磨损，主要呈间断状和点坑状；有与刃缘斜交、方向杂乱的线状痕（图一一，c）。

SY-15，石片刮鲜叶140分钟。腹面可见连续分布且较为浅平的极小型片疤，平面形态主要为新月形，终端为羽翼状；背面近刃缘带状分布着明亮的融化状光泽；有与刃缘斜交的线状痕，方向较为杂乱，分布密集，有轻微侵入型磨损（图一一，d）。

SY-16，石片切鲜木100次。近刃缘连续分布的浅平极小型、小型片疤，平面形态具有明显的方向性，背面片疤主要呈倾斜的倒锥形、贝壳形和葫芦形（图一二，a）；腹面与背面形态相近。

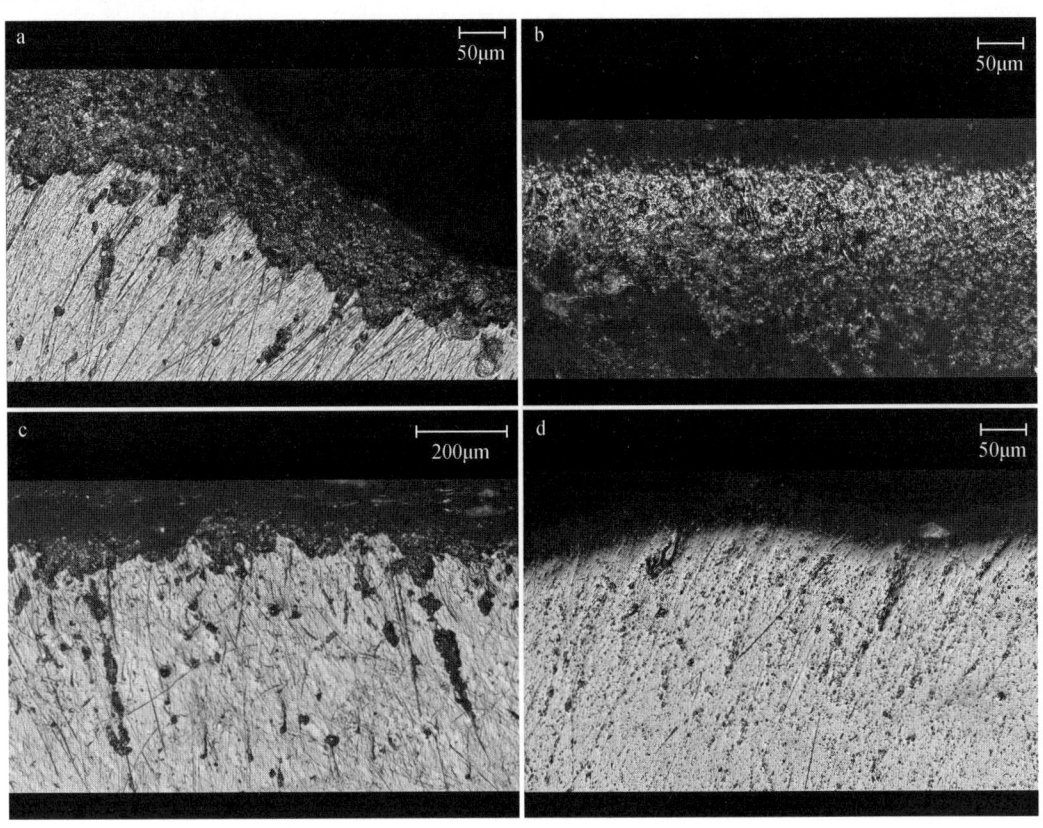

图一一　雕刻器，刮削器和石片加工干木、鲜叶的微痕图像
a.雕刻器刻划干木，腹面，线状痕，500×　b.雕刻器刻划干木，刃脊，光泽，500×　c.凹刃刮削器刮干木，线状痕，300×　d.使用石片刮鲜叶，背面，光泽和线状痕，500×

SY-17，石片切干木100次。近刃缘有连续分布的小型片疤，终端主要为羽翼状和阶梯状，平面形态主要为贝壳形，具有明显的左右方向性（图一二，b）。

SY-18，石片刮鲜木200次。非接触面连续分布着典型的翻越状片疤，片疤的终端主要为羽翼状，偶见阶梯状，总体较浅平（图一二，c）。该标本的显微图像与燧石刮木材的实验数据一致。

SY-19，石片刮干木100次。有连续层叠分布的中、小型片疤，平面以贝壳形为主，终端为羽状和阶梯状；片疤侵入距离较深。越接近刃缘片疤面积越小且分布越密集，接近挤压破碎痕；距刃缘越远，片疤越大，且层叠状分布越稀疏（图一二，d）。

SY-20，端刮器分阶段刮削鲜木。第一阶段操作400次，第二阶段累积操作1200次，第三阶段累积1600次，第四阶段累积2000次。腹面刃缘磨损随使用程度加深而逐渐明显，线状痕分布愈加密集，方向杂乱，多与刃缘斜交；会出现侵入型磨损且侵入距离不断加深（图一二，d）。

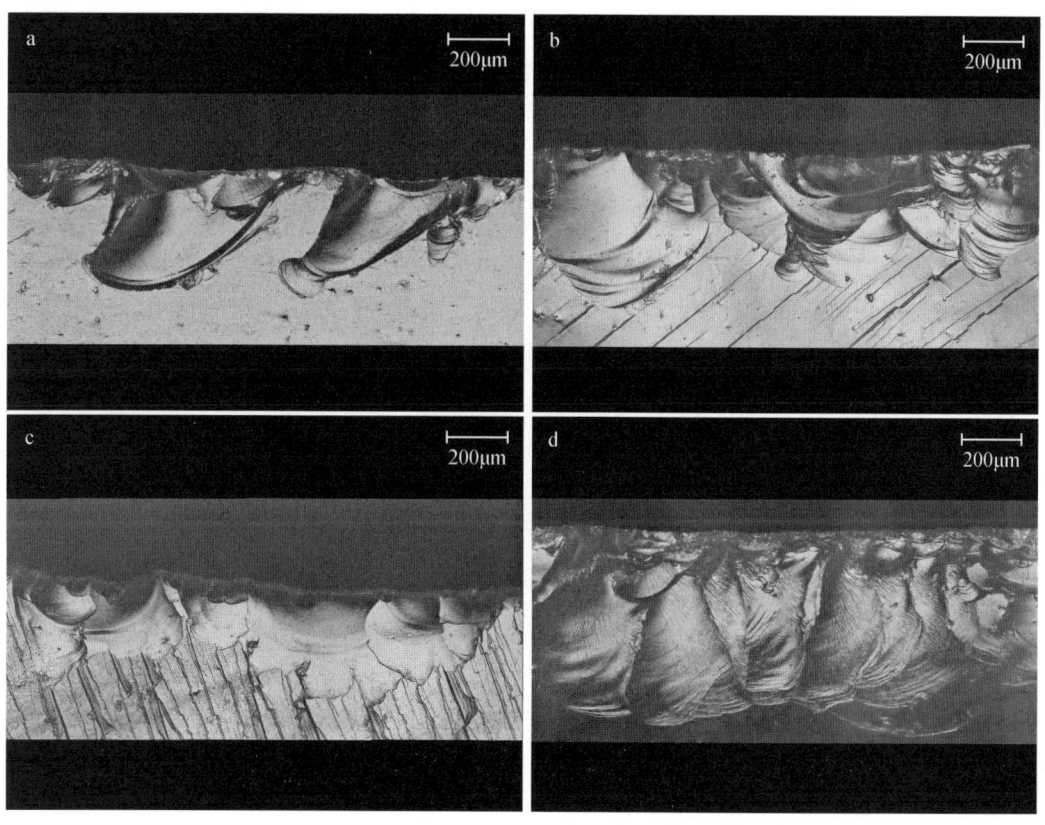

图一二　石片切、刮干木及鲜木形成片疤的微痕图像
a.切鲜木，背面，300×　b.切干木，腹面，300×　c.刮鲜木，腹面，300×　d.刮干木，背面，300×

五、实 验 结 果

实验结果表明，加工物硬度、加工时长与运动方式三项变量对黑曜岩石制品的微痕特征有着不同程度的影响，其中加工时长对石制品的微痕特征影响较小，多表现为微痕特征的累加；而操作动作仅影响片疤和线状痕的方向；加工物硬度对片疤和光泽的形态影响最大，不同加工物的微痕特征有着较大差异。

1. 加工物硬度对微痕特征的影响

加工高硬度的动物骨角和干木类物质最易产生光泽；同时，无论采取怎样的操作姿势对硬性物质进行加工，刃角较大的刃缘会出现明显的磨圆状态，以及出现线状痕和光泽；若刃缘刃角较小，则可能出现连续分布的片疤。加工中性物质的微痕以片疤为主，平面形态多为小型、极小型并连续分布；终端以羽翼状为主，也存在阶梯状。加工软性物质则可能会出现连续分布的极小型片疤和平行于刃缘的线状痕。

2. 加工动作对微痕特征的影响

加工动作主要受施力方式和与加工对象相对运动方向的影响。对操作对象进行刮的动作通常会单向进行，在刃缘与操作对象直接接触的面往往不会产生明显微痕或者出现垂直或杂交于刃缘的线状痕；非接触面刃缘则易出现片疤。切锯操作是平行于刃缘进行往复运动，因而刃缘出现的片疤多具有朝向两端的方向性；刃缘与操作对象之间近乎平行的运动方向可能产生平行于刃缘的线状痕。刻划操作多针对硬性或中性物质，硬度较高，刃缘多出现层叠密集分布的小、中型片疤，可能出现较为严重的磨圆和光泽。

屠宰行为所代表的综合加工可能融合有上述多项操作的特征，既可能出现具有朝向两端的方向性片疤，指示切锯操作；同时刃缘两面也会出现小型片疤，且在刃缘两端片疤的形态和分布可能有所差异，指示刮削操作。刃脊可能出现轻度磨圆。

3. 加工时长对微痕特征的影响

分阶段实验中实验阶段的增加对应加工时长的累加。实验表明片疤是产生最快的使用微痕，在操作较短时间内即会出现，并随着操作时长增加而数量变多，但其增速并不是匀速的；随操作时长进一步增加，部分新片疤的产生会更替原有片疤。操作时长达到一定阶段以后，磨圆和光泽会在片疤的基础上出现；此时刃缘变钝、使用效率降低，继续使用之后微痕变化速率减缓、刃缘变化趋于不明显。对于刃角较大的端刮器，随加工时长的增加，磨圆程度不断加深，线状痕数量和密集程度增加；操作达到一定程度后，刃缘可能产生光泽。

六、考古标本观察

和龙大洞遗址历经2007和2010年的调查与发掘,出土大量黑曜岩石制品,并显示出该遗址以石叶技术、细石叶技术、雕刻器技术相结合的工业面貌[5]。复原不同类型石器的真实功能是研究的重点与难点,本研究挑选7件大洞遗址出土黑曜岩石器,根据实验所得微痕数据对其进行功能分析。

1. 加工动物性物质

雕刻器T0801-12-2,T0701-13-1的雕刻刃均发现有大量密集层叠或丛簇状分布的片疤,近刃缘有密集的极小片疤和粉碎状破损,越趋近刃缘分布越密集;离刃缘越远,片疤越大且分布越稀疏(图一五,a、b)。与刻划鹿角的实验标本微痕相对照,推断其可能曾用于刻划硬度较高的动物骨角(图一五,d)。

石片T803-13-3刃缘部分区域呈轻微锯齿状,出现了连续分布的中小型片疤,部分为大型片疤,终端以羽翼状和阶梯状为主,平面呈贝壳形(图一三,c)。刃脊处可见

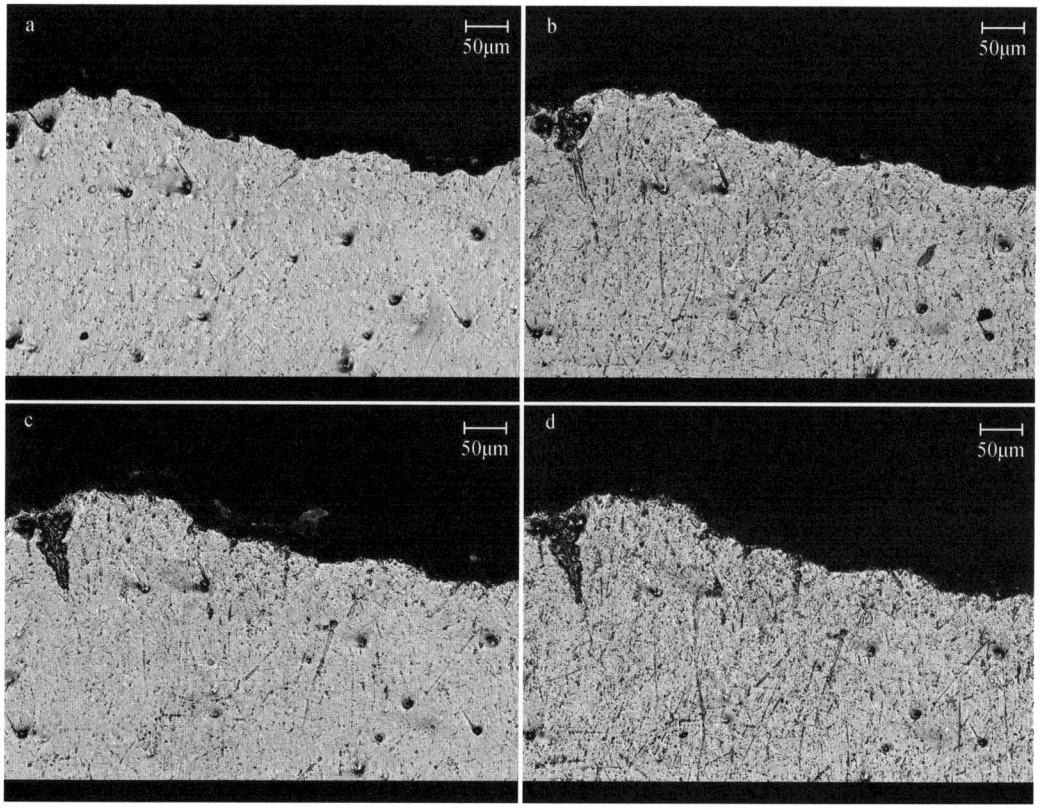

图一三 端刮器端刃分阶段刮鲜木磨损的微痕图像
a. 端刮器端刃刮鲜木,400次,轻微线状痕,500× b. 同上,1200次,线状痕,500× c. 同上,1600次,
线状痕,500× d. 同上,较重线状痕和轻微光泽,2000次,500×

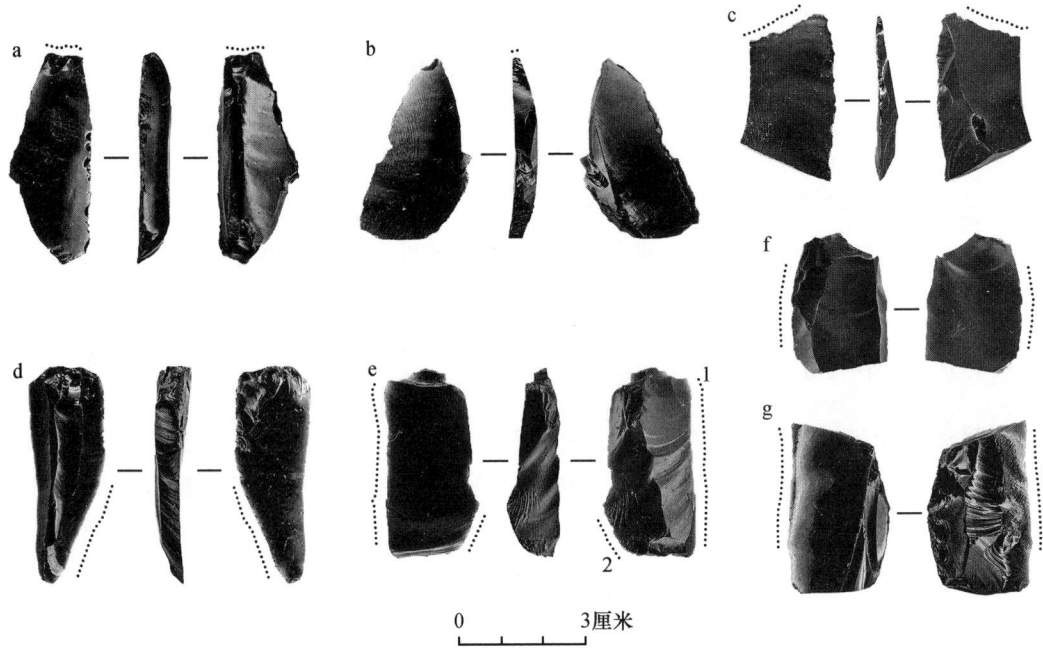

图一四 和龙大洞遗址考古标本（点虚线指示可能使用部位）
a. 雕刻器T0801-12-2 b. 雕刻器T0701-13-1 c. 石片T0803-13-3 d. 石叶T0702-17-2 e. 石叶T0404-15-2
f. 石叶T0501-13-3 g. 琢背小刀，T0605-18-2

磨圆，俯视刃脊可见片疤崩损朝向背面一侧（图一三，d），推断使用方式可能为单向。对照实验标本（图六，c、d），可推断该刃缘可能曾用于刮骨。

琢背小刀T605-18-2使用刃缘呈现出连续分布的小型片疤，也可见有少数中型片疤，部分具有方向性（图一三，e）。近刃缘有平行或斜交的细密线状痕。刃缘可见轻微磨损（图一三，e、f）。对照切锯鲜皮实验标本（图九，a、b）可见，方向性片疤与平行、斜交于刃缘的线状痕符合切鲜皮的微痕特征，推断该考古标本可能曾用于切锯鲜皮肉类软性物质。

石叶T404-15-2使用刃缘背面可见连续分布的极小型羽翼状片疤，平面贝壳形（图九，e）；刃缘可见轻微磨圆，同时在高倍镜下可见密集斜交于刃缘的线状痕，侵入距离较短，形态较细（图一三，g、h）。与切锯鲜皮和鲜肉的实验标本（图九，a~c）对照，推测可能为切锯肉类所用工具。

2. 加工植物性物质

石叶T0702-17-2背面出现连续分布的极小型片疤，偶见分散分部的中型片疤，具有方向性，平面形态均以贝壳形为主，分布较为浅平；同时刃脊呈现轻微磨圆状态（图一六，a、b）。由此推测该石叶可能用于切锯操作，且加工对象硬度较低，且使用程度较弱。分别对照切锯鲜木和干木的实验标本（图一二，a、b），推测该考古标本可

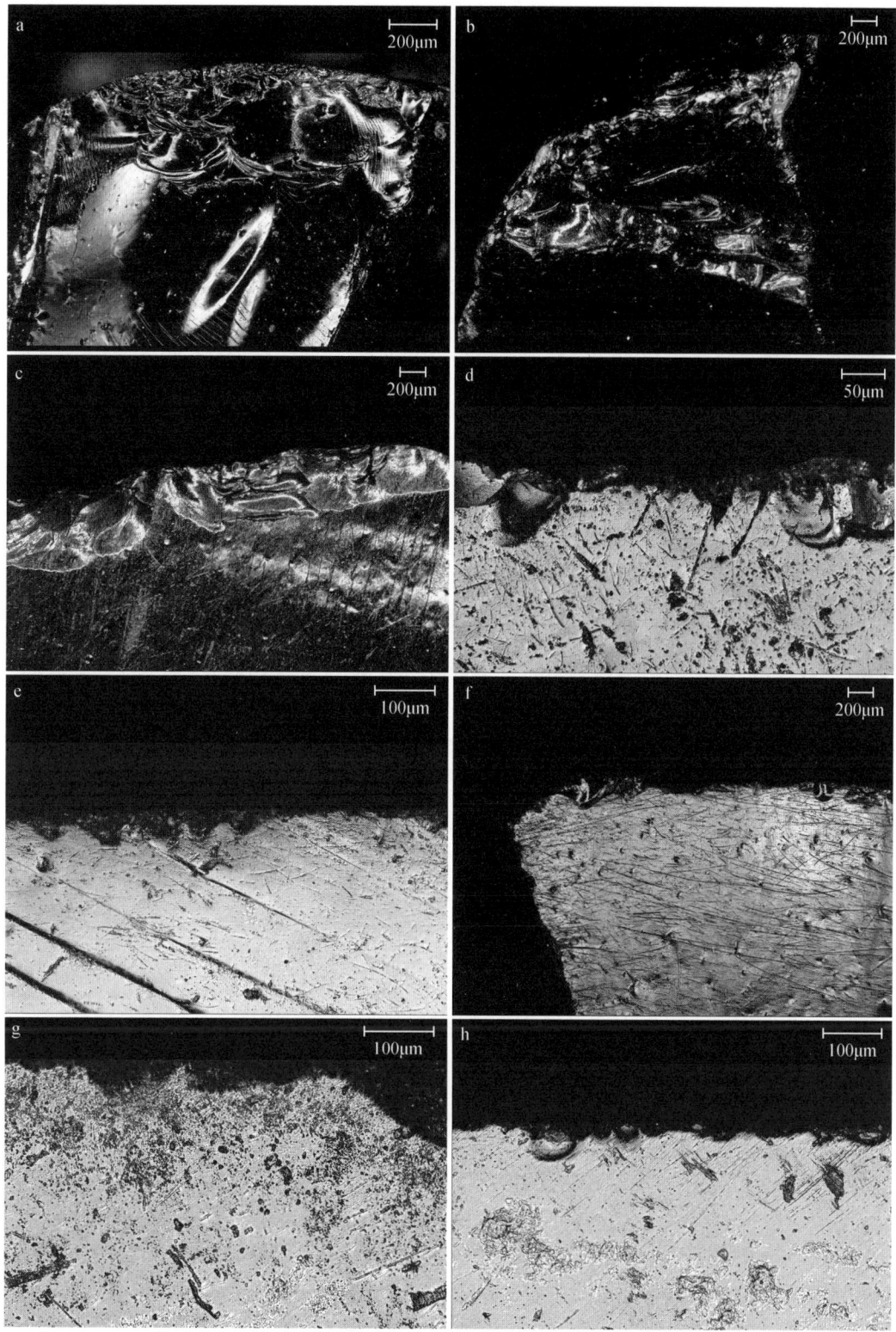

图一五 可能用于加工硬性、中软性动物性物质的黑曜岩石器考古标本微痕图像
a. 雕刻器T0801-12-2，雕刻刃，片疤，200× b. 雕刻器T0701-13-1，雕刻刃，片疤，100× c. 使用石片T0803-13-3，背面，片疤，100× d. 同上，腹面，片疤和线状痕，700× e. 琢背小刀T0605-18-2，腹面，片疤，500× f. 同上，背面，片疤和线状痕，100× g. 石叶T0404-15-2，背面部位1，600× h. 石叶T0404-15-2，背面部位2，500×

能曾较短暂地用于切锯鲜木。

石叶T0501-13-3背面出现了连续分布的极小型片疤和分散分布的带有明显方向性的小型片疤，平面形态为倾斜的倒锥形；刃脊处可见轻度磨圆（图一六，c）。腹面片疤部分被新茬覆盖，但左右两侧仍可见连续分布的翻越状片疤，弯曲状初始，平面形态为新月形（图一六，d），可与切鲜木的实验标本微痕相对应（图一二，a）。

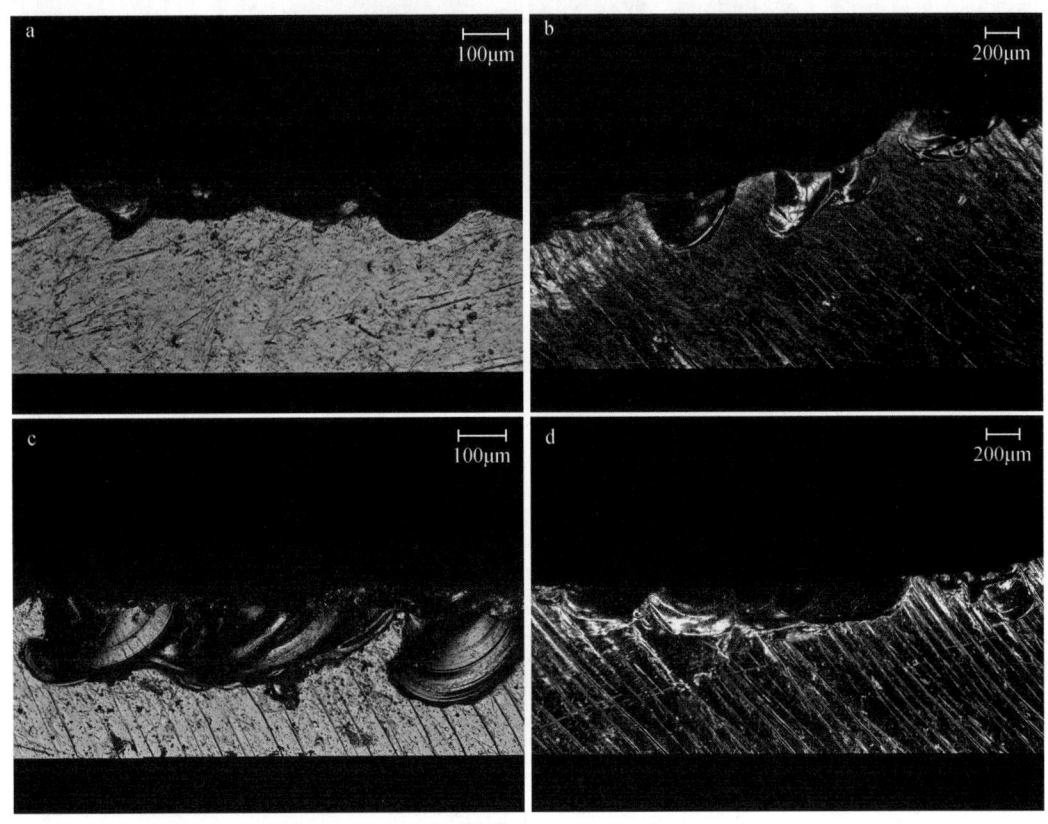

图一六　可能用于加工植物考古标本微痕
a.石叶T0702-17-2，背面，300×　b.同上，腹面，100×　c.石叶T0501-13-3，背面，片疤，300×
d.同上，腹面，100×

七、结　语

本次实验标本中观测的光泽、线状痕特征与赫科姆、御堂岛正的实验数据一致；低倍观察的片疤、磨圆特征也与方启、赵海龙等学者的实验数据一致。这证明了本次实验数据的有效性。此外，与考古材料的对比观察结果表明：黑曜岩实验标本与考古标本的显微数据有着较好的对应关系。诸如翻越状片疤、连续层叠的四边形片疤、连续的侵入式磨损、明亮光泽等典型微痕特征也见于考古材料，这些具有指示性意义的痕迹特征将为大洞遗址黑曜岩石制品进一步的功能分析提供了鉴定依据和基础性数据。

致谢：浙江大学艺术与考古学院薛理平、陈叶雨同学参与了部分微痕分析工作，在此一并感谢。

注　释

[1] Hurcombe L M. Use Wear Analysis and Obsidian: Theory, Experiments and Results [M]. Sheffield: Collis, 1992.

[2] 御堂島正.黒曜岩石器の実験痕跡研究[M].東京：同成社，2020.

[3] 方启.吉林省东部地区黑曜岩石器微痕研究[D].吉林大学博士学位论文，2009.

[4] 丁伯涛.吉林省和龙大洞遗址端刮器的实验考古学研究[D].吉林大学博士学位论文，2020.

[5] 赵海龙，徐廷，马东东.吉林和龙大洞遗址黑曜岩雕刻器的制作技术与功能[J].人类学学报，2016，35（4）：537-548.

[6] 万晨晨，陈全家，方启，等.吉林和龙大洞遗址的调查与研究[J].考古学报，2017（1）：1-30.

[7] 徐廷.高分辨率环境背景下的和龙大洞遗址石器工业研究[D].中国科学院大学博士学位论文，2022.

[8] 陈虹.鉴微寻踪：旧石器时代石英岩石制品的微痕与功能研究[M].杭州：浙江大学出版社，2020.

[9] Chen Hong, Wang Jun, Lian Huiru, et al. An experimental case of bone-working usewear on quartzite artifacts [J]. *Quaternary International*, 2017, 434: 129-137.

[10] Ho Ho Committee. The Ho Ho classification and nomenclature committee report [C]. *Lithic Usewear Analysis*. London: Academic Press, 1979: 133-135.

[11] Chen Hong, Lian Huiru, Wang Jun, et al. Hafting wear on quartzite tools: An experimental case from the Wulanmulun Site, Inner Mongolia of north China [J/OL]. *Quaternary International*, 2017, 427: 184-192.

[12] 王小庆.石器使用痕迹的显微观察研究[M].北京：文物出版社，2008.

[13] Rots V. Prehensile Wear on Flint Tools [J/OL]. *Lithic Technology*, 2004, 29 (1): 7-32.

[14] Rots V. Wear Traces and the Interpretation of Stone Tools [J]. *Journal of Field Archaeology*, 2005, 30 (1): 61-73.

[15] 姜鹏.吉林安图晚更新世洞穴堆积[J].古脊椎动物与古人类，1975（3）：197-198.

[16] 王曼华.我国东北平原晚更新世晚期植物群与古气候指标初探[J].冰川冻土，1987（3）：229-238.

[17] 陈虹，张晓凌，沈辰.石制品使用微痕多阶段成形轨迹的实验研究[J].人类学学报，2013，32（1）：1-18.

[18] 高星，沈辰.石器微痕分析的考古学实验研究[M].北京：科学出版社，2008.

An Experimental Study of the Use-wear of Obsidian Artifacts: An Example of Helong Dadong Site

CHEN Hong   NING Yu-xin   LI Yao   XU Ting

In this study, a reference dataset of obsidian use-wear combined with high and low magnification observations was established by combining use-wear analysis with experimental archeology, which provided a reference for the function of obsidian artifacts excavated from the Helong Dadong site, and the accumulated material for future lithic functional studies. Scars, striations, and polish are typical use-wears of obsidian artifacts. The experiments take animal and plant resources with different harnesses for processing objects and try to establish the correspondence between use-wear patterns and processing objects, which proves that obsidian stone tools at the Helong Dadong site were used for processing diverse flora and fauna substances.

磨制石铲的实验考古学研究*

方 启[1]　姚宗禹[1]　崔天兴[2]

（1. 吉林大学考古学院，长春，130012；2. 郑州大学考古与文化遗产学院，郑州，450001）

一、引　言

　　石器的制作工艺可以反映技术路线、石器功能、社会分工、社会复杂化程度等内容。目前学术界对于磨制石器的制作工艺和整体流程已经基本复原，但制作工艺的具体描述如操作方法、用时等不甚详细，为弥补这一研究的不足，进行了此次实验考古。在此之前，实验组曾经试了3件石料，均在打制减薄毛坯的过程中从中间断裂。一是因为技术不过关；更主要的原因在于石料本身的性质，琢制很难控制打击石器的力度。为此，实验组希望通过实验可以复原磨制石铲的制作工艺，主要是毛坯的去薄工艺。本文首先通过石铲制作实验，对磨制石铲的制作工艺进行相关问题探讨。另一方面结合石铲使用实验，来总结不同刃缘形态的石铲在不同工作环境和工作方式下的使用痕迹特征，以此为分析考古发现的石铲的使用痕迹提供参考和标尺。

　　佟柱臣总结了新石器时代磨制石器的制作工艺[1]，翟少冬指出陶寺遗址磨制石器制作工艺包括选料选型、打片、琢、钻孔、磨和抛光这几种工艺。其他学者对不同地区和不同文化的磨制石器制作工艺进行的研究结果也基本无出其右[2]。而对特定工艺的研究也基本集中于钻孔和切割工艺上[3]。戴尔·欧文（Dale Owen）使用灰嘴遗址中的鲕状白云岩原料进行石铲复原实验，复原了石铲的制作工艺和流程，但最终环节的抛光工艺没有成功[4]。谢礼晔、陈星灿针对灰嘴遗址龙山至二里头文化石铲毛坯的去薄技术进行了打制实验研究，发现砸击去薄方法效率更高且符合出土标本组合特征[5]。逢博、张海等人根据瓦店遗址出土石铲所遗留的不同生产阶段的加工痕迹，推测了瓦店遗址石铲的制作技术[6]。

　　多位学者还进行了一系列的使用实验来验证石铲（锄）的功能。如王小庆[7]、陈胜前、杨宽[8]、崔启龙[9]、杜伟[10]等。杨宽等人还进行了铲和锄的区分[11]。谢礼晔分析了在不同使用环境下的使用痕迹，还指出了制作痕迹和使用痕迹的区别和判断标准[12]。

---

* 本文是国家社科基金一般项目"晋南豫西地区史前社会控制和早期文明形成研究（22BKG001）"的阶段性成果。

二、石铲复原制作实验

1. 实验设计

进行此实验的目的是复原史前石铲的制作工艺，明确石铲毛坯的去薄技术。原料选取三门峡市陕州区张茅乡一水泥厂旁的矿山上的石灰岩。实验内容由笔者和一位中年男性共同完成。为尽可能地还原史前的生产力，实验过程全部为手动完成。每一流程完成后都对实验样品进行测量、称重和拍照。记录内容包括加工对象尺寸变化、不同工序所用时间等。对石铲制作过程中的痕迹的观察主要采用肉眼观察和超景深显微镜（基恩士VHX-2000）观察相结合的方法。

2. 实验过程

（1）打制成型

使用石锤采取锤击法将形状不规则的原料制作成形制合适的石铲毛坯，毛坯四周边缘遍布较大的半圆形羽翼状和阶梯状片疤（图一）。打制剥离的石片大多在5厘米以

图一　打制成型石铲毛坯

1. S1打制毛坯　2. S2-2打制毛坯　3. S3打制毛坯　4. S9破裂毛坯

上。其中，在对S2原料的侧棱打制剥片过程中，原料沿节理开裂成两块，打制时间约80分钟。对较小一块（S2-1）继续打制修型及后续实验，而较大的一块（S2-2）则在后续的打制过程中断裂，S2-2不能继续加工，故后续S2均为较小的S2-1。

另有4块原料均在打制成型的过程中断裂，实验失败。其中有2件是在打击层理时，由于层理结构较薄，石材脆弱，加之打制技术不成熟，未打制出合格的石铲毛坯。另外2件则是在剥片过程中，由于石料内部有裂痕和暗伤，在打制剥片时发生断裂（S9）。还有1件虽打制成型，但原料层理结构发育不明显，毛坯中部难以打制剥片，毛坯最厚处达6.5厘米，减薄难度较大，故放弃该毛坯（S8）（表一）。

表一　打制成型实验记录[13]

	原长（厘米）	原宽（厘米）	原厚（厘米）	原重（克）	现长（厘米）	现宽（厘米）	现厚（厘米）	现重（克）	用时（时）
S1	23	22.8	6.8	6550	21.6	16	6.1	3650	0.75
S2	29.3	21.8	9.8	9180	20.4	14.1	4.2	1850	1
S3	27.8	20.6	8.7	830	26.3	12.4	5.9	3650	1.25
S6	34	17	7.5	6850	断裂	/	/	/	/
S7	19.5	11	4.3	1900	断裂	/	/	/	/
S8	20.1	16.2	7.5	3550	16.8	13.4	6.8	2800	0.9
S9	25.2	21.6	5.5	5350	断裂	/	/	/	/

（2）琢制修型

对打制成型后的石铲毛坯进行琢制，主要修型部位是毛坯的两侧及顶部，使其尽量平整。对毛坯的正面及背面较厚的部位也进行了琢击，但琢制过程中力度控制不好容易导致毛坯断裂。毛坯器身遍布麻点。器身琢制产生的废料为碎屑及微小石片（表二）。

表二　琢制修型实验记录

	原长（厘米）	原宽（厘米）	原厚（厘米）	原重（克）	现长（厘米）	现宽（厘米）	现厚（厘米）	现重（克）	用时（时）
S1	21.6	16	6.1	3650	21	15.5	6	3400	1
S2	20.4	14.1	4.2	1850	20	13.8	4.2	1800	0.5

（3）去薄

①切割+磨制去薄

选取带有薄刃，但形状、厚度不规整的石片作为切割工具对S1进行切割去薄。由于石片较窄且厚，切割至一定深度需要将切割槽外侧石料敲掉，以减少摩擦阻力和方便石片继续深入进行切割工作。实验时间约49小时，切割深度6.5厘米。受手握石片角度、制作技术、石片厚度等方面的限制，导致切割时石片与原料并不平行，切割槽有一定向内的角度，切割完成后形成一个外高内低的斜面。之后对该面未切割部分和切割形成的斜面部分（外侧较高处）一起磨制，耗时29小时，将该面磨制成一个平面（S1a面；图二；表三）。

图二　S1a面切割后

表三　切割＋磨制去薄实验记录

	原长（厘米）	原宽（厘米）	原厚（厘米）	原重（克）	现长（厘米）	现宽（厘米）	现厚（厘米）	现重（克）	用时（时）
S1a面	21	15.5	6	3400	20.5	14.5	4.5	2600	切割49 磨制29

②切割去薄

S3使用刃部平直且器身较薄的石刀作为片切割工具。切割实验初期，毛坯上的切割槽较浅，槽内堆积的河沙以及切割槽两侧对石刀刃缘的磨损较小，因此石刀刃部还较为锋利。切割到一定深度后，对石刀刃缘的磨损变大，刃部磨圆严重，刃缘变得圆钝，刃部形成平行于刃缘的长直且较深的条痕（图三，1）。共消耗石刀3个，石刀消耗量如表四所示。

表四　切割使用石刀记录

	原宽（厘米）	现宽（厘米）	切割深度（厘米）
石刀1	6	4.7	3.9
石刀2	8.7	6.5	3.4
石刀3	14.2	11.7	5.1

通过切割使得原S3分成两个石铲毛坯（S4、S5），共计用时128小时。由于是两侧对切，导致切割面不平，中间有一条凸棱（S4、S5切割形成的面记为a面）。

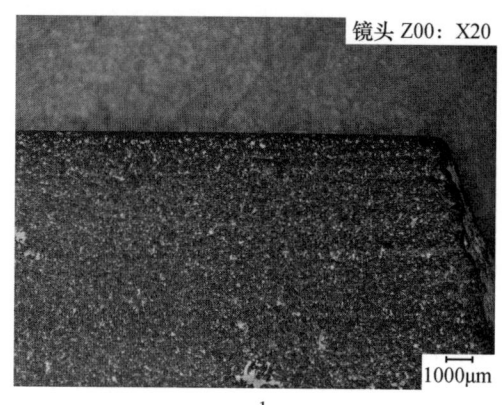

图三　石刀2刃缘微痕及S3切割形成S4、S5

③磨制去薄

使用颗粒较粗的砂岩作为磨石对S1、S4、S5的b面和S2的2面分别进行磨制去薄。其中S4、S5的磨制去薄过程中在b面磨出刃角（表五）。

表五　磨制去薄实验记录

	原长（厘米）	原宽（厘米）	原厚（厘米）	原重（克）	现长（厘米）	现宽（厘米）	现厚（厘米）	现重（克）	用时（时）
S1b面	20.5	14.5	4.5	2600	19.4	14.1	2.1	1300	78
S2	20.4	14.1	4.2	1850	15.9	11	2	850	53
S4b面	25.7	12	3	1600	23.8	10.5	1.8	1000	23
S5b面	21	12.4	1.8	900	20.3	11.6	1.6	750	8

（4）磨制成型

切割或磨制去薄后，还需磨制侧边及刃角才能最终成型。S1、S2主要磨制出刃角，S4、S5主要需磨平a面（表六）。

表六　磨制成型实验记录

	长（厘米）	宽（厘米）	厚（厘米）	重（克）	用时（时）
S1	18.9	14.1	2.1	1250	11
S2	15.9	11	2	800	8
S4	23.8	10.5	1.8	1000	5
S5	20.3	11.6	1.6	750	4

（5）抛光

首先使用石英岩的石皮面进行抛光，但由于石英岩面不平整，抛光效果不佳，后使用角磨机将石英岩加工出一个平面，用该面进行抛光，可以产生与出土样品相似的光泽，磨制痕变淡，但不能完全磨掉。受工作时间限制，仅对器身及刃部进行了抛光，侧边及顶部未抛光（图四；表七）。

图四　抛光后石铲
1. S1　2. S2　3. S4　4. S5

表七　抛光实验记录

	长（厘米）	宽（厘米）	厚（厘米）	重（克）	用时（时）
S1	18.9	14.1	2.1	1250	23
S2	15.9	11	2	800	20
S4	23.8	10.5	1.8	1000	19
S5	20.3	11.6	1.6	750	17

（6）钻孔

最后对已抛光的S1、S2进行单面钻孔实验（图五）。实验前先将一根有韧性的树枝用麻绳弯成弓，弓弦长约1米。数根直径为1~1.2厘米的竹管作为钻孔工具，使用一

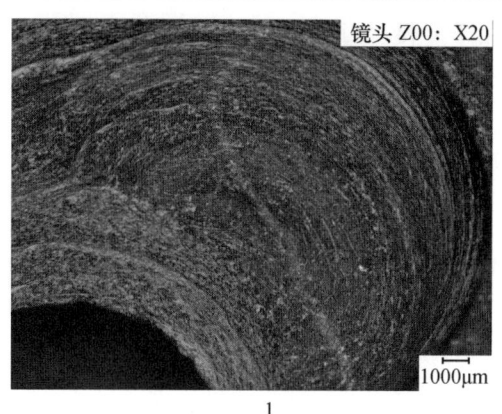 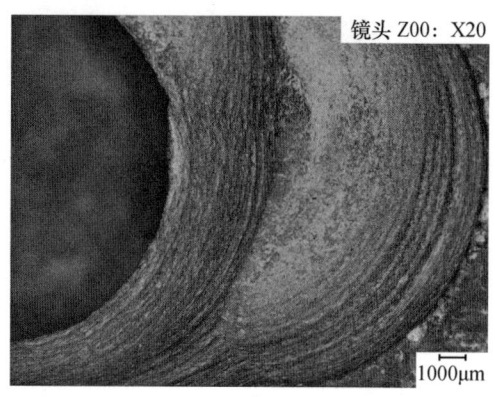

图五　钻孔实验
1. S2河沙钻孔微痕　2. S2金刚砂钻孔微痕

个挖出凹槽的木板作为钻帽，一个钻出圆孔的木板作为定孔器来固定竹管。钻孔过程中加水和细河沙。定孔器孔径略大于竹管直径，拉弓钻孔时竹管前后晃动，造成钻孔错位。

此外还使用46目的金刚砂作为磨料来钻孔进行对照。通过显微观察，孔道内的磨痕在口部较为清晰，呈平行状，在孔道底部则较为模糊，应该是在钻孔过程中，未及时清理淤积的泥沙，一直磨损孔道造成的。通过对比可知使用河沙钻孔的孔道内，磨痕较细且不均匀；金刚砂硬度高、颗粒大，而且由于是人工制品，颗粒较均匀，磨痕较宽且宽度较统一（表八）。

表八　钻孔实验记录

	钻孔深度（厘米）	用时（时）	消耗竹管（厘米）
S1加河沙钻	2.1	25	62.5
S2加河沙钻	2	23.5	58.7
S2加金刚砂钻	2	19	47.3

3. 实验结果与总结

（1）石铲完整的制作工艺流程应该是选料—打制成型—琢制修型—毛坯去薄—磨制刃角—钻孔—抛光。实验过程中发现，琢制修型对于制作石铲的作用不大，但一些内部有裂隙和暗伤以及强度不高的石料会在琢击石料过程中发生断裂，而这些仅凭肉眼基本无法判断。因此琢制除了修型，或许还可以起到检测石料的作用。

（2）虽然没有进行正式的打制去薄实验，但从打制毛坯的过程中发现，由于石铲原料及毛坯较宽，从边缘打制产生的石片终端位于器身中部，器身中部仍较厚，打制去薄的可操作性不大。如果琢击器身，力度及方向不易操控，容易导致毛坯横向断裂。若原料层理构造不发达或不能沿节理劈裂，就只能通过磨制或切割将毛坯减薄。相比于其他工艺，去薄和磨制修型是最为耗时的工艺。从实验结果看，毛坯偏薄时，磨制更省时，毛坯较厚时，切割则会更加省时，还可以用于分料。刃部平直、形制规整的石刀切割效率明显要高于一般的石片，切割毛坯后刃部有明显的平行于刃缘的条痕且磨圆严重。

（3）对石铲进行抛光时，最初选用的是去除油脂的猪皮和干湿树皮，但抛光了4小时不见效果。后改用石英岩，抛光约2小时后，触感光滑细腻，但一些磨制痕仍较为明显且未见光泽，抛光十余小时后出现光泽，一些较浅的磨痕消失但多数磨痕仍比较明显，所以充分细磨是必要的，结合使用软性材料如纯净的黏土等或许可以更充分地磨掉细痕。

（4）磨料的硬度对磨制和钻孔的效率影响极大。磨料较细较软时，磨料易"泥化"，如不及时清理，会影响磨制效率，而磨料较硬时，不仅磨蚀深度更大，且不必将更多的时间用于清理上，有效工作时间更多。

三、石铲使用实验

1. 实验设计

石铲使用的实验目的是观察石铲在不同使用场景及不同工作方式下产生的微痕的区别以及石铲工作效率。

石铲从刃部形态来看有双刃面和单刃面两种，而这两种石铲的微痕形态又有所区别。因此本实验选取单面刃石铲3个（S1、S5、S12）和双面刃石铲2个（S11、S4）。单面刃石铲以较平的一面为后刃面。

本实验使用单面刃和双面刃石铲分别进行挖掘和除草工作，其中，挖掘分为挖土和取土两个动作分别进行。挖土时主要依靠石铲自身的重力势能和使用者施加的推力插入土壤，辅以脚蹬推进，然后将石铲向斜上方撬动，使土壤松动。取土时石铲前刃面朝上，与地面近似平行斜插进挖掘后的松散土壤中，将土带出。除草是以切断杂草根茎为目的，运动方式与取土动作类似，没有向上撬动的动作，然后将切断的杂草及部分地下根茎清走。

实验所用木柄为长170、直径3.5厘米，重950克的白蜡木杆，将木柄一端削出一个长约10厘米的平面，便于捆绑石铲。使用直径为4毫米的麻绳将木柄与石铲沿长轴捆绑。石铲上侧还绑有一根横木棒作为脚蹬踏板。

实验全程由2人完成，一人进行实验操作，另一人进行拍照记录并计时。实操者为24岁男性，身高1.7米，体重68千克，身体素质良好。

对于石铲使用痕迹的观察主要采用肉眼观察和超景深显微镜观察的方法。实验过程中以肉眼大致观察刃缘使用痕迹及其变化，实验全部结束后使用超景深显微镜对石铲刃缘的使用痕迹仔细观察。石铲刃部的使用痕迹主要包括磨圆、条痕、磨蚀沟[14]、片疤等。为方便统计与描述片疤大小，笔者将片疤分为微型片疤（片疤从刃部延伸小于0.1厘米）、小型片疤（从刃部延伸距离大于0.1厘米，小于0.5厘米）、中型片疤（延伸距离大于0.5厘米,小于1厘米)、大型片疤(从刃部延伸大于1厘米)[15]。观察和描述石铲使用痕迹时,以石铲使用时的形态为准,即前刃面在前,远离使用者和观察者,后刃面在后,朝向使用者和观察者。

2. 实验过程

(1)掘土实验。

①实验样本S1,长18.9、刃宽14.1、厚2.1厘米,重1250克,刃角45°,双面刃。刃部分布有大致平行于刃部且偶有交错的磨制擦痕。前刃面和后刃面都偶尔分布有微型半圆形羽翼状片疤,后刃面片疤略多。

在1平方米的空地上进行挖土实验,由于被挖掘机碾压过,土壤结构致密,土质极硬,还夹杂有大量料礓石。工作10分钟,共使用236次,仅能深入约1.5厘米,石铲及柄与地面呈45°~50°。

使用10分钟后,对石铲刃缘的使用痕迹肉眼观察,刃缘轻度磨圆。前刃面左侧及中部连续分布小、中型羽翼状片疤,右侧羽翼状片疤偶有分布,明显较少。中部偏左观察到0.4厘米的条痕。后刃面左侧(即前刃面左侧的背面)及中部有中、小型羽翼状和阶梯状片疤,片疤数量与前刃面相比较少,有少量折断状疤痕。条痕垂直于刃缘,最长2厘米,除条痕外,后刃面还有少量长1~2毫米的磨蚀沟。

由于上一地点过于坚硬,难以工作,故换一地点继续实验。但由于干旱和车辆碾压,仍较为坚硬,且夹杂有较多大小不一的碎石块。1平方米的范围内掘土深度2厘米,用时7分钟,共运动153次,石铲与地面夹角为35°~45°。

掘土后肉眼观察S1刃缘,片疤数量变多,仍多为小、中型羽翼状片疤。刃部出现更多、更长的条痕,前刃面条痕最长5毫米,后刃面观察到条痕最长2.2厘米。

将挖掘的0.02立方米土壤,用S1取出。石铲与地面夹角呈15°~25°,用时5分钟,共运动247次。取土后,石铲刃缘微痕特征为:刃缘磨圆情况明显,刃部条痕增多,前刃面条痕少量增加,后刃面条痕增加数量更多。后刃面出现大量磨蚀沟,最长5毫米。

仍在上一地点继续进行掘土实验,土壤较松软,石块变少,且多为小块料礓石。在1平方米的范围内,掘土深度约为5.5厘米,用时15分钟,共运动325次。掘土后观察微痕特征:刃缘出现更多的小中型羽翼状、折断状片疤,后刃面条痕增加,刃缘的破损片疤导致刃部呈锯齿状。

取土共用时10分钟,运动490次,石铲与地面夹角约为10°~15°。翻土后微痕特征为:刃缘中度磨圆。前刃面有少量小型羽翼状、折断状片疤及垂直于刃缘的条痕。后刃面条痕增多,出现更多磨蚀沟,多数片疤磨蚀严重,刃缘不似之前参差不齐。

S1使用结束后,钻孔处可以看到由于绑绳对孔道的口部左右两侧造成的磨圆及条痕。由于孔道底部孔径较小,孔道中部未与麻绳直接接触,孔道中部未发现磨圆现象(图六)。

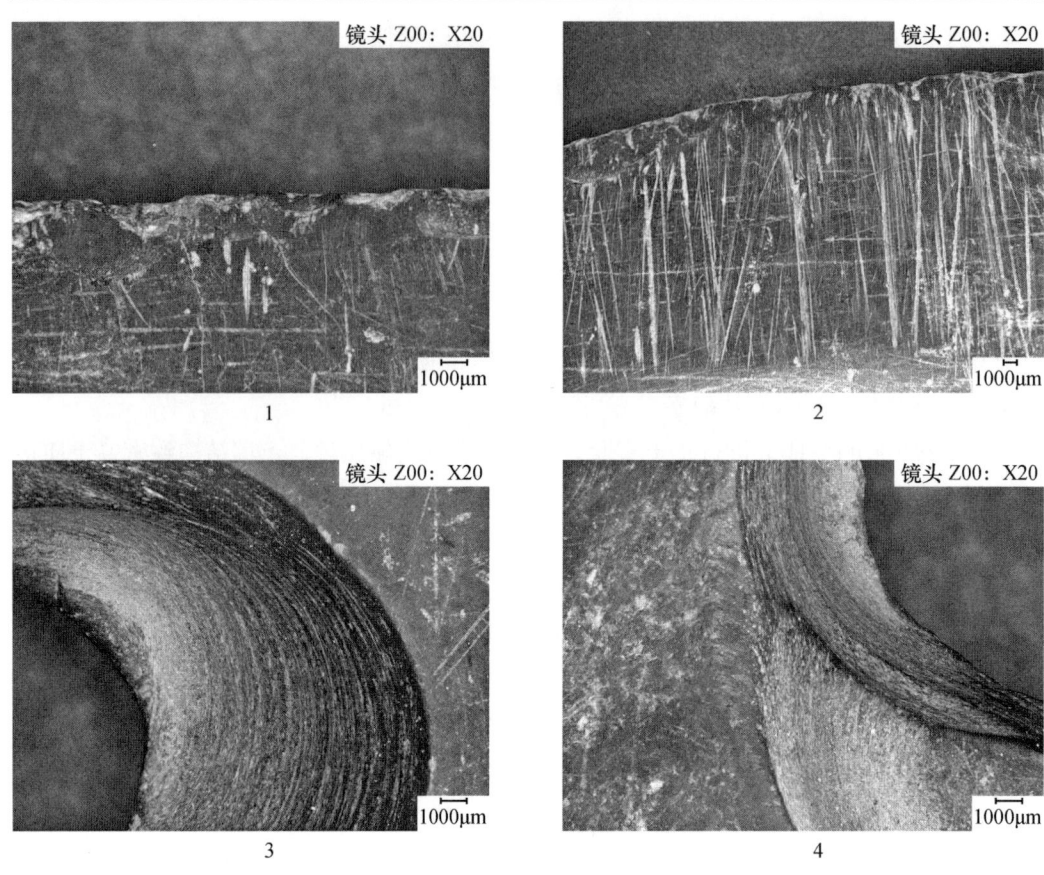

图六 S1使用痕迹
1. 前刃面微痕 2. 后刃面微痕 3. 孔道磨圆 4. 绑绳形成条痕

②实验样本S5，长20.3、宽11.6、厚1.6厘米，重750克，刃角30°，单面刃。在S11除完草后的空地上进行挖掘工作，土壤结构较疏松，夹杂有少量尺寸较大的碎石块和砖块以及较多的植物根茎。挖掘深度约8厘米，挖土方量共0.115立方米，用时15分钟，共使用336次。使用过程中，石铲与地面夹角约呈45°。

S5掘土后的肉眼观察其微痕特征：前刃面轻微磨圆，条痕浅且短，最长1.4厘米。片疤不连续分布，多为小中型折断状片疤和少量小型羽翼状片疤。后刃面磨圆严重，条痕较多且长，受器身制作痕迹影响，可明确判断的使用条痕最长4厘米。后刃面左中侧多大中型阶梯状、羽翼状片疤，右侧不连续分布有小、微型羽翼状片疤。

取土时石铲与地面夹角呈10°～15°，共用时28分钟，1135次。S5翻土后的微痕特征为，前刃面磨圆严重，新出现少量小型羽翼状片疤，旧有片疤被磨蚀变小，出现少量垂直于刃缘条痕，最长1.7厘米。后刃面磨圆严重，出现较多的小型羽翼状、折断状片疤，层叠分布，条痕最长可达6.2厘米，与刃缘斜交大致呈80°（图七）。

③实验样本S12，长25.1、宽13.5、厚1.8厘米，重1350克，刃角32°，单面刃。该石铲为角磨机磨出形状，后使用磨石磨出刃角和去除角磨机磨痕，同时磨出磨制痕迹，尤

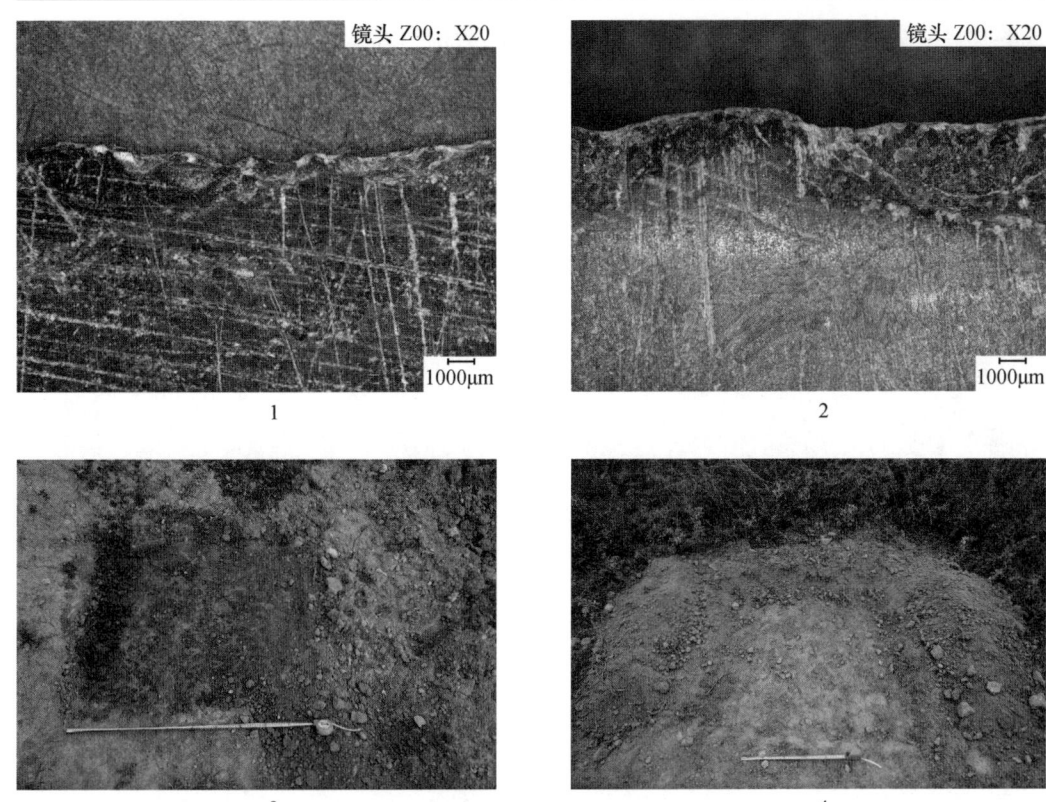

图七　S5使用微痕及S1、S5挖掘实验
1. S5前刃面使用微痕　2. S5后刃面使用微痕　3. S1第一次挖土成果　4. S5挖土成果

其是刃部有各个方向的条痕，以纵向条痕为主，作为磨痕和使用痕的对照。磨制完成后未抛光。

在S4除完草后的空地上进行挖掘，土壤结构疏松，夹杂有少量碎石块、砖块及较多的植物根茎。挖掘深度35厘米，土方量共0.35立方米，掘土加取土共计用时57分钟，使用2630次。使用过程中，石铲与地面夹角呈45°~55°。在挖掘约30厘米后，土壤结构变得致密，土质变硬，且密集分布较多的石块，导致刃缘遍布大中型羽翼状、阶梯状和卷边状片疤，多数片疤层叠分布，其中卷边状片疤较少，仅见于前刃面。前刃面相较于后刃面，片疤数量更少，形态较小。受片疤破坏影响，后刃面几乎不见条痕与磨圆现象，仅前刃面可见少数较短的条痕。刃缘中度磨圆，前刃面刃部有孤岛状磨圆。

由于上一地点挖掘到一定深度后全是石块，影响工作效率和石铲使用痕迹的判断，所以换一地点继续进行挖掘实验。新地点土壤结构较致密，土质较硬，夹杂少量料礓石和陶片，发掘范围1米×1.5米×0.4米，土方量0.6立方米，共计工作70分钟，使用3380次。

S12最终使用痕迹特征观察：刃缘中度磨圆，刃缘略显圆钝。前刃面有明显的磨圆，条痕垂直于刃缘，长短不一。新出现少量微、小型的羽翼状片疤，上一地点挖掘造成的片疤磨圆严重，部分片疤已被磨至终端。后刃面刃缘处磨圆严重，密集分布着较短的条痕，后刃面右侧（前刃面左侧的背面）及中部磨圆更甚，条痕也更密集，左侧几乎不见条痕。新出现少量小型羽翼状片疤（图八）。

（2）除草实验

①实验样本S11，长16.4、宽9.8、厚1.8厘米，重620克，刃角42°，双面刃。此石铲

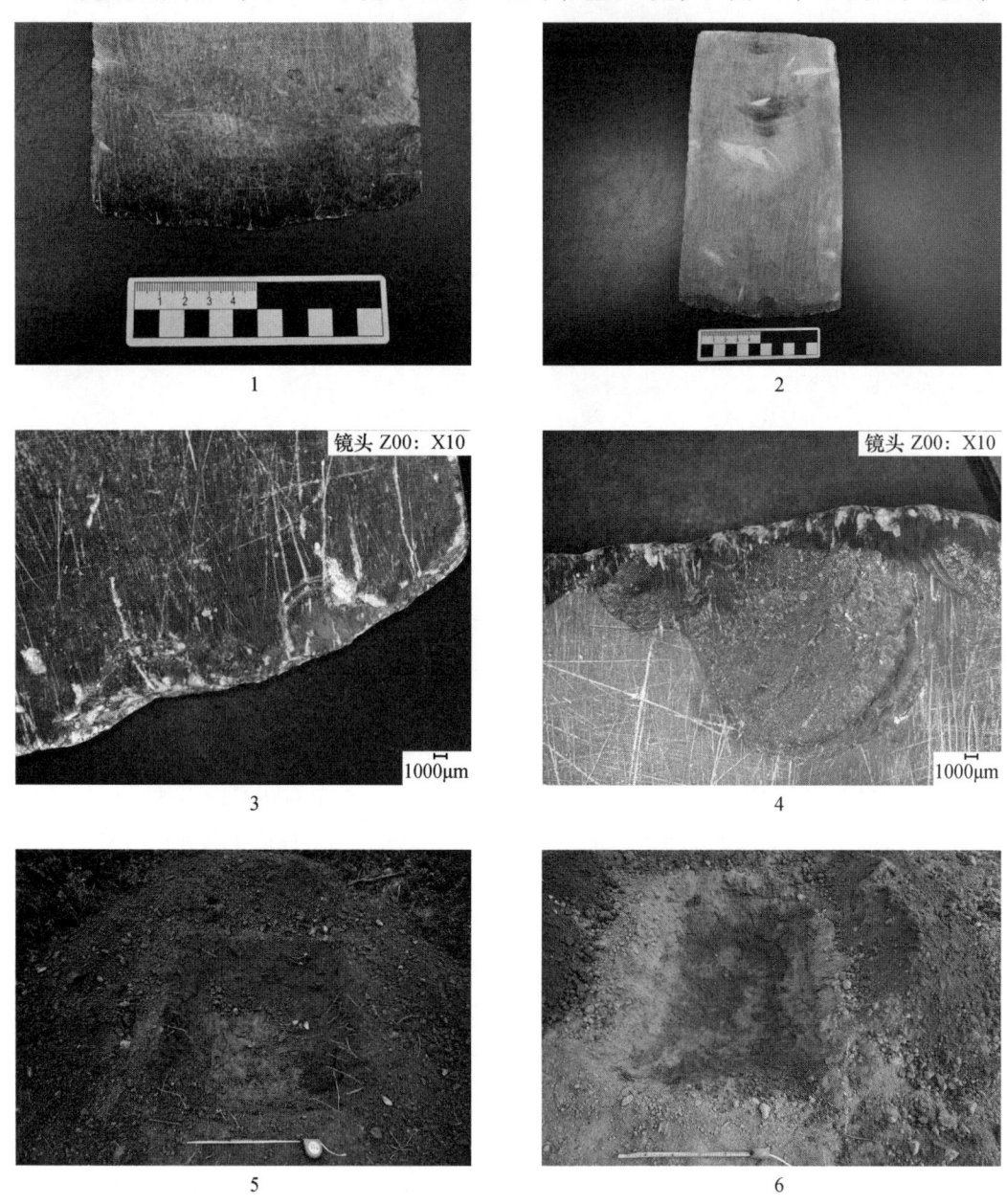

图八　S12微痕及实验效果

1. S12第一次使用前刃面微痕　2. S12第一次使用后刃面微痕　3. S12第二次使用前刃面微痕
4. S12第二次使用后刃面微痕　5. S12第一次挖掘成果　6. S12第二次挖掘成果

为角磨机磨出形状，后使用磨石磨制以去除机磨痕迹，但未经抛光处理。除草区域土质较松软，偶见较大的碎石块和砖块。所除杂草多为藤蔓类植物。用时30分钟，共使用1080次。除草范围2米×2米，石铲与地面角度呈20°～30°，石铲进土深度约5厘米。

S11除草后微痕特征为：刃缘轻微磨圆。前刃面肉眼可见的较粗的条痕较少。但在显微镜下可见较多细小的条痕，是与植物根茎接触形成的。有少量的微小型羽翼状片疤。后刃面有大量垂直于刃缘的条痕。小微型羽翼状片疤连续分布，且部分片疤已被严重磨蚀。由于未抛光，可明显看出刃缘与土壤和植物根茎接触的部分出现磨圆。使用过程中石铲松动，器身与木柄摩擦造成较严重的磨损，也可见较明显的磨圆（图九）。

②实验样本S4，长23.8、宽10.5、厚1.8厘米，重1000克，刃角35°，单面刃。土壤松软，杂草数量较上一地点较少，且藤蔓类植物较少，多为较高的蒿类植物。使用时间30分钟，使用次数1140次，除草范围3.3米×2.5米。

S4除草后微痕特征为：刃缘轻度磨圆。前刃面刃部沿刃缘连续的条带状磨圆，有少量条痕及不连续分布的小型羽翼状和折断状片疤。后刃面连续分布有中小型羽翼状和折断状片疤，左侧有一大型扇形阶梯状片疤。条痕数量较多的，垂直于刃缘，最长约4.1厘米。磨圆现象较轻（图一〇）。

图九　S11实验效果及使用痕迹
1. S11除草前　2. S11除草后　3. S11除草后前刃面微痕　4. S11除草后后刃面微痕

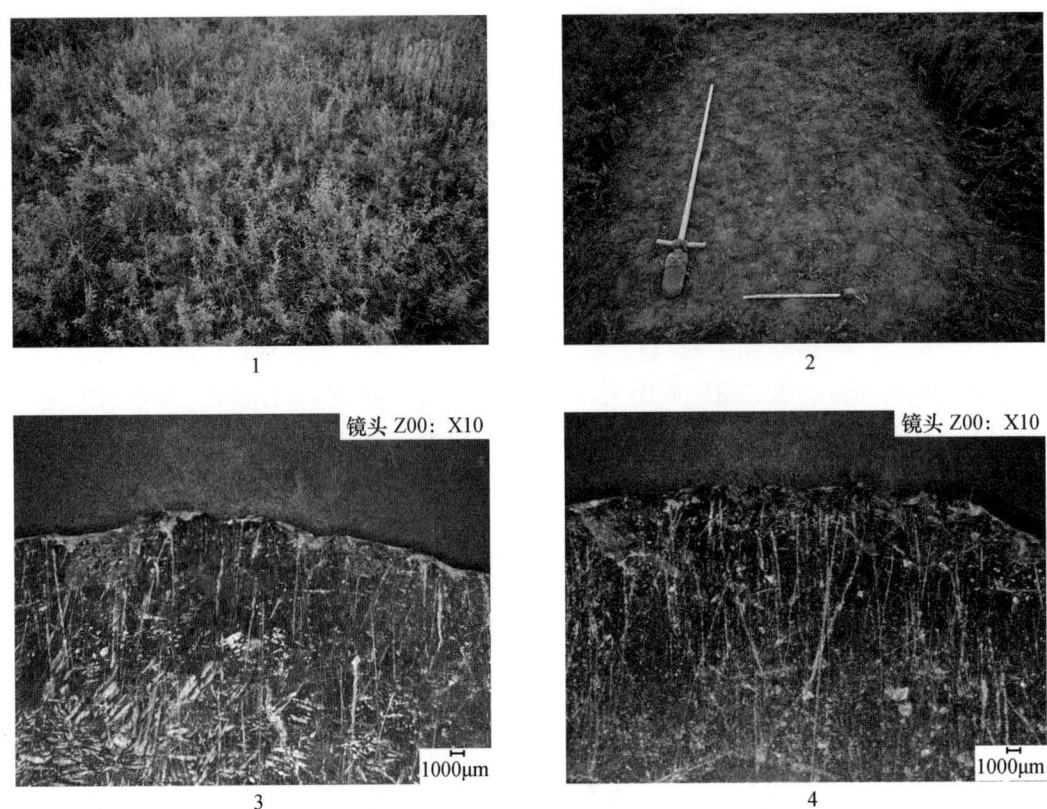

图一〇 S4实验成果及使用痕迹
1. S4除草前 2. S4除草后 3. S4除草后前刃面微痕 4. S4除草后后刃面微痕

3. 实验结果与分析

（1）受工作角度影响，后刃面与工作对象的接触面要大于前刃面，因此后刃面条痕长度要大于前刃面。据观察实验样品，后刃面刃缘处的磨圆情况一般会更严重。磨圆和条痕一般都未越过刃部脊处，仅少量条痕会越过刃部的转折处，这也可能与实验过程中工作深度较浅有关。

（2）进行挖土工作的3件石铲，刃缘的使用痕迹存在着明显的共性与差异。3件石铲均为前刃面条痕较短且稀少，而后刃面的条痕则较为密集，且后刃面的磨损痕迹较前刃面更为严重。S1的片疤多分布于前刃面，其余石铲均为后刃面片疤较多，这或许与使用角度有关，石铲与地面角度大，片疤多出现于前刃面；石铲与地面角度小，片疤则多形成于后刃面。不同的是，S5的片疤要大于S1，可能与刃部形态和刃角有关。S5为单面刃，刃角较小；S1为双面刃，刃角更大。刃角越小，在受到冲击力，形成片疤时，会造成更大的损伤。由于取土时后刃面刃缘会接触到未挖掘到的较硬的地面，地面会对后刃面刃缘造成磨损。S1工作地点地面较硬，对刃缘磨损程度更大，所以S1磨圆更加严重，后刃面刃缘形成了更多的磨蚀沟。

（3）从事除草工作的2件石铲从使用后的刃缘形态来看，破损程度要小于用于铲土的石铲。这两件石铲在前刃面均少见片疤，仅见少量条痕和磨蚀，后刃面则连续分布有微小型扇形羽翼状片疤。单刃面且刃角较小的S4的片疤要大于S11的片疤，同样表明刃角越小损伤越大。

（4）关于使用痕迹与制作痕迹的区分，通过实验可以总结出一些规律（表九）。制作痕迹：条痕成组平行密集分布，分布方向不规律，不同组的条痕或交叉分布；制作条痕的长短不一，但同一组内的条痕长度基本一致；制作条痕的宽度与磨石颗粒有关，一般较细；刃部的制作条痕在使用后一般会变淡，而刃缘在反复接触土壤后，刃缘处的条痕会消失。使用造成的条痕一般不会成组分布；由于使用方向统一，条痕方向一致；使用条痕一般较粗；使用条痕的端点可以明显看到始自刃缘，尤其是前刃面的条痕，而那些非始自刃缘的使用条痕则需要从其他方面进行判断。

表九　制作痕迹与使用痕迹的区别

制作痕迹	使用痕迹
成组平行、密集	单独、平行
方向不规律，会有交叉	一般与运动方向一致
长短不一	长度近似
一般较细	一般较粗
刃缘的痕迹变淡	始自刃缘

（5）由于实验者惯用右手，导致使用石铲时习惯性偏向于左侧，石铲刃缘左侧及中部的磨损和破损较之右侧刃缘要更加严重和明显。4件进行使用实验的石铲刃部均不同程度地体现了这一特征。

（6）石铲受自身尺寸限制，尤其是宽度较短，取土效率较低，从石铲的工艺设计上来看，较窄的器物并不适合取土，因此石铲或许不担任高强度（大土方量或者长距离）的取土、运土工作，而例如田间堆砌田垄等工作或是由石铲完成。

四、复原实验的相关讨论

石铲相对于其他石器来说器形较大，所需要的原料也应更大更重，直接将巨大沉重的石料从原产地运回遗址内不太现实，更大的可能性是在原料产地将石料加工为毛坯，再将毛坯运回居住地。如大崮堆山遗址专门为陶寺遗址提供石器毛坯[16]。偃师灰嘴遗址是龙山至二里头时期一处专门的石器制作中心，尤其以石铲为主，灰嘴遗址发掘的石片都很细小，缺少加工毛坯初期的大型石片。因此推测灰嘴的石器加工者与采石者或属于不同人群[17]。登封王城岗遗址情况类似，遗址内未发现大块石灰岩原料，加之最初级阶段的产品即为打制成型的粗坯，由此推测也可能是在石料产地将原料打制成型，后将粗坯运回遗址内[18]。用于制作石铲的原料应是层理结构明显的岩石，如石灰岩、片岩等。定居使得新石器时代人群的打制技术已经退化[19]，选取层理结构的岩石，即使并未掌握熟练打制剥片技术也能沿层理劈开和打制成型。据研究，瓦店遗址内除打制成型外，还存在片切割成型技术和琢切割成型技术[20]。

宋李诫《营造法式》提及古代石作制度，首先涉及概念为造作次序："造石作次序之制有六：一曰打剥，二曰粗搏，三曰细漉，四曰褊棱；五曰斫研；六曰磨礲。"其雕镌制度有四等：一曰剔地起突；二曰压地隐起华；三曰减地平钑；四曰素平。总造作功：平面，每广一尺，长一尺五寸。四边褊棱凿搏缝，每长二丈，面上布蜡墨，每广一尺长二丈，以上各一功。《营造法式》为磨制石器复原实验提供了基本概念，如"打剥""细漉""褊棱"等，分别对应磨制石器加工中的"打制成型""琢制修坯""保棱琢法"。器物减薄方法为"斫研"，也被形象称之为剁斧。磨制石器与建筑石作相比，普遍较薄，加上石料为脆性材料，"剁斧"之法应该不适用于磨制石器的生产和加工。有研究者已观察到打琢只能将石器的侧边去薄，中间部分因不能很好地控制而相对保留较厚[21]。登封王城岗的发掘者将发现的石铲毛坯分为初步打制成型的粗坯；表面经初步打磨，坯体变薄的细坯以及较细坯坯体更薄甚至已经钻孔的精坯[22]。可以看出，王城岗遗址内采取磨制去薄的方法，而且钻孔是在细磨和抛光之前进行的。灰嘴遗址出土的龙山和二里头时期的石铲毛坯同样有磨制痕迹，磨过的毛坯厚度在1~3厘米，普遍较薄[23]。目前并未发现对石铲毛坯切割减薄的直接证据，但瓦店遗址内切割成型的石铲坯证明切割技术用于石铲制作中，从侧面反映或许存在切割去薄技术。此外，与磨制石铲器型相近的玉石钺上可以看到切割减薄的痕迹。如西坡遗址出土的玉钺M6：1（图一一），器身上保留有明显的线切割的弧形痕迹。

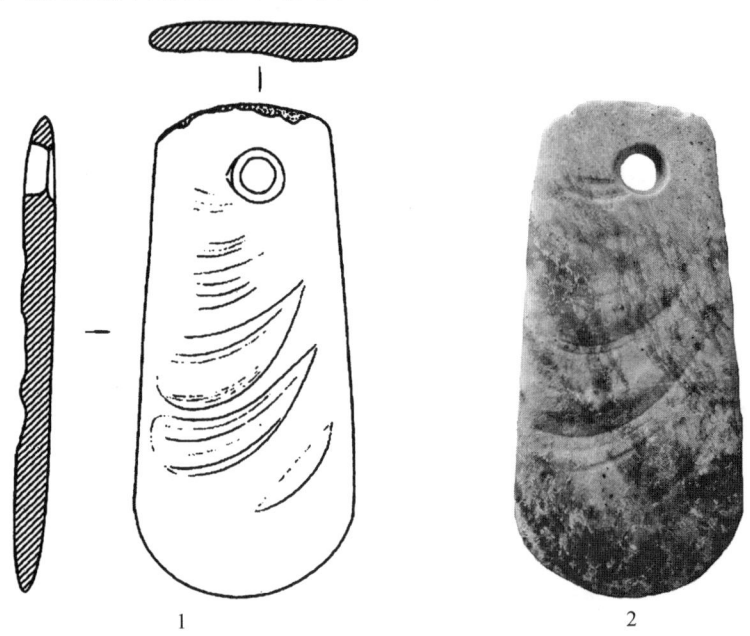

图一一　西坡遗址M6：1线切割痕迹

（改自《灵宝西坡墓地》图2-6b及图版八）

五、石铲使用实验的相关讨论

从实验结果结合前人研究可以看出，石铲刃部使用痕迹存在着横向的不平衡，由于长期偏向一侧使用，反复破损和磨蚀，会造成偏锋的现象[24]。而刃缘痕迹的纵向的不平衡性（前后刃面微痕差异）或许更多的是与工作角度有关。此次实验中石铲的工作角度在10°~50°，杜伟进行过的挖掘和除草实验中，石铲的入土角度在15°~60°，与本实验工作角度相差不大，也表现出了刃缘微痕的不均衡性[25]。而陈胜前等人做的一系列相关实验中，石铲的入土角度较大，石锄入土角度较小，所以石锄的刃部微痕具有不均衡性，而石铲的两侧则较均衡[26]。

较为松软的土壤主要会造成磨圆，较硬的土壤除了使刃缘磨圆外，还会使得刃缘产生中小型的片疤，不同粒度和圆度的砂砾会造成片疤和条痕，据此可以对石铲的使用场景和加工对象进行推测。一般来说，耕地中的土壤较为松散，且不会夹杂较多的石块，石铲受损伤程度较小，微痕以磨圆、微小片疤和磨蚀沟为主。而挖掘的工作场景中砂砾较多，工作深度较大，条痕会更长，片疤更大。

六、结　　语

通过复原实验和出土资料显示，磨制石铲的制作工序为：选料—打制成型—琢制—毛坯去薄—钻孔—磨制定型—抛光。尽可能选择层理结构明显，易于剥离的石料，打制成型的毛坯经琢制修整侧边及器身，同时可以检验石料性能。此时毛坯仍较厚，若毛坯较薄，则磨制去薄；反之则切割去薄，同时切割还可分料。磨制和钻孔时选用硬度大的砺石及磨料可提高磨制效率。抛光除选用合适的抛光工具，更重要的是工作时间，抛光是较为耗时的工序。

通过实验总结了不同的痕迹特征，用于挖掘和除草的石铲的刃缘微痕特征基本类似，只是由于使用强度不同，造成刃缘破损程度不同。通过观察实验痕迹，为区分制作痕迹和使用痕迹提供了依据。石铲除了当作铲进行挖掘和除草，还可以用来堆土垄或堆田埂[27]或是作为石锄来勾草、耙地等[28]多种功能。

从实验情况来看，即使是初学者也可以做出一件比较好的磨制石铲，制作磨制石器的技术难度相对较低。经验丰富者会更熟练，所需时间会更短。此外，本次实验所复原的4件石铲均为长条形形态较小的石铲，而有肩石铲、形制较大的石铲等其他类型的石铲没有进行相关复原，不同类型的石铲制作工艺可能会存在差异，还有待后续更加深入地研究。石铲虽然加工对象都是土壤，但却是一种多用途的工具，功能较为复杂，实验设计都是单一用途，与出土的石铲的使用痕迹有所不同。

注 释

[1] 佟柱臣.中国新石器研究[M].巴蜀书社，1998：1733-1736.

[2] 翟少冬.陶寺遗址石制品复制实验与磨制工艺[J].人类学学报，2015，34（2）：192-201.

[3] a. 崔天兴，张建.磨制（玉）石器定孔工艺的实验考古研究[J].华夏考古，2017（4）：127-130.

b. 黄可佳，王雪.玉石器管钻工艺的动态模拟实验研究[C].文化遗产与公众考古（第四辑），2017：18-26.

c. 北京联合大学考古研究所，广东东莞博物馆课题组.东莞村头遗址出土玉石器的片切割工艺研究[J]南方文物，2019（4）：128-135.

d. 崔天兴，沈辰，马舒文，等.河南淅川沟湾遗址史前玉坯切割工艺的新发现和研究[J].南方文物，2019（6）：117-123.

[4] Owen D. An exercise in experimental archaeology on Chinese stone spades [J]. *Bulletin of the Indo-Pacific Prehistory Association*, 2007: 27.

[5] 周振宇.中国石器实验考古研究概述[J].考古，2020（6）：77-87.

[6] 逄博，张海，方燕明.河南禹州瓦店遗址出土石铲制品的初步研究——嵩山地区夏商时期石铲生产工业管窥[J].华夏考古，2013（2）：45-52.

[7] a. 王小庆.石器使用痕迹的显微观察研究[M].文物出版社，2008：78-81.

b. 王小庆.赵宝沟遗址出土石器的微痕研究——兼论赵宝沟文化的生业形态[C].考古学集刊（16）.北京：科学出版社，2006：124-150.

[8] 陈胜前，杨宽，董哲，等.大山前遗址夏家店下层文化石铲的功能研究[J].考古，2013（6）：50-61.

[9] a. 崔启龙，张居中，杨玉璋，等.河南舞阳贾湖遗址出土石器的微痕分析[J].人类学学报，2017，36（4）：478-498.

b. 崔启龙.河南舞阳贾湖遗址石制品研究[D].中国科学技术大学博士学位论文，2018：97.

[10] 杜伟.淅川沟湾遗址仰韶时期石器微痕分析[D].郑州大学硕士学位论文，2014：37-52.

[11] a. 杨宽.内蒙古林西白音长汗遗址出土兴隆洼文化石铲的功能研究[D].吉林大学硕士学位论文，2013.

b. 杨宽，陈胜前，刘郭韬.内蒙古林西白音长汗遗址出土兴隆洼文化石铲的功能研究[C].边疆考古研究（第17辑）.北京：科学出版社，2015：359-372.

[12] Xie L, Gallo T, Macdonald D. Microwear analysis on experimental ground stone earth-working implements and its implication for investigating ancient agricultural practices [J]. *Journal of Archaeological Science: Reports*, 2019, 25: 351-369.

[13] 长、宽、厚均为最值，无特殊说明下文的长、宽、厚均为最长、最宽、最厚。

[14] 磨蚀沟与条痕稍有不同，条痕略窄，磨蚀沟略宽，呈沟槽状。

[15] 此分类标准仅适用于本次实验与微痕分析。
[16] 翟少冬.山西襄汾大崮堆山遗址石料资源利用模式初探［J］.考古，2014（3）：58-67.
[17] 陈星灿.从灰嘴发掘看中国早期国家的石器工业［C］.中国考古学与瑞典考古学.北京：科学出版社，2006：51-61.
[18] 北京大学考古文博学院，河南省文物考古研究所.登封王城岗考古发现与研究（2002~2005）［M］.郑州：大象出版社，2007：603-656.
[19] 沈辰，陈淳.微痕研究（低倍法）的探索与实践——兼谈小长梁遗址石制品的微痕观察［J］.考古，2001（7）：62-73.
[20] 同［6］.
[21] 张弛，林春.红花套遗址新石器时代的石制品研究［J］.南方文物，2008（3）：68-77.
[22] 同［18］.
[23] a. 中国社会科学院考古研究所河南第一工作队.2002~2003年河南偃师灰嘴遗址的发掘［J］.考古学报，2010（3）393-422.
b. 中国社会科学院考古研究所河南第一工作队.河南偃师市灰嘴遗址西址2004年发掘简报［J］.考古，2010（2）：36-46.
[24] 同［8］.
[25] 同［10］.
[26] a. 同［24］.
b. 同［11］b.
[27] 宫本一夫.胶东地区出土的龙山文化和岳石文化石器分析［M］.海岱地区早期农业和人类学研究.北京：科学出版社，2008：136-148.
[28] 同［11］b.

Experimental Archaeological Study of Ground Stone Spades

FANG Qi   YAO Zong-yu   CUI Tian-xing

The stone spades were one of the important production tools from the middle Neolithic to the Bronze Age, but the related researches were relatively less than others. Among them, the researches on the thinning process of stone shovel were not very detailed. This paper reproduces the life history of stone spades through the experiments of making and using. At the same time, it also probes into the making process and function of stone spades. In the production experiment, the process and thinning technology of stone spades were clarified, and the polishing was preliminarily completed. The striations, scars, and rounding status were observed when the stone spades finished digging and weeding. It also provided an experimental scale for distinguishing the traces of making and use.

内蒙古石人头圪旦墓群出土人骨研究*

阿娜尔[1]　白煜慧[2]　朱　泓[3]　尹春雷[4]

（1.呼和浩特民族学院，呼和浩特，010051；2.鄂尔多斯市博物院，鄂尔多斯，010074；3.内蒙古大学，呼和浩特，010020；4.鄂尔多斯市文物考古研究院，鄂尔多斯，010074）

内蒙古鄂尔多斯地区处于我国中原农耕文化与北方游牧文化的接触地带，自古为多民族的交流交融提供了历史舞台。石人头圪旦墓群位于内蒙古鄂尔多斯市准格尔旗纳日松镇丁家渠，在镇南4千米处。2009年由鄂尔多斯青铜器博物馆进行发掘，共清理古墓葬45座，年代为战国至汉代。从这些墓葬中共采集到可供开展体质人类学研究的古代人骨标本48例。本文通过观察与分析石人头圪旦墓群出土人骨的颅面部形态特征，探讨鄂尔多斯地区古代居民种系构成与种系源流，以期为进一步深入研究该地区战国秦汉时期不同来源的古代人群的人类学类型以及相互之间混杂、交融的历史过程等重大理论问题提供新的参考依据。

一、性别、年龄鉴定

石人头圪旦墓群发掘的45座墓葬共出土了48例人骨，保存状况不佳。依据邵象清[1]、朱泓[2]等介绍的鉴定标准，对其进行了性别、年龄鉴定。本文材料的性别鉴定，主要依据骨盆和颅骨形态，结合其他性别特征较为明显的骨骼进行推断；48例人骨中，男性个体有28例，女性个体有18例，性别不明个体共有2例，鉴定率达到95.83%。从鉴定结果来看，男女两性性别比例为1.56∶1，男性明显多于女性。本文材料的年龄鉴定，主要依据耻骨联合面的形态变化，结合颅骨骨缝愈合程度和牙齿磨耗程度来进行判断。48例人骨中，青年期（15～23岁）个体有4例，其中有1例为未成年个体；壮年期（24～35岁）个体有22例；中年期（36～55岁）个体有15例；年龄不详个体共有7例。根据性别年龄鉴定结果绘制了石人头圪旦墓群死亡年龄分布表（表一）。从表一中的统计结果来看，石人头圪旦墓群男女两性死亡高峰期为壮年期，其次为中年期，最后为青年期，没有发现少年期（7～14岁）和老年期（56岁以上）的个体。在年龄不详的"成年"个体

---

* 基金项目：国家社会科学基金一般项目"内蒙古川掌战国秦汉时期墓葬出土人骨的生物考古学研究"（21BKG036）阶段性成果。

以及"未成年"个体未计入统计范围的情况下，计算石人头圪旦墓群平均死亡年龄，结果如下：总平均死亡年龄为34.31岁，男性平均死亡年龄为34.48岁，女性平均死亡年龄为34.06岁。

表一　石人头圪旦墓群古代居民性别及死亡年龄分布统计表

年龄分期/Age stage	男性/M（n）	女性F（n）	性别不明Unknown（n）	合计Total（n）
少年期7～13	0（0.00%）	0（0.00%）	0（0.00%）	0（0.00%）
青年期14～23	2（7.14%）	1（5.56%）	1（50.00%）	4（8.33%）
壮年期24～35	12（42.86%）	10（55.56%）	0（0.00%）	22（45.83%）
中年期36～55	10（35.71%）	5（27.78%）	0（0.00%）	15（31.25%）
老年期56～X	0（0.00%）	0（0.00%）	0（0.00%）	0（0.00%）
成年（年龄不详）	4（14.29%）	2（11.11%）	1（50.00%）	7（14.59%）
合计	28（100.00%）	18（100.00%）	2（100.00%）	48（100.00%）

二、颅骨非测量性状分析

石人头圪旦古代居民的颅骨非测量性状观察主要依据《人体测量方法》[3]中的有关内容和标准。可供开展颅面部测量观察的个体共有40例，其中男性个体24例，女性个体16例。

据观察统计，石人头圪旦古代居民的颅形均为卵圆形。眉弓突度而言，未发现特显和粗壮的个体，不显、稍显、中等、显著均有分布，但男性个体主要集中于中等和显著，占男性总数的81.25%，女性个体则集中于稍显，占女性总数的66.67%；男女两性的眉弓范围未延伸至眶上缘中点的情况居多，仅有2例女性个体眉弓范围缺如；眉间突度而言，男性个体主要表现为中等和显著程度，占男性总数的73.33%，而女性个体则稍显者居多，占女性总数的66.67%，男女两性均未发现极显和粗壮情况。前额倾斜程度多集于中等、其次为倾斜，仅有1例女性表现为平直。眶形而言，除了1例男性个体为长方形之外，均为椭圆形眶形。男性个体的鼻根区凹陷以略有凹陷者居多，而女性个体的鼻根区凹陷以无凹陷者居多，鼻根凹陷程度均不显著；鼻前棘均不发达，有些表现为稍显，有些表现为中等；梨状孔形状以心形为主；梨状孔下缘以钝型居多，少部分男性有锐型形态。犬齿窝大部分略显浅凹，有些无凹陷。可观察的门齿均为铲形门齿；齿弓形状分布于椭圆形、抛物线形，而抛物线形齿弓形状居多；47.62%的个体有腭圆枕，其个体腭圆枕形态在崤状、丘状、瘤状均有分布。乳突发达程度从小至大的范围均有分布，而男性表现为中等至大的发达程度，女性则表现为较小；枕外隆突而言，男性个体从稍显至极显均有分布，而女性个体从缺如至中等均有分布。颏型主要集中于圆形，少部分男性个体表现为方形，少部分女性个体表现为尖形；均没有下颌圆枕；下颌角区外翻类型较多，大多表现为非"摇椅"下颌。

石人头圪旦古代居民男女两性在非测量性状形态特征上表现为较一致，在眉弓突度、眉间突度、眉弓范围、乳突等方面的不平衡情况，均为男女两性之间的性别差异所致。眉弓、鼻前棘、犬齿窝以及铲形门齿的出现均为亚洲蒙古人种的典型特征，因此，石人头圪旦墓群古代居民应归属于亚洲蒙古人种的范畴。

三、颅骨测量性状分析

（一）颅骨测量性状

石人头圪旦墓群出土人骨由于保存相对较差，因此可测量的个体共有6例，其中5例男性，1例女性。石人头圪旦墓群M15男25~30；该个体的颅骨测量性特征为颅宽高指数显示为中颅，额顶宽指数为狭额型，枕骨大孔指数中型。石人头圪旦墓群M25，男性，35岁左右；该个体的颅骨测量性特征为中颅型、高颅型和狭颅型相结合的颅型，额顶宽指数显示为狭额型，枕骨大孔为中型，眶指数显示为中眶型，鼻指数显示为阔鼻型，颌指数为正颌型、总面角和中面角显示为平颌型，面部扁平度为中等。石人头圪旦墓群M38，男性，30~35岁；该个体的颅骨测量性特征为总面角和中面角显示为平颌型，枕骨大孔指数阔型，鼻指数中鼻型，颌指数正颌型。石人头圪旦墓群M43，男性，35岁左右；该个体的颅骨测量性特征为中颅型伴有高颅型和狭颅型的特征，狭额型，枕骨大孔为中型，眶指数显示中眶型，鼻指数为阔鼻型，颌指数显示为正颌型，总面角和中面角为平颌型，面部扁平度为中等。石人头圪旦墓群M45，男性，40~45岁；该个体的颅骨测量性特征为圆颅型、正颅型、阔颅型相结合的颅型特征，额顶宽指数狭额型，枕骨大孔指数狭型，眶指数中眶型，鼻指数特阔鼻型，颌指数中颌型，总面角和中面角平颌型，面部扁平度大。石人头圪旦墓群M41，女性，35~40岁；该个体的颅骨测量性特征为圆颅型、正颅型、中颅型相结合的颅型特征，额宽指数为狭额型，枕骨大孔指数为阔型，上面指数显示为中上面型，低眶型，中鼻型，颌指数为正颌型，总面角和中面角为平颌型，面部扁平度大。

由于部分个体的某些重要测量点未保存，因此无法获得测量值，如面宽、中面宽等。但从以上颅面部指数及角度值来看，石人头圪旦古代居民大致可分为两个类型。一类为以中颅型、高颅型和狭颅型相结合的颅型特征的人群，即M15、M25、M38、M43出土人骨，将其归为一类组别，称之为石人头圪旦A组；另一类为圆颅型、正颅型、阔颅型（或中颅型）结合的颅型特征人群，即M45、M41出土人骨，将其归为一类组别，称之为石人头圪旦B组。石人头圪旦A组中颅型、高颅型和狭颅型相结的颅型为主，狭额型，枕骨大孔为中型为主，中眶型，阔鼻型，颌指数为正颌型、总面角和中面角显示为平颌型，面部扁平度为中等颅面部特征。石人头圪旦B组圆颅型、正颅型或中颅型、阔颅型相结合的颅型特征，面部扁平度大等体质特征。因此判断，石人头圪旦古代居民由不同种系类型体质特征人群构成。

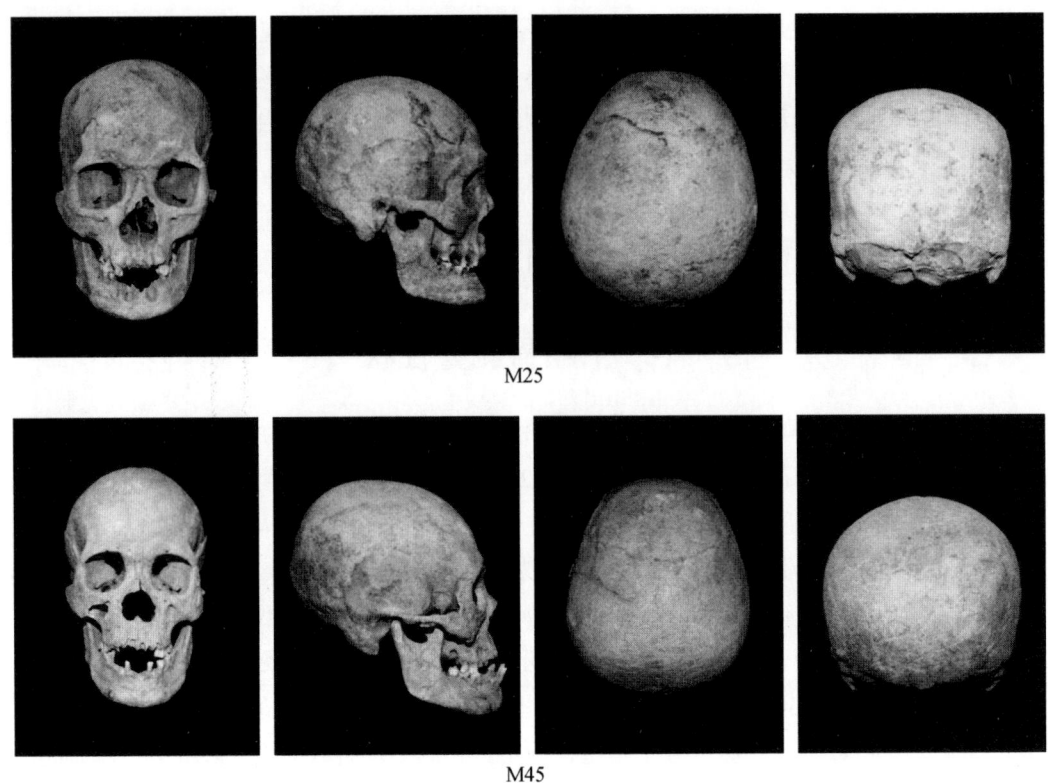

M25

M45

图一　石人头圪旦墓群男性颅骨

（二）石人头圪旦组与亚洲各近代组的比较

为了进一步了解石人头圪旦墓群出土人骨的种系成分以及种系源流问题，将该人群分为两个组与现代亚洲蒙古人种的7个近代组进行对比分析。运用平均数组间差异均方根的方法，将石人头圪旦A组、石人头圪旦B组分别与华北组、抚顺组、通古斯组、蒙古组、华南组、爱斯基摩组、贝加尔湖组进行。对比结果见表二。

表二　石人头圪旦A、B组与各近代对比组之间组差均方根值（男性）

函数值	对比组	华北组	抚顺组	通古斯组	蒙古组	华南组	爱斯基摩组	贝加尔湖组
均方根（全部项目）	石人头圪旦A	0.77	0.73	1.38	1.28	0.89	0.99	1.19
	石人头圪旦B	1.58	1.48	1.20	1.27	1.25	1.53	1.28

表二所示的计算结果表明，石人头圪旦A组的颅骨的形态特征在7个对比组中与抚顺组（0.73）和华北组（0.77）显示出最为接近的关系，其次与华南组（0.89）表现得较为接近，而与剩下的爱斯基摩组、贝加尔湖组、蒙古组、通古斯组之间相对疏远。石人头圪旦B组在颅骨的形态特征上与通古斯组（1.20）、华南组（1.25）表现出最为接

近,其次与蒙古组(1.27)和贝加尔湖组(1.28)表现得较为接近,而与抚顺组、爱斯基摩组、华北组之间表现出相对疏远。抚顺组和华北组为现代亚洲蒙古人种东亚类型代表,通古斯组为现代亚洲蒙古人种北亚类型的代表。这说明,石人头圪旦A组与现代亚洲蒙古人种的东亚类型群体表现出较为一致的颅面部特征,而石人头圪旦B组与现代亚洲蒙古人种的北亚类型群体最为接近。这一结果也验证了上文中石人头圪旦墓群出土人骨具有不同种系构成的判断。

(三)石人头圪旦组与若干古代组的比较

为了更进一步了解石人头圪旦A组和石人头圪旦B组的种系源流,将其与不同时空背景的若干古代对比组进行比较分析,以期了解石人头圪旦A、B组与其他古代居民的种族渊源关系,探讨石人头圪旦A、B组与周边不同古代组之间的种系流向问题,为战国至汉代时期鄂尔多斯地区古代居民人类学特征以及种系类型等方面的研究提供重要的参考依据。

1. 石人头圪旦组与先前时期若干古代居民的比较

本文选择先秦时期不同地区、不同类型的12个对比组与该批人群进行比较,从而了解其不同的渊源关系。本文选择的古代组有:庙子沟、朱开沟组、大汶口组、西夏侯组、代海组、庙后山组、昙石山组、甑皮岩组、井沟子组、彭堡组、柳湾合并组、菜园组。以上12组的地理位置及种系类型等基本情况见表三。

表三 本文所选先秦时期各古代对比组的情况表

对比组	年代	出土地点	所属人种类型
庙子沟组	新石器时代	内蒙古乌兰察布察哈尔右翼前旗	古华北类型
朱开沟组	青铜器时代	内蒙古鄂尔多斯伊金霍洛旗	古华北类型
大汶口组	新石器时代	山东泰安	古中原类型
西夏侯组	新石器时代	山东曲阜东南	古中原类型
代海组	青铜时代	辽宁阜新	古东北类型
庙后山组	青铜时代	辽宁本溪	古东北类型
昙石山组	新石器时代	福建闽侯	古华南类型
甑皮岩组	新石器时代	广西桂林市	古华南类型
井沟子组	青铜时代	内蒙古赤峰林西	古蒙古高原类型
彭堡组	青铜时代	宁夏固原	古蒙古高原类型
柳湾合并组	新石器时代至早期青铜时代	青海乐都	古西北类型
菜园组	新石器时代	宁夏海原	古西北类型

通过运用欧式距离计算方法，将石人头圪旦两组的颅长、颅宽、颅高、上面高、眶高、眶宽、鼻宽、鼻高、总面角、颅指数、颅长高指数、颅宽高指数、眶指数、鼻指数、鼻颧角、垂直颅面指数等16项颅面部特征与12个古代对比组进行聚类分析，结果详见图二。

从图二可以清晰地看出，大概1刻度时，石人头圪旦A组与朱开沟组聚为一类；在6刻度左右时，这一聚类群与庙子沟组聚为一类，而朱开沟组与庙子沟组均为"古华北类型"代表人群。说明石人头圪旦A组与"古华北类型"体质特征的这两组古代居民在颅面部体质特征方面较为一致。而与"古西北类型"代表菜园组和柳湾合并组也有不同程度的接近。与"古东北类型"代表人群、"古中原类型"代表人群、"古华南类型"代表人群具有不同程度较为疏远距离。而与"古蒙古高原类型"人群和石人头圪旦B组在生物学距离上最为疏远。

石人头圪旦A组与"古华北类型"体质特征人群最为接近，并且与地理距离上最近的朱开沟古代居民在形态学距离上更亲近。朱开沟组古代居民具有中等偏短的颅型、高颅型和中颅型相结合的颅型特征以及狭窄的额部、偏低的眶型、偏中型的阔鼻型、面宽和面高均为中等、较大的面部扁平度等颅面部体质特征[4]，属于"古华北类型"古代居民。因此可以推断，石人头圪旦A组应属于"古华北类型"人群，而且可能与朱开沟组古代居民具有相同祖源或也可能是朱开沟组古代居民的直系后裔。

从图二还可以看出，大概18刻度，石人头圪旦B组与井沟子组和彭堡组的小聚类群聚为一类；而与其他古代对比组在形态学距离上表现为较疏远。井沟子组[5]和彭堡组[6]是"古蒙古高原"类型代表人群，他们具有圆颅型、正颅型、阔颅型相结合的颅

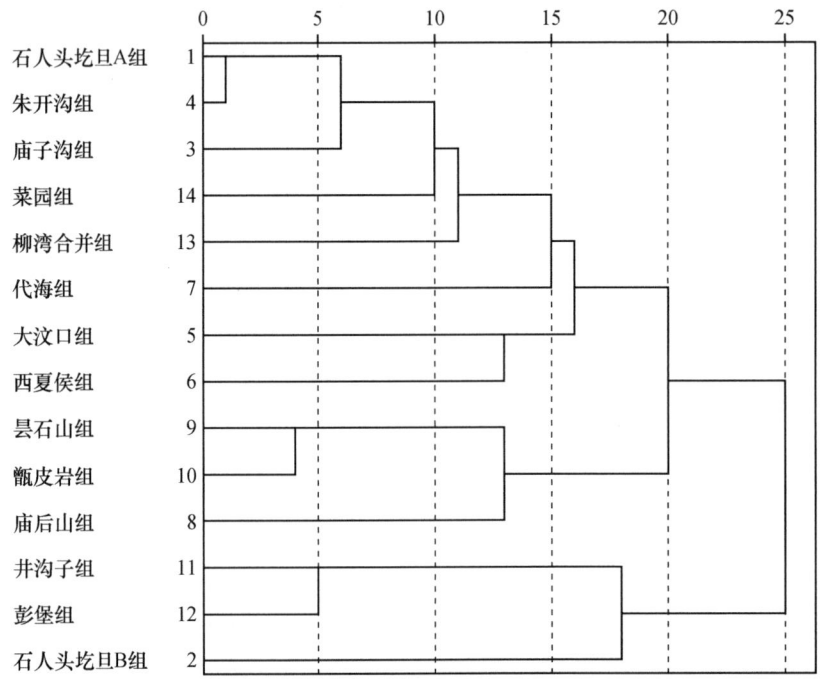

图二　石人头圪旦与先秦时期各古代居民的聚类分析（男性）

型特征，面部较高且宽，面部扁平度较大，狭额型，偏低的中眶型等共性特征，而这些特征与石人头圪旦B组的颅面部特征表现出较为一致。因此推断，石人头圪旦B组应属于"古蒙古高原类型"体质特征人群。

2. 石人头圪旦组与周边地区若干古代组的比较

本文选择周边地区12个对比组与该批人群进行比较，从而了解周边地区不同人群之间的亲缘关系，以期更加深入认识石人头圪旦古代居民体质特征的种系源流问题。通过运用因子分析方法，对14个组的颅长、颅宽、颅高、上面高、眶高、眶宽、鼻宽、鼻高、颅指数、颅长高指数、颅宽高指数、眶指数、鼻指数、鼻颧角、垂直颅面指数等15项进行分析比较（详见表四），从而了解各古代居民之间的亲疏关系，并了解以上颅面部特征对其关系的影响。

提取的前四个因子的累计贡献率分别为32.56%、58.29%、71.52%、82.64%，达到理想值，以上四个主成分因子可以代表15个特征的大部分信息。第一个主成分因子的贡献率最高，其最大载荷的变量包括颅宽、颅高、颅指数、颅长高指数、颅宽高指数、垂直颅面指数；基本代表了颅型的宽与高特征及面部在垂直方向上的形态特征，方差贡献率为32.56%。第二个主成分因子的贡献率其次，其最大载荷的变量包括颅长、上面高、眶高、眶指数、鼻指数；基本代表了颅型的长度特征，方差贡献率为25.73%。第三个主成分因子最大载荷的变量包括眶宽、鼻高；基本代表了鼻部和眶部特征，方差贡献率为13.22%。第四个主成分因子最大载荷的变量包括鼻宽、鼻颧角；代表了颅面部在水平方向上的特征，方差贡献率为11.13%。

根据因子得分矩阵绘制出四个主成分因子的散点图（详见图三），图中的序号对应的组别为：1-石人头圪旦A组；2-石人头圪旦B组；3-姑姑庵组；4-查干陶勒盖组；5-巴音哈达组；6-西黑岱Ⅰ组；7-西黑岱Ⅱ组；8-红庆梁组；9-三道湾组；10-纳林套海组；11-集宁路Ⅰ组；12-集宁路Ⅱ与Ⅲ合并组；13-集宁路Ⅳ组；14-城卜子组。

由图三可知，第一主成分因子中最有代表性的是颅宽、颅高、颅宽高指数；从纵轴代表的第一主成分因子可以看出，零刻度以上的各组具有相对较大的颅宽值，而零刻度以下则颅宽相对较窄；零刻度以上各组的颅高相对较低，而零刻度以下则颅高相对较高；这当中颅宽和颅高具有较大的区分意义；而颅宽、颅高的变化也随之改变了颅宽高指数。第二主成分因子区分效果也比较明显，这当中颅长具有较大的区分意义；从横轴代表的第二主成分因子可以看出，零刻度以下的各组具有相对较大的颅长值，而零刻度以上则颅长较为短。第三主成分因子中最有代表性的是眶宽；从纵轴代表的第三主成分因子可以看出，零刻度以下的各组具有相对较小的眶宽值，而零刻度以上则眶宽值相对较大。第四主成分因子中最有代表性的是鼻颧角；从横轴代表的第四主成分因子可以看出，零刻度以上的各组具有相对较大的鼻颧角，面部扁平度较大；而零刻度以下则鼻颧角较为小，面部扁平度较小。

表四 石人头圪旦组与周边地区若干古代组之间比较（男性）

项目↓ 对比组→	石人头圪旦A组	石人头圪旦B组	姑姑庵组	查干陶勒盖组	巴音哈达组	西黑岱I组	西黑岱II组	红庆梁组	三道湾组	纳林套海	集宁路I组	集宁路II与III合并组	集宁路IV组	城卜子组
颅长g-op	179.20	181.40	177.10	179.65	182.50	174.80	175.43	183.40	181.69	181.67	176.97	173.52	174.00	174.80
颅宽eu-eu	138.97	146.50	138.40	139.90	146.40	142.20	147.20	142.60	148.51	142.00	143.51	150.41	143.64	143.89
颅高ba-a	139.05	132.70	139.60	140.80	120.90	139.99	130.31	136.70	130.65	134.17	145.14	131.40	134.74	135.54
上面高n-sd	74.94	71.22	72.30	73.22	76.15	79.14	74.95	74.03	78.91	74.60	80.55	77.67	75.90	74.39
眶高R	34.31	32.71	33.30	35.66	35.77	35.89	33.55	34.44	32.20	36.17	35.09	35.56	35.35	36.19
眶宽mf-ek R	44.18	40.92	42.10	46.42	42.85	40.68	41.41	43.52	43.24	44.92	42.89	42.77	41.16	41.98
鼻宽	27.51	27.57	25.70	25.90	26.63	26.67	26.55	25.47	27.43	27.17	26.47	26.93	24.69	27.00
鼻高n-ns	53.94	47.35	54.20	53.53	54.37	57.02	56.48	52.93	56.38	55.75	56.38	55.14	53.28	54.20
颅指数	76.80	80.76	78.20	78.01	80.22	81.35	83.92	77.75	81.88	78.17	81.13	86.76	82.59	82.55
颅长高指数	77.48	73.15	78.80	78.30	66.25	80.09	74.22	74.54	72.00	73.85	82.03	75.77	77.50	77.53
颅宽高指数	99.36	90.58	100.90	100.86	82.58	98.45	88.41	95.86	88.02	94.57	101.14	87.37	93.85	95.40
眶指数R	78.27	79.94	79.10	76.83	83.48	88.23	81.03	79.14	78.22	80.58	81.94	83.30	85.92	82.68
鼻指数	50.98	58.23	47.50	48.46	48.98	46.77	47.07	48.12	48.86	48.97	46.96	49.28	46.49	49.79
鼻颧角	147.74	147.60	141.00	147.39	144.95	145.41	144.49	149.39	152.19	145.60	148.74	150.30	146.86	149.56
垂直颅面指数	53.56	53.67	50.20	52.31	62.99	56.53	58.54	54.16	60.60	55.60	55.71	58.41	56.38	54.76

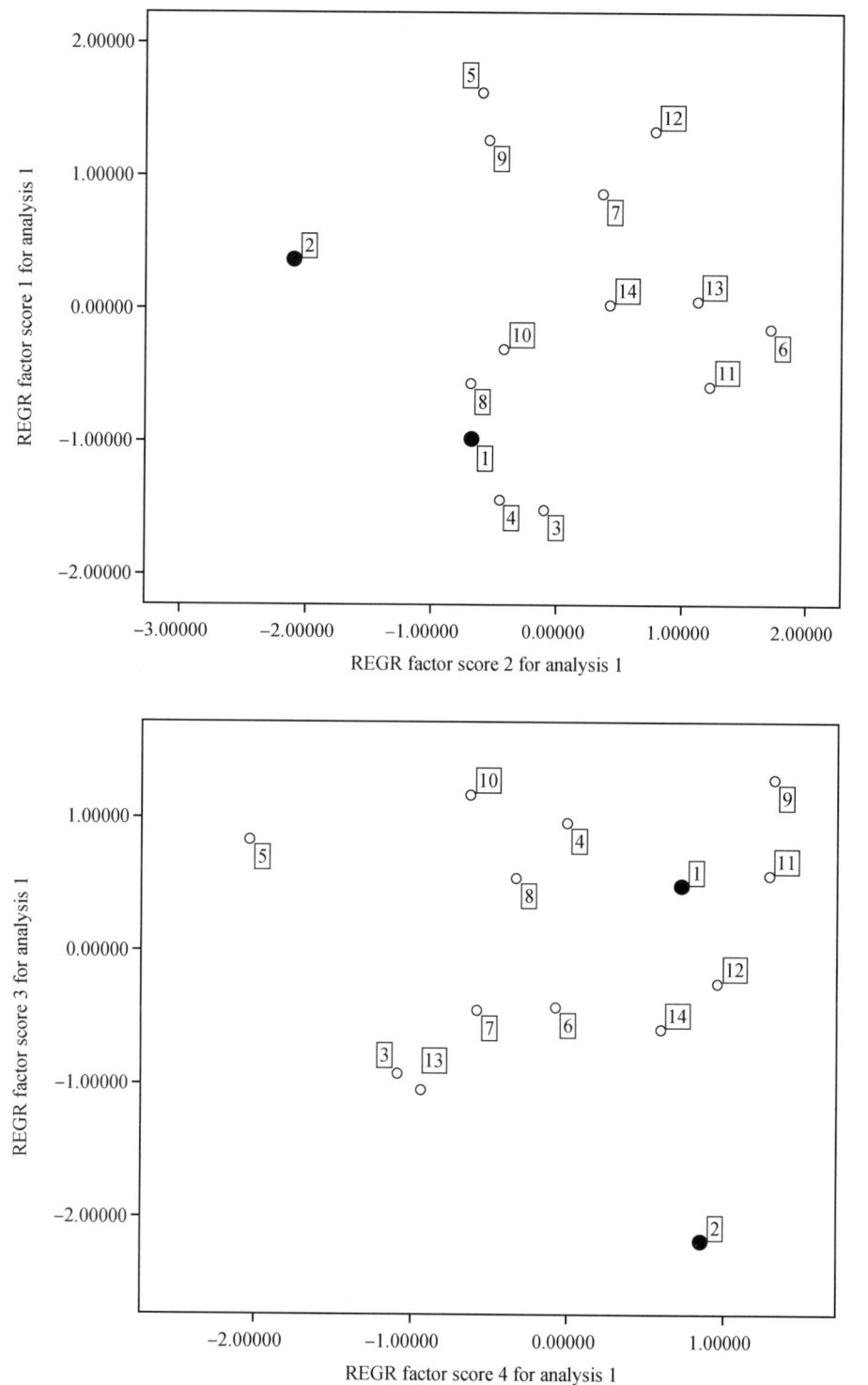

图三　石人头圪旦组与周边地区各古代居民的因子分析（男性）

综合四个主成分因子的区分结果来看，石人头圪旦A组在颅宽、颅高等特征方面与现代亚洲蒙古人种东亚类型体质特征人群姑姑庵组、查干陶勒盖组、西黑岱Ⅰ组、红庆梁组、集宁路Ⅰ组、集宁路Ⅳ组、城卜子组、纳林套海组较为相似；在颅长特征方面则与东亚类型居民和北亚类型居民都具有不同程度的接近，分析效果不是十分明显；但是石人头圪旦A组在颅长、颅宽、颅高等颅型特征上与红庆梁组、查干陶勒盖组、姑姑庵组表现出较为固定的距离，相比其他组显示出较多的相似性；而这些对比组在地理位置上较近，红庆梁组、查干陶勒盖组[7]均位于鄂尔多斯境内，姑姑庵组[8]居民虽然在呼和浩特境内，但离石人头圪旦组在空间距离上十分接近。这可能也说明，这片区域近似石人头圪旦A组体质特征类型广泛分布，也可能是这一带居住生活的主体人群。因此推断，鄂尔多斯地区战国至汉代时期，以"古华北类型"体质特征人群为主要构成。石人头圪旦B组在颅宽、颅高等特征方面与现代亚洲蒙古人种北亚类型体质特征人群巴音哈达组、西黑岱Ⅱ组、三道湾组、集宁路Ⅱ与Ⅲ合并组较为相似；在颅长特征方面则与北亚类型和东亚类型体质特征人群呈现出不同程度的接近，无明显规律可循；但是石人头圪旦B组在颅长、颅宽、颅高等颅型特征上与巴音哈达组、三道湾组保持稳定的距离，相比其他各组又显示出较多的相似性；表明这三组间相比其他组在颅型特征方面较为一致。巴音哈达组为北魏时期鲜卑人群[9]，而三道湾组为东汉时期的鲜卑人群[10]，石人头圪旦B组与这两组颅型特征上表现出的相似性，说明可能与之有较近的亲缘关系，或可能对于后来入驻鄂尔多斯的人群有着重要遗传贡献，也为不断迁徙、不断融合的多民族交融的历程，提供了基因基础。石人头圪旦A组与石人头圪旦B组在第一、第二、第三主成分因子的作用下，呈现出一定分离的态势，具有一定的空间距离中，表明两组间存在较大差异性；而在第四主成分因子所代表的变量作用下呈现靠近的趋势，表明这两组在面部扁平度方面较为接近。因此也再一次验证了石人头圪旦两组人群由不同种系类型构成。

四、讨　论

综上所述，石人头圪旦墓群出土人骨的颅面部非测量性状来看，该批人群属于亚洲蒙古人种的范畴。从颅面部测量性状来看，发现该批人群具有不同种系构成，分为石人头圪旦组A组和石人头圪旦B组。在与现代亚洲蒙古人种各类型的比较中，石人头圪旦组A组与现代亚洲蒙古人种的东亚类型较为接近，而石人头圪旦B组与现代亚洲蒙古人种的北亚类型群体在体质特征上有着一定程度的相似性。在若干古代对比组的比较中，石人头圪旦A组与"古华北类型"体质特征人群最为接近，石人头圪旦B组则属于同"古蒙古高原类型"在体质特征上具有遗传学联系的人群。

"古华北类型"体质特征人群在新石器时代开始在内蒙古中南部到晋北、冀北一带的长城沿线广泛分布，这类型体质特征的人群为这一地区的本地居民[11]。战国至汉代时期，石人头圪旦A组、查干陶勒盖组、红庆梁组等古代居民延续当地土著居民的遗传基因，繁衍生息。近似于石人头圪旦A组体质特征类型人群广泛分布于鄂尔多斯地区，为该地区主要体质特征人群。早在春秋时期内蒙古长城地带就留有了亚洲蒙古人种北亚类型人群的遗传标记[12]，战国时期西沟畔[13]、桃红巴拉[14]等墓葬出土的早期匈奴人群也在分布于鄂尔多斯地区，促进不同体质特征类型人群的交往交流。具有"古蒙古高原"类型颅面部特征的石人头圪旦B组与西沟畔、桃红巴拉等匈奴人群有着近似的体质特征。

据文献记载，战国时期，赵国击破生活于鄂尔多斯地区的林胡、楼烦，并在此地设郡县、筑长城，加强了防御性的战略措施；秦朝时期，匈奴与秦抗衡，几番争夺鄂尔多斯地区；汉代时期，随着国力增强，发动一系列战争，削弱匈奴势力，加强边疆安全[15]。从历史事实中可知，战国至汉代时期，鄂尔多斯地区作为军事要塞，以战争的形式推动着不同文化民族间的交往交流。这期间也有降军士卒、"亡人"等人进入北方游牧民族居住区生活，将中原的农耕文化融入进游牧文化圈中，而且"亡人"从内地逃往匈奴居地的情形相当普遍；而与之相反，匈奴等北方游牧民族也流入塞内，与当地居民交错杂居，如归降者、胡巫、胡贾等成为与"亡人"反方向人口流动的历史例证[16]。"古蒙古高原类型"体质特征的石人头圪旦B组也有可能以上述一种转居者的身份入驻鄂尔多斯地区，与石人头圪旦A组古代居民共生共存，融入当地文化圈中，在此生居死葬。战国至汉代时期，鄂尔多斯地区不同类型体质特征人群共同生活，相互依存。

注　释

[1]　邵象清.人体测量手册[M].上海：上海辞书出版社，1985.

[2]　朱泓.体质人类学[M].北京：高等教育出版社，2005.

[3]　同[1].

[4]　潘其风.朱开沟墓地人骨的研究[M].朱开沟——青铜时代早期遗址发掘报告.北京：文物出版社，2000：341-352.

[5]　朱泓，张全超.内蒙古林西县井沟子遗址西区墓地人骨研究[J].人类学学报，2007（2）：97-106.

[6]　韩康信.宁夏彭堡于家庄墓地人骨种系特点之研究[J].考古学报，1995（1）：109-125.

[7]　阿娜尔，朱泓.鄂尔多斯查干陶勒盖墓地人骨研究[J].内蒙古社会科学，2017（5）：90-96.

[8]　张全超，曹建恩，朱泓.内蒙古清水河县姑姑庵汉代墓地人骨研究[J].人类学学报，2011（1）：64-73.

[9]　阿娜尔，朱泓.内蒙古鄂托克前旗巴音哈达墓地北魏时期人骨研究[C].边疆考古研究（第23辑）.北京：科学出版社，2018：281-288.

[10]　朱泓.察右后旗三道湾汉代鲜卑族颅骨的人种学研究[C].内蒙古地区鲜卑墓葬的发现与研

究.北京：科学出版社，2004：273-288.

[11] 朱泓.内蒙古长城地带的古代种族[C].边疆考古研究（第1辑）.北京：科学出版社，2002：301-313.

[12] 常娥，张全超，朱泓等.内蒙古包头市西园春秋时期墓地人骨线粒体DNA研究[C].边疆考古研究（第6辑）.北京：科学出版社，2007：364-370.

[13] 潘玲.西沟畔汉代墓地四号墓的年代及文化特征再探讨[J].华夏考古，2004（2）：68-74.

[14] 潘其风，韩康信.内蒙古桃红巴拉古墓和青海大通匈奴墓人骨的研究[J].考古，1984（4）：367-375.

[15] 郝维民，齐木德道.内蒙古通史第一卷[M].北京：人民出版社，2011.

[16] 王子今.秦汉时期河套地区的历史文化地位[J].宁夏社会科学，2006（2）：92-96.

A Study on Human Skulls from Shirentougedan Cemetery in Inner Mongolia

Anaer　BAI Yu-hui　ZHU Hong　YIN Chun-lei

This paper studies the physical anthropology of human bones from 45 cemetery of Shirentougedan in Narisong Town, Zhungeer Banner, Inner Mongolia. There were 48 human bones, including 28 males, 18 females and 2 males of unknown sex. The total had an average age at death of 34.31 years, males had 34.48 years, while females had 34.06 years. In terms of Non-metric Cranial Traits, these populations belong to the category of Asian Mongolian race. According to the statistical analysis of craniofacial traits, these people were divided into Shirentougedan Group A and Shirentougedan Group B. The comparison of modern Asian groups shows that Shirentougedan Group A is close to the East Asian type of modern Asian Mongolian, while Shirentougedan Group B is similar to the north Asian type of modern Asian Mongolian to A certain extent. In the comparison of several ancient groups, Shirentougedan Group A is the closest to the "ancient North China type" population, and population Group B should belong to the "ancient Mongolian Plateau type" population.

内蒙古准格尔旗福路塔战国秦汉墓地出土人骨的颅面测量性状研究*

胡春佰¹　赵国兴²　王建伟¹　孙斯琴格日乐¹　刘丽娜¹

（1.内蒙古自治区文物考古研究院，呼和浩特，010011；2.鄂尔多斯博物馆，鄂尔多斯，017004）

　　福路塔墓地位于内蒙古自治区鄂尔多斯市准格尔旗薛家湾镇柳树湾村福路塔社新村东北约300米处的坡地上，一条大体呈西北—东南走向的乡村水泥路将这片墓地分为东西两部分。其中东侧部分南北最长约300、东西最宽约150米。2017～2018年内蒙古自治区文物考古研究所（现内蒙古自治区文物考古研究院）对该墓地进行了抢救性发掘，共清理战国晚期至西汉早期长方形土坑竖穴墓131座，包括单人墓126座、合葬墓5座。墓向既有东西向，又有南北向，东西向墓的数量是南北向墓的两倍余。葬式多种多样，以仰身直肢葬数量最多。有殉牲的墓共37座，几乎散布于整个发掘区域，既有东西向的，也有南北向的。殉牲的种类有羊、牛、狗，以羊的数量最多。随葬品以日用陶器为主，有瓮、罐、缶、壶、釜、豆、钵等。另外有铜器、铁器、骨、石制品，银饰品和半两钱等。

一、性别年龄

　　福路塔墓地采集人骨标本129例（其中1例是在清理征地范围边缘所获，编号为LM1，该墓葬未经全面发掘），其性别年龄情况具体见表一。

表一　福路塔墓地人骨性别年龄鉴定信息表

编号	性别	年龄	编号	性别	年龄	编号	性别	年龄
M1	不详	25～40岁？	M5	不详	30～45岁？	M9	女？	45～55岁
M2	女	45～50岁	M6	女	20～23岁	M10	男	35±岁
M3	男	40±岁	M7	不详	中年	M11	不详	不低于中年
M4	女	40～55岁	M8	男	45～60岁	M12	女	30～40岁

---

* 基金项目：国家社会科学基金一般项目"准格尔旗福路塔战国秦汉墓地发掘资料整理与研究"（20BKG012）。

续表

编号	性别	年龄	编号	性别	年龄	编号	性别	年龄
M13	女	40~55岁	M49	不详	40±岁	M86	不详	9~11岁
M14	不详	7~10岁	M50	男	45~60岁	M87	女	27~30岁
M15	女?	40~45岁	M51	不详	成年以上	M88	男	50~60岁
M16	男	40~55岁	M52	男	45±岁?	M89	男	40~45岁
M17	不详	成年以上	M53	女	老年	M90	女	45~60岁
M18	女	老年	M54	不详	成年以上	M91	不详	不详
M19	不详	26~35岁?	M55	男	30~40岁	M93	男	50±岁
M20	男	45~55岁	M56	女?	50~60岁	M94	不详	7~9岁
M21	女	老年	M57	女	35±岁	M95	不详	9~12岁
M22	女?	老年	M58	不详	成年以上	M96	女	25~30岁
M23	女?	30~45岁	M60	不详	35~50岁?	M97	男	45±岁
M24	女?	50±岁	M61	男	45~50岁	M98	男	45~60岁
M25	女	25±岁	M62	不详	35±岁	M100	女?	老年
M26	男	45±岁	M63	男	40±岁	M101	男	17~19岁
M27	男	40~50岁	M65	不详	成年以上	M102	不详	不低于中年
M28	不详	不低于中年	M66	不详	成年以上	M103	男	35~50岁?
M29	男	35±岁	M67	不详	老年	M104	男	45岁以上
M30	男	30±岁	M68	不详	不详	M105东	男?	成年以上
M33	女	30~45岁?	M69	女?	50±岁	M105西	女	50~60岁
M34	不详	40±岁	M70	女?	中年	M106	不详	45~60岁?
M35	男?	18~20岁	M71	女	不低于中年	M107	男	45~50岁
M36	不详	成年以上	M72	女	40~45岁	M108	女	45~55岁
M37	男	40~45岁	M73	不详	不低于中年	M109上	男	6~8岁
M38	女	50±岁	M75	男?	50~60岁	M109下	男	45~60岁
M39	不详	中年以上	M76东	女	35±岁	M110	男	35~45岁
M40	男	老年	M76西	不详	7~9岁	M111	男	40~55岁
M41	不详	2~5岁	M77	不详	成年以上	M112	女	老年
M42	女	30-35岁	M78	女	35±岁	M113	男	50±岁
M43	不详	不低于中年	M79	不详	50~60岁	M114	女	25~30岁
M44	女?	40±岁	M80	不详	成年以上	M115	男	30~40岁
M45	男	24~26岁	M81	不详	成年以上	M116	男	50±岁
M46	女?	50~60岁	M82	男	40~55岁	M117	男?	不低于中年
M47	女	45~55岁	M83	不详	成年以上	M118	男	45~50岁
M48	女	40±岁	M85	男	40岁以上	M119北	不详	成年以上

续表

编号	性别	年龄	编号	性别	年龄	编号	性别	年龄
M119南	男?	不低于中年	M124	女	40±岁	M128	不详	成年以上
M120	不详	未成年	M125	女	20~25岁	M129	女	50~60岁
M121	男	45~60岁	M126	女	老年	M130	女	老年
M122	女	50岁以上	M127北	女	30~40岁	M131	男	30~40岁
M123	女	25~30岁	M127南	男	不低于中年	LM1	男?	45~55岁

二、颅面部的测量性形态特征

通过对颅面部形态特征的测量和统计，得出福路塔男性颅长标准差为4.38，颅宽标准差为4.6；女性颅长标准差5.82，颅宽标准差4.75。皮尔森（Karl Pearson）认为如果待测组的颅长和颅宽标准差都大于6.5，说明待测人群可能属于异种系；如果颅长标准差小于5.5，颅宽标准差小于3.3，说明待测人群属于同种系的可能性较大[1]。按上述标准，福路塔墓地除男性颅长标准差以外，其余3项标准差虽然都达不到异种系的标准，但都超出了同种系的界值。这说明福路塔无论男性还是女性个体之间的颅面部测量性特征都具有一定的离散性，存在着不容忽略的个体差异，可能是同种系多类型的复合体。

仔细考察福路塔男女两性的颅骨测量数据，可初步将其区分为两组，即福路塔Ⅰ组、Ⅱ组（图一、图二）。主要测量数据见表二。

表二 福路塔各组颅骨主要测量数据（长度：mm，角度：°，指数：%）

		男性				女性		
测量项目		福路塔全组		福路塔Ⅰ组	福路塔Ⅱ组	福路塔全组		福路塔Ⅰ组	福路塔Ⅱ组
		平均值X̄(n)	标准差D	平均值X̄(n)	平均值X̄(n)	平均值X̄(n)	标准差D	平均值X̄(n)	平均值X̄(n)
1	颅骨最大长 g-op	178.57(14)	4.38	179.07(8)	177.90(6)	170.89(11)	5.82	170.41(6)	171.46(5)
8	颅骨最大宽 eu-eu	140.98(16)	4.60	139.12(9)	143.37(7)	136.73(13)	4.75	133.56(7)	140.30(5)
17	颅高b-ba	138.19(17)	5.39	141.58(9)	134.38(8)	133.27(11)	6.36	136.66(6)	129.20(5)
9	额骨最小宽ft-ft	91.33(16)	5.34	92.47(10)	89.43(6)	89.51(7)	3.69	88.31(4)	91.11(3)
48	上面高n-pr	69.63(7)	3.77	69.73(5)	69.37(2)	67.74(6)	4.33	65.39(3)	70.09(3)

续表

测量项目		男性				女性			
		福路塔全组		福路塔Ⅰ组	福路塔Ⅱ组	福路塔全组		福路塔Ⅰ组	福路塔Ⅱ组
		平均值$\bar{X}$（n）	标准差D	平均值$\bar{X}$（n）	平均值$\bar{X}$（n）	平均值$\bar{X}$（n）	标准差D	平均值$\bar{X}$（n）	平均值$\bar{X}$（n）
48	上面高n-sd	74.26（9）	3.69	75.15（7）	71.17（2）	71.94（7）	3.88	70.97（4）	73.24（3）
45	面宽/颧点间宽zy-zy	136.17（5）	6.68	131.92（3）	142.54（2）	127.30（2）	4.41	130.42（1）	124.18（1）
54	鼻宽	26.46（8）	1.81	26.40（7）	26.89（1）	27.02（4）	1.03	26.86（3）	27.51（1）
55	鼻高n-ns	52.94（10）	2.29	53.02（7）	52.75（3）	51.83（7）	1.58	51.38（4）	52.44（3）
SC	鼻骨最小宽	6.96（11）	1.84	6.77（8）	7.46（3）	7.09（10）	2.87	6.71（5）	7.48（5）
SS	鼻最小宽高	2.56（12）	1.06	2.76（8）	2.16（4）	2.28（10）	1.12	2.23（5）	2.32（5）
51 L	眶宽mf-ek	42.41（10）	2.01	43.08（7）	40.84（3）	40.53（5）	2.55	41.05（3）	39.74（2）
51 R		42.98（8）	1.33	43.18（6）	42.37（2）	40.85（5）	2.79	41.24（2）	40.59（3）
52 L	眶高	34.67（8）	1.18	34.85（5）	34.37（3）	35.74（5）	2.13	37.10（3）	33.70（2）
52 R		34.56（9）	2.20	34.62（6）	34.45（3）	34.70（5）	2.25	36.91（2）	33.22（3）
72	总面角∠n-pr and FH	87.97（7）	4.46	88.60（5）	86.40（2）	83.52（6）	2.05	83.70（3）	83.33（3）
77	鼻颧角∠fmo-n-fmo	147.63（8）	3.71	146.17（6）	152.03（2）	149.13（5）	5.04	149.55（2）	148.86（3）
	鼻梁角72-75	13.80（2）	1.70	12.60（1）	15.00（1）	9.30（2）	2.83	11.30（1）	7.30（1）
8∶1	颅长宽指数	78.76（13）	2.94	77.28（7）	80.48（6）	80.19（11）	2.88	78.74（6）	81.92（5）
17∶1	颅长高指数	76.82（13）	2.71	78.35（7）	75.04（6）	77.35（10）	3.25	79.33（5）	75.37（5）
17∶8	颅宽高指数	98.05（15）	5.23	102.11（8）	93.40（7）	97.36（11）	5.85	101.76（6）	92.09（5）

续表

测量项目		男性			女性			
		福路塔全组		福路塔Ⅰ组	福路塔Ⅱ组	福路塔全组		福路塔Ⅰ组	福路塔Ⅱ组
		平均值X̄（n）	标准差D	平均值X̄（n）	平均值X̄（n）	平均值X̄（n）	标准差D	平均值X̄（n）	平均值X̄（n）
9∶8	额宽指数	64.91（14）	3.25	66.13（9）	62.70（5）	65.17（7）	2.91	65.61（4）	64.59（3）
48∶17 pr	垂直颅面指数	50.10（7）	3.54	49.80（5）	50.87（2）	51.52（6）	4.84	47.96（3）	55.08（3）
48∶17 sd		53.26（9）	3.14	53.67（7）	51.83（2）	54.83（7）	4.49	52.78（4）	57.56（3）
48∶45 pr	上面指数K	52.20（4）	4.13	55.74（2）	48.67（2）	54.77（1）	—	—	54.77（1）
48∶45 sd		56.07（4）	4.37	58.16（3）	49.81（1）	57.74（2）	0.74	58.26（1）	57.22（1）
54∶55	鼻指数	49.84（8）	3.92	49.88（7）	49.55（1）	52.11（4）	2.02	51.89（3）	52.75（1）
52∶51 L	眶指数	82.80（8）	5.14	81.96（5）	84.20（3）	88.31（5）	5.06	90.62（3）	84.84（2）
52∶51 R		81.15（8）	5.50	80.22（6）	83.95（2）	85.11（5）	5.80	89.90（2）	81.92（3）
SS∶SC	鼻根指数	39.67（11）	14.53	41.98（8）	33.51（3）	32.28（10）	8.68	33.43（5）	31.14（5）

Ⅰ组大部分主要项目可供测量的颅骨共12例。包括男性7例，即M30、M61、M93、M104、M110、M116、M118；女性5例，即M23、M38、M48、M72、M76东。另外男性中的M10、M98，女性中的M4、M47根据可测得的关键项目来看也可能属于这一类型。男性从颅长宽指数来看，长颅型1例、中颅型5例、圆颅型1例，平均值77.28落入中颅型界值范围内。从颅长高指数来看，7例均为高颅型，平均值78.35。从颅宽高指数来看，8例均为狭颅型，平均值102.11。上面指数可供计算的3例，都属于狭上面型，平均值58.16。可测量颧宽的3例，变异范围126.84~135.86，平均值为131.92。鼻颧角可计算的共6例，变异范围141.61~148.88，平均值为146.17°。从眶指数来看，低眶型2例、中眶型2例、高眶型2例，平均值80.22落入中眶型范围内。从鼻指数来看，狭鼻型2例、中鼻型2例、阔鼻型3例，平均值49.88落入中鼻型的界值范围内，属于中等偏阔的鼻型。女性从颅长宽指数来看，中颅型5例、圆颅型1例，平均值78.74落入中颅型界值范围内。从颅长高指数来看，5例均为高颅型，平均值79.33。从颅宽高指数来看，6

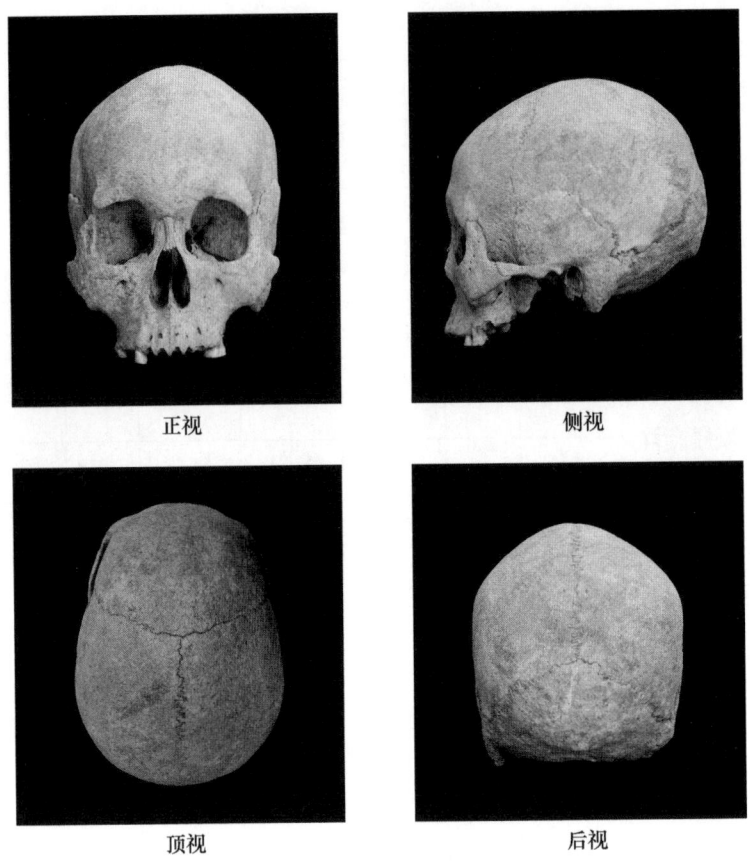

图一　I组举例（M118颅骨）

例均为狭颅型，平均值101.76。上面指数可供计算的仅1例，为58.26，属于狭上面型。可测量颧宽的仅1例，为130.42。鼻颧角可计算的2例，变异范围145.29～153.8，平均值149.55°。从眶指数来看，2例均为高眶型，平均值89.9。从鼻指数来看，中鼻型1例、阔鼻型2例，平均值51.89落入阔鼻型的界值范围内，但十分接近中鼻型的上限。

II组大部分主要项目可供测量的颅骨共10例，包括男性5例，即M26、M27、M40、M63、M89，女性5例，即M53、M78、M6、M42、M127北，另外男性中的M45、M101、LM1根据可测得的关键项目来看可能也属于这一类型。男性从颅长宽指数来看，中颅型2例、圆颅型4例，平均值80.48落入圆颅型界值范围内。从颅长高指数来看，正颅型3例、高颅型3例，平均值75.04落入高颅型界值范围内。从颅宽高指数来看，中颅型6例、阔颅型3例，平均值93.4落入中颅型界值范围内。上面指数可供计算的仅1例，为49.81，属于阔上面型，但十分接近中上面型下限。可测量颧宽的2例，变异范围142.16～142.92，平均值142.54。鼻颧角可计算的共2例，变异范围150.01～154.05，平均值152.03°。从眶指数来看，中眶型和高眶型各1例，平均值83.95落入中眶型界值范围内。鼻指数可供计算的仅1例，为49.55，属中等偏阔的鼻型。女性

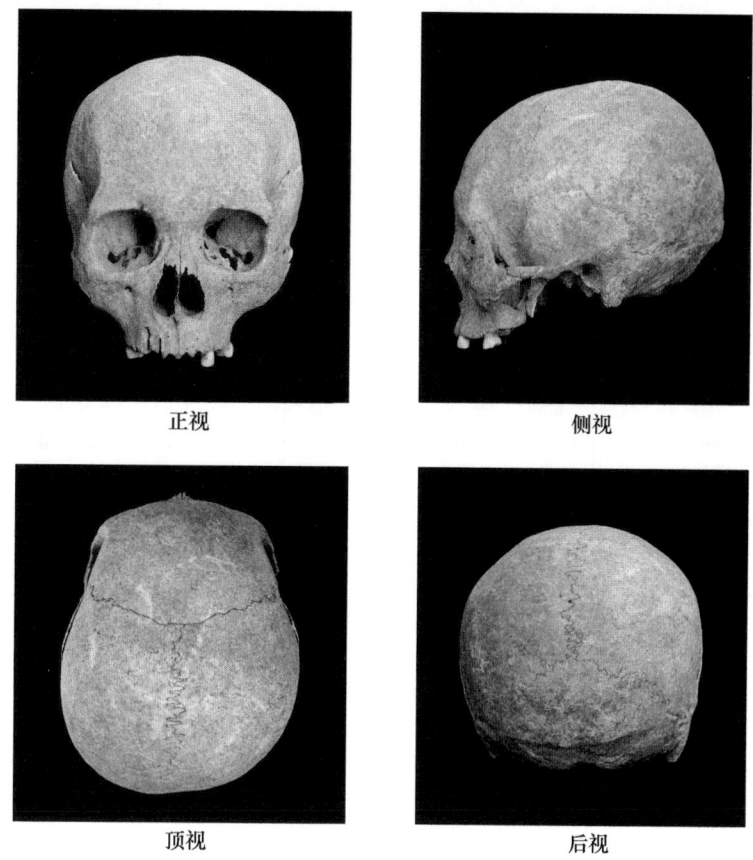

正视　　　侧视

顶视　　　后视

图二　Ⅱ组举例（M127北颅骨）

从颅长宽指数来看，中颅型1例、圆颅型3例、特圆颅型1例，平均值81.92落入圆颅型界值范围内。从颅长高指数来看，正颅型3例、高颅型2例，平均值75.37落入高颅型界值范围内。从颅宽高指数来看，中颅型2例、阔颅型3例，平均值92.09落入中颅型界值范围内，但十分接近阔颅型的上限。上面指数可供计算的仅1例，为57.22，属于狭上面型。可测量颧宽的仅1例，为124.18。鼻颧角可计算的共3例，变异范围142.5～153.52，平均值148.86°。从眶指数来看，中眶型2例、高眶型1例，平均值81.92落入中眶型界值范围内。鼻指数可供计算的仅1例，为52.75，落入阔鼻型界值范围内。

三、比较与分析

1. 与亚洲蒙古人种各支系的比较

为深入分析福路塔人群的种系特征，本文选择了15项颅面部测量项目和指数项目将其与现代亚洲蒙古人种中的北亚、东北亚、东亚、南亚等四个区系类型进行比较。具体比较项目和数据见表三。

表三　福路塔男性颅骨与现代亚洲蒙古人种的比较

比较项目		福路塔Ⅰ组	福路塔Ⅱ组	北亚类型	东北亚类型	东亚类型	南亚类型
1	颅长	179.07	177.90	174.9~192.7	180.7~192.4	175.0~182.2	169.9~181.3
8	颅宽	139.12	143.37	144.4~151.5	134.3~142.6	137.6~143.9	137.9~143.9
17	颅高	141.58	134.38	127.1~132.4	132.9~141.1	135.3~140.2	134.4~137.8
9	最小额宽	92.47	89.43	90.60~95.8	94.2~96.6	89~93.7	89.7~95.4
45	颧宽	131.92	142.54	138.2~144.0	137.9~144.8	131.3~136.6	131.5~136.3
48	上面高（sd）	75.15	71.17	72.1~77.6	74.0~79.4	70.2~76.6	66.1~71.5
8∶1	颅指数	77.28	80.48	75.4~85.9	69.8~79.0	76.9~81.5	76.9~83.3
17∶1	颅长高指数	78.35	75.04	67.4~73.5	72.6~75.2	74.3~80.1	76.5~79.5
17∶8	颅宽高指数	102.11	93.40	85.2~91.7	93.3~102.8	94.4~100.3	95.0~101.3
48∶17（sd）	垂直颅面指数	53.67	51.83	55.8~59.2	53.0~58.4	52.0~54.9	48.0~52.2
48∶45（sd）	上面指数	58.16	49.81	51.4~55.0	51.3~56.6	51.7~56.8	49.9~53.3
77	鼻颧角	146.17	152.03	147.0~151.4	149.0~152.2	145.0~146.6	142.1~146.0
54∶55	鼻指数	49.88	49.55	45.00~50.70	42.60~47.60	45.20~50.20	50.30~55.50
SS∶SC	鼻根指数	41.98	33.51	26.9~38.5	34.7~42.5	31.0~35.0	26.1~36.1
52∶51（mf）	眶指数右	80.22	83.95	79.3~85.7	81.4~84.9	80.7~85.0	78.2~81.0

在15个比较项目中福路塔Ⅰ组落入东亚类型界值范围的有颅长、颅宽、最小额宽、颧宽、上面高、颅指数、颅长高指数、垂直颅面指数、鼻颧角、鼻指数等10项，此外眶指数十分接近东亚类型的下限，颅高值、颅宽高指数、上面指数虽然超出了东亚类型的上限，但是二者在高颅、狭颅、窄面的倾向上是一致的。落入南亚类型界值范围的有颅长、颅宽、最小额宽、颧宽、颅长宽指数、颅长高指数等6项，此外颅宽高指数、鼻颧角、眶指数等3项与南亚类型的上限较为接近，鼻指数与南亚类型的下限较为接近，但是其颇大的上面高和垂直颅面指数与南亚类型较低的面型呈现出背离的趋势。落入东北亚类型界值范围的有颅宽、上面高、颅长宽指数、颅宽高指数、垂直颅面指数、鼻根指数等6项，另外颅高值较接近东北亚类型的上限。落入北亚类型界值范围的有颅长、最小额宽、上面高、颅长宽指数、鼻指数、眶指数等6项，此外鼻颧角与北亚类型的下限较为接近。

福路塔Ⅱ组落入东亚类型界值范围的有颅长、颅宽、最小额宽、上面高、颅长宽指数、颅长高指数、鼻指数、鼻根指数、眶指数等9项，此外颅高、颅宽高指数、垂直颅面指数等3项较接近东亚类型的下限，但是其较小的上面指数、较大的颧宽和鼻颧角反映出较阔的面型和颇大的面部扁平度与东亚类型存在较大差异。落入南亚类型界值范围的有颅长、颅宽、上面高、颅长宽指数、垂直颅面指数、鼻根指数等6项，颅高、最小额宽、上面指数、鼻指数等4项接近南亚类型的下限，但是其偏阔的颅型、较大的面部扁平度和颧宽值与南亚类型存在差异。落入北亚类型界值范围的有颅长、颧宽、颅长宽指数、鼻指数、鼻根指数、眶指数等6项，此外颅宽和上面高较接近北亚类型的下限，鼻颧角接近北亚类型的上限。落入东北亚类型界值范围的有颅高、颧宽、颅长高指数、颅宽高指数、眶指数等5项，此外颅宽、鼻颧角等两项接近东北亚类型的上限。

基于上述比较分析可知，福路塔Ⅰ组除鼻根部形态以外，其余各项目与东亚类型都不存在特别显著的差异。与南亚类型、东北亚类型和北亚类型相比，福路塔Ⅱ组依然与东亚类型存在更多的共性，只是其较大的颧宽值和鼻颧角、较小的上面指数所反映的较大的面宽和面部扁平度与东亚类型存在较明显的差异，而较大的面宽和上面部扁平度是北亚类型和东北亚类型的典型特征。

2. 与相关古代人群的比较

古代对比组是在充分考虑福路塔墓地随葬品所反映的文化因素的前提下有针对性选取的。由于随葬品中秦式釜、缶、蒜头壶、茧形壶等秦文化因素占有绝对优势，故对比组中加入了关中地区的临潼湾李[2]、临潼新丰[3]、宝鸡建河[4]等3个年代大体在战国至汉初的秦组。鉴于随葬品中包含有铜泡、小铜管、铜带扣、铜兽头形饰件、弹簧形耳环、素面夹砂陶带耳罐等典型的北方系遗物，在对比组中加入了朱开沟组[5]、毛饮合并A组[6]、乡宁内阳垣组[7]等3组古华北类型居民，新店子[8]、井沟子[9]等两组古蒙古高原类型居民；此外基于带有宽扁桥形耳的单、双耳陶罐是源于西北地区的戎人文化传统[10]，故加入了河西走廊的四坝文化东灰山组[11]、陇西的寺洼文化徐家碾组[12]、陕北地区的寨头河组[13]。考虑到随葬品中出土的赵式釜等赵文化遗物，故加入了和林格尔土城子组[14]。又因为内蒙古中南部地区自新石器时代以来就陆续有古中原类型居民南下，所以在对比组中另外加入了晋南的乔村A组[15]、晋中的柳林高红组[16]等两组古中原类型的居民。另外，准格尔旗广衍古城周边墓葬是与福路塔墓地在年代、地理位置、文化面貌上都最为接近的一批遗存，故加入了出自广衍古城周边墓地的人骨材料——川掌组[17]。沙金套海汉墓群年代为西汉中期至东汉初期，与已发掘的福路塔墓葬群在年代上存在接续关系，故对比组中加入沙金套海墓地的主体人群——沙金套海Ⅰ组[18]。本文拟通过将福路塔人群与这些人群进行对比分析，考察其与北方长城沿线居民、秦人、戎人、三晋故地中原居民的历史联系。具体比较数据见表四，采用方法是计算欧氏距离系数和绘制系统聚类图。

根据表五欧氏距离的计算结果，与福路塔男性Ⅰ组欧氏距离最小的两组分别为土城子组和高红组等古中原类型居民，数值甚至远远小于与之在年代、地理位置、文化面貌上都很接近的川掌组。这至少表明古中原类型的遗传因素在福路塔男性Ⅰ组中起到了很大作用，致使该组男性更接近古中原类型。与福路塔男性Ⅰ组相比，Ⅱ组与各对比组之间的差异普遍较大，但相对最大的是古蒙古高原类型的新店子组，其次是福路塔Ⅰ组，而差异最小的是沙金套海Ⅰ组。也就是说，福路塔Ⅱ组是一个正在趋向于沙金套海Ⅰ组的混合体质类型的居民，与古中原、古华北、古西北类型都有相似程度的疏离，与古蒙古高原类型的差异最大说明古蒙古高原类型居民对于福路塔Ⅱ组的遗传贡献不及古华北类型、古中原类型和古西北类型。

表四 福路塔男性与相关古代组的比较

比较项目	福路塔Ⅰ组	福路塔Ⅱ组	朱开沟组	毛饮合并A组	土城子组	乔村A组	内阳垣组	高红组	湾李组	新丰秦组	建河组	寨头河组	徐家碾组	东灰山组	新店子组	井沟子组	川掌组	沙金套海Ⅰ组
颅长	179.07	177.90	179.07	182.04	180.33	180.78	181.64	178.40	179.85	182.50	180.50	176.66	176.05	176.70	173.80	184.73	182.20	177.91
颅宽	139.12	143.37	139.89	142.02	140.27	142.86	142.71	142.58	141.53	141.70	140.75	140.94	135.15	137.63	153.27	147.88	144.62	139.28
颅高	141.58	134.38	138.10	136.88	140.97	140.95	139.68	141.30	139.98	142.90	134.50	136.80	129.20	136.05	129.18	131.50	137.60	139.73
最小额宽	92.47	89.43	90.84	90.50	92.06	92.45	92.79	93.52	93.80	93.60	93.36	90.82	89.90	88.28	94.33	93.83	88.98	89.97
颧宽	131.92	142.54	135.20	134.64	136.22	137.04	136.79	132.44	136.43	135.20	134.00	131.27	130.40	133.33	142.08	143.67	140.29	133.47
上面高	75.15	71.17	71.77	74.50	75.56	74.75	75.85	73.06	70.88	75.60	72.40	72.34	68.10	73.10	73.91	76.00	77.08	73.36
眶宽	43.18	42.37	43.93	43.85	43.62	43.01	42.31	43.35	43.54	43.70	43.70	40.93	40.60	42.40	44.38	43.34	42.11	43.41
眶高	34.62	34.45	33.36	33.88	34.18	34.11	33.44	34.98	34.15	34.00	35.00	33.05	32.05	34.33	33.12	32.84	36.01	33.43
眶指数	80.22	83.95	76.00	77.41	78.41	79.38	79.18	80.73	78.75	79.30	81.13	81.02	78.97	81.16	74.71	75.88	85.46	76.83
鼻宽	26.40	26.89	26.97	25.97	26.51	26.03	26.98	26.03	26.66	26.50	27.67	26.84	24.30	26.30	27.12	27.66	28.13	26.32
鼻高	53.02	52.75	52.40	55.10	54.70	54.79	53.44	52.70	55.14	55.70	54.07	51.96	48.65	51.95	56.52	57.72	56.10	52.51
鼻指数	49.88	49.55	51.74	47.21	48.63	47.60	50.71	49.87	49.40	47.70	51.38	51.43	50.02	50.63	48.06	47.99	49.38	50.29
颅指数	77.28	80.48	78.22	78.10	77.56	79.21	78.58	79.20	77.47	77.30	78.08	79.88	76.78	78.39	88.13	80.39	78.54	78.11
颅长高指数	78.35	75.04	77.58	75.54	77.75	78.36	76.89	79.20	78.64	76.80	76.86	77.81	73.40	77.01	72.80	71.76	75.24	78.44
颅宽高指数	102.11	93.40	98.57	96.63	100.36	98.24	97.95	99.96	99.61	99.50	99.63	97.31	95.60	98.08	84.57	89.51	95.55	100.32
鼻颧角	146.17	152.03	149.32	150.23	144.06	145.74	149.92	143.33	147.17	147.10	144.20	146.25	147.50	148.13	148.77	153.57	149.50	144.42
上面指数	58.16	49.81	52.45	54.48	56.69	54.40	54.08	56.62	52.54	53.50	54.03	54.94	52.30	55.66	51.93	51.93	54.81	54.05
垂直颅面指数	53.67	51.83	51.54	54.43	53.95	53.10	54.41	52.12	50.45	54.00	53.83	52.83	52.70	53.81	57.29	56.89	56.28	52.48

表五　福路塔男性与相关古代组的Dij值

	1	2	3	4	5	6	7	8	9	10	11	12	13	14	15	16	17	18
1	0.00																	
2	20.05	0.00																
3	11.08	14.42	0.00															
4	11.86	14.32	8.66	0.00														
5	6.35	18.49	10.18	9.73	0.00													
6	9.30	15.24	9.59	8.19	5.23	0.00												
7	10.21	13.84	8.20	6.78	8.26	6.25	.000											
8	6.39	19.17	11.10	12.56	7.25	7.66	10.64	0.00										
9	10.29	14.93	6.92	9.85	8.32	6.53	8.37	8.63	0.00									
10	8.82	17.79	10.66	8.58	6.14	5.12	6.67	9.40	7.74	0.00								
11	10.18	15.82	9.59	10.33	9.21	9.59	9.88	9.01	8.83	10.88	0.00							
12	9.80	15.63	8.98	11.15	11.06	10.65	10.52	8.35	10.48	12.72	8.13	0.00						
13	19.48	19.00	15.07	17.10	20.24	20.41	19.39	19.56	18.47	21.66	15.27	13.28	0.00					
14	9.74	14.85	8.72	10.28	10.85	11.54	10.81	11.03	11.50	13.12	9.11	6.00	12.37	0.00				
15	32.48	21.63	27.09	24.63	29.22	26.16	25.68	29.54	27.89	29.06	27.25	26.92	30.07	28.47	0.00			
16	26.76	16.55	21.19	16.53	22.98	20.15	17.75	25.96	21.79	21.24	21.84	23.92	26.82	23.82	16.55	0.00		
17	16.39	12.16	15.91	11.68	13.84	11.70	10.27	16.31	14.99	12.98	13.89	15.46	23.19	14.42	24.87	16.60	0.00	
18	7.44	18.11	6.74	10.60	6.77	8.41	10.06	7.42	8.09	9.77	8.96	7.88	16.25	8.18	29.52	24.98	16.93	0.00

1. 福路塔Ⅰ组　2. 福路塔Ⅱ组　3. 朱开沟组　4. 毛饮合并A组　5. 土城子组　6. 乔村A组　7. 内阳垣组　8. 高红组　9. 湾李组　10. 新丰秦组　11. 建河组　12. 寨头河组　13. 徐家碾组　14. 东灰山组　15. 新店子组　16. 井沟子组　17. 沙金套海Ⅰ组　18. 川掌组

系统聚类图（图三）反映出这18个对比组可以区分为两个大的聚类群，其中新店子和井沟子两组单独聚类，其余16组共同构成了较大的聚类群。在这个聚类群里，当刻度值小于15～20之间，徐家碾组最先分离出来，由于其特别低的上面高值和偏小的颅长高指数与其他各组存在较大差异。除徐家碾组以外，福路塔Ⅱ组和沙金套海Ⅰ组组成的小类群是基本独立于古中原、古华北、古西北等三个类型之外的。福路塔Ⅰ组与柳林高红组在较小的刻度值就聚为一类，再次证实其与古中原类型的密切联系。

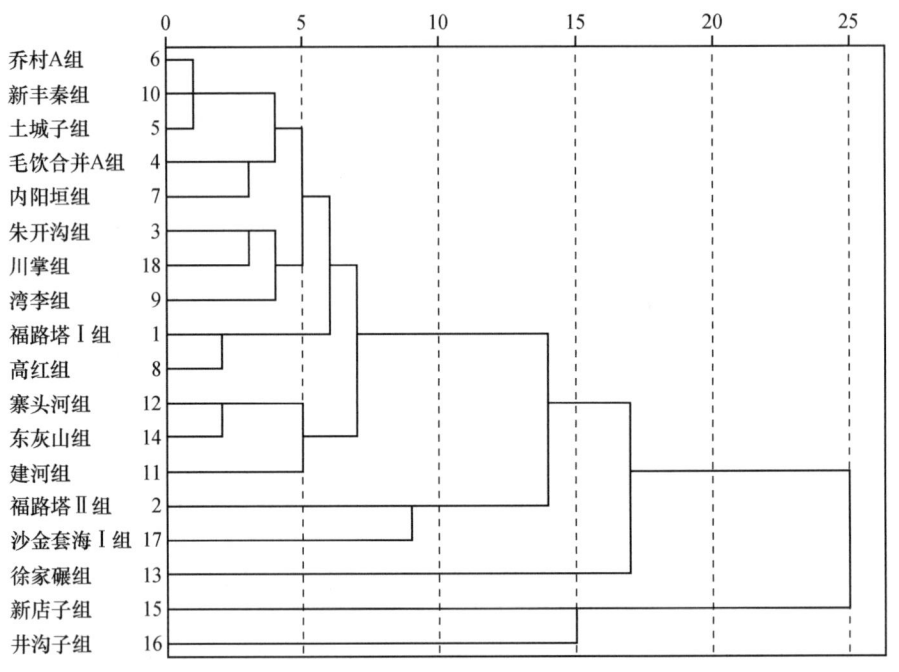

图三　福路塔男性与各古代组的系统聚类图

四、讨　　论

依据可测量分析的颅骨比例来看，福路塔墓地的人群以Ⅰ组数量略多，占比约55%；Ⅱ组次之，占比约45%。与现代亚洲蒙古人种和相关古代组的比较分析揭示，尽管Ⅰ组和Ⅱ组都与东亚类型最为接近，但是很明显，Ⅰ组与东亚类型的接近程度更高，与我国先秦时期的古中原类型居民体质特征最为接近，但是其在颧宽、鼻颧角、鼻指数、眶指数等项目上都存在较大的变异，也不能完全排除其中混入了古西北类型或古华北类型的因素。而Ⅱ组较大的颧宽和鼻颧角与东亚类型存在较大差距，不能归入先秦时期的种族类型，而是更接近于沙金套海Ⅰ组那样的混合体质形态。此外，Ⅱ组中还有少数个体保留了较多北亚类型的特征，如男性中LM1，女性中M6、M42和M127北，主要体现在圆颅型、阔颅型、偏低的正颅型，以及颇大的鼻颧角。但是较典型的古蒙古高原类型，其颅高值又相对较高，颧宽值相对较小，并不是从蒙古高原南下的第一代古蒙古高原类型居民，而是遗传特征上受到了与东亚蒙古人种形态特征接近的人群的强烈影响，而呈现出与北亚蒙古人种相反趋向的高颅、窄面等特征。相应地，这些个体在福路塔墓地中与Ⅰ组、Ⅱ组人群在埋葬的空间位置上并不是相对分离或独立的，随葬品也并没有明显的文化背景上的差异。M6、M127从随葬品中看不到北方系的特征。M42较其他古中原类型墓葬也只多了一根金属丝，在部分墓葬中有用这种金属丝制作的弹簧形耳环。

另外，在墓葬方向和人骨体质特征上似乎还可以找到一种规律，就是Ⅰ组人群既有东西向墓，又有南北向墓，其中南北向6座、东西向10座；南北向墓占37.5%，东西向墓占62.5%。Ⅰ组人群埋葬时采用不同的墓向，说明他（她）们的来源并不单一。Ⅱ组人群共13例，除1例南北向墓以外，其余都是东西向墓，东西向墓占88.9%。这种规律与《东周时期内蒙古中南部农牧融合现象的考古学观察》一文[19]总结的毛庆沟、饮牛沟、水泉等3处墓地中原农业人群与北方牧业人群的墓葬方向高度一致。文中指出，在这3处墓地北方牧业人群的墓葬都是东西向的，中原农业人群的墓葬既有东西向的，也有南北向的。由此，我们产生了一个比较大胆的推测，有没有可能福路塔Ⅰ组人群中多数是古中原类型的移民，而Ⅱ组人群中大部分是原来生活在内蒙古中南部的古华北类型居民，自春秋晚期以来，逐渐与古蒙古高原类型、古中原类型杂居融合而形成的新的人群[20]。

据《史记·匈奴列传》，秦昭襄王时"宣太后诈而杀义渠戎王于甘泉，遂起兵伐残义渠。于是，秦有陇西、北地、上郡，筑长城以拒胡"[21]。至迟从这一时期开始，福路塔墓地所在地区已纳入秦之上郡管辖范围。福路塔墓地M80刻有"武都当里……"的陶扁壶，说明当时福路塔所在区域可能属上郡武都县管辖。另据张家山汉简《二年律令·秩律》可知，西汉吕后二年（公元前186年）武都仍是上郡属县[22]。汉武帝元朔二年（公元前127年），上郡的行政区划有所调整，武都县划归五原郡。尽管在文献中没有找到战国晚期至西汉早期中原政权向上郡或五原郡移民的直接证据，但是秦昭襄王时为了巩固对新占领地区的控制，向该区域移民几乎是肯定的。《史记·匈奴列传》记载"后秦灭六国，而始皇帝使蒙恬将十万之众北击胡，悉收河南地。因河为塞，筑四十四县城临河，徙适戍以充之"[23]，亦即秦始皇派蒙恬收复河套以南后，曾向该地区政策性移民"。《汉书·武帝本纪》记载，汉武帝元朔二年，"收河南地，置朔方、五原郡……夏，募民徙朔方十万口"[24]。可见中原政权向新占领区移民实边的做法是一贯的。

福路塔墓地的年代为战国晚期至西汉早期，与内蒙古中南部地区此前春秋晚期至战国中晚期的毛庆沟、饮牛沟、小双古城等多处墓地相比，这个墓地的人群融合程度更高，有相当一部分个体呈现出混合体质特征，即便还能识别出少数个体有较明显的古蒙古高原类型倾向，但是也在很大程度上融合了东亚类型的体质特征。福路塔墓地的居民种族构成形态，就内蒙古中南部而言，恰好处于从春秋战国时期向西汉中晚期的过渡阶段，也体现了战国晚期至西汉早期秦、汉之北疆民族融合的一种样态。

注　释

[1] Karl P. Ⅱ. Homogeneity and Heterogeneity in collections of crania [J]. *Biometrika*, 1903 (3).

[2] 高小伟. 临潼湾李墓地2009～2010年出土战国至秦代墓葬人骨研究 [D]. 西北大学硕士学位论文, 2012: 31-51.

[3] 邓普迎. 陕西临潼新丰镇秦文化墓葬人骨研究 [D]. 西北大学硕士学位论文, 2010: 16-29.

[4] 陕西省考古研究所. 宝鸡建河墓地 [M]. 西安: 陕西科学技术出版社, 2006: 194-223.

[5] 潘其风. 朱开沟墓地人骨研究 [M]. 朱开沟——青铜时代早期遗址发掘报告. 北京: 文物出版社, 2000: 340-399.

[6] a. 朱泓. 内蒙古凉城东周时期墓葬人骨研究 [C]. 考古学集刊 (7). 北京: 科学出版社, 1991: 169-191.
b. 张全超. 内蒙古和林格尔县新店子墓地人骨研究 [M]. 北京: 科学出版社, 2010: 62.

[7] 贾莹. 山西浮山桥北及乡宁内阳垣先秦时期人骨研究 [M]. 北京: 科学出版社, 2010: 56-79.

[8] 张全超. 内蒙古和林格尔县新店子墓地人骨研究 [M]. 北京: 科学出版社, 2010: 43-50.

[9] 朱泓, 张全超. 内蒙古林西县井沟子遗址西区墓地人骨研究 [J]. 人类学学报, 2007 (2).

[10] a. 张寅. 东周西戎考古学文化的初步研究 [C]. 秦始皇帝陵博物院. 西安: 三秦出版社, 2013: 265-282.
b. 张寅. 东周时期关中地区西戎遗存的初步研究 [J]. 考古与文物, 2014 (2).

[11] 朱泓. 东灰山墓地人骨的研究 [M]. 民乐东灰山考古——四坝文化墓地的揭示与研究. 北京: 科学出版社, 1998: 172-183.

[12] 王明辉. 甘肃庄浪徐家碾寺洼文化人骨研究 [M]. 徐家碾寺洼文化墓地——1980年甘肃庄浪徐家碾考古发掘报告. 北京, 科学出版社, 2006: 160, 214-237.

[13] 陕西省考古研究院, 延安市文物研究所, 黄陵县旅游文化局. 寨头河——陕西黄陵战国戎人墓地考古发掘报告 [M]. 上海: 上海古籍出版社, 2018: 179-273.

[14] 顾玉才. 内蒙古和林格尔县土城子遗址战国时期人骨研究 [M]. 北京: 科学出版社, 2010: 61-67.

[15] 潘其风. 侯马乔村墓地出土人骨的人类学研究 [M]. 侯马乔村墓地1959-1996. 北京: 科学出版社, 2004: 1218-1299.

[16] 梁宁宁. 山西柳林高红墓地人骨研究 [D]. 吉林大学硕士学位论文, 2017: 22-35.

[17] 阿娜尔. 内蒙古准格尔旗川掌遗址人骨研究 [D]. 吉林大学博士学位论文, 2018: 149-154.

[18] 胡春佰, 朱泓, 张文平, 等. 内蒙古磴口县沙金套海墓地汉代居民的颅骨研究 [J]. 边疆考古研究 (第27辑). 北京: 科学出版社, 2020: 345-370.

[19] 曹建恩. 东周时期内蒙古中南部农牧融合现象的考古学观察 [J]. 考古, 2021 (6).

[20] 张全超. 内蒙古和林格尔县新店子墓地人骨研究 [M]. 北京: 科学出版社, 2010: 76.

[21] (汉) 司马迁. 史记·匈奴列传 [M]. 北京: 中华书局, 1959: 2885.

[22] 张家山二四七号汉墓竹简整理小组. 张家山汉墓竹简 [二四七号墓] [M]. 北京: 文物出版社, 2001: 196.

[23] (汉) 司马迁. 史记·匈奴列传 [M]. 北京: 中华书局, 1959: 2886.

[24] (汉) 班固. 汉书·武帝本纪 [M]. 北京: 中华书局, 1962: 170.

Research on Craniofacial Morphology of Unearthed Skulls from the Fuluta Cemetery During the Period of the Warring States, Qin and Han Dynasties

HU Chun-bai ZHAO Guo-xing WANG Jian-wei SUN Siqingerile LIU Li-na

Based on the study of the craniofacial morphological characteristics of human bones collected from more than 130 tombs of Fuluta cemetery during the period of Warring States and Qin and Han dynasties, Jungar Banner, Inner Mongolia Region, the authors believe that these individuals could be divided into two groups. Group Ⅰ accounted for about 55% of the total, the racial characteristics of these individuals are similar to the East Asian type, and belong to mesocrany, hypsicrany, acrocrany on the whole. The crowds of group Ⅰ are more close to the ancient Central Plains type than other race types. Group Ⅱ accounted for about 45% of the total, the racial characteristics of these individuals are not as close to the East Asian type as group Ⅰ, and we finds that in comparison with the related ancient groups, these individuals showed mixed physical characteristics like Shajintaohai group Ⅰ. In addition, the minority in Group Ⅱ with characteristics of the North Asian Mongolians, such as brachycrany, tapeinocrany and larger naso-malar angle, but were strongly influenced by the populations with the similar morphological characteristics to the East Asian Mongolians simultaneously and showed a tendency of hypsicrany and narrow width of the face, are not the first generation of North Asia type from Mongolian Plateau.

湖北省博物馆馆藏甲骨的古DNA研究*

蔡大伟[1,2] 莫林恒[3] 许道胜[4] 蔡路武[5] 王永迪[1] 郑 颖[1]
罗 怡[5] 赵 丹[5] 杨 燕[5] 李宗华[5]

（1.吉林大学考古学院，长春，130012；2.吉林大学-西蒙菲莎大学生物考古联合实验室，长春，130012；3.湖南省文物考古研究院，长沙，410008；4.湖南大学岳麓书院，长沙，410082；5.湖北省博物馆，武汉，430062）

一、研究背景

甲骨文是我国目前所见最早的成体系记录语言的文字，契刻在龟甲、兽骨上，主要记载商王为推测吉凶所进行的占卜活动。古人很早就利用甲骨进行占卜，张忠培先生指出用龟甲作卜卦器具的宗教，可追溯至裴李岗文化；而年代最早的卜骨，见于富河沟门遗址和甘肃武山傅家门的马家窑文化[1]。关于卜骨的骨料，李维明先生对河南二里头遗址出土的卜骨进行研究发现，卜骨多选用猪肩胛骨，次为羊肩胛骨和牛肩胛骨，再次为鹿肩胛骨，有少量龟卜[2]。周新颖对甘青地区史前卜骨研究，其中羊肩胛骨数量最多，其次是猪肩胛骨，再次为牛肩胛骨，此外还有少量不明种属动物的肩胛骨或其他骨骼[3]。宋镇豪指出殷商王朝占卜所用骨料的大宗，主要还是采用牛肩胛骨和龟腹甲[4]。总体来说，从目前材料看，卜骨的选择与使用同当地的生业模式尤其是与家畜的饲养密切相关。

商文化系统卜骨主要是在吸收相邻地区的夏家店下层文化和岳石文化，特别是夏家店下层文化的基础上发展起来的[5]。目前对殷墟出土的商代甲骨的研究主要集中在甲骨文的文字释义、卜辞解读、甲骨整治与钻凿形态等方面，常常忽略对甲骨骨料本身的研究。尤其是有关甲骨骨料选材和来源一直不清楚。几年来，随着分子生物学技术的飞速发展，分子考古研究领域的不断深化，古代家养动物的起源与扩散过程逐步清晰起来。通过对出土甲骨开展古DNA分析，我们能够揭示骨料的种属、母系来源及其所反映的文化交流。

20世纪50年代，中南文化部向湖北省博物馆移交甲骨117片。这些甲骨整体均残

---

* 本研究得到古文字与中华文明传承发展工程项目"湖北省博物馆藏甲骨整理与研究"（项目批准号YWZ-J022）资助。

小，少数骨片存在一定程度风化，在部分骨片表面可见早年拓片留下的墨痕。多数甲骨契刻有文字。该批藏品是湖北省博物馆极具特色、极富学术研究价值的一个文物类型。由于该馆库房历经了数次大规模的搬迁工作，每搬迁一次都要对文物重新进行核对。国家文物行政部门要求各级文博收藏单位对馆藏文物要"弄清家底"，并进行数字化管理。在这些因素的影响下，这批甲骨才逐渐引起馆方的注意。2018年8月，湖南大学岳麓书院与湖北省博物馆联合以这批材料为基础，申报教育部、国家语委甲骨文字研究与应用专项重点课题。本研究计划对馆藏的甲骨进行古DNA分析，主要解决以下问题：①基于分子标记，揭示卜骨和卜甲所用骨料的种属问题；②通过线粒体分析揭示家养动物的遗传结构、母系来源，及其与现代家畜的遗传关系；③通过对比不同地区家畜之间的遗传关系，确定甲骨的来源，进而了解殷商晚期的疆域及其同周边地区的文化交流。

二、材料与方法

1. 样本采集

本研究一共采集了18例甲骨样本，其中9例是卜甲，9例是卜骨，具体见表一。我们在湖北省博物院进行现场采样。具体步骤如下：先用毛刷除去样本表面污垢，接着用电动打磨工具去除表层1~2mm，然后在干净处钻取骨粉，保存在1.5ml离心管中。

表一 采集的样本

序号	考古编号	样本形态	实验编号
1	卜骨2.14875	骨粉	01T
2	卜骨2.14898	骨粉	02T
3	卜骨2.14790	骨粉	03T
4	龟甲（卜甲）2.14846	骨粉	04T
5	龟甲（卜甲）2.14841	骨粉	05T
6	龟甲（卜甲）2.14853	骨粉	06T
7	甲片：龟甲2.14886	小碎骨	07T
8	甲片：龟甲2.14887	小碎骨	08T
9	骨片：2.14871	骨粉	09T
10	骨片：2.14873	骨粉	10T
11	骨片：2.14891	骨粉	11T
12	骨片：2.14896	骨粉	12T
13	骨片：2.14854	骨粉	13T
14	骨片：2.14900	骨粉	14T
15	无号 存疑甲片	骨粉	15T
16	甲片：2.14787	骨粉	16T
17	甲片：2.14810	骨粉	17T
18	甲片：2.14870	骨粉	18T

2. 样本处理

样本处理在吉林大学古DNA实验室进行。具体步骤如下：取200mg骨粉，加入10%次氯酸（氯离子浓度10%）溶液浸泡古代材料5~10min，随后进行离心倒掉上清液，随后用超纯水清洗2次，洗掉残留的次氯酸溶液。加入3.9ml EDTA（0.465mol/L），置于冰箱4℃裂解12小时以上。脱钙完成后，加入0.1ml（0.4mg/mL）蛋白酶K，放到杂交炉内50℃孵育12h。

3. DNA提取和建立文库

古DNA提取参照杨东亚等人的文献进行[6]。对孵育好的裂解液使用QIA quick® PCR Purification Kit试剂盒进行抽提，收集抽提液置于-20℃保存备用。运用NEBNext® Ultra Ⅱ ™DNA Library Prep Kit for Illumina®试剂盒进行建库，之后使用Agencourt AMPure XP核酸纯化试剂盒纯化PCR产物，样本文库送至北京诺禾致源科技股份有限公司进行P150双端测序。

4. 数据分析

按照Eager软件[7]（下载地址https://eager.readthedocs.io/en/latest/）的pipeline执行：用AdapterRemoval2[8]去接头，用Bwa0.7.17[9]aln算法将reads比对到参考基因组上，然后用Dedup程序去除PCR重复。DNA损伤检测采用MapDamage2.0[10]。利用Angsd程序[11]进行线粒体一致性序列提取。

对于卜骨样本，我们选择黄牛（NC_006853.1）、山羊（NC_005044.2）、绵羊（NC_001941.1）和家猪（NC_000845.1）的线粒体序列作为参考基因组用于序列比对。

对于卜甲样本，我们选择了在中国广泛分布的眼斑水龟（NC_016691.1）、黑颈乌龟（NC_039559.1）、中华花龟（NC_016685.1）、大头乌龟（NC_015101.1）、中华草龟（NC_006082.1）的线粒体序列作为参考基因组用于序列比对。

三、结果与讨论

1. 结果的真实性

由于古DNA具有含量低，高度降解，且易受现代外源DNA污染的特性，所以为了保证古DNA序列的真实性，本实验具体操作均严格按照古DNA防污染规范标准进行：①所有实验工作均在专业的古DNA实验室进行，PCR前和PCR后工作分别在不同的建筑物里完成；②所有实验人员遵循严格的防污染措施，戴一次性头套、口罩、手套，穿连体防护服；③实验室没有进行过现代黄牛的DNA研究，可以最大限度地排除现代黄牛

DNA的污染；④所有抽提和PCR扩增空白对照结果均呈阴性，表明在抽提和扩增过程中没有可观察到的系统性的污染发生；⑤对古代样本进行损伤检测，其reads均呈现古DNA损伤模式，符合古DNA特性。

2. 测序结果

在18个测试样本中，其中01T、05T、15T和16T建库失败，对其他14个样本进行了全基因组测序，测序质量较好，测序质量值Q20的平均比率为91.14%，Q30的比率为85.21%，详见表二。

表二 样本测序质量

样本编号	测序Reads总数	碱基总数	N碱基比例	Q20*	Q30**	GC含量
02T	103274610	15491191500	0.00%	93.00%	88.00%	62.00%
03T	109172400	16375860000	0.00%	93.00%	88.00%	61.00%
04T	28569534	4285430100	0.00%	89.00%	83.00%	67.00%
06T	41169208	6175381200	0.00%	93.00%	89.00%	66.00%
07T	11571404	1735710600	0.00%	88.00%	80.00%	64.00%
08T	16718002	2507700300	0.00%	87.00%	78.00%	66.00%
09T	30244032	4536604800	0.00%	94.00%	89.00%	67.00%
10T	29524294	4428644100	0.00%	92.00%	87.00%	66.00%
11T	23114106	3467115900	0.00%	90.00%	83.00%	67.00%
12T	25155732	3773359800	0.00%	91.00%	85.00%	69.00%
13T	18635784	2795367600	0.00%	93.00%	87.00%	67.00%
14T	28091174	4213676100	0.00%	94.00%	89.00%	66.00%
17T	21343210	3201481500	0.00%	87.00%	80.00%	70.00%
18T	27070610	4060591500	0.00%	92.00%	87.00%	66.00%

*Q20 指测序质量值≥20的碱基所占百分比

**Q30 指测序质量值≥30的碱基所占百分比

3. 数据比对结果

在利用Eager程序进行数据处理后，所有卜甲样本分别与眼斑水龟、黑颈乌龟、中华花龟、大头乌龟、中华草龟的线粒体参考基因组进行了对比，没有发现任何reads比对到相应的参考基因组上，这表明卜甲的样本保存质量较差，内源DNA含量较少，没有提取到足够数量的古DNA进行分析。在卜骨样本中，没有reads在绵羊、山羊和猪参考基因组上比对成功。样本02T和03T在黄牛参考基因组上比对数量最高（详见表三）。随后，利用Angsd程序提取02T和03T的线粒体一致性序列，在NCBI中用BLAST进行搜索，发现匹配的序列是黄牛的序列，这表明02T和03T卜骨是来自黄牛的骨料。

表三　样本序列比对结果

样本编号	比对到线粒体参考基因组上的reads数目/覆盖度			
	绵羊	山羊	黄牛	猪
02T	17 / 0.0557X	22 / 0.0732X	249 / 0.904X	7 / 0.0368X
03T	23 / 0.0907X	20 / 0.0669X	164 / 0.6545X	30 / 0.1567X
09T	0	1 / 0.0034X	1 / 0.0035X	0
10T	0	0	0	0
11T	0	0	0	0
12T	6 / 0.0267X	7 / 0.0271X	24 / 0.1122X	5 / 0.0221X
13T	1 / 0.0041X	1 / 0.0031X	20 / 0.0742X	0
14T	1 / 0.005	1 / 0.0049X	1 / 0.0051X	1 / 0.0049X

4. 共享序列搜索

为了进一步确定02T和03T的种属，我们利用BLAST程序（https://blast.ncbi.nlm.nih.gov/Blast.cgi）在美国国立生物技术信息中心（NCBI）的核酸数据库（Genbank）进行了共享序列搜索。02T和03T的共享序列全部是Bos taurus进一步表明这两个甲骨样本是由黄牛骨骼制作而成的。

5. 线粒体世系归属

对现代黄牛群体的大规模线粒体DNA分析显示，在普通牛群体中主要存在T、P、R、Q、E等5个世系[12]。其中，P、R、Q、E等世系在黄牛群体中的分布频率非常低，很可能是少量野生黄牛被引入到驯化的群体中杂交形成的，例如R起源于意大利半岛原始牛[13]，E和P起源于欧洲大陆原始牛[14]，Q可能是起源于近东地区的原始牛[15]。T世系占有统治地位，可以进一步分为T*、T1'2'3、T1、T2、T3、T4、T5、T6等亚组。我们利用MitoTool程序（http://mitotool.org/）对02T和03T进行检测，结果显示02T属于T2世系，03T属于T3世系。

6. 系统发育分析

为了进一步揭示两个黄牛样本与中国古代和现代黄牛之间的遗传关系，我们选择了6个陕西石峁遗址出土黄牛的序列（MT576705-MT576710），以及来自中国、蒙古国、雅库特、韩国、日本的137个样本进行系统发育分析。我们利用IQ-tree程序[16]（http://www.iqtree.org/）构建了最大似然树。利用ModelFinder程序[17]进行最佳模型选择，基于BIC标准的最佳模型为HKY+F+I。系统发育树显示03T位于T3世系，与其关系较近是来自3个现代西藏牛（MT576732、MT576731和MT576739）聚集在一个分支。02T属于T2世系，与4个现代蒙古牛（MT576773、MT576777、MT576780，

MT576781）聚集在一个分支（图一）。以上结果表明制作甲骨的黄牛具有母系多样性，可能进一步反映出原料产地的多样性。

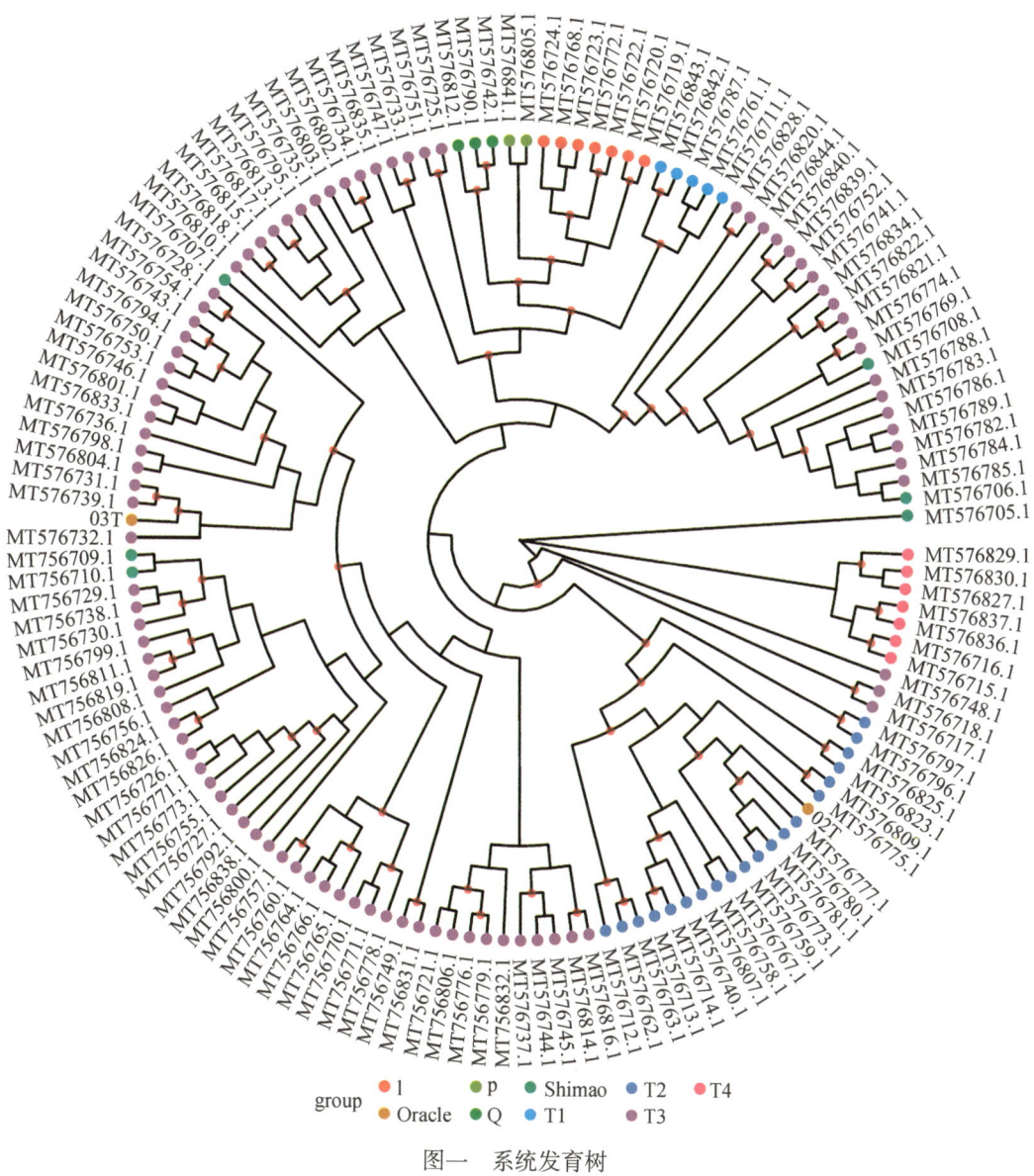

图一　系统发育树

四、结　论

　　我们对18个古代甲骨进行了古DNA全基因组分析，其中卜骨02T和03T样本，我们确定是黄牛。但是卜甲没有获得足够多的古DNA进行后续分析。可能有以下原因：①样本保存不好，外源污染较多。②由于龟鳖目的物种种类太多，目前相关的物种的基因组数据较少。因此我们仅根据文献选择了选取部分龟或者鳖的参考基因组进行比对，参考基因组选择数量有限，有可能造成遗漏。两个甲骨样本分别属于T2和T3世系，反映出骨料来源的多样性，为今后进一步探索甲骨骨料的产地提供了新的线索。

注　释

[1]　张忠培.窥探凌家滩墓地［J］.文物，2000（9）：55-63，1.

[2]　李维明.二里头文化牛骨刻辞发现"夏"字［N］.洛阳日报，2019-10-24（3）.

[3]　周新颖.甘青地区史前卜骨研究［D］.西北民族大学硕士学位论文，2018.

[4]　宋镇豪.再谈殷墟卜用甲骨的来源［J］.殷都学刊，1999（2）：3-5.

[5]　徐昭峰.夏家店下层文化卜骨的初步研究［J］.文物春秋，2010（4）：14-18，27.

[6]　Yang D Y, et al. Technical note: improved DNA extraction from ancient bones using silica-based spin columns［J］. *Am J Phys Anthropol*, 1998, 105 (4): 539-543.

[7]　Peltzer A, et al. EAGER: efficient ancient genome reconstruction［J］. *Genome Biol*, 2016 (17): 60.

[8]　Schubert M, Lindgreen S, Orlando L. Adapter Removal v2: rapid adapter trimming, identification, and read merging［J］. *BMC Research Notes*, 2016, 9 (1).

[9]　Li H, Durbin R. Fast and accurate short read alignment with Burrows-Wheeler transform［J］. *Bioinformatics*, 2009, 25 (14): 1754-60.

[10]　Jonsson H, et al. MapDamage2.0: fast approximate Bayesian estimates of ancient DNA damage parameters［J］. *Bioinformatics*, 2013, 29 (13): 1682-1684.

[11]　Korneliussen T S, Albrechtsen A, Nielsen R. ANGSD: analysis of next generation sequencing data［J］. *BMC Bioinformatics*, 2014, 15: 356.

[12]　Achilli A, et al. The multifaceted origin of taurine cattle reflected by the mitochondrial genome［J］. *PLoS One*, 2009, 4 (6): e5753.

[13]　Bonfiglio S, et al. The enigmatic origin of bovine mtDNA haplogroup R: sporadic interbreeding or an independent event of bos primigenius domestication in Italy?［J］. *PLoS One*, 2010, 5 (12).

[14]　Achilli A, et al. Mitochondrial genomes of extinct aurochs survive in domestic cattle［J］. *Curr Biol*, 2008, 18 (4): R157-8.

[15]　Olivieri A, et al. Mitogenomes from Egyptian cattle breeds: new clues on the origin of haplogroup Q and the early spread of Bos taurus from the Near East［J］. *PLoS One*, 2015, 10 (10): e0141170.

[16] Minh B Q, et al. IQ-TREE 2: new models and efficient methods for phylogenetic inference in the genomic era [J]. *Mol Biol Evol*, 2020, 37 (5): 1530-1534.

[17] Kalyaanamoorthy S, et al. Model Finder: fast model selection for accurate phylogenetic estimates [J]. *Nat Methods*, 2017, 14 (6): 587-589.

Ancient DNA Study of Oracle Bones from the Hubei Museum

CAI Da-wei　MO Lin-heng　XU Dao-sheng　CAI Lu-wu　WANG Yong-di
ZHENG Ying　LUO Qia　ZHAO Dan　YANG Yan　LI Zong-hua

The oracle bone inscriptions are the earliest system of language recording seen in China. They were carved on turtle nails and animal bones, and were mainly used by the Shang kings to record their divination activities for the purpose of predicting good fortune. Current research on the Shang oracle bones excavated at Yinxu has focused on the interpretation of the text, the interpretation of the divinatory texts, and the grading and drilling patterns of the oracle bones, often neglecting the study of the oracle bones themselves. In particular, the selection and origin of the oracle bones have been unclear. We conducted a whole genome analysis of ancient DNA on 18 ancient oracle bones in the collection of Hubei Museum, and the results showed that samples 02T and 03T of divination bones were yellow cattle, belonging to the T2 and T3 lineages of yellow cattle, respectively, reflecting the diversity of bone sources and providing new clues for further exploration of the origin of oracle bones in the future.

云南武定新村遗址出土动物遗存研究

刘海琳[1,2] 于 昕[1,2] 何林珊[3] 王春雪[1,2]

（1.吉林大学生物考古实验室，长春，130012；2.吉林大学考古学院，长春，130012；
3.云南省文物考古研究所，昆明，650118）

新村遗址位于云南省楚雄彝族自治州武定县己衣镇新民村委会新村以西，海拔936米。2018年9月至12月，为配合水电站工程建设，云南省文物考古研究所联合武定县文物管理所等单位，对受工程建设影响的新村遗址进行了抢救性考古发掘工作。清理面积达4000余平方米，共发现并清理墓葬97座、灰坑4个，出土了大量陶片、石制品、动物骨骼及少量铜器和骨器。结合出土遗物及 ^{14}C测年数据来看，新村遗址处于新石器时代晚期至青铜时代早期这一阶段[1]。本文通过研究新村遗址出土的动物骨骼遗存，分析该遗址的动物种属、数量，旨在探讨当时当地的动物种类、自然环境及人类活动等相关问题，为进一步探究金沙江流域古人类对动物资源的开发与利用提供重要的参考资料。

一、动物遗存出土概况

新村遗址2018年发掘出土的动物骨骼遗存（包括软体动物）共计5606件，其中可鉴定种属的有1064件（包括人骨14件，蚌碎片14件，啮齿类牙齿5件），仅可鉴定部位的有1555件，不可鉴定种属及部位的有2987件。受埋藏环境、埋藏方式等因素影响，该遗址中碎片化的骨骼数量较多，且约80%的骨骼通体胶结，可以明显辨别特征的部位模糊不清，因此该遗址中不可鉴定的骨骼数量较多。新村遗址处于新石器时代晚期向青铜时代早期过渡的阶段，但该遗址并未进行分期，因此将遗址内出土的所有动物骨骼遗存一并进行研究和分析。

新村遗址中可鉴定的动物种属有梨形环棱螺（Bellamya purificata）、豪猪（Hystrix hodgsoni）、马（Equus caballus）、牛（Bos taurus）、山羊（Capra aegagrus）、绵羊（Ovis aries）、水鹿（Cervus unicolor）、梅花鹿（Cervus nippon）、赤麂（Muntiacus muntjak）、黄麂（Muntiacus reevesi）、菲氏麂（Muntiacus feae）、熊（Ursidae sp.）、猪（Sus domestica）、狗（Canis familiaris）、骆驼（Camelus sp.）等，其中，牛和水鹿的数量最多，分别占可鉴定标本总数的35.01%和19.12%；猪也占有很大比重，未见有鸟类和两栖动物。

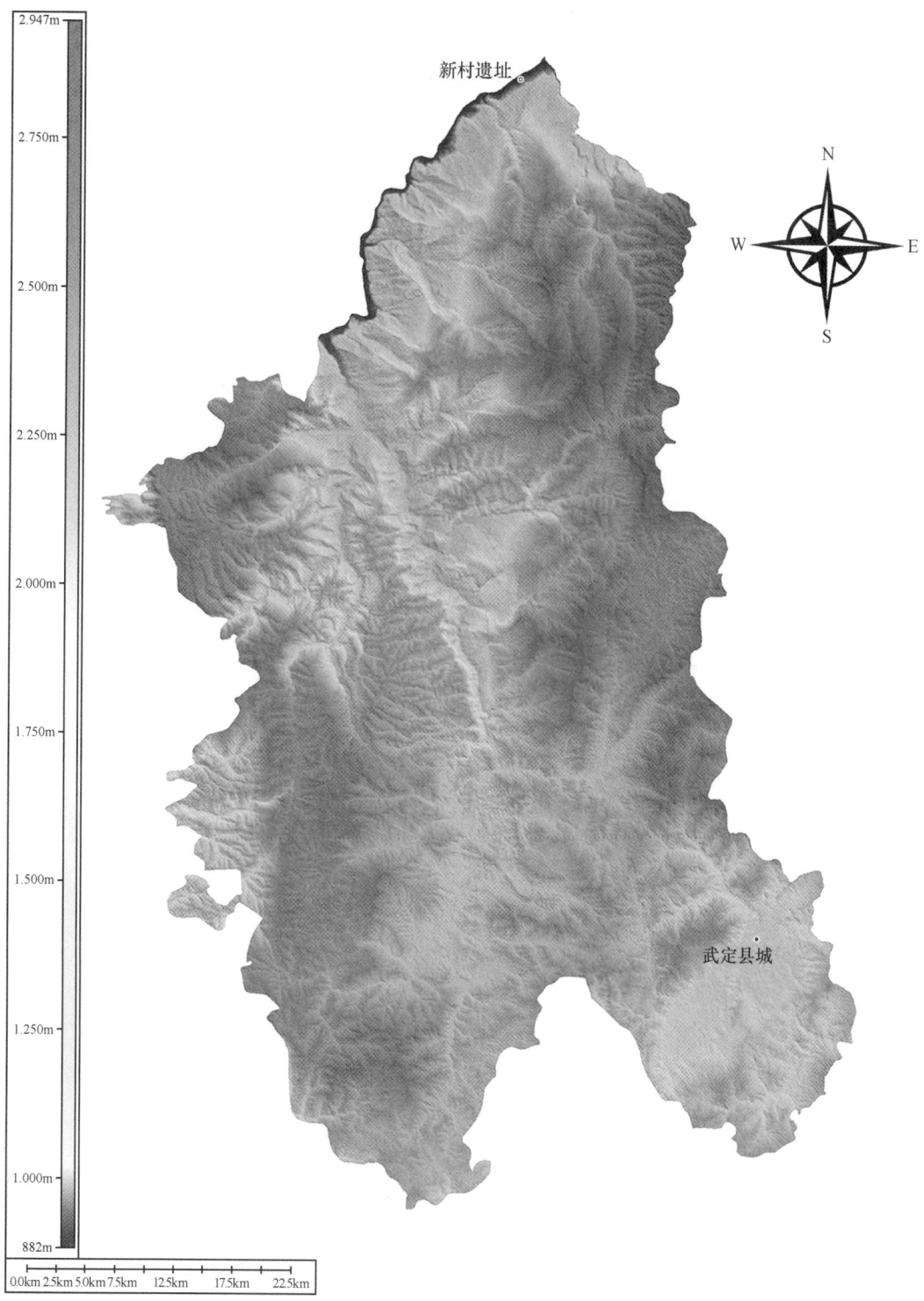

图一　新村遗址位置示意图

图二　新村遗址航拍图

表一　出土动物遗存统计　　　　　　　　　　（单位：件）

种类	瓣鳃纲	腹足纲	哺乳纲	总计
数量	14	26	5566	5606

二、动物遗存种属鉴定与描述

（一）软体动物 Mollusca

1. 瓣鳃纲 Lamellibranchia

蚌科（未定属）Unionidae sp.

受到埋藏环境和发掘方式等因素的影响，均呈碎片状。共出土碎片14片，分别为T0207② 1片，T0806④ 1片，T0710⑤ 2片，T0710⑦ 10片，具体属种尚不明确，无法确定最小个体数。

2. 腹足纲 Gastropoda

（1）梨形环棱螺 Bellamya purificata

共出土完整个体5个，最小个体数为5。

标本T0809③b下M51：1，螺塔高5.93毫米，体层高21.01毫米（图三，1）；标本T0809③：2，螺塔高6.93毫米，体层高19.42毫米（图三，2）。

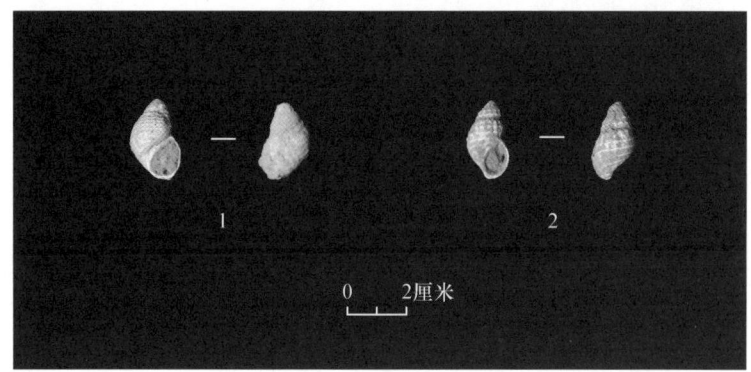

图三　新村遗址出土的梨形环棱螺
1. T0809③b下M51∶1　2. T0809③∶2

（2）拟钉螺属（未定种）*Tricula* sp.

均出土于T0710③下M35中，约110件，由于并未进行采集，后期资料匮乏，因此不做数量统计和详细描述，仅做属种统计（图四，2~4）。

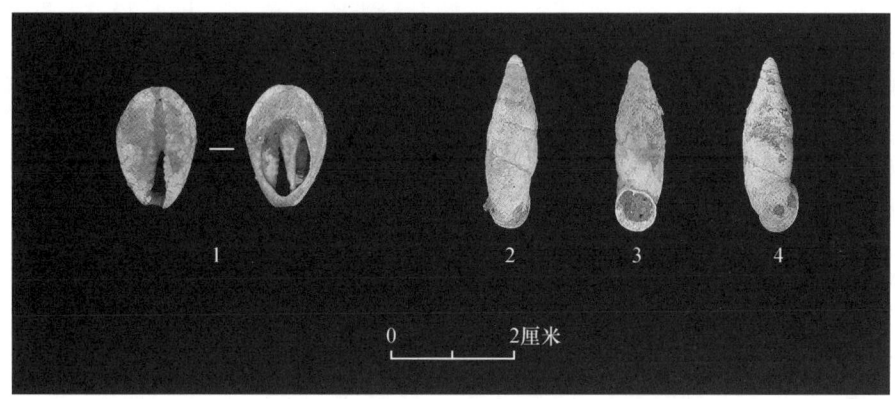

图四　新村遗址出土的黄宝螺及拟钉螺
1. T0710③下M35∶1　2. T0710③下M35∶2　3. T0710③下M35∶3　4. T0710③下M35∶4

（3）黄宝螺 *Monetaria moneta*

别名货贝，共发现21枚，均出土于墓葬中。由于此次整理的材料中未包含这一种属，仅在墓葬发掘记录中发现此项记载，因此不做具体分析和描述，仅统计属种及最小个体数（图四，1）。

（二）哺乳动物Mammalia

新村遗址共出土哺乳动物骨骼遗存5566件，可鉴定标本1024件，其中有人骨14件，在本文中不做研究和讨论。该遗址共有碎骨2017件，长骨断片970件，肋骨1200件，仅可鉴定部位不可鉴定种属的355件。新村遗址中出土哺乳动物各骨骼部位统计如表二所示。

表二　新村遗址出土哺乳动物骨骼部位统计

（单位：件）

部位 属种	残片	角L	角R	上颌L	上颌R	下颌L	下颌R	游离齿	椎骨	肩胛骨L	肩胛骨R	肱骨L	肱骨R	尺骨L	尺骨R	桡骨L	桡骨R	掌骨L	掌骨R	腕骨L	腕骨R	髋骨L	髋骨R	股骨L	股骨R	胫骨L	胫骨R	距骨L	距骨R	跟骨L	跟骨R	距骨L	距骨R	附骨L	附骨R	方位不明	合计
豪猪	3	1						2																													2
牛				3	4	12	16	90	7	8	8	7	6	5	4	12	14	5	4	3	3	13	11	6	6	6	6	12	2	5	2	8	8	2	2	65	361
猪	2			10	12	22	23	23	1	3	3	2	3	2	2		3	1	1	1		5	4	2	3	3	3		1	1	1	1			1	3	142
马	1			1	1	2	1	2				2	2	1		1	3	1	1		1				1											5	19
山羊				1	1	1		2																													6
绵羊						1		1																													1
水鹿	12	1	1	3	2	8	3	22	2	8	3	3	3	4	3	8	5	9	7	7	1	5	4	3	1	3	1	4	6	6	4	7	2	3	3	33	197
梅花鹿	4	2	5			8	7	2		3	8	12	8	7	5	2	4	1	3	3		8	6	4	5	3	3	2	2			1	1			5	116
赤鹿						2																															13
黄麂		1	1	3	1			1											1																		2
菲氏麂	2	2	3	3	4	1	1								1																						13
狗	2					1	1							1														2									8
骆驼																					1															1	1
熊科（未定属）	1			1	1	3	1	1		3	1	1		1			4	3				1	1	3	1	1	1	2		1						1	28
鹿科（未定属）	1					2				2	2			2	1	9	8					1	1		3	5	3	1	2	4	2		1				44
麝属（未定种）					1	1				1		1														1		1									4
羊科（未定属）																										1	1	1								2	6
犬科（未定种）																												1		1							4
麂属（未定种）										2	4	3	5					3	12				3					3								2	37
猴科（未定属）															1																						1

1. 黄牛 Bos taurus

共出土可鉴定标本361件，最小个体数为16。黄牛是该遗址中出土动物骨骼数量最多的种属，其中角4件，上颌7件，下颌28件，游离齿90件，寰椎2件，枢椎5件，肩胛骨11件，肱骨13件，尺骨9件，桡骨26件，髋骨24件，股骨13件，胫骨8件，跟骨7件，距骨16件，掌骨13件，跖骨27件，腕骨6件，跗骨2件，髌骨2件，系骨19件，冠骨16件，蹄骨13件。

标本T0906②：1，牛角，方位未定，角干残长182.21毫米，角心基部周长102.05毫米，角心基部最大径33.27毫米，角心基部最小径30.75毫米（图五，1）。标本T0611③下：1，左侧下颌，残长158.62毫米，m3长40.53毫米，宽16.71毫米（图五，2）。标本T0710③b：46，左侧肱骨远端，残长102.61毫米，远端最大宽103.37毫米，滑车最大宽92.45毫米（图五，3）。标本T0611⑥：10，右侧尺骨近端及桡骨近端，残长137.66毫米，近端最大宽69.02毫米（图五，4）。标本T0610⑧：2，右侧股骨远端，残长115.87毫米，远端最大宽84.67毫米（图五，5）。标本T0912①：41，左侧跟骨近端，残长

图五　新村遗址出土的部分黄牛骨骼

1. 角（T0906②：1）　2. 左侧下颌嚼面、颊侧观（T0611③下：1）　3. 左侧肱骨远端前侧观（T0710③b：46）
4. 右侧尺骨及桡骨近端背侧观（T0611⑥：10）　5. 右侧股骨远端腹侧观（T0610⑧：2）　6. 左侧跟骨近端
（T0912①：41）　7. 右侧距骨背侧观（T0912①：44）　8. 右侧中央跗骨俯侧观（T0912④：27）

74.11毫米（图五，6）。标本T0912①：44，右侧距骨，外半部最大长81.02毫米，内半部最大长72.82毫米，外半部最大厚46.12毫米，内半部最大厚41.36毫米，远端宽56.34毫米（图五，7）。标本T0912④：27，右侧中央跗骨。最大宽64.2毫米（图五，8）。

2. 猪 Sus domestica

共出土可鉴定标本142件，最小个体数为23。共出土上颌23件，下颌46件，游离齿23件，寰椎1件，肩胛骨6件，肱骨5件，尺骨6件，桡骨3件，髋骨9件，股骨5件，胫骨6件，跟骨2件，距骨1件，掌骨3件，跖骨2件，髌骨1件。

标本T0611⑨：2，右侧上颌，残长83.1毫米，M1长21.36毫米，宽13.5毫米（图六，1）。标本T0809①：4，左侧下颌，残长126.42毫米，m1处下颌高26.38毫米，厚17.07毫米，m1长16.53毫米，宽8.55毫米（图六，2）。标本T0611⑨：3，保存有上颌枕骨、顶骨和颞骨部分，枕骨鳞部最大宽63.98毫米，枕骨鳞部最小宽46.62毫米（图六，3）。标本T0610①：25，寰椎，寰椎翼最大宽54.44毫米，最大长24.92毫米，前关节面宽52.99毫米，后关节面宽48.09毫米，从前关节面到后关节面最大长24.5毫米，高45.11毫米（图六，4）。标本T0611⑥：9，左侧肱骨远端，残长38.61毫米，远端最大宽48.25毫米，滑车最大宽38.8毫米（图六，5）。标本T0610⑤：102，右侧尺骨，

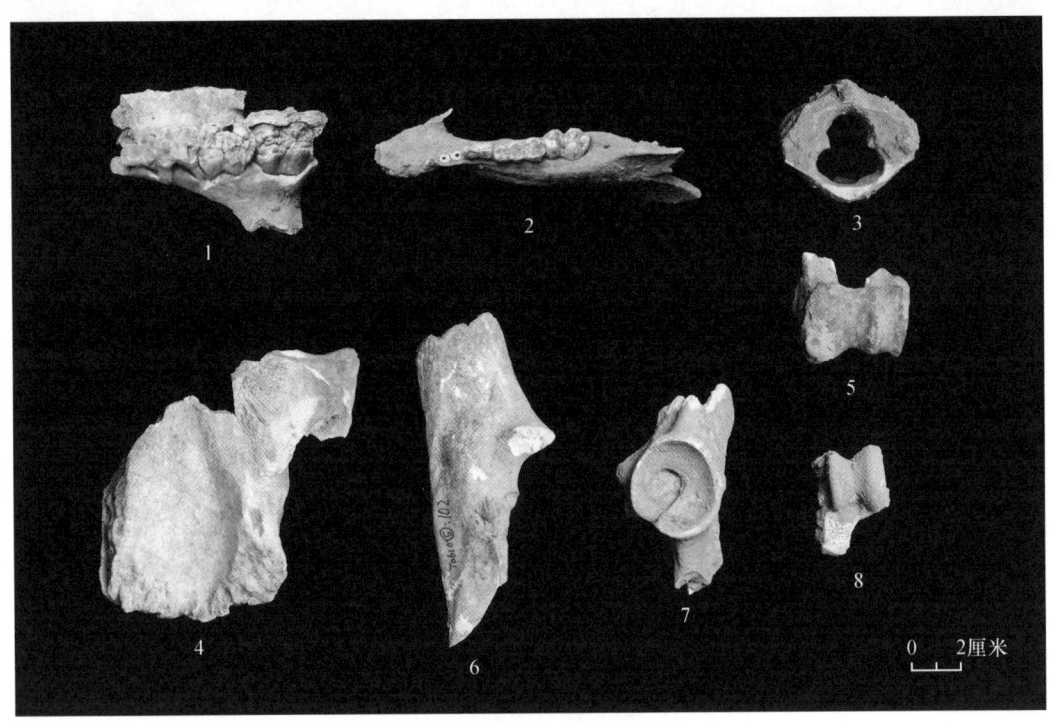

图六　新村遗址出土的部分猪骨骼
1. 右侧上颌嚼面、舌侧观（T0611⑨：2）　2. 左侧下颌颊侧、嚼面观（T0809①：4）　3. 头骨顶骨及枕骨俯侧观（T0611⑨：3）　4. 寰椎腹侧、椎孔侧观（T0610①：25）　5. 左侧肱骨远端背侧观（T0611⑥：9）　6. 右侧尺骨背侧、外侧观（T0610⑤：102）　7. 左侧髋骨腹侧观（T0610⑤：110）　8. 左侧距骨近端背侧观（T0610①：15）

残长126.71毫米，跨过钩突厚49.84毫米，跨过冠状突最大宽24.65毫米（图六，6）。标本T0610⑤：110，左侧髋骨，残长79.91毫米，髋臼边缘长38.68毫米（图六，7）。标本T0610①：15，左侧距骨，外半部最大长25.23毫米，内半部最大长39.62毫米（图六，8）。

3. 马 *Equus caballus*

共出土可鉴定标本19件，最小个体数为2。共出土上颌2件，游离齿2件，肱骨2件，尺骨1件，桡骨1件，胫骨1件，跟骨1件，掌骨3件，系骨3件，冠骨1件，蹄骨1件，腕骨1件，跗骨1件。

标本T0912①：18，顶骨及枕骨部分，骨骼表面胶结严重（图七，2）。标本ⅡT0207②：1，左侧M2，M2长24.73毫米，宽20.83毫米（图七，1）。标本T0906②：12，左侧肱骨，长177.4毫米，远端最大宽58.48毫米，滑车最大宽57.24毫米（图七，7）。标本T0906②：13，左侧肱骨近端，残长74.16毫米，近端最大宽65.4毫米（图七，6）。标本T0906②：15，左侧尺骨及桡骨，尺骨最大长187.21毫米，鹰嘴长67.67毫米，跨过钩突厚47.66毫米，鹰嘴厚50.67毫米；桡骨最大长281.16毫米，生理

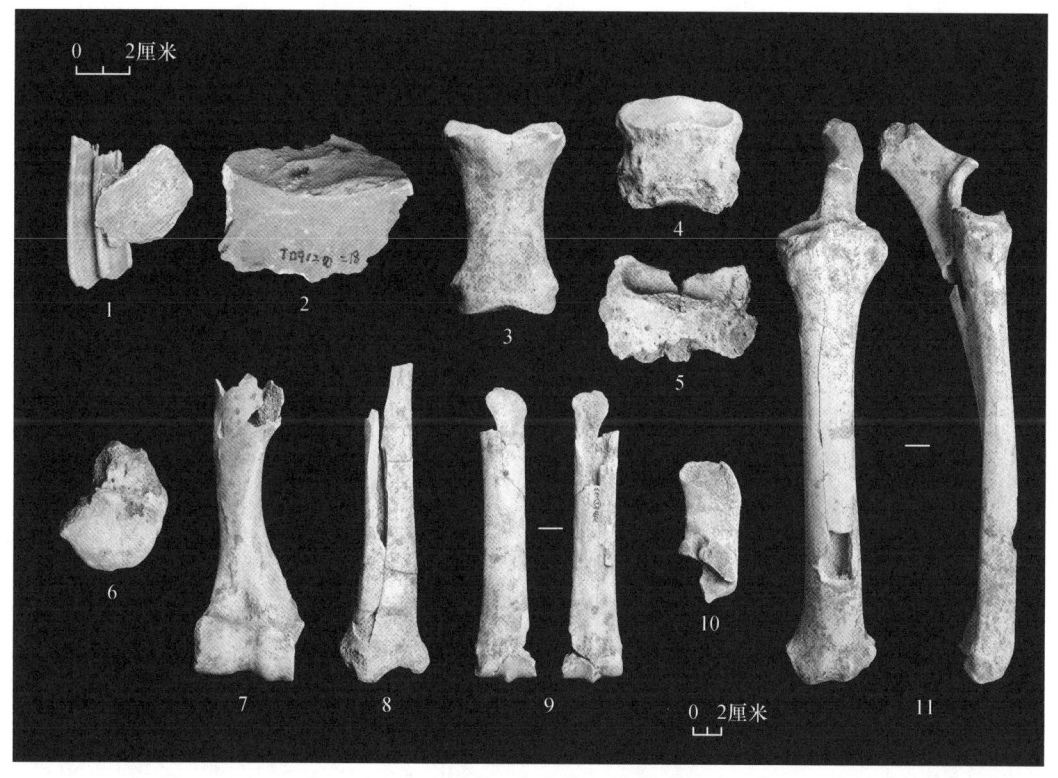

图七 新村遗址出土的部分马骨骼

1. 左侧M2颊侧观（ⅡT0207②：1） 2. 头骨顶骨及枕骨后侧观（T0912①：18） 3. 左侧系骨背侧观（T0906②：35） 4. 左侧冠骨背侧观（T0906②：37） 5. 左侧蹄骨背侧观（T0906②：38） 6. 左侧肱骨头俯侧观（T0906②：13） 7. 左侧肱骨背侧观（T0906②：12） 8. 右侧胫骨背侧观（T0906②：27） 9. 左侧掌骨背、掌侧观（T0906②：33） 10. 右侧跟骨内侧观（T0906②：28） 11. 左侧尺骨背侧、内侧观（T0906②：15）

长277.7毫米，外侧部长266.98毫米，近端最大宽64.55毫米，近端关节面宽59.84毫米，骨干最小宽31.01毫米，骨干最小周长63.43毫米，远端最大宽59.82毫米，远端关节面最大宽50.04毫米（图七，11）。标本T0906②：27，右侧胫骨残长199.73毫米，远端最大宽58.67毫米，远端最大厚33.92毫米（图七，8）；标本T0906②：28，右侧跟骨，残长90.5毫米（图七，10）。标本T0906②：33，左侧掌骨，残长185.94毫米，骨干最小宽27.04毫米，骨干最小周长74.54毫米，骨干最小厚18.12毫米，远端最大宽40.41毫米，远端厚27.7毫米（图七，9）。标本T0906②：35，左侧系骨（图七，3）。标本T0906②：37，左侧冠骨（图七，4）。标本T0906②：38，左侧蹄骨（图七，5）。

4. 水鹿 *Cervus unicolor*

共出土可鉴定标本197件，最小个体数为9。出土有角11件，上颌7件，下颌12件，游离齿22件，枢椎2件，肩胛骨11件，肱骨7件，尺骨7件，桡骨13件，掌骨20件，腕骨1件，髋骨9件，股骨4件，胫骨7件，跟骨10件，距骨10件，跖骨18件，跗骨5件，髌骨1件，系骨12件，冠骨4件，蹄骨5件。

标本T0610⑤：3，右侧角柄，角柄长60.69毫米（图八，1）。标本T0610⑤：28，

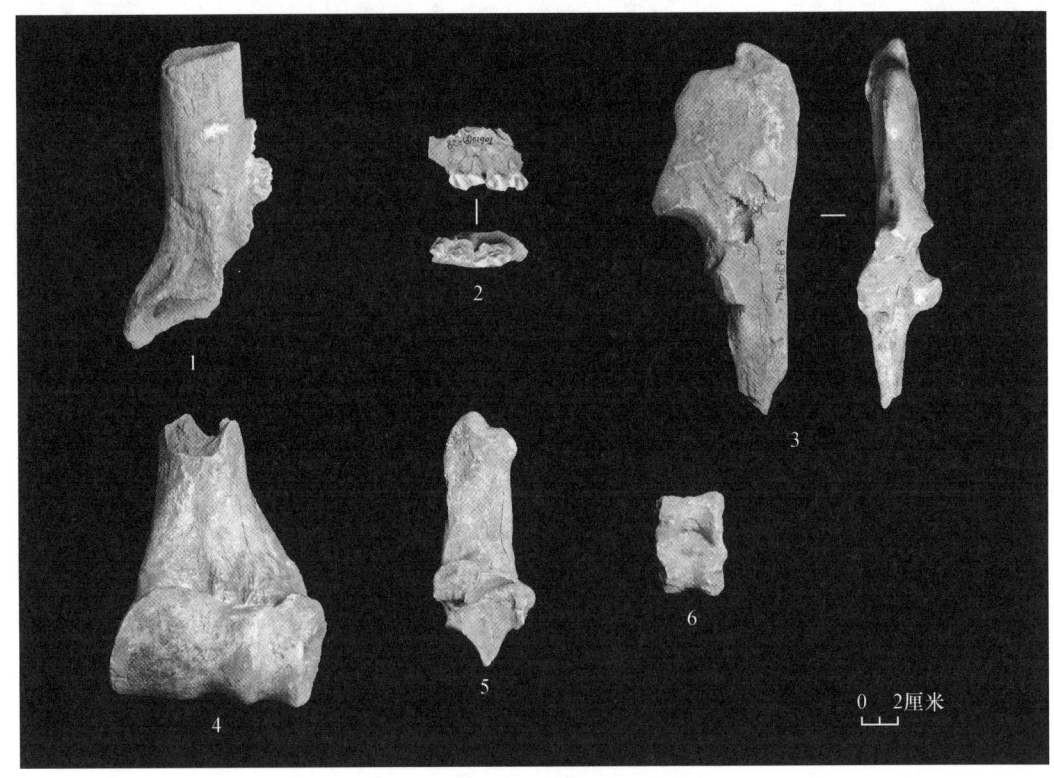

图八　新村遗址出土的部分水鹿骨骼
1.右侧角柄前、外侧观（T0610⑤：3）　2.左侧上颌嚼面、颊侧观（T0610⑤：28）　3.右侧尺骨背、前侧观（T0610⑤：89）　4.左侧肱骨远端背侧观（T0711①：9）　5.左侧跟骨内侧观（T0610⑤：123）　6.右侧距骨背侧观（T0711④：7）

上颌左侧，残长52.64毫米（图八，2）。标本T0610⑤：89，右侧尺骨，残长183.69毫米，鹰嘴长94.62毫米，跨过钩突厚66.78毫米，鹰嘴厚59.46毫米，跨过冠状突最大宽39.45毫米（图八，3）。标本T0711①：9，左侧肱骨远端，残长126.99毫米，远端最大宽92.5毫米，滑车最大宽82.52毫米（图八，4）。标本T0610⑤：123，左侧跟骨，最大长125.24毫米，最大宽34.64毫米（图八，5）。标本T0711④：7，右侧距骨，外半部最大长48.12毫米，内半部最大长51.27毫米，外半部最大厚31.98毫米，内半部最大厚31.15毫米，远端最大宽32.45毫米（图八，6）。

5. 梅花鹿 Cervus nippon

共出土可鉴定标本116件，最小个体数为12。出土有角4件，下颌15件，游离齿2件，肩胛骨11件，肱骨20件，尺骨12件，桡骨6件，髋骨14件，股骨9件，胫骨6件，跟骨1件，距骨2件，掌骨4件，跖骨4件，跗骨1件，系骨2件，冠骨1件，蹄骨2件。

标本T0710⑤：9，右侧下颌，残长184.12毫米，前臼齿列长39.08毫米，臼齿列长61.7毫米，p2长10.86毫米，宽4.32毫米，p3长12.8毫米，宽6.9毫米，p4长14.18毫米，宽7.54毫米，m1长14.62毫米，宽9.84毫米，m2长18.01毫米，宽11.52毫米，m3长27.96毫米，宽11.1毫米（图九，1）。标本T0601⑤：88，左侧尺骨，残长144.39毫米，跨过

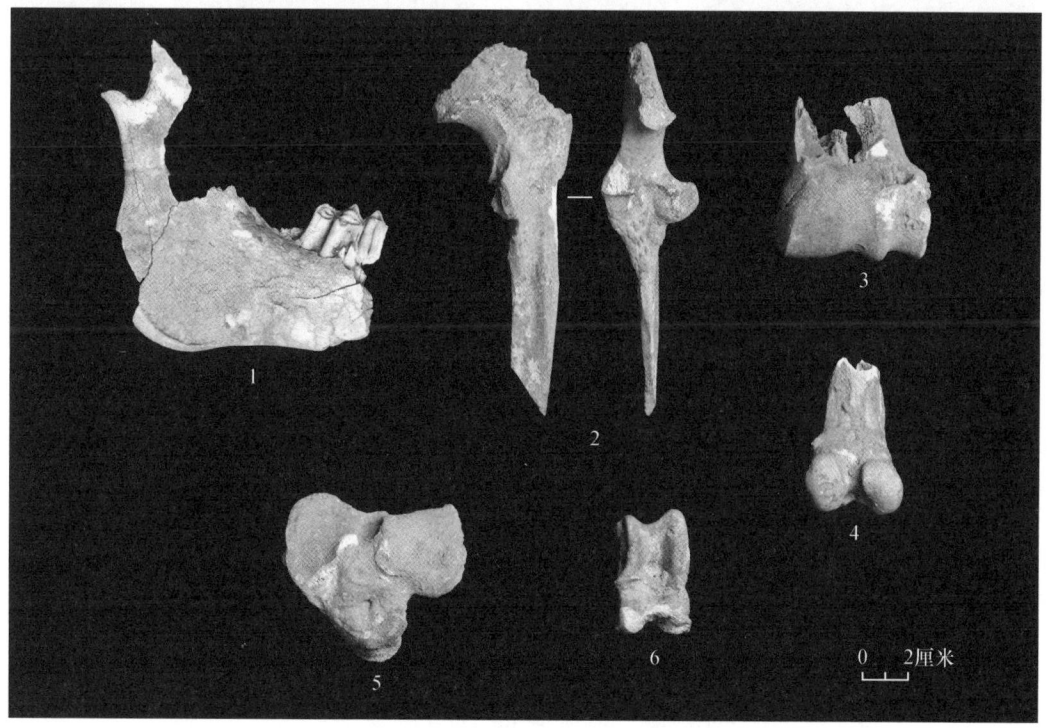

图九　新村遗址出土的部分梅花鹿骨骼
1. 右侧下颌颊侧观（T0710⑤：9）　2. 左侧尺骨前侧、内侧观（T0601⑤：88）　3. 左侧肱骨远端背侧观
（T0611⑥：7）　4. 左侧股骨远端腹侧观（T0610⑤：114）　5. 左侧胫骨近端俯侧观（T0710⑤：55）
6. 左侧距骨背侧观（T0610⑤：128）

钩突厚53.25毫米，跨过冠状突最大宽37.67毫米（图九，2）。标本T0611⑥：7，左侧肱骨，残长62.02毫米，远端最大宽58.2毫米，滑车最大宽53.12毫米（图九，3）。标本T0610⑤：114，左侧股骨远端，残长52.96毫米，远端最大宽36.55毫米（图九，4）。标本T0710⑤：55，左侧胫骨近段，残长72.72毫米，近端最大宽65.23毫米（图九，5）。标本T0610⑤：128，左侧距骨，外半部最大长48.61毫米，内半部最大长45.69毫米，外半部最大厚25.29毫米，内半部最大厚26.66毫米，远端最大宽29.03毫米（图九，6）。

6. 熊科（未定属）Ursidae sp.

共出土可鉴定标本28件，最小个体数为4。该类标本仅能鉴定到科，无法确定其具体为某一属或种。出土有上颌3件，下颌4件，游离齿1件，肩胛骨4件，肱骨1件，尺骨1件，桡骨4件，髋骨1件，胫骨1件，掌骨3件，跖骨2件，跟骨1件，距骨1件，系骨1件。

标本T0809⑤：3，右侧上颌（图一〇，4）。标本T0610⑤：58，右侧下颌，保留有髁突及下颌角（图一〇，2）。标本T0611⑦：3，游离齿，为左侧c（图一〇，1）。标本T0610③：3，左侧肩胛骨，残长62.63毫米，肩臼长52.28毫米，宽34.61毫米，肩

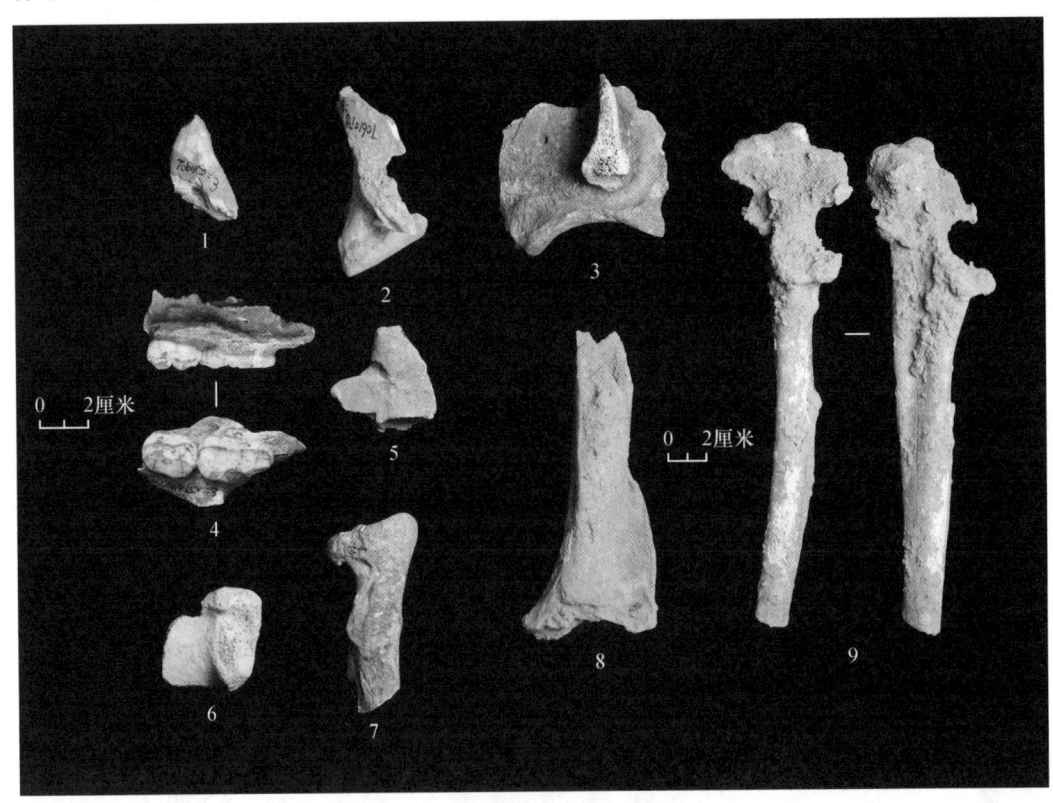

图一〇　新村遗址出土的部分熊骨骼
1. 左侧游离齿外侧观（T0611⑦：3）　2. 右侧下颌俯侧观（T0610⑤：58）　3. 左侧肩胛骨远端外侧观
（T0610③：3）　4. 右侧上颌嚼面、舌侧观（T0809⑤：3）　5. 左侧跟骨内侧观（T0912①：43）
6. 右侧距骨前侧观（T0611⑧：6）　7. 右侧桡骨前侧观（T0610⑤：78）　8. 左侧肱骨外侧观（T0710③b：48）
9. 右侧尺骨前侧、内侧观（T0710⑤：46）

胛结最大长63.68毫米（图一〇,3）。标本T0710③b:48，左侧肱骨，残长150.12毫米（图一〇,8）。标本T0710⑤:46，右侧尺骨，残长223.62毫米，跨过钩突厚49.38毫米，跨过冠状突最大长41.24毫米（图一〇,9）。标本T0610⑤:78，右侧桡骨，残长71.79毫米，近端最大宽36.83毫米（图一〇,7）。标本T0912①:43，左侧跟骨，残长32.41毫米（图一〇,5）。标本T0611⑧:6，右侧距骨，最大长38.76毫米（图一〇,6）。

7. 赤麂 *Muntiacus muntjak*

共出土可鉴定标本13件，最小个体数为5。共出土角7件，下颌6件。

标本T0611⑤:1，右侧角冠部分，角冠长59.25毫米（图一一,1）。标本T0710⑤:4，左侧角柄部分，角环周长87.9毫米，角环近端周长55.1毫米，角环远端周长81.95毫米，角柄长107.19毫米（图一一,3）。标本T0710⑤:5，左侧下颌，前臼齿列长25.63毫米，臼齿列长38.61毫米，残长118.65毫米（图一一,4）。

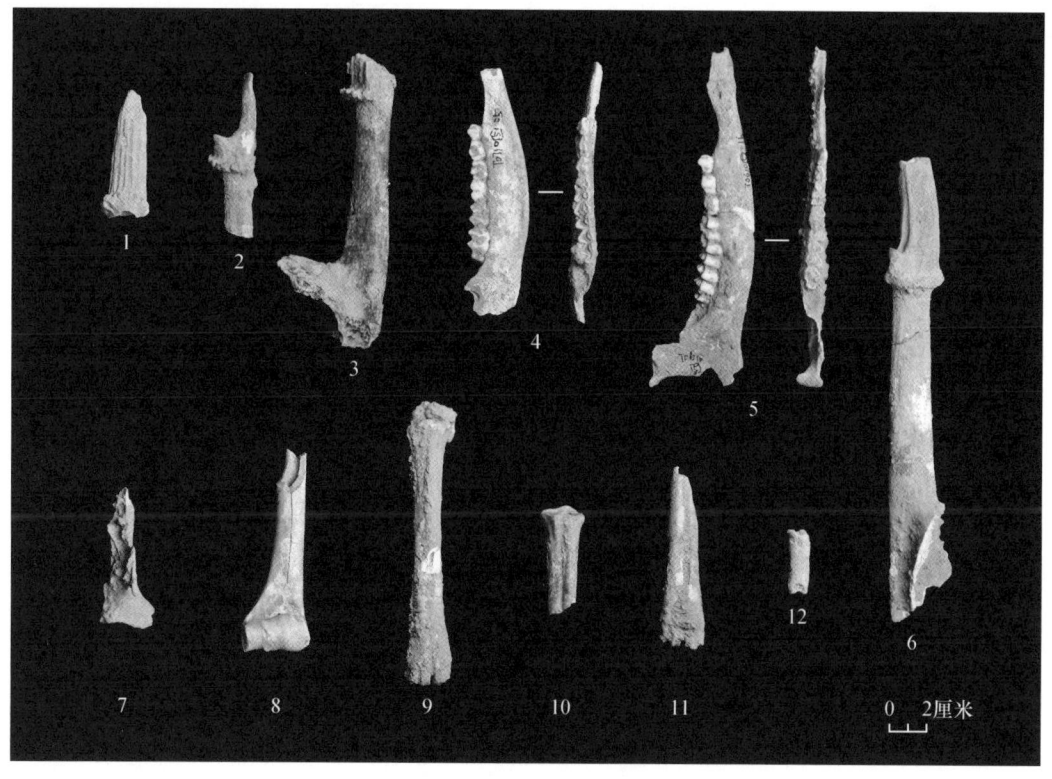

图一一 新村遗址出土的部分赤麂、黄麂、菲氏麂、麂属（未定种）骨骼

1.赤麂右侧角前侧观（T0611⑤:1） 2.黄麂右侧角内侧观（T0710③b:1） 3.赤麂左侧角后侧观（T0710⑤:4） 4.赤麂左侧下颌嚼面、颊侧观（T0710⑤:5） 5.菲氏麂右侧下颌嚼面、颊侧观（T0610⑤:16） 6.菲氏麂右侧角内侧观（T0710③b:3） 7.麂属（未定种）右侧肩胛骨远端外侧观（T0710③b:42） 8.麂属（未定种）右侧肱骨前侧观（T0710⑦:2） 9.麂属（未定种）右侧掌骨背侧观（T0711③b:41） 10.麂属（未定种）右侧跖骨背侧观（T0912①:50） 11.麂属（未定种）左侧跖骨背侧观（T0610③b:24） 12.麂属（未定种）轴右系骨背侧观（T0611⑧:5）

8. 黄麂 *Muntiacus reevesi*

共出土可鉴定标本2件，最小个体数为1。共出土角2件。

标本T0710③b：1，右侧角，角环周长75.91毫米，角环近端周长51.44毫米，角环远端周长60.12毫米，角柄残长30.58毫米，角冠长46.87毫米，角环最大直径24.56毫米，角环最小直径22.03毫米（图一一，2）。

9. 菲氏麂 *Muntiacus feae*

共出土可鉴定标本13件，最小个体数为4。共出土角5件，下颌7件，游离齿1件。

标本T0710③b：3，右侧角，角环周长88.63毫米，角环近端周长55.76毫米，角环远端周长76.99毫米，角柄残长137.18毫米，角冠长53.81毫米，角环最大直径28.37毫米，角环最小直径25.41毫米（图一一，6）。标本T0610⑤：16，右侧下颌，残长162.18毫米，前臼齿列长28.12毫米，臼齿列长42.29毫米（图一一，5）。

10. 麂属（未定种）*Muntiacus* sp.

共出土可鉴定标本37件，最小个体数为12。由于麂在除头骨外的骨骼上很难确定属中上的区别，因此统一归为麂属，无法确定到种。出土有肩胛骨6件，肱骨8件，掌骨15件，跖骨7件，系骨1件。

标本T0710③b：42，右侧肩胛骨，残长67.36毫米，肩臼长21.65毫米，宽20.9毫米，肩胛颈最小长19.07毫米，肩胛结最大长26.08毫米（图一一，7）。标本T0710⑦：2，右侧肱骨，残长96.89毫米，远端最大宽32.41毫米，远端关节面最大宽30.26毫米（图一一，8）。标本T0711③b：41，右侧掌骨，最大长126.16毫米，近端最大宽20.23毫米，骨干最小宽45.71毫米，骨干最小厚10.63毫米，远端最大宽21.51毫米（图一一，9）。标本T0912①：50，右侧跖骨，残长39.67毫米，近端最大宽20.99毫米（图一一，10）。标本T0610③b：24，左侧跖骨，残长86.08毫米，远端最大宽21.75毫米（图一一，11）。标本T0611⑧：5，轴右系骨，近端最大宽10.04毫米，骨干最小宽9.72毫米，远端最大宽10.37毫米，远轴侧最大长30.6毫米（图一一，12）。

11. 狗 *Canis familiaris*

共出土可鉴定标本8件，最小个体数为3。出土有头骨6件，肱骨1件，尺骨1件。

标本T0809⑤：1、T0809⑤：2，头骨，为同一个体。测量数据见表三、表四（图一二，10、11）。

标本T0809⑤：6，右侧肱骨，残长67.83毫米，远端最大宽21.4毫米，滑车最大宽16.83毫米（图一二，9）。标本T0809⑤：8，右侧尺骨，残长52.47毫米，跨过钩突厚18.41毫米，鹰嘴最小厚16.47毫米（图一二，8）。

表三　狗上颌（标本T0809⑤∶1）测量数据　　　（单位：mm）

测量点	测量数据
颅全长	102.69
颅顶长	61.29
臼齿列长	17.78
M1的长和宽	9.65/10.73
M2的长和宽	6.32/5.48
M3的长和宽	2.87/3.16
鼓泡的最大直径	18.62
外听道最大宽	40.86
外听道背侧宽	42.56
枕髁最大宽	23.33
枕骨大孔最大宽	10.79
颅骨最大宽	37.89
颅高	44.89

表四　狗下颌（标本T0809⑤∶2）测量数据　　　（单位：mm）

测量点	测量数据
全长	110.61
从下颌髁与下颌角间的凹痕到Id的长	113.74
下颌髁-犬齿齿槽远口缘的长	98.68
从下颌髁与下颌角突间的凹痕到犬齿齿槽远口缘的长	97.33
M3齿槽远口缘-犬齿齿槽远口缘	64.72
m3—p1齿列长	60.81
裂齿长	10.78
臼齿列长	11.27
m2的长和宽	8.4/5.74
p1—p4齿列长	48.29
颌体最大厚	10.22
m1后下颌骨高	23.17

注：Id为下齿点，切齿齿槽口缘最突出的中点

12. 麝属（未定种）*Moschus* sp.

共出土可鉴定标本4件，最小个体数为1。该类动物骨骼标本仅可鉴定至属，具体属于某一种尚不明确。出土有下颌骨1件，肩胛骨1件，跖骨2件。

标本T0611①∶2，下颌右侧，残长60.21毫米（图一二，4）。标本T0610⑤∶69，左侧肩胛骨，残长43.09毫米，肩臼长12.81毫米，肩臼宽13.96毫米，肩胛结最大长19.21毫米（图一二，5）。标本T0610③b∶25，右侧跖骨远端，残长67.93毫米，远端最大宽

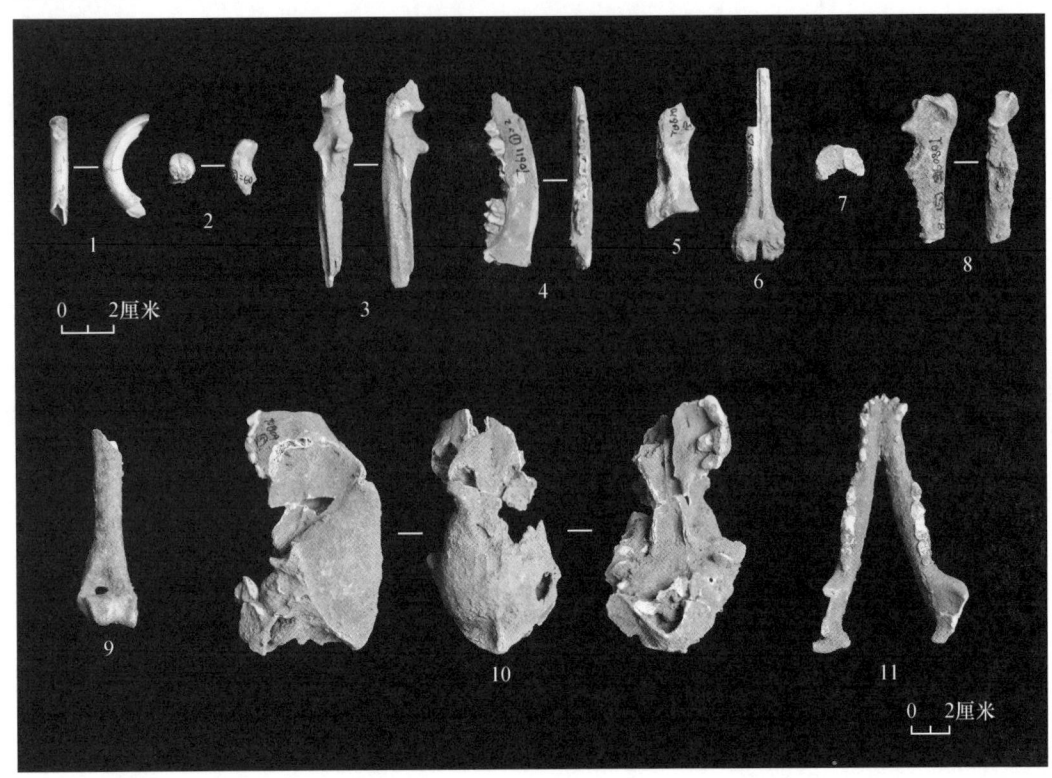

图一二 新村遗址出土的豪猪、猴科（未定属）及部分麝属（未定种）、狗骨骼
1. 豪猪左侧门齿嚼面、侧面观（T0610⑤：59） 2. 豪猪右侧臼齿嚼面、侧面观（T0610⑤：60） 3. 猴科左侧尺骨前侧、内侧观（T0710⑤：47） 4. 麝属（未定种）右侧下颌嚼面、颊侧观（T0611①：2） 5. 麝属（未定种）左侧肩胛骨远端外侧观（T0610⑤：69） 6. 麝属（未定种）右侧跖骨背侧观（T0610③b：25） 7. 麝属（未定种）右侧跖骨近端俯侧观（T0610⑤：144） 8. 狗右侧尺骨前、内侧观（T0809⑤：8） 9. 狗右侧肱骨前侧观（T0809⑤：6） 10. 狗头骨左、俯、内侧观（T0809⑤：1） 11. 狗下颌俯侧观（T0809⑤：2）

17.41毫米（图一二，6）。标本T0610⑤：144，右侧跖骨近端，残长16.89毫米，近端最大宽16.05毫米（图一二，7）。

13. 豪猪 *Hystrix hodgsoni*

共出土可鉴定标本2件，最小个体数为1。出土有游离齿2件。

标本T0610⑤：59，左侧I1（图一二，1）。标本T0610⑤：60，右侧M，嚼面长9.13毫米，宽7.52毫米（图一二，2）。

14. 猴科（未定属）*Cercopithecidae sp.*

共出土可鉴定标本1件，最小个体数为1。出土标本过少且骨骼表面胶结，因此不能确定属种。出土有尺骨1件。

标本T0710⑤：47，左侧尺骨，残长75.01毫米，跨过钩突厚15.47毫米，跨过冠状突最大宽14.12毫米（图一二，3）。

15. 鹿科（未定属）Cervus sp.

共出土可鉴定标本44件，最小个体数为9。该类骨骼标本与现生狍子标本大小接近，但未能明确其属种，因此只鉴定到科。出土有舌骨1件，肩胛骨2件，尺骨3件，桡骨17件，髋骨3件，股骨3件，胫骨8件，跟骨6件，距骨1件。

标本T0811③：2，右侧尺骨，残长64.55毫米，鹰嘴长42.57毫米，跨过钩突厚26.64毫米，鹰嘴厚25.52毫米，跨过冠状突最大宽17.3毫米（图一三，4）。标本T0610⑤：92，左侧桡骨近端，残长57.27毫米，近端最大宽27.84毫米（图一三，5）。标本T0610⑤：97，左侧桡骨远端，残长81.45毫米，远端最大宽24.96毫米，远端关节面最大宽21.35毫米（图一三，6）。标本T0610⑤：108，髋骨右侧，残长78.65毫米，髋臼长22.23毫米（图一三，7）。标本T0610⑤：116，右侧股骨，残长66.98毫米，近端最大宽25.8毫米（图一三，8）。标本T0710⑤：58，左侧胫骨远端，残长59.09毫米，远端最

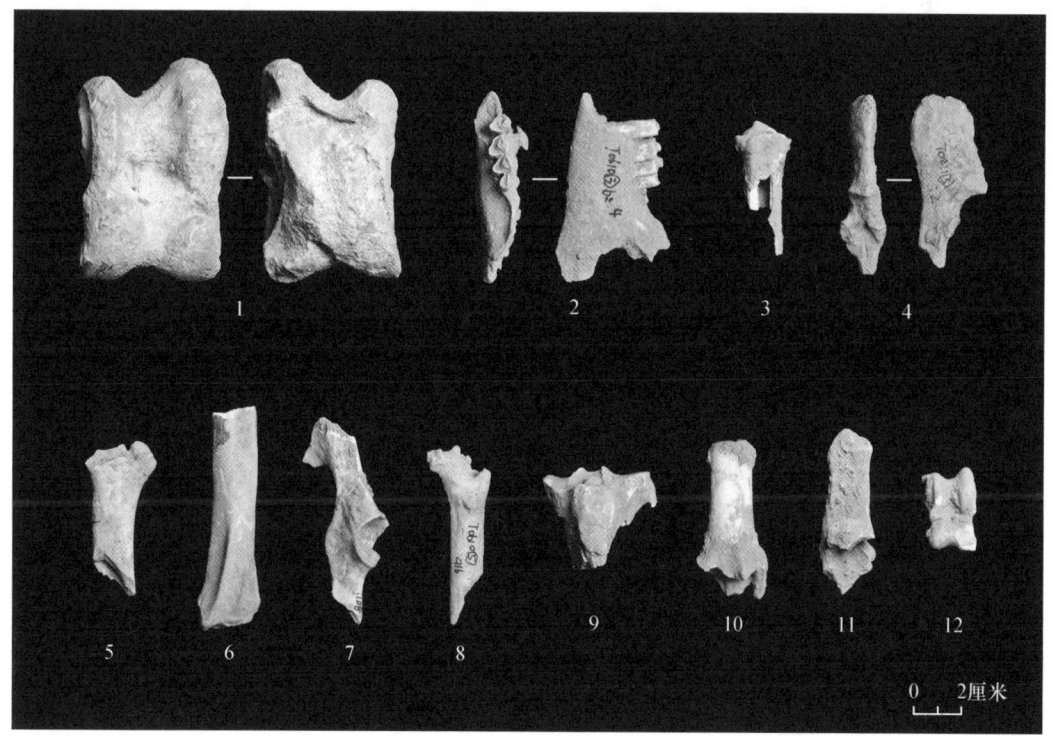

图一三　新村遗址出土的骆驼及部分山羊、羊科（未定属）、鹿科（未定属）骨骼

1. 骆驼左侧距骨前、后侧观（T0610④：4）　2.山羊左侧下颌嚼面、颊侧观（T0610③b：4）　3. 羊科（未定属）左侧跖骨近端背侧观（T0610⑤：143）　4. 鹿科（未定属）右侧尺骨前、外侧观（T0811③：2）　5. 鹿科（未定属）左侧桡骨近端前侧观（T0610⑤：92）　6. 鹿科（未定属）左侧桡骨前侧观（T0610⑤：97）　7. 鹿科（未定属）右侧髋骨腹侧观（T0610⑤：108）　8. 鹿科（未定属）右侧股骨后侧观（T0610⑤：116）　9. 鹿科（未定属）左侧胫骨近端前侧观（T0710⑤：58）　10. 鹿科（未定属）左侧胫骨远端前侧观（T0710③b：91）　11. 鹿科（未定属）左侧跟骨内侧观（T0909③b：3）　12. 鹿科（未定属）左侧距骨前侧观（T0610③b：22）

大宽26.67毫米（图一三，10）。标本T0909③b∶3，左侧胫骨近端，残长37.69毫米，近端最大宽41.71毫米（图一三，9）。标本T0710③b∶91，左侧跟骨，最大长61.03毫米，最大宽18.75毫米（图一三，11）。标本T0610③b∶22，左侧距骨（图一三，12）。

16. 山羊 *Capra aegagrus*

共出土可鉴定标本6件，最小个体数为2。出土有上颌1件，下颌3件，游离齿2件。

标本T0610③b∶4，左侧下颌，残长71.21毫米（图一三，2）。

17. 骆驼 *Camelus* sp.

共出土可鉴定标本1件，最小个体数为1。出土有距骨1件。

标本T0610④∶4，左侧距骨，外半部最大长81.03毫米，内半部最大长72.7毫米，外半部最大厚40.56毫米，内半部最大厚41.86毫米，远端最大宽51.41毫米（图一三，1）。

18. 羊科（未定属）Caprinae sp.

共出土可鉴定标本6件，最小个体数为2。通过出土标本仅可鉴定至羊亚科，未能确定其属种。出土有下颌2件，跖骨4件。

标本T0610⑤∶143，左侧跖骨近端，残长50.64毫米，近端最大宽21.76毫米（图一三，3）。

19. 绵羊 *Ovis aries*

共出土可鉴定标本1件，最小个体数为1。出土有游离齿1件。

20. 犬科（未定属）Canis sp.

共出土可鉴定标本4件，最小个体数为2。出土有下颌1件，掌骨3件。

三、讨论与分析

（一）动物骨骼表面痕迹

动物骨骼表面痕迹主要分为人工痕迹和非人工痕迹，人工痕迹是人类在利用动物资源时通过不同的方式，在动物骨骼表面留下不同的痕迹，包括烧、烤、砍、砸等。新村遗址中出土有一定数量可见人工痕迹的动物骨骼，共计215件，占新村遗址出土动物骨骼总数的3.84%。其中，有18件为加工骨制品时留下的成品及半成品；197件为当时人类加工动物骨骼时留下的痕迹，有烧痕、烤痕、砍砸痕、削痕、切割痕、磨痕、锯痕等，这些痕迹在各种属上的分布情况如表五所示。

表五 人工痕迹各属种分布情况统计表 （单位：件）

痕迹\属种	牛	水鹿	猪	梅花鹿	赤鹿	菲氏麂	熊	骆驼	麂属（未定种）	鹿科（未定属）	未知	总计
烧痕	6	1	4	4	1	1			3	1	116	137
烤痕	6	5	4	3		1	3	1		1	1	25
切割痕	1		1	1		1						4
砍砸痕	15	7	2									24
削痕		2							1			3
磨痕		1									1	2
划痕	1						1					2
总计	29	16	12	8	1	2	4	1	4	2	118	197

非人工痕迹主要包括自然作用和除人以外其他生物作用留下的痕迹。自然作用包括风化作用和植物根系作用，新村遗址中可见风化作用的骨骼有18件，均为中度风化；可见植物根系作用的骨骼有3件。其他生物作用主要指食肉类和啮齿类动物对骨骼的啃咬，遗址中可见这类痕迹的骨骼有36件，带有啮齿类动物啃咬痕迹的仅发现2件，带有这类痕迹的典型标本有T0610⑩：9，为水鹿轴左冠骨（图一四，4）；其余均为

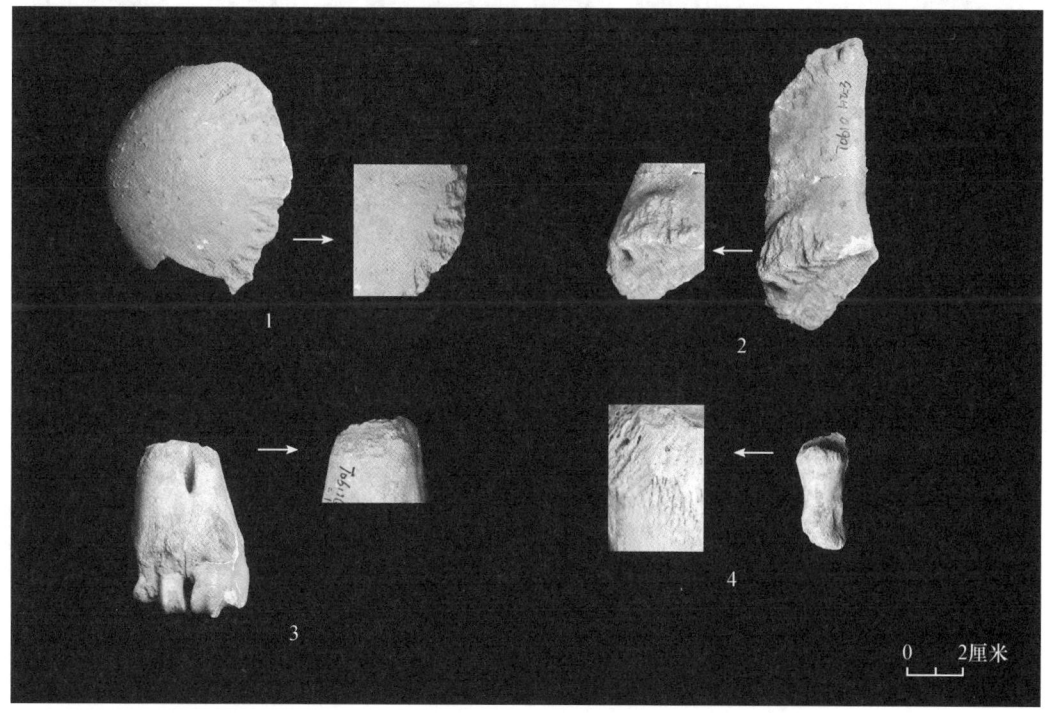

图一四 新村遗址中出土带有啃咬痕的典型标本
1. 牛右侧肱骨头部分（T0710③b下M69：2） 2. 水鹿左侧跟骨（T0610 H2：3）
3. 水鹿左侧跖骨远端（T0611①：18） 4. 水鹿轴左冠骨（T0610⑩：9）

食肉类动物啃咬痕迹，带有这类痕迹的典型标本有T0710③b下M69∶2，为牛的右侧肱骨头部分；T0611①∶18，为水鹿左侧跖骨远端部分；T0610 H2∶3，为水鹿左侧跟骨（图一四，1~3）。

（二）人 工 制 品

新村遗址中出土的人工制品可以分为两类，一为成品，即加工成型的人工制品；二为半成品，其上可见人工痕迹，但未成形，没有使用痕迹。

新村遗址中成品材质为骨和角，出土成型的人工制品10件，其中骨锥占了绝大部分，有8件，另有角锥和骨匕各1件。骨锥有标本T0710③b下M68∶3，标本T0710⑤∶82，标本T0610⑦∶15，标本T0611⑩∶1，标本T0611⑨∶9（图一五），标本T0710⑤∶83，标本T0611①∶23，标本T0611③∶7（图一六，1~3）；角锥有标本T0610⑤∶159（图一六，4）；骨匕有标本T0610⑥∶5（图一六，5）。

新村遗址中共出土半成品12件，材质有骨、角和牙三种。

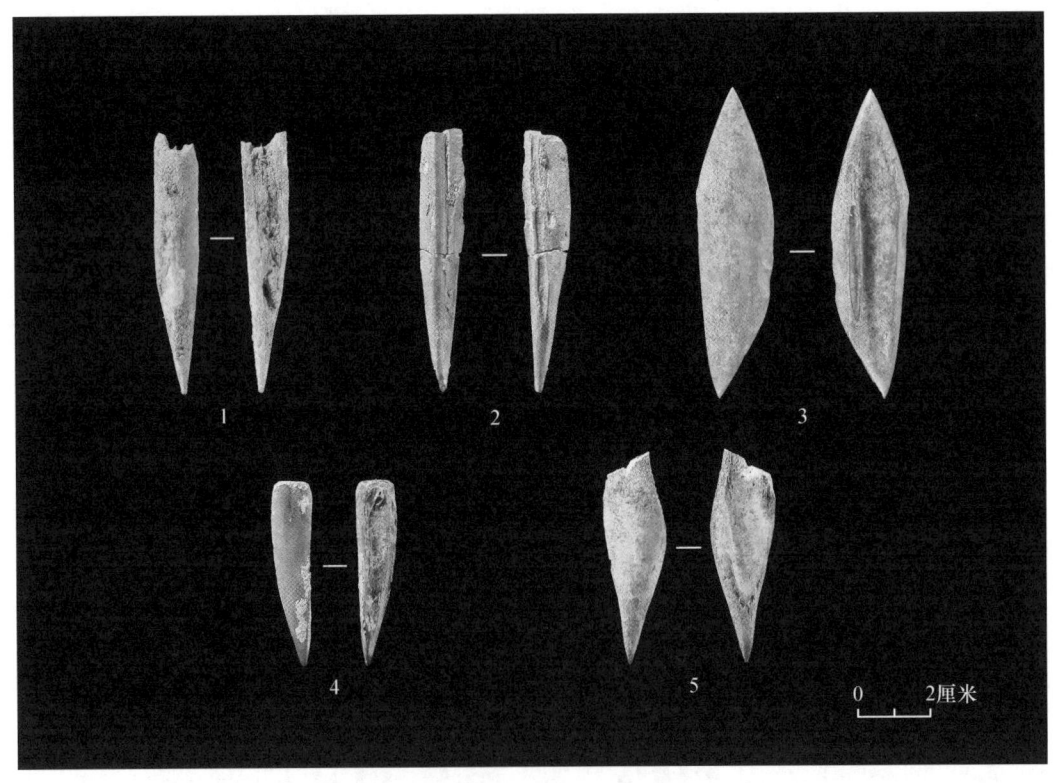

图一五　新村遗址出土的骨锥
1. 骨锥（T0710③b下M68∶3）　2. 骨锥（T0710⑤∶82）　3. 骨锥（T0610⑦∶15）　4. 骨锥（T0611⑩∶1）
5. 骨锥（T0611⑨∶9）

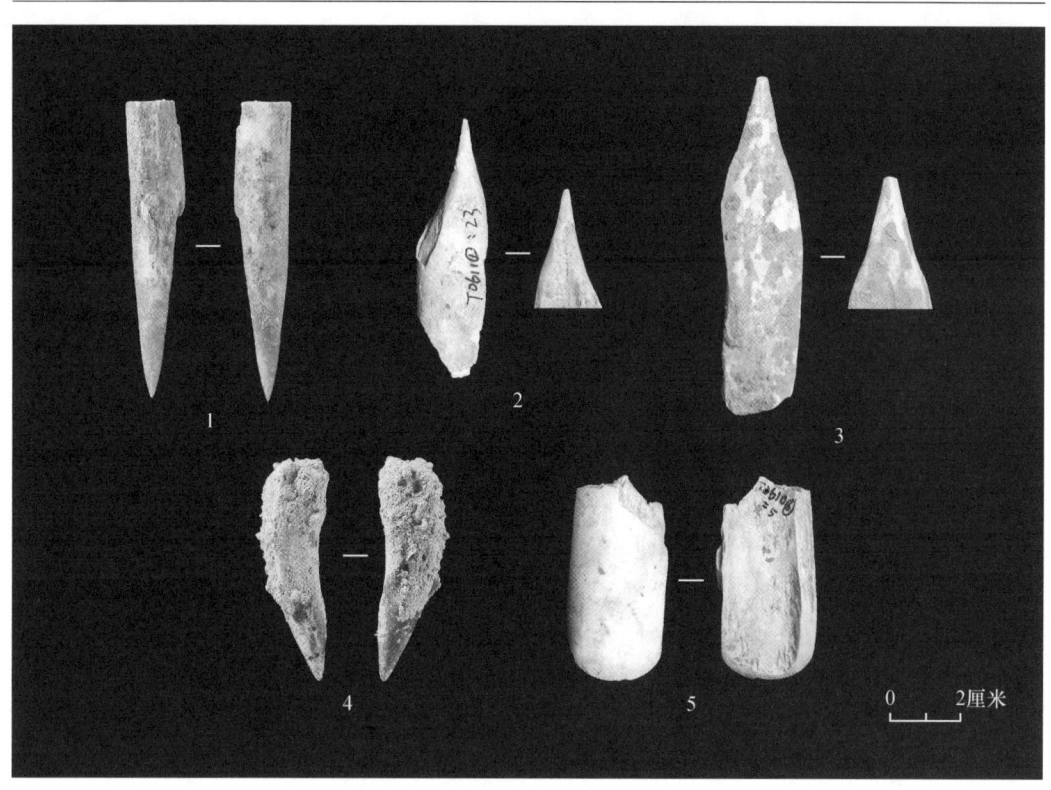

图一六 新村遗址出土的骨锥、角锥和骨匕
1. 骨锥（T0710⑤∶83） 2. 骨锥（T0611①∶23） 3. 骨锥（T0611③∶7） 4. 角锥（T0610⑤∶159）
5. 骨匕（T0610⑥∶5）

（三）动物资源利用

新村遗址中出土有20余种动物，根据统计的各属种的最小个体数来看（图一七），软体动物中的黄宝螺、哺乳动物中猪、牛及鹿科动物占有较大比重。黄宝螺（货贝）在当时可能被用当作货币或装饰品，是身份地位的象征，均出土于墓葬中，当作食物的可能性不大；猪和牛为当时人类主要的肉食资源，体现出一定的饮食倾向性和当时人类的生活方式。从动物骨骼表面痕迹分析情况来看，当时人类加工食物的方式主要为烧和烤，并且当时人类已经懂得肢解动物和剔肉。从新村遗址中主要哺乳动物种属来看，当地的先民肉食资源多样，肉食来源较为稳定，推测可能在此长期居住。

（四）生态环境复原

通过对动物种类的分析，可以大致推断当时该遗址的生态环境。牛、猪、马、羊等对栖息环境条件要求较为简单，常为家养或活动在平原、草原、森林地带；鹿科动物常活动在水边及森林地区；熊为杂食动物，所食植物较杂，对环境的适应力较强，多活

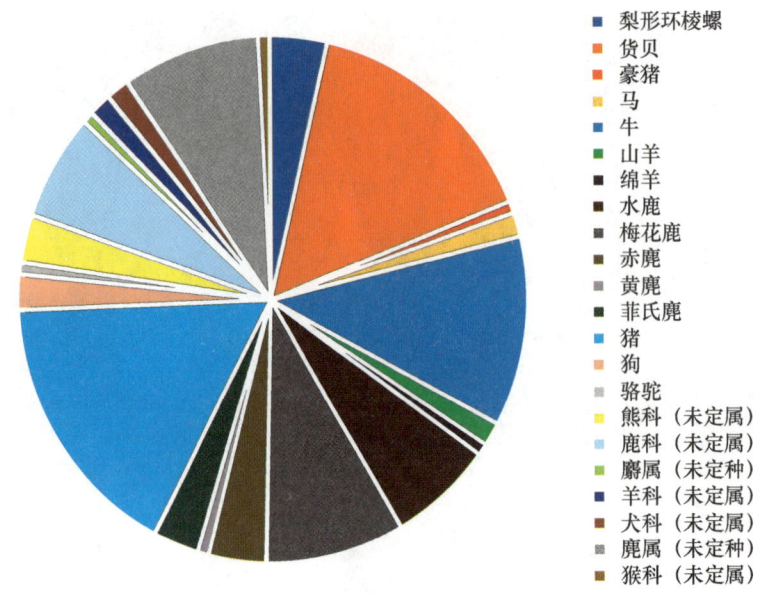

图一七 新村遗址出土各种属动物最小个体数比较示意图

动在平原、草原、山地丘陵地区及水源附近；梨形环棱螺、拟钉螺及蚌多生活在淡水区域，如湖泊、江河、池塘、沟渠或水田之中。由此我们可以了解到，该遗址靠近金沙江支流，水源充足，为人类生产生活及动物的生存提供必要保证；纬度较低，气温不会过于寒冷，比较适宜居住；遗址周围有山地丘陵，植被茂盛，林地面积较大，水草丰茂，自然条件较好。

（五）与其他遗址的比较

新村遗址位于云南省，属于新石器时代晚期向青铜时代早期过渡阶段。本文选取三个时期相近的云南地区遗址进行对比，通过比对动物种属、生业模式以及遗址周围自然环境，力求丰富对新村遗址乃至云南地区对于动物骨骼遗存的相关研究。

1. 云南银梭岛遗址

银梭岛遗址位于云南省大理市海东镇，出土12585件动物骨骼遗存，可鉴定种属的骨骼标本10486件，数量远多于新村遗址。动物种属有软体动物类、两栖类、爬行类、硬骨鱼类、鸟类和哺乳类动物，相较于新村遗址来说物种更丰富（表六）。哺乳动物种属包括家猪、野猪、黄牛、水牛、山羊、羊、马、狗、狐狸、犬科、水鹿、梅花鹿、麂、麝、鹿、猫科、熊、小林姬鼠、竹鼠、鼠、豪猪、兔等，与新村遗址中所发现的哺乳动物种属相似，但小哺乳类动物种类更多；软体动物类种属包括丽蚌、环棱螺和货贝，与新村遗址出土的软体动物种类比较接近；银梭岛遗址是一处典型的贝丘遗址，发现有许多硬骨鱼类、两栖类和爬行类动物的骨骼遗存，但新村遗址并未发现有这些动物骨骼遗存。银梭岛遗址共分为四个时期，分别为云南新石器时代晚期、云南青铜时代早期、中期和晚期，而新村遗址属于新石器时代晚期向青铜时代早期过渡时期，在时间上两个遗址也有所重合。

从饮食结构来看，银梭岛遗址的先民饮食结构更丰富，包含种类更多，而新村遗址的先民只选择哺乳动物作为肉食来源。

从动物种属所反映的自然环境来看，银梭岛遗址周围有广阔的水域，大片的森林、小片竹林和灌木林，以及较广阔平坦的草地，植被茂盛，动物种群丰富；新村遗址周围的自然环境与之相似，水源充足，多山地丘陵[2]。

表六　银梭岛遗址出土动物遗存分类统计表　　（单位：件）

动物遗存	哺乳类	鸟类	硬骨鱼类	爬行类	两栖类	软体动物类	合计
数量	1913	181	4344	7	20	4022	10486

2. 云南河泊所遗址

河泊所遗址位于云南省昆明市晋宁区上蒜镇河伯村，是云南昆明滇池地区石寨山文化聚落群中规模最大的一处贝丘遗址。由于河泊所遗址的发掘仍在进行，因此本文仅对已整理的2017年该遗址出土的动物骨骼遗存进行对比。

河泊所遗址出土可鉴定标本2042件，与新村遗址出土可鉴定标本数量相差不多；河泊所遗址出土有软体动物类、鸟类和哺乳动物类，软体动物类有丽蚌、河蚬、长螺蛳、螺蛳和锥螺，种类较新村遗址丰富，数量也较多；哺乳动物出土有马、牛、水牛、羊、家猪、梅花鹿、水鹿、赤鹿、麂、狗、棕熊等，与新村遗址所发现的动物种类基本一致（表七）。与银梭岛遗址类型一致，河泊所遗址也是一处贝丘遗址。河泊所遗址的年代经推测应不晚于汉代，时代较新村遗址晚。

表七　河泊所遗址出土哺乳动物数量统计表　　（单位：件）

种属	可鉴定标本数	最小个体数
麂	2	2
赤鹿	16	5
梅花鹿	2	1
水鹿	3	1
羊亚科	132	13
山羊	1	1
绵羊	70	11
水牛	42	4
牛	1378	57

续表

种属	可鉴定标本数	最小个体数
马	141	12
家猪	119	19
狗	125	19
棕熊	1	1
合计	2032	146

经研究，河泊所遗址中出土的牛死亡年龄多在4~10岁，主要作为当时农业生产的畜力来使用；但新村遗址中的牛死亡年龄多在1.5~2.5岁，且出土数量较多，推测应为当时人类的肉食资料来源之一，未发现有提供农耕的作用。

通过分析出土动物遗存并结合植物考古研究结果，可以发现当时河泊所遗址所处环境为沼泽湿地，水草丰茂，河流密集，自然条件较好；而新村遗址紧靠金沙江支流，但不似河泊所遗址潮湿[3]。

3. 云南长田遗址

长田遗址位于云南省楚雄州武定县己衣镇长田村，与新村遗址地理位置接近，同属新石器时代晚期至青铜时代早期，且也为一处石器加工场。长田遗址出土动物骨骼5923件，其中可鉴定标本1021件。长田遗址中出土的动物种类有软体动物类和哺乳动物类，软体动物类包括梨形环棱螺、圆顶珠蚌、中国圆田螺、货贝等，哺乳类动物包括竹鼠、水鹿、梅花鹿、麂、熊、狗、猪、羊、牛、猕猴、狗、骆驼等，与新村遗址中发现的动物种属大体一致。与银梭岛遗址和河泊所遗址不同的是，长田遗址与新村遗址虽位于金沙江支流附近，但均不是贝丘遗址，也没有发现鱼类、两栖类、爬行类和鸟类动物。

该遗址人类的肉食偏好与新村遗址相似，长田遗址中出土的牛和猪也是该遗址先民的主要肉食来源，两遗址居民饮食结构一致。

由于新村遗址与长田遗址地理位置相距较近，所以两遗址周边的自然环境也无较大差别，皆为水源充足，多山地丘陵和林地的自然地带。

新村与长田两遗址相似度极高，故推测二者为同一时期同一地区同一批人的两个不同居址，且两个居址之间有着紧密的联系。

4. 小结

通过与银梭岛遗址、河泊所遗址以及长田遗址的比对，可以发现新村遗址中出土的动物骨骼数量和种类都不算很多，生业模式、饮食结构以及遗址类型都有较大的不同。造成这种现象的原因可能为各遗址的自然地理环境、气候的因素有一定差别；也有可能是每个遗址的先民生活方式和文化习俗存在着差异；或者由于每个遗址的埋藏环境和发掘方式的不同，保留下来的动物骨骼遗存也存在着较大的区别。

但从整体来看，这四处遗址均属于云南地区的遗址，基本的动物属种都比较相似，所反映的遗址周围的自然环境也较一致。根据现有资料来看，对于云南地区出土动物骨骼遗存研究的相关文章数量较少，以上四个遗址的研究将对云南地区对于动物考古的相关研究提供重要的参考和借鉴。

四、结　语

云南武定新村遗址出土有大量动物骨骼遗存，通过对这些遗存的鉴定和分析，我们可以大致了解到当地的动物种属，从而推断当时当地人类的生活方式、生业模式以及生态环境等相关方面。遗址内动物种类丰富，体现出当时人类的肉食来源广泛。遗址中还出土了一些人工制品，包括骨锥、角锥及骨匕，还有一些人工制品半成品，表明当时人类在食用动物的同时，还会利用动物骨骼制作简单的工具。在出土的动物骨骼中，还发现有一些带有痕迹的骨骼，反映出了当时人类加工动物资源的方式，以及遗址范围内其他生物的作用。新村遗址动物遗存的研究，极大丰富了云南地区这一方向的研究内容，同时也可以为同一地区及同一时代的有关研究提供重要的借鉴。未来还将会从其他角度，如稳定同位素、古DNA研究等方面，对新村遗址出土的动物骨骼进行更深入的研究和讨论。

注　释

［1］　云南考古网.云南武定新村遗址［J］.文物鉴定与鉴赏，2018（23）：75.

［2］　赵莹.云南银梭岛遗址出土的动物遗存研究［D］.吉林大学硕士学位论文，2011.

［3］　刘禄.云南河泊所遗址出土的动物骨骼遗存研究［D］.吉林大学硕士学位论文，2019.

参 考 书 目

（1）　李永宪.卡若遗址动物遗存与生业模式分析——横断山区史前农业观察之一［J］.四川文物，2007（5）：50-56.

（2）　〔德〕安格拉·冯登德里施著，马萧林，侯彦峰译.考古遗址出土动物骨骼测量指南［M］.北京：科学出版社，2007.

（3）　〔英〕西蒙·赫森著，侯彦峰，马萧林译.哺乳动物骨骼和牙齿鉴定方法指南［M］.北京：科学出版社，2012.

（4）　盛和林.中国鹿类动物［M］.上海：华东师范大学出版社，1992.

The Research on Fanual Remains in Xincun Site, Yunnan Province

LIU Hai-lin   YU Xin   HE Lin-shan   WANG Chun-xue

The Xincun site is located in Jiyi Town, Wuding County, Chuxiong Yi Minority Autonomous Prefecture, Yunnan Province. It is a site in the transitional stage from the late Neolithic Age to the early Bronze Age, located along the tributaries of the Jinsha River. A total of 5,606 animal skeletons were unearthed from the Xincun site (including mollusks). After identification, there are 1 kingdom, 2 phyla, 3 classes, 7 orders, 14 families, 15 genera and 14 species, mainly divided into mollusks and mammals. Through the statistics and analysis of the animal skeletons, this paper discusses the natural environment and human activities around the site, and provides a reference for the study of related issues in the late Neolithic Age and early Bronze Age in Yunnan.

中国绵羊的起源与扩散研究新进展*

宋光捷[1] 蔡大伟[1, 2, 3]

（1. 吉林大学考古学院，长春，130012；2. 吉林大学边疆考古研究中心，长春，130012；3. 吉林大学-西蒙菲莎大学生物考古联合实验室，长春，130012）

一、引　言

绵羊（Ovis aries）在动物分类学上属于偶蹄目（Artiodactyla）、洞角科（Bovidae）、羊亚科（Caprinae）、绵羊属（Ovis）[1]。作为人类最早驯化的家养动物之一，绵羊在古代社会发展过程中扮演了一个重要的角色，不仅为古代人类社会提供了许多稳定的、高品质动物蛋白来源和皮、毛、奶等产品，还在宗教祭祀和占卜等方面影响着民族文化的形成与发展。绵羊最早的驯化证据可以追溯至大约距今11000年前，其驯化的起点位于新月沃地[2]。考古证据表明，在公元前9000～前8000年，从土耳其中部到伊朗西北部的地区，当地人类已经开始进行绵羊管理[3]；例如，安纳托利亚中部和东南部的遗址中出土绵羊的圈养迹象和对年轻雄性宰杀行为[4]。公元前7500年之后，对年轻雄性绵羊的宰杀和与驯化相关的形态变化（例如体型变小）在新月沃地（包括安纳托利亚中部）广泛出现，因此伊朗西北部到安纳托利亚可能是绵羊驯化的中心[5]。

绵羊有7个野生近缘种，分别亚洲摩弗伦羊（Asiatic Mouflon, Ovis gmelinii）、欧洲摩弗伦羊（European Mouflon, Ovis orientalis musimon）、盘羊（Agarli, Ovis ammon）、加拿大盘羊（Bighorn, Ovis canadensis）、阿尔卡尔羊（Urial, Ovis vignei）、雪羊（Snow sheep, Ovis nivicola）和大白羊（Thinhorn, Ovis dalli）[6]。而绵羊起源于何种野羊一直存在争议。其中亚洲摩弗伦羊、盘羊和阿尔卡尔羊被认为与家绵羊血缘关系最近或者对绵羊驯化有贡献[7]，因此关于绵羊起源的问题十分复杂，而亚洲摩弗伦羊被认为最有可能是家养绵羊的野生祖先[8]。切萨（Chessa）等研究表明欧亚大陆和非洲的绵羊经历了两次独立驯化事件：第一次是人类为了获取肉食，驯化了亚洲摩弗伦羊等野生羊；第二次是古代人类为了获取羊毛资源，驯化并筛选培育高产毛量的绵羊[9]。

驯化后的绵羊通过人群迁徙、贸易等方式被传播到邻近地区，包括欧洲、北非和

---

* 本研究得到"中华文明起源进程中的生业、资源与技术研究"（项目批准号2020YFC1521606）资助。

中亚，随后绵羊扩散到世界各地[10]。绵羊向欧洲传播主要是大约10000年前，绵羊到达了安纳托利亚中部，再由地中海和多瑙河谷两条主要的传播路线到达欧洲[11]；此外，还有另一条通往欧洲的传播路线：通过俄罗斯高加索地区到达北欧[12]。绵羊可能通过两条路线进入北非：第一条是穿越地中海盆地到达非洲；第二条是穿越西奈半岛，然后向下到达红海并穿越红海[13]。美洲和澳大利亚的绵羊主要是近代由欧洲和非洲引入[14]。根据分子生物学研究，绵羊向亚洲的传播主要有三条路径：①蒙古高原是绵羊扩散的第二个中心，驯化中心的绵羊沿高加索和中亚地区迁徙到蒙古高原，并从此处到达中国北方、西南和南亚次大陆；②驯化中心的绵羊从中东通过阿拉伯地区传入南亚次大陆；③通过古代海上贸易路线，绵羊从近东引入南亚次大陆[15]。

在中国，许多新石器时代早期考古遗址中出土了大量的羊的遗骸和陶羊、羊圈等与绵羊驯化有关的遗存。在河南新郑裴李岗遗址、陕西半坡遗址、陕西元君庙灰坑中都曾出土羊的骨骼。但由于未对其进行形态测量和种属鉴定，所以不知道是绵羊还是山羊，也不知道是驯化的还是野生的[16]。袁靖先生认为中国最早出现的家养绵羊是在距今5600~5000年前的甘肃省和青海省一带，然后向东由关中地区传播进入中原地区，到距今4500~4000年前黄河中下游地区出土家养绵羊遗骸比较丰富，确证龙山文化时期养羊业已经有了一定的发展[17]。胡松梅认为我国遗址中确定为家养绵羊的时代，最早在西阴文化时期（距今6000~5200年）的泉护村遗址[18]；其传播路径为：绵羊到达蒙古高原后分为两支，一支沿黑河向南到达河西走廊一带，另一支向东到达中国榆林地区，再由北向南传播到中原地区[19]。综上所述，中国古代家绵羊应该是由国外引进的，但具体传入时间和传入路径尚未明确。本文拟通过结合动物考古和分子考古学研究成果进行综述，使人们对中国古代家绵羊起源、驯化和扩散的过程有综合、全面的认识。

二、中国绵羊的动物考古学研究

动物考古学是研究研究绵羊起源于扩散的有利方法之一，对此，袁靖先生提出了一系列方法用于鉴定绵羊和研究绵羊的起源问题，这些方法包括形体测量、病理现象、年龄结构、性别特征、数量比例、考古现象、食性分析等[20]。中国尚有很多遗址出土大量的羊骨，但由于骨骼形态特征不明显、骨骼质量较差、骨骼结构相似等原因，导致动物考古学者无法分辨出土的羊骨是绵羊还是山羊，因此常以"羊"或"绵羊/山羊"来代替[21]。一些野生牛科动物在骨骼形态等方面也与绵羊有相似之处，这也会使得研究者无法对其进行准确的鉴定，导致我们不能清楚了解绵羊起源和扩散的情况[22]。此外，出土羊骨件数过少也会导致研究者无法判断绵羊是否为家养。例如，杨苗苗等对河南渑池笃忠遗址（仰韶中晚期）出土的一件下颌骨进行鉴定，确定其为绵羊，并根据牙齿磨损级别判断死亡年龄为6~8岁，但由于仅出土一件下颌骨，不能确定其是否为家养[23]。

目前已经有部分遗址出土的羊骨经过系统骨骼形态学鉴定确认为家养绵羊，如杨春对西岔遗址（商周时期）出土的绵羊骨骼进行了系统鉴定与分析，鉴定为家养绵羊，标本数共有346件，最小个体数为64[24]；李谅对长宁遗址（齐家文化）出土羊骨进行分析，根据使用羊骨祭祀、随葬和占卜鉴定为家养绵羊，同时也根据最小个体数判断出土绵羊和山羊的比值[25]。此外，动物考古学可以通过判断绵羊死亡年龄和骨骼部位占比来研究家绵羊的利用方式。如博凯铃对陶寺遗址出土绵羊牙齿萌出和磨蚀情况发现超过40%的绵羊被宰杀时年龄超过4~6岁，说明当时开发绵羊的主要目的是羊毛等副产品而不是肉食[26]。李倩对河南新砦遗址各期出土绵羊骨骼部位发现率进行分析研究，发现率较高的部位是下颌骨，其次为肩胛骨和髋骨，说明下颌骨密度较大且肉量较少，先民较少利用，家犬也较少啃食，因此保存较好；而肩胛骨和髋骨这两个部位肉量较多，表明先民存在食肉的利用方式[27]。

目前出土的羊遗骸中，除已确定的绵羊外，尚有许多无法确定其为绵羊或山羊，为了解决这一问题，还需要依赖DNA分析进行分子考古学研究来获取更丰富的证据。

三、中国绵羊的分子考古学研究

1. 绵羊的线粒体DNA研究

线粒体DNA（mtDNA）因为遵循母系遗传模式、具有多拷贝数并且具有比核基因更高的突变率，使得其可以很好地用于解决系统发育关系和群体多样性[28]。线粒体DNA也因此被广泛应用到绵羊起源扩散的研究中。

线粒体DNA单倍型研究应在逻辑上反映绵羊驯化的地理进程。在绵羊mtDNA的特定区域中，人们最常关注的是控制区（D-Loop）区和细胞色素b编码区域[29]。目前可以确定五个绵羊存在母系世系（A、B、C、D和E）（图一）。A世系和B世系是最早发现也是最主要的两个绵羊母系世系，其中世系A大多数分布亚洲，世系B中大部分分布在欧洲[30]。2005年，郭等对分布在中国6个地方的绵羊品种进行了mtDNA分析，发现了一个比A、B两个世系更具遗传变异性的新世系C[31]。佩德罗萨（Pedrosa）等在研究近东地区的绵羊时也发现了世系C，表明家绵羊的起源比之前认为的更复杂，至少发生了三次独立的绵羊驯化事件[32]；C世系绵羊主要分布在葡萄牙、高加索、中东和亚洲地区。2006年塔皮奥（Tapio）等通过分析北高加索地区的绵羊控制区序列发现了一个母系世系（世系D）[33]。2007年梅多斯（Meadows）等通过分析土耳其八个品种的绵羊的线粒体控制区和细胞色素b的序列，发现了新的世系E[34]。世系D和世系E较为稀有，迄今为止仅在高加索和土耳其的绵羊中发现。2013年德米尔奇（Demirci）等人在对土耳其家绵羊线粒体进行系统发育分析时，发现了一个绵羊新的世系（世系X）[35]；但是到目前为止，世系X仅有这一项报道，没有后续研究证实它的存在[36]。综上所述，线粒体DNA序列分析已经确定家养绵羊的母系起源有5个，绵羊的5个世系在不同

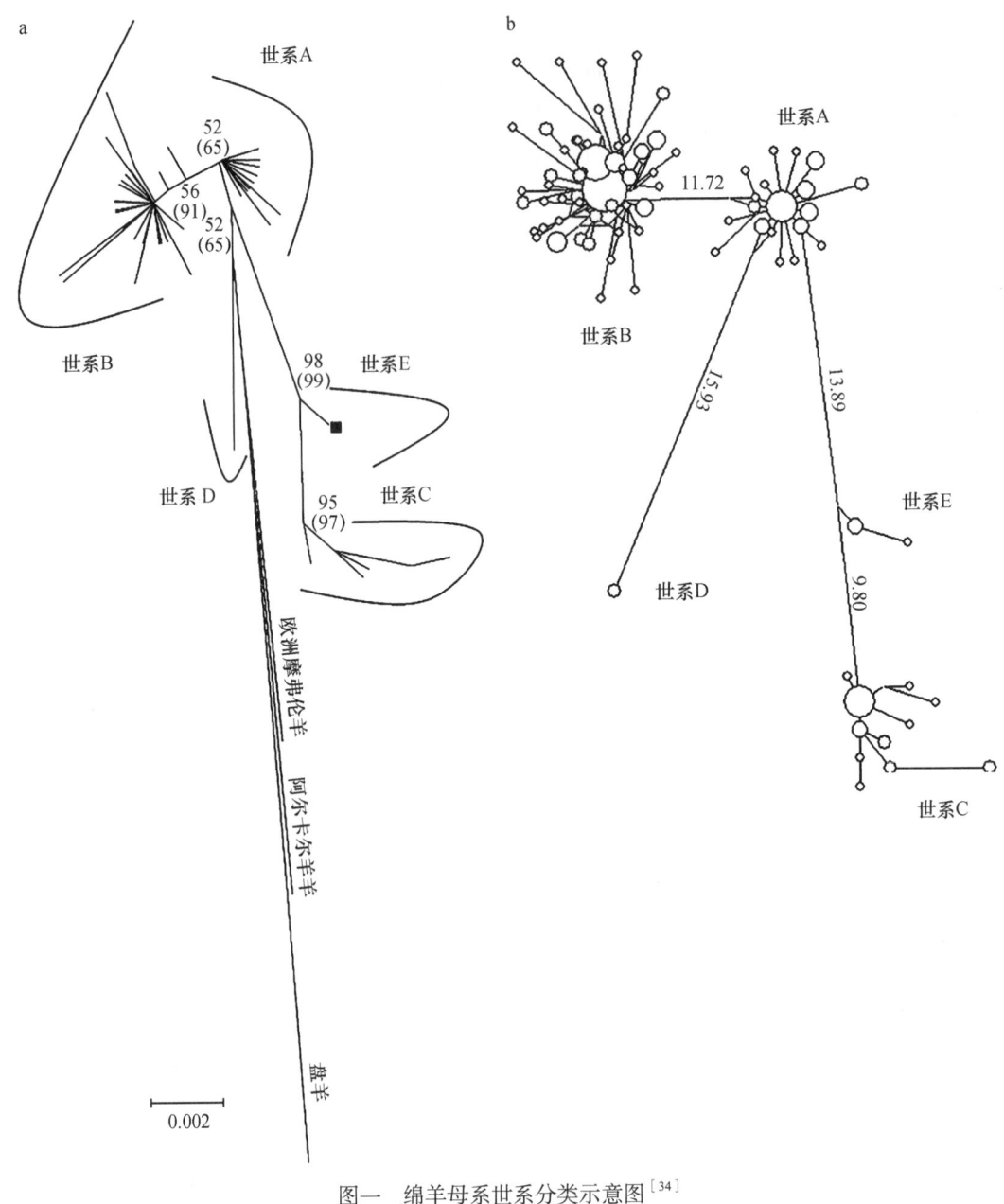

图一 绵羊母系世系分类示意图[34]
a. 邻接树 b. 中介网络图

地区的频率分布如下。

中国绵羊的起源与扩散的时间、地点、路线以及中国是否为绵羊的一个驯化中心一直以来是研究人员关注的重点。2006年,陈善元等对中国13个地区的19个绵羊品种进行了线粒体DNA控制区分析,发现世系A存在两个亚分支,推测绵羊A系发生了两次独立的驯化事件,暗示中国也是绵羊的驯化中心之一,说明绵羊的驯化地点不仅限于近东地区，还发生在其他地区[37]。2009年，韩璐等对内蒙古春秋战国时期24个古代绵羊进行控制区和细胞色素b基因片段进行分析，揭示了中国绵羊有3个不同的母系起源，还发现中国古代绵羊与中国现代绵羊的遗传结构极为相似，这暗示了2500年前中国绵羊的遗传结构就已经趋于稳定，并对现代绵羊的基因有很大的贡献[38]。2010年，蔡大伟等通过分析研究中国7个遗址出土的45个古代绵羊线粒体控制区序列，发现在距今4000年前青铜时代早期，中国古代绵羊只有A和B两个世系，其中A世系占统治性地位；在距今2500年前的春秋战国时期，绵羊群体中出现了世系C；从距今2500年前开始，占比最低的D、E两个世系开始出现；此外，使用古代绵羊序列与从基因数据库（Genbank）中选取现代绵羊和野生绵羊序列构建的系统发育网络图表明古代绵羊和现代绵羊之间存在遗传联系，进一步支持世系A起源于东亚，而野生绵羊中摩弗伦羊聚在B世系中，说明摩佛伦羊与家绵羊的关系较近；其他野生绵羊如羱羊、盘羊和大角羊等与中国绵羊没有直接的血缘关系[39]。2013年，赵二虎等分析16个中国绵羊品种线粒体DNA D-loop区序列，发现中国除西南山区仅有A、B世系外，其他地区均有A、B、C三个世系，未发现D、E世系[40]。2017年，俄广鑫等分析中国西藏156个绵羊的线粒体DNA D-loop区序列，暗示阿尔卡尔羊和盘羊对西藏绵羊的起源有贡献，西藏绵羊中未发现D、E世系，说明西藏绵羊不是起源于中东地区[41]。

绵羊的五个世系是根据控制区片段和细胞色素b基因定义的，但是这两个片段占整个基因组的比例不到12%，突变是在线粒体全基因组的各个组成部分之间以不同速率积累所得，基于线粒体DNA短区域生成的系统发育树，其分支拓扑缺乏统计稳健性；其次，在追溯家绵羊的野生祖先时，野生绵羊和家绵羊可能会杂交产生后代，因此使用线粒体全基因组可以揭示更多信息[42]。随着测序技术的发展，线粒体全基因组分析对绵羊母系起源的研究起到至关重要的作用。2011年，梅多斯等通过使用10个家养绵羊和三种野生绵羊（欧洲摩弗伦羊、阿尔卡尔羊和盘羊）的线粒体全基因组序列数据构建系统发育树发现：盘羊和阿尔卡尔羊均不是家养绵羊的母系祖先，与之前的研究结果不同的是，与阿尔卡尔羊相比，盘羊与家绵羊的关系更为密切；欧洲摩弗伦羊与世系B聚在一簇，说明欧洲摩弗伦羊不是传统意义上的野生羊，可能是经过驯化后再次返野[43]。2015年，布拉希（Brahi）等对西非家绵羊全基因组测序研究，揭示西非绵羊来自欧亚大陆，而最初西非驯化的绵羊品种彼此之间已经进行了基因杂交，并与欧洲品种混合[44]。同年，桑娜（Sanna）等对家养绵羊和野生绵羊线粒体全基因组进行系统发育分析，揭示阿尔卡尔羊和盘羊分别在距今89万和111万年前与家绵羊分化；绵羊的五个世系分为两个主要分支（A、B、D和C、E）并在30万年前发生分化，其中世系D在24万年前最先被分化，A和B世系在17万年前分化，C和E在12万年前分化[45]。同年，吕锋骅等分析整个欧亚大陆家养和野生绵羊的线粒体全基因组，通过对比与结合线粒体DNA片段分析结果，揭示出：①五个家绵羊世系中共同的母系祖先生活在大约距今79万年前的中更新世时期，比它们的驯化时间早得多；②绵羊的祖先在末次盛冰期

(26000~19500年前)之前经历了种群的快速扩张;③绵羊在6800~4500年前在史前人类活动的影响下沿不同路线经历了两次迁徙(第一次:A和B世系;第二次:C世系),构建了横跨欧亚大陆的现代绵羊原始母系遗传结构,而中国华北地区可能是C世系绵羊的一个起源地;④蒙古高原是绵羊扩散的第二中心,来自驯化中心的绵羊经过高加索和中亚地区并穿过该地区到达中国北部、西南地区(A、B和C世系)和印度次大陆(B和C世系);⑤世系A从中东通过阿拉伯传入印度次大陆[46]。

2. 绵羊的Y染色体研究

线粒体DNA信息仅通过母系遗传,因此对线粒体DNA的分析结果不能完全代表整个绵羊种群的历史动态。而Y染色体由于只能由雄性亲本遗传给雄性子代,因此Y染色体的分析可以作为研究雄性世系遗传与进化的一个有效的分子标记[47]。其中Y染色体的雄性特异区域(MSY)因其不与X染色体重组、突变率比mtDNA低等特点可用于绵羊起源、驯化以及遗传多样性的研究[48]。目前利用Y染色体进行绵羊父系起源的研究较少,均为利用Y染色体单倍型进行父系起源的研究。使用Y染色体单倍型研究绵羊父系起源和种群扩散的两个关键分别是在MSY上的性别决定基因(SRY)中的8个SNP位点(oY1-oY8)标记和微卫星SRYM18标记[49]。

2006年,梅多斯等通过分析世界范围内65个品种的458只家绵羊,发现A-oY1的频率最高(71.4%);对微卫星SRYM18序列分析发现大角羊、瘦角羊与欧洲摩弗伦羊、家绵羊有明显不同;结合基因型数据确定了11个绵羊Y染色体单倍型,它们至少代表两个独立的世系,其中单倍型H6在全球分布最广泛,其他单倍型在世界范围内严格遵守地理分布规律;该研究得出现代绵羊存在欧洲驯化中心和中东驯化中心两个父系起源[50]。2009年,梅多斯等通过微卫星标记SRYM18,首次发现17个Y染色体单倍型H1~H17;此外,分析结果显示摩弗伦羊是唯一与家羊共享单倍型的野生物种[51]。2013年,费伦查科维奇(Ferencakovic)等分析东亚得里亚海的9个家养绵羊品种的159只公羊和21只亚洲摩弗伦羊的Y染色体单倍型,首次发现了单倍型H18,这提供了土耳其少数公羊(单倍型H12)与一只埃塞俄比亚公羊(单倍型H9)之间的联系[52]。2014年,张敏等对来自欧亚大陆北部59个品种的663只公羊的两个SNP和一个Y染色体微卫星的变异进行了分析,发现了新的单倍型H19并发现该地区存在7个单倍型(H4、H5、H6、H7、H8、H12和H19);欧亚大陆北部以H6为主;而之前报道在欧洲品种中不存在的H4,在一个欧洲品种中被检测到;之前确定为欧洲品种所独有的H7,在两个中国品种、一个布里亚特品种和两个俄罗斯品种中被检测到;此外,仅在土耳其品种中检测到的H12在中国品种中也有发现;在中国西北部和东部,H6是占主导地位的单倍型,同时也有部分单倍型H4和H8存在[53]。2015年,王玉涛等对中国11个品种的绵羊Y染色体进行分析,得出中国绵羊群体存在7个单倍型(H4、H5、H6、H7、H8、H9和H12),并且在中国家绵羊中首次发现了2个新单倍型(Ha和Hb);其中Ha在1个品种中出现,Hb

在3个品种中出现[54]。

2020年，邓娟等对179个公羊个体进行分析，首次识别绵羊Y染色体特异区493个多态位点，确定了四个世系（y-HA、y-HB、y-HC和y-HD）（图二）。通过对芬兰和爱沙尼亚绵羊古DNA分析，发现北欧古代绵羊群体和现代绵羊群体的遗传连续性。此外该研究揭示了家养绵羊的多次独立扩张，这可能与不同产品的各种表型性状和育种目标相关[55]。

虽然绵羊Y染色体的研究已经取得了一定的进展，但此前绵羊缺乏Y染色体参考序列，这妨碍了Y染色体分子标记在研究绵羊起源与扩散应用。2021年，李冉等构建了第一个绵羊Y染色体序列（共10.6 Mb），并通过775个Y-SNP将世界范围的家绵羊分为了三大世系：HY1a、HY1b和HY2；其中HY1b地理分布最广、频率最高，HY1a仅在欧洲种群中发现，HY2主要在中国、伊朗和非洲种群中发现；此外，该研究还发现HY2与HY1a和HY1b的遗传关系较远，而与伊朗摩弗伦野羊聚为一支，暗示HY2代表一个独立的绵羊世系且来源于伊朗摩弗伦野羊的渗入[57]。

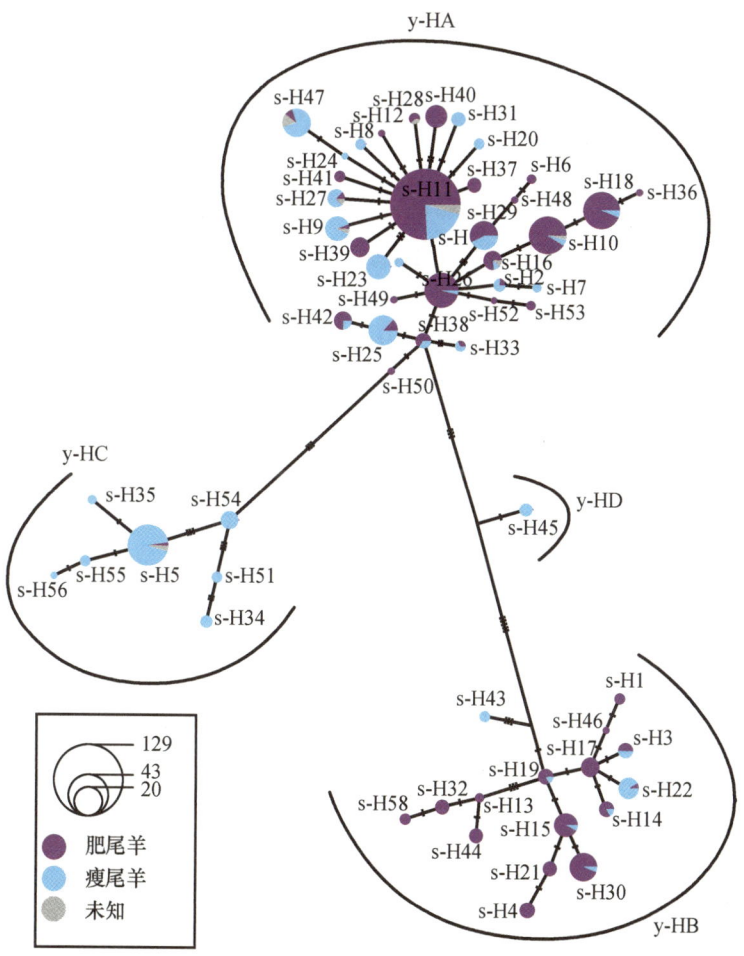

图二　基于绵羊Y染色体特异区的中介网络图[56]

3. 绵羊的核基因组研究

近年来，随着二代测序技术的飞速发展，绵羊的分子生物学研究进入到了核基因组时代，相比于线粒体DNA和Y染色体研究，核基因组可以更全面、精准地从时间和空间上把握古代家绵羊起源和驯化的问题研究。2014年由以中国科学院昆明动物所和深圳华大基因研究院领衔的国际研究小组历时五年的努力，公布了参考基因组序列，为绵羊全基因组研究奠定了基础[58]。

2017年，赵永欣等通过1000多个家养绵羊和野生绵羊的全基因组数据研究了中国羊的基因组多样性；群体基因组分析结合考古记录和历史民族人口统计数据揭示了中国绵羊起源、二次扩张的遗传特征以及东亚游牧的居住模式和早期畜牧的扩张。该研究显示近东地区的绵羊经高加索和中亚地区，在5700～5500年前到达蒙古高原，在5000～3000年前，随着羌人的扩张，中国绵羊开始在黄河上游和中游地区传播，并沿着狄羌人从北到西南的迁徙路线在2600～2000年前到达了青藏和滇黔高原；该研究还推测了两波肥尾羊进入中国北方的迁移潮，这在很大程度上与12～13世纪穆斯林回族祖先向东迁移和蒙古人南迁相一致。此外，还发现了盘羊向家绵羊基因渗入的迹象，绵羊群体之间广泛的历史混合、对尾巴类型和其他性状的强烈人工选择，反映了中国古代游牧社会的各种繁殖策略[59]。

2018年，胡小菊等对西藏986个绵羊的全基因组序列、线粒体DNA和Y染色体进行研究，并检测到参与缺氧和紫外线信号通路（HIF-1通路、HBB和MITF基因）以及关于角的大小和形状的形态特征相关基因（RXFP2）；该研究发现盘羊向西藏绵羊基因组中有关于氧运输系统和形态表型基因相关的基因渗入；基因组分析与考古遗址出土证据相结合得出：西藏绵羊是距今约3100年前伴随着人群迁徙从中国北方扩散到青藏高原东北部，随后在距今1300年前向西南扩张到达青藏高原中心[60]。

2021年，泰勒等将核基因组、线粒体DNA分析与动物考古学、ZooMS和牙骨质分析等方法相结合，分析了吉尔吉斯斯坦南部奥比什（Obishir）V遗址出土的绵羊遗骸，发现了早在8000多年前费尔加纳河谷山区已经开始使用绵羊，说明绵羊到达中亚内陆的时间可能远早于之前研究得出的时间[61]。

同年，尤尔特曼（Yurtman）等分析了从旧石器时代到新石器时代晚期的古代安纳托利亚中部和西部绵羊的核基因组和线粒体全基因组数据，并与现代绵羊、中亚新石器时代以及青铜时代绵羊比较；通过分析古代核基因组数据，发现与亚洲品种相比，安那托利亚新石器时代绵羊在基因上与现代欧洲绵羊最接近，线粒体世系也支持这一结论。相比之下，青铜时代绵羊对现代亚洲绵羊表现出更高的遗传亲和力。以上结果表明：在今天的绵羊群体中观察到的东西遗传结构在公元前6000年就已经出现了，这暗示了在西南亚有多个绵羊的驯化事件或早期的野生渗入。此外，我们发现古代安纳托利亚绵羊在基因上不同于所有现代绵羊，表明欧洲和安纳托利亚家绵羊的基因库自新石器时代以来发生了重塑[62]。

同年，陈泽慧等分析了家养绵羊及其野生近缘物种的全基因组数据，发现北美野生绵羊（如雪羊和大白羊等）对阿尔卡尔羊、亚洲摩弗伦羊和欧洲摩弗伦羊有基因渗入；其中欧洲摩弗伦羊可能是由欧洲已灭绝的羊和野化后的家养绵羊杂交产生的。此外，该研究揭示了绵羊及其祖先亚洲摩弗伦羊基因组中与驯化相关的基因之间的差异，最终导致了家绵羊和野生祖先之间的形态、生理和行为的差异（如PAPPA、NR6A1、SH3GL3、RFX3和CAMK4等与形态、免疫能力、繁殖及生产性状有关的基因和NEURL1、PRUNE2、USH2A和PAG11、PAG3等与神经反应、神经发生、听觉能力和胎盘生存能力相关的基因）。这加深了我们对亚洲和欧洲摩弗伦羊的起源以及家绵羊驯化特征的理解[63]。

四、结　　语

家养动物的起源、驯化与扩散是人类文明产生和发展的重要环节，也是人类活动与自然环境相互作用的重要事件。本文通过梳理和总结关于家养绵羊起源和扩散问题的研究成果，旨在对中国家养绵羊的研究进展有清晰的认识，为后续的分析与研究提供更多的科学依据。

根据中国绵羊遗骸出土的地点和时间，动物考古学家推测中国家养绵羊可能是在仰韶文化晚期出现在中国的甘青地区和陕北地区，在龙山文化早期进入中原地区；而DNA研究则显示绵羊在距今5700～5500年前经自蒙古高原进入中国，并扩散到黄河中上游地区。这表明中国绵羊起源和扩散的路线还存在较大的争议。近年来，随着分子生物技术和全基因组测序水平的发展，关于绵羊的线粒体全基因组、Y染色体和核基因组研究取得了更多的突破；目前绵羊基因组研究已经应用到与绵羊形态、生产性状、免疫能力等相关的基因研究中，研究人员已经成功筛选出与绵羊毛型、体型、繁殖以及与气候适应相关的基因。这些基因与绵羊的驯化息息相关，通过与绵羊野生近缘物种的比较以及基因渗入的研究，可以反映出人类对绵羊驯化过程中的严格筛选，了解古人在驯化过程中的选择策略。目前在关于研究中国绵羊起源与扩散较多的是分析现代家绵羊的全基因组数据，而对古代样本全基因组数据研究相对较少，后续研究人员可以更多地关注中国古代绵羊的全基因组数据，这样可以更全面、精准地获得有关的信息，进一步解决关于绵羊起源和扩散的问题。

注　释

[1] 国家畜禽遗传资源委员会. 中国畜禽遗传资源志——羊志 [M]. 北京：中国农业出版社，2011：2.

[2] Zeder M A. Domestication and early agriculture in the Mediterranean basin: origins, diffusion, and impact [J]. *Proceedings of the National Academy of Sciences of the United States of America*, 2008, 105 (33): 597-604.

[3] a. Arbuckle B S, Kansa S W, Kansa E, et al. Data sharing reveals complexity in the westward spread of domestic animals across Neolithic Turkey [J]. *PLoS ONE*, 2014, 9 (6): e99845.

b. 同 [2].

[4] a. Stiner M C, Buitenhuis H, Duru G, et al. A forager-herder trade-off, from broad-spectrum hunting to sheep management at Aşikli Höyük, Turkey [J]. *Proceedings of the National Academy of Sciences of the United States of America*, 2014, 111 (23): 8404-8409.

b. Abell J T, Quade J, Duru G, et al. Urine salts elucidate early Neolithic animal management at Aşıklı Höyük, Turkey [J]. *Science Advance*, 2019, 5 (4): eaaw0038.

c. Arbuckle B S, Atici L. Initial diversity in sheep and goat management in Neolithic south-western [J]. *Levant*, 2013, 45 (2): 219-235.

[5] 同 [4] c.

[6] Rezaei H R, Naderi S, Chintauan-Marquier I C, et al. Evolution and taxonomy of the wild species of the genus *Ovis* (Mammalia, Artiodactyla, Bovidae) [J]. *Molecular Phylogenetics and Evolution*, 2010, 54 (2): 315-326.

[7] 同 [1].

[8] Sanna D, Barbato M, Hadjisterkotis E, et al. The first mitogenome of the Cyprus Mouflon (*Ovis gmelini ophion*): new insights into the phylogeny of the Genus *Ovis* [J]. *PLoS one*, 2015, 10 (12): e0144257.

[9] Chessa B, Pereira F, Arnaud F, et al. Revealing the history of sheep domestication using retrovirus integrations [J]. *Science*, 2009, 324 (5926): 532-536.

[10] 同 [3].

[11] Molaee V, Bazzucchi M, Mia G M D, et al. Phylogenetic analysis of small ruminant lentiviruses in Germany and Iran suggests their expansion with domestic sheep [J]. *Scientific Reports*, 2020, 10: 2243.

[12] Tapio M, Marzaonv N, Ozerov M, et al. Sheep mitochondrial DNA variation in European, Caucasian, and central Asian areas [J]. *Molecular Biology and Evolution*, 2006, 23 (9): 1776-1783.

[13] 同 [11].

[14] Karolína M, Anežka M, Luboš V. Sheep post-domestication expansion in the context of mitochondrial and Y chromosome haplogroups and haplotypes [J]. *Genes*, 2022, 13: 613.

[15] a. Lv F H, Peng W F, Yang J, et al. Mitogenomic meta-analysis identifies two phases of migration in the history of eastern Eurasian sheep [J]. *Molecular Biology and Evolution*, 2015, 32 (10): 2515-2533.

b. Singh S, Kumar S, Kolte A P, et al. Extensive variation and sub-structuring in lineage A mtDNA in Indian sheep: genetic evidence for domestication of sheep in India [J]. *PLoS ONE*, 2013, 8 (11): e77858.

[16] 蔡大伟，汤卓伟，陈全家，等.中国绵羊起源的分子考古学研究［C］.边疆考古研究（第9辑）.北京：科学出版社，2010：291-300.

[17] a. 袁靖.中国动物考古学［M］.北京：文物出版社，2015：93.

b. 罗运兵.关中地区史前动物考古学研究的几个问题［J］.考古与文物，2009（5）：89-94.

c. 吕鹏，袁靖.交流与转化——黄河上游地区先秦时期生业方式初探（下篇）［J］.南方文物，2019（1）：113-121.

[18] 胡松梅，杨利平，康宁武，等.陕西横山县大古界遗址动物遗存分析［J］.考古与文物，2012（4）：106-112.

[19] 胡松梅.从榆林地区考古管窥牧业发展——基于榆林地区5000～4000年动物考古与最新测年数据［N］.中国社会科学报，2021-9-14.

[20] 袁靖.中国古代家养动的动物考古学研究［J］.第四纪研究，2010（2）：298-306.

[21] 左豪瑞.中国家羊的动物考古学研究综述和展望［J］.南方文物，2017（1）：155-163.

[22] 傅罗文，袁靖，李水城.论中国甘青地区新石器时代家养动物的来源及特征［J］.考古，2009（5）：80-86.

[23] 杨苗苗，武志江，侯彦峰.河南渑池县笃忠遗址出土动物遗存分析［J］.中原文物，2009（2）：29-36.

[24] 杨春.内蒙古西岔遗址动物遗存研究［D］.吉林大学硕士学位论文，2007.

[25] 李谅.青海省长宁遗址的动物资源利用与研究［D］.吉林大学硕士学位论文，2012.

[26] 博凯铃.中国新石器时代晚期动物利用的变化个案探究——山西省龙山时代晚期陶寺遗址的动物研究［C］.三代考古（四）.北京：科学出版社，2011：129-182.

[27] 李倩.新砦遗址2014年出土动物遗存研究［D］.河北师范大学硕士学位论文，2018.

[28] Moore S. Inferring phylogenies from mtDNA variation: mitochondrial gene trees versus nuclear gene trees [J]. *Evolution*, 1995, 49 (4): 718-726.

[29] Yagci S, Bas S, Kiraz S. Study of mitochondrial DNA (mtDNA) D-Loop region polymorphism in Savak Akkaraman sheep [J]. *Turkish Journal of Veterinary & Animal Sciences*, 2020, 44 (2): 323-330.

[30] 罗玉柱，成述儒，Batsuuri Lkhagva，等.用mtDNA D-环序列探讨蒙古和中国绵羊的起源及遗

传多样性［J］. 遗传学报，2005（32）：1256-1265.

［31］ Guo J, Du L X, Ma Y H, et al. A novel maternal lineage revealed in sheep (*Ovis aries*)［J］. *Animal Genetics*, 2005, 36 (4): 331-336.

［32］ Pedrosa S, Uzun M, Arraz J J, et al. Evidence of three maternal lineages in near eastern sheep supporting multiple domestication events［J］. *Proceedings of the Royal Society B-Biological Sciences*, 2005, 272 (1577): 2211-2217.

［33］ Tapio M, Marzaonv N, Ozerov M, et al. Sheep mitochondrial DNA variation in European, Caucasian, and central Asian areas［J］. *Molecular Biology and Evolution*, 2006, 23 (9): 1776-1783.

［34］ Meadows J R S, Cemal I, Karaca O, et al. Five ovine mitochondrial lineages identified from sheep breeds of the near east［J］. *Genetics*, 2007, 175 (3): 1371-1379.

［35］ Demirci S, Koban E K, Dagtas N D, et al. Mitochondrial DNA diversity of modern, ancient and wild sheep (*Ovis gmelinii anatolica*) from Turkey: new insights on the evolutionary history of sheep［J］. *PLoS ONE*, 2013, 8 (12): e81952.

［36］ 同［14］.

［37］ Chen S Y, Duan Z Y, Sha T, et al. Origin, genetic diversity, and population structure of Chinese domestic sheep［J］. *Gene*, 2006, 376 (2): 216-223.

［38］ 韩璐，蔡大伟，于慧鑫，等. 内蒙古春秋战国时期古绵羊线粒体DNA分析［J］. 自然科学进展，2009（10）：1049-1055.

［39］ a. 同［13］.
b. Cai D W, Tang Z W, Yu H X, et al. Early history of Chinese domestic sheep indicated by ancient DNA analysis of Bronze Age individuals［J］. *Journal of Archaeological Science*, 2011, 38 (4): 896-902.

［40］ Zhao E H, Yu Q, Zhang N Y, et al. Mitochondrial DNA diversity and the origin of Chinese indigenous sheep［J］. *Tropical Animal Health and Production*, 2013, 45: 1715-1722.

［41］ E G X, Zhao Y J, Na R S, et al. Meta-analysis evidence of maternal lineages in Chinese Tibetan sheep using mtDNA D-loop panel［J］. *Mitochondrial DNA Part A*, 2017, 28 (4-5): 579-583.

［42］ Meadows J R S, Hiendleder S, Kijas J W. Haplogroup relationships between domestic and wild sheep resolved using a mitogenome panel［J］. *Heredity*, 2011, 106 (4): 700-706.

［43］ 同［42］.

［44］ Brahi O H D, Xiang H, Chen X, et al. Mitogenome revealed multiple postdomestication genetic mixtures of West African sheep［J］. *Journal of Animal Breeding and Genetics*, 2015, 132 (5): 399-405.

［45］ Sanna D, Barbato M, Hadjisterkotis E, et al. The First mitogenome of the Cyprus Mouflon (*Ovis Gmelini Ophion*): new insights into the phylogeny of the Genus Ovis［J］. *PLoS ONE*, 2015, 10

(12): e0144257.

[46] 同［15］a.

[47] Hughes J F, Rozen S. Genomics and genetics of human and primate Y chromosomes ［J］. *Annual review of genomics and human genetics*, 2012, 13: 83-108.

[48] 谢云龙, 秦芳, 李万宏, 等. 绵羊Y染色体基因鉴定及其与父系起源的研究进展［J］. 家畜生态学报, 2017（38）: 7-12.

[49] Dulik M C, Osipova L P, Schurr T G. Y-chromosome variation in Altaian Kazakhs reveals a common paternal gene pool for Kazakhs and the influence of Mongolian expansions ［J］. *PLoS One*, 2011, 6 (3): e17548.

[50] Meadows J R S, Hanotte O, Drögemüller C, et al. Globally dispersed Y chromosomal haplotypes in wild and domestic sheep ［J］. *Animal Genetics*, 2006, 37 (5): 444-453.

[51] Meadows J R S, Kijas J W. Re-sequencing regions of the Ovine Y chromosome in domestic and wild sheep reveals novel paternal haplotypes ［J］. *Animal Genetics*, 2009, 40 (1): 119-123.

[52] Ferencakovic M, Curik I, Pérez-Pardal L, et al. Mitochondrial DNA and Y-chromosome diversity in East Adriatic sheep ［J］. *Animal Genetics*, 2013, 44 (2): 184-192.

[53] Zhang M, Peng W F, Yang G L, et al. Y chromosome haplotype diversity of domestic sheep (*Ovis aries*) in northern Eurasia ［J］. *Animal Genetics*, 2014, 45 (6): 903-907.

[54] Wang Y, Xu L, Yan W, et al. Y chromosomal haplotype characteristics of domestic sheep (*Ovis aries*) in China ［J］. *Gene*, 2015, 565 (2): 242-245.

[55] Deng J, Xie X L, Wang D F, et al. Paternal origins and migratory episodes of domestic sheep ［J］. *Current Biology*, 2020, 30 (20): 4085-4095.

[56] 同［55］.

[57] Li R, Yang P, Li M, et al. A Hu sheep genome with the first ovine Y chromosome reveal introgression history after sheep domestication ［J］. *Science China Life Science*, 2022, 64 (7): 1116-1130.

[58] Jiang Y, Xie M, Chen W B, et al. The sheep genome illuminates biology of the rumen and lipid metabolism ［J］. *Science*, 2014, 344 (6188): 1168-1173.

[59] Zhao Y X, Yang J, Lv F H, et al. Genomic reconstruction of the history of native sheep reveals the peopling patterns of nomads and the expansion of early pastoralism in East Asia ［J］. *Molecular Biology and Evolution*, 2017, 34 (9): 2380-2395.

[60] Hu X J, Yang J, Xie X L, et al. The genome landscape of Tibetan sheep reveals adaptive introgression from argali and the history of early human settlements on the Qinghai-Tibetan Plateau ［J］. *Molecular Biology and Evolution*, 2018, 36 (2): 283-303.

[61] Taylor W T T, Pruvost M, Posth C, et al. Evidence for early dispersal of domestic sheep into Central Asia ［J］. *Nature Human Behavior*, 2021, 5 (9): 1169-1179.

[62] Yurtman E, Özer O, Yüncü E, et al. Archaeogenetic analysis of Neolithic sheep from Anatolia

suggests a complex demographic history since domestication [J]. *Communication Biology*, 2021, 4 (1): 1279.

[63] Chen Z H, Xu Y X, Xie X L, et al. Whole-genome sequence analysis unveils different origins of European and Asiatic mouflon and domestication-related genes in sheep [J]. *Communication Biology*, 2021, 4 (1): 1307.

New Research Progress on the Origin and Diffusion of Chinese *Ovis Aries*

SONG Guang-jie   CAI Da-wei

The origin of domestic animal, together with domestication and diffusion is the necessary link of human civilization's emergence and development. *Ovis aries,* as one of the most important domestic animals around the world, not only provides abundant material goods for ancient mankind, but also plays a role in religious sacrifice, divination and other aspects, which also makes a deep difference in development of spiritual and cultural consciousness. This article combining animal archaeology research data, arranges the ancient DNA of ancient *Ovis aries* and the research result of the modern *Ovis aries* molecular biology, in the meantime expounds the origin and diffusion process of Chinese ancient domestic *Ovis aries*. More critically, it offers fresh clues and ideas on follow-up research on related issues.

吉林大安东山头遗址G1出土的动物遗存研究*

于　昕[1,2]　刘海琳[1,2]　张红玉[1,2]　陈普瑜[1,2]　张星瀚[3]
石晓轩[3]　倪春选[4]　王春雪[1,2]

（1.吉林大学生物考古实验室，长春，130012；2.吉林大学考古学院，长春，130012；
3.吉林省文物考古研究所，长春，130012；4.梨树县文物管理所，四平，136500）

东山头遗址位于吉林省大安市月亮泡镇东山头村北一条东西向的小山岗上，东西两侧均临湖水沼泽，且东侧水面与嫩江相连，遗址高出湖面约30米。1960年上半年文物普查时，在地表发现大量陶片、细石器、小件铜石饰物以及骨骸；同年10月，考古队复查时于探沟中发现三座墓葬，根据发现遗迹及出土遗物特征，推断东山头遗址为典型的细石器文化遗址，G1的年代约为新石器时代[1]。2023年，吉林省文物考古研究所、梨树县文物管理所等单位对东山头遗址进行联合发掘。发现了大量的遗物、遗存，其动物骨骸遗存主要出土于G1。故本文仅对G1出土的动物遗存进行鉴定与研究，探讨该遗址及周边地区的生态环境以及经济模式、饮食结构等人类行为的相关问题。

一、动物遗存出土概况

大安东山头遗址G1出土动物遗存共计2456件，可鉴定种属的标本247件，人工制品半成品2件。可鉴定标本包括背角无齿蚌、圆顶珠蚌、环颈雉、草鱼、鳙鱼、东北鼢鼠、狗、狗獾、狍、马鹿等，共计4纲9目13科19属17种。其中鱼类数量最多，占可鉴定标本总数的52.23%；哺乳动物次之，占可鉴定标本总数的35.22%。不可鉴定标本中含有鱼类遗存2093件，其中鳃盖骨28件、椎骨225件、肋骨43件；受埋藏方式和保存环境等因素的影响，大多残碎，且多由泥土和钙质等粘连成块状难以分离和辨别，此类叠压碎骨块约1797件。

---

* 本文得到吉林大学研究生创新资金资助项目（2023CX006）的资助。

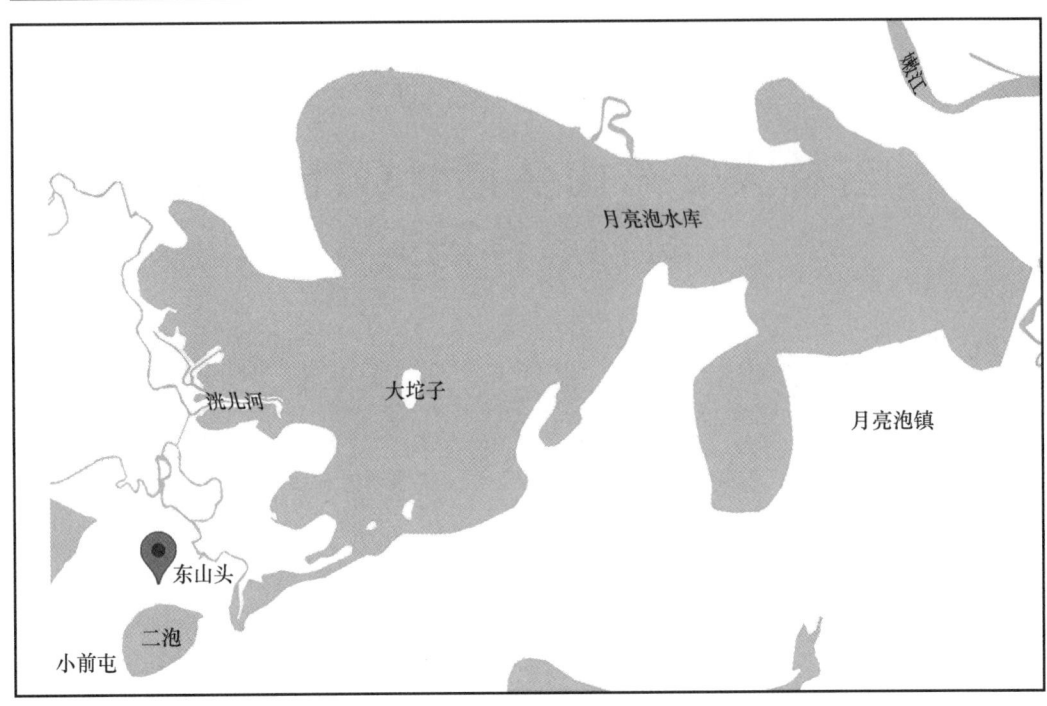

图一　东山头遗址位置示意图

表一　G1出土动物遗存种类统计　　　　　　　　　（单位：件）

种类	瓣鳃纲	硬骨鱼纲	鸟纲	哺乳纲	合计
数量	27	129	4	87	247

二、动物遗存鉴定与描述

（一）瓣鳃纲 Lamellibranchia

可鉴定标本27件，占可鉴定标本总数的10.93%；碎片26件。背角无齿蚌未见完整个体，大多为断块，风化程度较高；圆顶珠蚌和剑状矛蚌数量较少，但保存较为完整。

1. 背角无齿蚌 *Anodonta woodiana woodiana*

可鉴定标本20件（断块14件），最小个体数为2。前端呈尖圆形，生长线由前端向后端呈曲线形散射，中部和后端较长。

标本JLDADSTG1：171，左侧，仅存腹部，中度风化；残长131.11毫米，最大残宽47.01毫米（图二，1）。

2. 圆顶珠蚌 *Unio douglasiae*

可鉴定标本4件，均为右侧，最小个体数为4。外壳呈长椭圆形，前端短圆，后端窄且较前端扁平。

标本JLDADSTG1∶164，右侧，腹部边缘后端略有残损，轻度风化；长49.85毫米，高25.01毫米（图二，2）。

3. 剑状矛蚌 *Lanceolaria gladiola*

可鉴定标本3件，左侧2件，右侧1件；最小个体数为2。壳体高度较低，前端短圆，后端长且窄尖，整体窄长似剑状。

标本JLDADSTG1∶168，左侧，后端略残损，轻度风化，残长72.01毫米，高13.82毫米（图二，3）。

标本JLDADSTG1∶170，右侧，后端残损，中度风化，残长44.71毫米，高11.59毫米。

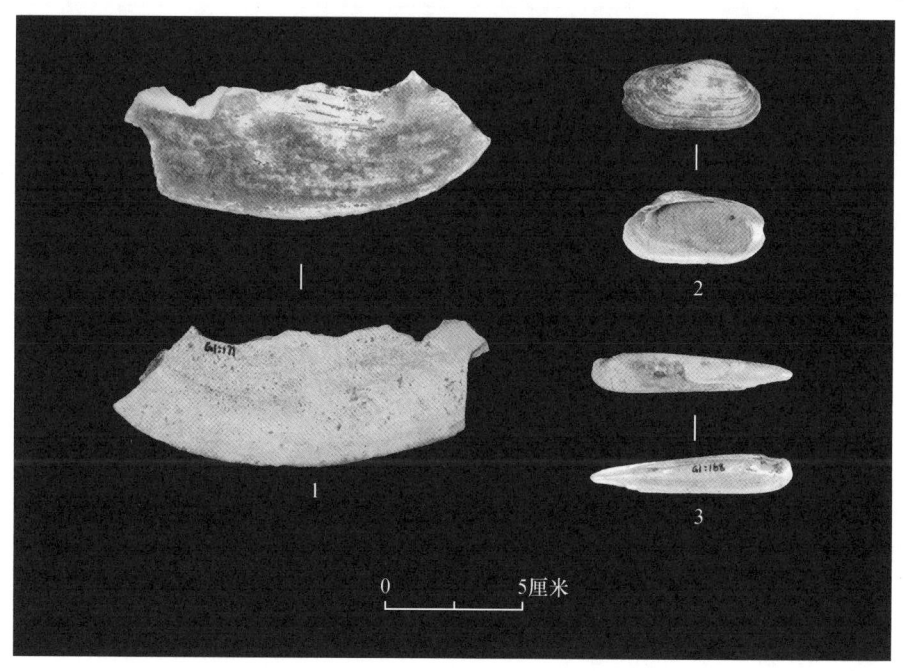

图二 蚌类遗存
1. 背角无齿蚌左侧（JLDADSTG1∶171） 2. 圆顶珠蚌右侧（JLDADSTG1∶164）
3. 剑状矛蚌左侧（JLDADSTG1∶168）

（二）硬骨鱼纲 Osteichthyes

可鉴定标本129件，包括鲤鱼、鲶鱼、乌鳢、鳙鱼、鲈鱼、草鱼6种。其中草鱼数量最多，占出土鱼类遗存可鉴定总数的91.47%。

表二　东山头遗址G1出土鱼类遗存统计表　　　（单位：件）

部位	种属	鲤鱼	鲶鱼	乌鳢	鳙鱼	鲈鱼	草鱼
咽骨	L						25
	R						32
	游离齿	3					61
齿骨	L		1	1			
前鳃盖骨	L				2	3	
锁骨	R				1		
合计		3	1	1	3	3	118

1. 鲤鱼 Cyprinus carpio

可鉴定标本3件，咽骨1件，游离咽喉齿2件，最小个体数为1。咽喉齿为椭圆形，表面近平行分布波浪状纹理（图三，8）。

2. 鲶鱼 Silurus asotus

可鉴定标本1件，最小个体数为1。标本JLDADSTG1∶99，左侧齿骨，中度风化；残长33.04毫米（图三，1）。

3. 乌鳢 Channa argus

可鉴定标本1件，最小个体数为1。标本JLDADSTG1∶100，左侧齿骨，重度风化（图三，2）。

4. 鳙鱼 Aristichthys nobilis

可鉴定标本3件，最小个体数为2。前鳃盖骨2件，均为左侧，中度风化，近三角形，骨片较厚。匙骨1件，标本JLDADSTG1∶106，右侧，仅保存中间部分，中度风化（图三，3、5）。

5. 鲈鱼 Perca fluviatilis

可鉴定标本3件，最小个体数为3。均为左侧前鳃盖骨，"√"形，弯曲处有尖扁平状凸起（图三，4）。

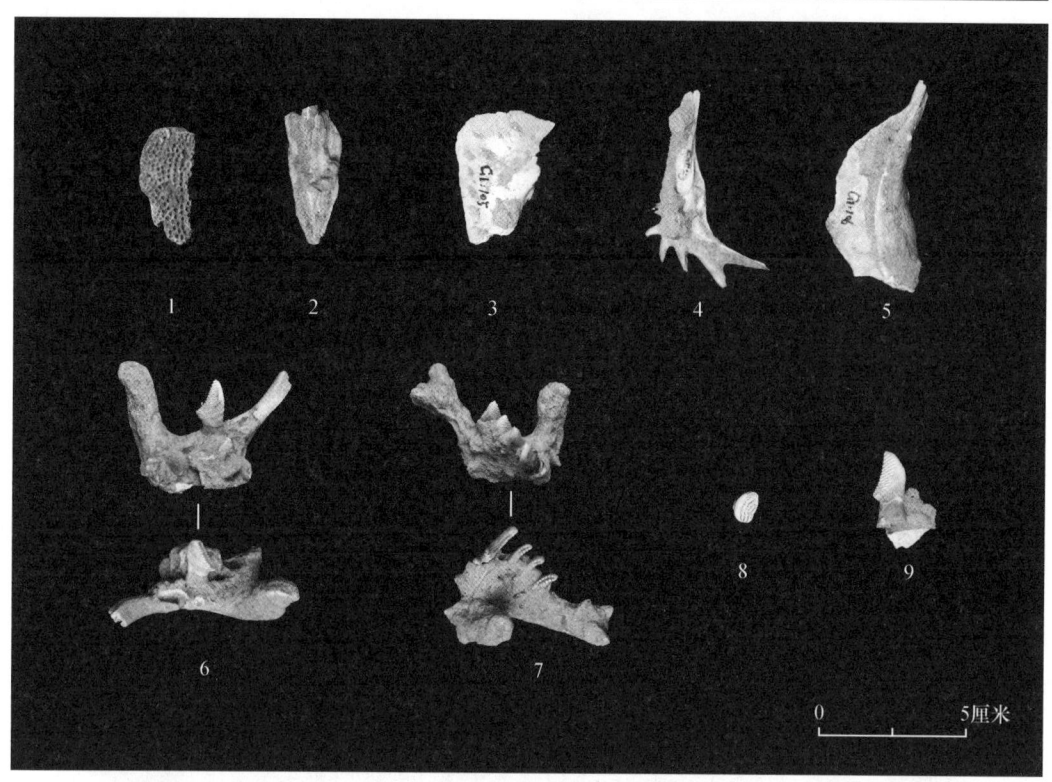

图三 鱼类遗存

1. 鲶鱼齿骨（JLDADSTG1：99） 2. 乌鳢齿骨（JLDADSTG1：100） 3. 鳙鱼前鳃盖骨（JLDADSTG1：105）
4. 鲈鱼前鳃盖骨（JLDADSTG1：103） 5. 鳙鱼锁骨（JLDADSTG1：106） 6. 草鱼咽骨（JLDADSTG1：107）
7. 草鱼咽骨（JLDADSTG1：133） 8. 鲤鱼咽喉齿（JLDADSTG1：96） 9. 草鱼咽喉齿（JLDADSTG1：191）

6. 草鱼 *Ctenopharyngodon idellus*

可鉴定标本118件，仅见咽骨及其游离齿，最小个体数为32。咽骨共计57件（左侧25件，右侧32件），整体呈三角形，长的一端较细，短的一端较粗。咽喉齿扁平，形状似梳子（图三，6、7）。

标本JLDADSTG1：107，咽骨，右侧，一端残损，咽喉齿保存完整，表面钙质胶着较为严重，中度风化。

（三）鸟纲 Aves

可鉴定标本4件，其中1件乌喙骨（标本JLDADSTG1：68）由于残损较为严重，根据保存部位的特征，仅可鉴定为雁形目（Anseriformes）（图四，3）；其余为环颈雉。

环颈雉 *Phasianus colchicus*

可鉴定标本3件，最小个体数为1。

乌喙骨　1件。标本JLDADSTG1∶65，左侧，中度风化，表面部分覆盖有钙质胶着泥土。内侧长51.01毫米，底关节面宽12.06毫米（图四，1）。

股骨　1件。标本JLDADSTG1∶66，左侧，保存有骨干及远端，残长36.34毫米，中度风化。

胫跗骨　1件。标本JLDADSTG1∶77，右侧，仅存骨干部分，残长91.13毫米，中度风化（图四，2）。

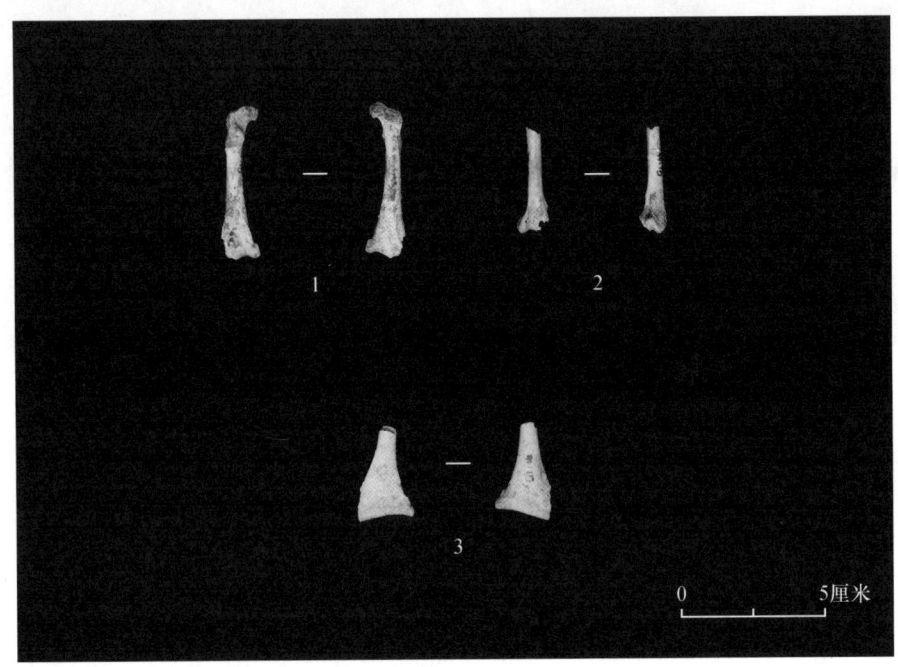

图四　鸟类遗存
1.环颈雉乌喙骨（JLDADSTG1∶65）　2.环颈雉胫跗骨（JLDADSTG1∶66）
3.雁形目乌喙骨（JLDADSTG1∶68）

（四）哺乳纲 Mammalia

可鉴定标本87件，包括啮齿类、食肉类以及偶蹄类三种，占出土动物遗存可鉴定总数的35.22%。在可鉴定种属的标本中，狍数量最多，狗次之；详细部位统计见表三。

1. 黄鼠（未定种）*Spermophilus* sp.

可鉴定标本2件，均为下颌，左、右侧各1件，占哺乳动物可鉴定标本总数的2.3%；最小个体数为1。下颌水平支窄长，下颌角尖状向内侧弯曲，冠状突较细（图五，3）。

表三　东山头遗址G1出土哺乳动物骨骼部位统计表　（单位：件）

部位		黄牛	狍	马鹿	猪	狗	貉	狗獾	黄鼠属（未定种）	东北鼢鼠
头骨/上颌	头骨					3				3
	上颌L	1	2			1				
	上颌R					1		1		
下颌	L							1	1	2
	R				2				1	2
游离齿	—				1					
椎骨	—		2	1		5		3		
胸骨	—		2							
肩胛骨	L							1		1
	R		1							
肱骨	L		1			1				1
	R					1				
尺骨	L		1							
	R	1				1				
桡骨	L		1							
	R		1			1				
掌骨	L		1	1						
	R	1								
	小掌骨	1								
髋骨	L									2
	R		1			1				
股骨	L		3	1		3				2
	R		1	1		1				
胫骨	L							1		1
	R					1				
跟骨	L	1								
	R	1								
距骨	R	1								
跖骨	R		1							
系骨	轴L		1							
	轴R	3	1	1						
冠骨	轴R	1								
腕骨	—	3								
籽骨	—	1								
合计	—	15	20	5	4	19	1	7	2	14

2. 东北鼢鼠 *Myospalax psilurus*

可鉴定标本14件，占哺乳动物可鉴定标本总数的16.09%；最小个体数为3。

头骨　3件，枕骨较扁平，眼眶骨呈"D"形。头骨各部位测量数据见表四（图五，1）。

下颌　4件，左、右侧各2件。下颌骨水平支较高且骨体较厚，冠状突较宽（图五，2）。

肩胛骨　1件。标本JLDADSTG1∶90，左侧，仅存远端和肩峰，喙突向后侧弯曲，轻度风化。

肱骨　1件。标本JLDADSTG1∶82，左侧，烧痕，中度风化。

髋骨　2件，均为左侧，髂骨体横截面近似三角形，坐骨略向腹侧弯曲（图五，6）。

股骨　2件，均为左侧（图五，4）。

胫骨　1件。标本JLDADSTG1∶89，左侧，轻度风化（图五，5）。

表四　G1东北鼢鼠头骨测量数据　　（单位：毫米）

测点＼标本	JLDADSTG1∶77	JLDADSTG1∶85	JLDADSTG1∶86
颅长	33.31*	40.52	33.05*
枕鼻骨长	33.26*	39.54	—
颅基长	—	40.06	32.69*
颅基底长	26.27*	36.79	29.91*
基长	33.26*	40.32	—
基底长	26.27*	36.71	29.91*
腭长	23.3	19.99	21.01
颧宽	—	28.02	—
口盖长	—	23.06	24.16
齿隙	14.15	12.76	13.48
眶间宽	15.15	11.92	—
后头宽	—	26.67	—
乳突宽	—	21.98	—
左侧颊齿列长	—	9.52	10.01
右侧颊齿列长	9.72	9.57	9.77

注：*表示残长，—表示不可测量

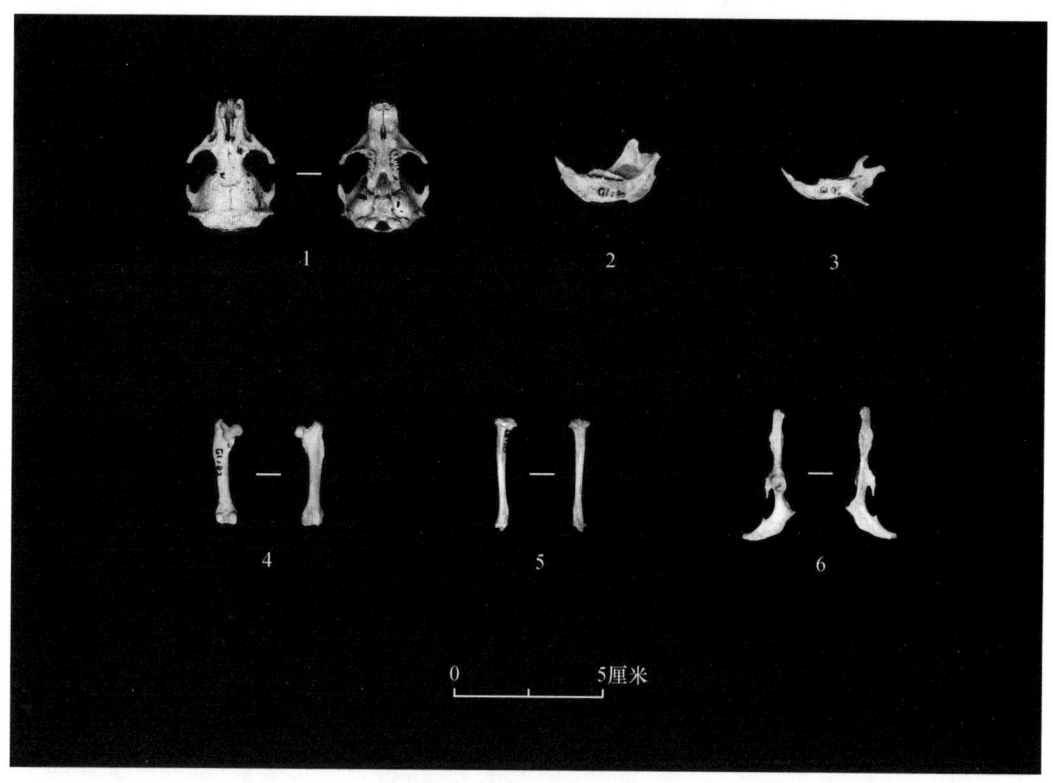

图五 啮齿类骨骼遗存

1.东北鼢鼠上颌（JLDADSTG1：85） 2.东北鼢鼠下颌（JLDADSTG1：80） 3.黄鼠下颌（JLDADSTG1：75）
4.东北鼢鼠股骨（JLDADSTG1：82） 5.东北鼢鼠胫骨（JLDADSTG1：89）
6.东北鼢鼠髋骨（JLDADSTG1：88）

3. 狗 *Canis familiars*

可鉴定标本19件，含胸椎4件、腰椎1件，占哺乳动物可鉴定标本总数的21.84%；最小个体数为2。

头骨 3件，右侧顶骨1件，左侧听泡1件，完整标本1件（图六，1）。

上颌 2件，左、右侧各1件。

标本JLDADSTG1：5，左侧，保存有第一臼齿和第二臼齿，轻度风化。上颌残长75.54毫米，第一臼齿长19.37毫米、宽8.15毫米。

标本JLDADSTG1：6，右侧，保存有第四前臼齿和第一臼齿，轻度风化。上颌残长59.53毫米，第一臼齿长19.24毫米、宽7.73毫米。

肱骨 2件，左、右侧各1件，均仅保存骨干及远部分。内外髁中间有一条较为明显的嵴。

标本JLDADSTG1：25，左侧，轻度风化。残长57.21毫米，骨干最小宽9.38毫米，远端最大宽22.79毫米（图六，2）。

标本JLDADSTG1：26，右侧，中度风化。残长90.08毫米，骨干最小宽10.95毫米，远端残损无法测量最大宽。

尺骨 1件，尺骨突前端分成两个岔部。

标本JLDADSTG1：28，右侧，保存较完整，中度风化。残长146.03毫米，跨过钩状突厚25.08毫米，鹰嘴最小厚22.3毫米，跨过冠状突的最大宽16.22毫米（图六，4）。

桡骨 1件，近端关节面为椭圆形，有明显的桡骨颈。

标本JLDADSTG1：31，右侧，保存完整，轻度风化。最大长87.88毫米，近端最大宽12.44毫米，骨干最小宽6.7毫米，远端最大宽17.53毫米（图六，3）。

髋骨 1件，臼窝较深，骨板内侧较平坦。

标本JLDADSTG1：32，右侧，仅存臼窝部分，中度风化；残长41.25毫米。

股骨 4件，近端2件均为左侧，远端两件，左、右侧各1件。股骨头比大转子高，股骨头下方有股骨颈。

标本JLDADSTG1：40，左侧，近端，中度风化。残长66.19毫米，近端最大宽32.81毫米，股骨头最大厚17.63毫米。

标本JLDADSTG1：42，左侧，保存远端及骨干部分，中度风化；残长120.89毫米，骨干最小宽12.26毫米；骨干有切割痕迹。

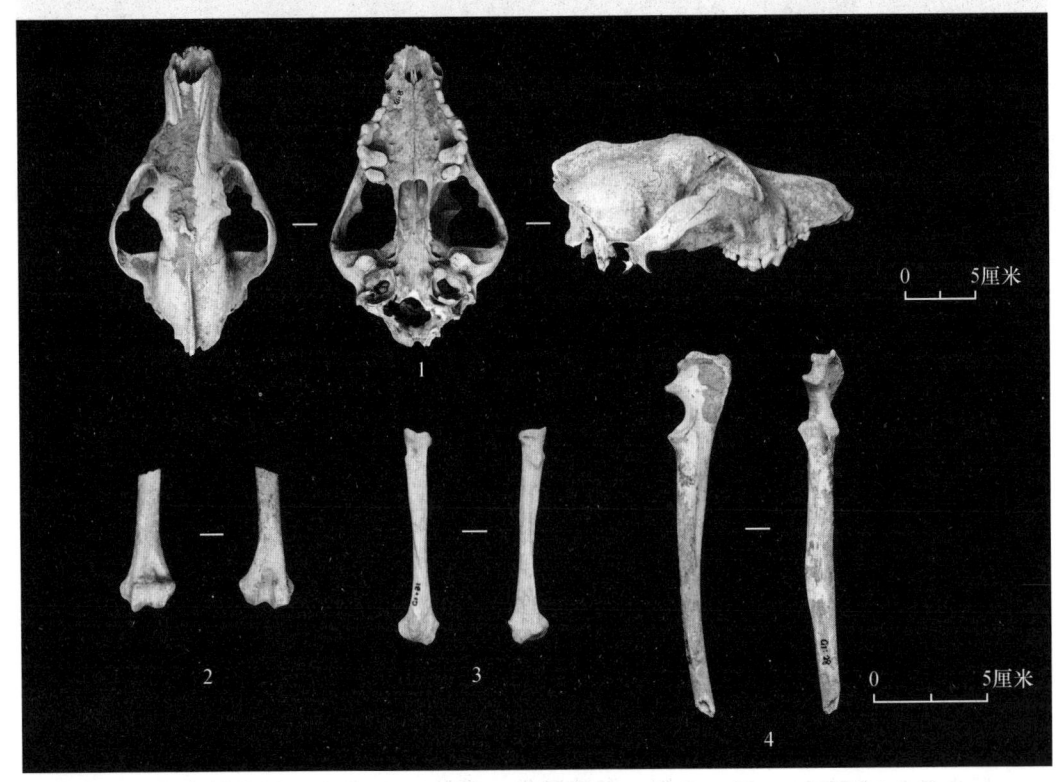

图六 狗骨骼遗存
1. 上颌（JLDADSTG1：13） 2. 肱骨（JLDADSTG1：25） 3. 桡骨（JLDADSTG1：31）
4. 尺骨（JLDADSTG1：28）

4. 貉 *Nyctereutes procyonoides*

可鉴定标本1件。标本JLDADSTG1：46，为左侧胫骨，仅保存远端及骨干，残长45.78毫米。

5. 狗獾 *Meles meles* sp.

可鉴定标本7件，3件寰椎中，仅1件保存较为完整（图七，3），占哺乳动物可鉴定标本总数的8.05%；最小个体数为1。

上颌 1件，犬齿为扁三角形，第一上臼齿近梯形（图七，2）。

标本JLDADSTG1：9，右侧，保存有犬齿至第一臼齿，轻度风化；残长46.17毫米，第一上臼齿长15.72毫米、宽9.72毫米。

下颌 1件，下颌体水平支较扁，中部略向内凹陷，冠状突较宽且骨质较薄（图七，1）。

标本JLDADSTG1：10，右侧，轻度风化；残长77.44毫米，第一臼齿前处下颌体14.61毫米、厚5.37毫米，第一下臼齿长15.91毫米、宽5.37毫米。

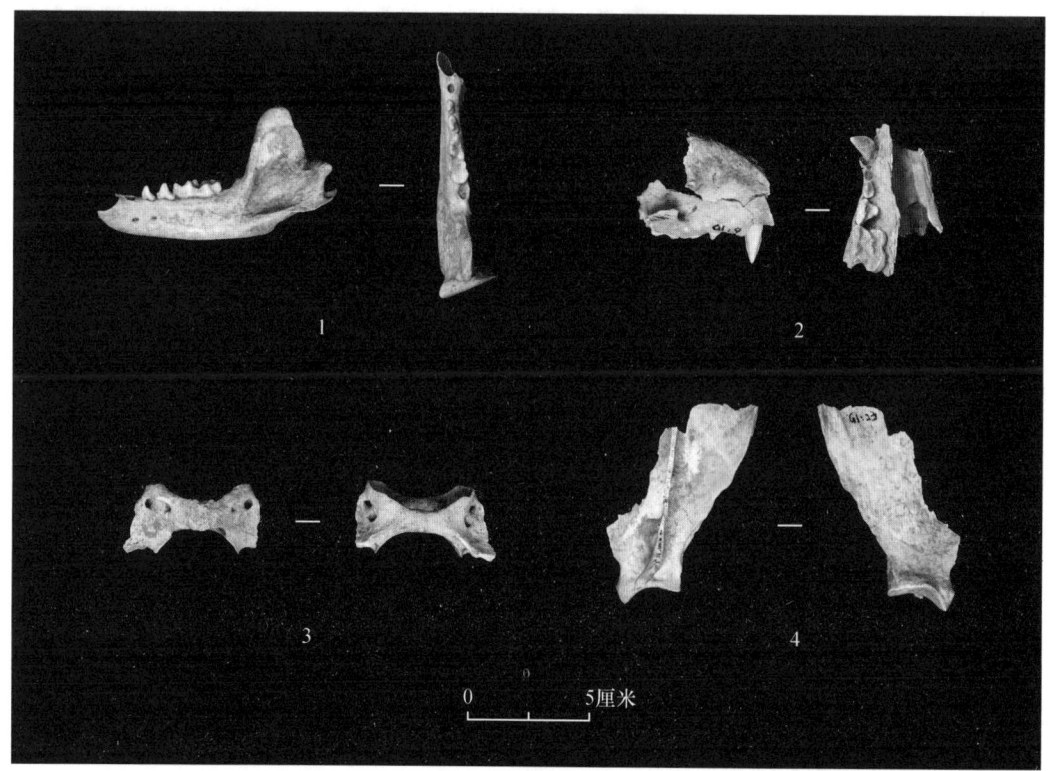

图七 狗獾骨骼遗存
1. 下颌（JLDADSTG1：7） 2. 上颌（JLDADSTG1：9） 3. 寰椎（JLDADSTG1：17）
4. 肩胛骨（JLDADSTG1：23）

肩胛骨　1件，喙突较短，臼窝前侧高后侧低，呈尖椭圆形。

标本JLDADSTG1：23，左侧，近端前缘残损，轻度风化；残长76.4毫米，肩胛结节最大长21.38毫米，肩臼长19.88毫米，肩臼宽13.28毫米（图七，4）。

胫骨　1件，近端截面呈三角形，胫骨嵴较直，骨干较为粗壮。

标本JLDADSTG1：45，右侧，近端残损，轻度风化；残长93.68毫米，骨干最小宽9.56毫米。

6. 猪 *Sus scrofa*

可鉴定标本4件，占哺乳动物可鉴定标本总数的4.6%。下颌2件，均为右侧，其中1件保存有第二臼齿和第三臼齿，另1件为下颌角（图八，3）；游离齿1件，为左下侧第三前臼齿；第Ⅴ掌骨1件，为左侧。最小个体数为1。

7. 马鹿 *Cervus elaphus*

可鉴定标本5件，占哺乳动物可鉴定标本总数的5.75%；最小个体数为1。

寰椎　1件，翼孔较小且附近有较多滋养口。

标本JLDADSTG1：16，中度风化，保存完整；最大长136.84毫米，寰椎翼最大宽154.12毫米，从前关节面到后关节面的最大长134.95毫米，前关节面最大宽81.96毫米，后关节面最大宽85.18毫米；背侧和腹侧皆有切割痕迹和划痕（图八，1）。

股骨　2件，左侧远端1件，右侧近端1件。大转子与股骨头近等宽，腘窝附近表面粗糙。

标本JLDADSTG1：34，左侧，保存远端，重度风化；残长184.43毫米；内髁有划痕（图八，2）。

标本JLDADSTG1：35，右侧，保存近端，重度风化；残长225.29毫米，股骨头厚59.24毫米，股骨头有划痕。

胫骨　1件，为右侧，仅存骨干部分。

系骨　1件。标本JLDADSTG1：57，中轴右侧，中度风化；远轴侧最大长44.46毫米，近端最大宽18.06毫米，远端最大宽17.46毫米，骨干最小宽17.03毫米。

8. 狍 *Capreolus capreolus*

可鉴定标本20件，含胸椎1件，腰椎1件，胸骨2件，占哺乳动物可鉴定标本总数的22.99%；最小个体数为2。

上颌　2件，均为左侧。

标本JLDADSTG1：2，保存有第四前臼齿至第三臼齿，轻度风化；残长43.24毫米，臼齿列长34.47毫米，第三上臼齿长12.91毫米、宽12.85毫米。

标本JLDADSTG1：3，保存有第三前臼齿至第三臼齿；轻度风化；残长38.79毫

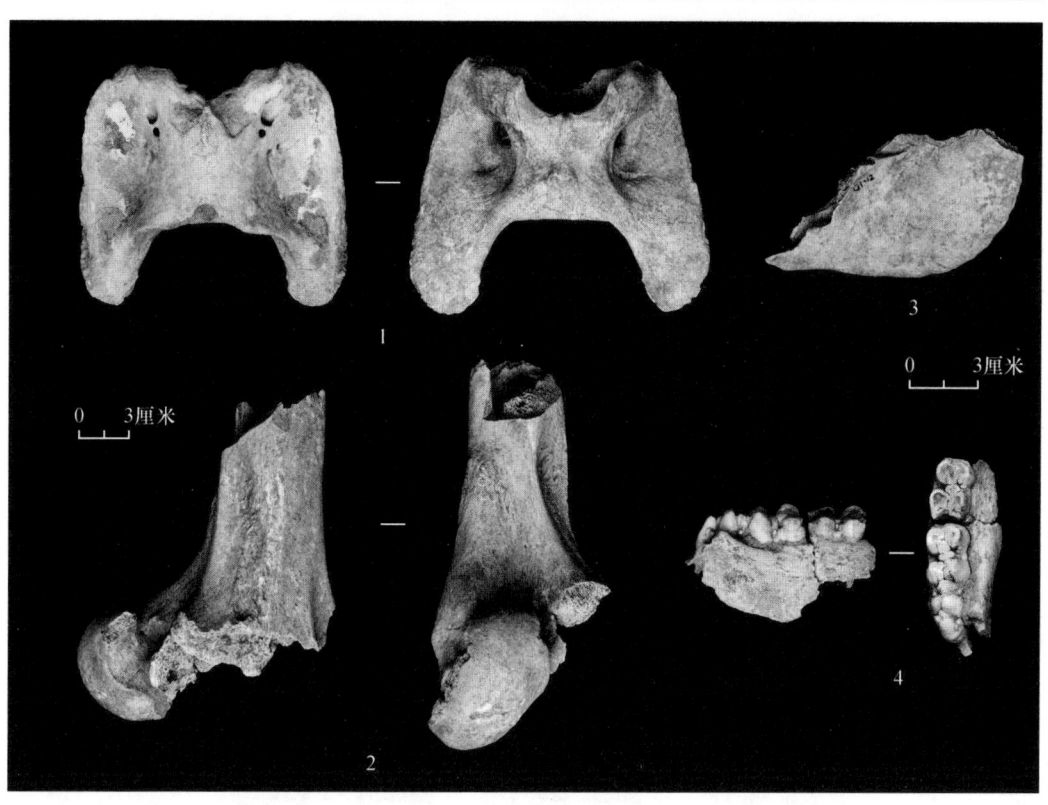

图八 马鹿、猪骨骼遗存
1. 马鹿寰椎（JLDADSTG1：16） 2. 马鹿股骨（JLDADSTG1：34） 3. 猪下颌角（JLDADSTG1：12）
4. 猪下颌（JLDADSTG1：4）

米，臼齿列长34.47毫米，第三上臼齿长12.76毫米、宽12.13毫米（图九，1）。

肩胛骨 1件，臼窝几乎圆形，肩胛颈前缘较后缘薄锐。

标本JLDADSTG1：22，右侧，肩胛冈部分残损，中度风化；对角线残高162.12毫米，肩胛颈最小长18.75毫米，肩胛结节最大长3.28毫米，肩臼长25.63毫米，肩臼宽20.77毫米（图九，4）。

肱骨 1件。标本JLDADSTG1：24，左侧，仅保存远端；远端最大宽30.5毫米，最大厚30.32毫米（图九，3）。

尺骨 1件。标本JLDADSTG1：27，左侧，保存近端；跨过钩突厚28.43毫米，鹰嘴最小厚25.86毫米，跨过冠状突最大宽16.25毫米（图九，2）。

桡骨 2件，左、右侧各1件。

标本JLDADSTG1：30，左侧，保存骨干和远端，轻度风化；骨干最小宽16.86毫米，远端最大宽27.93毫米（图九，7）。

髋骨 1件。标本JLDADSTG1：33，右侧，中度风化，仅保存髂骨部分；髂骨干最小宽19.81毫米（图九，9）。

股骨　4件，左侧3件，右侧1件。

标本JLDADSTG1：38，左侧，中度风化，仅保存远端；远端最大宽42.61毫米（图九，5）。

标本JLDADSTG1：36，右侧，中度风化，仅保存近端；近端最大宽49.44毫米，股骨头最大厚20.93毫米（图九，6）。

掌骨　1件。标本JLDADSTG1：51，左侧，中度风化；残长117.16毫米（图九，8）。

跖骨　1件。标本JLDADSTG1：52，右侧，仅存远端，中度风化；残长55.21毫米，远端最大宽23.74毫米。

系骨　2件，中轴左、右侧各1件。

标本JLDADSTG1：58，中轴左侧，轻度风化；远轴侧最大长39.78毫米，近端最大宽11.48毫米，远端最大宽10.62毫米，骨干最小宽8.58毫米。

标本JLDADSTG1：59，中轴右侧，中度风化；远轴侧最大长36.02毫米，近端最大宽10.75毫米，远端最大宽8.26毫米，骨干最小宽6.92毫米。

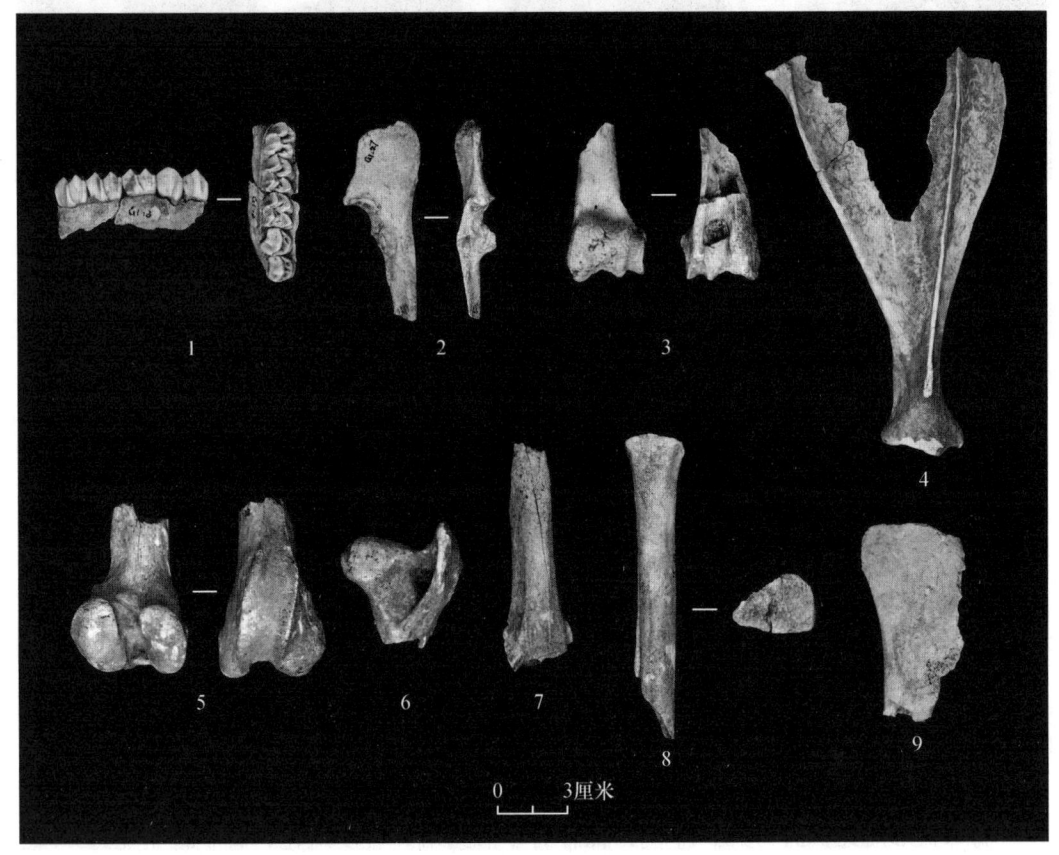

图九　狍骨骼遗存
1. 上颌（JLDADSTG1：3）　2. 尺骨（JLDADSTG1：27）　3. 肱骨（JLDADSTG1：24）
4. 肩胛骨（JLDADSTG1：22）　5. 股骨（JLDADSTG1：38）　6. 股骨（JLDADSTG1：36）
7. 桡骨（JLDADSTG1：30）　8. 掌骨（JLDADSTG1：51）　9. 髂骨（JLDADSTG1：33）

9. 黄牛 *Bos taurus*

可鉴定标本15件，占哺乳动物可鉴定标本总数的17.24%；最小个体数为2。

上颌　1件。标本JLDADSTG1：1，保存有第三前臼齿至第三臼齿，中度风化；残长138.64毫米，臼齿列长90.81毫米，第三上臼齿长35.67毫米、宽16.62毫米（图一〇，1）。

尺骨　1件。标本JLDADSTG1：91，右侧，重度风化，仅存尺骨体部分；残长177.95毫米（图一〇，4）。

掌骨　2件，1件为左侧大掌骨，标本JLDADSTG1：50，仅存近端部分，最大宽70.84毫米；另1件为小掌骨（第五掌骨），长41.28毫米（图一〇，3）。

跟骨　2件，左、右侧各1件。跟骨体较粗壮，跟骨结节前端尖后端宽，近三角形，载距突厚重且较直（图一〇，2）。

标本JLDADSTG1：47，右侧，中度风化；最大长174.14毫米，最大宽48.39毫米；跟骨体有表面有切割痕迹。

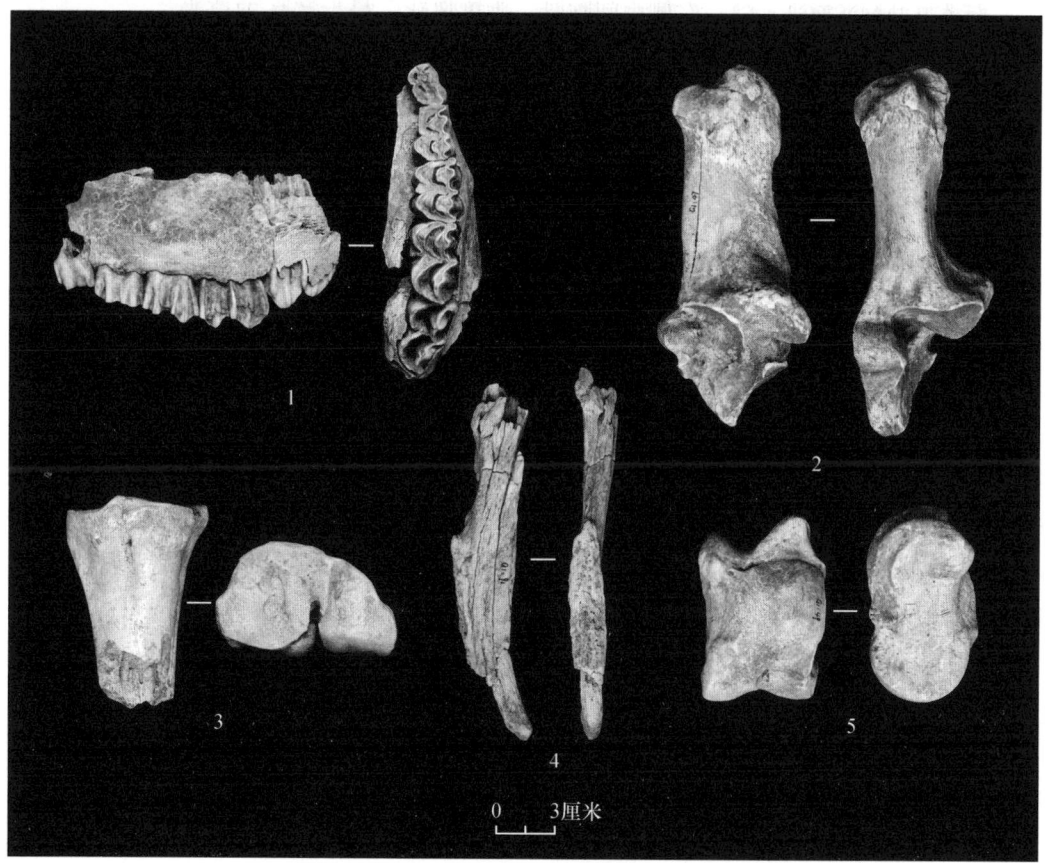

图一〇　黄牛骨骼遗存
1. 上颌（JLDADSTG1：1）　2. 跟骨（JLDADSTG1：47）　3. 掌骨（JLDADSTG1：50）
4. 尺骨（JLDADSTG1：91）　5. 距骨（JLDADSTG1：49）

标本JLDADSTG1∶48，左侧，中度风化；最大长157.65毫米。

距骨　1件。JLDADSTG1∶49，右侧，轻度风化；外半部最大长88.6毫米，内半部最大长80.25毫米，外半部最大厚51.38毫米，内半部最大厚46.08毫米，远端最大厚58.03毫米；表面有切割痕迹（图一〇，5）。

系骨　3件，均为中轴右侧。

标本JLDADSTG1∶54，中轴左侧，轻度风化；远轴侧最大长69.87毫米，近端最大宽39.03毫米，远端最大宽36.31毫米，骨干最小宽35.58毫米。

标本JLDADSTG1∶55，中轴右侧，中度风化；远轴侧最大长71.96毫米，近端最大宽36.44毫米，远端最大宽34.38毫米，骨干最小宽32.16毫米。

冠骨　1件。标本JLDADSTG1∶5，中轴右侧，重度风化；最大长48.28毫米，近端最大宽35.88毫米，骨干最小宽30.94毫米。远端最大宽27.77毫米。

腕骨　3件。

标本JLDADSTG1∶62，右侧尺腕骨，中度风化；最大宽40.81毫米。

标本JLDADSTG1∶63，右侧中间腕骨，中度风化；最大宽46.21毫米。

标本JLDADSTG1∶61，左侧第四腕骨、轻度风化，最大宽37.89毫米。

籽骨　1件。标本JLDADSTG1∶64，中度风化，最大宽29.35毫米。

三、动物骨骼表面痕迹及人工制品分析

大安东山头遗址G1出土的动物骨骼表面痕迹主要是由于自然力作用、动物作用以及人工作用三种外在作用造成的。

1. 自然力作用形成的痕迹

（1）风化作用G1出土的动物遗存受风化作用影响较大，轻度风化的骨骼约占41%，中度风化的骨骼约占50%，重度风化的约占9%。

（2）腐蚀作用G1出土的动物骨骼中，约有52%可以明显观察到植物根系腐蚀造成的不规则的线性痕迹，在少数髋骨臼窝或滋养孔中有残留的植物根系。

2. 动物作用形成的痕迹

可鉴定标本中，仅有2件标本有动物啃咬的痕迹。1件为狗的左侧股骨（JLDADSTG1∶41），啃咬痕迹在骨干背侧；另1件为黄牛的左侧掌骨（JLDADSTG1∶91），啃咬痕迹在靠近近端的骨干背侧（图一一，2）。

3. 人工作用形成的痕迹

（1）切割痕11件，多见于肱骨、股骨、桡骨、跟骨、距骨等骨骼关节处，可能为肢解动物时产生的痕迹（图一一，1）。

（2）划痕4件，多见于椎骨、肩胛骨、距骨等骨骼表面，可能为剔肉时产生的痕迹。

（3）烧痕4件，见于鱼类椎骨、蚌壳、啮齿类肱骨等，可能为食用后废弃做燃料（图一一，3）。

该遗址并未见有完整的骨角蚌器，仅有2件半成品。骨料1件，取自小型鹿类掌跖骨，远端可能被砍砸掉，骨干有打磨痕迹，略呈斜口（图一一，4）；蚌料1件，取自背角无齿蚌，一侧被截断，断口整齐。

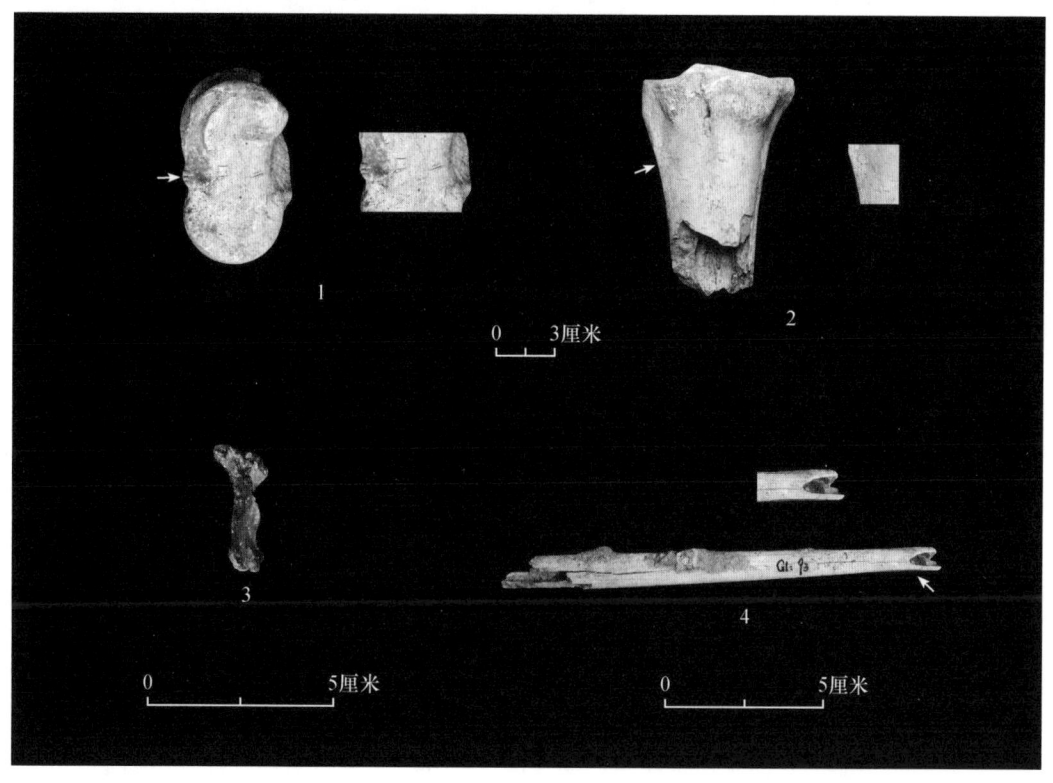

图一一　骨骼表面痕迹

1. 牛距骨切割痕（JLDADSTG1：49）　2. 牛掌骨啃咬痕（JLDADSTG1：50）
3. 东北䶄鼠肱骨烧痕（JLDADSTG1：84）　4. 骨器半成品（JLDADSTG1：93）

四、结论与讨论

1. 相关遗址动物骨骼出土情况

（1）吉林白城双塔新石器时代遗址

双塔遗址一期出土脊椎动物可鉴定标本18030件；蒙古兔可鉴定标本6976件，最小个体数为533；环颈雉可鉴定标本4518件，最小个体数为247；二者构成了双塔遗址动物遗存的主体。次之是其他鸟类、乌鳢、狼、鲤鱼、蛙、麅，剩下属种的最小个体数都不超过10[2]。人们采用的是以蒙古兔、环颈雉等小型动物为主要狩猎对象，兼营渔捞的广谱型肉食资源获取的经济形态；结合对遗址出土的石制工具组合分析，推断当时人们采用的是以渔猎采集经济为主的广谱型生业模式[3]。

（2）后套木嘎遗址

后套木嘎遗址前四阶段为新石器时代遗存，出土了大量的动物骨骼，既有脊椎动物也有软体动物，脊椎动物包括东北鼢鼠、野兔、黄鼬、獾、貉、狐狸、狗、狼、野猪、普氏羚羊、狍子、马鹿、野牛、马科、驴等，种属丰富，数量庞大[4]。Ⅲ区可鉴定标本中兔最多，狗次之；Ⅳ区则是野牛数量较多。此外，遗址中还出土了大量的骨角牙器[5]。

大安东山头遗址出土的动物遗存虽然在数量上没有以上二者庞大，但也均是新石器时代东北地区常见种属。从种属丰富度和所占比例可以推测，东山头遗址先民的生业方式和遗址周围环境应与以上二者相当。

2. 生业与经济模式

通过对可鉴定标本数和最小个体数的统计可以看出，鱼类遗存的数量最多，哺乳动物次之，其中狍的数量最多，约占哺乳动物的22.99%，狗次之，约占哺乳动物的21.84%；鱼类和鹿类应是当时人们主要的肉食来源（图一二）。遗址位于小山岗上，周围分布有大面积水域，为鱼、蚌的捕捞以及鹿类的猎取提供了持续的保障。东山头遗址属细石器文化遗址，出土石器中箭镞的比重很大，虽未发现渔业工具，但从动物遗存的种类和数量上看，东山头遗址应与白城双塔遗址和后套木嘎遗址一样，以渔猎采集经济为主，且捕捞狩猎技术应是比较发达和成熟的。

3. 遗址生态环境

动物与环境和人类的关系都极为密切。哺乳动物中，水鹿常活动于水边，栖息于稀树草原地带；狍栖息于山坡小树林中；狗獾一般活动在森林、灌丛、田野和湖泊等生境。鱼类和蚌类则存在于湖河中。以上动物遗存的发现，说明该遗址周围以针阔叶混交林为主，兼有稀树草原，且有较大面积的水域。通过遗存中所得鱼类和鹿科动物的数量

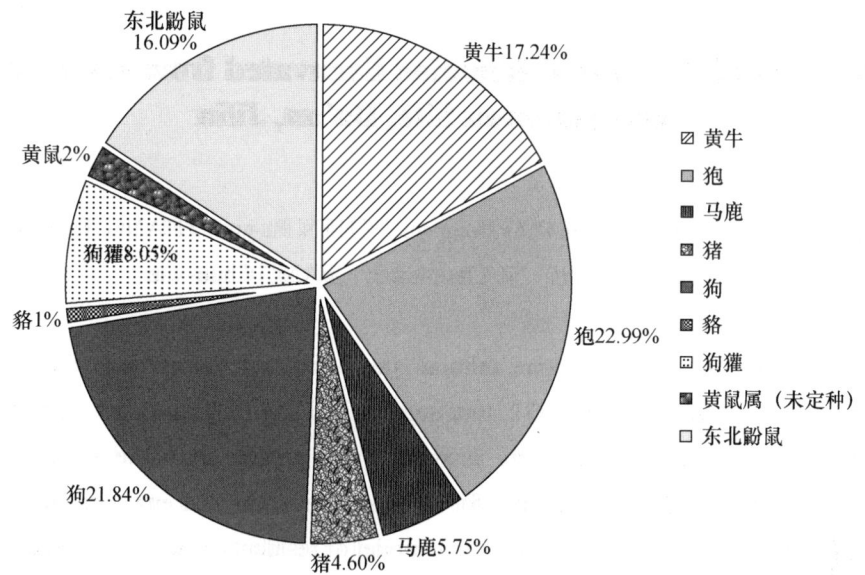

图一二 哺乳动物可鉴定标本种属比例

来看，当时该地的气候与现在相似，冬季寒冷干燥，夏季炎热多雨，比较适宜人类定居生存和生产发展。本文所研究的动物骨骼遗存均来自灰沟，该遗址是否还存在其他动物骨骼遗存尚未可知，故无法推测该遗址的分区及更多属性。

注　释

［1］　a. 吉林省博物馆. 吉林大安东山头细石器文化遗址［J］. 考古，1961（8）：404-406.
　　　b. 吉林省博物馆. 吉林大安东山头古墓葬清理［J］. 考古，1961（8）：407-410.
［2］　汤卓炜，王立新，段天璟，等. 吉林白城双塔新石器时代遗址的动物遗存及其环境［J］. 人类学学报，2017，36（4）：537-552.
［3］　张萌. 双塔遗址一期的动物利用方式研究［D］. 吉林大学硕士学位论文，2011.
［4］　张哲. 后套木嘎遗址（2011～2012）新石器时代动物遗存研究［D］. 吉林大学硕士学位论文，2015.
［5］　梁琪瑶，陈全家，王春雪. 吉林大安市后套木嘎遗址出土鸟类遗存研究［J］. 人类学学报，2020，39（1）：118-126.

A Study of the Faunal Remains Excavated from G1 at the Dongshantou Site, Da'an, Jilin

YU Xin LIU Hai-lin ZHANG Hong-yu CHEN Pu-yu ZHANG Xing-han
SHI Xiao-xuan NI Chun-xuan WANG Chun-xue

Da'an Dongshantou site is a fine stone cultural site in the Neolithic period. A large number of animal skeletons were found in G1, totaling 2,456, including molluscs, fish, birds and mammals. Statistics and analysis of the individual and population of the animal skeletons unearthed from the site G1 provide clues for restoring the ecological environment of the site and surrounding areas, discussing the economic model of residents, and dietary structure.

大连于家砣头墓地先民口腔疾病与饮食结构分析*

张晓雯[1]　张翠敏[2]　赵永生[3]

（1. 内蒙古大学历史与旅游文化学院，呼和浩特，010021；2. 大连市文物考古研究所，大连，116036；3. 山东大学文化遗产研究院，济南，250100）

　　于家砣头墓地位于辽宁省大连市旅顺口区铁山街道于家村西南临海的砣子上，西邻渤海，海拔50多米。1977年4月，原旅大市郭家村工农兵考古学习班调查组学员发现并首次清理了该墓地。于家砣头墓地为一个独立的积石冢，残存面积960平方米，现存墓室58座，出土了一大批具有典型特征的随葬品，包括陶器、石器、铜器、玉器等。从文化面貌上判断，该遗址属于双砣子三期文化，是与之相邻的于家村遗址上层居民的墓地，距今约3000年，相当于西周初期[1]。墓葬形制多为长方形，少量椭圆形和不规则形，呈东西向排列。相邻墓室往往使用共同墓壁，部分墓室有自己单独的墓壁。墓底多铺垫海卵石，还有一些铺大石块或大石块和海卵石，极个别墓底为淤土，人骨直接置于其上。此墓地为多人多次葬，即丛葬，未发现火葬和葬具，每个墓室人骨数量不一，少者1具，多者21具，男女老少皆有。先去世者放于最下层，后去世者依次置于其上，每层人骨之间多以海卵石相隔[2]。现场发掘时已对墓地内的人骨进行了较为细致的绘图和初步鉴定，共鉴定出186例个体，分属于31座墓葬，其中18座墓葬中的106具人骨标本被采集。人骨标本现存于大连市文物考古研究所，由于年代久远，部分骨骼标本现已破损或遗失。笔者根据现存人骨实际情况，结合发掘现场绘制的人骨分析图，共鉴定出78例个体。本文运用古病理学方法观察了于家砣头古代居民的口腔疾病，并通过对比牙齿磨耗及C、N稳定同位素数据，探讨了于家砣头居民的饮食结构。

---

* 本文得到内蒙古大学高层次人才科研启动项目（10000-22311201/052）、自治区本级引进高层次人才科研支持（12000-15042250）、中原与海岱地区文明化进程研究课题（项目编号：2020YFC1521602）资助。

一、口腔疾病观察

对病理现象的观察与分析，对我们认识古代人群的健康状况、生存环境及生产、生活方式等诸多方面的问题具有重要的参考价值，为研究古代社会提供重要的人类学证据。受保存条件限制，于家砣头墓地共计70例个体（806枚牙齿）可用于口腔疾病的观察。观察发现，于家砣头人群存在龋病、牙周病、根尖周病及牙釉质发育不全等口腔疾病。

1. 龋病

龋病，是一种渐进式的牙釉质、牙本质和牙骨质脱矿现象[3]。其致病因素主要包括细菌和牙菌斑、食物以及牙齿所处的环境等，因此也可将龋病看作是牙体硬组织的细菌感染性疾病[4]。龋病初期，龋坏部分的牙体硬组织发生脱矿，微晶结构改变，牙齿透明度下降，使釉质呈白垩色。随后，病变部位开始出现色素沉着，局部呈黄褐色或棕褐色。在无机成分脱矿和有机成分分解的持续作用下，牙釉质和本质开始逐渐疏松软化，形成龋洞[4]。

于家砣头墓地现存人骨标本中仅发现1枚患龋牙齿，位于右侧上颌第二臼齿的近中面。从病变程度上看，龋坏深度已达到牙本质表层，出现了明显的龋洞。从发病率来看，于家砣头居民的患龋率约为1.43%（1/70），龋齿率约为0.12%（1/806）。

在大多数情况下，龋病是缓慢进行的，与年龄有较大关系。由于于家砣头墓地人骨保存情况不佳，难以准确判断年龄，因此极低的龋齿率与年龄的关系难以考证。此外，牙齿脱矿主要是由有机酸引起的，而有机酸是在菌斑细菌发酵碳水化合物的过程中形成的，因此饮食中的糖类占比与龋病的出现息息相关[3]。饮食结构会影响一个人群的患龋情况，因此龋病的发病率在一定程度上受生业经济的影响。Turner对多个古代人群的调查表明，狩猎采集人群的平均龋齿率大致在0～5.3%，混合型经济人群的龋齿率在0.44%～10.3%，农业人群的龋齿率在2.14%～26.9%[5]。何嘉宁对我国北方古代居民龋齿率的调查发现，在农业经济较发达的人群中，龋齿率在4.3%～14.8%；游牧人群的龋齿率在0.2%～0.9%；半农半牧人群的龋齿率在0.5%～10.7%[6]。于家砣头墓地现存牙齿标本中的龋齿率很低，落在狩猎采集人群之间。考虑到遗址所处地理位置，以及与之同时代且位置相近的王宝山[7]人群中也存在极少的龋病（60例个体中仅发现2枚患龋牙齿），推测于家砣头居民的饮食结构可能并非是高碳水类型。此外，由于该遗址人骨保存情况不佳且并未全部采集，部分患龋牙齿可能在采集之前既已腐坏或遗失，因此该人群的实际龋齿率很可能会高于现有统计结果。

2. 牙周病

多数哺乳动物口腔内的牙龈组织,或多或少都会出现一些轻度的慢性炎症反应,这是口腔中的软组织对大量聚居在口腔内的微生物的常规反应,若病变开始涉及牙周组织,则称为牙周病[3]。常见的成人牙周病是渐进式的,常见于中老年个体中。发病过程存在较大个体差异,可能与牙菌斑积累、菌群和免疫反应方面的变化有关,与饮食或生理方面的差异没有直接的相关证据[3]。

于家砣头墓地中发现4例个体存在明显的牙周萎缩现象,牙周附着丧失量在2.5~4毫米,存在明显的牙齿松动现象。4例个体均表现出较重的牙齿磨耗,可能与年龄偏大有关。此外,较重的磨耗可能使牙齿产生殆向生理移动[8]。因此,这4例严重的牙周萎缩,可能是长期牙周组织炎症反应与生理性萌出共同造成的(图一)。

3. 根尖周病

根尖周病是指发生于根尖周围组织的炎症性疾病,多为牙髓病的继发病[4]。于家砣头墓地内发现1例个体罹患根尖周病,病变位于左侧下颌骨的第二前臼齿及第一臼齿的齿根处,可见明显的骨质吸收后留下的孔洞。该个体牙齿磨耗较重且未见龋病,其患病原因可能是由于过度磨耗破坏了牙釉质和牙本质,使细菌通过髓腔通道进入颌骨深处,直接侵蚀组织细胞或通过引发炎症和免疫反应间接造成组织损伤[3](图二)。

4. 牙釉质发育不全

釉质发育不全指在牙齿发育期间,由于全身疾病、营养障碍或严重的乳牙根尖周感染所导致的釉质结构异常[4]。常见的釉质发育不全主要表现为环绕于齿冠表面,或深或浅的线状沟槽,多见于门齿和犬齿的颊侧[9]。

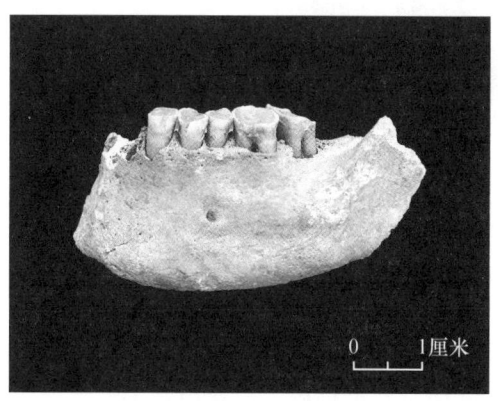

图一 于家砣头墓地内发现的牙周病病例

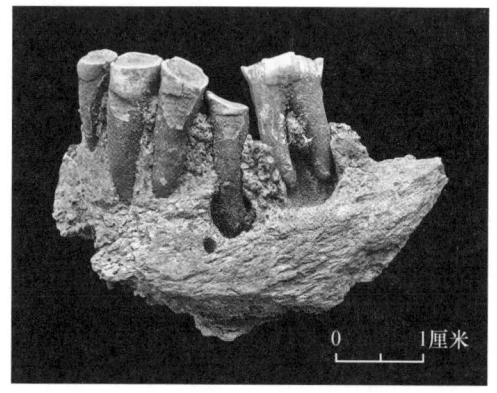

图二 于家砣头墓地内发现的根尖周病病例

于家砣头墓地内共发现5例个体存在牙釉质发育不全现象,均表现为前部恒齿(门齿和犬齿)表面出现环状凹槽。有研究表明,牙釉质发育不全多发生在牙齿的生长发育初期(1~4岁),是由断奶后的营养不良造成的[10]。此外,遗传因素、局部创伤、新陈代谢压力、儿童时期罹患一些特殊疾病等也会对釉质发育造成影响[11]。

5. 颌骨外生骨疣

上下颌的局部皮质骨生长被称为外生骨疣或骨质隆起,通常沿齿槽或硬腭生长[12]。齿槽上的外生骨疣往往出现在臼齿附近,个别也可能延伸到犬齿或门齿[13],多表现为光滑且连续的嵴,也可能表现为单个或多个离散的结节[14]。

于家砣头墓地共发现7例个体存在颌骨骨质隆起,其中6例位于下颌、1例位于上颌(图三)。上颌颊侧赘生性骨质隆起,表现为沿臼齿至犬齿齿槽嵴顶部的连续性骨质结节;下颌舌侧骨质隆起多见于第一臼齿至犬齿之间,表现为单个或多个相连的圆润骨疣,隆起部位长度在10.55~28.08毫米,隆起部位的下颌厚度在14.5~17.02毫米。

颌骨外生骨疣的形成可能与遗传引起的易感性、牙周组织损伤与炎症以及极端且异常的咬合压力有关[12]。于家砣头墓地发现的颌骨外生骨疣均伴随有大面积的齿质暴露,且其中2例个体存在生前牙齿脱落,3例个体存在明显的牙周萎缩现象。因此,过度咬合与持续性的牙周炎症都有可能是引起于家砣头居民颌骨外生骨疣的因素。

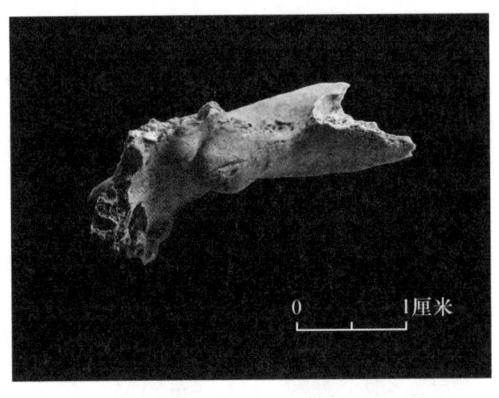

图三 于家砣头墓地内发现的下颌骨质隆起

二、饮食结构

民以食为天,饮食是人类生活中最基础、最重要的部分。古人在长期发展过程中形成的饮食习惯或饮食文化,与当时的生存环境和社会经济模式息息相关。笔者将通过观察古人的牙齿磨耗,辅之人骨中的C、N稳定同位素数据分析,以获得有关于家砣头居民饮食结构的信息,进而推测其当时的社会经济结构。

1. 牙齿磨耗

单纯的机械性摩擦引发的牙体硬组织慢性磨损称为磨耗。若齿列正常，磨耗（咀嚼磨损）通常发生在殆面或切缘。由于这种磨耗从牙齿萌出到个体死亡始终存在并持续发展，因此个体年龄是影响牙齿磨耗程度的首要因素，此外，牙体硬度（健康状况）、食物的粗糙程度、咀嚼习惯等都会影响牙齿的磨损程度[4]。因此，我们可以通过牙齿磨耗来推测当时人们的饮食结构。

年龄是影响牙齿磨耗程度的重要因素，为了尽可能减少年龄因素的影响，本文剔除了墓地中的青少年和老年个体。筛选后，符合观察标准的研究对象共计57例，737枚牙齿。为便于对不同群体间的牙齿磨耗进行比较，本文使用目前国内学者较为常用的，由史密斯（Smith）[15]制定的用于观察狩猎采集和农业类型人群牙齿磨耗的8级观察标准，并对观察记录所得的牙齿磨耗数据使用加权平均，分别计算出不同类别牙齿的平均牙齿磨耗（表一）。

表一 于家砣头古代居民牙齿平均磨耗统计表

牙齿类别	各级别磨耗出现率（%）								平均磨耗
	1	2	3	4	5	6	7	8	
I^1	0.0	25.0	28.6	14.3	10.7	7.1	14.3	0.0	3.9
I^2	0.0	28.1	21.9	28.1	6.3	6.3	6.3	3.1	3.7
C	0.0	21.4	28.6	21.4	7.1	11.9	7.1	2.4	3.9
P^1	0.0	38.1	21.4	11.9	4.8	14.3	9.5	0.0	3.6
P^2	0.0	40.4	9.6	9.6	9.6	21.2	5.8	3.8	3.9
M^1	0.0	10.8	27.7	20.0	9.2	9.2	12.3	10.8	4.6
M^2	0.0	17.0	34.0	18.9	15.1	9.4	3.8	1.9	3.8
M^3	5.7	54.3	8.6	17.1	8.6	2.9	2.9	0.0	2.9
I_1	0.0	0.0	66.7	0.0	11.1	0.0	22.2	0.0	4.1
I_2	0.0	6.3	56.3	6.3	6.3	6.3	12.5	6.3	4.1
C	0.0	20.0	37.1	11.4	11.4	11.4	0.0	8.6	3.9
P_1	0.0	48.9	17.0	10.6	6.4	10.6	2.1	4.3	3.4
P_2	0.0	56.3	8.3	12.5	6.3	8.3	6.3	2.1	3.3
M_1	0.0	0.0	37.1	25.8	11.3	9.7	12.9	3.2	4.5
M_2	0.0	19.1	25.0	11.8	17.6	14.7	8.8	2.9	4.2
M_3	2.5	40.0	15.0	10.0	22.5	7.5	0.0	2.5	3.5

无论是上颌还是下颌，磨耗最重的齿种都是M1，这在很大程度上与牙齿萌出规律有关。在正常的恒齿萌出顺序中，M1是最早萌出的，因此在所有恒齿齿种中承受磨损的时间最长。此外，在食物咀嚼过程中，臼齿承担着较重的咀嚼任务，因此M1通常会呈现出更重的磨耗级别。除M1外，前部牙齿（I1、I2、C）也表现出相对较重的磨耗级别。

由于牙齿磨耗与饮食结构密切相关，而饮食结构又能在一定程度上反映人群的经济形态[16]，因此，为进一步探索于家砣头古代居民的经济模式，笔者选取了几组不同经济类型的古代人群，对他们的牙齿磨耗差异进行比较，包括新疆洋海、营盘和穷克科墓地、山西游邀遗址、河南下王岗遗址，以及湖北清龙泉遗址（表二）。游邀遗址位于山西省忻州市，根据遗址内出土陶器判断，该遗址所处时代大致在龙山文化晚期至夏代[17]。其经济模式属于典型的农业经济，因此，农作物应是当地居民的主要食物来源。下王岗遗址处于新石器时代，从遗址内出土的生产工具和动植物遗存判断，当时的人们已进入初级农业经济阶段，但渔猎经济仍占有较大比重[18]。清龙泉墓地位于湖北省郧县杨溪铺镇财神庙村五组，距今6500~4500年，经济模式以农业种植为主[19]。清龙泉居民的食物较精细，加工程度高，富含碳水化合物[20]。农业经济在洋海占有重要地位，而狩猎也是当地居民获取食物的重要方式[21]。穷克科墓地[22]位于伊犁河谷地区，是游牧民族的主要活动区域。当地居民的生活方式以定居或半定居的畜牧业为主，同时存在少量园囿式农业。因此，动物性食物在该人群的饮食中占有较大比重[23]。营盘[24]居民则过着农牧并举，兼营狩猎的经济生活[25]。

表二　不同经济模式人群的牙齿平均磨耗统计表

样本组	I1	I2	C	P1	P2	M1	M2	M3
上颌								
洋海墓地	4.9	4.7	4.0	3.7	4.0	5.0	3.7	2.0
穷克科墓地	5.0	5.0	4.3	5.2	4.9	5.9	3.7	2.3
营盘墓地	4.0	4.0	3.1	2.6	4.3	5.1	4.1	3.0
游邀遗址	3.1	3.6	4.3	4.5	4.5	5.0	3.5	2.5
清龙泉墓地	3.4	2.8	3.2	3.3	3.0	4.5	3.5	2.5
下王岗遗址	3.5	3.1	3.6	3.3	3.5	4.6	3.4	2.5
于家砣头墓地	3.9	3.7	3.9	3.6	3.9	4.6	3.8	2.9
下颌								
洋海墓地	4.0	3.8	3.9	3.5	3.3	4.5	3.6	2.3
穷克科墓地	4.4	4.3	4.3	3.9	3.7	5.3	3.9	4.6
营盘墓地	4.1	3.9	3.8	3.5	3.7	5.4	4.4	3.6
游邀组遗址	4.1	3.9	4.1	4.4	4.0	5.1	4.6	2.6
清龙泉墓地	3.9	3.7	3.6	3.2	2.9	4.2	3.7	2.8
下王岗遗址	3.7	3.5	3.8	3.2	3.4	4.5	4.0	2.7
于家砣头墓地	4.1	4.1	3.9	3.4	3.3	4.5	4.2	3.5

受牙齿萌出顺序影响，I1和M1通常会表现出更重的磨耗，I2、C、P1、P2表现为中等程度的磨耗，而M2和M3的磨耗相对较轻[26]。以上几组人群的磨耗形态基本较符合此规律，特别是下颌牙齿磨耗，受萌出规律的影响更加明显。此外，磨耗形态还会受到饮食结构的影响。人类对植物性食物和动物性食物的咀嚼方式不同，对植物性食物通常需要使用研磨的咀嚼方式，对动物性食物则多采用撕裂的方式[27]。撕裂式的咀嚼方式一方面减少了后部牙齿与食物之间的摩擦强度，另一方面则表现出对前部牙齿撕扯功能的需求增强。从表二可知，三组新疆居民上颌均表现出相对较重的门齿磨耗，犬齿磨耗明显小于门齿。而受农业经济占比影响，三组居民的前臼齿磨耗存在比较大的差异。农业经济占比相对较重的洋海和营盘居民，均表现出P^1至M^1磨耗逐渐递增，而以畜牧经济为主的穷克科居民则表现出更重的P^1磨耗。以农作物为主要食物来源的游邀和清龙泉居民，除I^1外，其他牙齿均表现出相似的磨耗形态，即I^2至P^1磨耗逐渐增高、P^2相对较低、M^1至M^3磨耗逐渐降低。与于家砣头组居民磨耗最为相似的是下王岗居民，他们的I^1、C和M^1均表现出较重的磨耗，而其他磨耗相对较轻。虽然同为半农业化经济，下王岗居民的门齿与前臼齿磨耗差异较洋海和营盘居民小，这可能与狩猎对象不同有关。新疆居民饲养及狩猎对象以陆生动物为主，而下王岗居民的狩猎对象则主要是肉质细嫩的水生动物。

于家村遗址位于辽东半岛南部沿海的一处小半岛上，海洋资源十分丰富。此外，渔猎采集的生业方式在辽东半岛南部的早期聚落中一直占有重要地位，小珠山[28]、郭家村[29]、双砣子[30]、大砣子[31]等遗址均发现大量海洋（鱼类、贝类及哺乳类）动物遗存。于家村遗址上层也出土有一定数量的鱼骨制品[32]。因此，结合环境与磨耗形态方面的因素来看，于家砣头居民的饮食结构中可能存在较大比例的海洋动物和农作物。

2. C、N稳定同位素分析

为进一步探讨于家砣头居民生前的饮食结构，本文在牙齿磨耗观察的基础上，对人骨中的C、N稳定同位素数据[33]进行分析，从而获得该墓地居民饮食中C_3、C_4植物的摄入比例以及动物性食物的来源。

食物在被人体消化吸收后，骨胶原中的C、N同位素均有一定程度的富集，一般根据年龄和食物来源判断，$\delta^{13}C$的富集范围在4.5‰～6.1‰，$\delta^{15}N$的富集范围在3‰～5‰[34]。以此为依据，本文选取现有文献报道中的C_3、C_4类植物、陆生动物、海洋鱼和贝类、淡水鱼类，与校正后的于家砣头人骨胶原中的C、N稳定同位素数据进行比较。其中，C_3、C_4类植物[35]和海洋贝类[36]来自日本现代样品；代表陆生动物的鹿和猪分别来自广鹿岛小珠山[37]和即墨北阡遗址[38]；海洋鱼类取自小珠山遗址；淡水鱼类来自日本的绳文时代[39]。

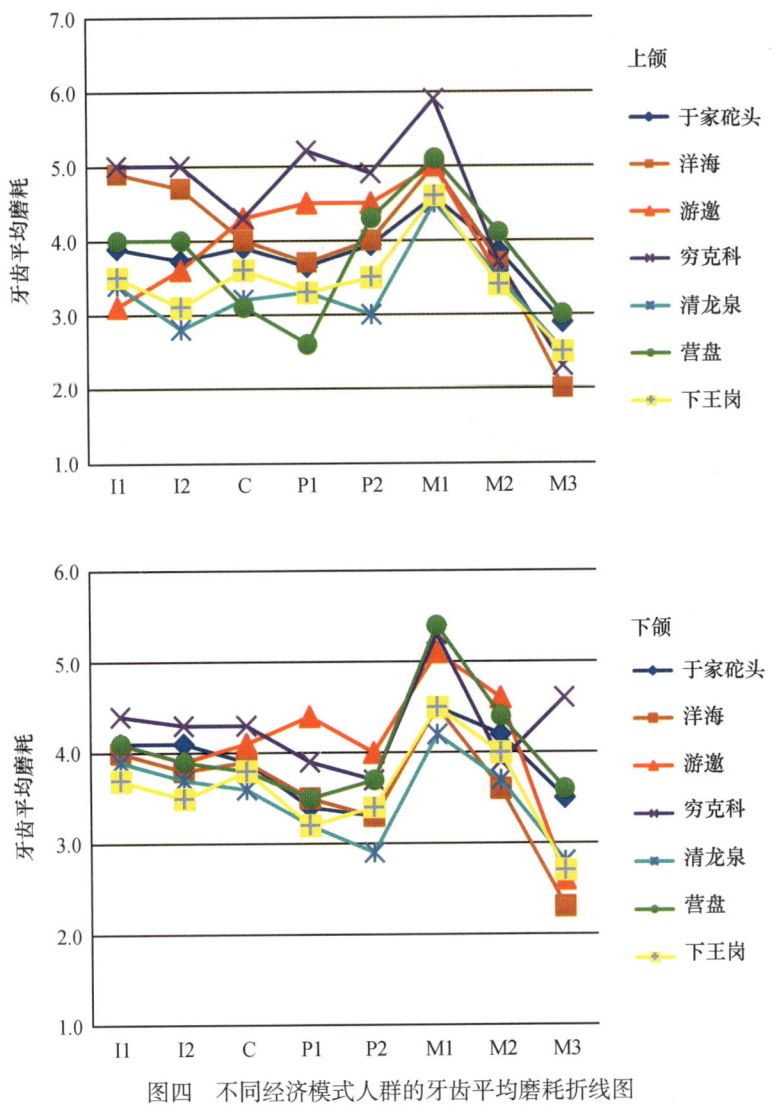

图四 不同经济模式人群的牙齿平均磨耗折线图

从图五可知,于家砣头居民的$\delta^{13}C$值更接近C_4类植物。根据二元混合模型[40]推算,于家砣头居民的食物中,C_4类植物占比在82.58%~96.72%,平均为92.13%±0.04%。因此,于家砣头居民日常摄入的植物性食物应主要是粟、黍等农产品。根据遗址自然环境和牙齿磨耗推断,渔业和农耕应是于家砣头居民的主要经济模式。此外,从表三可知,当地居民的日常饮食中也可能存在一定比例的家畜。为判断海洋资源、陆生动物和农作物在于家砣头先民饮食中的比例,本文利用三元混合模型[41]来大致推测三种食物来源的占比。经统计,海洋动物(包括鱼和贝类)、驯养动物和C_4作物的平均占比分别是44.36%、14.37%和41.27%,个体间存在一定差异,可能受个体饮食习惯影响。上述数据表明,于家砣头先民的生业经济以渔猎和农耕种植为主,家畜饲养可能也占有一定比例。

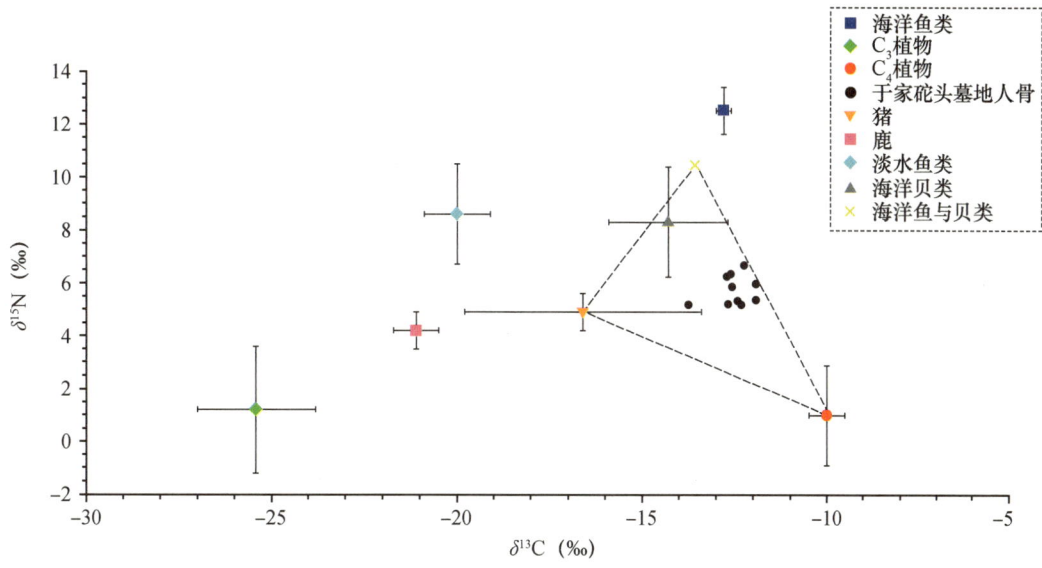

图五 于家砣头墓地人骨C、N稳定同位素数据与不同食物来源的比较

（人骨中的δ^{13}C和δ^{15}N分别经过4.5‰和3.4‰的校正[42]）

表三 于家砣头墓地先民肢骨样品概况及分析数据

食物来源	C₃植物	C₄植物	鹿	猪	海洋鱼类	海洋贝类	淡水鱼类
时代	现代	现代	小珠山一至五期	周代	小珠山三至五期	现代	绳文时代
δ^{13}C（‰）	−25.4 ± 1.6	−10.0 ± 1.5	−21.1 ± 0.6	−16.6 ± 3.2	−12.8 ± 0.2	−14.3 ± 1.6	−20.0 ± 0.9
δ^{15}N（‰）	1.2 ± 2.4	1.0 ± 1.9	4.2 ± 0.7	4.9 ± 0.7	12.5 ± 0.9	8.3 ± 2.1	8.6 ± 1.9

表四 于家砣头墓地先民肢骨样品概况及分析数据

编号	标本	骨胶原得率（%）	C含量（%）	N含量（%）	C/N摩尔比	δ^{13}C（‰）	δ^{15}N（‰）	二元模型 C₄类占比（%）	三元模型 海洋动物（%）	三元模型 陆生动物（%）	三元模型 C₄植物（%）
1	NP85	7.7	18.29	6.58	3.2	−7.93	8.72	92.82	39.56	15.60	44.84
2	NP86	7.3	28.42	10.27	3.2	−8.22	9.64	90.64	49.77	14.39	35.83
3	NP87	16.8	7.64	2.73	3.3	−8.11	9.74	91.44	52.08	11.58	36.34
4	NP88	8.3	34.74	12.63	3.2	−8.07	9.24	91.77	45.58	14.42	40.00
5	NP89	6.7	21.44	7.76	3.2	−7.43	9.35	96.72	52.23	1.09	46.68
6	NP90	6.7	34.88	12.85	3.2	−7.83	8.58	93.62	38.38	14.64	46.97
7	NP91	5.7	29.27	10.73	3.2	−7.76	10.07	94.14	59.36	2.35	38.30
8	NP92	13.7	12.50	4.49	3.3	−9.26	8.58	82.58	26.88	42.57	30.55
9	NP93	13.5	13.97	5.08	3.2	−7.43	8.75	96.72	43.98	5.53	50.49
10	NP94	8.3	16.56	5.94	3.3	−8.19	8.60	90.82	35.75	21.57	42.68
平均值		9.5 ± 3.6	21.77 ± 9.09	7.91 ± 3.35	3.23 ± 0.05	−8.02 ± 0.49	9.13 ± 0.53	92.13 ± 0.04	44.36 ± 0.09	14.37 ± 0.11	41.27 ± 0.06

三、结　　语

　　于家砣头墓地内发现的口腔病理现象包括龋病、牙周病、根尖周病、牙釉质发育不全及颌骨外生骨疣。于家砣头人群的龋齿率很低，仅为0.12%，这一结果可能在很大程度上受保存条件的影响。除埋藏影响，考虑到该遗址所处的地理位置，推测于家砣头人群的饮食结构可能不属于高碳水型。由细菌感染或侵蚀导致的口腔炎症反应，在于家砣头人群中也较为常见。此外，该墓地人群中还存在一定数量的颌骨外生骨疣，可能与咀嚼压力和牙周炎症反应有关。遗憾的是，受保存条件限制，上述病理现象尚无法进行流行病学方面的研究。

　　于家砣头古代居民的上颌牙齿磨耗形态表现为，I^1、C和M^{1}磨耗较重，其余牙齿磨耗相对较轻。根据遗址的自然环境，以及对不同经济类型下古代人群牙齿磨耗形态的比较，推测于家砣头墓地古代居民的饮食结构中可能包含较大比例的海洋动物和农作物。人骨中的C、N稳定同位素数据显示，砣头居民日常摄入的植物性食物应主要是粟、黍等农产品。经三元混合模型分析，在于家砣头居民的饮食中，海洋资源（包括鱼和贝类）、驯养动物和C$_4$作物的平均占比分别是44.36%、14.37%和41.27%。于家村遗址三面临海，为先民的渔猎活动提供了得天独厚的自然环境。然而，鱼、虾、贝等海洋资源的获取具有很强的季节性，且不易保存。因此，粟、黍等农作物成为当地居民饮食的重要补充。此外，当地居民日常饮食中还包含一定比例的陆生动物。考虑到该人群较高的$\delta^{13}C$值，推测这些陆生动物可能大部分是人工饲养或在饮食方面受到人工干预。

　　结合出土遗物、牙齿磨耗形态和同位素数据来看，近海捕捞和旱作农业应是于家砣头居民的主要生业模式。由此可知，至双砣子三期文化，渔猎经济在辽东半岛南部聚落中仍占有重要地位。

注　　释

[1]　大连市文物考古研究所.于家砣头墓地[M].北京：科学出版社，2018：85-88.

[2]　旅顺博物馆，辽宁省博物馆.大连于家村砣头积石墓地[J].文物，1983（9）：39-50.

[3]　Hillson S. *Teeth* [M]. Cambridge: Cambridge University Press, 2005: 290-294.

[4]　樊明文.牙体牙髓病学[M].北京：人民卫生出版社，2000：3-8.

[5]　Turner C. Dental anthropological indications of agriculture among the Jomon people of central Japan: X. Peopling of the Pacific [J]. *American Journal of Physical Anthropology*, 1979 (51): 619-636.

[6]　何嘉宁.中国北方古代人群龋病及与经济类型的关系[J].人类学学报，2004，23（增刊）：61-70.

[7]　赵永生，王芬，刘金友，等.大连王宝山积石墓地出土人骨的研究[C].边疆考古研究（第

21辑）. 北京：科学出版社，20：287-294.

[8] 何嘉宁. 中国北方部分古代人群牙周状况比较研究［C］. 考古学研究（七）. 北京：科学出版社，2008：558-573.

[9] Mann R, Hunt D. *Photographic Regional Atlas of Bone Disease*［M］. Charles C. Thomas Publisher, 2012: 30-33.

[10] Hutchinson D, Larsen C. Determination of stress episode duration from linear enamel hypoplasias: A case study from St. Catherines Island, Georgia［J］. *Human Biology*, 1988 (60): 93-110.

[11] Goodman A H, Rose J C. Dental enamel hypolasias as indicators of nutritional status［M］. *Advances in Dental Anthropology*. Wiley-Liss, 1911: 279-293.

[12] Pechenkina E, Benfer R. The role of occlusal stress and gingival infection in the formation of exostoses on mandible and maxilla from Neolithic China［J］. *Homo Internationale Zeitschrift Fur Die Vergleichende Forschung Am Menschen*, 2003, 53 (2): 112-130.

[13] Hrdlička A. Mandibular and maxillary hyperostoses［J］. *American Journal of Physical Anthropology*, 1940, 27 (1): 1-67.

[14] Sellevold B. Mandibular torus morphology［J］. *American Journal of Physical Anthropology*, 1980, 53: 569-572.

[15] Smith B H. Patterns of molar wear in hunter-gatherers and agriculturalists［J］. *American Journal of Physical Anthropology*, 1984, 63: 39-56.

[16] 刘武，张全超，吴秀杰，等. 新疆及内蒙古地区青铜—铁器时代居民牙齿磨耗及健康状况的分析［J］，人类学学报，2005（1）：32-53.

[17] 忻州考古队. 山西忻州市游邀遗址发掘简报［J］. 考古，1989（4）：289-299.

[18] 河南省文物考古研究所，长江流域规划办公室考古队河南分队. 淅川下王岗［M］. 北京：文物出版社，1989：332-338.

[19] 中国社会科学院考古研究所. 青龙泉与大寺［M］. 北京：科学出版社，1991：201-205.

[20] 周密，潘雷，邢松，等. 湖北郧县清龙泉新石器时代居民牙齿磨耗及健康状况［J］. 人类学学报，2013（3）：330-344.

[21] 刘学堂. 5世纪中叶以前吐鲁番盆地考古、历史述论［M］. 交河故城保护与研究. 乌鲁木齐：新疆人民出版社，1999：423-460.

[22] 刘学堂，李溯源. 新疆伊犁河流域考古新发现［J］. 西域研究，2002（1）：109-110.

[23] 张全超，李溯源. 新疆尼勒克县穷克科一号墓地古代居民的食物结构分析［J］. 西域研究，2006（4）：78-81.

[24] 新疆文物考古研究所. 新疆尉犁县营盘墓地1999年发掘简报［J］. 考古，2002（6）：58-74.

[25] 周金玲. 新疆尉犁县营盘古墓群考古述论［J］. 西域研究，1999（3）：59-66.

[26] Deter C A. Gradients of Occlusal Wear in Hunter-Gatherers and Agriculturalists［J］. *American Journal of Physical Anthropology*, 2009, 138 (3): 247-254.

[27] 何嘉宁. 陶寺、上马、延庆古代人群臼齿磨耗速率的比较研究［J］. 人类学学报, 2007（2）: 116-124.

[28] 辽宁省博物馆, 旅顺博物馆, 长海县文化馆. 长海县广鹿岛大长山岛贝丘遗址［J］. 考古学报, 1981（1）: 65-112.

[29] 辽宁省博物馆, 旅顺博物馆. 大连市郭家村新石器时代遗址［J］. 考古学报, 1984（3）: 287-329.

[30] 中国社会科学院考古研究所. 双砣子与岗上——辽东史前文化的发现和研究［M］. 北京: 科学出版社, 1996: 53-56.

[31] 大连市文物考古研究所, 辽宁师范大学历史文化旅游学院. 辽宁大连大砣子青铜时代遗址发掘报告［J］. 考古学报, 2006（2）: 205-230.

[32] 旅顺博物馆, 辽宁省博物馆. 旅顺于家村遗址发掘简报［C］. 考古学集刊（1）. 北京: 中国社会科学出版社, 1981: 88-103.

[33] 王一帆, 程露霞, 董豫, 等. 于家砣头墓地人骨的稳定同位素食谱分析［M］. 于家砣头墓地. 北京: 科学出版社, 2018: 121-131.

[34] Hedges REM, Reynard LM. Nitrogen isotopes and the trophic level of humans in archaeology［J］. *Journal of Archaeological Science*, 2007, 34 (8): 1240-1251.

[35] Yoneda M, Suzuki R, Shibata Y, et al. Isotopic evidence of inland-water fishing by a Jomon population excavated from the Boji site, Nagano, Japan［J］. *Journal of Archaeological Science*, 2004, 31: 97-107.

[36] Kusaka S, Hyodo F, Yumoto T, et al. Carbon and nitrogen stable isotope analysis on the diet of Jomon populations from two coastal regions of Japan［J］. *Journal of Archaeological Science*, 2010, 37: 1968-1977.

[37] 陈相龙, 吕鹏, 金英熙, 等. 从渔猎采集到食物生产: 大连广鹿岛小珠山遗址动物驯养的稳定同位素记录［J］. 南方文物, 2017（1）: 142-149.

[38] 王芬, 宋艳波, 李宝硕, 等. 北阡遗址人和动物骨的C、N稳定同位素分析［C］. 东方考古（第10集）. 北京: 科学出版社, 2013: 122-136.

[39] M Yoneda, R Suzuki, Y Shibata, et al. Isotopic evidence of inland-water fishing by a Jomon population excavated from the Boji site, Nagano, Japan［J］. *Journal of Archaeological Science*, 2004, 31: 97-107.

[40] 张雪莲, 王金霞, 冼自强, 等. 古人类食物研究［J］. 考古, 2003（2）: 158-171.

[41] 王芬, 樊榕, 康海涛等. 即墨北阡遗址人骨稳定同位素分析: 沿海先民的食物结构［J］. 科学通报, 2012, 59（12）: 1037-1044.

[42] Yoneda M, Suzuki R, Shibata Y, et al. Isotopic evidence of inland-water fishing by a Jomon population excavated from the Boji site, Nagano, Japan［J］. *Journal of Archaeological Science*, 2004, 31: 97-107.

Analysis of Oral Diseases and Dietary Structure of the Ancestors in the Yujiatuotou Cemetery, Dalian

ZHANG Xiao-wen   ZHANG Cui-min   ZHAO Yong-sheng

Yujiatuotou cemetery is a relatively well preserved, large-scale and representative cemetery in Shuangtuozi phase III cultural stone tombs (about 3000BP). Due to the limitation of preservation, the research on human bones of stone tombs in Dalian area is still insufficient. In this paper, the dentition and jaws of 78 extant individuals from the Yujiatuotou cemetery were observed using paleopathological methods. The main pathological phenomena include caries, periapical disease, enamel hypoplasia and exostosis of the jaws. In addition, this paper calculates the average tooth wear, and compares it with six groups of ancient populations of different economic types. According to the law of tooth wear and the comparison of tooth wear patterns of ancient people under different economic types, it is found that the diet structure of Yujiatuotou ancient residents contains marine animals and crops. Considering to the geographical location and, C, N stable isotope data, it is speculated that the local livelihood economy may based on fishing and dry farming, and supplemented by livestock rearing.

考古学理论、方法与考古学史

1949年以前中国考古学者对墓葬的发掘、整理与研究

钟俊宁

（北京大学考古文博学院，北京，100871）

《礼记·中庸》："事死如事生，事亡如事存，孝之至也。"[1]考古学发掘的墓葬，即可反映古人丧葬活动系统的一个重要片段。但墓葬的发现与研究并非在科学考古学传入中国后方才开始，历史上出于某种政治诉求或经济利益而破坏、盗掘墓葬的行为屡见不鲜[2]，金石学勃兴以后关于古器物的研究更是蔚然成风。这种对于墓葬的特殊关注一直延续到中国考古学创建之后[3]，直到如今墓葬仍是考古学研究的核心对象之一[4]。

考古学对墓葬的探索至少可分为发掘、整理、研究三个方面。田野考古是考古学发展的源动力，若以1921年安特生（J. G. Andersson）发掘仰韶村作为中国考古学诞生的标志[5]，1921~1949年，至少有以下墓葬的发掘具有（或者已经被赋予）重要的学术意义：1928~1937年河南安阳殷墟墓葬[6]；1932~1933年河南浚县辛村墓葬[7]；1934~1937年陕西宝鸡斗鸡台墓葬[8]；1945年甘肃临洮县寺洼山、宁定县阳洼湾墓葬[9]。大致以1937年殷墟十五次发掘结束为分界，1921~1949年中国考古学者对本国墓葬的探索应可分为前、后两个阶段。

由于本文关注的是中国考古学初创期的墓葬探索，盗掘、"非科学"的清理不会纳入主要讨论的范畴[10]。以往论者对这一时期墓葬田野考古水平的提高、墓葬术语体系的构建已经有所发明，但似偏重发掘、研究而对墓葬材料的整理有所忽略。下文即尝试厘清一些学术史的问题，以阶段划分为基础，梳理1921~1949年中国考古学者对墓葬发掘、整理与研究的脉络。

一

先述1921~1937年墓葬探索的情况。

（一）发　　掘

这一阶段发掘的墓葬主要有：1928~1937年河南安阳殷墟墓葬；1930年江苏南京栖霞山、甘夏镇、张家库、刘家库墓葬[11]；1930年新疆吐鲁番交河沟西墓葬[12]；1930年黑龙江齐齐哈尔昂昂溪墓葬[13]；1932~1933年河南浚县辛村墓葬[14]；1934~1937年陕西宝鸡斗鸡台墓葬[15]；1935年河南汲县山彪镇墓葬；1935~1937年河南辉县琉璃阁墓葬[16]；1936年福建泉州墓葬[17]。本阶段墓葬发掘的成就至少可从以下三个方面总结。

1. 墓葬地面痕迹判断方法的进步

1921年安特生发掘仰韶遗址与1926年李济发掘西阴村遗址均甚少涉及墓葬遗存，中国考古学创建以后较早发掘一批墓葬是在安阳殷墟。从已有的资料分析，直到1933年安阳殷墟、浚县辛村等地的发掘者仍未很好地掌握墓葬地面痕迹的判断方法，往往在人骨、随葬品暴露后才能反过来找清墓室上口[18]。李济记载1929年殷墟墓葬发现的过程："这三座墓葬，都是无意发现的。初破土的时候并没料到地下会有这类的埋藏。"[19] 1930年梁思永发掘昂昂溪墓葬时认为其"没有墓圈，墓穴"[20]。1932年[21]发掘浚县辛村M1亦是如此："此墓是在辛村发掘的第一座墓，毫无经验。这座墓又在墓室范围外增筑2.5米×1.5米宽的夯土，工作费了几天工夫，尚不得要领。4月23日改计划掏清盗穴，在地下量准尺度，出而按尺度对准墓壁开发，始正确发现墓壁。"[22] 1933~1934年发掘后冈大墓时仍未有改观："找到了墓的痕迹后，跟着就找清了整个的墓室的上口，而发掘，而清理，而找墓道……检查工程，则墓室整个发掘，北墓道仅留一部未掘，南墓道则仅掘一部，但是整个的墓形可以看出来了。"[23] 早年殷墟清理墓葬的现场照片也能证明这一点[24]。

发掘经验逐渐积累后，考古学者采用十字探沟等方式确认墓葬情况，比如广州猫儿冈[25]、汲县山彪镇[26]发掘都采用了这种方法。

2. 墓道的概念构建及田野发掘

据郭宝钧《浚县辛村古残墓之清理》，"甲种墓葬，于墓室南面，更开以狭长道路，是为墓道。墓道原为便于升降而设"，"甲种墓葬，于墓道外，北壁亦开一斜长道路，为便于称谓计，别呼羡道"[27]。本文无意深入探讨传世文献中"墓道""羡道"

与今日中国考古学使用的"墓道"等概念的关系,但郭宝钧对"墓道""羡道"的这种理解确实可以远溯到传世文献的记载。《史记·秦始皇本纪》:"葬既已下,或言工匠为机,臧皆知之,臧重即泄。大事毕,已臧,闭中羡,下外羡门,尽闭工匠臧者,无复出者。树草木以象山。"[28]《后汉书·陈蕃传》注云:"埏隧,今人墓道也。"[29]

针对上述现象,以往学者多认为郭宝钧直接从文献中引入墓道、羡道等概念,辛村大墓是中国考古学史上最早辨认出墓圹和墓道遗迹的案例[30]。这一学术史的认定值得商榷。

1929年殷墟发掘或许已经使用了"墓道"的概念[31]。中国西北科学考查团中黄文弼所谓"墓道",似与前述郭宝钧的用法并无太大差别。据1930年2月黄文弼日记,"每坟上均有石块、堆砌为方形或圆形,故前有石块骈列一线,即墓道之路线,循此路线掘之,即出墓道,按此法工作,百无一误。墓道宽约1米,深约4米,掘至3.3米即见墓门","沟西每家墓道上均堆有石块,外有石线栏之","又工作昨日所掘之墓道,发现墓表2方"[32]。据1931年《高昌》,"冢前有石块排立一线,为墓道之表示","每墓室之前有一长廊墓道,宽约三尺,长约十八尺",且所绘墓葬平面图至少包括墓道部分结构[33]。据1933年《高昌陶集》,"冢前有石块排立一线,指示其为墓道,由此可以直抵墓门。墓道之长短,与石线之长短成正比例"[34]。虽然黄文弼能够辨认出墓葬的"墓道",地表有砾石标识的客观情况起到了重要作用,抑或是黄文弼吸收了斯坦因(Aurel Stein)等外国学者的成果,但这也能说明早在浚县辛村发掘之前,带有一定现代考古学特质的西北科学考查团已然可以识别且发掘带墓道的墓葬。

那郭宝钧《浚县辛村古残墓之清理》使用的一套墓葬术语是直接从传统文献中借鉴得来的吗?恐怕也未必。1931年商务印书馆出版滨田耕作的《考古学通论》,中译本有"墓室在一很长隧道的深处"[35],"隧道"在日文原著中用词为"羡道"[36]。另外,1930年郑振铎的《近百年古城古墓发掘史》中也有类似于今日"墓道"概念的表述,"在四十五尺的斜道之底,发现一间大室","见到一个就岩石刻成的石级"[37]。上述证据似乎说明,"墓道""羡道"等概念屡见于重要的传世文献而广为人知。虽然不同主体的用例不一,但显然中日学者都已借用了传统文献中的资源,郭宝钧未必是将文献词语运用到墓葬考古中的首创者。但墓葬术语体系的迅速推广,则当归功于浚县辛村的发掘。

3. 墓葬作为独立清理单元地位的确立

至少从殷墟第八次后冈发掘开始,发掘者逐渐认识到在墓葬密集的发掘地点,可以利用探坑作为寻找墓葬的工具,并将墓葬作为一种独立的现象处理。《安阳发掘简史》记载第八次发掘:"又因此发掘以遗迹为主,而坑不过为寻找遗迹的工具,故其面积不甚一律。"[38]亦有资料将这种进步归因于殷墟第十到十二次西北冈墓地的发掘:"西北冈是墓地,灰土很少,都是生黄土和墓葬,在这里仍然用探坑,但用为找现象的工具,……以找出墓葬为目的,找出墓葬后,探坑即无用了。"认为是梁思永推动了这种发掘方法的转变[39]。上述资料多属于事后追记,具体细节容有出入,但殷墟发掘方法的转变受到大墓发现的影响,则大致可以确定。

(二) 整　理

四期《安阳发掘报告》对墓葬的报告都比较简略,郭宝钧的《浚县辛村古残墓之清理》这篇简报是中国考古学较早报道一批墓葬材料的案例,具体目次如下:一、绪言;二、发掘;三、墓制;四、葬法;五、残骨;六、遗物;七、时代;八、推论[40]。

《浚县辛村古残墓之清理》原始资料与研究者的主观意见交错,并不重视墓葬资料的系统性与完整性,单座墓葬的具体情况只用一张简表说明。编排资料时郭宝钧突出了墓葬规模与社会等级的联系,如"葬制"一节郭宝钧按墓葬形制将这批墓葬分为甲、乙、丙、丁四种,甲种墓葬结构最为复杂、规模最大,其余各种墓葬依次递减。在此基础上郭宝钧提出甲、乙种墓葬为公侯、夫人之墓,丙、丁种为公族侍从之墓,属于一种社会历史的取向[41]。

《发掘东山猫儿冈汉冢报告》与《泉州唐初古墓发掘始末》中发掘日记占据一定篇幅,文字叙述性强,成为报道墓葬资料的一种重要形式,与今日原始资料简练化与科学化的要求不完全相同,折射出当时考古群体的多元性[42]。前者所附墓葬平面图中绘有器物编号,可与分析部分相对应,也是这一阶段墓葬资料整理的一个亮点。

(三) 研　究

基于殷墟、昂昂溪、浚县辛村等地发掘的墓葬资料,这一时期相关研究的特点与成就可总结如下:

1. 考古学墓葬断代方法的确立

殷墟发掘中李济很早就认识到研究墓葬绝对年代的一个方法:有纪年材料的墓葬,墓葬年代即可由纪年材料确认;无纪年材料的墓葬可以与纪年墓进行比较,若随葬品形制相似则可认为二者年代相近[43]。郭宝钧坚持利用考古发掘资料判断年代[44],总体并没有超出李济的思路。

2. 墓葬研究涉及的问题与领域丰富

基于殷墟、昂昂溪、浚县辛村等地发掘的墓葬,考古学者对丧葬过程与墓主的性别、身份、族属、社会等级等方面有所探讨。

李济的《俯身葬》将葬式与民族相联系,以此考察古代民族在一个区域内的兴替[45]。

且一开始因为"西北地恰在殷虚文化圈外,又离居住地甚近,作小屯北居民的幽宅,岂不恰好"。尽管作者后来怀疑了这种推论,但将墓葬与居址结合考察的方式成为一个具有启发性的思路[46]。梁思永根据昂昂溪两座墓葬随葬品的不同判断墓主性别,认为随葬枪、镖、刀等兵器的墓主为男性,随葬精琢器、削刮器、饰珠的墓主为女性[47]。《浚县辛村古残墓之清理》试图通过墓葬研究社会的等级制度,"葬法"一节并不局限于浚县辛村的发现,而是用传世文献与考古发现重建丧葬过程[48]。

二

下述1938~1949年墓葬探索的情况。

(一) 发　　掘

这一阶段发掘的墓葬主要有:1939年福建安溪墓葬[49];1941~1942年四川彭山崖墓[50];1942~1943年四川成都前蜀王建墓[51];1945年甘肃临洮县寺洼山、宁定县阳洼湾墓葬[52]。

田野考古中对墓葬的认识进一步深化,具体体现如下:第一,墓葬发掘逐渐认识到墓葬填土和墓葬形状是两个不同的堆积。1945年夏鼐在甘肃省宁定县阳洼湾发掘齐家文化墓葬时,在墓葬未经扰乱的填土中发现甘肃仰韶文化的彩陶片,从而从地层学上确认甘肃仰韶文化的年代早于齐家文化,成为考古地层学的一个标志性事件[53]。第二,前一阶段殷墟发掘时李济已然认识到墓葬随葬品的共时性。苏秉琦在斗鸡台沟东区墓葬发掘、整理的过程中明确认识到一座墓葬即是一个时间单位[54],《斗鸡台沟东区墓葬编后记》提出"每一墓葬,不论规模大小,形制异同,各自成为一个发现单位"即是此意[55]。

总体看来我们似乎不能高估1937~1949年墓葬发掘的水平。以苏秉琦为例,1950年发掘河南辉县固围村墓葬时,苏秉琦负责的M2发掘进度相对较慢,田野工作存在一些失误或疏忽[56],更早的斗鸡台墓葬发掘的实际情况也便不难想象了。

(二) 整　　理

《安溪唐墓发掘研究报告》《斗鸡台沟东区墓葬》《临洮寺洼山发掘记》是这一阶段报道一批墓葬材料的主要范例,对比《浚县辛村古残墓之清理》体现出以下两个特点:第一,原始资料将墓葬作为一个完整的信息单元报道的比例增加,每座墓葬不仅见于墓葬登记表,正文一般以墓为单位进行简略介绍。如《斗鸡台沟东区墓葬》第二章"材料(墓葬的个别说明)"包括全部104座墓葬的发掘日期、发掘经过、墓葬形制、葬式、随葬器物等信息[57]。第二,墓葬整理的指导思想与其蕴含的研究取向多样。墓葬遗物的分类与定名借鉴了文史学界的研究，重视明器与非明器的区分。如《安溪唐墓发掘研究报告》将随葬器物分为明器与非明器两大类，又"以明器最要"[58]；《斗鸡台沟东区墓葬》则通过类型学分析建立斗鸡台墓葬的年代谱系[59]。

（三）研　　究

墓葬研究的领域伴随着材料的积累而扩展，涉及服饰史、民族史、体质人类学等专题，可称为"研究之扩大"[60]。如曾昭燏就彭山墓葬出土的陶俑以研究汉代服饰[61]；1934年以来吴定良在安阳殷墟收集商代人骨[62]，20世纪40年代他就安阳殷墟、昆明出土头骨的测量数据，提出商代与近代中国人颅骨容量的计算公式[63]；高去寻沿袭李济《俯身葬》的思路，认为葬式与民族文化相关，以葬式的变化研究古代民族在一个区域内的兴替[64]。

苏秉琦对瓦鬲的研究是这一阶段存在独立运用类型学开展研究的案例。苏秉琦主持斗鸡台遗址发掘时出土瓦鬲的墓葬均无打破关系，20世纪40年代苏秉琦基本依赖器物（尤其是瓦鬲）的谱系，以确定墓葬的相对年代，体现了明显的进化论思想[65]，成为中国考古学类型学研究的经典案例。

资料的丰富又导向了研究范式的确立，考古学学科的主体意识渐趋增强。部分学者已然隐约意识到，考古学不仅可以是证实或证伪传世文献的材料，传世文献记载有其自身的立场，对普通民众的日常生活涉及不多，墓葬出土的材料恰恰可以补文献之不足，有助于全面复原古代社会[66]。具体研究实践中学者们逐渐在考古学的视野下提出并解决相关学术问题，如夏鼐从甘肃临洮县、寺洼山、宁定县阳洼湾墓葬资料出发，论证齐家文化晚于仰韶文化[67]。

三

夏鼐、苏秉琦从20世纪30年代末开始，长期在中国考古学界占据重要地位，以至于张忠培曾言："事实上，影响中国考古学基本过程的，既不是宾福德，也不是'新阶段的考古学'，而是夏鼐和苏秉琦。"[68]本文无意讨论中国考古学的"学派"与夏鼐、苏秉琦的评价问题[69]，但如学者们所论，夏、苏在部分观点上确实存在分歧。本部分即以遗址、居址、墓葬这三个概念的用法为例，分析1949年以前二人关于上述概念的不同用法，并简要叙述其观点在1949年以后的影响。

1925年安特生《甘肃考古记》（*Archaeological Research in Kansu*）清楚分别了遗址、居址与墓葬的概念[70]，1943年其《中国史前史研究》（*Researches into the Prehistory of the Chinese*）仍坚持此划分方法[71]。据日本学者鸟居龙藏《满蒙古迹考》，"前记之遗迹，可大别为二：即一墓所，一住所也"，与安特生观点并无不同[72]。吴理

（Charles Leonard Woolley）的《考古发掘方法论》（*Digging Up the Past*）分别叙述了市镇遗址（town sites）与墓葬（graves）的发掘方法[73]。尽管用词略有不同，但今天遗址、居址、墓葬这三个概念在上述经典著述中已有明确分别。

至少从20世纪40年代起，夏鼐在一些场合已经将"dwelling sites"翻译为"遗址"，与墓葬（cemeteries）相区别[74]。这与上述安特生等用法显然形成了一定程度的对立。但我们不难发现夏鼐对上述概念的用法并没有完全统一，其有时又以居址与墓葬对举[75]。在这个问题上夏鼐的含混不清似乎是受到了历史语言研究所传统的影响[76]。

与夏鼐相对的另一种不同用法见于苏秉琦《斗鸡台沟东区墓葬》："总计本院在斗鸡台历次发掘所得材料，虽已不为太少。但如作为分析整个遗址的凭藉，尚嫌不够。例如，我们由废堡区的材料，固不足以证明该地是否为古陈仓城之所在；而我们在沟东、沟西两区所得的材料，亦尚缺早期的墓葬与晚期的居址；即是我们在沟东、沟西两区所得的早期人居与晚墓（引者注："墓"应为"期"之误）墓葬材料，亦仍苦于所包括的年代太长，而材料不够，以致在各时期间尚有不能联贯之处。所以该址尚须大规模的发掘，无待伸论。"[77] 其中墓葬与居址相对，遗址则为更大地理范围的概念。1949年后苏秉琦很多著述中仍坚持《斗鸡台沟东区墓葬》"遗址"的这种用法[78]。

尽管夏、苏本人甚至有可能没有认识到这种分歧[79]，但1949年之前以夏鼐为代表的这种认识，长期占据了中国考古文博领域的主导权，法律法规[80]、考古规程[81]、权威学者的论述[82]均多将遗址与墓葬对立。一个相对重要的转折点是1984年张光直在北京大学讲演，宣传了聚落考古等一系列西方考古学研究理念，给遗迹、遗物、遗址作了一个相对清晰的定义[83]，这对明确遗址、居址、墓葬概念的相互关系很有帮助。以张光直为代表的这种认识一直延续到了晚近的权威教材之中[84]。

四

受限于现实社会状况，1949年以前相当多墓葬出土器物离散，发掘者与资料整理者分离，安阳殷墟、浚县辛村、汲县山彪镇、辉县琉璃阁、彭山崖墓、成都前蜀王建墓等墓葬材料的正式报告甚至在1949年以后方才出版，资料公布的滞后增加了我们厘清1949年以前墓葬探索情况的难度。

大致以1937年殷墟十五次发掘结束为分界，1921~1949年中国考古学者对本国墓葬的探索可分为前、后两个阶段。"殷墟传统"应被认作1949年以前墓葬探索的主流，代表了墓葬发掘水平的高峰。前一阶段1928~1937年殷墟发掘结合了旧有的金石学传统与外来考古学、人类学等知识，认识到墓室随葬品的共时性，并通过建立不同墓葬的桥联关系研究绝对年代，较早在考古学中运用了"墓道"概念且在田野工作中将其准确识别。辛村发掘完善并推广了墓葬术语体系，《浚县辛村古残墓之清理》重视传世文献与考古学的结合、将墓葬规模与墓主等级联系等做法，其遗产至今仍清晰可见。后一阶段夏鼐、苏秉琦等一代学人涌现，资料报道时逐渐形成墓葬是一个信息单元的观念，进一步将类型学运用到墓葬的整理与研究之中。伴随着墓葬材料的积累，考古学学科的主体意识增强，学者们逐渐在考古学的视野下提出并解决相关学术问题。

安特生、鸟居龙藏等外国学者在20世纪20年代起已经对遗址、居址、墓葬这三个概念有所区别，苏秉琦很长时间内基本坚持了这种用法；夏鼐则在吸收国外考古学成果的同时延续了历史语言研究所的传统，将"dwelling sites"翻译为"遗址"而非"居址"，从而将遗址与墓葬对立。这一理解方式在中国，尤其在文化遗产、博物馆领域影响深远，直到20世纪80年代以后方才呈现出减弱之势。

在民族与革命问题的笼罩下[85]，1949年以前中国田野考古学走在了世界的前列[86]。郭宝钧、夏鼐、苏秉琦等在其中起到了重要作用，我们在肯定少数中国学者成就的同时，更应该认识到这是集体努力的成果。1921～1949年的墓葬探索继承了宋代以来金石学的传统，对这一时期工作的总结也为理解1949年以后的墓葬考古提供了一个参照。

附记：本文得到了北京大学考古文博学院张弛、杨哲峰、张海先生的指点，友人范宗祥、冉智宇为本文写作提供了帮助，又承匿名审稿人提出重要的修改意见，在此一并表示感谢。

注　释

[1]　（清）阮元校刻.十三经注疏［M］.北京：中华书局，1980：1629.
[2]　a.王子今.中国盗墓史［M］.北京：九州出版社，2007.
　　b.何毓灵.殷墟王陵早期被盗年代研究［J］.考古，2014（6）.
[3]　a.夏鼐.清理发掘和考古研究——全国基建中出土文物展览会参观记［J］.文物参考资料，1954（9）.
　　b.夏鼐.考古工作者需要有献身精神——在1985年3月1日中国考古学会第五次年会上的讲话［J］.考古，1985（6）.
[4]　a.韩建业.墓葬的考古学研究——理论与方法论探讨［J］.东南文化，1992（3/4）.
　　b.李梅田.墓葬的考古学意义——《南方文物》"生死观的文明史"专栏开篇词［J］.南方文物，2008（4）.
[5]　a.赵辉.怎样考察学术史［C］.考古学研究（九）：下册.北京：文物出版社，2012：820-822.
　　b.王巍.中国考古学百年历程回眸［C］.中国考古学百年史：1921～2021（第一册）.北京：中国社会科学出版社，2021：1-3.
[6]　殷墟墓葬考古报告众多，且多在1949年以后方才出版，兹不列举，下文不再重复说明。
[7]　a.郭宝钧.濬县辛村古残墓之清理［C］.田野考古报告（第一册）.上海：商务印书馆，1936.
　　b.郭宝钧.濬县辛村［M］.北京：科学出版社，1964.
[8]　苏秉琦.斗鸡台沟东区墓葬［M］.北京：北平研究院史学研究所，1948.

[9]　a. 夏鼐. 齐家期墓葬的新发现及其年代的改订［C］. 中国考古学报（第三册）. 上海：商务印书馆，1948.
　　b. 夏鼐. 临洮寺洼山发掘记［C］. 中国考古学报（第四册）. 上海：商务印书馆，1949.

[10]　这些"暗流"传统对理解中国考古学的墓葬探索同样有独特价值，目前已有相关具有启发性的研究，参见徐坚. 暗流：1949年之前安阳之外的中国考古学传统［M］. 北京：科学出版社，2012.

[11]　a. 卫聚贤. 中国考古小史［M］. 上海：商务印书馆，1933：78-80.
　　b. 刘斌，张婷. 卫聚贤与中国考古学［J］. 南方文物，2009（1）.

[12]　黄文弼. 雅尔崖古坟茔发掘报告［C］. 高昌陶集. 西北科学考查团，1933.

[13]　梁思永. 昂昂溪史前遗址［C］. 历史语言研究所集刊（第四本第一分）. 北京：历史语言研究所，1932.

[14]　同［7］.

[15]　同［8］.

[16]　郭宝钧. 山彪镇与琉璃阁［M］. 北京：科学出版社，1959.

[17]　a. 庄为玑. 泉州唐初古墓发掘始末［C］. 海上集. 厦门：厦门大学出版社，1996.
　　b. Cheng, Te-k'un. The excavation of T'ang Dynasty tombs at Ch'uan-Chou, southern Fukien［J］. *Harvard Journal of Asiatic Studies*, 1939, 4 (1).

[18]　徐坚. 安阳之外：从浚县辛村到苍洱之间［C］. 暗流：1949年之前安阳之外的中国考古学传统. 北京：科学出版社，2012：64.

[19]　李济. 俯身葬［C］. 安阳发掘报告（第三期）. 北京：历史语言研究所，1931.

[20]　同［13］：9.

[21]　《浚县辛村》报告一处误作"1931年"，参考其他资料应以1932年为正，同［7］b：13.

[22]　同［7］b：14.

[23]　石璋如. 河南安阳后冈的殷墓［C］. 历史语言研究所集刊（第十三本）. 上海：商务印书馆，1948：31.

[24]　许永杰已经通过观察田野照片正确地指出，考古学者在人骨和随葬器物露出后方才发现卜仁墓，参见许永杰. 殷墟十五次发掘形成的中国考古地层学叙议（上篇）［C］. 边疆考古研究（第29辑）. 北京：科学出版社，2021：347.

[25]　蔡寒琼，谈月色. 发掘东山猫儿冈汉冢报告［C］. 考古学杂志（创刊号）. 广州：黄花考古学院，1932.

[26]　同［16］：3.

[27]　同［7］a：176.

[28]　（汉）司马迁著，中华书局点校. 史记［M］. 北京：中华书局，1982：265.

[29]　（南朝宋）范晔著，（唐）李贤等注，中华书局点校. 后汉书［M］. 北京：中华书局，1965：2159-2160. 这段记载尚存疑点，中华书局点校本《后汉书》以商务印书馆影印百衲本

为底本（整理者直接称之为"绍兴本"），底本选择精当，该本此处作"今人"。中华书局点校本《后汉书》校勘记云："汲本'人'作'入'。"除明毛晋汲古阁本，更早的南宋王叔边刻本、南宋黄善夫本、旧称南宋白鹭洲书院刻本等"人"皆作"入"。可参见尾崎康著，乔秀岩，王铿编译. 正史宋元版之研究[M]. 北京：中华书局，2018：370-394. 然若作"入"似不如作"人"解通畅。"今人"在《后汉书》唐李贤《注》中也并非孤例，如《后汉书·仇览传》注云"案今人谓院为落也"，《单超传》注云"今人谓持两端而任意为两堕"。例子尚多，不待烦举。北京大学历史学系陈侃理先生曾对本注所涉内容提出宝贵意见，谨致谢忱。

[30] a. 同[10]：70-71.
b. 刘斌，张婷. 中国早期考古学术语体系的构建历程（1873~1949年）[C]. 考古学集刊（第20集）. 北京：社会科学文献出版社，2017：193.

[31] 石璋如等根据当年发掘的原始资料，对1949年以前殷墟发掘的隋唐墓葬进行了系统整理，参见石璋如. 中国考古报告集之二·小屯第一本·遗址的发现与发掘·丙编·附录一：隋唐墓葬（上、下）[M]. 台北："中研院"史语所，2005.《序》中提及"虽然隋唐墓中的遗物多未带来，但墓葬出土的情形，大都绘有草图、拍有照片、及详细的记录"，说明该书墓葬记录可能多源于原始发掘材料。而该报告从1929年殷墟第二次发掘开始就已经使用"墓道"的概念.

[32] 黄文弼. 黄文弼蒙新考察日记（1927~1930）[M]. 北京：文物出版社，1990：517-518.

[33] 黄文弼. 吐鲁番发现墓砖记[C]. 高昌. 西北科学考查团，1931.

[34] 同[12]：3.

[35] 〔日〕滨田耕作著，俞剑华译. 考古学通论[M]. 上海：商务印书馆，1931：38. 原著于1922年在日本出版，国内《历史博物馆丛刊》1926~1927已经连载刊登了该书的部分中译成果。

[36] 〔日〕滨田耕作. 通论考古学[M]. 东京：大镫阁，1922：75.

[37] 郑振铎. 近百年古城古墓发掘史[M]. 上海：商务印书馆，1930：3, 37.

[38] 石璋如. 安阳发掘简史[M]. 台北："中研院"史语所，2019：66.

[39] a. 石璋如. 考古方法改革者梁思永先生[C]. 新学术之路（上册）. 台北："中研院"史语所，1998：363.
b. 张海. 中国考古学的殷墟传统——早年安阳殷墟的发掘与研究[C]. 古代文明（第4卷）. 北京：文物出版社，2005.

[40] 《浚县辛村古残墓之清理》交代"文末推论一章，将另篇发表，临时节去"，不知其与《浚县辛村》关系为何，同[7]a：200.

[41] a. 同[7]a.
b. 张弛. 民族与革命——百年中国考古学的研究取向[J]. 文物，2021（6）.

[42] a. 同[25].

b. 同［17］a.

c. 徐坚. 众流：多元化的考古学群体［C］. 暗流：1949年之前安阳之外的中国考古学传统. 北京：科学出版社，2012.

［43］ 1929年李济已经说明了这种方法："左边下层底那个墓葬是个最紧要的线索；这两个纵剖面中所显各层次的构成都可由这墓葬的时间定；这里边殉葬的物件有铁剪一、铁镜二、瓦罐三个；这瓦罐的形制及釉与我们所发现的三个别的墓葬所得的瓦罐的形制及釉都一样；同时在这三个别的墓葬中有两个带着土俑，这两个墓中的土俑又与民国十七年夏间兵队在村中所发现的土俑一样；与这土俑同在一个墓里又有一块墓砖详载死者年月为隋大业二年。现在这块墓砖及土俑（已断头）均已归研究院。我们由这块墓砖而定这土俑的制作时间，再由土俑而得那殉葬罐的形制，可以断定西斜南东支与小连沟间的那个墓葬，一定也是隋唐上下的。"参见李济. 小屯地面下情形分析初步［C］. 安阳发掘报告（第一期）. 北京：历史语言研究所，1929：42.

［44］ 郭宝钧曾见传为浚县辛村M5出土的鬲铭拓片，有"卫夫人文君"数字，但其仍然坚持以考古学为本位寻找证据，"然物非吾人自掘，仍不敢谓此墓主人，即康叔之后裔"，同［7］a：199.

［45］ 除了李济《俯身葬》，徐中舒《再论小屯与仰韶》也涉及了民族问题，参见徐中舒. 再论小屯与仰韶［C］. 安阳发掘报告（第三期）. 北京：历史语言研究所，1931.

［46］ 同［19］：451.

［47］ 同［13］：43.

［48］ 同［7］a. 正如邹衡所言："郭宝钧书写的田野考古报告有一个共同的特点，就是密切地联系古代文献，提出重大学术问题，阐发自己独到的见解。可见郭宝钧并非为考古而考古，而是要结合着中国的历史，从考古材料中揭发一些历史学上的问题。"此据邹衡. 郭宝钧先生的考古事迹及其在学术上的贡献［C］. 夏商周考古学论文集：再续集. 北京：科学出版社，2011：256.

［49］ 福建集美学校. 安溪唐墓发掘研究报告［M］. 厦门：集美学校，1940.

［50］ 南京博物院. 四川彭山汉代崖墓［M］. 北京：文物出版社，1991.

［51］ 冯汉骥. 前蜀王建墓发掘报告［M］. 北京：文物出版社，1964.

［52］ 同［9］.

［53］ a. 樋口隆康. 夏鼐先生与中国考古学［J］. 社会科学战线，1985（1）：200.

b. 许永杰. 中国考古层位学的里程碑之作——《西安附近古文化遗存的类型和分布》导读［J］. 南方文物，2012（1）：9-10.

［54］ 刘绪、赵辉认为苏秉琦因为发掘和整理了斗鸡台墓地的资料，最早领悟到一座墓葬这样的一个遗迹，同时也是一个时间单位的道理，参见赵辉. 序［C］. 另一个三叠层：1951年西安考古调查报告. 上海：上海古籍出版社，2018：3-4. 但前文已述，李济在殷墟发掘隋唐墓葬时就已经认识到单座墓葬出土随葬品的共时性，并利用多座墓葬的桥联关系判断墓葬的绝对年

代，因此殷墟传统仍应得到重视。

[55] 苏秉琦.斗鸡台沟东区墓葬编后记[C].苏秉琦文集（一）.北京：文物出版社，2010：496.

[56] 《夏鼐日记》1950年11月16日："M2两侧墓壁经余细察，知已露出原掘之探坑，东边打破墓壁3公尺，西边打破2公尺余，且各于打破后掘深达2公尺，而苏君未能看出。"参见夏鼐.夏鼐日记（卷四）[M].上海：华东师范大学出版社，2009：337. 乔梁对新中国考古初创时期苏秉琦的工作已经有了很好的评述，参见乔梁.新中国考古初创时期的苏秉琦先生[J].南方文物，2018（1）.

[57] 同[8]：14-76.

[58] 同[49]：16-17.

[59] 同[8].

[60] 此用董作宾语，参见董作宾.甲骨文研究之扩大[C].安阳发掘报告（第二期）.北京：历史语言研究所，1930.

[61] 曾昭燏.从彭山陶俑中所见的汉代服饰[C].曾昭燏文集·考古卷.北京：文物出版社，2009.

[62] 李济.安阳侯家庄商代墓葬人头骨的一些测量特征[C].安阳殷墟头骨研究.北京：文物出版社，1985.

[63] Woo Ting-liang. Formulae for the Determination of the Capacity of the Chinese Skull from External Measurements[C].历史语言研究所人类学集刊（第二卷）.台北：南天书局，1941.

[64] 高去寻.黄河下游的屈肢葬问题——《第二次探掘安阳大司空村南地简报》附论之一[C].田野考古报告（第二册）.上海：商务印书馆，1947.

[65] 汤惠生.中国马克思主义考古学派与类型学[J].中国社会科学，2021（9）.

[66] 同[61].

[67] 同[9].

[68] 张忠培.考古学当前讨论的几个问题[C].中国考古学：走近历史真实之道.北京：科学出版社，2004：223.

[69] a. 陈洪波.中国现代考古学的学术流派及其嬗变[J].复旦学报（社会科学版），2010（3）.
b. 汤惠生.夏鼐、苏秉琦考古学不同取向辨析[J].中国社会科学，2017（6）.

[70] 〔瑞典〕安特生著，乐森璕译.甘肃考古记[M].北京：文物出版社，2011. 中译本将"sites"译为"遗址"，"dwelling sites"译为"住址"，即今所谓居址，"burial sites""burial places"或"graves"译为"葬地"，即今所谓墓葬。

[71] 该书目录即有"site""grave fields""dwelling site"，参见Andersson J G. Researches into the prehistory of the Chinese[M]. *The Bulletin of the Museum of Far Eastern Antiquities*, 1943 (15).

[72] 〔日〕鸟居龙藏.满蒙の探查[M].东京：万里阁书房，1928：437. 中译本见〔日〕鸟居龙藏著，陈念本译.满蒙古迹考[M].上海：商务印书馆，1933：178.

[73] Woolley L. *Digging up the Past*[M]. London: Ernest Benn, 1930. 中译本见Charles Leonard

Woolley著,胡肇椿译.考古发掘方法论[M].上海:商务印书馆,1935.

[74] 夏鼐.考古学方法论[C].夏鼐文集(第一册).北京:社会科学文献出版社,2017:42.

[75] 《考古学通论讲义(之一)》认为遗迹包括坟墓和居住遗址,参见夏鼐.考古学通论讲义(之一)[C].夏鼐文集(第一册).北京:社会科学文献出版社,2017:78.《田野考古方法》"常发现大批的居住遗址和古墓葬","在居住遗址的发掘中,地层学比在古墓发掘中更为重要",参见夏鼐.田野考古方法[C].考古学基础.北京:科学出版社,1958:298-300.《关于考古学上文化的定名问题》中,"我们并不要求这文化中所有作为特征的类型品在每一个墓地或每一个居住址中都全部出现",参见夏鼐.关于考古学上文化的定名问题[J].考古,1959(4):171.

[76] 学界普遍认同夏鼐了受到史语所治学传统的影响,参见:

　　a.同[69]a.

　　b.张忠培.学习夏鼐先生 继续拓展中国考古学之路——在夏鼐先生诞辰百年纪念座谈会上的发言[C].中国考古学 走出自己的路.北京:故宫出版社,2018.

[77] 同[8]:13.

[78] 稍显不同的一个例子是《洛阳中州路(西工段)》将"遗址"与"墓葬"分为两章,从章节目录、具体内容看该报告所谓"遗址"显然类似于夏鼐所用的概念。《序言》介绍"报告由苏秉琦、安志敏、林寿晋编写。报告提纲曾经夏鼐先生审阅。林寿晋写的有第四章第一节、第二节壹、第三节壹、贰之一、三、四,第四节和墓葬表,其余是安志敏写的。写成后曾经三人商讨,加以修改,并由苏秉琦写成第五章。又经夏鼐先生审阅全文,蒋若是同志审阅汉墓部分。最后经苏秉琦整校一遍。"参见中国科学院考古研究所.洛阳中州路(西工段)[M].北京:科学出版社,1959:2.

[79] 苏秉琦的学生俞伟超、张忠培等在1949年以后,对"遗址"的使用兼有上述夏鼐、苏秉琦的两种用法。如张忠培《吉林市郊古代遗址的文化类型》"西团山遗址:1948年9~10月杨公骥先生在此发掘石棺墓18座","墓葬和遗址的发掘中均见到多量的仿铜制的石镞和少量的石矛",参见张忠培.吉林市郊古代遗址的文化类型[J].吉林大学社会科学学报,1963(1):69-72.

[80] 如1950年《古文化遗址及古墓葬之调查发掘暂行办法》、1982年《中华人民共和国文物保护法》、2017年《中华人民共和国文物保护法(2017年修正本)》。

[81] 如1982年《考古工作手册》、1984年《田野考古工作规程(试行)》。

[82] 如严文明.考古遗址发掘中的地层学研究[C].考古学初阶.北京:文物出版社,2018.

[83] 书中定义如下,"遗物,指个别器物","遗迹:指遗物出土的现象,如窖穴、墓葬、基址等等","遗址:指遗物和遗迹连续出土的地理范围",参见张光直.泛论考古学[C].考古学专题六讲(增订本).北京:生活·读书·新知三联书店,2013:55.

[84] 马克思主义理论研究和建设工程重点教材《考古学概论(第二版)》对遗址、遗迹、遗物的定义也大概沿袭了张光直的说法,参见《考古学概论》编写组.考古学概论(第二版)

[M]．北京：高等教育出版社，2018：7-16．

[85]　同［41］b．

[86]　a．同［39］b．

　　　b．陈星灿．中国史前考古学史研究（1895～1949）［M］．北京：社会科学文献出版社，2007．

Excavations, Arrangements and Research on Burials in Pre-1949 Chinese Archaeology

ZHONG Jun-ning

With the end of the excavation in Anyang in 1937 as the demarcation, it is believed that the exploration of burials in Pre-1949 Chinese Archaeology can be divided into two phases. The characteristics of mentioned phases are analyzed from three perspectives: excavation, arrangement and research. Xia Nai and Su Bingqi played an important role in Chinese Archaeology for a long time in the last century. The usage of terms such as sites, dwelling sites and tombs varied in two scholars' works. Xia Nai inherited profound traditions of the Institute of History and Philology Academia Sinica, while the opinion of Su Bingqi adhered to the conceptual division found in the archaeological classics of the early 20th century.

早期墓葬发掘需要关注的几个问题[*]

——从磨沟齐家、寺洼文化墓地发掘谈起

毛瑞林[1] 钱耀鹏[2]

（1.甘肃省文物考古研究所，兰州，730000；2.西北大学文化遗产与考古研究中心，西安，710069）

2008~2012年，甘肃省文物考古研究所与西北大学文化遗产学院合作，对甘肃九甸峡库区临潭县境内的磨沟墓地进行大规模保护性发掘[1]，发掘齐家、寺洼文化墓葬1700余座。首次发掘结果便引起了学术界的高度关注，不仅应邀在"中国社会科学院考古学论坛·2008年中国考古新发现"上作了学术报告[2]，而且入选了"2008中国重要考古发现"[3]"2008年度全国十大考古新发现"[4]。根据磨沟墓地的发掘结果，本文拟对早期墓葬发掘需要关注的一些问题进行简要总结，以期有助于墓葬的发掘与研究。

一、早期墓葬的埋葬过程

纵观以往的考古报告，有关早期墓葬的发掘资料，通常只涉及墓葬形制（结构）、埋葬方式、随葬品及葬具等内容。的确，在早期墓葬的发掘过程中，较之墓葬形制等，墓葬的营建埋葬过程似乎是最难把握的。一则有关营建与埋葬过程，尤其是营建过程方面的证据不易保留，二则整体清理的发掘方法也不便保留并确认可供比较的堆积证据，三则分期编年及社会结构（等级分化）等方面的研究极易诱发对随葬品的过分关注。前者无须赘言，而后两种原因则涉及发掘方法和发掘理念，并导致发现相关证据的可能性进一步降低。理论上，谁也无法否定营建与埋葬过程证据存在的可能性。事实上，墓葬营建与埋葬过程的证据也是存在的。

毋庸置疑，墓葬的营建、使用与埋葬过程往往直接相关，有时埋葬过程也能一定程度地揭示其营建与使用过程。这种现象在磨沟齐家文化墓地中表现得非常突出。该墓地墓葬结构复杂，可分竖穴土坑和竖穴偏室两大类。尤其竖穴偏室墓还可分为单偏室（或左或右）、双偏室（左右或上下结构）和多偏室，绝大多数为合葬墓。这些合葬墓

---

[*] 本文得到国家社科重大项目"甘肃临潭陈旗磨沟遗址墓地多学科研究"资助（项目号：18ZDA225）。

的尸骨安置方式,尤其人骨推挤现象就明显揭示出多次合葬之特点,而各墓不尽一致的堆积特点及埋葬过程则进一步确认了多次合葬现象存在的事实。

其一,再次挖开墓道的合葬过程。

这种现象无法根据平面关系做出最终判断,最初只能按照两座墓葬发掘清理。M260(图一*)的墓道就是由长度和方位略有偏差的两部分构成,平面皆呈圆角长方形,系同一座墓葬两次挖开墓道并回填所致。晚期墓道整体略偏东北,头端略呈圆弧形,较原始墓道西北壁回缩0.24~0.4米。原始墓道相对较长,大部与晚期墓道重合。两次回填的土质土色略有差异。墓道底部靠近偏室一侧发现两道封门痕迹。外侧封门板痕相对较短,头端的封门槽斜向建于原始墓道填土之中,高约0.4米,属再次挖开墓道部分。内侧封门位于原始墓道部分,紧贴偏室口部,无封门槽,但墓道底部两端各夹有一块小石块,原本应用于固定稍短的封门板。而且,随葬品明显也是两次埋入的,头龛及墓道底部头端的器物属第一次随葬的,而墓道中部外侧封门板之外的器物则属第二次随葬的。偏室外侧的Ⅱ号人骨曾经扰动,且扰动时肉体当已腐烂;而内侧的Ⅰ号人骨未曾扰动。由此推断,两者之间至少存在肉体腐烂所需要的时间间隔(地下埋葬尸体的白骨化需3~5年)。不过,即便是水平式整体清理方法,发现再次挖开墓道的现象也在情理之中,不足为奇。

此外,我们还注意到磨沟墓地竖穴土坑墓的合葬现象,尤其是上下叠置者,很可能也是两次埋葬的,但因整体清理而未能获得填土堆积方面的埋藏证据。例如M21上下叠置的2具人骨,除头骨部位上下紧贴外,躯干部分间隔厚0.1~0.2米的填土;而且,4件随葬陶器也可根据高度及位置分为上下两组,皆为双大耳罐和侈口夹砂罐组合,分属于上下二人。一般情况下,除保存完好的头骨外,躯干及四肢骨皆可因肉体腐烂而塌陷。若再次挖开竖穴合葬,在同一平面上最先出露的无疑是头骨,所以上下叠的两具人骨仅头骨紧贴而躯干及四肢骨之间有填土相隔。又如M167上下叠葬3人,上层1人,下层为2人并列,整体皆似一次葬(图二)。经仔细观察,我们发现下层左侧人体右腿股骨上端已断裂位移至胫骨之上。最初清理出这段股骨时,股骨部位还压于上层人骨之下,尚未清理。因此,这段不可能是发掘清理过程中不小心导致的扰动现象,最大的可能就应是再次挖开墓穴,埋葬上层死者时局部扰动所致,而且下层的尸体已经腐烂。

不过,人骨上下叠置的竖穴土坑合葬墓数量很少,且难以实施解剖性清理。尤其是竖穴土坑墓一般较浅,即便存在再次挖开现象,也因填土差异极小而不易获得埋藏堆积证据。但只要予以关注,发现相关证据并非没有可能。当然,在偏室墓使用过程中普遍存在不填埋墓道的情况下,也不能完全排除类似现象存在于竖穴土坑墓的可能性。

其二,阶段性部分填埋墓道或改建偏室的合葬过程。

---

* 因本文并不详细讨论随葬品,故图中编号仅为示意。本文线图引自相关简报。

· 436 ·　　　　　　　　　　边疆考古研究（第35辑）

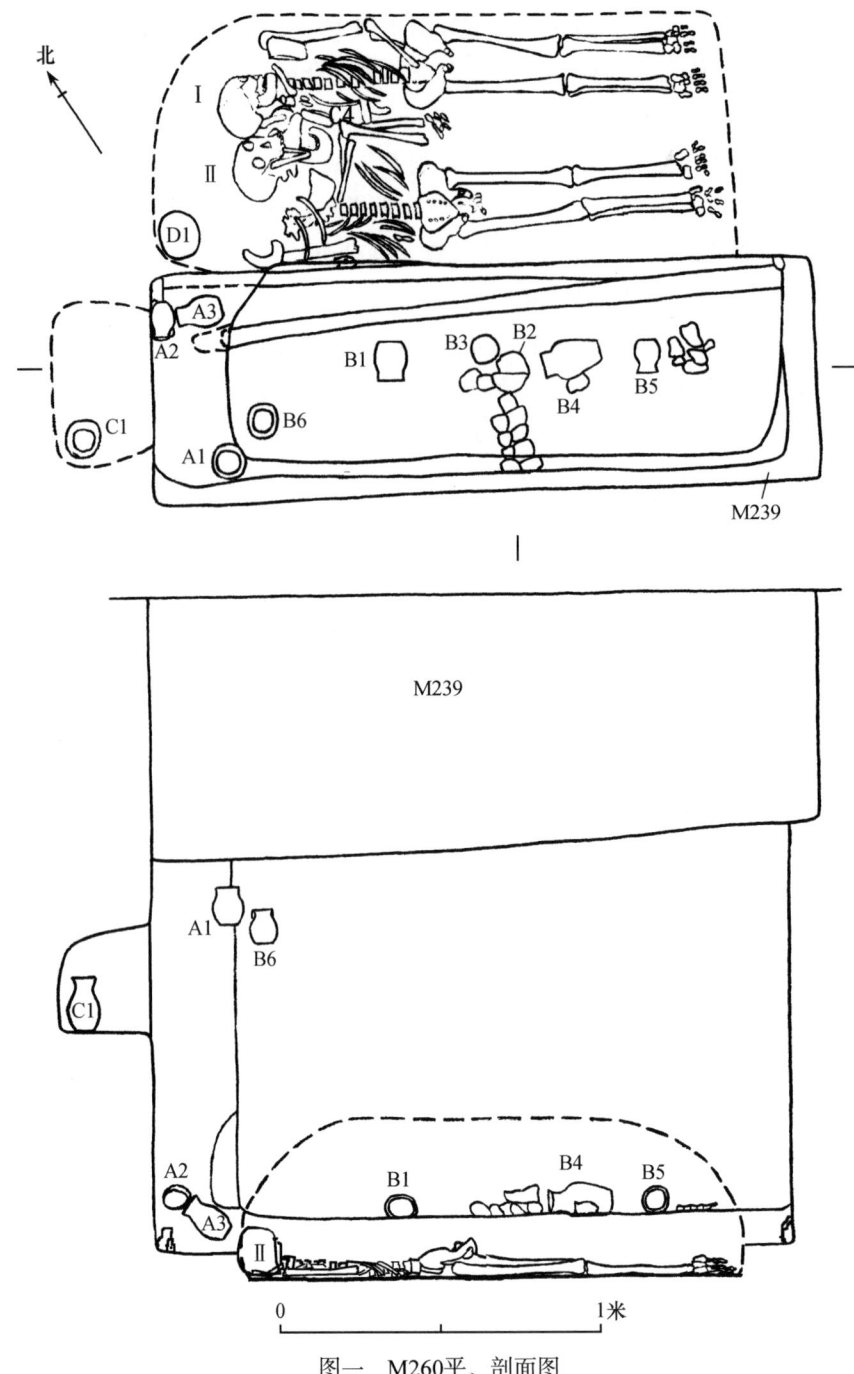

图一　M260平、剖面图

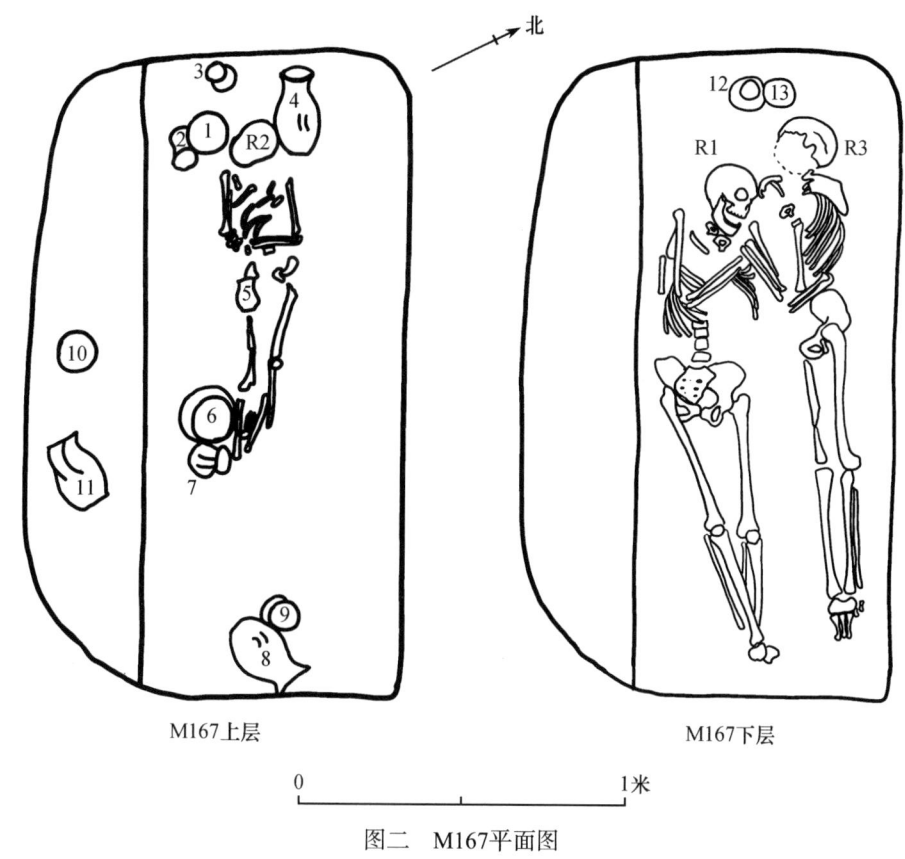

图二　M167平面图

M206墓道部分明显较长，墓道头端上部有一水平状横向凹槽（简报中未曾提及）；墓道下部两端则竖置高约0.6米的扁平长条状石块，缝隙填以黄土并砸实，从而形成二层台（图三）。墓道底部紧贴左壁再下挖一长方形竖穴浅坑，内置俯身葬成年女性1人，或为殉葬者。除墓道底部浅坑外，墓道内堆积自上而下可分3大层。上层为灰黄色花土堆积，中间也是灰黄色花土堆积，但两者的土质土色略有差异，且以墓道两端立石顶面为界。下层为沉积土、淤土相间的堆积，两端高而中部低，厚5～25厘米。第3层堆积在墓道脚端部分自上而下可分为7小层，其中第4小层为青灰色淤土，厚1～3厘米，局部显示淤土实为两层，上下层之间为0.3～0.5厘米的黄色土。

根据墓葬结构及堆积特点分析，M206的营建与使用经历了较长时间。右偏室底面与墓道底部平齐，说明右偏室是最初营建该墓时形成的，惟墓道底部竖穴浅坑内的X号人骨头部及随葬器物的埋葬过程先于墓道下部立石。右偏室曾经改建，但上下两部分的使用过程关系密切。首先，灰褐色花土下部的零散人骨及随葬品，应是右偏室最初使用时的遗留物。或因淤土沉积不便继续使用，遂将人骨收集并垫以灰褐色花土重新安葬，该层顶面的Ⅰ号人骨原本可能葬于偏室底部，只是最初的随葬器物仍留原处。其次，偏室顶部弧度结构在距偏室底面高约0.3米处明显有所改变，应是重新修整偏室顶部的直

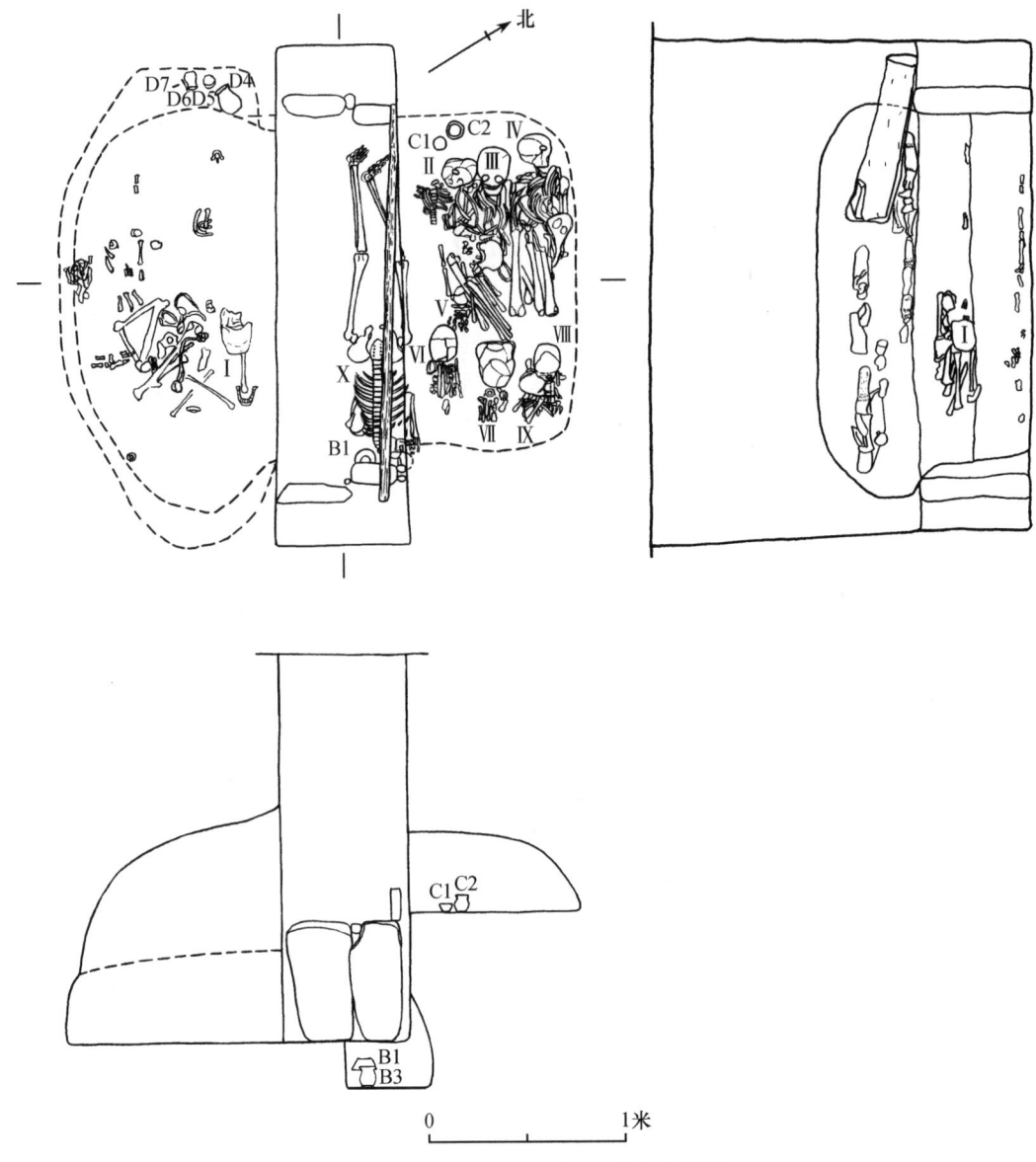

图三　M206平、剖面图及右偏室剖视图

接结果，并在灰褐色花土之上形成了一层黄灰色垫土。黄灰色垫土顶面大致与墓道两端立石顶面平齐，其上发现有零散人骨及成层的牛角、鹿角等随葬物品。而且倾倒于该层之上，用以封门的石块原本位于墓道部分，说明此时墓道下部已被填实。根据墓道下部的沉积土及淤土分析，至少墓道下部在一定时间内未予填埋，而立石二层台可能就是用来架置棚木的。据此看来，右偏室的使用过程至少经历了三个阶段。

左偏室的营建时间相对较晚，封门板置于墓道下部立石之上，说明墓道下部已被填实，立石作为二层台的功能此时已经丧失，但还不能完全排除左偏室营建时右偏室仍在使用的可能性。尤其左偏室底面和右偏室上部的成层牛角等，皆与墓道两端立石顶面大致平齐或略高，它们的都是在墓道下部被填埋之后形成并使用的。左偏室所葬8人以二次葬为主，结合右偏室先后形成的三层零散人骨分布现象，左偏室的二次葬人骨大多可能源于右偏室，属原穴异室二次葬。不过，左偏室还有1具儿童一次葬，加之墓道头端上部有一横向凹槽，尤其该凹槽很可能属不对称结构的棚架设施，说明左偏室的二次葬形成之后并未立即填埋墓道上半部分。

显然，M206的填埋过程至少经历了架空墓道下部、填埋墓道下部、架空墓道上部和填埋墓道上部四个阶段（在棚架设施的不对称结构确认之前，简报中曾将M206的填埋过程区分为三个阶段，不含架空墓道上部），明显不是一次性完成的。类似的埋葬过程也见于M84[5]，只是M84仅限于右偏室改建，不涉及阶段性填埋墓道。只是这种埋葬过程也比较少见。

其三，合葬墓因偏室塌陷而填埋墓道的埋葬过程。

在揭顶清理M164偏室的过程中发现，距墓口深约0.8米以下为偏室塌陷与填埋堆积，自上而下可分为4层。第1层土质致密，整体呈黄色，可分为若干块或小层，颜色深浅有所不同，厚18～36厘米。第2层为黄灰色花土，呈倾斜状堆积，靠近墓道一侧较高，与墓道填土相连，且土质土色基本一致；只是越靠近墓道土质越细密，离墓道越远则块状颗粒结构越明显，厚7～20厘米。第3层与第1层的情况相似，为块状黄土堆积，厚10～46厘米。第4层为青灰色淤土，位于偏室底部，厚约2厘米。叠压在底部淤土上的第3层块状黄土堆积，应是偏室顶部间歇性塌陷形成的；而第2层的花土堆积与墓道填土基本一致，应是填埋墓道时形成的；第1层堆积则是墓道填埋后偏室上部继续下陷的结果。尤其第3层的塌陷黄土堆积和第2层的花土堆积说明，该墓墓道最初并未填埋，而是在偏室塌陷致使无法使用时才予以填埋的。再结合叠压在花土之上的第1层塌陷黄土堆积分析，局部塌陷造成第3层塌陷黄土之上一度出现外高内低的缝隙，因此在填埋墓道时便形成了第2层花土堆积。该墓偏室内侧2具人骨错位叠置，摆放紧凑，而外侧约0.5米的范围内却未发现人骨。这说明M164可能未按原计划填埋，偏室内的空间应是预留部分，最终却因偏室塌陷不再继续使用而予以填埋（图四）。

类似的现象还发现于M259、M303、M344等墓葬。尤其是2009年秋冬季采取分阶段解剖清理的发掘方法后，这类埋葬过程的发现数量进一步增多。

上述发现说明，磨沟齐家文化合葬墓的埋葬过程至少可以分为三种情况。第一种情况就是随时填埋墓道，待需要合葬时再次挖开墓道。这种情况或系最初没有预计合葬，后因合葬需要的出现而有所改变。第二种情况则是阶段性部分填埋墓道，埋葬过程更为复杂。诸如M206，最初可能架空墓道下部而填埋上部，其后则填埋墓道下部，最后才填埋墓道上部。第三种情况就是合葬未完成前，原本不填埋墓道，后因偏室塌陷不便继续使用时才予以填埋。比较而言，第三种埋葬过程较为常见。此外，根据相关迹象判断，还应存在第四种埋葬过程，即许多墓葬可能是在合葬完成之后才予以填埋。诸如

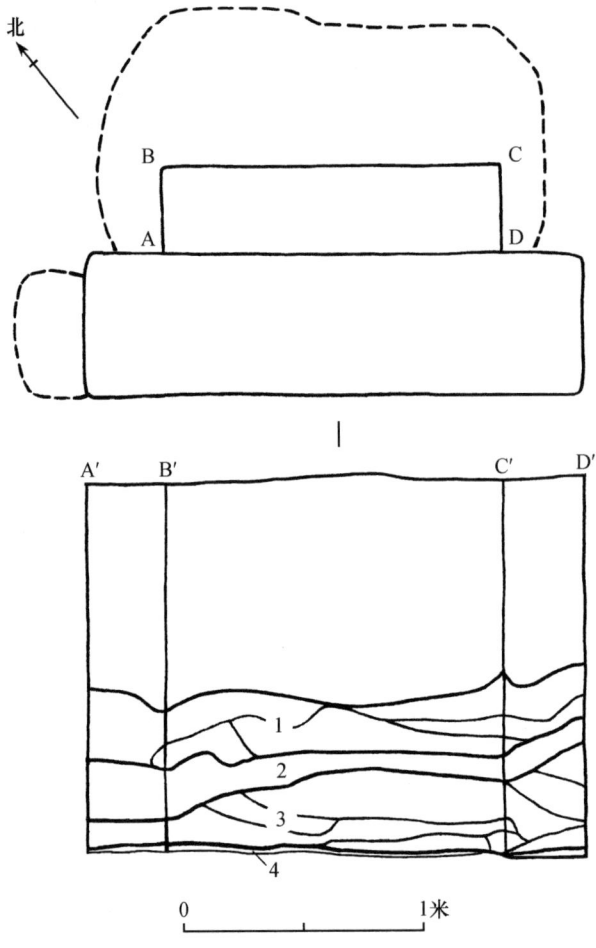

图四　M164偏室塌陷与填埋堆积平、剖面图

M240等墓葬的人骨扰乱现象明显应是在墓道填埋之前进行的，而墓道底部上下叠置的两具一次葬人骨则应是最终填埋墓道时殉葬的。还有不少墓葬的墓道两端紧贴偏室一侧建有封门槽，甚至保留有固定封门板的石块，但却没有发现封门板的痕迹。这些现象似乎表明封门槽曾经使用过，惟最终填埋墓道时不再使用封门板。当然，墓葬使用过程中不填埋墓道并非不做封闭处理，除了M206等墓葬曾利用二层台或其他棚架设施封闭墓道外，最终还确认许多墓葬的墓道中部存在不对称结构的棚架设施，诸如墓道头端或脚端的空龛、墓壁的水平状凹槽与柱洞、墓道底部的竖向柱洞（图五）等，说明大多是在墓道中部棚架设施之上以少量填土进行封闭处理。从多数墓道及偏室底部不见淤土堆积的情况分析，墓口部分可能还以土围进行防水处理，但这一方面的直接证据极难发现。尽管这几种现象未必就是埋葬过程的全部例证，也足以证实磨沟墓地齐家文化合葬墓应是多人多次合葬的直接结果[6]。也许正因为如此，才会在同一座墓葬中出现多种葬式。

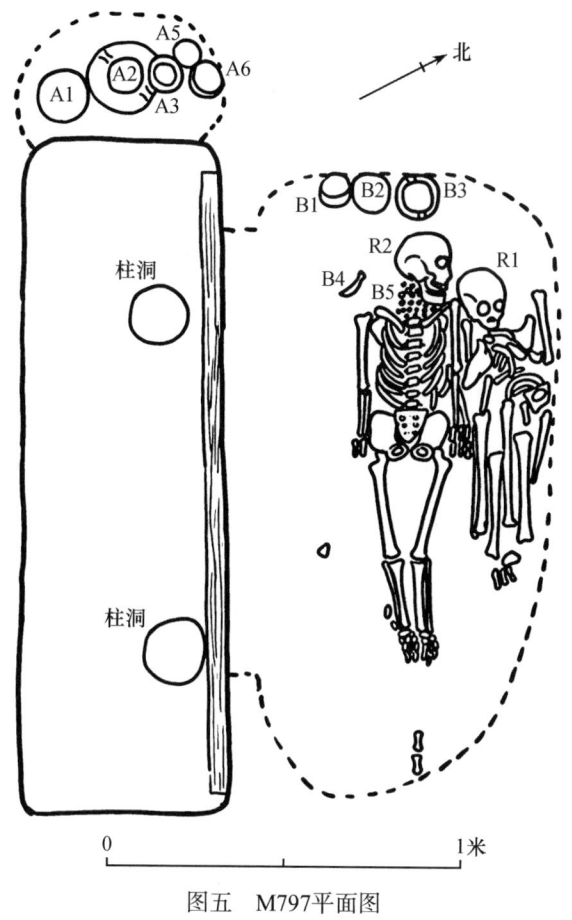

图五　M797平面图

需要强调的是，这种多人多次合葬现象，未必只存在于齐家文化，只存在于磨沟墓地。至于多人多次合葬的埋葬过程是否皆如磨沟齐家文化竖穴偏室合葬墓，则需要在发掘过程给予充分关注，以便获得相关的埋藏证据。

二、埋葬方式及其形成原因

尸骨的埋葬方式也是埋葬习俗的重要内容之一，往往包含着社会观念及宗教信仰等方面重要信息。从人骨出土状况及放置特点来看，磨沟墓地齐家文化合葬墓的埋葬方式极其复杂，既有一次葬，也有二次葬和扰乱葬。这些葬俗在以往的田野考古工作中皆有发现，毋庸赘言。不过，在发掘过程中，我们很快注意到这样一种现象，即有些墓葬人骨曾被扰动，但扰动的目的似乎就是为了埋葬后来者，而非宗教信仰方面的原因所致。换言之，导致这种尸骨扰动现象的直接原因应是墓室空间有限，进而说明这些合葬墓应是多次埋葬形成的。而我们对埋葬过程的关注就是从辨识人骨推挤现象开始的。

在通常情况下，葬式一般是指按照一定的方式处理尸体或尸骨，同一葬式所导致的结果基本一致，在形成原因方面往往包含有明显的宗教观念或意识形态因素，尤其是二次葬和扰乱葬。据此分析，则磨沟墓地齐家文化合葬墓中还存在着一种与上述葬式明显有别的埋葬现象。这就是合葬墓中发现有大量人骨经过不同程度扰动，但却有别于通常所谓的二次葬和扰乱葬，明显系推挤所致。

通常所谓的二次葬，在磨沟齐家文化墓地中也有发现，惟数量甚少。M206左偏室即是为数不多的实例之一，葬有8人，其中包括2名成人和6名儿童。除外侧靠近墓道的一名儿童似为一次葬外，其余皆为二次葬，人骨摆放整齐有序。尤其2具成人二次葬，明显是先摆放头骨，再摆放上肢和躯干骨，最后摆放下肢骨，而且基本是按照人体结构错位堆放，头向西北，规律性很强。这种二次葬现象也存在于M84、M625（图六）等少数墓葬，并非孤例，可以视为比较固定的葬式之一。换言之，无论二次葬的具体放置特点如何，皆是按照一定的程序和方式摆放人骨的，整齐而有序。不过，这些二次葬的形成似乎受到偏室因沉积淤土不便使用的直接影响，尽管难以据此否认宗教信仰因素的存在。

磨沟墓地发现的扰乱葬，可分为有序扰乱和无序扰乱两种类型，也可概括为局部扰乱和整体扰乱[7]。有序扰乱就是指人骨虽经扰乱但程度有限，常常仅限于身首分离。如M240，该墓为单偏室墓，竖穴墓道底部叠葬2人，骨架完好；左偏室内葬有3人，但只有1具头骨葬于偏室之内。而该墓的墓道和头龛之内各发现1具孤立的头骨，恰与偏室人骨缺失的头骨数量吻合；经鉴定，确与偏室缺失头骨者的性别、年龄分别吻

图六　M625墓室结构

合。尤其头龛底面高于墓道底部约40厘米，且这具头骨之下还压有一层厚4~5厘米的沉积土[8]。这就使得我们很难用其他原因来解释头骨的位移现象，似乎只能是人为地有意扰动，但扰动程度不大，结果也显得较为有序。进而，我们还可以得出这样一种认识：这种有序扰动行为已有可能是在墓道填埋之前进行的，否则便无法解释墓道底部上下叠置的2具人骨何以保存完好。无序扰乱就是指人骨扰乱程度较甚，结果使人骨堆放往往呈无序状态。如M246，该墓为单偏室墓，竖穴墓道内葬有5人，可分3层，上层1具人骨为俯身一次葬，头向东南；中间3具人骨为扰乱葬，但头骨被侧置或倒置于头龛之中；下层为一儿童，位于墓道底部的浅穴之内，仰身直肢，头向西北。偏室与墓道之间发现有封门板灰痕，偏室内葬有1人，人骨经扰动，放置无序，头骨下还压有1件陶器。墓道最下层的儿童因置于浅穴内，未经扰动可以理解，其上的2层人骨分别为一次葬和扰乱葬，且前者居上，其间当有一定的时间距离。而该墓偏室内仅埋葬1人，人骨亦非摆放有序的二次葬。再者，该墓墓道形状也不甚规则，并明显宽于其他偏室墓的墓道。由此推测，该墓可能是在墓道填埋之后重新挖开扰乱的，但未及墓道底部的浅穴；扰乱对象涉及墓道中间的3具人骨及偏室人骨，甚至墓道人骨的头骨还被置于头龛之中，扰乱时间当是在肉体腐烂之后；这些人骨被扰乱之后，继续使用偏室及封门，墓道上层的一次葬人骨则是扰乱过程的最后阶段埋入的。进而，M246的情况还说明，墓道内的3层殉人也是多次埋葬所导致的。尽管扰乱葬的目的和意义尚需进一步分析研究，但宗教信仰因素显而易见，无须赘言。

所谓人骨推挤现象，就是指人骨虽经二次扰动但目的并不在于重新安葬被扰动的人骨，而是为了获取必要空间以埋葬后来者，明显不同于按一定顺序堆放的二次葬或无序放置的扰乱葬。推挤程度取决于偏室大小及合葬人数，可初步概括为整体推挤和局部推挤两类。所谓整体推挤，就是指随着合葬人数的增多，偏室可用空间愈来愈小，先期葬入且肉体业已腐烂者的骨骼被整体推挤，甚或拢聚成堆。M344偏室内侧的Ⅲ号人骨就是整体推挤的实例之一，推挤的原因便是为了合葬后来者。该墓位于Ⅳ号股骨之上的Ⅵ号少年人骨，当是整体位移的结果，目的应是为了合葬偏室外侧的Ⅴ号和Ⅶ号儿童（图七）。所谓局部推挤，就是指随着合葬人数的增多，偏室可用空间有显狭小，先期葬入且肉体业已腐烂者的骨骼被局部推挤，以获取继续合葬所必要的空间。实例如M230偏室内侧的2具成年人骨均经局部推挤。其中紧靠内壁的人骨上半身曾被推挤，而下肢骨等则有序地置于原位。而其外侧的成人骨架大部被推挤，下肢骨叠压在前者腿骨之上，但趾骨还留在原位。亦即偏室脚端孤立存在的、较粗且长的趾骨，当与外侧2具少年骨架无关。而内侧成人骨架之所以被局部推挤，显然都是为了埋葬后来者。

另外，前文有所提及，磨沟墓地齐家文化竖穴偏室墓的墓道中常常发现有埋人现象，其埋葬方式与特点也极为复杂。墓道埋人现象至少可以分为两大类，一类是把墓道作为偏室空间的延伸部分使用，一类则是与偏室埋葬现象存在明显区别。前者无疑应是正常埋葬的一部分，但后者却另当别论。尤其后者之中就有尸骨呈挣扎状的，显系活埋

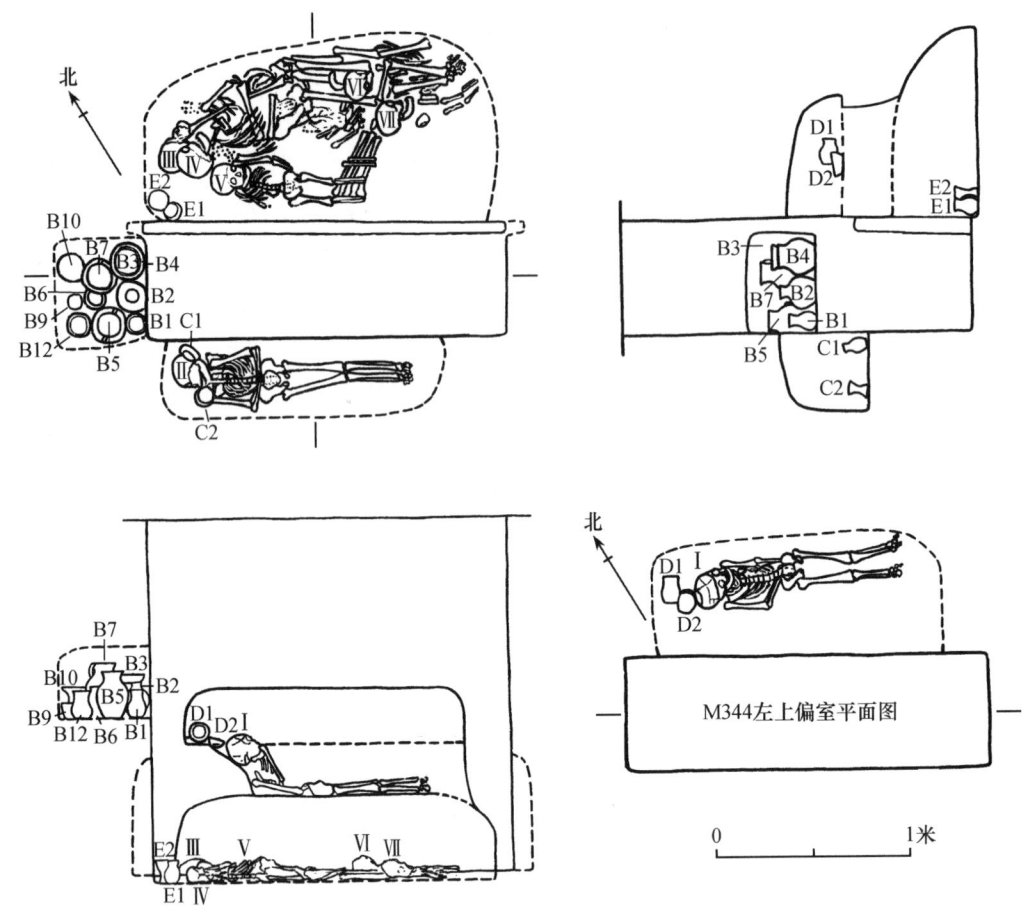

图七　M344平、剖面图

所致；或者与狗、羊等殉牲一起埋于墓道之中等，当属殉人性质[9]。殉人的埋葬方式也甚为复杂，其中既有一次葬式，也有局部扰动或聚拢成堆者。除墓道底部再挖浅穴埋葬者外，殉人一次葬多是最终填埋墓道时葬入的。而局部扰乱或聚拢成堆者，往往也与墓葬的使用过程密切相关。殉人骨骸之所以被局部扰动或聚拢成堆，当系墓葬使用过程中较早葬入者，但却一定程度地影响了此后墓道的继续使用。因此，在继续使用墓道时，为了活动方便，遂将肉体业已腐烂的殉人骨骸局部扰动或聚拢成堆。也就是说，墓道殉人骨骸被局部扰动或聚拢成堆，应是墓葬继续使用过程中所导致的一种现象。

通过比较分析，不难看出，即便墓葬中的人骨经过人为扰动，其结果和原因也会有所区别，不能一概而论。就磨沟墓地齐家文化的合葬墓来看，墓葬人骨的人为扰动现象至少可以区分为二次葬、扰乱葬和人骨推挤现象等几类。也就是说，不能笼统地用二次葬或扰乱葬来概括所有的人骨扰动现象。事实上，导致人骨被扰动的原因不止于此，似乎还要复杂一些。进而，由于合葬墓的埋葬过程是多次进行的，所以即便具有一次葬特征的人骨也未必是同时或最后埋葬的。更重要的是，在墓葬发掘过程中，即便发现人骨较乱，也不能掉以轻心，需要仔细清理，并尽可能保留原位，以便观察分析埋葬方式及其形成过程和原因。甚至可以根据推挤扰动特点，以尸体埋藏后白骨化所需时间为标尺，判断先后入葬者的间隔时间等。2009年秋冬季，正是由于对墓葬人骨的关注及仔细清理，我们发现在寺洼文化的竖穴土坑木棺墓中也存在人骨推挤现象（图八），合葬特点及埋葬过程类似于该墓地齐家文化的竖穴偏室合葬墓[10]。

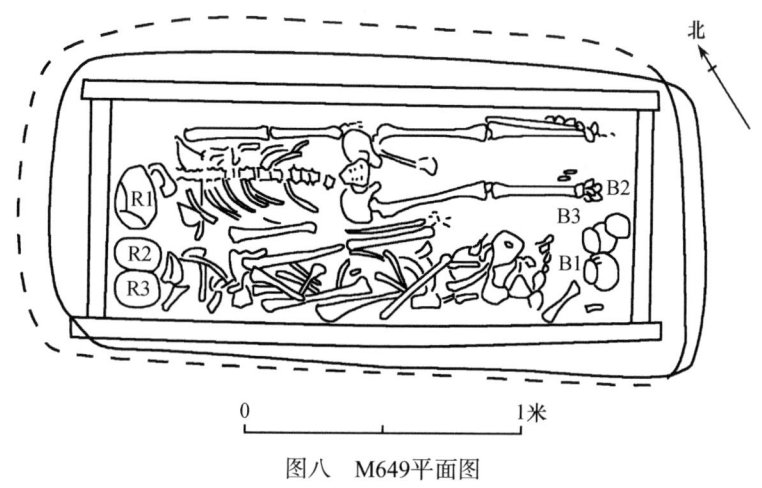

图八　M649平面图

三、解剖清理与埋藏堆积证据的获取

磨沟墓地的发掘使我们深刻认识到，以往的墓葬发掘方法有必要加以改进。

自中国考古学发生以来，我国学者早就在田野考古，尤其安阳殷墟遗址的发掘实践中总结出一套清理各种遗迹的有效方法，要求仔细清理并保留遗迹的原始形态结构，甚至对灰坑等遗迹内的堆积也要求进行解剖性发掘清理。但墓葬发掘往往只强调对地面坟丘部分的解剖，墓穴部分则极少进行解剖性发掘。而早期墓葬的地上标志往往荡然无存，所以对墓葬填埋堆积基本不进行解剖，而是确认了墓穴平面范围之后即采取水平式整体清理的发掘方法。究其原因，无非是早期墓葬多为一次性埋葬，且范围狭小不便进行解剖性发掘清理，当然也不能完全排除习惯性发掘理念的影响。这种发掘清理方法，既可较好地清理并保留墓葬的原始形态，也可清理出尸骨的埋葬方式及随葬现象等。然而，有关早期墓葬的种种认知结果是否正确，是否都是一次性埋葬的，其埋葬过程究竟如何，往往缺乏埋藏堆积方面的证据。而且，以往的一些发现也已显示出部分早期墓葬结构及埋葬方式的复杂性，只是对埋葬过程及相关证据关注不够。因此，早期墓葬的埋葬过程以及获取相关证据的发掘方法，似乎仍是田野考古工作中需要关注的问题之一。

在磨沟墓地的发掘过程中，最初我们并未意识到需要对墓葬结构及其内部堆积进行解剖性发掘。但是，随着发掘清理工作的展开，我们不仅注意到磨沟墓地齐家文化墓葬结构的复杂性，同时也逐渐注意到其埋葬方式的多样性。尤其是我们注意到不少墓葬的人骨虽曾被扰动过，却不是通常所谓的二次葬或扰乱葬，扰动的目的明显是为了埋葬后来者。也就是说，这里的合葬现象极有可能是经过多次埋葬形成的。那么，多次埋葬究竟是怎样形成的，有无其他方面的证据呢？于是，我们便开始注意对墓穴内的堆积进行解剖性发掘。当然，由于无法预知墓葬结构及埋葬特点，所以解剖工作也只是根据各墓葬的清理进度以及所观察到的迹象随时进行的，通常属于局部性而非整体性解剖。诸如通过对墓穴内堆积的局部性解剖清理，以便确认同一墓葬不同偏室的先后关系，等等。当然，即便是局部性解剖，也能获得有关营建及埋葬过程的一系列证据。而且，基于墓穴内堆积特点的关注，不时也有一些出乎预料的重要发现。例如M206墓道下部的沉积土和淤土堆积，就是因为墓道东北壁未清理到边，最终获得确认并证实墓道下部一度被架空而不曾填埋；再如M164因偏室塌陷而填埋的证据，则是揭顶清理偏室时在塌陷的黄土堆积之上发现有一层连接墓道填土的花土堆积，证实该墓是在偏室塌陷无法继续使用时才填埋的。诸多发现不仅证实了磨沟墓地齐家文化的合葬墓是多次合葬所导致的，而且证实在合葬过程未完成之前一般不填埋墓道（架空封闭之），只有个别竖穴偏室合葬墓（M251、M260）确认有再次挖开墓道的现象。

有鉴于此，我们以为在发掘早期墓葬时，需要改变以往水平式整体清理墓穴的方法。对于墓穴部分也应首先采取解剖性局部清理的发掘方式，阶段性地保留可供对比的垂直剖面，以便获取埋葬过程方面的证据。在2009年秋冬季磨沟墓地的发掘中，我们便普遍采取了解剖性清理墓葬的发掘方法。对于竖穴偏室墓，墓道及偏室部分皆留有剖面，划分出堆积层次，并做好绘图照相等各种记录。这种墓道填土及偏室堆积层次，实际也就是新考古发掘规程中所要求的堆积单位[11]。当然，在墓穴面积较小时，我们没有采取以中线为准的解剖原则，而是在脚端一侧保留30~40厘米的填土范围，对其余部分首先进行发掘清理，最后再清理解剖墓道及偏室时所留部分。解剖性发掘清理的结果便是，2009年秋冬季的发掘判别出了更多因偏室塌陷而填埋墓道的现象等（图九），进一步验证了磨沟墓地齐家文化墓葬存在多人多次合葬现象的事实；进而确认了寺洼文化竖穴土坑木棺墓通常为一次性填埋，但棺内人骨却存在推挤位移现象，也应属多人多次合葬，亦即在合葬完成之前不填埋墓道。

四、墓葬出土物的分组及其编号

在磨沟墓地的发掘过程中，我们很快注意到，这些竖穴偏室墓的随葬品位置复杂多变，涉及墓道、头龛（或侧龛与脚龛）、不同偏室乃至坟丘底面等，且可能不是一次性埋入的。为了便于进一步分析研究，首先根据器物在墓葬结构中的出土位置进行分组，并以大写英文字母表示分组情况，诸如A组、B组、C组等。由于墓葬结构及出土器物情况不尽一致，所以每个英文字母所表示的位置并不固定，视各墓葬的具体情况而定。然后，再在分组的基础上进行编号，诸如A1、A2及B1、B2等。当然，分组编号也

图九　M815上、下层结构剖面

解决不了所有的问题。一则即便是头龛或偏室内的随葬器物，未必就是一次性放置的，有时也会呈现出较为明显的组别现象。诸如头龛内的随葬器物有时存在放置高差现象（图一〇），即其中有些器物并不是放置在头龛底部，而是放置在一层花土或沉积土之上（图一一）。二则具体出土位置往往与有些器物，尤其装饰品类的功用密切相关。还有，墓道填土中的出土物则更为复杂，有些是埋葬过程中放入的（包括被有意打碎的），有些则原本可能就是填土中的夹杂物，有些甚至不易判断属于前两者的哪一种。基于以上原因，即便是分组编号，仍需要进一步注明每件出土物的具体位置。

另外，即便是人工加工痕迹不明显的，特别是成组放置的出土物，也全部予以编号收集。原因就是有些方面的工具未必需要人工加工，也可以是自然物品的直接利用，诸如作为石器加工工具的石锤等。由于研究分野及知识结构诸多因素的制约，加之一些自然物品的使用痕迹不甚明显，其功能和意义可能一时难以判别，但也不能随意丢弃。诸如加工陶泥的用具等，其使用痕迹可能都不是很明显。所以，对于墓葬中可能属于有意放置的自然遗物，我们也全部予以编号收集，期待学术界共同研究。

当然，磨沟墓地齐家文化的墓葬结构复杂，具有一定的特殊性。所以，出土物分组是否适用于各时期或其他各类墓葬发掘，尚需斟酌，分组编号与否的原则就是其结果是否有利于进一步的分析研究。

图一〇　M886头龛内分层随葬器物

五、墓葬登记表需改为墓葬记录

迄今为止，墓葬发掘的原始记录往往习惯性地采用登记表的形式。尽管表格内容也会因地因时做出一些修正，但田野考古工作的实际情况则是一个遗址往往会存在若干不同时期的墓葬，墓葬结构的多样性常常使墓葬登记表显得难如人意。这种现象在磨沟遗址的发掘过程中表现得尤为突出。

2008年，在不了解磨沟墓地墓葬复杂性的情况下，我们仍然采用墓葬登记表的记录方式。不过，随着发掘工作的持续进行，墓葬结构的多样性和复杂性逐步显现，尤其是双偏室、多偏室及偏室分层现象等，墓葬登记表的局限性便摆在了我们面前。针对这种情况，为了保证墓葬资料的准确性和完整性，临时决定仿照探方记录方式完成结构或埋葬情况复杂的墓葬记录。在后期整理时又发现许多单偏室墓的情况也不是登记表所能充分体现的，又根据墓葬登记表和墓葬平、剖面图，尤其照片资料，重新以探方记录方式整理其余墓葬。记录方式类似于以往的探方记录，但却是针对墓葬发掘情况的，所以也可直接称之为墓葬记录。

2009年，在总结首次发掘经验的基础上，墓葬发掘原始记录彻底放弃了表格式的记录方式，不再使用墓葬登记表，而全面采用探方记录方式来完成墓葬记录。墓葬记录内容主要包括：

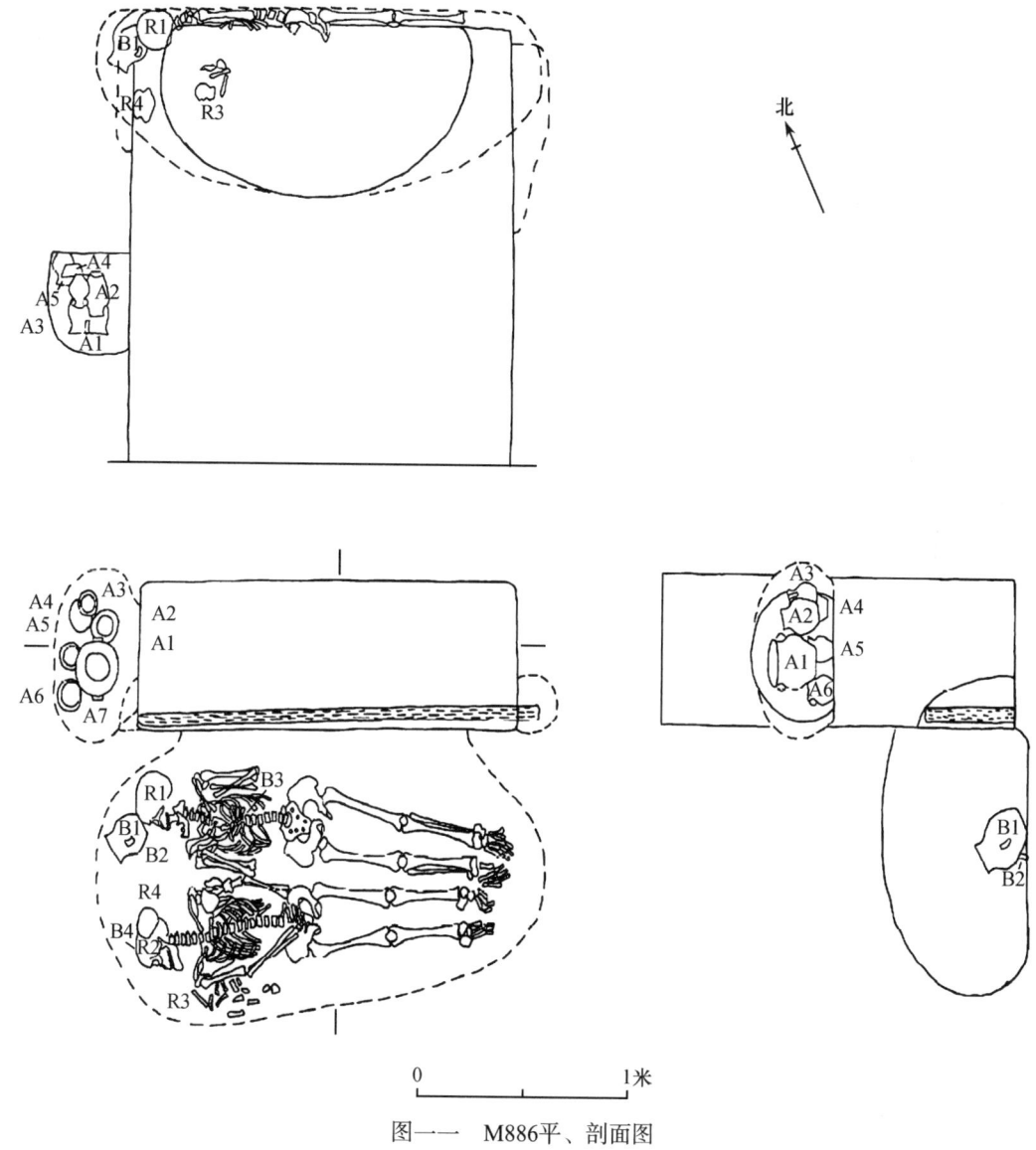

图一一 M886平、剖面图

（1）墓葬位置：主要涉及在探方中的具体位置及周邻墓葬，以便查找。坐标法的探方位置及编号是固定的，无疑便于查找。而按照序号法进行的墓葬编号，因受发掘先后的直接影响，序号法所展现的墓葬位置却是无序的，按照墓号查找极为不便。但若是同时查找数座而非一座墓葬，则相对比较容易一些。

（2）发掘经过：主要涉及发掘者、用工人次、指导者，尤其是发现判断过程、发掘方法、清理过程及相关事项处理情况等，为后期整理提供一些发掘过程的信息。

（3）层位关系：主要涉及开口层位及打破关系。

（4）墓葬方向与整体结构：其中整体结构如竖穴土坑墓，竖穴墓道单偏室墓、偏室位于墓道左侧（以墓葬方向为准）、带头龛（或侧龛等），竖穴墓道双偏室墓、偏室位于墓道左右两侧（或左侧上下偏室）、带头龛等。

（5）墓道：主要涉及形状结构与尺寸、四壁保存状况等，有无封门槽（含形状尺寸），堆积状况与特点（含堆积范围及厚度），各类迹象的发现情况（包括封门板痕、殉人、殉牲、淤土、工具使用痕迹等，以及头龛、脚龛、侧龛的形状结构与尺寸，有无随葬品，随葬器物摆放情况，尤其器物底部有无放置高差等。

（6）墓室（偏室）：主要涉及形状结构与尺寸，双偏室、多偏室者则分偏室叙述；堆积层序与特点，含自然淤积、人工填埋及塌陷堆积等；人骨编号（合葬者）与保存状况、埋葬特点与埋葬方式、性别年龄，尤其人骨的位移与缺失情况；随葬器物与装饰品出土位置、类别等。

（7）出土器物：主要涉及出土物总类与数量、出土位置（含分组及出土状况与数量）、逐一叙述遗物特征与尺寸等。

（8）分析判断：主要涉及墓葬年代、墓葬使用与埋葬过程、埋葬方式等。

（9）备注说明：涉及绘图、照片、视频以及各类样品的采集情况等。

（10）记录者、记录日期。

我们相信，随着对早期墓葬的埋葬过程、埋葬方式及原因等问题的高度关注，尤其是对早期墓葬的解剖性发掘，必将获得更多意想不到的重要信息，为相关学术研究提供更加翔实丰富的实物资料。同时，也将促进学术界对已知的一些埋葬现象进行重新思考和认识，诸如仰韶文化大坑套小坑的合葬墓，以及一次葬与二次葬并存于同一座墓葬的合葬现象等。总之，磨沟墓地发掘的收获与意义已远远超出了我们的预期。

注　释

［1］　甘肃省文物考古研究所，西北大学文化遗产与考古学研究中心.甘肃临潭磨沟齐家文化墓地发掘简报［J］.文物，2009（10）：4-24.

［2］　李学来."第八届中国社会科学院考古学论坛·2008年中国考古新发现"纪要［J］.考古，2009（7）：54-60.

［3］　谢焱，毛瑞林，钱耀鹏.甘肃临潭陈旗磨沟齐家、寺洼文化墓葬发掘［M］.2008中国重要考古发现.北京：文物出版社，2009：42-45.

［4］　毛瑞林，谢焱.甘肃临潭磨沟发现大量齐家文化墓葬［N］.中国文物报，2008-12-24（2）.

［5］　甘肃省文物考古研究所，西北大学文化遗产与考古学研究中心.甘肃临潭县磨沟齐家文化墓地［J］.考古，2009（7）：10-17.

［6］　钱耀鹏，朱芸芸，毛瑞林，等.略论磨沟齐家文化墓地的多人多次合葬［J］.文物，2009（10）：62-69.

［7］　陈洪海.甘青地区史前文化中的二次扰乱葬辨析［J］.考古，2006（1）：54-68.

［8］　钱耀鹏，周静，毛瑞林，等.甘肃临潭磨沟齐家文化墓地发掘的收获与意义［J］.西北大学学报（哲学社会科学版），2009（5）：5-10.

[9] 同［8］.

[10] 甘肃省文物考古研究所，西北大学文化遗产与考古学研究中心.甘肃临潭磨沟墓地寺洼文化墓葬2009年发掘简报［J］.文物，2014（6）：24-38.

[11] 国家文物局.田野考古工作规程［M］.北京：文物出版社，2009：16.

Several Issues that Need to Be Paid Attention to in Early Burial Excavations: Talking about the Excavation of the Mogou Qijia and Siwa Cultural Cemetery

MAO Rui-lin   QIAN Yao-peng

This article proposed a few issues about the early burial excavation techniques, with the experiences of the field work at Mogou Cemetery, mainly belongs to Qijia and Siwa Culture. This includes the deposition process of the burials, in which way the burials have been deposited, etc. Based on this, we summarized the new excavation methods for the early burials. We proposed that we should dissect the burials first to get clues for the deposition process of burials, and keep the cross section for comparisons. Traditionally, we tend to recover the burials by stratigraphy. The methods proposed in this article are different from the traditional way for the burial recovery.

佟柱臣区系类型研究思想试析*

高云逸

（吉林大学考古学院，长春，130012）

考古学文化区系类型理论[1]的提出是中国考古学所取得的重大理论创新成果，这也是公认的苏秉琦对于中国考古学的巨大贡献。值得注意的是，佟柱臣虽未使用过区系类型的概念，但他的许多研究史前文化的论著其实都渗透着区系类型的研究思想，不过一直以来学界对此鲜有细致的梳理。在考古学理论探讨日益活跃的今天，回顾、总结佟柱臣有关考古学文化区系类型研究思想的学术观点与创见，不但可以了解他为推动中国考古学发展所作出的努力，亦可从一个侧面窥见20世纪的中国考古学在理论方面守正创新的具体实践。

一、区系类型研究基本内容的探索

考古学文化区系类型理论是一套较为完善的考古学方法论体系，其基本的研究内容与程序是通过数十年的大量实践而摸索出来的，佟柱臣就是这一过程的重要参与者与见证者。

众所周知，考古学文化的分区与编年是区系类型研究的基础，因为这是构建区域文化历时性发展脉络的前提，在这一课题上佟柱臣曾发挥了重要的奠基作用。

1945年，佟柱臣进入沈阳博物院任副研究员，自此走上了从事专业考古的道路。在这里他系统地梳理了东北地区各个时段的考古材料，从而对东北考古学有了轮廓性的认识[2]。在这个过程中，佟柱臣萌发了分区域、分序列对东北地区古代文化进行综合研究的思想，1947年发表的《东北自然环境与史前文化区——论东北新石器时代》[3]一文便是这种思想的集成之作。该文将东北史前文化划分为五区，分别是辽东半岛区、热河区、兴安区、松花江区和图们江区，通过对考古材料的比较分析构建出这五个文化区上自新石器时代、下至铁器时代的文化编年序列，从研究方法来看，此时他已用分区

---

* 本文为内蒙古自治区高校人文社会科学重点研究基地——内蒙古红山文化研究基地项目"安特生与中国史前史研究"（项目批准号：HSWHYJJD202401）和教育部哲学社会科学研究重大专项项目"边疆考古与中华早期文明研究"成果（项目批准号：2022JZDZ024）。

和分系的思想来研究东北地区的古代文化，其结果是编排出上述五个文化区纵贯式的文化演进序列，并从不同区内文化面貌上所表现出的相似因素，注意到了它们之间共时性的文化联系。就研究理念而言这是一项具有开创性意义的成果，这种分区与排序的研究方法，与之后苏秉琦提出的区系类型理论已有很大程度的契合，显然这在20世纪40年代的中国考古学界是难能可贵的。如果说东北考古见证了中国考古学起步与进步的发展历程的话[4]，那么佟柱臣早年于东北地区古代文化研究中所系统运用的区系研究思想，无疑也是推动中国考古学进步的重要源动力，但是其学术价值迟迟未得到应有的肯定。

这一个案研究初步奠定了佟柱臣此后同类课题研究的总基调，成为构建其史前文化研究体系的一个重要支点。然而毋庸讳言，佟柱臣此时所梳理的东北地区各文化区内的诸史前文化，仅是一种时代上的先后序列关系，而无法确知它们彼此之间是否具有内在的文化联系。换言之，佟柱臣此时的区系类型研究尚处于勾勒诸文化区史前文化编年序列的初级阶段，而未深入到复原诸文化谱系关系的更高层面。

谱系主要是指考古学文化之间的源流关系，谱系分析是考古学文化区系类型研究的核心问题。这是因为只有从谱系的角度出发，才能追溯和复原同一谱系诸考古学文化演进、迁徙乃至分化的脉络，以及不同谱系诸考古学文化碰撞和融合的过程，由此动态地观察考古学文化所承载的人群的活动轨迹，从而真正地实现考古学"透物见人"的学科诉求。至20世纪50年代中后期，佟柱臣开始将考古学文化编年序列纳入到文化谱系分析的范畴中进行讨论，标志着其区系类型研究思想的升华。

1957年，佟柱臣以省份为分区单位，逐一探讨了黄河、长江中下游诸省考古学文化的发展序列[5]。他特别强调，"陕西省的龙山时期；另外山西省的'灰陶文化'，也为地方性的一种文化，它们同样可能相当于龙山时期"。由此可见，佟柱臣此时已不再将分布于黄河中下游这一广阔区域内晚于仰韶文化的新石器时代遗存视为一个统一体。在他看来，至少陕西与山西境内相当于龙山时期的遗存应从庞杂的"龙山文化"中剥离出来，单独命名为一种文化。这是非常具有预见性的认识，尽管他是以现代行政区划作为分区标准，但已经意识到不同地区的龙山时期遗存分属于不同的文化体系。显然，这篇文章已开始用谱系的思想对考古学文化作聚类与分类的研究，从区系类型的角度观之，佟柱臣此时对于考古学文化研究的理念日臻完善了。特别值得注意的是，佟柱臣在此所讲的"龙山时期"所指代的显然已不是一个考古学文化的概念，而是代表一个特定的时间范畴，与后来提出的"龙山时代"[6]有同工之妙。

1959～1960年，《文物》杂志开设的"文物知识讲座"专栏先后刊载了七篇佟柱臣撰写的《新石器时代考古学常识》讲稿。其中，第四讲名为《我国新石器时代文化的概貌》[7]。毫无疑问，这是一个总括中国新石器文化全局的宏大专题，如何从已发现的数千处遗址中抽象出我国新石器文化发展的整体性规律与区域性特点就显得尤为重要。对此佟柱臣的解决措施是整体着眼、分区进行，依自然地理和文化内涵的差异将我国分为六个大的地区，分别是黄河流域、长江流域、东南沿海地区、云贵高原地区、内蒙古新疆西藏草原高原地区、东北地区。由于黄河流域和长江流域材料积累状况较好，他又将前者细化为黄河中下游和黄河上游两个亚区，将后者拆分为川东地区、长江中下游北岸地区和长江中下游南岸地区三个小区，就当时情况而言这种"区中区"的划分可谓十分精细了。

在六大区域的框架之下，佟柱臣逐一梳理了各区内新石器文化的编年序列，认识到这六大区域是彼此独立、渊源自有的不同文化体系，这种亲缘联系始于新石器时代而延至历史时期。例如他提出"长江流域的各地氏族，都各有其固有的文化特征"，这种承认不同文化区系的古代文化一脉相承的意见，可视为佟柱臣"文化多元说"的肇始。这是十分具有前瞻性的意见，并且不断被之后的考古发现所证实。

尤为引人注目的是，他还注意到某一大的区系内甚至包含有若干个不同的文化系统，并尝试将这些地区的新石器文化，与各自空间范畴内后世文献记载的古族相联系，力图找出见诸史籍的诸古代族群的史前基础。譬如他认为黄河中下游的仰韶文化、龙山文化和商代文化可能是一个前后相袭的体系，黄河上游的辛店文化、卡窑文化和周文化可能是一个接续发展的系统。很显然这已是比较成熟的文化谱系研究，尤其是"系中系"这种更为深入细致的解析，足以代表当时的认知水准。换言之，作者此时已经踏上了从考古学角度追溯我国不同文化系统渊源的崭新征程。这便将我国三代及以前黄河流域长时段的文化谱系关系，作为一个重要课题明确地提出来了，循此便找到了中国地理腹地文化发展的主线，这对于揭示中国文明多元一体格局形成的背景意义非凡。我们不禁感叹，这篇文章中所渗透的划分文化区域、构建年代序列、梳理谱系关系的研究理念，与苏秉琦后来提出的区系类型理论何等的相似。这也正如张忠培所讲的那样，除苏秉琦外，在20世纪60年代就有不少人感受到了区系类型论这一真理[8]。该文所蕴含的方法论意义，已初具区系类型理论的雏形，只是佟柱臣未明确做出理论性的概括而已。毋庸置疑，佟柱臣此时所熟练驾驭的区系类型研究理念已走在了时代的最前列，然而这一点一直以来同样被大家所忽视了。

1960年，佟柱臣凝练地概括出我国新石器时代的四大基本特征[9]。"生产地域性的特征"阐明了各地区自然环境的不同对先民生业方式的制约与影响；"文化连续性的特征"阐述了文化谱系较为清晰的黄河中下游地区考古学文化的传承与嬗变；"历史发展不平衡的特征"突出了不同地区环境及生业差异左右历史演进速率与水平的现实情况；"文化影响与融合的特征"揭示了各地区文化相互作用、彼此交融的客观规律。毫无疑问，这是一种统筹全局的整体的历史观，这也是当时对于中国新石器时代历史发展特点最为完整的理论性认识，它的提出对于理论探讨还不甚活跃的中国考古学界来说是十分难得的。

佟柱臣所提出的这四个特征，将中国大地上新石器时代不同地区居民生业方式的选择、历史发展水平的参差、文化的历时性延续革新与共时性交流融合全景式地展现出来了。恰是这些因素的相互联动，共同推动了我国新石器时代历史发展的总体进程。诚如陈星灿所指出，这一独创性的理论总结正是中国文明起源的"多元一体学说"的雏形[10]。在此，佟柱臣充分肯定了黄河流域农业氏族与北方草原地区畜牧氏族"都沿着自己的道路发展"的客观事实，尽管他认为中原地区对于周边地区的文化影响起着主导作用，但也不否认后者对于前者的反馈。这些观点暗含着佟柱臣对于当时盛行的"文化一元论"的反思，他所秉持的某些史观已与后来提出的区系类型学说所倡导的"文化多元论"旨趣相通。

在第六篇讲稿《龙山文化》[11]中，佟柱臣对于龙山文化类型划分的意见是颇为耐人寻味的。他将龙山文化分为早期、晚期和更晚期三个阶段，指出早期以庙底沟遗址为代表，晚期可分为三种类型，即河南三里桥、旮旯王类型、山东城子崖类型和陕西客省庄类型，更晚期以邯郸涧沟遗址、唐山大城山遗址及洛阳东干沟等遗址为代表。就学理层面而言，这种考古学文化层次之下分期，某一期别再划分为若干类型的研究思路，的确是超前且难能可贵的，率先将考古学文化研究细化到了分子水平。

20世纪70年代以来陆续公布的^{14}C测年数据表明，我国东南及华南等地区新石器文化的起始年代并不晚于中原地区，这种绝对年代方面的证据迅速对"中原文化中心论"形成了冲击[12]。新的考古发现连同新的测年结果，更加坚定了佟柱臣关于中国新石器文化多地起源、平行发展的信心。类型学和^{14}C数据的两相契合使他认识到，河南地区的仰韶文化和龙山文化是有继承关系的一个系统，山东地区的大汶口文化和龙山文化是同一文化系统的不同发展阶段，而陕西地区的客省庄二期文化自成一个系统。即使他所说的河南地区的仰韶文化和龙山文化如今都已被划分为不同的考古学文化，但他从宏观上对于黄河流域文化谱系的把握现在看来仍然是成立的。当上述三个地区新石器时代文化谱系关系初步厘清之后，自然而然要涉及这三个文化系统的流向问题。佟柱臣继而提出，可否将河南龙山文化系统、山东龙山文化系统、客省庄二期文化系统分别作为探讨夏人族源、夷人（包括商人）族源、周人族源的材料呢？用他自己的话讲"这实在是我国古代史上重要而有意义的三个课题"[13]。佟柱臣所提出的这些问题至今仍在探索之中，显示了他在这些重大学术问题上的高瞻远瞩。

改革开放以后，思想解放的社会环境激发了考古学发展的内在活力，从理论的高度对以往工作成果进行系统总结成为新时期中国考古学的追求与使命。其中，佟柱臣于1986年对我国七个文化系统[14]的精辟论述，以及在此基础上提出的中国新石器时代文化"多中心发展论"便是一项重要的代表。由于这早已是公认的考古学文化谱系研究的典范，所以对此我们无须赘言。苏秉琦曾总结道，区系类型理论就是根据诸考古学文化的谱系研究得出来的[15]。在这一问题上，苏、佟二人的研究思想可谓珠璧交辉，共同引领着考古学文化研究的正确走向。

综上可知，佟柱臣对于考古学文化分区、分系、分类型进行研究的思想不但萌发时间较早，且发展逻辑清晰，与苏秉琦的研究理念相得益彰。在长达数十年的求索过程当中，二者的研究思路与取向自然会产生相互的影响，但如果将他们在考古学文化区系类型研究课题上的共性完全归因于彼此间的借鉴则是失之偏颇的。事实上，某些看似偶然的现象的背后有其出现的必然的基础。归根结底是因为他们对于中国国情与史情的精确把握，以及对于考古学文化研究程序与内容的默契理解。

二、不同区系文化形成机制的阐释

如果说我们所划分的区系类型是文化表现于物质遗存层面的一种现象的话，那么探究这种现象产生的基础则是一个深层次的本质问题了。对于这一问题，佟柱臣很早就有关注并进行了深入的思考。

上述佟柱臣于1947年发表的《东北自然环境与史前文化区——论东北新石器时代》一文的意义，除了率先对史前文化的区系划分所发挥的模范作用以外，还在于将自然环境与文化区系作综合分析。这在篇名上便一望可知，这种研究理念在彼时的中国考古学界同样是罕见的。对于东北地区环境、生业与文化之间的辩证关系，佟柱臣于文末给出了理论性的总结："在一定的自然环境下，即有一定的生产方式。原始经济形成一定的史前文化，若环境不同，文化亦必不同。"这些认识实际上已经触及到了不同文化区系得以形成的内在基础，即环境与生业。佟柱臣兼顾环境、生业与文化三方面因素，从人地关系的角度重构文化与环境的互动史，从区系类型的角度还原文化及人群的发展史，这就为考古学文化区系类型课题的研究作了一次很好的示范。如今当我们重新梳理这段学术史时发现，虽然这篇文章所讨论的主题是东北的自然环境与史前文化区系，但这一个案研究所体现的方法论价值远大于其所解决的问题本身。

其后发表的有关考古学文化研究的论著中，环境与生业始终是佟柱臣划分文化区系时所着重强调的两个关键因素，这对于客观、全面地理解形成不同文化区系的原因至关重要，对此笔者不再一一介绍。考古学文化是人的产物，而人又是依托于自然的生物，这就决定了考古学文化区系类型的研究不能仅局限于考古学的层面。在这一课题上，不拘泥于单纯的文化分区，而是将环境与生业同文化作为一个整体通盘考虑是佟柱臣研究的突出特点，也是其为考古学文化区系类型研究所确立的一个合理的范式。

佟柱臣在这方面研究的集大成之作，是1985年提出的著名的"三个接触地带论"。他通过对文化内涵和生业方式的比较后，在中国大陆东部划分出三个自北向南的新石器时代文化接触地带，指出阴山山脉是北部狩猎经济诸文化与南部黄河流域粟作农业经济诸文化的接触地带，秦岭山脉是黄河流域粟作农业经济诸文化与长江流域稻作农业经济诸文化的接触地带，南岭山脉是长江流域诸文化与珠江流域诸文化的接触地带。佟柱臣还注意到，他从考古学的角度划分的三个接触地带与李四光从地质学角度提出的纬向构造体系相吻合[16]。

如此便将整个中国范围内新石器时代的文化、环境与生业三个维度有机地整合起来了,这也是佟柱臣的一大创见。由于这三条山脉的南北两侧分布着不同的经济与文化,因而这三个接触地带既是分界线也是交会区。三条东西走向文化接触带的划分实际上也就切割出六条南北并列的文化带,每条文化带又是由若干个彼此独立而又联系密切的文化区在长期的历史联系中形成的。因而这种文化带是一个更为复杂的综合体,无论是内涵还是外延都大于文化区的范畴,显然从文化区的划分到文化区的归并,即文化带的凝合是一种理论上的升华。由此便可以从更大的时空视域对不同的区系进行联结与整合,这对于诠释文化区系背后人群的流动、繁衍、分化与融合来说是一种认识论的提升。

在此之前的1981年,苏秉琦曾在宏观上将我国分为面向内陆和面向海洋的两大板块[17],但未就形成这种差异与特点的原因作深入分析。苏秉琦的着眼点更多是东西向的经度差异,佟柱臣的切入点则主要是南北向的纬度变化,并将这种变化与自然环境和生业方式紧密地结合起来进行分析,从而为中国新石器文化的分区研究贡献了一种全新的划分方案,并为大的文化带之间错综复杂的文化联系提供了新的解读模式,对于全面地揭示不同文化区系得以形成的历史条件与现实基础做出了十分有益的尝试。

佟柱臣所开展的区系类型研究的显著特点是视野广阔,洞察全局。他所解决的虽然都是考古学的问题,但他的眼光并不会仅局限在考古学的视域内。他将自然环境与其孕育的人及人所创造的文化作为一个有机联系的整体综合考量,抽丝剥茧般地推理出文化间的共性与差异及其背后所隐含的机制与动力,因而是一种真正的贯通式的交叉研究。

三、中国文明形成格局的解读

构建考古学文化的编年序列与谱系关系是区系类型研究的基本内容,这也就是考古学文化的历史学研究。这项工作完成以后也必然会涉及评估不同区系文化的社会发展状态,即考古学文化的社会学研究。对于中国文明形成格局的阐释,就是考古学文化历史学与社会学整合研究的一个重要问题。

1986年,佟柱臣撰文将我国新石器时代考古学文化归纳为七大文化系统中心[18]。他指出各中心内时代前后相继的诸新石器时代文化"既有地层学上的序列,又有类型学上的演变",由此得出的"多中心发展论"深刻地阐明了我国新石器文化的演进规律。他由对考古学文化序列、谱系的解析上升到了对中国新石器文化发展规律的阐释,这就将考古学文化区系类型的研究提升到了一个新的学术高度。相比于前述1960年的研究成果而言,佟柱臣此时所建立的中国新石器文化的时空框架更为完整,各地区考古学文化的谱系关系也更为连续与清晰,这便为相关问题的深入探索夯实了基础。佟柱臣立足于这一坚实的平台之上,开始了他对于中国文明形成格局的思考。

佟柱臣认为,在这七个文化系统中,尤以庙底沟文化系统的发展程度最高,并最终孕育出了中国历史上第一个王朝——夏,因之黄河中下游地区是中国文明的摇篮。基于此，他又明确提出了中国新石器文化"发展不平衡论"。佟柱臣还通过将二里头文化与西北地区半山类型和马厂类型、东北地区小河沿文化、长江下游良渚文化和珠江流域石峡文化的比较，论证了公元前21～前16世纪中原地区文化及社会发展水平高于其他地区的不平衡现象[19]。需要说明的是，除二里头文化以外，佟柱臣对于上述诸文化年代的判定明显偏晚，现已明确它们的整体年代均早于夏纪年而处于新石器时代，因而在今天看来这种跨时间的比较并无实际的意义。

与之相对，苏秉琦则旗帜鲜明地指出，距今四千年左右成熟的青铜文明并不是中国文明的起点，辽西地区红山文化坛、庙、冢等重要发现可将中国文明史上溯到距今五千年前，而同时期的中原地区尚未见到这样的"文明曙光"[20]。那么，二人对于中国文明形成格局的理解为何有如此大的差异呢？笔者以为，根本原因在于二者所界定的中国文明形成标准不同，使得彼此对于我国文明形成时间与空间的判断出现分歧，进而影响了他们对于中国文明形成格局的认识。佟柱臣坚信，城市、宫殿及青铜器等是中国文明出现的标志，这些因素共见于二里头文化中而不见于红山文化[21]。苏秉琦则反对这种借用三要素或四要素的做法，而是强调从中国材料出发，独立地探索中国文明形成的界定标准[22]。

区系类型研究所解决的主要是文化发展史的问题，而将文化发展史的研究提升到社会发展史的高度、即对中国文明起源与形成进程的探索是学科发展的必然趋势与要求，这便是20世纪80年代考古学界关于中国文明大讨论出现的学术背景。随着讨论的深入大家逐步认识到，中国文明探源研究中预设标准的做法可能欠妥，因为从城市、青铜器及文字等要素出发所界定的中国文明在年代上明显偏晚，因此上述苏秉琦的主张逐步成为学界的主流认识。

不可否认的是，中国各区系的新石器文化的确存在着一定程度的发展不平衡性现象，但总的趋势还是维持着一种动态的平衡，各区系之间竞相发展，优势互补，共同推动着中国历史的发展进程。早在距今五千年左右，中国大地上就已经涌现出了诸如红山文化和良渚文化等多个区域性早期文明，年代早于二里头文化一千余年。所以说至少在这一阶段，中原地区还不是绝对意义上的中国文明核心区域，这一区系文化似乎也不宜视作中国文明起源与形成进程的最初领跑者。换言之，中国的新石器文化是多中心的，中国文明起源与形成的格局也是多中心的，这是由各区系文化的独立性、连续性与同步性所决定的。

二里头文化固然是其所在谱系文化发展过程中形成的一个成熟的文明实体，但雄踞中原的这一谱系文化并非自古就是中国文明的中心，亦非中国文明的摇篮。到了二里头文化时期，在自然环境、生业方式、文化传统和区域条件等多方面优势条件相互作用下，黄河中下游这一区系的文化脱颖而出，建立了中国历史上第一个王朝[23]。至此，中国文明经历了大的重组与整合，多元文明最终汇聚为一体。当然，相对于多元并立的中国早期文明格局而言，这已是比较晚的事情了。

四、余 论

苏秉琦曾坦言，区系类型理论虽然是由他总结提出的，但绝非一人之功，而是中国考古学集体智慧的结晶[24]。这种淡泊超然的客观态度，更加凸显其虚怀若谷的心境。需要强调的是，我们甚至不排除佟柱臣早年的研究成果曾对这一理论的形成产生过影响，这一点在过去似乎并没有引起学界的足够重视。因此，佟柱臣在研究我国史前文化过程中所运用的区系类型思想，也是其个人的深厚学术造诣及其对我国考古学的贡献。

就考古学研究的大视角而言，佟柱臣区系类型研究思想的价值与意义主要表现在两个方面：一是对中国史前史的构建；二是对中华民族形成与发展史的梳理。

我国幅员辽阔，经纬跨度甚大，自然环境的多样性为文化的多元性提供了必要的物质保障。以考古学文化为基本研究单位，将考古材料所呈现出的文化多元性客观地揭示出来，实事求是地探索各元文化之源流以及各元文化之交流、融合，便成为复原我国史前史的最佳选择。众所周知，没有文字记载的史前史的重建工作几乎完全依赖于考古学，考古学文化是史前时期考古学研究的主要对象。如何将纷繁复杂的遗存及其所表述的考古学文化转化为重构史前史的史料，就成为我们所要解决的首要问题，而中国学者经过数十年时间的摸索所参悟出的区系类型研究思想正是对考古学文化进行整合研究的纲领。

在区系类型研究思想指引下，佟柱臣着眼于中国史前文化的全局，逐一地梳理出不同地区与谱系诸考古学文化演进、迁徙乃至分化的脉络，以及不同谱系诸考古学文化碰撞和融合的过程。基于多中心发展的客观事实，将诸地区各自文化历时性演进的经线与相互间共时性互融的纬线相交织，构建出一个立体的中国史前史框架，为相关问题的深入探索搭建了一个牢固的基础。在考古学文化区系类型研究这一问题上，佟柱臣与苏秉琦都发现并掌握了分区、分系、分类型地揭示我国史前文化发展规律的路径，由此便找到了重建中国史前史的方向。

生于20世纪20年代的佟柱臣目睹了古老中国所经历的种种磨难，也见证了我们从民族危亡走向民族独立的历史性跨越。特定的社会环境和个人履历造就了其高度的社会责任感和强烈的学术使命感，这一点突出地表现为他在考古学文化区系类型研究中所始终秉持的初心——探寻中华民族的起源与发展过程。

佟柱臣于1959年发表的《新石器时代考古学常识（一）》主要讨论了两个问题，即什么是新石器时代以及为什么要学习新石器时代？对于第二个问题他给出了五条原因，其中一条是，遍布全国的新石器时代遗址"证实了我国多民族的祖先在新石器时代里，就已经在各地普遍地从事生产活动了，今天我们中华民族是有它深厚的历史基础的。学习它，可以增强民族大家庭的团结和友爱"[25]。中国的新石器文化是孕育各民族的历史土壤，认识到这一点也就为他后续探索中华民族的形成与发展做好了准备。同时我们也能直观地感受到，认识文化与民族的过往并不是佟柱臣的最终目的，将深厚的历史传统转化为服务于当下的文化力量才是他更高的追求。

在佟柱臣看来，"文化影响与融合"是中国新石器时代的基本特征之一。"相互影响的过程，就是不断融合的过程，也是文化共同性不断扩大和不断增长的过程，促使我国成为一个多民族的国家。"[26]寥寥数语就将中华民族的发展趋势和演进规律立体地呈现出来了，表明他已由考古学文化区系类型的研究，触碰到了中华民族形成与发展这一具有重大历史价值与现实意义的问题。换言之，我国统一的多民族国家的现实就是历史上不同文化区系相互整合的结果，这便道出了区系类型研究的要义。

一言以蔽之，佟柱臣意在通过考古学文化区系类型的研究复原我国各族的历史根源、演进情况与相互关系。此后，经过20余年的探索，至1986年，佟柱臣将全国的新石器时代文化归纳为七大文化系统中心后旗帜鲜明地提出，这些序列完整、谱系清晰的文化系统中心就是我国"若干部族文化形成的基础"[27]。这便为中华民族的溯源研究构筑了一个坚实而崭新的学术平台，如果说20世纪五六十年代佟柱臣试图追溯我国各民族源头还是一个长远的蓝图的话，那么至80年代中期，这一规划已因考古材料的增加和个人认识的深化而变为一个立体的构架。

令人称道的是，除从考古学文化区系类型的角度复原中华民族形成的历史基础以外，他还从物质遗存和文献记载两个维度出发，梳理了夏商以降中华民族不断融合的历史过程[28]。这样就将史前时期的中华民族形成基因与历史时期的中华民族实体完整地衔接起来了。随后他又发表了《从考古学上看中华民族的融合与统一》一文，并于文末饱含深情地说道，"中华民族的融合与统一，是个长期形成的结果，而不是偶然的现象，这个结果，已经经历了六七千年之久，是历史的必然……总之，以汉族为主体的中华民族磐石般的团结和统一是有其深厚的历史基础的"[29]。至此，他完成了从考古学视角对于中华民族形成与发展纵贯式的体系性研究。并用数十年研究所提炼出的具体认识，对他于1959年提出的学习新石器时代考古的意义做出了有力的诠释，而这正是中国知识分子经世致用文化价值观的生动体现。

纵观佟柱臣的学术生涯，他对于中华民族研究的特点是，以考古学文化区系类型研究为基础，整合考古学与历史学两方面的材料，实事求是地寻求历史的真相。研究时段由新石器时代逐步延伸至历史时期，空间范围由东北边疆最终扩大到整个中国，时间和空间不断拓展，研究方法更趋多元，但其探求中华民族起源与发展的初心始终不渝。

事实上，除了终生致力于推动中国考古学发展的学术贡献之外，以佟柱臣为代表的老一辈学人对国家的赤诚和对民族的热爱更值得我们铭记与效仿。而他们毕生求索所得出的关于中国古代文化发展及中华民族演进的规律性理论认识，无疑也是我们今天铸牢中华民族共同体意识、维护和加强各民族团结的坚实思想基础。

注 释

[1] 苏秉琦,殷玮璋.关于考古学文化的区系类型问题[J].文物,1981（5）.

[2] 佟柱臣.佟柱臣自传[C].中国当代社会科学家（第九辑）.北京：书目文献出版社,1986.

[3] 佟柱臣.东北自然环境与史前文化区——论东北新石器时代[C].辽海引年集.北京：北京和记印书馆,1947.

[4] 赵宾福.从东北出发：百年中国考古学的起步与进步[J].江汉考古,2021（6）.

[5] 佟柱臣.黄河长江中下游新石器文化的分布与分期[J].考古学报,1957（2）.

[6] 严文明.龙山文化和龙山时代[J].文物,1981（6）.

[7] 佟柱臣.新石器时代考古学常识（四）[J].文物,1960（7/9）.

[8] 张忠培.中国新石器时代考古的20世纪的历程[C].故宫学刊（2004年总第一辑）.北京：紫禁城出版社,2005.

[9] 佟柱臣.中国原始社会晚期历史的几个特征[J].考古,1960（5）.

[10] 陈星灿."喝粥足矣,奋进为乐"——考古学家佟柱臣印象[N].中国社会科学报.2012-1-30.

[11] 佟柱臣.新石器时代考古学常识（六）[J].文物,1961（1）.

[12] 陈伟驹.殊途同归：夏鼐和苏秉琦中国文化起源多元说形成之比较[J].考古学报,2021（2）.

[13] 佟柱臣.新的发现、新的年代测定对中国石器时代考古学提出的新问题[J].社会科学战线,1979（1）.

[14] 佟柱臣.中国新石器时代文化的多中心发展论和发展不平衡论——论中国新石器时代文化发展的规律和中国文明的起源[J].文物,1986（2）.

[15] 苏秉琦.做考古学新时期的开拓者[C].考古学文化论集（一）.北京：文物出版社,1987.

[16] 佟柱臣.中国新石器时代文化三个接触地带论——中国新石器时代文化综合研究之一[J].史前研究,1985（2）.

[17] 苏秉琦,殷玮璋.关于考古学文化的区系类型问题[J].文物,1981（5）.

[18] 佟柱臣.中国新石器时代文化的多中心发展论和发展不平衡论——论中国新石器时代文化发展的规律和中国文明的起源[J].文物,1986（2）.

[19] 佟柱臣.中国新石器时代文化的多中心发展论和发展不平衡论——论中国新石器时代文化发展的规律和中国文明的起源[J].文物,1986（2）.

[20] 苏秉琦.中华文明的新曙光[J].东南文化,1988（5）.

[21] 佟柱臣.当前中国新石器时代文化出现的一些新迹象[C].海岱考古（第一辑）.济南：山东大学出版社,1989.

[22] 邵望平.百万年连绵不断的中华文化——苏秉琦谈考古学的中国梦[J].内蒙古文物考古,1997（2）.

[23] 王巍. 公元前2000年前后我国大范围文化变化原因探讨 [J]. 考古, 2004 (1).

[24] 苏秉琦. 给青年人的话 [J]. 文物天地, 1987 (4).

[25] 佟柱臣. 新石器时代考古学常识（一）[J]. 文物, 1959 (1).

[26] 佟柱臣. 新石器时代考古学常识（七）[J]. 文物, 1961 (2).

[27] 佟柱臣. 中国新石器时代文化的多中心发展论和发展不平衡论——论中国新石器时代文化发展的规律和中国文明的起源 [J]. 文物, 1986 (2).

[28] 佟柱臣. 从考古学物质文化上观察中华民族融合的痕迹 [J]. 社会科学战线, 1985 (2).

[29] 佟柱臣. 从考古学上看中华民族的融合与统一 [C]. 中华民族研究新探索. 北京：中国社会科学出版社, 1991.

An Analysis of Tong Zhuchen's Thoughts on Regional Systems Types

GAO Yun-yi

Many of Tong Zhuchen's prehistoric cultural research achievements are permeated with the idea of Regional Systems Types, it started early and formed its own system, moreover, he put forward new ideas leading the times on many issues. On the basis of geographical and cultural division, Tong Zhuchen gradually organically combined the chronological sequence and genealogical relationship of archaeological culture, constructed the history of cultural development of each region, his research achievements in the early 1960s have already had the rudiments of the theory of Regional Systems Types. He made a comprehensive analysis of culture, environment and economy, and profoundly revealed the internal mechanism of the formation of different cultural areas. Tong Zhuchen's assertion on the multi center development of Chinese Neolithic culture is very insightful, but his historical view that the middle and lower reaches of the Yellow River are the cradle of Chinese civilization may still have room for further discussion. Tong Zhuchen's exploration of the Regional Systems Types of archaeological cultural has effectively promoted the reconstruction of Chinese Prehistory and the study of the formation and development of Chinese nation.

征稿启事

《边疆考古研究》是由教育部人文社会科学重点研究基地吉林大学边疆考古研究中心主办的学术刊物，自2002年创办以来，至今已连续出版34辑，在国内外学术界形成了一定影响，连续入选CSSCI（中文社会科学引文索引）来源集刊，并入选中国社会科学院评价中心AMI核心集刊。

为及时刊发田野考古新材料，反映考古研究新成果，自2012年起，《边疆考古研究》由原来每年一辑增加为每年两辑，在侧重边疆考古的同时，欢迎其他各个方面的考古发现与研究稿件。拟设置的栏目包括：①考古新发现；②研究与探索；③考古新视野；④考古与科技；⑤书评，等等。

稿件具体要求：①论文不超过12000字，考古发掘报告字数可适度增加；②来稿请附中、英文摘要（300字左右）、关键词（3~6个）及作者简介；③统一采用尾注，注释格式请参考近期出版的《边疆考古研究》；④译文须取得原作者的授权，以免发生版权纠纷。

本刊实行双向匿名审稿制度。审稿周期一般为3个月。3个月内未收到刊用意见，作者可自行处理来稿。本刊不收取任何版面费，一经刊用，即奉样刊5册。

本刊仅接受电子投稿。投稿邮箱为bjkgyj@126.com。请勿委托他人转投稿件。

联系人：彭善国

编辑部地址：长春市前进大街与火炬路交会处吉林大学正新楼考古学院1411室

邮编：130012